de Gruyter Lehrbuch

Werner H. Schmidt

Einführung in das Alte Testament

Fünfte erweiterte Auflage

Walter de Gruyter · Berlin · New York
1995

Die Deutsche Bibliothek — CIP-Einheitsaufnahme

Schmidt, Werner H.:
Einführung in das Alte Testament / Werner H. Schmidt. —
5., erw. Aufl. — Berlin ; New York : de Gruyter, 1995
   (De-Gruyter-Lehrbuch)
   ISBN 3-11-014102-7

Printed in Germany

Druck: Arthur Collignon GmbH, Berlin
Buchbinderische Verarbeitung: Lüderitz & Bauer, Berlin

VORWORT

Dieses Buch steht in einer Tradition und bricht zugleich mit ihr. Es hat einen Vorgänger in Johannes Meinholds „Einführung in das Alte Testament" (1919. ³1932). Sie ist jedoch geschichtlich aufgebaut, während die vorliegende Darstellung in ihrer Gliederung weitgehend der alttestamentlichen Literatur folgt. Setzt eine Einordnung der verschiedenen Bücher, Quellenschriften, Rechtssammlungen oder gar der Psalmen in die Geschichte Israels nicht ein sichereres Wissen über die Entstehungszeit der Texte voraus, als wir es besitzen?

Im Gegensatz zur „Einleitung" ist der Titel „Einführung" durch die Wissenschaftsgeschichte nicht so festgelegt, daß nicht Raum für unterschiedliche Darstellungsmöglichkeiten bliebe. Deutlich ist aber, daß eine „Einführung" Elemente der drei Themenbereiche „Geschichte Israels", der Literaturwissenschaft (d.h. der traditionellen „Einleitung") und der „Theologie des AT" in sich vereinigen muß. Der Überblick über die Geschichte Israels ist in § 2 auf eine Wiedergabe der Hauptereignisse zusammengedrängt, wird aber in § 3 durch einen Einblick in gewisse sozialgeschichtliche Gegebenheiten ergänzt.

Es ist jetzt die Zeit der Lehrbücher — vom Büchermarkt her geurteilt. Während es noch in den sechziger Jahren nur wenige Standardwerke gab, die man lesen mußte, ist das Angebot nun so vielseitig, daß die Auswahl schwerfällt. Trügt aber nicht der äußere Anschein?

Es ist eigentlich nicht die Zeit der Lehrbücher — von der Forschung her geurteilt. Sie scheint sich in einer allgemeinen Umbruchssituation zu befinden. Wie einig hat sich die alttestamentliche Wissenschaft über lange Zeit dargestellt, und wie tief gespalten ist sie jetzt! Der Wandel vollzog sich gerade an entscheidenden Punkten; was mehr oder weniger selbstverständlich war und unangefochten galt, ist zweifelhaft geworden. Die Erklärung des Pentateuch aus dem sog. kleinen Credo (G. v. Rad), das Verständnis der Frühgeschichte Israels aus der Amphiktyonie (M. Noth), die Unterscheidung zwischen apodiktischem und kasuistischem Recht, die Rekonstruktion des Glaubens an den „Gott der Väter" (A. Alt), aber auch weit ältere Einsichten, wie die Verbindung des Deuteronomiums mit der Reform des Königs Joschija oder die Früh-

datierung des Jahwisten, stehen nun in Frage. Selbst das Recht der
Quellenscheidung im Pentateuch ist umstritten.

Angesichts dieser Situation bleibt jeder Versuch, in das gegenwärtige
Grundwissen vom Alten Testament — von Art, Werdegang und theologischer Intention seiner Bücher — einzuführen, ein subjektives Unterfangen, fast ein Wagnis. Hat man sich deshalb damit zu begnügen, die
verschiedenartigen Anschauungen schlicht gegenüberzustellen? Es mag
z. Z. noch mehr umstritten sein, als die Darstellung, auch durch ihre
Fragen, unmittelbar zu erkennen gibt. Doch habe ich mich bemüht,
Eigenes zurückzustellen und hervortreten zu lassen, was die mehrheitlich
getragene oder gar vorherrschende Auffassung sein könnte — sie zu bestimmen, ist aber nicht ohne persönliche Meinung möglich. Darum lag
mir daran, die vorgetragene Ansicht auch zu begründen, so daß sich der
Leser ein Urteil über die Tragfähigkeit der Argumente bilden kann.

Hebräischkenntnisse sind beim Leser nicht vorausgesetzt. Er soll ent-
scheiden, wieweit es gelungen ist, drei schwer zu vereinbarende Dinge —
Vermittlung von Grundwissen (mit ein wenig Bibelkunde), erforderliche
Kürze und Allgemeinverständlichkeit — zu verbinden.

Kiel, im September 1978

Das Buch hat — auch bei Rezensenten — erfreulicherweise eine gute
Aufnahme gefunden; die Absicht, in einer nicht leicht durchsichtigen
Forschungssituation den oft unausgesprochen bleibenden Konsens eines
Grundwissens zu suchen, wurde anerkannt.

Bei Gelegenheit der fünften Auflage wurden im wesentlichen drei Änderungen vorgenommen: Der Abschnitt über die Pentateuchforschung
wurde ausgeweitet, damit der unterschiedliche Ansatz gegenwärtiger
Konzeptionen — in der hier gebotenen Kürze — umrissen werden kann.
Der Schlußteil (V.) ist um einen Beitrag zur Anthropologie ergänzt worden. So sucht das Buch noch mehr dem Charakter einer „Einführung"
gerecht zu werden, die über eine „Einleitung" in die Literaturwissenschaft hinaus Aspekte aus anderen wichtigen Bereichen, wie Theologie,
Anthropologie oder Hermeneutik, erfassen und damit zum Verständnis
des Alten Testaments beitragen möchte. Schließlich ist das Literaturver-
zeichnis grundlegend überarbeitet und erheblich erweitert worden; allerdings läßt sich Vollständigkeit nicht erzielen.

Meinen Mitarbeitern, die in Kiel, Marburg und Bonn bei der Entstehung oder dem Ausbau des Buches geholfen haben, danke ich herzlich.

Bonn, im August 1994   Werner H. Schmidt

INHALTSVERZEICHNIS

III. Die Prophetie

IV. Dichtung aus Kult und Weisheit

V. Theologie und Hermeneutik

Anhang

I.

Überblick über das Alte Testament und seine Geschichte

§ 1

DIE TEILE DES ALTEN TESTAMENTS

a) Name und Aufbau

Das Alte Testament wird durch das Neue zum Alten. Schon im Namen „Altes Testament", der ja nur im Gegenüber zum „Neuen Testament" möglich ist, verbirgt sich das Problem christlicher Interpretation dieses Überlieferungskorpus. Dennoch geht dieser von christlichem Selbstverständnis her geprägte Name auf das AT selbst, genauer auf prophetische Zukunftserwartung, zurück: Gott wird sich seinem Volk nach dem Gericht wieder zuwenden. Nach der Verheißung von Jer 31,31 ff wird ein neuer „Bund" (lateinisch: *testamentum*) den zerbrochenen alten ablösen. Macht nicht schon dieses eine Wort beispielhaft deutlich, wie das AT über sich hinauswächst, sich selbst in der Hoffnung übersteigen kann? An solche die eigenen Gegebenheiten transzendierende Erwartung des AT kann das christliche Verständnis anknüpfen. Das Neue Testament bezieht die prophetische Verheißung auf die in Jesus angebrochene Zukunft (vgl. 2 Kor 3; Hebr 8). Die Übertragung des Begriffs „alter Bund bzw. Testament" auf die Bücher des AT findet sich allerdings im Neuen Testament noch nicht.

Im Neuen Testament wird das Alte als Autorität (z.B. Lk 10,25 ff), als „von Gottes Geist eingegebene Schrift" (2 Tim 3,16), zitiert. Das AT gilt als „die Schrift" bzw. „die Schriften" schlechthin (Lk 4,21; 24,27 ff u.a.). Diese Bezeichnung spiegelt sein hohes, in gewissem Sinn einzigartiges Ansehen wider; sie ist aber nicht in dem Sinne mißzuverstehen, als sei das AT seinem Wesen nach schriftlich fixiertes, das Neue dagegen mündlich ergehendes, lebendiges Wort. Schon das AT ist zu einem erheblichen Teil, zumal in der prophetischen Botschaft, aus mündlicher Verkündigung hervorgegangen und ist später im Gottesdienst verlesen und erläutert worden (Neh 8,8; Lk 4,17).

Das AT insgesamt wird im Neuen auch als „Gesetz" (Joh 12,34; 1 Kor 14,21 u.a.), näher als „Gesetz und Propheten" bzw. „Mose und Propheten" (Mt 7,12; Lk 16,16.29; Röm 3,21 u.a.) und schließlich einmal als „Mose, die Propheten und die Psalmen" (Lk 24,44) umschrieben. Diese Benennung legt nicht weniger ein Mißverständnis nahe: Das

AT sei seinem Wesen nach gesetzlich. Das „Gesetz" hat jedoch keineswegs nur Gebots- (vgl. Mt 22,40), sondern auch Weissagungscharakter (Joh 15,25; Mt 11,13 u.a.). Erst recht entspricht eine gesetzliche Deutung nicht dem Selbstverständnis des AT.

In der zwei- und noch stärker in der dreiteiligen Formel „Mose, die Propheten und die Psalmen" spiegelt sich der Aufbau des AT wider. Eine ähnliche Dreigliederung findet sich schon um 130 v. Chr. im Vorwort der griechischen Übersetzung zu den (apokryphen) Sprüchen Jesus Sirachs. Noch heute ist im Judentum — neben Namen wie *miqra'* „die Lesung, das zu lesende Buch" — als Bezeichnung der Bibel die Abkürzung TNK (gesprochen *T⁽e⁾nach*) gebräuchlich. Sie setzt sich aus den Anfangskonsonanten der Namen für die drei Grundbestandteile des AT zusammen.

T: *Tora*, d.h. die „Weisung", die fünf Bücher Mose: Gen, Ex, Lev, Num, Dtn

N: *Nebiim*, d.h. die „Propheten" (einschließlich der Geschichtsbücher Jos–Kön)

K: *Ketubim*, d.h. die (übrigen heiligen) „Schriften", wie Psalter und Hiobbuch

Demgegenüber ist die griechische Übersetzung des AT, die Septuaginta (LXX), eher vierteilig, außerdem umfangreicher, enthält nämlich in wechselndem Ausmaß auch sog. Apokryphen (wie Makkabäer, Baruch oder Jesus Sirach):

gesetzliche (1–5 Mo)
geschichtliche (Jos, Ri, Rut, Sam, Kön, Chr, Esr, Neh, Makk u.a.)
poetische (Ps, Spr, Koh, Hld, Hi u.a.)
prophetische Bücher (Dodekapropheton bzw. Zwölfprophetenbuch, Jes, Jer, Klgl, Ez u.a.)

Wenn man die beiden ersten Gruppen zusammenfaßt, d.h. die sog. fünf Bücher Mose zu den Geschichtsbüchern zählt, dann ergibt sich eine gegenüber der Gliederung im Hebräischen klarere Dreiteilung, die dem Unterschied der Zeiten entspricht: Vergangenheit (Geschichtswerke), Gegenwart (Psalmen, Sprüche) und Zukunft (Prophetie). Über die lateinische Übersetzung, die Vulgata, ist dieser Aufbau in unsere Bibel eingedrungen.

In dem ersten Komplex, dem Pentateuch bzw. den fünf Mosebüchern (u. § 4a), haben hebräische und griechische Überlieferung denselben Umfang. Da der Pentateuch mit der Schöpfung der Welt einsetzt und dann von den Anfängen (Erzväter, Ägypten) wie den Grundlagen (Sinai) Israels berichtet, steht er mit Recht voran.

Dagegen weicht bei der Bewertung der zweiten Gruppe die christliche von der jüdischen Überlieferung ab. Das Judentum versteht die Bücher der sog. großen Propheten Jesaja, Jeremia und Ezechiel (ohne Daniel) sowie das Zwölfprophetenbuch, das die Schriften von Hosea bis Maleachi (ursprünglich auf einer Rolle) vereinigt, als „hintere bzw. spätere Propheten". Ihnen sind die Bücher Josua, Richter, Samuel und Könige als „vordere bzw. frühere Propheten" vorgeordnet. Diese Gegenüberstellung „vordere – hintere" bzw. „frühere – spätere" kann man entweder räumlich, d. h. schlicht nach der Stellung der Bücher innerhalb des Kanons, oder eher zeitlich, also nach dem Auftreten der Propheten, erklären. Im „vorderen" erzählenden Schrifttum sind ja die Nachrichten über Propheten wie Natan, Elija oder Elischa gesammelt. Vielleicht beruht die Zusammenfassung geschichtlicher und prophetischer Werke zu einem Block zugleich auf der Anschauung, daß auch jene geschichtlichen Bücher von Propheten (Samuel) geschrieben wurden.

Tatsächlich bestehen zwischen der Erzählliteratur und der Prophetie gewisse Gemeinsamkeiten. Beide stimmen etwa in der Geschichtsauffassung, speziell in der engen Verflochtenheit von (vorlaufendem oder auch nachfolgend-deutendem) Wort und Ereignis, ein Stück weit überein. Außerdem findet sich dieselbe redaktionelle Überarbeitung (aus der sog. deuteronomistischen Schule), die die Schuld des Volkes in der Übertretung des ersten und zweiten Gebots sieht, in beiden Bereichen. So scheint der Zusammenhang zwischen geschichtlicher und prophetischer Literatur schon in frühe Zeit zurückzureichen.

Dagegen ordnet die christliche Überlieferung die erzählenden Werke nicht der Prophetie zu, sondern bindet im Anschluß an die griechische und der ihr folgenden lateinischen Übersetzung den Pentateuch mit den Büchern Jos–Kön als Geschichtsbücher zusammen und fügt ihnen weitere erzählende Werke (Chr, Esr, Neh, Est) an. Auf diese Weise verliert der Pentateuch etwas von seiner Sonderstellung; stattdessen treten sein Charakter als Geschichtswerk und sein Zusammenhang mit dem Josuabuch deutlicher hervor: Die Landnahme erscheint als Erfüllung der den Erzvätern und Israel gegebenen Verheißung. Ja, die Gesamtgeschichte von den Erzvätern oder gar der Schöpfung bis zur nachexilischen Zeit bildet gleichsam eine Kontinuität, die sich nur in den einzelnen Schriftwerken zwischen Genesis und Esra/Nehemia unterschiedlich widerspiegelt.

Der dritte Teil des alttestamentlichen Kanons ist erst recht keine in jüdischer wie christlicher Überlieferung gleich fest umrissene Größe mehr. Dieser Gruppe ordnete man die „Schriften" (Hagiographen) zu, die in den beiden ersten – bereits als abgeschlossen geltenden – Korpora keinen Platz mehr fanden; die Reihung dieser Werke lag über Jahrhunderte hindurch noch nicht fest. In der hebräischen Bibel folgen meist auf die umfangreicheren Bücher Psalter, Hiob und Sprüche die fünf *Megillot*, d.h. die Buch„rollen" der fünf Jahresfeste mit Rut, Hohemlied, Kohelet/Prediger, Klageliedern, Ester (§ 26), schließlich Daniel und das chronistische Geschichtswerk (Esr, Neh, 1−2 Chr). Die christliche Überlieferung läßt − wieder in Anknüpfung an die griechisch-lateinische Übersetzung − einen Teil der Sammlung (Hi, Ps, Spr, Koh, Hld) als Einheit „poetische Bücher" bestehen, während sie einen anderen Teil (Chr, Esr, Neh, Est) den geschichtlichen und einen dritten (Klgl, Dan) den prophetischen Büchern zuweist.

b) Die Entstehung des Kanons

Daß im Aufbau des AT kein klares Prinzip waltet, erklärt sich aus dem geschichtlichen Wachstumsprozeß. Die Gliederung faßt, vornehmlich im Block der „Schriften", bereits vorhandene Bücher nachträglich zu einer Einheit zusammen. Ja, in der Aufteilung des AT wirken die Phasen seiner Entstehung nach.

Als frühester Teil findet der Pentateuch, der in einer jahrhundertelangen Geschichte zusammenwuchs, im 5. oder spätestens 4. Jh. v. Chr. seine vorliegende Gestalt. Die Samaritaner, die sich allmählich − wohl erst in hellenistischer Zeit endgültig − von der Jerusalemer Gemeinde abspalteten, kannten und bewahrten nur die Tora, also die fünf Mosebücher, als Autorität (vgl. § 12c,4). Auch lag der vom 3. Jh. v. Chr. ab in Ägypten entstehenden griechischen Übersetzung der Pentateuch längst vor.

An diesen Kern schlossen sich, etwa im 3. Jh. v. Chr., die Prophetenbücher als eigene Größe an. Die Ära der Prophetie schien zu Ende gegangen zu sein (vgl. Sach 13,2ff), die Zeit der Interpretation zu beginnen. Um 190 v. Chr. zählt Sir 48 f im „Preis der Väter" bereits Jesaja, Jeremia, Ezechiel und die zwölf Propheten auf, während das Danielbuch, das erst um 165 v. Chr. entstand, fehlt.

Verlangte der Pentateuch nicht geradezu nach einer Fortsetzung, auch wenn diese nicht dieselbe Dignität haben konnte? Die fünf Mosebücher weisen in ihren erzählenden wie gesetzlichen Partien mannigfach auf Israels Aufenthalt im Kulturland voraus. Umgekehrt beziehen sich die geschichtlichen, gelegentlich auch die prophetischen Texte auf die grundlegenden Traditionen aus Israels Frühzeit zurück.

Zudem könnte die Gewohnheit, im Gottesdienst aus „Gesetz" und Prophetie vorzulesen (Apg 13,15), in weit ältere Zeit zurückreichen (u. § 13a3).

Die Gruppe der „Schriften" wird gar erst in neutestamentlicher Zeit abgegrenzt, als das AT in seinem Gesamtumfang wie in seinem Textbestand festgelegt und kanonisiert, d.h. als inspiriert und damit für Glauben und Leben der Gemeinde gültig, anerkannt wird. Die Einfügung der Chronik oder des Danielbuches in diesen dritten Teil des Kanons spricht für die relativ späte Entstehung dieser Werke, da sie eben in den älteren, bereits abgeschlossenen Sammlungen keinen Platz mehr fanden.

Jene endgültige Umfangsbestimmung des gesamten AT erfolgte wohl erst gegen Ende des 1. Jh. n. Chr. (vielleicht auf der sog. Synode von Jabne—Jamnia), als sich die jüdische Gemeinde nach der Zerstörung Jerusalems und des Tempels (70 n. Chr.) neu konsolidierte. Spielte bei der Kanonisierung auch eine Distanzierung vom Christentum eine Rolle? Nicht nur die Tora genoß längst vorher entsprechend hohes Ansehen, auch Prophetenbücher und Psalmen galten faktisch bereits als „kanonisch". Jedoch scheint das Neue Testament das Alte noch nicht in der uns vorliegenden, fest umrissenen Gestalt gekannt zu haben; jedenfalls zitiert es mehrfach Schriften (Jud 14f; vgl. 1 Kor 2,9 u.a.), die als apokryph, d.h. nichtkanonisch, ausgeschieden wurden.

Diese Kanongeschichte wirkt sich noch in den christlichen Kirchen aus, die den Umfang des AT nicht in gleicher Weise abgrenzen, die Apokryphen teils beibehalten (katholisch), teils ausgliedern (lutherisch, schärfer reformiert).

Der Aufbau des (hebräischen) Alten Testaments

Name	Inhalt	Mutmaßliche Fixierung („Kanonisierung")
Tora „Weisung"	Pentateuch: 1–5 Mo = Gen, Ex, Lev, Num, Dtn	5./4. Jh. v. Chr. (Samaritaner)
Nebiim „Propheten"	„Vordere (Frühere) Propheten": Jos, Ri, 1–2 Sam, 1–2 Kön „Hintere (Spätere) Propheten": Jes, Jer, Ez Zwölfprophetenbuch (Hos–Mal)	3. Jh. v. Chr.
Ketubim „Schriften"	Ps, Hi, Spr 5 Megillot: Rut, Hld, Koh, Klgl, Est Dan, chron. Gesch. (Esr, Neh, Chr)	um 100 n. Chr.

2

EPOCHEN DER GESCHICHTE ISRAELS

Das AT ist in der Geschichte entstanden und bezieht sich in der Mehrzahl seiner Aussagen auf Geschichte. Jedoch ist seine Darstellung Glaubenszeugnis, das die Überlieferung nicht in ihrer ursprünglichen Gestalt, „historisch rein", bewahrt, sondern auf die jeweilige Gegenwart bezieht und damit zugleich verändert.

Darum fällt dem Historiker die Aufgabe zu, die Geschichte Israels kritisch aus dem AT herauszuschälen. Diese Rekonstruktion basiert auf einem methodischen Dreischritt: (1.) Analyse der Quellen einschließlich des in ihnen enthaltenen mündlichen Überlieferungsstoffes, (2.) Auffindung und Auswertung außerbiblisch-altorientalischen Vergleichsmaterials und (3.) – besonders behutsam – Rückschluß auf die historischen Vorgänge.

Umfangreichere schriftliche Überlieferung setzt in Israel erst mit Beginn der Königszeit ein; Erinnerungen aus früheren Epochen wurden mündlich, vielfach in Form von Sagen, weitergegeben. Die Lage der Quellen, aber auch die verschieden angewandte Methodik bringen es mit sich, daß vor allem im Bereich der Vor- und Frühgeschichte Israels vielfach nur umstrittene Ergebnisse erzielt werden. Israel ist als geschlossene Größe historischer Rückfrage erst nach der Einwanderung in Kanaan greifbar; sein Selbstverständnis gründet sich jedoch auf Überlieferungen aus der Zeit vor der Seßhaftwerdung.

In Anerkennung dieses Sachverhalts läßt sich die Geschichte Israels zur besseren Übersichtlichkeit grob in fünf oder sechs Epochen aufteilen (wobei man etwa IV. und V. zu einer Phase zusammenziehen kann):

I.	Nomadische Vorzeit	15.(?)–13. Jh.
II.	Vorstaatliche Frühzeit	12.–11. Jh.
III.	Königszeit	rd. 1000–587
IV.	Exil	587–539
V.	Nachexilische Zeit	ab 539
VI.	Zeitalter des Hellenismus	ab 333

Die oft komplexen Probleme der Geschichtsschreibung vorzuführen und die vielfältigen Einzelheiten der Geschichte Israels in ihren altorientalischen Zusammenhängen darzustellen, liegt natürlich nicht im Sinne dieses knappen Überblicks. Vielmehr soll nur ein Rahmen abgesteckt werden, in den die zum Verständnis des AT unabdingbar wichtigen Ereignisse eingezeichnet sind.

Hauptepochen der Geschichte Israels

Epochen	Hauptdaten	Ereignisse	
I. Nomadische Vorzeit	15.(?)−13. Jh.	Verheißung an die Erzväter Befreiung aus Ägypten Offenbarung am Sinai	
II. Vorstaatliche Frühzeit	12.−11. Jh.	Landnahme Landausbau Richterzeit Jahwekriege	
Philisternot		Stämmeverband: „Amphiktyonie" (?)	
III. Königszeit			
Zeit der gemeinsamen Reiche	um 1000	Saul David (Hauptstadt Jerusalem) Salomo (Tempelbau)	Jahwist?
Zeit der getrennten Reiche: Nordreich Israel, Südreich Juda	926	sog. Reichsteilung (erstes festes Datum der Geschichte Israels; 1 Kön 12)	
Aramäerbedrängnis (bes. 850−800) Assyrische Vorherrschaft (etwa 750−630)	um 733	Syrisch-ephraimitischer Krieg gegen Juda (2 Kön 16,5; Jes 7)	Elija, Elischa, Elohist? Amos (um 760) Hosea (um 750−725) Jesaja (um 740−700)

Epochen	Hauptdaten	Ereignisse	
Zeit Judas	732	Gebietsverluste Israels (2 Kön 15,29) und	
	722	Eroberung Samarias durch die Assyrer (2 Kön 17)	
	701	Belagerung Jerusalems durch die Assyrer (2 Kön 18–20 = Jes 36–39; 1,4–8)	
Babylonische Vorherrschaft (ab 605)	um 622	Reform Joschijas (2 Kön 22f; Deuteronomium)	Jeremia (rd. 626–586)
	597	Erste, zehn Jahre später:	Ezechiel
IV. Exil	587	Endgültige Zerstörung Jerusalems durch die Babylonier (2 Kön 24f; Jer 27ff)	Klagelieder DtrG: Dtn–2 Kön (um 560) Priesterschrift Dt–Jesaja
V. Nachexilische Zeit			
Persische Vorherrschaft (539–333)	539	Fall Babylons an die Perser (Jes 46f u.a.)	
	520–515	Wiederaufbau des Tempels (Esr 5f)	Haggai, Sacharja
Hellenistisches Zeitalter	333	Alexander der Große (Sieg bei Issus über die Perser)	ChrG
	164	Wiedereinweihung des Tempels während des Makkabäeraufstands	Danielbuch
	64	Eroberung Palästinas durch die Römer	

a) Die nomadische Vorzeit

Geschichte, die das Aufkommen einer Schrift voraussetzt, begann im alten Orient bereits zu Anfang des 3. Jahrtausends v. Chr. Als Israel in den Raum der Geschichte eintrat, hatten altorientalische Völker also bereits eine lange Vergangenheit hinter sich, in die sich Israel eingegliedert weiß (Gen 10). Doch kamen Israels Vorfahren (trotz Gen 11,28 ff; 12,4 f) kaum aus dem Bereich der im Zweistromland und im Niltal gewachsenen Hochkulturen.

Gen 11,20 ff nennt Eigennamen wie Nahor oder Haran, die als Ortsnamen in Nordwestmesopotamien belegt sind; auch im AT selbst erscheint Haran als Ort (Gen 11,31 f; 12,4 f; 28,10). Doch ist jene Gegend, erst recht das noch fernere Ur (11.28.31), kaum die Heimat von Israels Ahnen. Eher bestanden zur dortigen Bevölkerung verwandtschaftliche Beziehungen (27,43; 22,20 ff; 24,4 ff) wie auch zu den näheren Nachbarn im Osten und Süden Ammon, Moab (19,30 ff) und Edom (36,10 ff), die aus der aramäischen Wanderbewegung hervorgingen.

Israels Vorfahren sind eher jenen aramäischen Bevölkerungsgruppen zuzurechnen, die im Laufe der Zeit in sich abwechselnden Schüben aus der Wüste bzw. Steppe in das fruchtbare Kulturland vordrangen. Abrahams Verwandte gelten als Aramäer (Gen 25,20; 28,5; 31,18.20.24 u. a.), und das Dtn 26,5 erhaltene Credo behauptet sogar von Israels Ahnherrn: „Ein umherirrender Aramäer war mein Vater." Anscheinend sprachen Israels Vorfahren ursprünglich Aramäisch und übernahmen erst nach Seßhaftwerdung die Landessprache Hebräisch.

Selbst der Gottesname Jahwe ist wahrscheinlich aramäisch (hwh „sein") und meint am ehesten „er ist, erweist sich (als wirksam, hilfreich)", was die Deutung Ex 3,12.14 aufnimmt: „Ich werde (mit dir) sein."

Etwa in der zweiten Hälfte des 2. Jahrtausends v. Chr. entstanden die für das Selbstverständnis des späteren Volkes Israel drei konstitutiven Überlieferungen: die Verheißung an die Erzväter, die Befreiung aus der Fronknechtschaft in Ägypten und die Offenbarung am Sinai. In der im AT vorliegenden Endfassung des komplexen, im einzelnen schwer zu verfolgenden Überlieferungsprozesses sind sie zu einem historischen Kontinuum verbunden: Die Väter Abraham, Isaak, Jakob stehen in einer Generationenfolge, die Söhne Jakob-Israels wachsen in Ägypten zum Volk Israel heran (Ex 1,7), und Mose bildet die Verbindungsfigur in der weite Räume übergreifenden Ereignisfolge von der Bedrückung in Ägypten über den Aufenthalt am Sinai bis zur Wanderung ins Ostjordanland (Dtn 34). Der Glaube versteht die Vergangenheit als Wirken des einen Gottes an dem einen Volk, das auf Umwegen, aber gemeinsam ins verheißene Land geführt wird, und gestaltet von diesem Zielpunkt her die Geschichte einheitlicher, als sie sich historischem Rückblick erschließt. Die Überlieferungen vom Exodus- bis zum Josuabuch haben nachträglich eine „gesamt-israelitische Orientierung" (M. Noth) erfahren, handelten ursprünglich also nicht vom Volksganzen. Sachgemäßer beschreiben die Sagen des Richterbuches die spätere Zeit noch als Geschichte von Stämmen. So muß kritische Rückfrage nach dem historischen Verlauf zunächst die die Pentateuchtraditionen tief prägende Deutung auf Gesamtisrael abheben, aber darüber hinaus prüfen: Treffen mit der Familiengeschichte der Väterzeit und der in der Mosezeit beginnenden Volksgeschichte oder gar mit der Exodus- und Sinaitradition nicht verschiedenartige Überlieferungen mit anderem Milieu und Inhalt zusammen, die auf Erlebnisse voneinander unabhängiger Gruppen zurückgehen? Dies ist ein Hauptproblem der Geschichtsschreibung; jede Rekonstruktion bleibt in diesem Bereich nur tastendes Suchen.

1. Insbesondere lassen sich über die Religion der Erzväter nur Vermutungen äußern. Die klassische, heute mehr und mehr bezweifelte Lösung (A. Alt, 1929) erschloß eine besondere Art von Familien- oder Sippenreligion, die sich gut in die Lebensform der Nomaden einfügt: den Glauben an den „Gott der Väter".

Der „Gott Abrahams", der „Schreck (Verwandter?) Isaaks" oder auch der „Starke Jakobs" (Gen 31,29.42.53; 46,1; 49,24f) waren an kein Heiligtum mit Priestern gebunden, sondern offenbarten sich — jeweils allein — dem Oberhaupt einer wandernden Sippe und verhießen ihm Führung, Schutz, Nachkommenschaft und Landbesitz (12,7; 28,15.20 u.a.). Allerdings hat Israel den versprochenen Landbesitz auf ganz Palästina bezogen und die Sohneszusage zur Verheißung der Volkwerdung ausgeweitet (15,4ff u.a.).

Nach der Darstellung der Genesis haben sich die Väter auf ihren Wanderungen an bestimmten heiligen Stätten niedergelassen, und dort wurden ihnen Gottesoffenbarungen zuteil (u. § 5b3). Vermutlich wurden die Vätergruppen im Umkreis eben dieser Orte ursprünglich seßhaft: Abraham bei Hebron (Gen 13,18; 18; 23), Isaak um Beerscheba im Süden (24,62; 25,11; 26,23ff), Jakob sowohl im Ostjordanland bei Penuel und Machanajim (32,2.23ff) als auch im Westjordanland bei Sichem und Bet-El (28,10ff; 33,19ff; 35,1ff). Diese verschiedenen Haftpunkte lassen darauf schließen, daß die Vätergruppen ursprünglich getrennt voneinander lebten. Demnach wurden Abraham, Isaak und Jakob wohl erst nachträglich zu einer Generationenkette miteinander verbunden, als sich die einzelnen Gruppen und Stämme vereinigten oder gar – als spätester, wenn nicht zu später Termin – in einem Staat aufgingen.

Durch Handel, beim Weidewechsel oder Besuch der Wallfahrtsheiligtümer, erst recht mit der Seßhaftwerdung, begegneten die Halbnomaden den einheimischen Kanaanäern und identifizierten ihre Vätergötter mit den El-Gottheiten der Kulturlandheiligtümer, wie dem El Bet-El „Gott (von) Bet-El" in Bet-El (Gen 35,7; vgl. 31,13) oder dem El Olam „Gott (der) Ewigkeit" in Beerscheba (21,33; vgl. 16,13 u.a.).

In einem weiteren Stadium wurden die Väter- und El-Gottheiten mit Jahwe, dem Gott Israels (vgl. Jos 24,23), identifiziert (Ex 3,6.13 ff; 6,2 f). Dieser Vorgang bedeutet keine Überfremdung des Jahweglaubens, weil ja bereits der Vätergott mit seinem zukunftweisenden Wort den Menschen und damit der Geschichte zugewandt war und vor allem „monolatrisch" – d.h. innerhalb der Sippe jeweils allein – verehrt wurde.

2. Als Erfüllung von Verheißung (Ex 3 f; 6) stellt sich auch die Herausführung aus Ägypten dar, die für Israel zum fundamentalen Glaubensbekenntnis wurde (20,2; Hos 13,4; Ez 20,5; Ps 81,11 u.a.). Aller historischen Einsicht nach weilte aber nur eine Gruppe in Ägypten, die später im Volk Israel – vermutlich genauer im Nordreich – aufging.

So eingeschränkt, enthält die Überlieferung jedoch einen zuverlässigen Kern. Israels Vorfahren, am ehesten durch drohende Hungersnot (Gen 12,10; 42 f) zum Übergang nach Ägypten gezwungen, wurden dort zur Fronarbeit beim Bau der „Vorratsstädte" Pitom und Ramses verpflichtet (Ex 1,11). Diese Angabe führt in das 13. Jh. v. Chr., in dem Ramses II. im Ostdelta am Nordostrand seines Reiches eine neue Hauptstadt („Haus des Ramses") errichten ließ. Als die Arbeitergruppe floh (vgl. 14,5), wurde sie verfolgt, aber gerettet – vielleicht durch eine Naturkatastrophe. Frühestes Zeugnis ist ein Lied, das dieses Ereignis nicht als Sieg Israels, sondern ausschließlich als Tat Gottes ohne menschliche Mithilfe beschreibt:

> „Singet Jahwe; denn hoch erhob er sich,
> Pferd und (Streitwagen-)Fahrer warf er ins Meer"
> (Ex 15,21; vgl. 14,13 f. 25).

Die hymnische (Ex 15) wie die prosaische (14) Fassung der Überlieferung zeichnen zwei Grundzüge alttestamentlichen Glaubens vor, die ihn – neben Ausschließlichkeit und Bildlosigkeit (Ex 20,2 ff u.a.) – bis in die Spätzeit prägen: Er beruft sich auf Gottes Taten in der Geschichte und bekennt sich zu dem Gott, der aus der Not befreit.

Allerdings wurde die Erinnerung an diese Ereignisse, sei es an die Unterdrückung (Ex 1,15 ff; 5) oder an die Errettung (14,23.26.28 f P;

15,8 ff; Ps 136,13 ff; Jes 51,9 f u. a.), im Laufe der Zeit immer farbenkräftiger ausgemalt. Die Wunder der Plagen und der Passanacht, mit denen Pharao zur „Entlassung" Israels genötigt wird, sind letztlich zeichenhaft: Kinder und Enkel, ja die ganze Welt sollen erfahren, was Jahwe getan hat (Ex 9,16; 10,2).

Bei dem letzten „Verderbensschlag" in der Nacht, der Tötung der Erstgeburt von Mensch und Vieh, wird nur „verschont", wer sich durch einen Schutzritus sichert. Er verrät etwas vom Ursprung des Passa, das in nomadische Zeit zurückreicht. Einst war es ein apotropäischer Ritus (Bestreichung der Haus- bzw. Zelteingänge mit Schafsblut, Verzehr des gebratenen Fleisches), mit dem die Hirten sich und ihre Herden vor einem Wüstendämon, dem „Verderber" (Ex 12,23; vgl. Hebr 11,28), schützten.

In Israel erhielt das Passa einen neuen Charakter: Verbunden mit dem Mazzenfest, bei dem man sieben Tage lang ungesäuerte Brote aß (Ex 13; vgl. 23,15; 34,18), wurde es zum Gedenktag an den Auszug (12,14P; vgl. Dtn 16,3.12 u. a.), damit zum Anlaß von Verkündigung (Ex 12,24 ff; 13,8.14 ff u. a.).

3. Der Gottesname Jahwe ist ursprünglich am Berg Sinai zuhause (Ri 5,4 f; Dtn 33,2), und von Mose wird berichtet: Er „stieg zu Gott hinauf", um das Volk „Gott entgegenzuführen" (Ex 19; 24; vgl. 33,12 ff; 1 Kön 19).

Lag der Sinai, dessen genaue Lage unbekannt bleibt, im Einzugsbereich der nomadischen Midianiter? Möglicherweise haben Israels Vorfahren den Jahweglauben durch Vermittlung der Midianiter (vgl. Ex 18,12) bzw. Keniter (vgl. Gen 4,15) angenommen, jedenfalls hat die Überlieferung die verläßliche Erinnerung bewahrt, daß Mose Schwiegersohn eines Midianiterpriesters (Ex 2,16 ff; 18) oder auch Keniters (Ri 1,16; 4,11) war. Hat Mose auf diese Weise den Jahweglauben kennengelernt und den in Ägypten Zwangsverpflichteten gebracht (vgl. Ex 3 f)? Da Mose einen ägyptischen Namen — etwa mit der Bedeutung „Sohn" — trägt, wird man in seiner Person ein Bindeglied zwischen den Räumen Ägypten, Midian und dem Ostjordanland (Dt 34,5 f) sehen dürfen. Gehört auch Moses Mittlerstellung beim Offenbarungsgeschehen am Sinai zum Überlieferungskern? Jedoch bleibt umstritten, was sich am Sinai „wirklich" ereignete. Die vorliegende Sinaiperikope umfaßt im wesentlichen drei Themen:

die Theophanie, d. h. die Erscheinung Gottes im Naturgeschehen, sei es in vulkanischen bzw. Gewitterphänomenen (Ex 19,16 ff)

der sog. Bundesschluß, d. h. die Begründung der Gemeinschaft zwischen Gott und Volk (Ex 24; 34)

die Verkündigung des Gottesrechts (bes. Ex 20—23; 34)

Zum Urbestand gehört gewiß die Theophanie, höchstwahrscheinlich auch die Begegnung mit Gott, die ein bleibendes Verhältnis, wohl erst später „Bund" genannt, eröffnet. Ist aber die Rechtsproklamation nicht ein ursprünglich selbständiges Traditionselement? Indem jedenfalls Dekalog, Bundesbuch (Ex 20—23) sowie andere Sammlungen von Rechtssätzen und Kultgesetzen in die Sinaiperikope eingefügt wurden, erscheinen Ethos und Recht menschlichen Zusammenlebens wie der Gottesdienst als Konsequenz der Gottesbeziehung.

Zwischen Auszug und Sinaioffenbarung einerseits sowie Sinaioffenbarung und Landnahme andererseits schiebt sich der Traditionsbereich „Führung in der Wüste". Er bildet jedoch keine in sich geschlossene Einheit, sondern setzt sich aus allerlei Einzelsagen und -szenen zusammen. Sie beschreiben im wesentlichen die Rettung in Nöten und Gefahren auf der Wanderung — vor Hunger (Speisung mit Manna und Wachteln Ex 16; Num 11) und Durst (Wasser aus dem Felsen Ex 17; Num 20; vgl. Ex 15,22 ff), aber auch vor feindlicher Bedrohung (Krieg mit Amalek Ex 17,8 ff). Im Rahmen des vorliegenden Zusammenhangs bezeugen die Einzelüberlieferungen beispielhaft Israels Mangel an Vertrauen gegenüber der göttlichen Verheißung, das „Murren" des Volkes, das sich nach den „Fleisch-töpfen" Ägyptens (16,3; Num 11) zurücksehnt.

Gruppieren sich jene verschiedenen Lokalüberlieferungen aus dem Raum tief im Süden Palästinas (bes. Ex 17) um ein heimliches Zentrum, von dessen Bedeu-tung das AT nur noch blasse Erinnerung (Dtn 1,46; 32,51; 33,8; Num 13,26; 20 u. a.) bewahrt: Haben sich Israels Vorfahren im Oasengebiet von Kadesch län-gere Zeit aufgehalten? Trafen sich dort die aus Ägypten Aufgebrochenen mit anderen Gruppen, eventuell auch aus dem Sinairaum? Lag dort eine auch für die Verbreitung des Jahweglaubens entscheidende Zwischenstation auf dem Weg ins Kulturland? Noch in diesem, Palästina schon recht nahen Bereich der Vorge-schichte Israels sind mehr Fragen als sichere Antworten möglich.

b) Die vorstaatliche Frühzeit (Landnahme und Richterzeit)

In einer Zeit, in der das Hethiterreich in Kleinasien zugrunde ging und die Großreiche in Ägypten und Mesopotamien einen Rückgang ihrer Macht erfuhren, etwa um die Wende von der Spätbronze- zur Eisenzeit, drangen die halbnomadischen Vorfahren Israels in Palästina ein und formierten sich wohl dort erst zu festen Stämmen. Dieser Vorgang der Einwanderung, bewußt neutral „Landnahme" (A. Alt) genannt, fand (entgegen Jos 1—12) kaum als kriegerischer Akt statt, in dem Israel, unter gemeinsamer Führung geeint, nacheinander das gesamte Land eroberte, sondern im wesentlichen eher als friedlicher, vielschich-tiger und anscheinend auch langwieriger Prozeß des allmählichen Über-gangs zur Seßhaftwerdung.

Wie unterschiedlich sich die Verhältnisse von Gegend zu Gegend gestalteten, zeigen mehr oder weniger zufällig bezeugte Einzelfälle: Der Stamm Dan, der sich zunächst in Mittelpalästina niederzulassen suchte, wurde in den hohen Norden abgedrängt (Ri 1,34; 13,2.25; 17 f; Jos 19,40 ff). Ähnlich scheinen sich Ruben (vgl. Jos 15,6; 18,17; Ri 5,15 f), wohl auch Simeon und Levi (Gen 34; 49,5 ff) ursprünglich im mittelpalästinischen Raum angesiedelt zu haben.

Der Stamm Issachar „Lohnmann" konnte, wie der Name andeutet, seine Seßhaftwerdung anscheinend nur mit der Dienstverpflichtung gegenüber Kanaanäerstädten erkaufen (vgl. Gen 49,14 f; auch Ri 5,17).

Die Einwanderung der einzelnen Gruppen geschah vermutlich auch aus verschiedenen Richtungen. Wurde Juda (um Bethlehem) von Süden aus (vgl. Num 13 f), Mittelpalästina mit den Wohngebieten Benjamins und des „Hauses Joseph" von Osten her (Jos 2 ff) besiedelt? Jedenfalls erfolgte die Niederlassung zunächst in den schwächer bewohnten gebirgigen Landstrichen (vgl. Jos 17,16; Ri 1,19.34). Die festen Orte in den Ebenen, jeweils politisch selbständige Stadtstaaten, die mit den Streitwagen über eine überlegene Waffengattung verfügten, konnten nicht erobert werden, wie das für die Rekonstruktion der Frühgeschichte Israels höchst bedeutsame sog. „negative Besitzverzeichnis" Ri 1,21.27 ff bezeugt.

Auf diese Weise bildeten sich vier nur locker miteinander verbundene Siedlungsgebiete heraus: die beiden Zentren „Haus Joseph" in Mittelpalästina und Juda im Süden sowie die beiden mehr am Rand gelegenen Territorien Galiläa im Norden (Ascher, Sebulon, Naphtali, Issachar) und das Ostjordanland (Ruben, Gad). Zwischen die drei Wohngebiete im Westjordanland schoben sich ein nördlicher, die Jesreelebene durchziehender (Ri 1,27; Jos 17,14) und ein südlicher, sich von Jerusalem aus westwärts erstreckender (Ri 1,21.29.35) Gürtel von befestigten kanaanäischen Stadtstaaten. Doch bedeuteten diese sog. Querriegel kaum eine strikte Trennung „Israels".

Während der allerdings etwas jüngeren Richterzeit konnten sich Einzelpersonen wie Stämme aus Mittelpalästina und Galiläa treffen (Ri 4 f; 6 f). Bestanden auch Beziehungen nach Juda im Süden (vgl. Jos 7,1.16; 15,16 mit Ri 3,9; evtl. 12,8)?

Auf die etwa im 12. Jh. v. Chr. abgeschlossene Landnahme folgte der allmähliche Landausbau. Wohl erst diese Periode, in der „Israel erstarkte" (Ri 1,28), ist in höherem Maße durch kriegerische Auseinandersetzungen mit den kanaanäischen Stadtstaaten, insbesondere durch die sog. Debora-Schlacht, geprägt (Ri 4 f; vgl. 1,17.22 ff; Jos 10 f; Num 21,21 ff; aber auch Gen 34). Kanaanäer wurden fronpflichtig

(Ri 1,28 ff; Jos 9) und damit allmählich integriert, so daß Israel religiöse Vorstellungen der einheimischen Bevölkerung übernehmen konnte. Mußten nicht die seit eh und je beim Ackerbau üblichen Bräuche (vgl. Ps 126,5 f) weitergepflegt werden? Waren der lebenspendende Regen und die Fruchtbarkeit des Bodens nicht den Göttern des Landes, vor allem dem Gott Baal, zu verdanken? Letztlich erlaubte die Ausschließlichkeitsforderung des Jahweglaubens nur eine Lösung, die sich allerdings erst nach längerer Zeit durchgesetzt haben wird: Jahwe ist auch Herr des Naturjahres (Gen 2,5; 8,21 J; 1 Kön 17 f; Hos 2 u.a.). An den Heiligtümern im Lande, wie Bet-El oder Schilo, wird Israel die landesüblichen Agrarfeste kennengelernt haben (Ri 9,27; 21,19 ff; vgl. Ex 23,14 ff).

Das Deboralied (Ri 5) besingt, wie eine Stämmekoalition mit Jahwes Hilfe in der Jesreelebene die Kanaanäerstädte besiegte. Ähnlich verbanden sich in anderen Notfällen die unmittelbar betroffenen und die umwohnenden Stämme (vgl. 7,23 f) zum „Jahwekrieg" unter Führung eines charismatischen „Richters" – sei es gegen Übergriffe feindlicher Nachbarn, wie der Ammoniter (Ri 11; 1 Sam 11), oder das Eindringen feindlicher Stämme, wie der Midianiter (Ri 6 f; u. § 11c2).

Schlossen sich in Kriegsfällen einzelne Stämme zusammen, so trafen sich benachbarte Stämme auch zu gemeinsamem Kult an verschiedenen Wallfahrtsheiligtümern (vgl. Dtn 33,19 vom Tabor). Gab es darüber hinaus eine dauernde, irgendwie institutionelle Gemeinsamkeit aller Stämme? Bildete Israel vor der Staatenbildung einen Zwölfstämmeverband, eine sog. Amphiktyonie (M. Noth), mit gemeinsamer Verehrung Jahwes?

Nach älteren (Gen 29,31 ff; 49; Dtn 33) wie jungen (z.B. 1 Chr 2,1 f) Texten fügen sich die Stämme zu einer Zwölfergruppe zusammen; sie sind personifiziert in den zwölf Söhnen des Erzvaters Jakob-Israel und je nach ihren Stammüttern einander zugeordnet:

Söhne Leas: Ruben, Simeon, Levi, Juda, Issachar, Sebulon
Söhne Rahels: Joseph (Ephraim, Manasse), Benjamin
Söhne der Mägde: Dan, Naphtali bzw. Gad, Ascher.

In einer späteren Form der Liste (Num 1; 26) fehlt Levi; die Zwölfzahl wird dann durch Teilung von Joseph in (seine Söhne) Ephraim und Manasse aufrechterhalten.

Gewiß liegen in dem System Symbol und Wirklichkeit ineinander – was aber ist sein historischer Hintergrund? Die (trotz Wechsel der Glieder) auffällig konstante und über Jahrhunderte nachwirkende Zwölfzahl läßt sich aus der Königszeit kaum mehr herleiten; denn das Königtum brachte einen die Stämmestruktur weit übergreifenden National- und schließlich Territorialstaat. Auch entspricht die Rangordnung der Stämme in späterer Zeit nicht mehr der geschichtlichen Wirklichkeit; denn die Stämme Ruben, Simeon und Levi (vgl. Gen 34; 49,3—7) hatten längst ihre Bedeutung eingebüßt oder waren gar verschollen. So wird sich in den Gruppierungen innerhalb der Liste zumindest teilweise eine verschiedene Vorgeschichte der Stämmeverbände verbergen.

Eine eigene Vergangenheit scheint speziell die Sechsergruppe der Leasöhne zu haben; sie war in Mittelpalästina vielleicht bereits seßhaft, bevor die Rahelsöhne Joseph und Benjamin — aus Ägypten — einwanderten, dabei möglicherweise den Jahweglauben mitbrachten und ihn in Israel einführten. Bewahrt Jos 24 eine Erinnerung an dieses Geschehnis?

Vereinigt die Zwölferliste Stämme vom Süden bis zum Norden, wird es auch gewisse Gemeinsamkeiten zwischen allen Stämmen, vielleicht gar eine übergreifende Organisation, gegeben haben.

Die konsequentere Auffassung, daß Juda im Süden und die mittelpalästinischen Stämme Ephraim/Manasse mit dem Zentrum des Jahweglaubens um Sichem (vgl. Gen 33,18—20; Jos 24 u. a.) überhaupt erst seit David eine gemeinsame Geschichte haben, zertrennt die Beziehungen der vorstaatlichen Zeit wohl zu stark. Jedenfalls findet unter jener Voraussetzung die schwierige Frage, wie sich der Jahweglaube auch im Süden durchsetzen konnte, kaum eine befriedigende Antwort.

Die Erzväterüberlieferungen setzen recht enge Verbindungen zwischen Beerscheba (Gen 26,23 ff) oder Hebron (Gen 18) im Süden und Sichem (12,6 u. a.) im Norden voraus. Sollten alle Überlieferungen des Josua- und Richterbuches, die in den Süden übergreifen (Jos 7; 10; Ri 3,9 u. a.), erst der Königszeit entstammen? Selbst die Beschreibung von Ri 1 erfaßt ja auch die Besitzverhältnisse Judas. Vielleicht bewahrt die Liste der sog. kleinen Richter Ri 10,1 ff; 12,8 ff sogar Erinnerungen an ein Amt der Rechtsprechung über (Nord- oder gar Gesamt-?)Israel.

Jedenfalls formte sich in Palästina aus den vielerlei einzelnen Stadtstaaten in den Ebenen und den israelitischen Siedlungsgebieten in den Gebirgen allmählich ein geschlosseneres Gebilde, wie auch Israels Nachbarn — die Ammoniter, Moabiter und Edomiter im Osten und Südosten sowie die Aramäer im Norden und Nordosten — Nationalstaaten gründeten.

c) Die Königszeit

Auch in der südlichen Küstenebene entstand eine neue, für Israel als Ganzes bald bedrohliche Macht: die Philister. Sie waren keine

Semiten (weshalb sie im AT „unbeschnitten" heißen), trafen vielmehr mit der Seevölkerbewegung, die mit der dorischen Wanderung im Zusammenhang steht, in Palästina ein und bildeten schließlich fünf Stadtstaaten (Gaza, Aschkelon, Aschdod, Ekron, Gat). Während die Übergriffe feindlicher Stämme oder Völker in der Richterperiode örtlich und zeitlich begrenzt blieben, erzwang die wachsende (vgl. Ri 3,31; 13–16), schließlich dauernde (1 Sam 4ff; 10,5) Übermacht der Philister mit ihrer überlegenen eisernen Bewaffnung (vgl. 13,19f; 17,7) ein gemeinsames Handeln ganz Israels unter bleibender Führung. So wurde auf Grund außenpolitischen Drucks um das Jahr 1000 v. Chr. das Königtum errichtet und damit ein Staat gebildet (1 Sam 8–12; vgl. § 11c3).

1. Die gemeinsame Zeit beider Reiche

Das Königtum Sauls mit seinen anfänglichen Erfolgen (1 Sam 11; 13ff) und dem katastrophalen Ende (1 Sam 28; 31) war nur von kurzer Dauer. Er scheiterte an der Philisternot, die erst David endgültig zu wenden vermochte.

Noch einmal stellt sich die Frage nach der Verbindung von Nord und Süd. Umfaßte das Reich Sauls wie das seines Sohnes Eschbaal, der nach Sauls Tod eine knappe Übergangszeit regierte (2 Sam 2,9f), nur das spätere Nordreich ohne Juda? Jedenfalls erstreckte sich Sauls Machtbereich auch in den Süden. David vom Geschlecht Isais („Wurzel Jesse") aus Bethlehem in Juda wurde an den Hof Sauls in Gibea nördlich von Jerusalem gezogen (1 Sam 16,14ff; vgl. 22,6), und Saul verfolgte mißgünstig den erfolgreicheren David, der eine Schar von Söldnern um sich versammelte, bis in den Süden (1 Sam 22ff).

Nach einer geringen Zwischenzeit wurde David König – zunächst in Hebron über das Haus Juda (2 Sam 2,1–4), später, durch Vertrag, auch über die nördlichen Stämme (5,1–3). Die Amtseinsetzung geschah durch Salbung, die die Vertreter des Volkes (2,4; 5,3), zumindest gelegentlich auch der Prophet im Namen Gottes (2 Kön 9; vgl. 1 Sam 10,1; 16,13), vornahmen.

So ist der König Jahwes „Gesalbter" (maschiᵃch „Messias": 2 Sam 23,1f; Ps 2,2; 20,7 u.a.), damit unantastbar (1 Sam 24,7.11). Darüber hinaus gilt er als Gottes Sohn, wenn auch durch Adoption (Ps 2,7; 89,27f; 2 Sam 7,14). Ihm gebührt Weltherrschaft (Ps 2; 110), und seine „Gerechtigkeit" wirkt sich noch jenseits des sozialen Bereichs bis in die Natur aus (Ps 72).

David vereinte nicht nur in Personalunion Süd- und Nordstämme, sondern gliederte auch die noch selbständigen kanaanäischen Stadtstaaten in Israel ein. Darüber hinaus machte er mit seinem stehenden Heer die umliegenden Völker, wie die Philister im Westen, die Ammoniter, Moabiter und Edomiter im Osten, ja die Aramäer im Norden (2 Sam 8; 12,30), in verschiedenem Grade abhängig, so daß es ihm gelang, im syrisch-palästinischen Raum ein Großreich zu bilden, zu dem er und sein Nachfolger auch die nötige Organisation schufen (§ 3 c).

Im Rahmen dieser Machtausweitung war ein Schritt für die Folgezeit, auch für Israels Glauben, von hervorragender Bedeutung. David ließ die kanaanäische, genauer jebusitische Stadt Jerusalem, die gleichsam auf neutralem Territorium zwischen Nord- und Südreich lag, durch seine Söldner erobern, erhob sie zur Residenz (2 Sam 5,6 ff) und zugleich – durch Überführung der Lade (2 Sam 6) – zum kultischen Mittelpunkt des Jahweglaubens.

Durch Hofintrigen und Davids Machtspruch wurde Salomo Thronfolger (1 Kön 1). Er errichtete in der Hauptstadt einen Tempel (1 Kön 6–8). Dabei kamen ihm seine internationalen Handelsbeziehungen (9,11.26 ff; 10) zugute. Sie ermöglichten eine Zeit des Friedens und schufen wohl auch die Voraussetzungen für Salomos „Weisheit" (3; 5,9 ff; u. § 27,1).

Der Tempel, in enger Verbindung mit dem Königspalast, erhielt die Würde eines Reichsheiligtums (vgl. Am 7,13), an dem Priester als Beamte tätig waren (1 Kön 4,2). Drängte die neue Überzeugung, daß Jahwe im Tempel (8,12 f) oder auf dem Zion (Jes 8,18; Ps 46; 48; u. § 25,4c) wohnt, die Erinnerungen an die Nomadenzeit nicht zu stark zurück? Neben den Heiligtümern im Lande scheint Jerusalem der Ort gewesen zu sein, an dem fremdreligiöse Vorstellungen – vom Gottesberg (Ps 48,3), himmlischen Hofstaat (29; 89,6 ff), Königtum Gottes (47; 93 ff; Jes 6), Drachenkampf (Ps 77,17 ff), aber auch von Erschaffung der Welt (8; 24,2; 104 u.a.) – in den Jahweglauben eindrangen und zu eigengeprägten Aussagen umgeformt wurden.

2. Die Zeit der getrennten Reiche, bes. des Nordreichs Israel

Das von David geschaffene Großreich begann schon während der Regierung Salomos an den Randgebieten abzubröckeln (1 Kön 11,14 ff. 23 ff), um nach dessen Tod zu zerfallen. Der alte Gegensatz zwischen Nord und Süd, den Aufstände noch zu Lebzeiten Davids und Salomos unter dem Motto „Welchen Anteil haben wir an David?" (2 Sam 20,1;

1 Kön 12,16; vgl. 11,26 ff) wachgehalten hatten, brach bei der sog. Reichsteilung (926 v. Chr.; 1 Kön 12) wieder und endgültig auf. Noch knapp zwei Jahrhunderte später erschien sie dem Propheten Jesaja (7,17) als Tag des Gerichts. Juda im Süden mit der Hauptstadt Jerusalem und Israel im Norden behielten von nun an politische Eigenstaatlichkeit.

Von David und Salomo sind nur die runden Angaben von je vierzig Regierungsjahren bezeugt (1 Kön 2,11; 11,42). Erst mit der sog. Reichsteilung beginnt die sichere Chronologie, innerhalb derer nur noch geringe Zahlendifferenzen möglich sind, da von nun an einerseits im Königsbuch die Regierungszeiten der Herrscher von Nord- und Südreich miteinander verglichen werden (§ 11c4), andererseits Israels Geschichte stärker in die bekannte altorientalische Zeitgeschichte eintaucht (1 Kön 14,25 f; 2 Kön 3 u. a.).

Außerdem setzen mit dem Aufkommen des Königtums die schriftlichen Quellen ein: zunächst die Geschichten von Davids Aufstieg und Thronfolge (§ 11c3), dann die amtlichen „Tagebücher" der Könige (1 Kön 11,41; 14,19 u. a.). Vor allem scheint in der Zeit Salomos die jahwistische, ein bis anderthalb Jahrhunderte später die elohistische Quellenschrift des Pentateuch entstanden zu sein.

Im Südreich regierte über mehr als drei Jahrhunderte lang unangefochten die Daviddynastie, und deren Residenz blieb selbstverständlich Jerusalem mit dem königlichen Heiligtum. Entsprechende Fixpunkte fehlten dem Nordreich; darum wirkt es weniger gefestigt. Die Hauptstadt wechselte: Sichem, Penuel (1 Kön 12,25), längere Zeit Tirza (14,17; 15,21.33 u. a.), schließlich und endgültig Samaria – ein zuvor unbewohnter Hügel, den Omri um 880 v. Chr. durch Kauf erwarb (16,24; vgl. 2 Sam 24,21 ff), so daß die neue Residenz in ähnlichem Sinne Eigentum des Königs wurde wie Jerusalem. Zwar hat man auch im Nordreich wie selbstverständlich die Bildung von Dynastien versucht (1 Kön 15,25; 16,8.29 u. a.; schon 2 Sam 2,8 f); doch wurden sie nach kürzerer oder längerer Zeit durch gewaltsamen Umsturz wieder abgelöst (1 Kön 15,27; 16,9 u. a.). Dabei scheint die prophetische Bewegung durch Designation des neuen Herrschers gelegentlich eine auslösende Rolle gespielt zu haben (Jehus Revolution 2 Kön 9 f; vgl. dann die schematische Darstellung 1 Kön 11,29 ff; 14,14 u. a.). Jedenfalls erwuchsen dem Königtum in den Propheten scharfe Kritiker.

Unter den Regenten des Nordreichs ragen hervor:
Der erste Herrscher Jerobeam I. (926–907) scheint Israel kultisch selbständig gemacht zu haben, indem er Bet-El und Dan zu Reichsheiligtümern erhob (1 Kön 12,26 ff; vgl. Am 7,10.13).

Omri, nach dem die Assyrer das Nordreich „Haus Omris" nennen konnten, und sein Sohn Ahab (um 880−850) förderten zur Integration der kanaanäischen Bevölkerung den Synkretismus. Die Duldung, ja Unterstützung der Baalreligion (1 Kön 16,31 f) forderte den Widerstand der Propheten, bes. Elijas, heraus (u. § 13d).

Jehu (845−818) kam durch eine von jahwetreuen Kreisen unterstützte Revolution an die Macht. Obwohl er gegen den synkretistisch eingestellten Hof eiferte (2 Kön 9 f), wird er wegen seiner Bluttat später vom Propheten Hosea (1,4 f) verworfen. Jehu begründete die am längsten, ein knappes Jahrhundert regierende Dynastie. Zu ihr gehörte Jerobeam II. (787−747), der noch einmal eine Blütezeit des Reiches erlebt zu haben scheint (2 Kön 14,25 ff). Im letzten Vierteljahrhundert wechselten mehrfach die Usurpatoren (unter ihnen Menachem, Pekachja, Pekach), bis der Untergang während der Regierung Hoscheas 722 v. Chr. eintrat (2 Kön 17).

Innenpolitisch war die Entwicklung dieses Staates durch den hohen Anteil des kanaanäischen Bevölkerungselements mit seinen eigenen politischen, rechtlichen, sozialen und religiösen Anschauungen bestimmt. Außenpolitisch galt es zunächst, sich gegenüber Juda im Süden abzugrenzen. Zwischen beiden Bruderstaaten bestand nur zeitweise ein freundschaftliches Verhältnis; wiederholt kam es zu Grenzstreitigkeiten um das benjaminitische Gebiet nördlich Jerusalems (1 Kön 14,30; 15,16 ff; 2 Kön 14,8 ff).

Ein weitaus gefährlicherer und härterer Gegner erstand im Norden. Schon zu Salomos Zeiten machte sich der Aramäerstaat Damaskus selbständig (1 Kön 11,23 f), verwickelte Israel bald in Grenzkämpfe (15,20) und während der zweiten Hälfte des 9. Jh. in schwere Kriege (20; 22; 2 Kön 6 f; 8,12; 13; Am 1,3 f u.a.). Ruhe erhielt Israel erst, als die Assyrer die Macht von Damaskus geschwächt hatten, sich selbst jedoch für einige Jahrzehnte (etwa 800−750) aus dem syrisch-palästinischen Raum zurückzogen, so daß Israel verlorene Gebiete zurückgewinnen konnte (2 Kön 13,25; 14,25.28). Gegen Ausgang dieser Epoche (etwa ab 760) kündeten die Propheten Amos, Hosea und Jesaja aber bereits das „Ende" Israels an.

Schon im 9. Jh. hatten die Assyrer Besitzanspruch auf Syrien erhoben (854/3 Schlacht bei Karkar am Orontes gegen eine Koalition von Kleinstaaten einschließlich Israel), aber erst ab 740 v. Chr. vollzog sich der für Israel bedrohliche Vormarsch dieser wegen ihrer Grausamkeit berüchtigten (vgl. Jes 5,26−29; Nah 2) Militärmacht nach Süden. Die Unterwerfung des Nordreichs ging in drei sich an Härte überbietenden, für die assyrische Expansionspolitik charakteristischen Schritten vor sich:

1. Tributzahlung durch Menachem 738 v. Chr. (2 Kön 15,19f),

2. Verkleinerung des Staates: 733/2 v. Chr. Abtrennung der Nord-
gebiete Israels und Umwandlung in drei Provinzen Dor, Megiddo, Gilead
(2 Kön 15,29) sowie Einsetzung eines Assur ergebenen Herrschers
(Hoschea),

3. Eingliederung des verbliebenen Rumpfstaates (Ephraim) in das
assyrische Provinzsystem, so Aufhebung der letzten politischen Selbständigkeit, Deportation der einheimischen und Einsetzung einer fremden Oberschicht (722 v. Chr.; 2 Kön 17).

So führten Versuche der Kleinstaaten, die Vasallität aufzukündigen,
nur in immer tiefere Abhängigkeit, zunächst in das zweite, dann das
dritte Stadium. In diesen zeitlichen und sachlichen Zusammenhang
gehört der sog. syrisch-ephraimitische Krieg (um 733 v. Chr.), den
Damaskus (Syrien) unter Rezin und Israel (mit Zentrum in Ephraim)
unter Pekach, dem „Sohn Remaljas" (Jes 7,2.9), gegen das Südreich
Juda führten, um es zu einer antiassyrischen Koalition zu zwingen und
den dazu unwilligen regierenden Davididen Ahas zu stürzen (2 Kön
16,5; Jes 7) − doch ohne Erfolg. Die Assyrer drangen in Israel ein,
das in jenes zweite Stadium der Abhängigkeit geriet, und zerstörten
bald darauf Damaskus (2 Kön 16,9). Juda kam mit schwerem Tribut
davon und wurde zum assyrischen Vasallen (16,8.10ff).

Im Jahre 722 v. Chr., nach dreijähriger Belagerung, fiel Samaria −
das bedeutet das Ende der Geschichte des Nordreichs, des einstigen
Kernlandes des Jahweglaubens! Die nordisraelitischen Traditionen (wie
die Botschaft Hoseas, wohl auch die Darstellung des Elohisten und vielleicht eine Vorform des Deuteronomiums) wanderten nach dem Südreich, das den Namen „Israel" weiterführte. Hier liegt nun der Schwerpunkt auch für die weitere Literaturwerdung.

Da die Assyrer − anders als knapp anderthalb Jahrhunderte später
die Babylonier − die deportierte Oberschicht verstreut ansiedelten
(2 Kön 17,6), verliert sich deren Spur. Aus der im Land verbliebenen
Bevölkerung, vermischt mit zwangsweise umgesiedelten Fremden (17,24;
vgl. Esr 4,2), gingen später die Samaritaner hervor.

3. Die Zeit des Südreichs Juda

Die Assyrerkönige bestimmten etwa ein Jahrhundert lang zunächst
die Geschichte beider Reiche, dann des Südreichs:

		Erwähnt
Tiglat-Pileser (III.)	745−727	2 Kön 15,29; 16,7.10
unter dem babylonischen Thronnamen Pul		2 Kön 15,19
Salmanassar (V.)	726−722	2 Kön 17,3; 18,9
Sargon (II.)	721−705	Jes 20,1
Sanherib	704−681	2 Kön 18,13; 19,20.36
		= Jes 36,1; 37,21.37
Asarhaddon	680−669	2 Kön 19,37 = Jes 37,38
Assurbanipal	668−631 (?)	

Wenn auch das Schicksal der Unterworfenen den übrigen Kleinstaaten zur Warnung dienen konnte, kam es doch immer wieder zu Unruhen, so in der Aufstandsbewegung von 713−711 v. Chr., die von der Philisterstadt Aschdod ausging und auch Juda erfaßte (Jes 20). Bei den Bemühungen, die assyrische Vorherrschaft abzuschütteln, suchte man sich der Hilfe Ägyptens zu versichern, wo die äthiopische Dynastie (Jes 18) mit Pharao Schabaka herrschte. Dieses politische Dreiecksverhältnis − die Großmacht Assur, Ägypten, die Kleinstaaten mit Juda − setzen die Worte aus Jesajas Spätzeit voraus, in denen er die Niederlage Ägyptens und seiner Schützlinge androht (bes. Jes 30,1−3; 31,1−3).

Als nach der Thronbesteigung Sanheribs der König Hiskija sogar zum Anführer einer Konspiration wurde − aus diesem Zusammenhang, der Befreiung von assyrischer Abhängigkeit, könnte sich auch die Kultreform (2 Kön 18,4) erklären −, reagierten die Assyrer im Jahre 701 v. Chr. mit der Besetzung des Landes und der Belagerung Jerusalems. Doch zog sich Sanherib aus nicht mehr ganz durchsichtigen Gründen vor Eroberung der Stadt zurück, begnügte sich mit einem Tribut und der Erneuerung des Vasallitätsverhältnisses (2 Kön 18,13−16; vgl. Ps 46,6?). Im allgemeinen Freudentaumel rief Jesaja zur Trauer auf (22,1−14). Das Land Juda scheint, allerdings nur für kürzere Zeit, von der Hauptstadt abgetrennt und an assurtreue Philisterstaaten verteilt worden zu sein (so der Selbstbericht Sanheribs; vgl. Jes 1,4−8).

Zwar konnten die Assyrer um 670 selbst Ägypten unterwerfen (vgl. Nah 3,8), nach 650 v. Chr. verfiel aber allmählich ihre Macht. In den folgenden bewegten Jahrzehnten trat neben Nahum, Habakuk, Zephanja der Prophet Jeremia auf.

Nach der langen Regierungszeit des assurtreuen Vasallen Manasse konnte Joschija bzw. Josia (639−609 v. Chr.) während des Niedergangs assyrischer Vorherrschaft die politische Selbständigkeit wiedererlangen, ja Teile des ehemaligen Nordreichs hinzugewinnen. Diese kurze Zeitspanne der Freiheit machte die Reform möglich, in der das Deuteronomium bzw. dessen Vorform als eine Art Staatsgesetz eingeführt, der Kult von fremden Elementen gereinigt und Jerusalem zum einzigen Heiligtum erhoben wurde (622 v. Chr.; 2 Kön 22 f). Auch wenn dieser Akt für das Verständnis weiter Bereiche des AT entscheidende Bedeutung hat, ist er in seiner Historizität umstritten (u. § 10a,5).

In den Jahren 614−612 fielen Assur und Ninive unter den vereinten Angriffen der Meder (um Ekbatana im Nordwestiran) und Chaldäer bzw. Neubabylonier (die im alt-babylonischen Reich eine Restauration unter dem Mardukkult unternahmen). Zwar suchte Pharao Necho den Untergang des Assyrerreichs zu verhindern; bei diesem Zug kam König Joschija (609 v. Chr.) bei Megiddo ums Leben, und sein Nachfolger Joahas wurde wenig später nach Ägypten verbannt (2 Kön 23, 29 ff; 2 Chr 35,20 ff; Jer 22,10 ff). Aber Nebukadnezzar schlug das ägyptische Heer (bei Karkemisch am Euphrat, 605 v. Chr.) und eroberte damit Syrien/Palästina für Babylon.

Als ein Sohn Joschijas Jojakim (608−598) die Tributzahlungen einzustellen wagte, ließ Nebukadnezzar Jerusalem belagern. Währenddessen starb Jojakim. Sein Sohn und Thronfolger Jojachin konnte nur wenige Monate regieren und mußte bei der ersten Einnahme Jerusalems 597 v. Chr. mit Königsfamilie, Oberschicht und Handwerkern − unter ihnen der Prophet Ezechiel − in die Verbannung ziehen (2 Kön 24,8 ff). Trotzdem scheint Jojachin in gewissen Kreisen weiterhin als der rechtmäßige König gegolten zu haben (vgl. die Datierung Ez 1,2); doch die Hoffnungen, die sich auf ihn richteten, verwirklichten sich nicht (Jer 22,24 ff). Allerdings weiß das deuteronomistische Geschichtswerk als letzte Nachricht (2 Kön 25,27 ff) mitzuteilen, daß Jojachin begnadigt wurde.

Nebukadnezzar verfuhr mit Jerusalem glimpflich und setzte einen neuen Davididen, Zidkija (597−587 v. Chr.), als Regenten ein (2 Kön 24,17). Als dieser in Verkennung der politischen Lage erneut die Vasallität kündigte und Jeremias Warnungen ungehört verhallten, wurde Jerusalem zum zweiten Male belagert und 587 (oder 586?) v. Chr. eingenommen. Nun erst griffen die Babylonier hart, ja grausam zu (2 Kön 25).

Das Ereignis bedeutete einen vierfach tiefen Einschnitt:
den endgültigen Verlust politischer Selbständigkeit (bis zur Makkabäerzeit); Juda wurde babylonische, später persische Provinz,
das Ende des davidischen Königtums (trotz der Natanweissagung 2 Sam 7),
die Zerstörung von Tempel, Palast und Stadt (trotz der Ziontradition Ps 46; 48)

und die Vertreibung aus dem verheißenen Land, die Deportation der verbliebenen Oberschicht (mit den Tempelgeräten).

Damit hatten sich die prophetischen Unheilsankündigungen erfüllt; doch die Geschichte des Gottesvolkes ging weiter.

d) Die exilisch-nachexilische Zeit

Entgegen den Gepflogenheiten der Assyrer setzten die Babylonier in Palästina keine ausländische Oberschicht ein, so daß im Südreich anders als knapp anderthalb Jahrhunderte vorher im Nordreich (2 Kön 17,24 ff) auch keine fremdreligiösen Kulte Einzug hielten. Außerdem ließen die Babylonier die Deportierten beieinander wohnen (vgl. Ez 3,15). Sie konnten Häuser bauen, Gärten anlegen (Jer 29,5 f) und wurden anscheinend durch „die Ältesten" vertreten (Ez 20,1 u.a.). Trotz mehrerer Deportationen war die Mehrzahl der Bevölkerung wohl in Palästina verblieben (vgl. 2 Kön 25,12). Jedenfalls lebte Israel (d.h. die Judäer) oder, wie man nach diesem Einschnitt auch sagen kann, das Judentum in zwei Bereichen: in Palästina und in der Gola (im Exil) bzw. der Diaspora.

Diasporagemeinden entstanden nicht nur in Babylonien, sondern aus verschiedenen Anlässen auch in Ägypten. Nach der Zerstörung Jerusalems setzten die Babylonier den Judäer Gedalja als Statthalter (mit Sitz in Mizpa) ein; nach dessen Ermordung floh eine Gruppe von Judäern nach Ägypten (2 Kön 25,22 ff; Jer 40 ff).

Der vielfältige äußere Verlust brachte insofern einen inneren Gewinn, als die Exilszeit zu einer literarisch ungemein fruchtbaren Epoche wurde: Die Klagelieder (wie auch Ps 44; 74; 79; 89,39 ff; Jes 63,7 ff u.a.) beklagten die Situation im Lande. Dort wirkte die deuteronomistische Schule, die als eine Art Schuldbekenntnis das deuteronomistische Geschichtswerk konzipierte und die Überlieferung der Propheten, vor allem Jeremias, weitergab und bearbeitete. Dagegen entstand die Priesterschrift eher im Exil, wo auch die Propheten Ezechiel und Deuterojesaja (Jes 40–55) auftraten.

Lagen die Machtzentren des alten Orients bisher in Ägypten und Mesopotamien, so ging die Weltherrschaft seit etwa 550 v. Chr. auf neue Kräfte über, die von außen in den altorientalischen Raum eindrangen – zunächst für gut zwei Jahrhunderte an die Perser.

Der letzte babylonische Herrscher Nabonid, der im Gegensatz zur Mardukpriesterschaft von Babylon den Kult des Mondgottes Sin (in Haran) förderte, residierte zehn Jahre lang in der Oasenstadt Tema in der nordarabischen Wüste und überließ die Regierungsgeschäfte seinem Sohn Belschazzar, der in der sagenhaften Erzählung von Dan 5 als letzter König von Babylon vor der Herrschaft der Perser gilt.

Der glanzvolle Aufstieg des Persers Kyros (559—530) vollzog sich in drei Etappen: Errichtung eines medisch-persischen Großreiches (mit Hauptstadt Ekbatana), Unterwerfung Kleinasiens durch Sieg über den Lyderkönig Krösos und Einzug in Babel (539 v. Chr.). Das zweite Ereignis scheint sich in der Botschaft des Exilspropheten Deuterojesaja widerzuspiegeln (u. § 21,1).

Die frühen Perserkönige achteten die Traditionen der unterworfenen Völker und förderten die einheimischen Kulte. Mit diesem Verhalten stimmt gut überein, daß Kyros bereits nach einem Jahr (538) den Befehl zum Wiederaufbau des Jerusalemer Tempels und zur Rückgabe der nach Babylon verschleppten Tempelgeräte gegeben haben soll. Das Edikt ist Esr 6,3—5 (u. § 12b) in Aramäisch erhalten, das Amtssprache im westlichen Teil des Perserreichs wurde und Hebräisch als Volkssprache mehr und mehr verdrängte.

Die Rückwanderung erfolgte erst allmählich und in Schüben (nach Esr 2 unter Serubbabel, nach 7,12 ff unter Esra; vgl. 4,12). Viele blieben in der Fremde, in der es ihnen wirtschaftlich wohlerging. Der Wiederaufbau des Tempels vollzog sich auf Drängen der Propheten Haggai und Sacharja (u. § 22) erst in den Jahren 520—515 v. Chr.

Zu Kyros Zeiten trat als Überbringer der Tempelgeräte Scheschbazzar hervor, der auch die Grundsteinlegung am Heiligtum vorgenommen haben soll (Esr 5,14 ff; 1,7 ff). Er ist wie der etwas später wirkende Serubbabel, Enkel des 597 v. Chr. verbannten Königs Jojachin, persischer Beamter. An Serubbabel hefteten sich noch einmal messianische Hoffnungen (Hag 2,23 ff; Sach 6,9 ff), die aber unerfüllt blieben.

Das 5. und 4. Jh. ist eine ziemlich unbekannte Zeit, aus der nur wenige Einzelereignisse hervorragen. Um 450 v. Chr. sorgten Esra durch die strenge Verpflichtung auf das Gesetz und Nehemia durch den Mauerbau um Jerusalem nach innen wie nach außen für die Festigung der Gemeinde — allerdings um den Preis einer schroffen Abgrenzung (im einzelnen u. § 12b). Etwa in diesem Zeitraum wird auch der Prophet Maleachi aufgetreten sein (u. § 22,4).

Nach der zweihundertjährigen Epoche persischer Vorherrschaft (539—333 v. Chr.) leitete Alexander der Große mit dem Sieg bei Issus (333) das hellenistische Zeitalter ein. Nach dem Tode Alexanders (323) fiel Palästina in den Diadochenkämpfen für ein Jahrhundert dem (ägyptischen) Ptolemäerreich (301−198) zu, um dann dem (syrischen) Seleukidenreich (198−64 v. Chr.) anzugehören.

Hervorragendes Ereignis war nach dem Regierungsantritt des Seleukiden Antiochus IV. Epiphanes der Aufstand der Makkabäer zur Abwehr fremden Kults. Kurz vor Wiedereinweihung des Tempels 164 v. Chr. entstand das Danielbuch (§ 24).

Im Jahre 64 v. Chr. geriet Palästina unter römische Herrschaft. Im Jahre 70 n. Chr. wurde Jerusalem mit dem Tempel ein zweites Mal zerstört, und nach dem Aufstand des Simeon−Bar Kochba 132−135 n. Chr. durfte die Stadt, nun Aelia Capitolina, von Juden nicht mehr betreten werden.

3

ELEMENTE DER SOZIALGESCHICHTE

Zum Verständnis alttestamentlicher Überlieferungen ist es gelegentlich wichtig, gewisse Grundkenntnisse von ihrem sozialen Hintergrund zu besitzen: Wie mag etwa das Leben der Erzväter ausgesehen haben, oder auf welche Verhältnisse gründen sich die sozialen Anklagen der Propheten? Allerdings setzen die biblischen Aussagen die jeweilige gesellschaftliche Situation mehr voraus, als daß sie diese darstellen; denn sie haben an ihr ja kein unmittelbares Interesse. Dieses gilt vielmehr Gottes Geschichte mit Israel. Das selbstverständlich Gegebene braucht nicht explizit erwähnt oder aufgeschrieben zu werden.

So muß die Sozialstruktur aus verschiedensten indirekten Angaben, auch hier und da gegebenen Vergleichsmöglichkeiten meist mühselig erschlossen werden. Insofern bleiben Untersuchungsergebnisse nicht selten unsicher und fallen selbst bei Grundproblemen recht verschieden aus. Der folgende, nach den Epochen der Geschichte Israels gegliederte Überblick will nur einige Problemfelder umreißen.

a) Die nomadischen Sippen

Israels Vorfahren lebten in Zelten bzw. einem gemeinsamen Zeltlager und zogen von Ort zu Ort (Gen 13,3; 18,1ff; 31,25.33f; vgl. 32,2 u.a.). Das Zelt „aufschlagen" (12,8; 26,15; 33,19) heißt, an einem Ort verweilen; umgekehrt hat „herausreißen" (der Zeltpflöcke) die Bedeutung „aufbrechen, weiterziehen" bekommen (12,9; 33,12 u.ö.). Noch Jahrhunderte nach der Seßhaftwerdung lebt der Ruf „(Israel) zu seinen Zelten" weiter und meint die Rückkehr nach Hause (Ri 7,8; 1 Sam 4,10; 2 Sam 20,1.22; 1 Kön 12,16 u.a.).

1. Israels Väter betrieben Viehzucht, waren allerdings anders als die arabischen Beduinen bis in die Gegenwart keine Kamelhirten. Kriegerische Kamelreiter waren erst die in Israel räuberisch einfallenden Midianiter (Ri 6,5; 7,12; vgl. Gen 37,25; auch 1 Sam 30,17 von Amalekitern). Die Väter lebten als Halbnomaden vielmehr mit und von ihren Herden aus Schafen und Ziegen (ṣo'n „Kleinvieh"; vgl.

Gen 30,31 ff), aus deren Fellen sie auch ihre dunkelbraunen Zelte (Hld 1,5) anfertigten. Transport- (Gen 22,3.5; 42,26 f; 45,23; Ex 23,5 u.a.) und Reittier (Ex 4,20; Num 22,22 ff; noch Sach 9,9) war der Esel – höchstens vereinzelt das Kamel (Gen 31,17.34; 24,10 ff), das noch nicht in Herden gezüchtet wurde. Rinderhaltung wurde zumindest in größerem Stil erst mit der Seßhaftwerdung möglich.

Die Art der Viehhaltung machte eine besondere (weniger kriegerische) Lebensweise erforderlich. Anders als Kamele können Schafe und Ziegen nicht so weite Strecken zurücklegen und benötigen regelmäßig Rastplätze mit ausreichend Wasser und Futter. Die Herden leben nur am Rande der Wüste und in der regenreicheren Steppe.

Was das AT „Wüste, Steppe" (*midbar*) nennt, ist eine Gegend, die zwar wasserarm (Ex 15,22), jedoch nicht völlig wasserlos, nämlich ohne Quellen, Zisternen (Gen 16,7; 36,24; 37,22) und Regenfälle, ist, so daß hier und da ein Strauch oder Baum gedeihen kann (1 Kön 19,4) und gelegentlich eben auch Schafe und Ziegen Weidemöglichkeiten finden (Ex 3,1; 1 Sam 17,28).

Die wenigen Wasserstellen waren Objekt häufiger Streitigkeiten (Gen 26,20 f; 21,25; 13,7; Ex 2,17 ff), aber auch natürlicher Treffpunkt (Gen 24,11 ff; 29,2 ff; Ex 2,15 ff). An Oasen wurde sogar Recht gesprochen (Gen 14,7; vgl. Ex 18).

Darüber hinaus scheint das Leben der Halbnomaden durch den regelmäßigen, etwa halbjährlichen Weidewechsel zwischen Steppe und Kulturland, die sog. Transhumanz, bestimmt gewesen zu sein. Während der winterlichen Regenperiode hielten sie sich in der Steppe auf und wanderten im Sommer nach Verdörren der Steppe auf die abgeernteten, ihnen dann zugänglichen Felder des Kulturlands.

Weil die Halbnomaden zwischen dem Rand des Kulturlands und dem Kulturland selbst hin und her pendelten, standen sie mit der Landbevölkerung auch in engerem Kontakt; Handel und Heirat waren möglich (vgl. Gen 34; 38). Ja, Israels Vorfahren befanden sich anscheinend bereits im allmählichen Übergang von halbnomadischer zu seßhafter Lebensweise mit Ackerbau und Rinderzucht (26,12; 33,19; 23 P). Kaum zufällig spielen die meisten Vätererzählungen im Kulturland und ist die Verheißung von Landbesitz ein sie durchgängig prägender Zug (12,7; 28,13 u.a.).

2. Ein einzelner kann unter den harten Bedingungen der Steppe bzw. Wüste kaum existieren. So lebt der Mensch in Gruppen, die einerseits groß genug sein müssen, um sich selbst erhalten und schützen zu können, andererseits nicht zu groß werden dürfen, um noch genügend Wasser zu finden. Allerdings haben nomadische Lebensgemeinschaften recht unterschiedliche Größe. Darf man die im AT keineswegs festgeprägte Termi-

nologie vereinheitlichen, so kann man eine Gliederung erkennen, die das
Zusammenleben bis weit in die Zeit der Seßhaftigkeit hinein geregelt hat
(Jos 7,14; 1 Sam 10,19 ff; 9,21):

Mann

„Haus", d. h. Haushalt
> Es ist nach Seßhaftwerdung die Bezeichnung für die Familie, an deren Spitze
> der Hausvater steht. Ihm kommt die Mund- bzw. Rechtsgewalt zu (vgl. Gen
> 38,24 ff; 42,37; 16,5 f; 19,8; Ex 21,7; Ri 19,24; eingeschränkt Dtn 21,18 ff).
> Darum auch „Vaterhaus".

Sippe
> Sie wird durch die Sippenältesten, wohl die Familienhäupter, geleitet und
> scheint eine „Tausendschaft" heerbannfähiger Männer zu stellen (Mi 5,1;
> 1 Sam 8,12; 23,23; Ri 6,15).

Stamm
> Die grundlegende Gemeinschaft ist nicht der Stamm, sondern die
> (Groß-)Familie. Sie konnte möglicherweise schon in nomadischer Zeit,
> jedenfalls später, drei bis vier Generationen umfassen: Frau und Neben-
> frauen (1 Sam 1,1 f; Ri 19,1 f; 8,30), die verheirateten Söhne, deren
> Kinder und vielleicht Enkel, dazu die ledigen Töchter (Num 30,4),
> schließlich Schwestern und Brüder des Hausvaters (vgl. Dtn 25,5;
> Ps 133,1; zum Ganzen Lev 18; Dtn 27,20 ff).
>
> Die aus dem Dekalog bekannte Drohung „Ich bin ein eifernder Gott, der
> heimsucht die Schuld der Väter an den Söhnen bis ins dritte und vierte Glied"
> (Ex 20,5; 34,7 u. a.) hat wohl eine solche Großfamilie im Sinn, die Schicksals-
> schläge gemeinsam erlebt und zu tragen hat. Erst die Verheißung „der Gnade
> übt an Tausenden (Geschlechtern)" greift weit über alle geschichtliche Wirklich-
> keit hinaus.
>
> Die Großfamilie, eine Wirtschafts-, Rechts- und Kultgemeinschaft, ist „eine
> durch Blutsverwandtschaft konstituierte Gruppe, in der Pflichten und Aufgaben
> zum Schutz aller Glieder der Gemeinschaft geregelt sind, in der also Solidarität
> und gegenseitige Verantwortung herrschen, in der das vom Patriarchen ver-
> waltete Familieneigentum (an Herden, später an Land) zum Nutzen und zur
> Ernährung aller dient und in der die vom Familienvater autorisierten Regeln
> und Verbote das ungestörte Zusammenleben aller sichern sollen" (W. Thiel).

3. Die Familie, die Sippe, der Stamm und selbst noch das Volk verstehen sich als „Söhne" eines „Vaters", des Stammvaters, Ahnherrn
bzw. Eponymen (Jer 35,16). Die Gruppe fühlt sich in diesem einzelnen
personifiziert bzw. inkorporiert (*corporate personality*). Bildet zunächst
der Stamm die größtmögliche verwandtschaftliche Bezugsgruppe, so
wird es in Israel das Volk (vgl. etwa Ex 1,1 ff oder die Stämmelisten
Num 1; 26).

Durch welche geschichtlichen Vorgänge ein nomadischer Verband auch zustande gekommen oder sich gewandelt haben mag, er erklärt seine Zusammengehörigkeit und seine Abkunft durch (oft fiktive) Blutsverwandtschaft und zeitlichen Ablauf, d.h. genealogisch. Der Stammbaum stellt Einheit (die Beziehung zwischen einzelnem und Gemeinschaft) und Geschichte der Gruppe dar.

4. Innerhalb der Gruppe wird Solidarität geübt, der einzelne genießt Schutz und Recht. Eine übergeordnete Rechtsinstanz gibt es nicht. Doch herrscht nach außen eine strenge Ordnung – das *ius talionis*, also bei Körperverletzung die Vergeltung von Gleichem mit Gleichem (Ex 21,23 ff; Lev 24,18 ff; auch Dtn 19,21) und bei Tötung Blutrache (Num 35,9 ff; Dtn 19; 2 Sam 21 u.a.). „Wir werden es hier mit einer Rechtsnorm zu tun haben, die zwischen den einzelnen Gemeinschaften gegolten hat, das heißt einem Intergentalrecht" (V. Wagner, 14).

Zwischen vorsätzlichem und unabsichtlichem Totschlag wird ursprünglich nicht unterschieden (vgl. den Zusatz Ex 21,13 f gegenüber dem alten Rechtssatz 21,12). Diese – vom einzelnen aus geurteilt, grausame – Einstellung ist vom vorausgesetzten Gruppendenken her verständlich. Blutrache schafft für Verlorenes einen Ausgleich, erhält so innerhalb des nomadischen Lebenssystems das Gleichgewicht der Kräfte: Keine Gruppe soll sich, gewollt oder ungewollt, über die andere erheben. So dient auch die Blutrache letztlich dem Schutze der Gruppe und des einzelnen (vgl. Gen 4,14 f).

Ist der einzelne auch rechtlos, so wird gegenüber Fremden doch Gastfreundschaft geübt (Gen 18 f; Ex 2,20 f; Ri 19,16 ff), und Gastrecht schließt Schutz ein.

Insgesamt hat diese Denk- und Lebensweise zur Folge, daß die Gemeinschaft weit über die nomadische Zeit hinweg gleichsam einen Vorrang vor dem einzelnen erhält. Das Individuum muß sich erst allmählich aus der Gemeinschaft lösen (vgl. Ez 18).

b) Der Landbesitz

Mit der Seßhaftwerdung werden aus Nomaden Bauern und Dorfbewohner. Selbst wenn sich eine Sippe geschlossen an einem Ort niederläßt oder mehrere Sippen gemeinsam eine Siedlung gründen, so wird doch die Nachbarschaft allmählich stärker als verwandtschaftliche Beziehungen; der territoriale Zusammenhang überlagert oder verdrängt die Sippenstruktur.

1. Grundbesitz wird die Existenzgrundlage der Sippe bzw. Familie und sichert zugleich die soziale Stellung des freien Mannes (vgl. Mi 2,2: „ein Mann − sein Haus − sein Erbbesitz"). So muß er ein für den Lebensbedarf ausreichendes Stück Ackerland erhalten. Wahrscheinlich gab es außerdem noch Gemeinbesitz. Ob ursprünglich mehr oder weniger der gesamte Boden der Gruppe gehörte (Allmende) und in regelmäßigem Turnus durch Los an den einzelnen Familienvater verteilt wurde, bleibt unsicher; denn von einer Losentscheidung bei der Landverteilung berichtet das AT nur als einmaligen Akt, nicht als in gleichen Zeitabständen wiederkehrenden Ritus (Jos 14,2; 18,6.8; Ez 45,1 u.a.; auch Mi 2,5; Ps 16,5 f).

Das Erbe fiel vorwiegend dem Erstgeborenen zu (Dtn 21,17). Konnte der Vater das Erstgeburtsrecht in alter Zeit auch einem anderen Sohn zusprechen (Gen 48; vgl. 49,3 ff; 25,31 ff)? Jedenfalls war geerbtes Grundeigentum nach israelitischem − anders als nach kanaanäischem (Gen 23; 2 Sam 24; 1 Kön 16,24) − Recht unveräußerlich, für den Eigentümer also nicht frei verfügbar. Er durfte es vielleicht nicht einmal verpachten, zumindest nicht verkaufen (1 Kön 21; vgl. Dtn 27,17 u.a.).

Von Hause aus ist der „Erbbesitz" (*nachᵃla*) „eines Einzelnen auf jeden Fall ein Besitz an Nutzland, der ihm im Erbgang überkommen und somit unterschieden ist vom Bodenbesitz, der durch Kauf, Tausch, Pfandverfall u.ä. erworben wurde, unterschieden auch vom Anteil am Gemeindeland, den jemand in Besitz haben konnte … Daß die Sippe ein Vorkaufs- bzw. Loskaufsrecht hatte, wenn es doch zu einer Veräußerung (Verkauf oder Pfandverfall) kam, ersieht man aus Jer 32 und Lev 25" (F. Horst, Festschrift W. Rudolph, 1961, 148 f).

Letztlich mag Gott selbst als Eigentümer gegolten haben (Lev 25,23), der das Land zu einem bestimmten Zeitpunkt der Geschichte den Einwanderern als Erbbesitz übergab (vgl. Dtn 12,10; Ps 78,55). Ihnen gehörte es nicht von Natur aus, darum nicht selbstverständlich.

Der Israelit erkannte die Oberhoheit Jahwes über das Land an, indem er das Beste, den Erstlingsanteil, der Tiere und der Ernte Gott bzw. dem Heiligtum übereignete (Ex 22,28 f; 23,19; 34,19 ff); die menschliche Erstgeburt wurde ausgelöst (34,20).

2. Nach der Ansiedlung wurden aus den Sippenältesten die „Ältesten des Ortes", die freien, grundbesitzenden Bürger, die innen- wie außenpolitisch wichtige Entscheidungen zu fällen hatten (Ri 11,5 ff; 1 Sam 30,26 ff; 2 Sam 3,17; 5,3; 19,12; Rut 4; vgl. Ex 18,12; 24,1.9 u.a.).

„Vollbürger sind diejenigen Männer, welche auf eigener Scholle sitzen, keiner Vormundschaft mehr unterstehen und die vier großen Rechte zur Ehe, zum Kult, zum Krieg und zur Rechtspflege besitzen" (L. Köhler, 147).

Die Ältesten waren wohl die Sippenhäupter, damit der hervorgehobene Teil bzw. die Vertreter der „Männer", d.h. wiederum der rechts- und waffenfähigen Vollbürger. Diese sind vielfach gemeint, wenn vom „Mann" (Ex 21,12ff; 1 Sam 11,1.9f.15; 2 Sam 2,4 u.a.) die Rede ist.

Manche alttestamentlichen Rechtssätze, auch der ethische Teil der zehn Gebote in ihrer noch erschließbaren Urgestalt (vgl. § 9b,1), entstammen diesem Lebensbereich. Geschützt wurden durch das Verbot des Ehebruchs, des Personendiebstahls (Ex 21,16), des Totschlags (21,12; Dtn 27,24) und des Begehrens des fremden „Hauses" (Dtn 5,21; primär Grund und Boden) Familie, Freiheit, Leben und die wirtschaftliche Existenzgrundlage des freien Mannes, während Frauen, Kinder und (kriegsgefangene, eingehandelte) Sklaven nach diesem alten Verständnis mehr oder weniger als „Eigentum" des Mannes galten (vgl. Ex 20,17).

3. Nicht zufällig findet sich in jenem Kontext, der den Lebensbereich des freien Mannes schützt, auch das Verbot falscher Zeugenaussage vor Gericht (Ex 20,16; vgl. 23,1ff; Dtn 27,25); denn die Rechtsprechung lag zunächst ebenfalls in den Händen der freien Vollbürger. Berufsrichter, vom König eingesetzte Beamte, gab es erst in späterer Zeit (16,18 u.a.; dazu Macholz). Die Männer wirkten als Zeugen wie als Richter, d.h. zunächst als Schlichter in Streitfällen, wenn sie „im Tor" zum Gericht zusammentraten (Rut 4,1f; Jer 26; Dtn 21,19; 22,15ff; Am 5,10.15; Klgl 5,14).

Dies ist schlicht der Durchgangsraum des Stadttors oder unmittelbar vor ihm ein kleiner Platz im Ortsinnern, an dem man zusammenkommen (Spr 31,23; vgl. Jer 15,17) und auch einkaufen (2 Kön 7,1) konnte.

Das Segenswort „Der Herr behüte deinen Ausgang und Eingang" (Ps 121,8; vgl. Dtn 28,5) gehört wohl in diese Situation am Stadttor. „Ausgang und Eingang" meinen den morgendlichen Gang des Bauern zu seinem Feld und die abendliche Heimkehr, also das Tagewerk (vgl. Ps 104,23).

Bei dieser Art der Rechtsprechung waren die Personen benachteiligt, die keinen männlichen Rechtsschutz hatten und selbst nicht rechtsfähig waren. So prägt das AT ein, Witwen, Waisen und den im Land wohnenden Fremden nicht zu bedrücken (Ex 22,20f; 23,6ff; Dtn 27,19; 24,17; Lev 19,33f; Jes 1,17.23).

c) Wandlungen durch das Königtum

Ähnlich wie die Landnahme brachte das Königtum einen allmählichen, aber tiefgreifenden Wandel in der gesellschaftlichen und wirtschaftlichen Entwicklung — sowohl durch seine direkten als auch seine
indirekten Auswirkungen, nämlich die Eingliederung der Kanaanäerstädte in Israel und den zunehmenden Fremdeinfluß.

1. Das Königtum schuf über die Stämmestruktur hinaus eine Verwaltung, die das Volksganze übergriff (vgl. die Volkszählung 2 Sam
24,1 f). Zur Erhebung der — für Hofhaltung und Heerwesen nötigen —
Steuern und Abgaben bedurfte es der Beamten, die gewiß in Schulen
unterrichtet wurden (u. § 27,2).

Drei Listen (2 Sam 8,16—18; 20,23—25; 1 Kön 4,2—6; vgl. 4,7ff)
zählen die hohen zivilen wie militärischen Beamten z.Z. Davids und
Salomos auf: (Ober-)Priester (am Staatsheiligtum), Schreiber (Staats-
sekretär; vgl. 2 Kön 12,11), Sprecher (Herold), Anführer über den Heerbann wie die Söldnertruppe, Fronvogt, ein „Freund des Königs" (wohl
Berater) und einer „über das Haus", d.h. der Palastvorsteher und vielleicht zugleich Krongutverwalter (vgl. 2 Kön 15,5; Jes 22,15 ff).

2. Das Volksheer wurde nur bei Bedarf aus den freien Bauern einge-
zogen, die sich selbst bewaffnen mußten und aus der Beute entlohnt
wurden (vgl. Jes 9,2). Nun verlor es durch das aufkommende stehende
Heer allmählich seine Bedeutung. Es gab ansatzweise vielleicht schon zur
Zeit Sauls (1 Sam 14,52), jedenfalls ausgebaut von David (22,2; 27,2;
2 Sam 5,6) eine Söldnertruppe (auch „Kreti und Pleti" als Leibwache:
2 Sam 8,18 u.a.). Sie wurde seit Salomo durch ein Streitwagenkorps ergänzt (1 Kön 5,6ff; 9,17ff; 10,28f; vgl. 1,5; 2 Sam 15,1; 1 Sam 8,11f).

3. Neben dem Grundeigentum der freien Israeliten bildete sich ein
im Laufe der Zeit immer stärker anwachsendes Krongut (Domänen),
das sich durch Einzug frei gewordenen Landbesitzes, Zukauf und auf
andere Weise vergrößerte (1 Sam 8,12.14; 22,7; 1 Kön 21,2.15f;
2 Kön 8,3ff; 1 Chr 27,27f; 2 Chr 26,10). Es diente zum Lebensunterhalt
für den Hof, zur Besoldung des (Berufs-)Heeres und zur Belehnung der
Beamtenschaft.

4. Vielleicht schon David (2 Sam 20,24), sicher Salomo (1 Kön 4,6
u.a.) verpflichtete die fremde (9,20ff) oder auch die einheimische (5,27)
Bevölkerung zur Fronarbeit speziell bei der Bautätigkeit (wie sie Israel
in Ägypten leisten mußte: Ex 1,11). Fronverpflichtung ist von Sklaverei
zu unterscheiden: Kann ein Sklave auch einem Privatmann gehören und

verkauft werden, so ist Frondienst dem König oder Gemeinwesen – vielleicht nur auf Zeit, jedenfalls für einen bestimmten Zweck – zu leisten. In manchen dieser neuen Errungenschaften, wie in der Einrichtung von Staatsämtern oder der Verpflichtung des Volkes zum Frondienst, wirkten fremde Vorbilder auf Israel ein. Welche Vollmachten der König – wohl auf Grund kanaanäischer Gegebenheiten – beanspruchen konnte, zeigt die polemische „Gerechtsame des Königs" (1 Sam 8,11–17): „Er wird nehmen" die Söhne für die (untere) Leitung des Heeres, die Bewirtschaftung der königlichen Güter und die Herstellung der Geräte, die Töchter als „Salbenmischerinnen, Köchinnen, Bäckerinnen" für die Hofhaltung, „die besten Felder, Weinberge und Ölbaumpflanzungen" für die Versorgung der Beamten und den Zehnten als Steuer. Wieweit die Verfügungsgewalt des Königs im einzelnen tatsächlich reichte, muß allerdings offenbleiben (vgl. Dtn 17,16; 1 Sam 22,7; 1 Kön 9,22; 21; Am 7,1).

Zudem bildete sich in der Königszeit keine überall einheitliche Situation heraus. So bestanden gewisse Unterschiede, manchmal gar Gegensätze zwischen Stadt und Land, im Süden vor allem zwischen der Stadt Jerusalem und dem Land Juda. Die führenden Kreise der Landbevölkerung, im AT „Volk des Landes" (ʿam haʾarez) genannt – das sind wiederum die vollberechtigten, grundbesitzenden Bürger – greifen gelegentlich kräftig in die Politik ein und stehen dabei treu zur Daviddynastie (2 Kön 11,14ff; 14,21; 21,24; 23,30; vgl. 15,19f; auch § 17,1).

d) Soziale Gegensätze zur Zeit der großen Propheten

Über jene Entwicklung hinaus kamen seit der Königszeit allmählich, anscheinend beschleunigt im 8. Jh. v. Chr., Sozialunterschiede auf – Gegensätze zwischen arm und reich, wie sie der stärker gleichgearteten Gesellschaft in nomadischer Zeit oder noch der Frühzeit nach der Landnahme in diesem Ausmaß unbekannt waren (vgl. schon 1 Sam 25,2; 2 Sam 19,33).

1. Zwar gab es gewisse soziale Sicherungen und Rechtsvorschriften, die die wirtschaftlich-soziale Gleichheit der Glieder des Gottesvolkes zu wahren suchten und wohl auch eine Zeitlang wirksam waren, wie:

(a) die Unverkäuflichkeit des Erblandes (vgl. 1 Kön 21),
(b) das Recht bzw. die Pflicht des nächsten Verwandten, Grundbesitz zu „lösen", d.h. freizukaufen und so der weiteren Familie zu erhalten (Rut 4; Jer 32,6ff; Lev 25,24ff),

(c) die Freilassung aus Schuldknechtschaft nach sieben Jahren (Ex 21,1 ff;
    Dtn 15,12 ff) oder die Forderung von Lev 25, im Jobel- bzw. Hall-
    jahr, d. h. in jedem 50. Jahr, verkauften Grund und Boden zurück-
    zugeben und Schuldsklaven zu entlassen (wieweit wurde die Rege-
    lung praktisch durchgeführt?),

(d) das Verbot des Zinsnehmens (vgl. Ex 22,24; Dtn 23,20 f;
    Lev 25,35 ff),

(e) überhaupt die verschiedenartigen Forderungen der Armenfürsorge
    (Lev 19,9 ff; Rut 2,9.14 ff u. a.).

2. Jedoch reichten solche Gegenmittel unter den neuen durch das
Königtum und die Verstädterung geschaffenen Verhältnissen nicht aus.
Das Königtum − mit seinen politischen, militärischen, wirtschaftlichen,
auch kultischen und rechtlichen Kompetenzen − ließ an zentralen Stellen, zumal in den Hauptstädten (Jerusalem, Samaria) Machtballungen
entstehen. So verlagerte sich das Schwergewicht in die Städte, in denen
statt des ländlichen Bauernstandes Kaufleute wirkten, Handwerk und
Gewerbe anscheinend schon früh eigene Gassen hatten (Jer 37,15; vgl.
1 Kön 20,34). Die mit dem Krongut belehnte Beamtenschaft des Königs,
die auch die Steuern einzog, wuchs zu einer neuen Oberschicht heran.

Der Wandel im Sozialgefüge scheint zugleich „nationale" Aspekte zu
haben: In ihm setzt sich die kanaanäische gegen die altisraelitische
Gesellschafts- und Wirtschaftsordnung durch. Dort waren die stärkere
Schichtung der Gesellschaft, der Vorrang des Handels und des Stadt-
lebens, aber auch der Großgrundbesitz längst gegeben. Seit der davidisch-
salomonischen Herrschaft war ja die ursprünglich nichtisraelitische Bevölkerung der Städte in den Staat eingegliedert, so daß sich zumindest
von da an auch in der Sozialstruktur nomadische und einsässige Traditionen mischten. Vielleicht wurde diese allgemeine Entwicklung im
Nordreich des 8. Jh. noch durch einen wirtschaftlichen Aufschwung in
einer außenpolitisch günstigen Situation (2 Kön 14,25) beschleunigt.

Mit der Zunahme von Handel und Verkehr wurden die Bauten
prunkvoller (Am 3,15.9 f; 5,11; 6,4.8; Jes 5,9). Reiche Großgrundbesitzer gaben (entgegen dem Gebot Ex 22,24) den einfacheren Bauern Dar-
lehen mit zu hohen Zinsen, die jene nicht zurückzahlen konnten; erleichtert wurde dies Verfahren durch den Übergang von der Natural- zur
Geldwirtschaft (d. h. zunächst Abwägung von Edelmetall: Ex 21,32;
22,16; Hos 3,2 u. a.).

„Der Reiche herrscht über die Armen,
und der Schuldner ist des Gläubigers Sklave" (Spr 22,7).

Schuldabhängigkeit führte zur Verpfändung oder zum Verkauf von Landbesitz. Das bedeutete Anhäufung der Ländereien in wenigen Händen (Jes 5,8; Mi 2,2; demgegenüber Ez 47,14). Der Verlust an Grund und Boden zog den Übergang in das Dasein eines Tagelöhners (vgl. Lev 19,13; 25,39f; Dtn 24,14) oder gar Schuldsklaven (2 Kön 4,1; Am 2,6) nach sich (vgl. schon 1 Sam 22,2; 12,3; später Neh 5). Die wenigen Armen der Frühzeit wurden zur Mehrzahl. Mit ihrer sozialen Rolle büßten sie zugleich ihre Rechtsstellung ein (vgl. Ex 23,3.6f).

„Die Rechtsgemeinde ist vollkommen, solange sie die Versammlung freier, unabhängiger und an Besitz ungefähr gleichstehender Bauern ist, deren Anliegen sie in billigen, gemeinschaftserhaltenden Ausgleich zu bringen hat. Aber das achte Jahrhundert ... zeigt uns eine starke Verschiebung der Besitzverhältnisse und den Beginn einer spürbaren Schichtung der hebräischen Gesellschaft. Neben den Besitzenden tritt der Besitzlose, neben den Unabhängigen der Abhängige; und jetzt versagt die Rechtsgemeinde. Die Mündlichkeit und Öffentlichkeit ihres Verfahrens setzt voraus, daß jeder Rechtssasse unabhängig vom anderen Recht spreche; aber die Furcht vor den wirtschaftlich Mächtigen, die im engen dörflichen Zusammenleben empfindlich schaden können, macht hörig und unfrei" (L. Köhler, 161f).

3. Demnach sind in der Bevölkerung Israels, gewiß stark vergröbert, zumindest vier Schichten zu unterscheiden:

die eher in den Städten lebenden − zivilen und militärischen − Beamten, Kaufleute und Handwerker,

auf dem Lande die freien Grundbesitzer,

die Leute ohne Grundbesitz, die Armen (mehr oder weniger einschließlich der Witwen, Waisen und Fremdlinge),

und die unfreien Sklaven.

Die Sklaven − eine im alten Orient selbstverständliche Institution − gehörten ihrem Herrn und konnten verkauft werden (vgl. Ex 21; weitergeführt Dtn 15,12ff; 23,16f). Dennoch braucht ihr persönliches Ergehen nicht hart gewesen zu sein: Sie konnten etwa am Gottesdienst teilnehmen (Ex 20,10; 12,44; Dtn 12,18 u.a.) oder ehrenvolle Aufgaben übernehmen (Gen 24; vgl. 15,2). Auch ist der Begriff „Sklave" nicht auf eine bestimmte Bevölkerungsschicht eingeengt; beispielsweise gelten die hochgestellten Hofbeamten als „Sklaven" (Minister) des Königs.

e) Die nachexilische Situation

Mit der Eroberung Jerusalems und dem Beginn des Exils ging die staatlich-politische Organisation Israels zugrunde. Was blieb oder neu entstand, hatte eher familiäre Struktur: einerseits das „Vaterhaus", eine Art Großfamilie (Esr 1,5; 2,59 f. 68; 4,2 f; 10,16 u. a.), andererseits die Institution der „Ältesten", die ihre längst verlorene Bedeutung zurückerhielt (Jer 29,1; Ez 8,1; 14,1; 20,1 ff; Esr 5,9; 6,7; 10,8.14 u. a.).

Die leitende Verwaltung lag in der Hand persischer Beamter (Neh 2,7 f.16; 5,7.14 f; Dan 3,2 f; vgl. § 12b). Israel bildete eine Gemeinde, die sich um den zweiten Tempel scharte, mit dem Gesetz lebte und religiös-kultische Selbständigkeit genoß. An der Spitze stand der Hohepriester, der sogar königliche Embleme an sich zog (Ex 28; vgl. Sach 6,9 ff).

Jerusalem war Kultmittelpunkt auch für die weltweit verstreuten Filialgemeinden der Diaspora. Israel lebte aber nicht nur räumlich getrennt, sondern begann auch, sich in verschiedene Gruppen zu spalten (in neutestamentlicher Zeit: Pharisäer, Sadduzäer, Essener u. a.). Aber unter diesen Bedingungen wuchs der Glaube zur Hoffnung für die Welt (Zeph 2,11; Sach 14,9.16; Dan u. a.).

4

DER PENTATEUCH

a) Name und Aufbau

Die fünf Bücher Mose tragen im Hebräischen den Namen *Tora* (auch „Mosetora" o.ä.), der sachgemäßer mit „Weisung" als mit „Gesetz" wiederzugeben wäre. „Tora" ist zunächst die einzelne Mahnung der Eltern (Spr. 1,8; 4,3f u.a.) oder die Belehrung des Priesters in einem konkreten Fall (Hag 2,11ff). Erst später nimmt der Begriff die Allgemeinbedeutung „Gesetz(buch)" an, das alle Satzungen umfaßt (Dtn 4,44f; 17,18; 31,9ff) und mit Moses Namen verbunden ist (Jos 8,31; 23,6; 2 Kön 14,6 u.a.). Die endgültige Sinnausweitung auf den Gesamtkomplex der fünf Bücher Mose ist wohl noch nicht im Alten, jedoch im Neuen Testament (Mt 5,17 u.a.) bezeugt.

In dem griechisch-lateinischen Namen *pentateuchus* „(das) in fünf Gefäßen (aufbewahrte Buch)" spiegelt sich der antike Brauch wider, umfangreichere Texte nicht in Büchern, sondern auf Rollen aus Papyrus oder Leder niederzuschreiben und diese in eigenen Behältern unterzubringen. Da eine Rolle nur bis zu einem bestimmten Umfang handlich bleibt, wurde wohl auch die Aufgliederung des Gesamtwerks erforderlich. Die Fünfteilung muß relativ früh erfolgt sein; sie findet sich bereits in der Septuaginta, der griechischen Übersetzung des AT (3. Jh. v. Chr.), und hat später eine entsprechende Aufteilung des Psalters in fünf Bücher veranlaßt.

Analog gebildete Namen wie Tetrateuch (vier Bücher: Gen–Num) oder Hexateuch (sechs Bücher: Gen–Dtn und Jos) entsprechen bestimmten Theorien über den ursprünglichen Umfang und damit die Entstehung dieser Literaturwerke. So beruht der Begriff Hexateuch auf der These, daß erst das Josuabuch den Pentateuch zum Abschluß bringt. Dagegen setzt die Bezeichnung Tetrateuch – mit Recht – eine gewisse Eigenständigkeit des fünften Buches Mose gegenüber dem Komplex der ersten vier voraus.

Der Pentateuch ist durch die enge Verflechtung von Erzählungen und Geboten bestimmt. Herrscht zunächst berichtender Stil vor, in den nur hier und da Kultordnungen eingefügt sind (Gen 9; 17; Ex 12), so überwiegen von Ex 20 an die Gesetzespartien. Allerdings werden auch die Gesetze nicht zeitlos verstanden, sondern bleiben, im umfassenden Geschichtsrahmen eingebettet, Teil des geschichtlichen Selbstverständnisses Israels.

Die Gesamtkomposition der fünf Bücher wird einmal durch gewisse durchlaufende Themen, wie die Motive des Segens und der Verheißung (Gen 1,28; 9; 12; 15; 17 f; Ex 3; 6; Dtn 7,12 ff u. a.), zusammengehalten. Zum anderen finden sich immer wieder Vor- und Rückverweise, in denen die entscheidenden Ereignisse in Gottesworten angekündigt (Gen 15,13 ff; 46,3 f; Ex 3,12.19 ff u. a.) oder in Bekenntnissätzen rückschauend zusammengefaßt werden (Num 20,15 f; Dtn 6,20 ff; 26,5 ff u. a.).

Der gesamte Geschichtsentwurf umspannt die Zeit von der Schöpfung und der Entstehung der Völker über die Erzväterzeit, den Aufenthalt in Ägypten und am Gottesberg bis zum Beginn der Landnahme, als Mose angesichts des gelobten Landes im Ostjordanland stirbt (Dtn 34). Dieser geschichtliche Ablauf läßt sich grob in fünf Hauptabschnitte gliedern, die zugleich die großen Überlieferungskomplexe (u. § 4b5) umreißen:

Gen 1–11	Urgeschichte	
	1–3	Entstehung der Welt und des Menschen, Einbruch der Sünde
	4	Kain
	5; 11	Stammbäume
	6–9	Sintflut
	10	Völkertafel
	11	Turmbau zu Babel
Gen 12–50	Vätergeschichte	
	12–25	Abraham (Lot)
	26	Isaak
	27–36	Jakob (Esau, Laban)
	37–50	Joseph und seine Brüder
Ex 1–15	Herausführung aus Ägypten	
	1; 5	Israels Frondienst
	2	Moses Jugend und
	3–4; 6	Berufung
	7–13	Plagen und Passa
	14–15	Errettung am Meer
Ex 19– Num 10,10	Offenbarung am Sinai (mit Kern in Ex 19–24 und 32–34)	
	Ex 19	Theophanie
	20	Dekalog

	21—23	Bundesbuch
	24	Sog. Bundesschluß
	25—31	Anweisungen zum Bau der sog. Stiftshütte, ausgeführt 35—40
	32	Goldenes Kalb
	34	Sog. kultischer Dekalog
Lev	1—7	Opfergesetze
	8—9	Priesterweihe (8) und erste Opfer (9)
	10	Verfehlung Nadabs und Abihus
	11—15	Reinheitsvorschriften
	16	Ritual des Versöhnungstages
	17—26	Heiligkeitsgesetz

Führung durch die Wüste

Ex 16—18	Von Ägypten zum Sinai	
	Ex 16	Manna und Wachteln (vgl. Num 11)
	17	Quellwasser (Num 20), Amalekitersieg
	18	Begegnung mit Jitro
Num 10—36	Vom Sinai bis Moab	
(Dtn 31—34)		
	Num 12	Empörung Aarons und Mirjams
	13 f	Kundschafter
	16 f	Empörung Korachs, Datans und Abirams
	22—24	Bileam

Das Thema L a n d n a h m e klingt in den Berichten des Pentateuch (Num 13 f; 32—34) nur an und wird außerhalb (Jos 1 ff; Ri 1) fortgeführt. Die Verheißung der Volkwerdung erfüllt sich bereits im Exodusbuch, die Verheißung von Landbesitz erst im Josuabuch.

Mit jenen thematisch-überlieferungsgeschichtlichen Einschnitten stimmt die Aufgliederung in fünf B ü c h e r nur in einem Fall überein. Während sie im Hebräischen in der Regel nach ihren Anfangswörtern benannt werden, greifen die griechisch-lateinischen Namen jeweils ein wichtiges Ereignis oder den Hauptinhalt heraus. Die Zäsur zwischen den Büchern Genesis „Ursprung" und Exodus „Auszug" fällt mit dem Übergang von der Familiengeschichte der Väterzeit zur Volksgeschichte der Mosezeit zusammen. Demgegenüber wird die umfangreiche Darstellung von Israels Aufenthalt am Sinai zweimal unterbrochen. Nach Vollendung der sog. Stiftshütte (Ex 25—31; 35—40) fügt das Buch Leviticus allerlei „Levitische (d.h. priesterliche) Ordnungen" an. Die Angaben über Volkszählung und Lagerordnung zu Beginn des Buches Numeri „Zahlen" bereiten den Aufbruch vom Sinai vor. Schließlich bildet das Deuteronomium „zweites Gesetz", von seinen erzählenden Schlußpartien

(31—34) abgesehen, als Moses Abschiedsrede eine eigene Einheit mit einer weiteren Rechtssammlung (u. § 10).

b) Etappen und Probleme der Pentateuchforschung

Fragestellungen und Methoden biblischer Exegese, wie Literarkritik, Form- und Überlieferungsgeschichte, wurden in der Regel zunächst am Pentateuch erprobt, bevor sie auf die Evangelien angewandt wurden; so hat die Pentateuchforschung über ihren Bereich hinaus gewirkt. Der folgende knappe Abriß will nur einen Überblick über die Hauptetappen und Hauptfragestellungen der Forschung geben. Eine heute zu gewinnende Gesamtsicht muß nicht nur die früher erkannten Probleme berücksichtigen; selbst die Lösungsvorschläge behalten, wenn auch nur in veränderter Form und an bestimmter Stelle, ihr gewisses Recht.

1. Kritik an Moses Autorschaft

Einsatzpunkt aller kritischen Überlegungen war die jüdisch-christliche Tradition, die Mose als Verfasser des Pentateuch ansah. Das AT selbst schreibt nur Teile, wie bestimmte Gesetze (vgl. Ex 24,4; 34,27 f) oder das Deuteronomium (vgl. Dtn 31,9.22 ff), aber nicht den Pentateuch insgesamt Mose zu. Diese Vorstellung findet sich ausdrücklich erst im 1. Jh. n. Chr. bei Philo oder Josephus und wurde später von der christlichen Kirche übernommen. Schon das NT kann allerdings mit dem Namen „Mose" den Pentateuch bezeichnen, aus ihm als „Buch Moses" zitieren (Mk 12,26 u.a.) oder ausdrücklich feststellen: „Das Gesetz ist durch Mose gegeben" (Jh 1,17; vgl. Apg 13,38).

Zweifel an der traditionellen Ansicht über die Herkunft des Pentateuch äußerten schon im 12. Jh. der jüdische Gelehrte Ibn Esra, in der Reformationszeit Karlstadt, später im 17. Jh. Th. Hobbes, B. Spinoza, R. Simon u.a. Ein wichtiges Argument bildete — neben allerlei anderen Nachrichten, die erst aus dem Rückblick, nämlich aus Israels Aufenthalt in Palästina, verständlich werden — die Notiz von Moses Tod (Dtn 34,5 f): Hat Mose die Umstände seines Todes geweissagt, oder teilte sie ein Späterer mit? Wieweit traf solche historische Skepsis aber nicht zugleich die Inspirationslehre?

So erstreckten sich die Auseinandersetzungen um Mose als Verfasser des Pentateuch bis ins 18. Jh., vereinzelt sogar weit darüber hinaus, und überschnitten sich damit längst mit den Entdeckungen der Pentateuchquellen. Nachdem Mose nicht mehr als Autor der Mosebücher gelten

konnte, suchte man ihn wenigstens als Gesetzgeber, speziell als Autor
des Dekalogs, festzuhalten.

2. *Entdeckung und Abgrenzung der Pentateuchquellen*

Den Wechsel zwischen den Gottesnamen Elohim („Gott") und
Jahwe, den man gelegentlich schon im Altertum bemerkt hatte, nutzte
zuerst der Hildesheimer Pfarrer Henning Bernhard WITTER als Unter-
scheidungsmerkmal von Traditionen in Gen 1–2 aus und entdeckte in
Gen 1 eine eigene Quelle. Seine Veröffentlichung aus dem Jahre 1711
blieb jedoch zwei Jahrhunderte lang unbeachtet.

Nachwirkung hatte erst der Leibarzt Ludwigs XV. Jean ASTRUC, der
1753 die gesamte Genesis auf Grund der Gottesnamen in zwei (bzw.
drei) parallele Erzählungsfäden zerlegte. Damit ist der Grund für die
Literarkritik, für immer eingehendere Untersuchungen in den folgenden anderthalb bis zwei Jahrhunderten, gelegt.

a) Die (ältere) Urkundenhypothese. Wenige Jahrzehnte später
nahm Johann Gottfried EICHHORN, dessen „Einleitung ins Alte Testament" (1780 ff) – nach J. D. Michaelis als Vorläufer – praktisch die
Einleitungswissenschaft begründete und der zugleich durch Einführung
des Mythosbegriffs Bedeutung erlangte, die Quellenscheidung auf und
setzte sie durch, indem er die Andersartigkeit der Hauptquellen nach Stil
und Inhalt aufwies. Verstanden sowohl Witter als auch Astruc die von
ihnen herausgearbeiteten Quellen als Mose vorliegende Traditionen, so
verzichtete Eichhorn selbst erst im Laufe seiner Lebensarbeit auf die
Hypothese von Mose als Redaktor des Pentateuch.

Gegen Ende des 18. Jh. fand Karl David Ilgen (Die Urkunden des
jerusalemischen Tempelarchivs in ihrer Urgestalt, 1798) neben den
beiden schon bekannten eine dritte Quellenschrift, die denselben Gottesnamen wie die erste verwendet. So sind jetzt drei Urkunden bzw.
Quellenschriften bekannt: zwei sprechen von Elohim, eine von Jahwe.
Die hohe Bedeutung dieser Zerlegung des Textanteils mit Gottesnamen
Elohim auf zwei Fäden trat erst weit später hervor.

b) Die Fragmentenhypothese. Zunehmend differenzierende Betrachtungsweise, dazu der Blick über die Genesis hinaus halfen immer
neuere Urkunden zu entdecken: mehr oder weniger eigenständige, in sich
geschlossene Sammlungen, die unterschiedlichen Zeiten entstammen und
sich nicht oder jedenfalls nicht eindeutig durchlaufenden Quellen zuordnen lassen. So nahm man statt der Urkunden um 1800 auch verschie-
denste, voneinander unabhängige Einzelstücke wechselnden Umfangs,

eben „Fragmente", an, die erst nachträglich zu einem fortlaufenden Geschehen zusammengeordnet worden sein sollen (A. Geddes, J. S. Vater, auch W. M. L. de Wette).

Tatsächlich gelingt die Quellenscheidung vom Buch Exodus ab in weit geringerem Maße als in der Genesis. Insbesondere gibt es auf die Frage nach der Entstehung der Rechtssammlungen, wie des Dekalogs, und ihrer Zuordnung zu den Quellenschriften bis heute keine allgemein anerkannte Antwort. Auch bekommt die Einsicht, daß der Pentateuch aus Einzelkomplexen besteht, neue Bedeutung, wenn man über die schriftliche Fixierung in die mündliche Vorgeschichte des Textes auf die Traditionskomplexe zurückgreift. Ohne die – erst später gewonnene – Unterscheidung von schriftlicher und mündlicher Überlieferung wird die Fragmentenhypothese allerdings der Längsgliederung des Pentateuch, wie sie im Gesamtaufbau oder im Wechsel der Gottesnamen zutage tritt, nicht gerecht.

c) Nach der Ergänzungshypothese, die beide vorhergehenden Lösungen zu verbinden sucht, zieht sich durch den gesamten Pentateuch bzw. Hexateuch, nämlich von der Schöpfung bis zur Inbesitznahme Kanaans, eine Grundschrift, die den Gottesnamen Elohim verwendet (de Wette, H. G. A. Ewald, F. Bleek, Frz. Delitzsch u. a.). Sowohl Dekalog und Bundesbuch als auch eine zweite jüngere Schrift mit dem Gottesnamen Jahwe (und Elohim) sind durch einen Redaktor später ergänzt worden.

Auch diese Erklärungsweise wirkt in abgewandelter Gestalt bis heute nach; denn der Prozeß der Entstehung des Pentateuch durch Zusammenfügung einzelner Quellenschriften wird leichter vorstellbar, wenn sie nicht mechanisch ineinandergearbeitet wurden, sondern jeweils eine Quellenschrift als Grundlage diente, in die eine andere eingeschoben wurde (u. Abs. 5c).

Mit den drei Hypothesen liegen grundsätzlich die möglichen Interpretationsansätze zur Deutung der literarischen Entstehung des Pentateuch vor, die in der Folgezeit abgewandelt oder kombiniert werden.

3. Datierung der Quellenschriften

Nachdem man im Prinzip mehrere Quellenschriften kannte, wurde das zeitliche Verhältnis zwischen ihnen, insbesondere zwischen den mehr erzählenden und mehr legislativen Texten, zum Anstoß der Forschung. Eine neue Phase trat ein, als sich die längst früher vermutete, endgültig 1805 von W. M. L. DE WETTE ausgesprochene Erkenntnis durchsetzte:

Das Deuteronomium (5. Buch Mose) ist eine Größe für sich, gleichsam eine eigene Pentateuchquelle, und hängt mit der Reform des Königs Joschija 622 v. Chr. (2 Kön 22 f) zusammen (u. § 10a,2). So war ein erstes festes Datum und damit ein Ansatzpunkt für den Vergleich, speziell zwischen den Gesetzespartien des Pentateuch, gegeben. Wo wird die im Deuteronomium ausgesprochene Kultzentralisation vorausgesetzt, wo liegt ein älteres Stadium vor, in dem Israel noch mehrere Heiligtümer kannte?

Als man die Einsicht in die Besonderheit des Deuteronomiums mit der sog. neueren Urkundenhypothese (H. Hupfeld 1853, A. Dillmann u. a.) verband, nach der der übrige Pentateuch − wie schon die ältere Urkundenhypothese (K. D. Ilgen) vermutet hatte − aus drei ursprünglich selbständigen Quellenschriften bestehe, lag die Aufteilung auf vier Quellen im wesentlichen in ihrer noch heute gültigen Grundform vor. Dennoch vollzog sich nochmals eine entscheidende Wende.

Es bedeutete einen revolutionären Umschwung in der Einschätzung der bereits eruierten Quellen und dann auch im bisher gültigen Bild der Geschichte Israels, als sich die Erkenntnis Bahn brach, daß das bisher als Grundschrift betrachtete Werk (mit dem Gottesnamen Elohim) tatsächlich die jüngste Quelle ist, nämlich die etwa in der Exilszeit entstandene Priesterschrift. Es bedurfte fast eines halben Jahrhunderts (etwa 1830−1880), bis sich diese Auffassung, die nach ihren Anregern und Hauptvertretern Reuss-Graf-Kuenen-Wellhausensche Hypothese genannt wird, durchsetzte. Sie wurde zunächst durch Vergleich der priesterschriftlichen Kultverordnungen mit den in den übrigen historischen und prophetischen Büchern enthaltenen Nachrichten über Israels Kult begründet; erst später wurden auch die erzählenden Partien einbezogen (vgl. § 8a,4). Dabei stellte sich heraus, daß die Priesterschrift und mit ihr der Hauptanteil der alttestamentlichen (Kult-)Gesetze erst nach der großen Schriftprophetie zu datieren ist, was sich auf die kurze Formel bringen läßt: *lex post prophetas.* Weil J. WELLHAUSEN dieser Hypothese zu allgemeiner Anerkennung verhalf und damit eine neue Sicht der Geschichte Israels entwarf, konnte man ihn geradezu als „den größten deutschen Alttestamentler der Vergangenheit" (R. Smend) rühmen.

Da die Literarkritik später im wesentlichen Weiterführung und Korrektur der bereits von J. Wellhausen gewonnenen Position ist, sind seine einschlägigen Hauptwerke „Die Composition des Hexateuchs (und der literarischen Bücher des Alten Testaments)" (1876 f. 1885. ⁴1963) und „Prolegomena zur Geschichte Israels" (1883. ⁶1923; zuerst 1878 unter dem Titel „Geschichte Israels I") noch heute mit Gewinn zu lesen.

Eine zusammenfassende und zugleich detaillierte, immer noch höchst beachtenswerte Übersicht über die literarkritischen Ergebnisse bietet H. Holzinger „Einleitung in den Hexateuch" (1893), knapper C. Steuernagel „Lehrbuch der Einleitung in das Alte Testament" (1912).

Neuere Aufstellungen finden sich etwa bei M. Noth „Überlieferungsgeschichte des Pentateuch" ([2]1960, 17 ff) oder im Anhang des Sammelbandes „Wort und Botschaft des AT" (hg. v. J. Schreiner, [3]1975).

4. Ergebnisse und offene Fragen der Literarkritik

Im letzten Viertel des vorigen Jahrhunderts ist praktisch die Theorie der literarischen Verhältnisse erreicht, die sich trotz älteren und jüngeren Bestreitungen vielfach bewährt hat und entgegen skeptischen Voraussagen wohl auch gültig bleiben wird. Zwar wurden mancherlei Modifikationen und Ergänzungen vorgenommen, aber prinzipiell neue Lösungen der Pentateuchprobleme wurden entweder nicht mehr vorgetragen oder setzten sich (noch) nicht durch. Trotz allen Zweifeln scheinen seit J. Wellhausen Zahl und Abfolge der einzelnen Quellenschriften mehr oder weniger festzuliegen – mit den heute üblichen Sigla benannt und um die in der Regel vertretenen Datierungen ergänzt:

J Jahwist	etwa 950 v. Chr.?
	(Zeit Salomos, vor der sog. Reichstrennung 926 v. Chr.)
E Elohist	um 800 v. Chr.
	(vor der sog. Schriftprophetie, bes. Hosea)
D (Ur-)Deuteronomium	etwa 7. Jh. v. Chr.
	(Anfänge vor Joschijas Reform 622 v. Chr.; später umfangreiche Erweiterungen)
P Priesterschrift	um 550 v. Chr.
	(Exil; Ergänzungen in nachexilischer Zeit)

Höchstwahrscheinlich vollzog sich die Bildung des Pentateuch weder durch schlichte Addition der Quellenschriften noch durch allmähliche Anreicherung der ältesten Quellenschrift. Vielmehr wird man mit mehreren Redaktionen zu rechnen haben, die die einzelnen ursprünglich selbständigen Quellenschriften miteinander verbanden, um die verschiedenen Darstellungen der Vorzeit Israels zu einem geschlosseneren Bild zusammenzusetzen. Dabei waren gewisse Änderungen, Umstellungen, Auslassungen und auch Zusätze, unvermeidlich.

Unsicher bleibt, in wie vielen Stufen die Redaktion stattfand; grundsätzlich wird man zumindest drei Redaktionen auseinanderhalten müssen:

R^{JE} = die Redaktion, die die älteren Quellenschriften J und E verband. Diese Kombination, die nach dem Untergang des Nordreichs (722 v. Chr.) entstand, ist so geschickt vorgenommen worden, daß es streckenweise nicht möglich ist, J und E wieder überzeugend zu trennen. So spricht man (seit J. Wellhausen) auch von einem jehowistischen, d.h. jahwistisch-elohistischen, Werk J/E (vgl. § 7a).

R^{P} = die (entscheidende) Redaktion, die in nachexilischer Zeit den Jehowisten J/E mit der Priesterschrift P verband bzw., genauer gesagt, J/E in P einarbeitete.

$R^{D(tr)}$ = die Redaktion, die Texte, Sätze oder auch Satzteile einfügte, die in Wortwahl, Stil und Thematik dem Deuteronomium nahestehen, und so die Quellenschriften mit dem Dtn bzw. deuteronomistischen Geschichtswerk Dtn−Kön verband (vgl. u. Abs. e). Ob diese Redaktion vor oder nach Einarbeitung der Priesterschrift erfolgte, ist umstritten, was im folgenden Schema durch die gestrichelten Linien dargestellt werden soll.

Stark vereinfacht, läßt sich die Entstehung des Pentateuch graphisch in folgendem Schaubild darstellen:

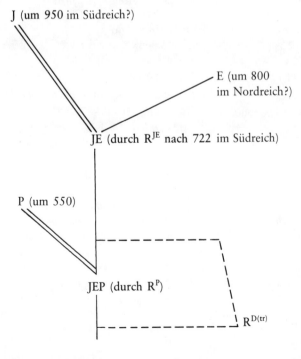

J (um 950 im Südreich?)

E (um 800 im Nordreich?)

JE (durch R^{JE} nach 722 im Südreich)

P (um 550)

JEP (durch R^{P})

$R^{D(tr)}$

Das durch Doppelstrich gekennzeichnete Werk bildete jeweils die Grundlage, in die das andere Werk (so E in J) bzw. die bereits vorliegende Kombination (JE in P) eingefügt wurde (s. u.).

Den mühevollen, ergebnisreichen Weg der Forschung hat H. Gunkel — trotz seiner anderen, eher form-, überlieferungs- oder religionsgeschichtlich ausgerichteten Forschungsinteressen — in seinem Genesis-Kommentar ([3]1910. [9]1977, LXXXI) gewürdigt:

Die Unterscheidung der drei Quellenschriften Jahwist, Elohist und Priesterschrift „ist ein gemeinsames Ergebnis der alttestamentlichen Wissenschaft, an dem anderthalb Jahrhunderte gearbeitet haben.... Ein bewunderungswürdiger Aufwand von Fleiß, von Scharfsinn, von genialer Auffassungskraft ist an diese Arbeit verwandt worden; und ein Werk ist als Ergebnis zu stande gekommen, auf das die Nachkommen stolz sein dürfen. Man vermag gegenwärtig die Quellenschriften in vielen Fällen bis auf den Vers, in einigen bis auf das Wort zu bestimmen, wenn auch natürlich manches immer im unklaren bleiben wird. Die letzte entscheidende Wendung in der Geschichte der Kritik der Genesis ist durch Wellhausen geschehen, der uns in seinem Meisterwerk ‚Prolegomena zur Geschichte Israels‘ gelehrt hat, die Quellen der Genesis chronologisch zu bestimmen und in den Gesamtverlauf der Religionsgeschichte Israels einzusetzen."

Allerdings ist der durch J. Wellhausen geschaffene Konsens mittlerweile verlorengegangen. Nicht nur das Ergebnis dieser Forschung mit der Scheidung und — als Folge — groben Datierung der Pentateuchquellen, sondern auch die Methode ist umstritten. Die gegenwärtig vertretenen Ansichten über Umfang, Entstehungszeit und -ort, ja die Existenz von Quellenschriften klaffen weit auseinander. Die Übereinstimmung in der Grundauffassung hat sich in eine Vielzahl von Ansätzen und Erklärungsweisen, sog. „Modellen", mit stark voneinander abweichenden, schwer miteinander vereinbaren oder gar sich widersprechenden Ergebnissen verwandelt.

Die Verschiedenartigkeit der Konzepte sei stichwortartig-grob angedeutet:

a) Die Spätdatierung der Erzählschichten oder Quellenschriften, insbesondere der sog. jahwistischen oder jahwistisch-elohistischen Darstellung (von J oder JE).

Die andere zeitliche Ansetzung der Texte hat Bedeutung für die (Theologie-)Geschichte des Alten Testaments (H. H. Schmid u. a.).

Die Beurteilung einer Quellenschrift mit der Einschätzung ihres Alters sowie dem Verständnis ihrer theologischen Intentionen hängt wesentlich von der Zuweisung des Textbestands ab. So ist für die Zeitbestimmung (1.) die Abhebung jüngerer Zusätze entscheidend: Läßt sich zumal die jahwistische Darstellung von späteren Ergänzungen oder einer Redaktion, die ebenfalls den Jahwenamen gebraucht, abgrenzen?

Erst recht sind (2.) die Kriterien für die Datierung strittig. Nur wenige Phänomene, wie die Botschaft der sog. Schriftpropheten, die Bedrohung durch die
Assyrer, die Zentralisationsforderung (Dtn 12) bzw. deren Durchführung durch
Josias Reform oder das Exil, bedeuten so tiefe Einschnitte, daß sie sich im Text
mehr oder weniger erkennbar widerspiegeln.

Bei der Untersuchung der Sprache sind (3.) Wortverbindungen aussagekräfti-
ger als Einzelwörter.

b) Eine stärker bzw. konsequent überlieferungsgeschichtliche oder komposi-
tionsgeschichtliche Erklärungsweise (R. Rendtorff, ähnlich E. Blum u. a.).

Sie gibt die Quellenscheidung als Ausgangspunkt für die Rückfrage nach der
mündlichen Überlieferung auf, nimmt vielmehr das allmähliche Anwachsen von
Traditionskernen und ihre spätere Verbindung an. Die großen überlieferungsgeschichtlichen Einheiten oder Traditionsblöcke Ur- und Vätergeschichte, Exo-
dus-, Sinai-, Wüsten- und Landnahmetradition (vgl. § 4,5) blieben über lange
Zeit – bis in die exilische oder gar nachexilische Epoche – unverbunden-selb-
ständig. Insofern läßt sich dieser Ansatz als überlieferungsgeschichtliche Abwandlung einer „Fragmenten"hypothese verstehen. Erst die deuteronomi(sti)-
sche Redaktion oder die als Bearbeitungs- bzw. Kompositionsschicht beurteilte
Priesterschrift übergreift jene Einheiten oder erstreckt sich über den ganzen Pentateuch.

Wieweit können die Überlieferungsblöcke (wie Ex 1–15) aber einen eigenständigen Sinn in sich tragen, über lange Zeit für sich weitergelebt haben? Setzen sie nicht einen deutenden Gesamtzusammenhang (mit einem Gegenwartsbe-
zug) voraus?

Sind sprachlich eindeutig als deuteronomistisch bestimmbare Textteile mit
einer entsprechend ausgrenzbaren „Schicht" in der Genesis außerdem nicht zu
gering, nehmen sie nicht erst bei der Gestaltung der Mosetradition zu? Der nach
Abgrenzung der Priesterschrift verbleibende Textbestand enthält mit Wechsel
des Gottesnamens, Doppelungen u. a. noch einmal ähnliche Anstöße, wie sie
zur Abhebung der Priesterschrift geführt haben.

c) Die redaktionsgeschichtliche Erklärungsweise.

Sie rechnet mit der allmählichen Anreicherung einer Grundschicht, so mit
der literarischen Abhängigkeit einer Schicht von der vorhergehenden, so daß
die jüngere jeweils die ältere ergänzte (früher P. Volz–W. Rudolph, gegenwärtig
H.-C. Schmitt u. a.). Hier bestehen im einzelnen durchaus verschiedene Vorstellungen; eine Möglichkeit sei erwähnt:

Eine (proto-)jahwistische (Überlieferung oder) Grundschicht wurde durch
eine elohistische weitergeführt. Dieses Verfahren konnte fortgesetzt werden, indem die so entstandene Textverbindung durch weitere jahwistische Schichten
und die priester(schrift)liche Schicht bereichert wurden.

Jedoch erklärt diese Hypothese (1.) kaum den Ausgang und den Hauptan-
stoß der Literarkritik: die Doppelungen, zumal in Verbindung mit dem Wechsel

des Gottesnamens. Warum hat ein Bearbeiter, statt den ihm vorliegenden Textbestand zu erweitern oder auch in seinem Sinne abzuändern, ihn vielmehr – zumindest gelegentlich – wiederholt, so Doppelungen oder auch Widersprüche von sich aus geschaffen, die er vermeiden oder ausgleichen konnte? Anders stand ein Redaktor da, der sie vorfand und nur mit tiefen Eingriffen in die Texte hätte tilgen können. So liegt bei Doppelungen die Annahme zweier ursprünglich selbständiger Stränge näher als einer Grundschicht, die nachträglich ergänzt wurde.

Zudem können (2.) die analytisch gewonnenen Textteile oder Schichten (zumindest in der sog. Priesterschrift) in sich lesbar und so aus sich verständlich sein. Sind schließlich (3.) die parallel laufenden Textteile oder Schichten nicht nur durch die gemeinsame Überlieferung miteinander verbunden, sondern von vornherein literarisch aufeinander bezogen?

Als Spezialfall redaktionsgeschichtlicher Erklärungsweise läßt sich die Hochschätzung der jehowistischen Redaktion bzw. des Jehowisten (R^{JE} bzw. JE) mit der Zuschreibung theologisch bedeutsamer Texte an diese Schicht verstehen.

Wieweit reichen mögliche Unstimmigkeiten innerhalb der jahwistischen Darstellung aber hin, Textausschnitte der jehowistischen Redaktion zuzuweisen? Handelt es sich bei erkennbaren Zusätzen zur Überlieferung um Hinzufügungen der jahwistischen Erzählung selbst, zumal zur engeren Verknüpfung der einzelnen Szenen, oder um literarisch nachträglich vorgenommene Einschübe? Wie läßt sich eine mögliche Ergänzungsschicht zur jahwistischen Erzählung (J^s) von der jehowistischen Redaktion (R^{JE} oder JE) unterscheiden? Für ihre genaue Abgrenzung gibt es bisher kaum strenge, allgemein überzeugende Kriterien, es sei denn, Überlieferungen und zumal Eigenarten, wie sie beim Jahwisten und Elohisten zunächst je für sich vorliegen, treffen in der Textgestalt zusammen und werden miteinander weitergeführt.

Insbesondere das Konzept der Priesterschrift (u. § 8) wird nur verständlich, wenn sie einmal selbständig war.

Um bei der Textauslegung die Gefahr zu meiden, vorgeprägte Ergebnisse zu erzielen, wird man – selbst wenn man sich von einem Gesamtentwurf her vorgreifend die Fragestellung vorgeben läßt – vorsichtshalber vom Einzeltext ausgehen und bei dessen Untersuchung *vier Schritte* unterscheiden:

1) *Analyse* des Textes auf literarische Einheitlichkeit (Aufbau, verbindende Momente) oder Uneinheitlichkeit (Doppelungen, Nahtstellen), also Sammlung von Beobachtungen oder Argumenten, die für oder wider die Einheit des Textes sprechen;

im Fall der Aufdeckung von Brüchen, Unebenheiten oder Spannungen:

2) Versuch einer *Synthese*, d. h. Zuordnung der gewonnenen Textteile. Die bei der Analyse gewonnenen Textteile sind auf ihre Verbindungen untereinander (Übereinstimmung in Worten, Themen, Motiven, Intentionen) abzuhorchen und auf ihre innere Stimmigkeit (Aufbau und
Gang der Handlung, verbleibende Lücken und Unebenheiten) zu prüfen.
Absicht dieses Vorgangs ist es, möglichst sinnvolle, zusammenhängende
und in sich verständliche Erzähl- oder Handlungsabläufe zu gewinnen –
nicht Fragmente, Bruchstücke oder Splitter, die nicht selbständig existiert
haben können.

3) *Vergleich* (der rekonstruierten Textabschnitte) mit dem näheren
oder ferneren Kontext. Erst in diesem weiteren Schritt wären die jeweils
gewonnenen Einheiten anderen (rekonstruierten) Texten zuzuordnen,
damit das Einzelergebnis im weiteren Rahmen zu überprüfen oder abzu-
sichern. Auf diese Weise, vor allem durch die Aufdeckung von Querverbindungen, lassen sich zugleich umfangreichere Zusammenhänge, sei es
in der näheren Umgebung des Überlieferungsblocks oder in der weiteren
der Quellenschrift, erkennen.

Gelegentlich reichen die Kriterien für die Quellenscheidung bzw. die
Zuweisung eines Textes zu einer Quellenschrift nicht aus; hier mögen
die Pentateuchquellen zu eng miteinander verknüpft sein, die Redaktion
hat vielleicht einen höheren Anteil an der Textgestalt, oder die Überlieferung hat einen Sondercharakter.

4) *Erklärung* der vorliegenden Textmischung bzw. *Endgestalt* des
Textes – möglichst als sinnvolles Nach- und Miteinander. Wie und
warum wurden die rekonstruierten Einheiten zum vorliegenden Textgefüge zusammengefügt, und wie ist es aufgebaut?

Einseitigkeiten werden nur vermieden, wenn bei der Untersuchung
möglichst viele Gesichtspunkte berücksichtigt und alle Argumente mit
Einfühlung in die jeweiligen Besonderheiten des Textes benutzt werden.
Schließlich sollten für die bevorzugte Lösung verschiedene, voneinander
unabhängige Gründe, sprachlicher wie sachlicher Art, sprechen (Konver-
genz der Kriterien).

Demnach geht Literarkritik, mit ihr die Quellenscheidung, vom gegebenen Text aus, sucht durch Rekonstruktion seiner – literarischen –
Vorformen seine Unstimmigkeiten verständlich zu machen und kehrt von
da aus zum vorliegenden Textgefüge zurück, so daß auch Beobachtungen
zur Struktur des Gesamttextes ihr Recht bekommen. Auf diese Weise

lassen sich — literarisch — Uneinheitlichkeit wie Zusammenhang des Textes begreifen; seine Endgestalt wird als gegliederte Ganzheit verstehbar. So vermag schon Literarkritik die synchrone Betrachtungsweise — durch die Einsicht in das Nacheinander von Textschichten — mit der diachronen zu verbinden (diese tritt stärker bei form- und überlieferungsgeschichtlichen Erwägungen hervor; s. u. § 4,5).

Hauptanstöße und Hauptkriterien für die Quellenscheidung im Pentateuch bleiben Doppelungen (von Texten bzw. Textteilen, Sätzen, evtl. auch Satzteilen) und der Wechsel von Gottesnamen bzw. -bezeichnungen (Jahwe, Elohim). Gewiß liegt gelegentlich eine feste Redewendung vor (z. B. Gen 32,29 „mit Gott bzw. Göttern und Menschen kämpfen"), oder das Thema erfordert den Gottesbegriff statt des Jahwenamens (z. B. Gen 3,1ff, bes. V 5 „sein wie Gott"). In den meisten Fällen bleibt der Wechsel aber sachlich unerklärbar (z. B. Ex 3,4a/b). Andere Merkmale, wie Widersprüche, Wortwahl, stilistische und theologische Unterschiede, treten eher ergänzend und bestätigend hinzu.

Warum wird die Erschaffung des Menschen in Gen 2 (J) noch einmal mit charakteristisch verschiedenem Handlungsablauf erzählt, nachdem sie eben erst in Gen 1 (P) ganz anders mit theologisch wohlbedachten Worten berichtet wurde? Warum werden in der Fluterzählung Gen 6—8 bzw. 9 (J, P) entscheidende Handlungszüge doppelt mitgeteilt — verbunden mit unterschiedlichen Zahlenangaben? Warum sieht die Geschichte von der Gefährdung und Bewahrung der Ahnfrau den Retter einmal in Jahwe (Gen 12,10ff; auch 26,1ff [J]), ein anderes Mal in Elohim (Gen 20,1ff [E])? Warum wird Moses Beauftragung nach Ex 3, wo bereits zwei Erzählstränge (J, E) ineinander verwoben sind, in Ex 6 (P) erneut geschildert? Bis tief in das Exodusbuch hinein, sowohl in der Auszugsgeschichte Ex 14 (J, P, dazu vermutlich kleine Anteile von E) als auch in der Darstellung der Sinaitheophanie (Ex 19,16ff [J, E]), wohl selbst noch im Numeribuch (Bileamerzählung Num 22—24 u. a.), finden sich solche Doppelungen.

So können einige Texte, deren Schwierigkeiten zur Rekonstruktion von zwei oder gar drei Parallelfäden raten, als Musterbeispiele der Literarkritik gelten:

Gen 6—9 mit dem Wechsel der Zahlenangaben, zwei das Geschehen eröffnenden Gottesreden (6,5—8/6,9—22), zwei abschließenden Verheißungen (8,20—22/9,1—17) u. a. führt zur Analyse eines älteren und eines jüngeren Fadens (J, P). Gen 28,10ff (mit doppelter Erklärung der Heiligkeit des Ortes sowie Abwandlung des Gottesnamens V 16/17) läßt selbst auf zwei Erzählungen

(J, E) schließen und hat wiederum in Gen 35,9 ff (P) eine Parallele. Ex 3 (mit dem Wechsel des Gottesnamens V 4 und der Doppelung V 7/9) ist aus zwei Fäden (J, E), Ex 14 wohl aus drei Fäden (J, P, geringfügig auch E) zusammengesetzt. Daß der jüngere Faden (P) in Ex 6 eine eigene Darstellung der Moseberufung bietet, die nicht in die ältere Doppelerzählung Ex 3 eingearbeitet ist und auf sie auch keinen Bezug nimmt, zeigt, daß er keine Redaktionsschicht, sondern eine selbständige Einheit (Quellenschrift) ist (vgl. § 8a,2), und legt andererseits die Vermutung nahe, daß der Redaktor (R^P), der Ex 3 und 6 verband, nicht mit dem Redaktor (R^{JE}) identisch ist, der Ex 3 (aus J und E) gestaltete.

Wie die Schöpfungsgeschichte Gen 1 (−2,4a; P) den Rahmen für Gen 2−4 (J) abgibt, so leitet Gottes „Gedenken" Ex 2,23b−25 (P) vor Ex 3−5 (JE) die Wende ein. Die Gottesrede Ex 6,2 ff (P mit neuer Einführung V 2 und Widerspruch von V 3 zu Gen 28,13 u. a.) bildet im vorliegenden Kontext bzw. Endtext eine Antwort auf Moses Klage Ex 5,22f. Demnach sucht auch die Redaktion oder Komposition (trotz bestehender Spannungen) einen verständlichen Geschehensablauf darzustellen. Die folgende Plagenreihe enthält wieder zwei Eröffnungen (Ex 7,1−7.8−13P bzw. 7,14−16J) für unterschiedliche Handlungsfolgen mit je eigenen Motiven und Intentionen.

Gewisse Schwerpunkte der drei Quellenschriften (J, E, P) in der ersten Hälfte der Genesis lassen sich am folgenden groben Schema ablesen. Der größere Umriß von P möchte wieder die Rahmenfunktion (nicht den Umfang) der Priesterschrift anzeigen; an dem mit unterbrochenen Linien gekennzeichneten Textbereich sind mehrere Quellenschriften beteiligt (wie mehr oder weniger durchgängig ab Gen 25).

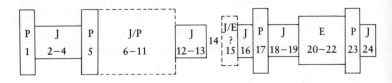

Einen eindeutig geprägten Stil haben nur die priesterschriftliche und die deuteronomisch-deuteronomistische Literatur. So läßt sich aus dem Pentateuch dieser jüngere Textbereich, die Priesterschrift und die deuteronomistische Bearbeitung, leichter ausscheiden, während die strenge Abgrenzung der älteren Quellenschriften vor allem vom hinteren Teil des Exodusbuches (etwa Ex 24; 32−34) ab oft weniger sicher gelingt. Sie haben nicht in gleichem Maße typische, aber gelegentlich doch spürbare Kennzeichen (etwa Gen 20−22E).

Lohnt sich Literarkritik unter diesen Umständen überhaupt, bleibt ihr Ertrag nicht zu unsicher und zu gering? Ihre Aufgabe ist nicht nur, Umfang, Entstehungszeit und -ort der Quellenschriften, sondern zugleich deren theologische Intention zu ermitteln: Was will das Werk in seiner Situation sagen? Da jede Textaussage in einen Kontext eingebettet ist und sich mit ihm wandelt, ist es nicht möglich, die theologische Absicht eines Textes zu erheben, ohne seinen — ursprünglichen wie späteren — Zusammenhang zu berücksichtigen. So bleibt das mühsame Geschäft der Literarkritik eine nicht zu umgehende Aufgabe, die allerdings behutsam angegangen werden muß.

Die jüngere, oft verschlungen verlaufene Geschichte der Literarkritik seit der Jahrhundertwende bis in die Gegenwart, die durch eine bunte Meinungsvielfalt gekennzeichnet ist, kann nicht in ihren einzelnen Stadien und Wandlungen verfolgt werden. Vielmehr seien nur noch fünf (a—e) Probleme hervorgehoben, die prinzipiell bedeutsam sind und unter wechselnden Aspekten immer wieder diskutiert werden.

a) Stellen die eruierten Quellenschriften eine Einheit dar, oder gibt es Schichtungen innerhalb der Quellen?

Um gewisse Unebenheiten innerhalb der drei Quellenschriften zu erklären, hat man sie (vor allem J, aber auch E und P) wiederum auf mehrere Fäden zerlegt, im einzelnen mit unterschiedlichem, letztlich ohne allgemein durchschlagenden Erfolg. Wieweit sind die Verfasser der Quellenschriften Sammler von vorgegebenen Überlieferungen, wieweit frei gestaltende Autoren? Haben die älteren Quellenschriften (bes. J) den von ihnen weitergegebenen Stoff so streng überarbeitet, daß eine geschlossene Einheit entstand und er von seinem Ursprung her nicht noch Sprünge und Widersprüche enthalten konnte? Auf diese Weise sind Unstimmigkeiten innerhalb der Quellenschriften jedenfalls erklärbar: Sie nahmen bereits mehr oder weniger festgeprägte Überlieferungen — evtl. auch schriftliche Vorlagen — auf.

Außerdem ist die jüngste Quellenschrift (P, ähnlich D) in der vorliegenden Form das Ergebnis längeren Wachstums, also das Werk mehrerer Autoren. Schließlich können die Literaturwerke nachträglich durch Zusätze (Sondergut) ergänzt worden sein.

Daß immer weitergetriebene Quellenscheidung nicht mehr allgemeine Zustimmung erhält, liegt nicht nur an den Textverhältnissen, sondern beruht auf einem allgemeinen Gesetz, das auch für die Literarkritik gilt: Je aufwendiger und komplizierter eine Theorie ist, desto unwahrscheinlicher wird sie. Umgekehrt:

Eine Theorie wird um so wahrscheinlicher, je einfacher sie ist, d.h., je mehr Tatbestände sie mit möglichst geringen Annahmen erklärt. Insofern wird die Dreiquellentheorie (J, E, P) einen kaum überschreitbaren Grenzwert darstellen.

b) Wie erklären sich die Gemeinsamkeiten im Aufbau der Quellenschriften?

Gab die älteste Quellenschrift, der Jahwist, den Stoffen des Pentateuch die feste Gestalt, schaltete er erst die größeren Überlieferungsblöcke, wie Väter- und Sinaitradition, zu einer zusammenhängenden Abfolge hintereinander, und sind die jüngeren Quellenschriften von ihm abhängig? Eher sind die Überlieferungsblöcke bereits in der mündlichen Tradition zu einer Einheit zusammengewachsen, so daß der Aufriß des Pentateuch den beiden älteren Quellenschriften bereits im großen ganzen vorgegeben ist. Jahwist und Elohist haben im Aufbau und Inhalt einerseits so viel gemeinsam, daß sie nicht völlig unabhängig voneinander entstanden sein können; andererseits sind sie, wie der Wortlaut zeigt, nur locker aufeinander bezogen, also nicht direkt voneinander abhängig.

Zwar mehren sich die Stimmen, die sich für die literarische Abhängigkeit des Elohisten vom Jahwisten (oder auch umgekehrt) aussprechen, doch sind enge Berührungen selten. Schon H. Gunkel urteilt mit Recht, „daß zwischen J und E keine unmittelbare literarische Beziehung besteht: weder hat J von E, noch E von J abgeschrieben. Wenn beide Quellen manchmal auch im Wortlaut übereinstimmen, so ist das aus wurzelverwandter Überlieferung zu erklären" (Gen LXXXIII).

Diese Folgerung ist um so berechtigter, wenn beide Quellenschriften in verschiedenen Räumen, J im Süd- und E im Nordreich, beheimatet sind.

So nimmt M. Noth eine „beiden Quellen gemeinsame Grundlage (G) an, aus der sie — voneinander unabhängig — den Kernbestand ihres Inhalts geschöpft haben" (ÜP 41). Auch dieser Rückschluß auf eine nicht unmittelbar zugängliche Größe hat keineswegs überall Zustimmung gefunden, ist gerade in jüngster Zeit oft angezweifelt worden, bleibt jedoch sinnvoll, weil er Gemeinsamkeiten wie Unterschiede von J und E zu erklären hilft. Noth läßt offen, ob diese Grundlage G schriftlich oder mündlich existierte; wahrscheinlich handelt es sich jedoch nur um einen mündlichen Traditionsbestand, in dem Einzelüberlieferungen, Sagenkränze und Überlieferungsblöcke bereits in der später bei J und E gemeinsam bezeugten Handlungsfolge vereint waren.

Ob die junge Priesterschrift die älteren Quellenschriften direkt oder (eher) auch nur indirekt kennt, ist umstritten.

c) Wie erklärt sich der auffällig unterschiedlich erhaltene Umfang der Quellenschriften?

Gelegentlich hat schon J. Wellhausen beobachtet, daß bei der Komposition der älteren Quellenschriften nach dem Grundsatz verfahren wurde, den Jahwisten zugrundezulegen und aus dem Elohisten nur mitzuteilen „was sich in J entweder überhaupt nicht oder so nicht fand" (Comp. ³22). Gilt diese Erkenntnis generell, so wird im großen und ganzen eine Kombination von Urkunden- und Ergänzungshypothese das Richtige treffen, wie sie M. Noth vertreten hat: Der Redaktionsprozeß verlief so, daß jeweils eine Quelle als Rahmen diente, in die die andere eingearbeitet wurde. So lieferte der Jahwist die Grundlage, die durch den Elohisten ergänzt wurde, und weit später wurde wiederum die kombinierte J/E-Erzählung in den Gesamtrahmen der Priesterschrift eingefügt (vgl. das Schaubild S. 48). Auf diese Weise erklärt sich der fragmentarische Charakter des Elohisten; allerdings finden sich auch beim Jahwisten und in der Priesterschrift hier und da Lücken.

d) Wo ist der Abschluß der Pentateuchquellen zu suchen?

Läßt sich die Fortsetzung einer oder gar mehrerer Quellenschriften über den Pentateuch hinaus verfolgen? Einerseits glaubt man die Quellenschriften über das Josuabuch hinaus noch in den Königsbüchern zu finden. Andererseits vertritt M. Noth in Konsequenz der eben erwähnten Hypothese die Ansicht: Da die Priesterschrift mit der Nachricht von Moses Tod (Dtn 34,7−9) endet, ging der überschießende Teil der älteren Quellenschriften bei ihrer Einarbeitung in die Priesterschrift verloren. Damit ist aus dem Pentateuchproblem praktisch ein Tetrateuchproblem geworden; von wenigen Versen in Dtn 34 abgesehen, gehören das Deuteronomium und die sich anschließenden Geschichtsbücher einem anderen literarischen Komplex an.

Ob der Jahwist oder auch die Priesterschrift nicht doch eine Fortsetzung in den Landnahmeschilderungen des Josuabuches finden, ist zur Zeit ein vieldiskutiertes Problem.

e) Wie hoch ist der Anteil der Redaktion an der Gestaltung des Pentateuch?

Die Erfassung der Redaktion ist zwar kein neues, aber in seiner Bedeutung neu erkanntes, in der gegenwärtigen Diskussionslage wichtiges und umstrittenes Problem. Wie die Deutung prophetischer Verkündigung weitgehend durch die Abgrenzung des sog. echten Gutes geprägt ist (§ 13a,3), so hängt auch die Einschätzung der (älteren) Quellenschriften, schon die Bestimmung ihres Alters und erst recht das Verständnis ihrer

theologischen Intention, von der Ausgrenzung des redaktionellen Anteils
bzw. der Zuweisung des Textbestands an die Quellenschriften ab.

Demnach läßt sich nicht der gesamte Textbestand auf die verschiedenen Quellen verteilen; es bleibt der Anteil der Redaktion zu beachten. So gibt es deutlich erkennbare Zusätze zu älteren Textpartien, wie „Und der Engel Gottes sprach noch einmal" (Gen 22,15–18; auch Ex 4,13ff; 19,3ff u.a.).

Insbesondere stellen gewisse Textpartien, deren Themen und Sprache dem Deuteronomium oder der deuteronomistischen Literatur nahestehen, ein Problem der Literarkritik dar. Gewiß gibt es im Pentateuch nicht so umfangreiche und gleichmäßig verteilte Redestücke in dieser Ausdrucksweise wie zwischen dem Deuteronomium und den Königsbüchern (oder auch im Jeremiabuch); insofern ist die Situation anders. Jedoch finden sich Zusätze von Einzelbemerkungen deuteronomisch-deuteronomistischer Art (wie in Gen 50,24; Ex 3,8.17) bis zu ausgedehnteren Abschnitten (wie in Ex 13; 23,20ff; 32,7ff; 33; 34,10ff u.a.). Solche Ergänzungen nehmen anscheinend von Moses Berufung ab zu – an ihm hat die deuteronomisch-deuteronomistische Literatur überragendes Interesse.

In diesem Zusammenhang bleiben vor allem drei Fragen offen:

(1) Hat die im Geist des Deuteronomiums denkende Redaktion die Vereinigung von jahwistischem und elohistischem Geschichtswerk herbeigeführt, ist also $R^{JE} = R^{Dtr}$? Eher stellt die deuteronomisch-deuteronomistische Redaktion gegenüber der Verbindung von J und E eine zweite, spätere Phase dar, weil sich die redaktionellen Stücke zumindest streckenweise von der Komposition J/E ablösen lassen, ohne daß diese zerstört wird.

Jedenfalls ist aus methodischen Gründen auch innerhalb der redaktionellen Zusätze zu differenzieren, damit der deuteronomistische Anteil abgrenzbar bleibt.

(2) Führen die Zusätze auf das Deuteronomium hin, bieten sie also eine sog. vor- bzw. protodeuteronomische Sprache (des 7. Jh. v. Chr.), oder gehören sie nicht vielmehr der exilisch-nachexilischen Zeit an? Hat man eventuell eine mehrstufige Redaktion anzunehmen, die sich vom sog. Protodeuteronomischen bis zum Deuteronomistischen erstreckt? Reicht für eine solche Differenzierung aber der Sprachbeweis aus?

(3) Wie hängt die deuteronomisch-deuteronomistische Redaktion mit der Einfügung des Deuteronomiums in den Pentateuch zusammen – geschah sie gleichzeitig, oder setzt sie diese voraus? Zumindest gelegentlich erinnert die Redaktion mehr an späte Schichten des Deuteronomiums oder an deuteronomistische Texte.

Bildete das Dtn die Einleitung des deuteronomistischen Geschichtswerks, so daß es zeitweilig ein von Gen 2 bis 2 Kön reichendes Literaturwerk gab, und bezeugt die deuteronomistische Redaktion im Pentateuch noch dieses Werk? Oder erfolgte die Zuordnung des Dtn zu den Quellenschichten, damit auch die deuteronomisch-deuteronomistische Redaktion, erst nach Vereinigung von J/E mit P? Immerhin finden sich hier und da auch in priesterschriftlichen Abschnitten deuteronomistische Sprachanteile (z. B. Num 14,8; auch im Heiligkeitsgesetz).

Ob man die Entstehung des Pentateuch grob mit der Formel J−E−D−P oder J−E−P−D zu umschreiben hat, ist noch nicht entschieden.

5. Form- und Überlieferungsgeschichte

Neue Impulse für das Verständnis des Pentateuch brachte die form- und überlieferungsgeschichtliche Forschung, welche Literarkritik nicht ersetzt, sondern auf ihr aufbaut, sie weiterführt und in gewissem Maße auch modifiziert, indem sie über den schriftlich fixierten Text in den Bereich mündlicher Überlieferung zurückgreift.

Bahnbrechend wurde H. GUNKEL. Er wandte die neue − für das Verständnis der Psalmen und prophetischer Texte ebenso fruchtbare − Betrachtungsweise speziell auf die Genesis an (Schöpfung und Chaos in Urzeit und Endzeit, 1895; Genesis, ³1910), indem er aus den vorliegenden Sagenkränzen die älteren Einzelsagen (u. § 5b1) heraushob. Sein Schüler H. GRESSMANN (Mose und seine Zeit, 1913) übertrug die Analyse auf das Exodusbuch. G. v. RAD ergänzte die Arbeitsweise, indem er sich den übergreifenden Zusammenhängen zuwandte: der Gesamtkomposition und -konzeption, in der das ursprüngliche Gut jetzt eingebettet ist (Das formgeschichtliche Problem des Hexateuch, 1938). Er erklärte die Überlieferungen von Exodus, Sinai und Landnahme von ihrer kultischen Bindung her; sie bildeten ursprünglich selbständige Traditionen an verschiedenen Heiligtümern. M. NOTH suchte Analyse und Synthese, Einzeluntersuchung und Gesamtschau, zu verbinden (Überlieferungsgeschichte des Pentateuch, 1948; Exodus. ATD 5, 1958). Er zerlegte den Pentateuch in fünf Haupt„themen": Herausführung aus Ägypten, Hineinführung ins Kulturland, Verheißung an die Erzväter, Führung in der Wüste und Offenbarung am Sinai, während er die übrigen Pentateuchstoffe als „Auffüllung" bzw. Ausgestaltung betrachtete. Die Themen bzw. Überlieferungsblöcke haben eine jeweils eigene Vorgeschichte, standen also in keinem historisch ursprünglichen Zusammenhang miteinander, so daß der geschichtliche Ablauf, wie ihn der Pentateuch schildert, aufgegeben wird (vgl. § 2a). Die jüngere Forschung ist weithin durch die Auseinandersetzung mit dieser Konzeption geprägt.

Warum muß dieser unsichere Weg über den vorliegenden Text hinaus in eine nur erschließbare vorliterarische Vorgeschichte überhaupt begangen werden? Einmal sagt die Abfassungszeit eines Textes noch wenig über das Alter seines „Stoffes" bzw. Inhalts; was spät Schrift wurde,

muß nicht spät entstanden sein. Zum andern braucht die früheste
schriftliche Bezeugung keineswegs unmittelbar das von ihr berichtete
historische Ereignis wiederzugeben; vielmehr sind beide in der Regel
durch eine mehr oder weniger lange Phase mündlicher Überlieferung getrennt. In diesem Stadium wurden Vorgänge durch Erzählung vergegen-
wärtigt, sei es etwa am Heiligtum, in der Familie (vgl. Ex 12,26f;
Dtn 6,20ff u.a.) oder auch durch einen Stand der Sagenerzähler. Neue,
andere Motive traten zur Verlebendigung und Illustration hinzu, oder
ursprünglich an verschiedenen Orten beheimatete Traditionen flossen zu
einem Überlieferungsstrom zusammen. Wie selbstverständlich drängten
sich Erfahrungen späterer Zeit in den Überlieferungsvorgang ein, so daß
die Erzählung in ihrer Endfassung Erfahrungen langer Zeiträume in sich
bergen kann.

Darum ist der Rückgriff in die Vorgeschichte eines Textes – die
Frage nach Ursprung, Werdegang und Absicht der mündlichen Überlieferung – nicht nur notwendig, sondern hat, grob gesagt, einen mehr-
fachen Vorteil:

a) Literarkritische Analyse hat Unstimmigkeiten im Text, Brüche
und Widersprüche, erkannt, die sie mit ihren eigenen Mitteln – immer
verfeinerter, komplizierterer Quellenscheidung bis zu Halb- und Viertel-
versen – vielfach nicht mehr zu lösen vermag. Hier kann überlieferungsgeschichtliche Betrachtungsweise weiterhelfen; sie versteht Einzelerzählungen oder Erzählungskomplexe, zugespitzt gar die Quellenschriften
selbst, als Endpunkt eines über längere Zeit fortdauernden Traditions-
prozesses. Unausgeglichenheiten, die für literarkritische Fragestellung
aus einer mehr oder weniger willkürlichen Zuordnung von Textsplittern
entstanden sein mögen, lassen sich organisch-sinnvoll aus der Textge-
schichte, dem Wachstum der Überlieferung und den Variationen beim
Erzählen, erklären.

b) So verlagert sich das Interesse von dem zu einem bestimmten Zeitpunkt niedergeschriebenen Literaturwerk zu einem vielleicht mehrere
Generationen oder gar noch größere Zeiträume umfassenden Traditions-
prozeß und damit zugleich vom einzelnen Autor zu Gruppen oder
„Schulen", d.h. in der Regel zu namenlosen Größen im Volk, am Heiligtum oder am Hof. Indem Formgeschichte den „Sitz im Leben" eines
Textes zu bestimmen sucht, fragt sie nach den gesellschaftlichen Verhältnissen (Institutionen), in denen die Überlieferungen wuchsen.

Nach einer bekannten Definition A. ALTs beruht die form- oder gattungs-
geschichtliche Forschung „auf der Einsicht, daß in jeder einzelnen Literaturgat-

tung, solange sie ihr eigenes Leben führt, bestimmte Inhalte mit bestimmten Ausdrucksweisen fest verbunden und daß diese charakteristischen Verbindungen nicht etwa erst von Schriftstellern nachträglich und willkürlich den Stoffen aufgeprägt sind, sondern von jeher, also auch schon in der Frühzeit volksmäßiger mündlicher Gestaltung und Überlieferung vor aller Literatur, wesenhaft zusammengehörten, da sie den besonderen, regelmäßig wiederkehrenden Ereignissen und Bedürfnissen des Lebens entsprachen, aus denen die Gattungen je für sich erwuchsen" (KlSchr I,284).

In typischen, sich wiederholenden Situationen „entstehen deren Zweck und Bedürfnissen angemessene Sprachformen". Es besteht also eine Beziehung zwischen Sprachform (Stil, Gattung, auch Themen, Motiven, Hauptstichwörtern) einer- und Lebensform andererseits. Sie ist der Ursprungsort („Sitz im Leben") der Sprachform.

Darum gibt die Formgeschichte nur über die Lebensäußerungen einer Gemeinschaft, nicht über ein einzelnes Ereignis oder gar biographisches Detail Auskunft.

Überlieferungen können auch ihren ursprünglichen „Sitz im Leben" verlassen, in ganz anderen Zusammenhängen auftreten und mit neuen Intentionen weitergegeben werden. So ist zwischen Entstehungs- und Verwendungsort einer Sprachform oder Überlieferung zu unterscheiden.

c) Hat Literarkritik vorwiegend die Längsgliederung des Pentateuch erkannt, so tritt jetzt die — bereits von den Vertretern der Fragmentenhypothese gespürte — Queraufteilung in den Blick. Neben den durchlaufenden literarischen Schichten werden die Überlieferungsblöcke bzw. Traditionskomplexe, wie die Vätergeschichten oder die Sinaioffenbarung, sichtbar. Damit wird die Einheit des Pentateuch als ganzen auf neue Weise zum Problem: Wie lange existierten die Überlieferungsblöcke selbständig, wo trafen sie zusammen (an den Heiligtümern?), und wie sind sie zu einer Folge zusammengewachsen? Oder lassen sie sich gar nicht so weitgehend trennen, sind sie historisch ursprünglich doch enger miteinander verbunden?

Geht Literarkritik vom vorliegenden Textgefüge aus, so verfolgt Überlieferungsgeschichte den umgekehrten Weg von der kleinsten Einheit über größere Zusammenhänge, etwa in Sagenkränzen, zum gegebenen Text hin.

Beide Betrachtungsweisen müssen sich also begegnen. Doch bleiben manche offenen Fragen (vgl. R. Rendtorffs überlieferungsgeschichtlich begründeten Einspruch gegen die Quellenscheidung). Ziel der Erklärung muß es letztlich sein, die Geschichte des Textes — sei es des einzelnen Abschnitts, umfangreicherer Komplexe oder auch des Pentateuchganzen — von den eben noch erkennbaren Anfängen in der mündlichen Überlieferung an über die Zwischenstadien in Überlieferungsblöcken und Quellenschriften bis hin zur vorliegenden Letztgestalt als sinnvolles Geschehen in seiner Ganzheit darzustellen und dabei vor allem die wechselnden Intentionen des Textes zu verfolgen.

d) Indem das einem Literaturwerk vorgegebene Traditionsmaterial erschließbar, damit der Anteil der Überlieferung vom Anteil des Autors unterscheidbar wird, ist es zugleich möglich, die Aussageabsicht des Überlieferungsstoffes von der Akzentverschiebung abzuheben, die er bei der schriftlichen Fixierung erfährt. Diese sog. redaktionsgeschichtliche Fragestellung sucht die Sinnintention zu bestimmen, mit der ein Autor seine Überlieferungen umgestaltet oder die er den von ihm benutzten Vorstellungen aufdrängt. Da diese Umformung nur mehr oder weniger gelingt, erklärt sich von der Vorgeprägtheit der Stoffe her auch, daß nicht alle Textaussagen ohne weiteres mit der Konzeption des Literaturwerks übereinstimmen.

e) Einen Spezialfall im Verhältnis von Tradition und Interpretation stellt die Aneignung von außerbiblischem Überlieferungs- oder Vorstellungsgut im AT dar. Überlieferungsgeschichtliche Betrachtungsweise erlaubt eigentlich erst, die religionsgeschichtliche Fragestellung, speziell den Vergleich mit Parallelen aus der Umwelt, sachgerecht aufzunehmen.

Eine Problematik, die mit Hilfe der Literarkritik nicht mehr zu lösen war und erst nach J. Wellhausen in ihrer vollen Tragweite erkannt wurde, gibt die Fülle von Bezügen zwischen alttestamentlichen und altorientalischen Texten auf, z.B. zwischen dem babylonischen Schöpfungsmythos *Enuma elisch* und Gen 1 oder Tafel XI des Gilgamesch-Epos und der Sintfluterzählung; ähnlich verhält es sich bei Psalmen, Rechts- und Weisheitstexten.

Unmittelbare literarische Abhängigkeit der alttestamentlichen von der altorientalischen Literatur liegt nur in Ausnahmefällen vor; in der Regel besteht ein indirekter, überlieferungsgeschichtlicher Zusammenhang. Lassen sich Aufnahme und Abwandlung von Traditionen, Anlehnung an fremde Vorbilder und deren korrigierende Umdeutung erfassen, dann werden zugleich Fremdbestimmtheit und Eigenart des alttestamentlichen Textes sichtbar.

5

AUSGEWÄHLTE ERZÄHLFORMEN

a) Mythos und Urgeschichte

Mythen sind „Göttergeschichten, im Unterschiede von den Sagen, deren handelnde Personen Menschen sind" (H. Gunkel, Gen XIV). Im Mythos erscheinen die Götter als Personen mit Namen; er beschreibt ihr Verhalten — sowohl untereinander (Götterehe, Götterkampf usw.) als auch zu den Menschen. Da der Mythos dabei gerne in eine Zeit zurückgreift, die geschichtlicher Erfahrung vorausliegt (Urzeit: Theo-, Kosmo- und Anthropogonie, Paradies, Sintflut u.a.), kann er im Kult wiederholt werden und damit in der Geschichte präsent bleiben. So bildet der Mythos die Grundlage des Weltverständnisses, hält die kosmische und soziale Ordnung aufrecht.

In diesem Sinne enthält das AT, streng genommen, keine Mythen, steht ihnen vielmehr von seinem theologischen und geschichtlichen Denkansatz her zurückhaltend gegenüber. Zwar kann es seinen Glauben auch in mythischer Sprache aussprechen und entlehnt (in der Urgeschichte, im Psalter und in der Prophetie) aus seiner Umwelt eine Fülle mythischer Erzählreste und Motive, bildet selbst aber kaum Mythen aus.

Die im AT ungewöhnliche, ja einmalige Erzählung Gen 6,1—4, nach deren Urgestalt aus der Vermischung von Göttern und Menschen die Riesen hervorgingen, ist ihrer ätiologischen Spitze beraubt und in ihrer Intention umgebogen. Die Riesen gelten nicht mehr als Abkömmlinge jener Verbindung (V 4), und nur die Menschen werden für das Geschehen haftbar gemacht, indem ihre Lebenszeit begrenzt wird (V 3). So wird die mythische Tradition zur Beispielerzählung für das verwerfliche Tun des Menschen (6,5).

Übernimmt das AT mythische Vorstellungen, so wandelt es diese — im wesentlichen auf dreifache Weise — um und integriert sie in das eigene Glauben und Denken:

(1) Die Jahwe-Religion ist „von Anfang an auf den Monotheismus hin angelegt; zu einer Göttergeschichte gehören aber mindestens zwei Götter ... Der Monotheismus Israels will nur von solchen Mythen wissen, in denen entweder Gott allein handelt ... Oder die Geschichte

spielt zwischen Gott und Menschen" (H. Gunkel, Gen XIVf). So sind
in der biblischen Sintfluterzählung (Gen 6,5ff; 8,20ff) — anders als in
der babylonischen Parallele (Gilgamesch-Epos, Tafel XI) — Strafe und
Gnade, Zorn und Reue das Werk des einen Gottes. Die Ausschließlichkeit Gottes, die im ersten Gebot ihren Ausdruck findet, erlaubt
keine Mythen von Götterkampf, Göttererzeugung oder Göttertod. Entstehung kann nur von der Welt, nicht von Gott ausgesagt werden
(Gen 1,1; Ps 90,2). Das Chaos ist für die Schöpfungsgeschichte — wiederum anders als für das babylonische Weltentstehungsepos *Enuma
elisch* — keine persönliche, selbst handelnde Macht mehr, sondern nur
der Zustand, der mit Gottes Schöpfung zu Ende geht (Gen 1,2). Die
Meeresdrachen sind verharmlost (1,21; Ps 104,26), die Gestirne keine
Astralmächte (vgl. Ez 8,16; Dtn 4,19), die das Schicksal bestimmen,
vielmehr von Gott geschaffene Leuchtkörper; sie dienen nur dazu, die
Erde zu beleuchten und die Zeiten zu unterscheiden (Gen 1,14ff; vgl.
Ps 136,7ff). Ähnlich werden himmlische und dämonische Mächte zu
Gottes Dienerschaft erniedrigt (Ps 29; 103,19ff; vgl. Ex 12,23; Am 9,3
u.a.).

(2) Mythische Vorstellungen werden in die Zukunft übertragen;
d.h., sie begründen oder verklären nicht die gegenwärtige Wirklichkeit,
sondern setzen ihr kritisch eine kommende entgegen (Jes 1,21—26;
2,2—4.12—17; 11,1; 24,21ff; 27,1; 65,17ff u.a.). Das Mythische kann
dabei die Funktion erhalten, die universale oder gar kosmische Weite
des erwarteten Geschehens und damit alttestamentlicher Hoffnung überhaupt darzustellen.

In diesem, der Zukunft zugewandten Bereich hat das AT allerdings mythen-
bildend gewirkt, während dem alten Orient — von den Persern abgesehen —
eschatologische Mythen kaum bekannt sind.

(3) Mythische Motive dienen dazu, die Bedeutung eines Geschichts-
ereignisses zu illustrieren (sog. Historisierung des Mythos). Beispielsweise bekommt die Vorstellung vom Kampf Gottes mit dem Meer die
Aufgabe, die Rettung am Schilfmeer beim Auszug aus Ägypten zu
veranschaulichen (Jes 51,9ff; Ps 77,12ff u.a.). Der Rückverweis auf die
Geschichte vollzieht sich in Form der Erinnerung und Vergegenwärtigung (Ex 12,11.14 u.a.), nicht der Wiederholung der Vergangenheit.

Anders als in den sog. Kulturmythen werden in Gen 4,17.20ff J handwerk-
lich-kulturelle Errungenschaften, wie Werkzeuge, Künste und Berufe, nicht auf
göttlichen Ursprung zurückgeführt (nur 3,21 als Schutzakt), sondern gelten als
Erfindung des Menschen. Geschaffen als Gottes „Bild" und damit wohl Gottes

Repräsentant auf Erden, werden ihm mit dem Auftrag, die Erde zu beherrschen, Freiheit und Verantwortung zugesprochen (Gen 1,26 ff P; vgl. 2,19; Ps 8).

Auch die mehr oder weniger mythischen Erzählungen der Urgeschichte sind nicht eigentlich selbständig, sondern auf die folgende Geschichtsdarstellung bezogen; denn sie führen als Vorbau auf sie hin und sind auf mancherlei Weise mit ihr verzahnt. Das zeigen etwa die Stammbäume oder Genealogien (o. § 3a3), die Querverbindungen herstellen – Zusammenhänge zwischen verschiedenen Personen- und Völkergruppen über den Zeitablauf hinweg:

Nachkommen Adams und Kains   Gen 4,1 f.17−24.25 f J; 5,1 ff P
Nachkommen Noachs   Gen 10 J/P (Völkertafel)
Nachkommen Sems   Gen 11,10 ff

Die Genealogien setzen sich in der Väter- (Gen 22,20 ff; 25,1 ff.12 ff; 36,10 ff) und Volksgeschichte fort (bes. 1 Chr 1−9) und intendieren damit, mit oder ohne Recht, geschichtliche Kontinuität.

b) Die Überlieferungsform der Sage

Im Pentateuch und darüber hinaus bis etwa zum ersten Samuelbuch liegt die Erinnerung an die Vergangenheit nicht in strenger Geschichtsschreibung, sondern in Gestalt von Sagen vor, die vor ihrer schriftlichen Fixierung über längere Zeit mündlich, von Person zu Person, überliefert wurden und dabei mannigfachen Einflüssen unterlagen.

1. Die Einzelsage

Sage ist ein Allgemeinbegriff, der der Differenzierung bedarf. Sie kann nach verschiedenen Kategorien, wie Inhalt, Ursprung oder Funktion, vorgenommen werden (Helden-, Ortssagen, ätiologische Sagen u.a.). Eine eindeutige, allgemeingültige Klärung ist aber kaum zu erreichen.

H. Gunkel hat die alttestamentlichen Sagen in drei Gruppen aufgeteilt: Sagen der Urgeschichte (Gen 1−11), in denen sich mythisches und sagenhaftes Gut im Nachdenken über die Menschheit mischen (z.B. Turmbau zu Babel), die Vätersagen von den Ahnherrn Israels mit ihrem Familienmilieu und die Sagen von Stammes- bzw. Volkshelden, wie Mose, Josua, den Richtern, aber auch Propheten (§ 13b1). Wie nach den Stadien israelitischer Geschichte kann man die Sagen auch

nach dem Wechsel der Sozialstruktur aufgliedern: Erzählungen nomadischer Sippen, vorstaatlich-bäuerlicher Gesellschaft oder aus der Welt
des Hofes (H. J. Hermisson).

Mit einer solchen Ordnung überschneidet sich eine andere, die die
Sagen nach ihrem Anlaß, Hintergrund oder Hauptmotiv unterscheidet.
Ansätze zur Sagenbildung bieten etwa: ein historisches, speziell stam-
mesgeschichtliches Ereignis, Beziehungen zu Nachbarn (vgl. die Beschrei-
bung der besonderen Lebensweise Kains als Stammvaters der Keniter
Gen 4 oder die Geschichte vom Brunnenstreit Gen 26), eine auffällige
Erscheinung in der Natur (z. B. Gen 19; Ex 16 f) oder eine kultische
Ordnung (s. u. zur Heiligtumslegende). Zu den Hauptmotiven treten
zur Ausgestaltung der Erzählung Nebenmotive hinzu.

In Form von Wortanklängen oder Wortspielen finden sich gerne Erklärungen
von Namen, speziell Ortsnamen. So wird der Stadtname Babel, im Babylonischen „Gottestor", in Gen 11,9 auf die Sprachverwirrung bezogen. Oder der
Personenname Mose, ägyptisch „Sohn", wird in Ex 2,10 durch das Wort der
Pharaonentochter „ich habe ihn aus dem Wasser gezogen" gedeutet (vgl. noch
Gen 25,26; Ex 2,22 u. a.). In solchen Fällen spricht man von Volksetymo-
logien, obwohl solche Wortspiele kaum im strengen Sinne Etymologien darstellen wollen.
Gelegentlich trifft man auf Motiv- oder Leitworte (z. B. „sehen" in Gen
22,4.13 f).

In einer Sage können sich mehrere Motive aus verschiedenen Ursprüngen mischen, höchst unterschiedliche Aussageabsichten überlagern,
so daß sich der Sinn der Erzählung nicht mehr in einem Satz zusammenfassen läßt. Schon darum enthält jede Sage neben generellen Zügen
Spezifisches und Singuläres und ist, obwohl Vergleiche mit verwandten
Erzählungen hilfreich sind, letztlich für sich zu betrachten.

Da der Übergang zu anderen Erzählformen fließend ist, bleibt selbst
die Bezeichnung „Sage" schillernd und damit mehrdeutig. Dennoch
treffen die einst von A. Olrik (Epische Gesetze der Volksdichtung:
Zeitschrift für deutsches Altertum und deutsche Literatur 51, 1909,
1—12) entdeckten Formmerkmale an Sagen, die aus europäischem
Raum stammen, in erstaunlichem Maße auch auf alttestamentliche
Erzählungen zu. So lassen sich mit Vorbehalt gewisse gemeinsame Züge
der Sagen (speziell der Väterzeit) herausschälen:

(1) Historisches bzw. Politisches erscheint als Privat-Persönliches.
Die Sage verdichtet das Allgemeine zu Individuellem, fängt das Schicksal von Völkern in Erlebnissen von einzelnen ein, gestaltet unpersönlich-
namenlose Situationen als direkte Begegnungen. Stämme oder Völker

treten, in ihren Ahnherrn verkörpert, als Blutsverwandte auf (o. § 3a,3). Die Vätersagen berichten als „Familiengeschichten" (C. Westermann) von den Verhältnissen zwischen Mann und Frau, Vater und Söhnen oder zwischen Brüdern. So spiegelt sich die Notlage des Volkes in Ägypten im Gegenüber von Pharao und den Hebammen wider oder, bei der erzwungenen Aussetzung des Mosekindes, in der Beziehung zwischen Mutter, Kind und Pharaonentochter (Ex 1 f).

(2) Gleichzeitig treten nur zwei oder drei Personen auf (Gesetz der Zweiheit oder Dreiheit). Kommt eine weitere Person auf den Schauplatz, muß eine andere in den Hintergrund treten (vgl. etwa Gen 21 oder das Verhältnis von Mutter und Schwester zur Pharaonentochter Ex 2). So bleibt die Szene übersichtlich und kurz. Die Gesamthandlung besteht nicht aus einem vielfältigen Neben- und Ineinander, sich ver- und entwirrenden Motiven und Erzählsträngen, sondern läuft im schlichten Nacheinander der Einzelszenen auf ihr Ziel zu. Die Überschaubarkeit wird noch dadurch gesteigert, daß Hauptpersonen gegenüber Nebenpersonen hervorgehoben werden und Nebensächlichkeiten entfallen.

(3) Die Sage typisiert. So ist der Pharao der Unterdrückung nicht Ramses II. oder ein anderer namentlich bekannter Herrscher, sondern der König von Ägypten schlechthin (Ex 1,8 ff; vgl. Gen 12,15 ff), oder Moses Retterin ist nicht irgendeine vornehme Ägypterin, sondern die Pharaonentochter persönlich (Ex 2). Nebenpersonen sind oft namenlos. – Die Handelnden sind gerne von unterschiedlicher Art und Herkunft. Dadurch wird die Zweiheit zum Kontrast verschärft. Abel und Kain oder Jakob und Esau stehen sich als Hirt und Bauer oder Hirt und Jäger, damit als Vertreter zweier Kulturstufen, gegenüber.

(4) Erscheinung und Charakter einer Person werden, wenn überhaupt, nur äußerst knapp skizziert (z.B. Gen 25,25). Vielmehr werden Eigenschaften und Gedanken in Handlung umgesetzt (16,6; 18,2 ff; 22,3 u.a.). Da die Sage in ihrer Schilderung aber insgesamt sparsam verfährt, für die Haupthandlung nicht unbedingt notwendige Züge verschweigen kann, können für unser Empfinden wesentliche Fragen unbeantwortet bleiben.

Darin wird kaum nur ein allgemeines Kennzeichen der Sage, sondern zugleich israelitische Eigenart spürbar. E. Auerbach hat die breit ausgeformte, Einzelheiten hell ausleuchtende Erzählweise Homers mit der Darstellung von Isaaks Opferung (Gen 22) verglichen: In ihr „wird nur dasjenige an den Erscheinungen herausgearbeitet, was für das Ziel der Handlung wichtig ist, der Rest bleibt im Dunkel; die entscheidenden Höhepunkte der Handlung werden allein betont, das Dazwischenliegende ist wesenlos; Ort und Zeit sind unbestimmt und deutungsbedürftig; die Gedanken und Gefühle bleiben unausgesprochen, sie werden nur aus dem Schweigen und fragmentarischen Reden suggeriert; das Ganze, in höchster und ununterbrochener Spannung auf ein Ziel gerichtet, und insofern viel einheitlicher, bleibt rätselvoll und hintergründig" (Mimesis, ³1964, 13 f).

(5) Ein − ebenfalls in besonderem Maße die alttestamentliche Sage auszeichnendes − Merkmal ist, daß für den Gang der Handlung entscheidende Motive in wörtliche Rede gefaßt sind (Gen 26,9 ff; Ex 1,9 ff u. a.). Vor allem dem Gotteswort kommt oft ausschlaggebende Bedeutung zu; es deutet vorweg oder hernach den Höhepunkt bzw. Umschwung des Geschehens. Darin wirkt sich eine theologische Intention des AT formbildend bzw. überlieferungsgestaltend aus (z.B. Gen 22,11 f; 18,17 ff). In späteren Sagen kann der Anteil der Reden an Raum und Gewicht so zunehmen, daß der Handlungsverlauf zurücktritt (Gen 24).

(6) Die Sage zeigt durchweg einen deutlichen Einsatz und Schluß. Die Einführung schildert oft den Zustand, aus dem sich die Handlung entwickelt (z.B. Gen 18,1b „Abraham saß gerade am Eingang seines Zeltes zur Mittagshitze" oder Ex 3,1 „Als Mose die Schafe seines Schwiegervaters hütete"). Wie die Gottesrede kann die Einleitung auch dazu dienen, die überkommene Geschichte durch eine überschriftartige Zusammenfassung nachträglich zu interpretieren oder gar zu korrigieren.

So wird die Kultlegende von der Erscheinung der drei göttlichen Wesen in Mamre durch die Überschrift im Sinne der Ausschließlichkeit Gottes gedeutet: „Jahwe erschien Abraham" (Gen 18,1). Ähnlich wird der Sichtbarkeit Gottes in der Dornbuschszene durch den Satz gewehrt: „Der Bote Jahwes erschien Mose" (Ex 3,2). Der Befehl zur Opferung Isaaks will nur Abrahams Glaubensgehorsam erproben: „Gott versuchte Abraham" (Gen 22,1). Entsprechende Funktion hat auch der verschiedene Schöpfungstraditionen vereinheitlichende Satz „Gott schuf Himmel und Erde" (Gen 1,1).

Da eine Sage nicht historisch Einmaliges, sondern Typisches festhalten will, hat sie − für heutiges Verständnis − ein gebrochenes Verhältnis zur Geschichte. Darum läßt sich eine Sage nicht nach Ausscheidung gewisser „legenden- oder märchenhafter" Züge für historisch glaubhaft halten; vielmehr ist zunächst nach Herkunft, Anlaß und Absicht der Sage zu fragen.

„Es genügt doch gewiß nicht, mit Rücksicht auf die Volkstümlichkeit dieser Überlieferung je nach Ermessen gewisse Abstriche an ihrer geschichtlichen Glaubwürdigkeit zu machen und den verbleibenden Rest dann als ‚historischen Kern' festzuhalten ... Es wird vielmehr darauf ankommen, die geschichtlichen Voraussetzungen der Entstehung und Entfaltung dieser Überlieferungen für jeden einzelnen Fall aus ihnen selbst heraus so präzis wie möglich zu erfassen ... Erst wer erkannt hat, unter welchen Umständen sie entstanden sind und worauf sie hinauswollen, kann die unumgängliche Frage beantworten, warum sie aus der Fülle des Geschehenen gerade das erzählen, was sie erzählen, und warum sie es gerade so erzählen, wie sie es erzählen, und kann daran erst richtig ermessen, worüber man von ihnen Auskunft erwarten darf und worüber nicht und welches Gewicht dem beizumessen ist, was sie sagen, und dem, was sie verschweigen." Allerdings können die Antworten auf diese Fragen nicht eindeutig ausfallen, sondern müssen unter „Erwägung aller Umstände ... kombinatorisch gefunden werden" (M. Noth, Geschichte Israels, ³1956, 49).

Historischem Interesse ist speziell die Frage wichtig: Gehören Person und Handlung seit je zusammen, ist die Hauptgestalt (etwa Mose) ursprünglich oder erst sekundär mit dem Sagenstoff verbunden? Dabei läßt sich das Verhältnis von Historie und Überlieferungsausformung nicht generell, sondern nur im einzelnen und auch dann nur mit Vorbehalt erfassen.

Wie es auch mit dem Ursprung der Sage bestellt sein mag, in ihrer Ausgestaltung haben sich jedenfalls geschichtliche, speziell theologische Erfahrungen der Zeiten niedergeschlagen, die zur Deutung ihrer jeweiligen Situation die Sage überlieferten. In ihr sind Erfahrungen von Generationen gesammelt und verdichtet (G. v. Rad). Insofern liegen in ihr Vergangenheit und Gegenwart, die die Geschichtsschreibung streng zu unterscheiden sucht, ineinander.

„Im Unterschied zu anderen (Helden-)Sagen fehlt bei den israelitischen Sagen die idealisierende Tendenz weitgehend, eben weil Gott das innere Subjekt der Sagen ist. Je länger die Sage unter der formenden Einwirkung des Glaubens der Generationen steht, die sie überliefern, desto theologischer wird ihr Gehalt. Die Sage wird damit mehr und mehr zum prophetischen Zeugnis, das rückwärts gewandt Gottes Handeln ... in Bildern von typischer Gültigkeit nach außen kehrt" (E. Jenni, ThZ 12, 1956, 264).

2. Ätiologische Motive

In einer Sage klingt oft die Frage an: Warum ist ein Name, Ort, Zustand oder Brauch? Wie ist Vorhandenes entstanden? Die Antwort „ist immer diese, daß man die gegenwärtigen Verhältnisse aus einem Tun der Urväter erklärt". Die vorausgesetzten Verhältnisse, die die Warum-Frage provozieren, „sind historisch, die Art aber, wie sie erklärt

werden, ist poetisch" (H. Gunkel, Gen XXI). Von einer auffälligen
Erscheinung wird auf einen geschichtlichen Vorgang geschlossen, der
sie erklären kann (z.B. Lots Weib Gen 19 oder die Eroberung Jerichos
Jos 6). Das Ziel der Ätiologie ist historisch gegeben – aber auch der
Ausgangspunkt?

Darum konnte das Problem der Historizität der Ätiologien, insbesondere bei den Erzählungen des Josuabuches, eine umfangreiche
Diskussion auslösen, die jedoch längst abgeebbt ist. Vielfach zeigt sich
nämlich, daß das ätiologische Motiv nicht mit dem Hauptspannungs-
bogen einer Erzählung übereinstimmt (C. Westermann), ja einen Nachtrag darstellt (B. S. Childs, B. O. Long). Dann ist sie nicht auf die
abschließende Ätiologie – „bis auf diesen Tag", „darum nennt man . . .
so und so" o. ä. – zu gestaltet, sondern diese fügt ein neues Moment,
eben das ätiologische, hinzu. Auch der ätiologische Abschluß befreit
also nicht von der Aufgabe, die Erzählung jeweils für sich auf ihren
historischen Hintergrund und ihr Interesse zu befragen.

3. Die Heiligtumslegende

Zwar nicht der Form, aber dem Inhalt und der Funktion nach stellt
die Heiligtumslegende (*Hieros Logos*) einen eigenen Sagentyp, in gewis-
ser Weise eine besondere Art von Ätiologie, dar. Daher auch die Namen:
Kultätiologie oder Kultgründungssage. Sie legitimiert ein Heiligtum als
Wallfahrtsziel, indem sie von einer an dieser Stätte geschehenen Offen-
barung erzählt und so den sakralen Charakter des Ortes aufweist. An
einer hervortretenden Stelle – etwa einer Quelle (Gen 16,7), einem
Baum, Stein oder Flußübergang – ist einem Menschen unerwartet eine
Gottheit erschienen, so daß er erfahren muß: „Wie furchtbar ist diese
Stätte! Sie ist nichts anderes als Gottes Haus!" (Gen 28,16 f) bzw. „Der
Boden ist heiliges Land" (Ex 3,5). Der Offenbarungsempfänger antwortet mit dem Bau eines Altars bzw. der Stiftung eines Kults und der
Benennung dieses ungewöhnlichen Ortes (Ri 6,24; Gen 28,18 f; vgl.
12,7 f; 16,13 f; 22,14; 32,31 u. a.). Solche, in ihrem Kern wohl vor-
israelitischen (vgl. § 2a,1) Heiligtumslegenden stehen im Hintergrund
von:

Gen 18	Besuch der drei Männer an einem Baum in Mamre bei Hebron (vgl. Gen 13,18)
Gen 22	Isaaks Opferung (ursprünglich Ablösung des Kindes- durch ein Tieropfer)

Gen 28,10 ff   Traum von der Himmels„leiter" an einem Stein in Bet-El
               (vgl. Gen 12,7 f)
Gen 32,23 ff   Ringkampf in einer Furt des Jabbok bei Penuel (vgl. Ex 4,24−26)
Ex 3   Brennender Dornbusch
Ri 6,11 ff   Erscheinung an einem Baum in Ophra

Im einzelnen sind diese und ähnliche Erzählungen (wie Gen 35,1 ff;
46,1 ff) recht unterschiedlich aufgebaut und haben neben gemeinsamen
Zügen jeweils ihre spezifische Eigenart. In jedem Fall ist aber deutlich,
wie vielschichtig der Sinn einer Geschichte sein kann − von ihrer nur
erschließbaren Urbedeutung bis zu ihrer Intention im vorliegenden
Kontext. Im AT haben die Kultlegenden ihre ehemalige Ortsbindung
verloren, dafür aber den Bezug zu ganz Israel (Gen 32,28) und erhöhten
Zukunftsaspekt gewonnen. Sie begründen nicht mehr Bestehendes, sondern verweisen in der Verheißungsrede auf Kommendes (28,14 ff u. a.),
um dem Menschen Hoffnung zu machen, im Vertrauen auf die Zusage
seinen Weg in die Zukunft zu gehen.

4. Sagenkränze und spätere Sagengestalt

H. Gunkel hat den Grundsatz aufgestellt: Je kürzer, straffer und
geschlossener eine Sage wirkt, desto älter ist sie; je „ausgeführter" ihre
Darstellung ist oder je weniger sie aus sich verständlich bleibt, je mehr
sie also weitere Überlieferungen voraussetzt, desto jünger ist sie. Der
Stil wandelt sich. Spätere Sagen (wie die Brautwerbung um Rebekka,
Gen 24) sind reicher ausgestaltet. In der breit angelegten Josephserzählung oder -„novelle" greifen gar mehrere Szenen ineinander (s. u.).
    Einem ähnlichen Sinneswandel werden auch die alten, ursprünglich
selbständigen Einzelsagen unterworfen, wenn sie zu einem größeren
Ganzen, einem Sagenkranz, zusammenwachsen. Die Verbindung mag
durch ihre räumliche Nähe (Jos 2 ff) oder dieselbe Hauptperson gegeben
sein. In der Genesis sind die wichtigsten, sich jeweils um zwei Personen
rankenden Sagenkränze:

Abraham − Lot	Gen 13 f; 18 f
Jakob − Esau	Gen (25) 27 f; 32 f als Rahmen für:
Jakob − Laban	Gen 29−31

Diese Entwicklung wirft mancherlei Fragen auf, überlieferungsgeschichtliche wie geschichtliche. Wieweit bilden die Sagenkomplexe
eine den Quellenschriften bereits vorgegebene Einheit? Gibt es nicht

auch einen von Anfang an vorgegebenen Erzählzusammenhang – etwa in der Exodustradition?

Neben der Vorstellungsform des Mythos und der Erzählform der Sage finden sich schon im Pentateuch allerlei andere Überlieferungsformen, wie Sprüche oder Lieder, Fluch- und Segensworte (Gen 4,23f; 9,25ff; 48,15f; 49; Ex 15; 17,16; Num 6,24ff; 10,35f; 21,17f. 27ff u.a.; vgl. § 9a,3).

Selbständige Märchen kennt das AT nicht, gelegentlich aber märchenhafte Züge. Sie erklären sich z.T. als Reste mythisch-dämonischer Vorstellungen (so das Sprechen der Schlange in Gen 3, anders des Esels Num 22).

c) Die Josephsnovelle

Auch die Josephsnovelle berichtet auf den ersten Blick von „Familiengeschichte", den Wechselfällen im Leben Jakobs und seiner Söhne, von Entzweiung und Versöhnung unter den Brüdern, greift aber doch erheblich über diesen engen Kreis hinaus. Zudem wirkt die Erzählung weitaus weniger urtümlich als die Einzelsagen der Väterzeit, freundlicher und verständlicher. Die Josephsnovelle ist „eine Einheit mit einem einzigen Spannungsbogen" (G. v. Rad), der von Gen 37–50 (ursprünglich ohne Gen 38; 48f) reicht, mancherlei Zwischenszenen und retardierende Momente übergreift. Der breite Erzählstil, der klare, zielstrebige Aufbau und die Prägung durch die – höfische – Weisheit verleihen der Josephsgeschichte eine Sonderstellung.

Da die thematische Einheit des Ganzen zutage liegt, hat man in letzter Zeit zunehmend erwogen, die Erzählung nicht mehr auf zwei Stränge zu verteilen, sondern im großen und ganzen als in sich geschlossene Größe zu verstehen, die als solche in die jahwistische Quelle oder gar erst in das kombinierte jahwistisch-elohistische Werk eingefügt wurde.

Jedoch finden sich eine Reihe von Wiederholungen und Unebenheiten, die sich kaum nur aus der Überlieferungsgeschichte (oder als Stilmittel) erklären lassen. So wechseln sich schon in Gen 37 (bes. V 22ff) einerseits Juda und Ruben als Sprecher der Brüder, andererseits Ismaeliter und Midianiter als Karawanenführer ab (37,22–24.28a.29–31 E). Nicht nur Gen 46,1–5a, sondern auch 50,15–26 enthalten typisch elohistisches Gut (vgl. Elohim „Gott" als Satzsubjekt oder die Wortparallele Gen 30,2). Die Kernsätze Gen 50,19f nehmen wiederum 45,5bff auf und bereiten Ex 1,15ff vor.

Wer die Josephsgeschichte als literarische Einheit versteht, muß mit störenden Zusätzen rechnen – läßt sich die Annahme solcher Ergänzungen aber ausreichend begründen? So liegt die traditionelle Auffassung näher, die Spannungen aus der Zusammenfügung zweier nicht allzu weit voneinander abweichender Erzählschichten, des jahwistischen und des elohistischen Quellenfadens, zu erklären, die hier sehr geschickt verknüpft wurden. Der priesterschriftliche Anteil (vor allem 37,1; 46,6 ff; 48,3−6; 49,29−33; 50,12 f) ist nur gering; die jüngste Quellenschrift begnügt sich mit wenigen Sätzen, ohne den Gang der Handlung darzustellen.

Gen 37	Einleitung: Konflikt zwischen den Brüdern. Vorherbestimmung Josephs zum Herrscher (Rock, Träume). Verkauf nach Ägypten
38	Einschub: Juda und seine Schwiegertochter Tamar. Erster Sohn: Perez, Ahnherr Davids (Rut 4,12.18 ff)

39−41	Josephs Aufstieg aus dem Gefängnis zum Stellvertreter Pharaos	
	39	Joseph und Potiphar
	40	Träume der beiden Hofbeamten
	41	Träume Pharaos: je sieben Jahre der Fülle und des Hungers. Joseph (41,38 f) wie später Daniel (Dan 2; 4 f) weiser, geistbegabter Traumdeuter. Erfinder der Speicherwirtschaft in Ägypten (vgl. 47,13 ff). Heirat mit ägyptischer Priestertochter: Geburt Manasses und Ephraims

42−45	Weg zur Versöhnung mit den Brüdern	
	42	Erste Reise der Brüder nach Ägypten
	43	Zweite Reise − mit Benjamin
	44	Der Becher. Rede Judas: Stellvertretung für Benjamin, Sorge um den Vater (V 18−34)
	45	Joseph gibt sich zu erkennen: Erste Versöhnung

46−47	Weg zum Wiedersehen mit dem Vater	
	46	Offenbarung in Beerscheba. Übersiedlung Jakobs nach Ägypten
	47,1−12	Jakob vor Pharao. Ansiedlung in Goschen (46,28 ff; 45,11; 47,27)
	47,13 ff	Joseph als Verwalter: Ägypter Leibeigene Pharaos

48−49	Jakobs Testament. Zwei Einschübe	
	48	Segnung des jüngeren Josephsohnes Ephraim vor dem älteren Manasse
	49	Segnung der zwölf Söhne Jakobs. Stammessprüche wie der Mosesegen Dtn 33 Tadel für Ruben, Simeon, Levi; Hervorhebung Judas und Josephs

50   Jakobs Tod und Begräbnis — in Hebron (49,29 ff)
          Nach der ersten (45,5 ff) endgültige Versöhnung Josephs mit seinen
          Brüdern (50,15 ff)
          Josephs Tod — Begräbnis in Sichem (50,25 f; Jos 24,32)

Im Übergang von der Genesis zum Exodusbuch fällt der Josephsgeschichte die Aufgabe zu, den Weg der Söhne Jakob-Israels nach
Ägypten nachzuzeichnen und damit die Verbindung von Väter- und
Mosezeit herzustellen. Wieweit ist dieser Zusammenhang aber ursprünglich, wieweit nachträglich (o. § 2a)? Wie alt sind die ägyptischen
Momente (wie Gen 41,45.50; 40,1 f; 43,32) in der Erzählung? Auch
wenn für Person und Amt Josephs in der politischen Geschichte Ägyptens kein Raum ist, braucht die Überlieferung nicht ohne Anhalt an
der Historie zu sein. Die Josephsgeschichte ist in ihrer ältesten Gestalt
am ehesten im Nordreich bzw. mittelpalästinischen Raum (48,22; Jos
17,16 ff; 24,32; Ri 1,22 f) beheimatet, der schon sehr früh Beziehungen
zu Ägypten aufweist (vgl. Gen 46,1 ff). Vermutlich haftet der Name
„(Haus) Joseph" an den Nachkommen der Gruppe, die in Ägypten
weilte.

Wurde die Erzählung dann am Jerusalemer Hof der frühen Königszeit aus-
formuliert? Der höfisch-weisheitliche Hintergrund läßt an die sog. salomonische
Aufklärung (G. v. Rad) denken. Dies würde der üblichen, wenn auch umstrittenen Zeitansetzung des Jahwisten entsprechen. Allerdings ist die Josephserzählung,
für sich genommen, schwer zu datieren.

Von Erscheinungen und Reden Gottes, wie sie vor allem die Heiligtumslegenden berichten, schweigt die Josephsnovelle (mit Ausnahme
von Gen 46,1 ff); auch ortsgebundene Sagen fehlen. Ähnlich wie in den
Daviderzählungen (u. § 11c3) wird die Geschichte mit all ihren Ver-
wobenheiten als Wirkungszusammenhang verstanden, in dem sich
menschliches Handeln vollzieht. Aber in allen Entscheidungen und
Ereignissen geschieht Gottes Fügung. Schon die Weisheit erkennt, daß
Gottes Walten geheimnisvoll und unverständlich bleiben kann (Spr 16,9;
19,21; 20,24; 21,30 f). Doch gelangt die Josephsgeschichte über diese
Einsicht mit dem Bekenntnis hinaus, daß Gott selbst Unrecht und
Bosheit der Menschen für seine Pläne ausnutzen kann; sein Weg erreicht
auch über Umwege sein Ziel. Die Brüder suchen die in Josephs Träumen
angedeutete Zukunft, die Proskynese vor Joseph, gewaltsam zu verhindern (Gen 37) und führen sie gerade so herbei (42,6 ff; 44,14 ff;
50,18). Joseph wird gerettet, muß aber als Sklave sein Dasein fristen;
noch sein Aufstieg zum Stellvertreter Pharaos (41,40 ff; 45,26; vgl.

Ps 105,16 ff) vollzieht sich nur mit Umbrüchen. Als die Brüder nach dem Tod des Vaters, der seinen tot geglaubten Sohn noch wiedersehen konnte, Josephs Vergeltung fürchten, hält er ihnen entgegen:

> „Fürchtet euch nicht! Bin ich denn an Gottes Statt? Was ihr gegen mich Böses plantet, das hat Gott zum Guten geplant" (Gen 50,19 f E; vgl. 45,5 ff).

Damit verzichtet Joseph nicht nur auf ein Urteil, um es Gott zu überlassen (Spr 20,22), sondern sieht es „durch Gott als erledigt an" (O. Procksch). Joseph braucht keinen Edelmut mehr zu zeigen; denn Gott hat durch seine geschichtliche Führung bereits vergeben, indem er den Zusammenhang von Tun und Ergehen sprengte, Unheil in Heil verkehrte. Doch weist die Erzählung hoffnungsvoll über ihren familiären Rahmen hinaus: Gott wendete das Böse zum Guten, um „ein großes Volk am Leben zu erhalten" (Gen 50,20; vgl. Ex 1,15 ff).

6

DAS JAHWISTISCHE GESCHICHTSWERK

a) Einleitungsfragen

1. Bedeutung. Unter den Quellenschriften des Pentateuch hat man der jahwistischen Schicht wohl mit Recht den höchsten Rang zuerkannt: In ihr ist „das theologisch Belangreichste enthalten, das in der Pentateucherzählung überhaupt ausgesagt wird" (M. Noth) − einerseits die radikale Einsicht in menschliche Schuld (Gen 6,5; 8,21), andererseits die Verheißung von Segen über „alle Sippen der Erde" (12,3). Die jahwistische Darstellung ist zugleich das älteste bekannte Geschichtswerk von so erheblichem, verschiedene Epochen übergreifendem Umfang, wenn auch der alte Orient schon die Verbindung von Urgeschichte und Geschichte, von Erzählungen aus der Zeit vor und nach der großen Flut, kannte. Der Jahwist ist „der erste, der den Gedanken einer einheitlichen Weltgeschichte erfaßt hat, in deren Rahmen das Geschehen in Israel eine ganz bestimmte − und zwar eine entscheidende − Funktion besitzt" (J. Hempel).

Der Aufriß des Pentateuch von der Urgeschichte bis zur Landnahme ist beim Jahwisten zum ersten Male schriftlich bezeugt; doch hat er ihn kaum selbst geschaffen und damit die Überlieferungsblöcke zu einer Ganzheit zusammengefügt (o. § 4b4,b). Nach G. v. RAD hat der Jahwist die ihm vorgegebene Ereignisfolge Vätererwählung − Befreiung aus Ägypten − Landnahme (vgl. Dtn 26,5 ff) in dreifacher Hinsicht ausgeweitet, nämlich durch: den Vorbau der Urgeschichte, den Ausbau der Vätertradition (Dtn 26,5 nennt nur einen Erzvater) und den Einbau der Sinaioffenbarung. Doch mutet diese Ansicht der Leistung des Jahwisten zuviel zu. Von den drei Weiterbildungen sind zwei, die Zuordnung der Väter zu einer Generationenkette Abraham−Isaak−Jakob und die Verbindung von Auszugs- und Sinaigeschehen, schon zuvor erfolgt und darum auch dem Elohisten selbstverständlich. Eigenes Werk des Jahwisten scheint dagegen der Vorbau der Urgeschichte (Gen 1−11) zu sein, an der nur noch die späte Priesterschrift beteiligt ist; der Elohist setzt erst bei der Erzväterzeit ein und hat damit gewiß das ältere Überlieferungsstadium bewahrt.

2. Umfang. Allgemein findet man den Anfang des Jahwisten in der Schöpfungs- und Paradiesgeschichte Gen 2,4b ff; um so umstrittener

ist das Ende. Im wesentlichen liegen drei Lösungsvorschläge vor: a) Eine ältere Sicht glaubte, den Jahwisten über den Pentateuch hinaus durch die Josua-, Richter- und Samuelbücher bis zur sog. Reichsteilung, also zum Zerfall des Davidreiches nach dem Tode Salomos (1 Kön 12,19), verfolgen zu können (so G. Hölscher u.a.). Doch weisen sowohl der Sprachgebrauch als auch die Verknüpfung des Traditionsstoffes so weit außerhalb des Pentateuch nicht mehr eindeutig auf eine zusammenhängende Quellenschrift hin. b) Nach anderer, in jüngster Zeit erneuerter Auffassung reicht die jahwistische Darstellung bis in die Zeit der Landnahme, sei es bis zu dem im AT eigentümlichen Bericht von Ri 1 oder wenigstens bis zu den Erzählungen des Josuabuches. Tatsächlich kann kaum ein Zweifel bestehen, daß das jahwistische Geschichtswerk (zumindest) noch die Landnahme der Stämme berichtete. Es gibt ja nicht nur die Landverheißung weiter (Gen 12,1.7; 28,15; Num 10,29 u.a.), sondern enthält in Num 32 noch einige Angaben über die Einwanderung der ostjordanischen Stämme (vgl. außerdem Num 13,18 ff). Allerdings hat sich die Zugehörigkeit von Texten außerhalb des Pentateuch zum Jahwisten bisher kaum überzeugend begründen lassen; einige wörtliche Berührungen (vgl. etwa Ex 16,35 mit Jos 5,12 oder Ex 3,5 mit Jos 5,15) reichen als Beweis nicht aus. c) So wird man, solange die noch offene Frage nach dem Ende des jahwistischen Geschichtswerks keine befriedigende Antwort findet, der Anschauung M. Noths den Vorzug geben: Der Abschluß des jahwistischen Geschichtswerks (mit der Landnahmeerzählung) ist bei Einarbeitung in die Priesterschrift bzw. den Pentateuch entfallen (o. § 4b4,d). Das noch erhaltene Ende liegt faktisch in der umfangreichen Bileamperikope Num 22 und 24 vor, der nur noch einzelne Sätze in Num 25 (V 1–5) und 32 folgen. Demnach finden sich erkennbare jahwistische Abschnitte nur in den Büchern Gen, Ex und Num.

Ausführlich werden die Urgeschichte (Gen 2–4; 6–8*; 9,18 ff; 11,1–9 u.a.), die Erzväterzeit (12–13*; 18–19*; 24; 28,10 ff*; 32,23 ff; 37–50* u.a.) und der Auszug aus Ägypten (Ex 1–17*) dargestellt, während die Sinaiperikope nur knapp (aber zumindest in Ex 19*) erhalten ist. Unter den üblicherweise für J reklamierten Texten sind einige, wie Gen 15 (Abrahambund), Ex 34 (kultischer Dekalog) oder Ex 4, als besonders umstritten ausgelassen; je nach ihrer Zuordnung ändert sich mehr oder weniger das Verständnis des Gesamtwerkes.

3. Situation. Ist auch der Abschluß des jahwistischen Geschichtswerks umstritten, so setzt man doch seine Entstehungszeit zumeist in der Blütezeit Salomos, also um 950 v. Chr., an. Diese Epoche bot

mit einer Schreiberschule am Königshof, in der die Beamten ausgebildet wurden, wohl überhaupt erst die materialen Voraussetzungen für eine so umfangreiche Niederschrift; zugleich gab die internationale Atmosphäre (Abhängigkeit der Nachbarstaaten, Handel) Anlaß, über Israels Verhältnis zu anderen Völkern nachzudenken.

Hauptargumente für die Frühdatierung sind etwa: a) Die neuen Eindrücke der frühen Königszeit scheinen zum Rückblick in die nähere oder fernere Vergangenheit angeregt zu haben; denn die Erzählungen von Davids Aufstieg und Thronfolge (1 Sam 16 – 1 Kön 2) sind ungefähr gleichzeitig und mit dem Jahwisten verwandt (vgl. etwa zum „großen Namen" Gen 11,4; 12,2; 2 Sam 7,9; u. § 11c3). b) Der Jahwist nennt in seinem Werk eben die Nachbarvölker (wie Kanaanäer Gen 9,18ff; Philister Gen 26; Aramäer Gen 29ff; Ammon, Moab, Edom), die in der gesamtisraelitischen Ära David–Salomos (bes. 2 Sam 8) für Israel bedeutsam waren. c) Die Erzählung von Noach dem Weinbauer (Gen 9,18–25), die die Verfluchung Kanaans sowie seine Unterwerfung unter Sem (d.h. Israel) und Japhet (d.h. die Philister) zum Ziel hat: „Gepriesen sei Jahwe, der Gott Sems! Und Kanaan sei sein Knecht!", setzt die Verhältnisse des davidischen Großreichs voraus. Das gleiche gilt für den indirekten Hinweis auf David als „Stern aus Jakob" (Num 24,15–19) sowie auf die Unterwerfung Edoms (vgl. Gen 25,23; 27,40a mit 2 Sam 8,13f; Gen 27,40b Zusatz nach 1 Kön 11,14ff; 2 Kön 8,20ff?). d) Daß J mancherlei Überlieferungen aus Juda (Gen 38) oder aus dem Süden (Gen 4; 19; auch Num 13f; 16) seiner Darstellung eingliedert, entspricht dem Rang Judas seit Davids Königtum (2 Sam 2). e) Die Beschreibung von Israels Frondienst in Ägypten Ex 1,11 scheint auf Grund der Verhältnisse bei Salomos Bautätigkeit (1 Kön 9,15.19; vgl. 5,29; 11,28) gestaltet zu sein: Abhängige wurden zu Bauarbeiten zwangsverpflichtet. So könnte die Entstehung des jahwistischen Geschichtswerks näher in die Bauperiode Salomos fallen. f) Schließlich erlebt diese Zeit nicht nur einen politisch-wirtschaftlichen, sondern auch einen geistigen Aufschwung, die „salomonische Aufklärung" (G. v. Rad). Tatsächlich ist der Jahwist von hoher Geistigkeit geprägt, die Nähe zur Weisheit verrät, wie sie an jener Beamtenschule gepflegt worden sein mag. Gibt die Urgeschichte nicht geradezu eine erzählerische Antwort auf die weisheitliche Frage (Ps 8,5 u.a.): Was ist der Mensch?

Gewiß belegen einige Beobachtungen nur das Alter der Tradition, das die Quellenschrift aufgreift (*terminus ante quem non*). Entgegen einer neueren Tendenz (H. H. Schmid u.a.) besteht aber keine Notwendigkeit, den Jahwisten später zu datieren, da er weder das Ende des davidischen Großreichs mit dem Dualismus von Juda und Israel noch die Assyrerbedrohung oder die prophetische Gerichtsbotschaft, erst recht nicht die deuteronomische Forderung der Kultzentralisation (Joschijas Reform) oder gar das Exil voraussetzt. Außerdem bietet J in Einzelerzählungen, nicht im Gesamtaufbau, oft eine ältere Überlieferungsgestalt als E (u. § 7a,1).

Allerdings wird man zwischen älterem Grundbestand und jüngeren redaktionellen Erweiterungen sorgfältig unterscheiden müssen (o. § 4b4,e).

Ein Teil der für den Zeitansatz entscheidenden Argumente läßt sich auch für die Frage nach dem lokalen Ursprung des Jahwisten ausnutzen. Wegen der aus dem Süden aufgenommenen Überlieferungen (s. d) sieht man im Jahwisten meist genauer einen Bewohner des Südreichs Juda, wobei vielleicht eher an das Land (O. H. Steck) als an die Haupstadt zu denken ist, da typisch Jerusalemer Vorstellungen nicht hervortreten.

4. Einheit. Wieweit stellen die – nach Ausscheidung von P, E und redaktionellen Zusätzen – gewonnenen jahwistischen Partien eine Einheit dar? Diese bisher kaum befriedigend beantwortete Frage stellt sich literarkritisch wie überlieferungsgeschichtlich. Manche Forscher (R. Smend sen. u. a.) haben den Grundbestand noch einmal in zwei Quellen zerlegt: den älteren (J^1, J^ä; Eißfeldt: L[aienquelle]; ähnlich Fohrer: N[omadenquelle]) bzw. jüngeren (J^2, J) Jahwisten. Diese „neueste Urkundenhypothese" führt O. Eißfeldts „Hexateuch-Synopse" (1922. 1962) anschaulich vor Augen. Allerdings ist es bisher nicht gelungen, einen wirklichen Zusammenhang der ausgeschiedenen, meist als älter geltenden Texte zu finden; ja, ihre Abgrenzung selbst ist fraglich, so daß man besser auf diese zusätzliche Quellenscheidung verzichtet. Trotzdem kann literarkritische Arbeit am Jahwisten in zwei Richtungen weitergetrieben werden: Enthält sein Werk einerseits bereits schriftliche Vorlagen? Wieweit wurde es andererseits nachträglich durch Zusätze, die ebenfalls den Jahwenamen verwenden (wie Gen 4,25 f; 6,1–4), aber ein wenig die Geschlossenheit der Quellenschrift beeinträchtigen, ergänzt? Diese Frage nach der Nach- und Redaktionsgeschichte des Textes ist wohl die fruchtbarere.

Zweifellos bestehen innerhalb der jahwistischen Abschnitte recht erhebliche Spannungen. Etwa die Völkertafel von Gen 10 und die Turmbauerzählung widersprechen sich insofern, als Gen 11 noch einmal die Einheit der Menschheit voraussetzt. Oder werden die Kulturerrungenschaften (Gen 4,17 ff) von der großen Flut (Gen 6 ff) nicht wieder vernichtet? Darf man sich J darum überhaupt als streng gestaltetes Erzählwerk vorstellen (o. § 4b4,a)?

Verbergen sich hinter J und E „nicht Einzelschriftsteller, sondern Erzählerschulen" (H. Gunkel, Gen LXXXV)? „Es ließe sich durchaus eine Geschichte von J denken, die mit dem Grundstock des Werkes nicht lange nach der Staatenbildung begonnen und mit dem Vorbau der Urgeschichte und der Einsetzung einiger novellenartiger Stücke nicht sehr lange vor dem Ende der Staatlichkeit aufgehört hätte" (R. Smend, EntstAT 94). Wo läßt sich aber innerhalb der jahwistischen Schicht ein allmähliches – sich über Jahrhunderte erstreckendes – Wachstum mit zunehmenden Ergänzungen des Textes nachweisen, wie es etwa im Deuteronomium wahrscheinlich ist?

Gewisse Unebenheiten lassen sich leichter überlieferungsgeschichtlich erklären; sie sind „Zeichen des Willens, kein Stück der Überlieferung preiszugeben" (J. Hempel). Der Jahwist ging nicht so frei mit der Tradition um wie die spätere Priesterschrift, hat seine Erzählungen nur z.T. selbständig formuliert, also Überlieferungen aufgenommen, ohne sie ganz miteinander auszugleichen; er gestaltete wohl das Gesamtkonzept, aber kaum jeden Einzelstoff.

Allerdings ist eine das gesamte Werk durchziehende Intention, die in gleichbleibenden sprachlichen Wendungen zum Ausdruck kommt, kaum erkennbar. Zwar läßt sich in der Urgeschichte die Absicht des Jahwisten an den die Einzelerzählungen verbindenden Stücken, die zudem gut zum Programmwort Gen 12,1–3 stimmen, ablesen, aber in den übrigen Überlieferungsblöcken fällt es schwerer, eindeutig Tradition und Intention zu unterscheiden. Nur hier und da lassen sich die theologischen Leitgedanken, mit denen er seinen Stoff bearbeitete, genauer bestimmen.

b) Theologische Intentionen

1. Das jahwistische Werk und mit ihm später der Pentateuch insgesamt gewinnen durch Vorordnung der Urgeschichte einen universalen Aspekt. Indem der Jahwist (anders als E und P) seit der Schöpfung den Namen Jahwe verwendet und die Menschen seit früher Zeit Jahwe verehren läßt (Gen 4,26 Zusatz?; vgl. 8,20; 9,26), erscheint der Gott des Volkes von vornherein als Gott der Menschheit, Richter der Völker (Gen 4; 11; vgl. 24,3.7). In der Urgeschichte stellt der Jahwist exemplarisch das Schicksal des Menschen in seiner Zwiespältigkeit, nämlich als Mehrung und Minderung, mit Macht und Ohnmacht, in Gnade und Gericht, dar.

Im 10. Jh. v. Chr. war es für Israel wohl noch nicht selbstverständlich, daß Jahwe nicht nur als Helfer in geschichtlichen Nöten, sondern auch als Schöpfer anerkannt wurde (Gen 14,19 ff; 1 Kön 8,12; auch Ps 24,2 u. a.). Jedenfalls ist die Einsicht, daß Jahwe den Regen (Gen 2,5; 7,4), den Rhythmus von Saat und Ernte, Sommer und Winter (8,22), damit alle Fruchtbarkeit gibt, noch ein, zwei Jahrhunderte später umstritten (1 Kön 17f; Hos 2).

Die Schöpfungserzählung Gen 2,4b ff unterscheidet sich in ihrem Horizont wie in ihrem Handlungsablauf tiefgreifend von Gen 1P: anstelle der kosmischen Weite dort die Umwelt des Bauern hier. Ist das Wasser dort einzugrenzen (vom Chaos zum Meer), so wirkt es hier belebend, verwandelt die Wüste in Ackerland (babylonische Tradition dort, palästinische hier?). Nicht die Menschheit (Gen 1,26 ff), sondern zwei Einzelne werden geschaffen, und zwar nacheinander. Gott spricht ein „nicht gut" über seine Schöpfung (2,18), weil der Mensch, den er aus Ton gebildet hat (2,7; vgl. Jer 18,3 f), allein ist. Doch hat Gottes Fürsorge erst beim zweiten Versuch den rechten Erfolg: noch nicht in den Tieren, die dem Menschen unterstellt werden, sondern erst in der Frau erhält er sein Gegenüber, die „ihm entsprechende Hilfe" und wird damit zum Mann (2,19 ff). Die Geschichte betont also (entgegen 1 Kor 11,7 ff; 1 Tim 2,11 ff) die schöpfungsmäßige Gleichheit von Mann und Frau; ihre Unterordnung unter den Mann ist Folge des Fluchs (Gen 3,16).

Anders als Gen 1P hat die jahwistische Schöpfungsgeschichte allerdings keine selbständige Bedeutung, sondern schafft nur die Voraussetzungen für die Paradieserzählung. Der Jahwist sieht (im Vergleich mit dem Nacheinander von Gen 1,31; 6,13P) Schöpfung, Schuld und Leid, Gut und Böse, von Anfang an stärker ineinander. Aus diesem Grunde sind Schöpfungs- und Paradieserzählung, die überlieferungsgeschichtlich ursprünglich selbständig waren, miteinander verwoben worden: Das Geschöpf begegnet Gott, der ihm den Garten als Lebensraum und Arbeitsstätte (2,8.15) zuweist, mit Zweifel und Ungehorsam. Trotzdem vollstreckt Gott seine Drohung „sobald du davon ißt, mußt du sterben" (2,17) nicht, sondern bleibt im Gericht gnädig, bewahrt den Menschen vor dem Ärgsten, indem er ihm trotz aller Härte der Strafe — Fluch über dem Arbeitsfeld des Menschen, Versperrung des Zugangs zum ewigen Leben, Vertreibung aus dem Garten (3,14 ff.22 f) — noch Schutz verschafft (3,21 gegenüber 3,7). Die Fluchworte lassen ätiologisch die gegenwärtigen Lebensbedingungen mit ihren Nöten, wie den Schmerzen der Frau bei der Geburt oder der Mühsal des Mannes beim Broterwerb, entstehen, bringen dem Menschen aber weder den sofortigen Tod noch (entgegen Röm 5,12) die Sterblichkeit überhaupt. Schon die Herkunft des Menschen aus „Staub" — und göttlichem Hauch — verweist vorweg auf seine Endlichkeit (vgl. 2,7 mit 3,19; auch Koh 12,7; Hi 10,9).

Die Erzählung von Kain und Abel Gen 4 greift eine Überlieferung auf, die von israelitischem Standpunkt aus das Phänomen der Keniter erklärt: auch sie sind Jahwe-Verehrer, aber landlos; ihr Ahnherr bzw. Repräsentant Kain trägt ein Jahwe-Zeichen, ist aber unstet und flüchtig (4,14 f; vgl. Ri 1,16). Diese Stammeserzählung wurde im Rahmen der jahwistischen Urgeschichte ins Allgemein-

Menschliche ausgeweitet und beschreibt nach Gen 2 f, das das Verhältnis zwischen Gott und Mensch sowie Mann und Frau darstellt, urbildhaft eine weitere Grundmöglichkeit menschlichen Daseins: das Verhältnis zwischen Brüdern, und zwar als feindliches Gegeneinander. Kains Verhalten ist typisch: Wer Menschenblut vergießt, tötet seinen Bruder. So berichtet Gen 4 zweifellos von einer Steigerung menschlicher Boshaftigkeit. Überhaupt sind beide Erzählungen durch strukturelle Gemeinsamkeiten („Wo bist du? − Wo ist dein Bruder?" 3,9; 4,9; Fluch über Acker bzw. Kain 3,17; 4,11) aufeinander bezogen. Wie Gott Adam nicht schutzlos aus dem Garten entläßt, so wird auch der Mörder Kain nicht gnadenlos von Gottes Angesicht vertrieben, sondern durch das Zeichen vor Totschlag geschützt.

2. Der Jahwist gelangt zu kritischen Einsichten in das abgrundtief böse Handeln des Menschen, wie sie später erst Jeremia (13,23) oder der Psalmist (51,7; auch 1 Kön 8,46; Spr 20,9 u. a.) aussprechen: „Das Gebilde des menschlichen Herzens, d. h. Denken und Wollen, sind böse von Jugend auf" (Gen 8,21; 6,5).

Wie Gen 3 f birgt die Sintfluterzählung Gen 6−8* das Motiv der Bewahrung in sich: Gott kann, was er erschaffen hat, vernichten, aber der eine wird gnädig bewahrt. Dabei interpretiert J die weltweit verbreitete Tradition in doppelter Hinsicht:

Zum einen motiviert J die Flut innerhalb der von ihm frei formulierten Rahmenworte (6,5−8; 8,21f nach dem traditionellen Abschluß 8,20) mit der Bosheit des Menschen. Sie geben Gott Recht, indem sie das Unheil als Folge des heillosen Willens des Menschen verstehen. Damit wird das Geschehen zum Strafgericht, das der Mensch einsehen kann, weil es mit seinem Verhalten begründet ist.

Zum andern wird die Volksüberlieferung von Noachs „Gerechtigkeit" (Ez 14,14.20; vgl. Gen 6,9P; 5,29J) passiv umgedeutet: Noach „fand Gnade" (6,8), wurde „gerecht ersehen" (7,1; vgl. 18,3; 19,19). So wird vermieden, Noachs Sonderstellung, „Rest" inmitten der *massa perditionis* zu sein, auf seine Moralität und Frömmigkeit zurückzuführen (weitergeführt in Hebr 11,7).

Auch sonst zeichnet J seine Hauptperson nicht als Idealgestalten: Weder Abraham (Gen 12,10ff; 16) noch Jakob (Gen 27) oder Mose (Ex 2) erscheinen als tugendsam und in ihrem Tun gerechtfertigt.

Gottes Gericht bessert den Menschen nicht; er bleibt, wie er ist (Gen 8,21; vgl. 18,20f und das sich anschließende, wohl spätere Gespräch über Gottes Gerechtigkeit). Diese Einsicht, von J ohne einen eigenen Begriff für „Sünde" erzählerisch entfaltet, gilt keineswegs nur von Israel; vielmehr fällt der Jahwist vom Glauben aus ein Urteil über den Menschen als solchen (vgl. Röm 7).

Insgesamt scheint durch die verschiedenartigen Einzelerzählungen von Gen 2−8 eine Grundstruktur bzw. ein Handlungsgerüst durch, das sich etwa mit den Stadien umschreiben läßt: heilvolle Fürsorge Gottes – Schuld des Menschen – Strafe – gnadenhafte Bewahrung und damit neuer Anfang.

3. Wie in der Urgeschichte deutet der Jahwist seine ihm vorgegebenen Überlieferungen gerne dadurch, daß er an entscheidenden Stellen Jahwereden einfügt, die theologische Leitgedanken enthalten (Gen 2,16f; 3,14–19; 4,6f.11ff; 6,3.5–8; 8,21f; 11,6f; 12,1–3; 13,14–17; 18,17ff; 26,24; 28,13–15; 31,3 u.a.). Sind die Gottesworte in der Vätergeschichte Verheißungen, so haben sie in der Urgeschichte durchweg drohenden oder strafenden Charakter – mit einer gewichtigen Ausnahme: dem Versprechen, die Erde nicht mehr zu verfluchen, d.h. zu schädigen (8,21f). Hier scheint altorientalische Überlieferung nachzuklingen, nach der die Sintflut die Urzeit beendet. Doch bricht die Folge von Sünde und Strafe noch nicht ab (Gen 11); vielmehr wird jene vorgegebene Vorstellung von dem spezifisch israelitischen Geschichtsverständnis überlagert, nach dem erst die Väterzeit mit der Berufung Abrahams die Urzeit beschließt.

So ist das Segenswort Gen 12,1–3 Abschluß der Urgeschichte, Ziel ihrer Fluchworte (3,14.17; 4,11; 5,29; 9,25) und Eröffnung heilvoller Zukunft. Die Menschheit, von sich aus im Unheil, hat das von Gott in Abraham angebotene Heil nötig: „Die sog. Urgeschichte erklärt vorweg, warum alle Sippen der Erde Segen brauchen" (H.W. Wolff, 359). Die aus dem Väterglauben überkommenen Motive der Nachkommen- und Landverheißung (vgl. 12,6; 28,13f) klingen nur stark verallgemeinert an und bereiten die umfassendere Zusage (12,3) vor:

> „Segnen will ich, wer dich segnet,
> verfluchen, wer dich schmäht.
> In dir sollen gesegnet sein alle Sippen der Erde."

An der Stellung zu Abraham soll sich das Schicksal der Menschheit entscheiden; an seinem Segen sollen alle teilhaben. Hält der Jahwist diese Verheißung dem Machtstreben und dem Hochmut seiner Zeit entgegen? Explizit ist von seiner geschichtlichen Situation keine Rede; auch verspricht das Wort eine durch die politische Wirklichkeit selbst der davidisch-salomonischen Ära nicht gedeckte, noch uneingelöste Zukunft. Darf man hier die Hoffnung des Jahwisten erkennen, der wie die anderen Quellenschriften eschatologische Aussagen nur sehr zurückhaltend macht? Jedenfalls ist in dem programmatischen Wort die Vätertradition neu und universal gedeutet. Es eröffnet noch in der vorliegenden Endredaktion des Pentateuch die Vätergeschichte und bietet damit eine Art

„Gesamtsinn" der Väterüberlieferung, wenn man diesen nach Vereinigung ehemals selbständiger Traditionsströme und Quellenschriften überhaupt erwarten darf.

Die Verheißung des Segens kehrt in der jahwistischen Darstellung gelegentlich wieder (Gen 18,18; 28,14; vgl. 22,18; 26,4; Num 24,9), und kein Geringerer als Pharao muß die Erfüllung bestätigen: „Das Volk der Israeliten ist uns zu zahlreich und zu stark" (Ex 1,9). – Schon in den Isaak-, Jakob- und Josepherzählungen tritt gegenüber dem Segensmotiv allerdings stärker die Verheißung göttlichen Beistandes „Ich bin mit dir" hervor (Gen 26,3.24.28; 28,15; 31,3; 39,2f.21.31), wie sie etwa in den Davidgeschichten wiederkehrt. Hat man sich damals, gewiß im Anschluß an ältere Tradition, Heil und Erfolg in der Geschichte durch Jahwes „Mit-Sein" gedeutet (u. § 11c3)?

4. Eine eigenständige Intention des Jahwisten tritt noch einmal dort hervor, wo er einen großen Bogen von Ex 5–14 schlägt, um die im Volk umlaufenden Plagenerzählungen so zu gestalten, daß sie das Verhältnis der fremden Bedrücker zu Jahwe darstellen. Das Thema wird durch die Jahwe herausfordernde Frage Pharaos (5,2) eingeführt: „Wer ist Jahwe, daß ich seinem Befehl, Israel zu entlassen, gehorchen sollte? Ich kenne Jahwe nicht!" Die folgenden Geschehnisse sollen Pharao nötigen, Jahwe als wahren Gott zu „erkennen" (7,17; 8,6.18; vgl. 10,3 u.a.). Pharao vollzieht die Anerkennung, indem er sich schuldig bekennt (9,27; 10,16) und Mose um Fürbitte bei Jahwe anfleht (8,4.24; 9,28; 10,17; 12,32). Wie sich Heil und Unheil der Menschheit in ihrem Verhältnis zu Abraham entscheiden, so könnte Pharao an Israels Segen teilhaben, wenn er nicht verstockt bliebe; im Untergang muß er Jahwes Übermacht einsehen (14,25) und erfahren.

Wie in diesem Bericht von der Rettung vor den Verfolgern (14, 13f.30) stellt der Jahwist auch mit anderem Überlieferungsgut Jahwes Alleinwirksamkeit – er segnet (Gen 12,3), führt aus Ägypten heraus (Ex 3,16f; vgl. 5,22), schickt die Plagen (7,14–16 u.a.) und schlägt Ägypten (12,23; Gen 12,17) – und Transzendenz heraus: Gott wohnt nicht auf Erden, sei es auch im Dornbusch oder am Sinai, sondern „fährt herab" (jarad: Gen 11,5.7; 18,21; Ex 3,8; 19,11.18.20 u.a.), um in das Geschehen einzugreifen. Wenn der Jahwist schließlich die Redeeinführung „Jahwe sprach zu Abraham" (Gen 12,1; vgl. 26,2) selbst formulieren kann, ohne anzudeuten, von woher und auf welche Weise sich Gott offenbart, so wird man vermuten dürfen, daß er den ihm durch die Überlieferung vorgegebenen anthropomorphen Vorstellungen etwa der

Paradieserzählung mit einer gewissen Freiheit gegenübersteht. Oder vermag er gar mit ein wenig Humor nachzusprechen, daß sich Gott in der Abendkühle im Garten ergeht (Gen 3,8; vgl. 8,21 u.a.)?

7

DAS ELOHISTISCHE GESCHICHTSWERK

a) Einleitungsfragen

Beim Jahwisten ist der Aufriß des Pentateuch zum ersten Male schriftlich bezeugt. Doch blieb es nicht bei diesem Versuch, Israels Frühzeit darzustellen; vielmehr wurde er durch eine andere, die elohistische, Darstellung ergänzt, die so eng mit dem Jahwisten zusammengearbeitet wurde, daß man auch von einem „Jehowisten" J/E spricht. Beide Quellenschriften sind nämlich schon in der Josephserzählung, jedenfalls vom Exodusbuch ab, oft schwer voneinander abzugrenzen und eindeutig zu bestimmen. So wird man in diesem Bereich über die Quellenzuweisung oft zurückhaltend urteilen: „Die Scheidung von J und E ist die schwierigste Aufgabe der Textanalyse und in vielen Fällen gar nicht mehr möglich" (H. Holzinger, EinlHex 485 u.a.).

1. Selbständigkeit. Diese Verhältnisse bedingen, daß die elohistische Quellenschrift in der Forschung literarkritisch, historisch wie theologisch eine umstrittene Größe bildet. Nicht nur ihr Umfang wird verschieden bestimmt, sogar die Existenz eines Elohisten überhaupt wurde geleugnet (P. Volz, W. Rudolph, S. Mowinckel u.a.).

Jedoch sprechen verschiedene Gründe dafür, den Elohisten als selbständigen Erzähler aufzufassen: a) Es findet sich eine Reihe von eindeutigen Dubletten des gleichen Stoffes, so bes. die Erzählung von der Gefährdung der Ahnfrau (Gen 20 E; 12,10 ff J; 26,7 ff J) oder von Hagars Flucht (Gen 21,9 ff E; 16,1 ff J). b) Es gibt Parallelberichte, in denen jahwistische und elohistische Fassungen ineinandergefügt sind. Hauptbeispiele sind die Berichte von Jakobs Traum Gen 28,10 ff, Moses Berufung Ex 3 oder der Sinaitheophanie Ex 19,16 ff und wohl auch die Bileamperikope Num 22−24. Innerhalb dieser Blöcke bietet die Aufteilung des vorpriesterschriftlichen Textbestands auf zwei Fäden die beste Erklärung, und von diesen Fixpunkten aus liegt es nahe, Querverbindungen zu ziehen. c) An jenen Haupttexten stimmt die Aufteilung der Quellen mit einem entscheidenden Kriterium überein, der Verwendung des Gottesnamens „Elohim" statt „Jahwe".

Als weitere, weniger begründende als unterstützende Argumente, die die Scheidung auch sachlich sinnvoll erscheinen lassen, können dienen:

d) Das elohistische Geschichtswerk zeichnet sich hier und da durch bestimmte Stileigentümlichkeiten und in geringem Maße auch durch eigenen Wortgebrauch aus.

Charakteristisch ist die Wortfolge: Anruf Gottes mit doppelter Nennung des Eigennamens und Anwort des Angeredeten „Siehe, hier bin ich" (mit Varianten Gen 22,1.7.11; 31,11; 46,2; Ex 3,4b).

Eine Reihe von Gemeinsamkeiten durchzieht zwar nicht das elohistische Werk insgesamt, verknüpft aber doch Einzeltexte, z.B. die Frage „Bin ich etwa an Gottes Statt?" (Gen 30,2; 50,19) oder die Wendung: Mose „führte das Volk heraus" (Ex 3,10.12; 19,17).

Gegenüber dem Ortsnamen „Sinai" scheint E den Begriff „Gottesberg" (Ex 3,1b) vorzuziehen, während der Eigenname Jitro oder der Titel „Pharao" (statt „König von Ägypten") kaum typisch sind.

e) Gelegentlich eingestreute Reflexionsworte enthalten Rück- und Vorverweise auf das Handlungsgeschehen, verbinden Vergangenheit und Zukunft. So deutet das Schlußwort der Josephserzählung

> „Ihr plantet Böses gegen mich –
> Gott plante es zum Guten um;
> damit er täte, wie jetzt zutage liegt,
> ein großes Volk am Leben zu erhalten"
> (Gen 50,20; vorbereitet in 45,5.7)

nachträglich Josephs Schicksal und weist zugleich begrifflich wie sachlich auf die folgende Perikope (Ex 1,15 ff) voraus: Die Hebammen verwirklichen durch ihre Gottesfurcht Gottes Absicht, „ein großes Volk am Leben zu erhalten". Dadurch wird ein thematischer Zusammenhang zwischen verschiedenen Texteinheiten erkennbar, selbst wenn literarische Verbindungsstücke fehlen. Ja, Gen 50,20 scheint eine Gelenkfunktion innerhalb der elohistischen Darstellung zu haben; Josephs Wort schließt die Familiengeschichte der Väterzeit ab und leitet zur Volksgeschichte über. Ähnlich bezeugen bestimmte Redestücke (wie Gen 31,13 mit Rückbezug auf Gen 28,10 ff) „eine hochreflektierte Kompositionskunst" (H. W. Wolff, 415).

f) Schließlich lassen sich, methodisch geurteilt, erst als Folge jener Beobachtungen gewisse Besonderheiten in ethischen und theologischen Aussagen erkennen.

Mehrfach tritt eine besondere Feinheit in der ethischen Einstellung des Elohisten hervor – dazu drei Beispiele: Während der Jahwist Abraham die Notlüge aussprechen läßt, seine Frau Sara sei seine Schwester (Gen 12,11 ff: vgl. 26,7 ff), läßt der Elohist, um Abraham nicht der Lüge zu bezichtigen, Sara zu seiner Halbschwester werden, und betont ausdrücklich die Wahrheit dieses Sachverhalts (Gen 20,2.5.12). – Während Joseph nach jahwistischer Darstellung an Ismaeliter verkauft wird (Gen 37,27.28b), wird er nach elohistischem Verständnis „nur" in einer Zisterne ausgesetzt bzw. dort eine Zeitlang aufbewahrt, aber von midianitischen Kaufleuten gefunden und mitgenommen (Gen 37,22–24.28a.29). – Gehorcht Abraham nach Gen 16,6 J Sara ohne Bedenken, entläßt er Hagar nach Gen 21,11 f E erst auf göttlichen Zuspruch hin und versorgt sie mit Lebensmitteln.

Diese Beispiele zeigen zugleich, daß der Elohist Einzelüberlieferungen oft in einer späteren, stärker gestalteten Fassung bietet – aber keineswegs immer (Gen 28,10 ff). Erst recht hat E im Gesamtaufbau die ältere Gestalt bewahrt (s. u.).

Zu den theologischen Eigenarten gehört insbesondere das weithin durchlaufende Thema Gottesfurcht.

Die verschiedenartigen Gründe sprechen trotz manchen Unsicherheiten, vor allem im Ex- und Num-Buch, entschieden für die ursprüngliche Eigenständigkeit des Elohisten. Zwar wird er öfter nur als „Neuherausgeber" (P. Volz), d.h. als Bearbeitungs- bzw. Ergänzungsschicht, des Jahwisten verstanden, aber E scheint ursprünglich nicht auf J bezogen und von ihm abhängig gewesen zu sein (o. § 4b4,b), was bei einer Überarbeitungsschicht der Fall sein müßte; auch lassen sich zwischen den elohistischen Textpartien ja Zusammenhänge aufspüren.

Allerdings sind von dieser Quellenschrift „nur zerstreute Fragmente vorhanden" (so schon H. Holzinger, 173); denn der Redaktor, der J und E vereinigte, hat das elohistische Geschichtswerk nur zur Ergänzung des von ihm zugrundegelegten jahwistischen herangezogen (o. § 4b4,c).

2. Umfang. Trotz diesem für E unglücklich verlaufenen Redaktionsprozeß haben sich aus diesem Geschichtswerk geschlossene Erzählungen erhalten. Der umfangreichste Textkomplex, an dem sich seine Arbeitsweise am ehesten ablesen läßt, ist Gen 20–22*. Ungewiß ist jedoch der Einsatzpunkt. Gewöhnlich findet man ihn in Gen 15, aber dieses Kapitel vereint ältere und jüngere Traditionen, so daß die Quellenzugehörigkeit seiner Textteile umstritten bleibt. „Außer wenigen, übrigens auch noch unsicheren Spuren in Gen 15, ist von dieser Quelle in Gen 12–19 nichts enthalten" (H. Holzinger, 174). Selbst wenn in Gen 15 ein elohistischer Faden zugrunde liegt, ist sein eigentlicher Anfang – im Gegensatz zur volltönenden Einleitung der Priesterschrift Gen 1 und des Jahwisten Gen 2,4b ff – nicht mehr erhalten. Setzte der Elohist ursprünglich mit einer Vorstellung Abrahams ein? Jedenfalls ist E in Gen 1–11 (trotz entsprechenden Versuchen) noch nicht zu entdecken; er enthielt also keine Urgeschichte, sondern beginnt mit der Vätergeschichte.

Auch das Ende des elohistischen Geschichtswerks wird verschieden bestimmt. Teils wird es in Jos 24, teils in Dtn 31 ff gesucht. Den letzten größeren elohistischen Text findet man gewöhnlich in der Bileamperikope Num 22 f.

Bekannte, mehr oder weniger E zuzuschreibende Texte sind:

Gen 15*?	Abrahams Berufung
Gen 20,1−22,19*	Abraham und Abimelek, Isaaks Geburt, Hagars Vertreibung und Isaaks Opferung
Gen 28,11 f. 17 f. 20 f	Jakobs Traum von der Himmelsleiter
	Teile aus Gen 30−33; 35 (bes. V 1−5.7 f); 37; 40−42 (vorwiegend); 47 f
Gen 46,1b−5a	Offenbarung an Jakob
Gen 45,5b−15; 50,15−26	Josephs Verzeihen
Ex 1,15 ff	Ungehorsam der Hebammen (auch 2,1−10?)
Ex 3 f*	Moses Berufung (genauer 3,1bβ.4b.6.9−14)
Ex 14*	Schilfmeerwunder (bes. 13,17−19; 14,5a.19a)
ˌEx 18*	Moses Begegnung mit seinem midianitischen Schwiegervater: gemeinsames Opfer, Einsetzung von Richtern
Ex 19*	Sinaioffenbarung (bes. 19,16 f. 19; auch 24,[9−]11?)
	Teile aus Num 20 f
Num 22 f*	Bileam

Aus gewissen Unebenheiten hat man auf nachträgliche Überarbeitung des Elohisten bzw. auf die Verbindung mehrerer elohistischer Fäden schließen wollen; doch fehlen für solche diffizilen Operationen tragfähige Argumente. Allerdings wird man mit Zusätzen in elohistischem oder auch deuteronomisch-deuteronomistischem Stil rechnen müssen. Zu ihnen gehören wohl Ex 20,18−21 oder Teile von Ex 32. Ob man Texte wie Gen 15,6; Ex 32; Num 12,6 ff oder gar den Dekalog und das Bundesbuch (Ex 20−23) dem Elohisten zu- oder (mit mehr Recht) abspricht, ist für die Bestimmung seiner Theologie höchst belangvoll. Um ein verläßliches Urteil zu gewinnen, beschränkt man sich besser auf ein kritisch gesichertes Minimum.

3. Situation. Soweit man die Existenz des elohistischen Geschichtswerks anerkennt, ist man sich über Ort und Zeit seiner Entstehung − trotz abweichenden Auffassungen (M. Noth u. a.) − ziemlich einig. Seine Heimat ist vermutlich im Nordreich zu suchen (was sich leicht merken läßt: E aus Ephraim, J aus Juda). Allerdings liegen für diese Schlußfolgerung mehr Indizien als sichere Anhaltspunkte vor. Hauptgrund ist ein argumentum e silentio: Der Erzväterüberlieferung fehlen

die im Süden beheimateten, vom Jahwisten dargebotenen Erzählungen wie der Abraham-Lot-Sagenkranz.

Sie ist darum in einer älteren Gestalt bewahrt, in der mittelpalästinische Heiligtümer, wie Bet-El (Gen 28,22; 35,1 ff), Sichem (Gen 33,19 f; 35,4.8; 48,22; vgl. 50,24 f; Ex 13,19 mit Jos 24,32) und auch das zwar im Süden gelegene, aber mit dem Norden (vgl. Am 5,5; 8,14) eng verbundene Beerscheba (Gen 21,31 ff; 22,19; 46,1 ff) eine entscheidende Rolle spielen. Ähnlich tritt in der Josephsgeschichte als Wortführer nicht wie bei J Juda, sondern, wie es früherem Traditionsstadium entspricht, Ruben auf (vgl. Gen 37,22−24. 29 f E gegenüber 37,21.26 f J).

Außerdem bestehen gewisse, wenn auch kaum offen zutage liegende Beziehungen des elohistischen Geschichtswerks zu den Nordreichpropheten, vielleicht schon zu Elija, deutlicher zu Hosea (vgl. Ex 3,14 mit Hos 1,9; auch Ex 3,10 ff mit Hos 12,14), und zum Deuteronomium, dessen älteste Traditionen in den Norden zurückzureichen scheinen (§ 10a,3). So kann man, allerdings mit Vorbehalt, eine Überlieferungskette vom Elohisten über den Propheten Hosea und das sog. Urdeuteronomium verfolgen, die später eventuell von Jeremia im Südreich aufgenommen wird.

Wie die örtliche hat M. Noth auch die übliche zeitliche Ansetzung des Elohisten nach dem Jahwisten in Zweifel gezogen, „da E im ganzen vielmehr ein früheres Stadium der Überlieferungsgeschichte repräsentiert als J" (ÜP 40 f[143]). So kennt E ja weder die Urgeschichte noch die Südreichtraditionen im Erzvätersagenkomplex. Dennoch ist jener Einwand nicht unbedingt stichhaltig, da eine jüngere Schrift ein älteres Traditionsstadium bewahren kann. Vor allem bietet E in manchen Einzelerzählungen deutlich eine spätere, theologisch reflektiertere Überlieferungsgestalt als J (Beispiele o. zu 1 f). Sind die Beziehungen zum Nordreich mit Recht beobachtet, entstand das Werk des Elohisten − und dies ist die gewohnte Auffassung − zwischen der sog. Reichsteilung 926 v. Chr. und dem Auftritt des Propheten Hosea, damit vor der tödlichen Assyrergefahr, die E noch nicht zu kennen scheint. Am ehesten ist die Zeit um 800 oder die erste Hälfte des 8. Jh. v. Chr. anzunehmen.

In diesen zeitgeschichtlichen Rahmen fügt sich gut die geistesgeschichtliche Situation ein. Deutlich steht E der (frühen, d. h. zugleich nordisraelitischen) Prophetie nahe. Einerseits enthält er prophetische Überlieferungselemente. So ist Moses Berufung Ex 3,10 ff nach einem Formular gestaltet, das auch Ri 6; 1 Sam 9 f und Jer 1 zugrundeliegt. Vor allem wird Abraham, weil er Fürbitte übt, in Gen 20,7 „Prophet" genannt. Andererseits scheint Hoseas Gerichtsansage „Ich bin nicht für

euch da" (1,9) die Erläuterung des Jahwenamens „Ich bin (für euch da)"
(Ex 3,14.12E) aufzunehmen und zu negieren.

Umgekehrt sind noch keine Einwirkungen der frühen Schriftprophetie, etwa Hoseas, auf das elohistische Geschichtswerk spürbar. Elohim
„Gott" als Subjekt des Satzes ist ganz und gar unprophetisch. E kennt
noch nicht die Kritik an den Nordreichheiligtümern, erst recht nicht die
radikale Gerichtsansage über Israel. Auch tritt der Traum, dessen sich
der Elohist als Stilmittel in den Erzvätererzählungen bedient, bei den
Schriftpropheten zurück, wird als Offenbarungsweise verdrängt, später
gar kritisiert (Jer 23,28 f; vgl. Dtn 13,2−6 u. a.).

Im Schicksal der elohistischen Quellenschrift besteht eine letzte Ge-
meinsamkeit mit der Botschaft Hoseas: Beide wanderten nach dem
Untergang des Nordreichs 722 v. Chr. in den Süden. Dort, vielleicht in
Jerusalem, wurde E mit dem Jahwisten vereinigt.

Als Beleg kann vielleicht Ex 3,15 dienen. Der zwischen Ex 3,14E und 3,16J
von der Redaktion eingeschobene Vers scheint am Zion, genauer wohl im Jerusalemer Gottesdienst, beheimatet zu sein (vgl. Ps 102,13; 135,13).

Daß E einem anderen Raum entstammt als J, macht das Verhältnis
zwischen beiden Quellenschriften verständlich: Gemeinsamkeiten im Gesamtaufbau und Unterschiede im Wortlaut erklären sich am leichtesten,
wenn J und E nur indirekt, durch mündliche Überlieferung, aufeinander
bezogen sind.

b) Theologische Intentionen

Der literarische Sachverhalt, daß der Elohist keine Urgeschichte aufweist, hat zugleich sachliche Bedeutung: Ihm fehlt die universale Ausrichtung des Jahwisten. Jahwe ist nicht schon seit der Schöpfung am
Werk, sondern offenbart sich erst bei Moses Berufung (Ex 3). Darf man
aus diesem argumentum e silentio schließen, daß E ausschließlicher mit
dem Volk Israel und der ihm zuteilgewordenen Sonderstellung beschäf-
tigt ist, so findet diese Folgerung in dem Spruch Bileams ihre Bestätigung:

„Siehe ein Volk, das abseits wohnt,
sich nicht zu den Völkern rechnet" (Num 23,9).

In diesem Wort scheint ein frühes Zeugnis für Israels Selbstverständnis vorzuliegen: Es ist kaum nur räumlich, sondern auch wesensmäßig
von den Völkern geschieden − unter dem Segen Jahwes (Num 23,8.10.
20 ff). Dennoch darf man dem Elohisten kaum Partikularismus vor-

werfen, da sich bei ihm auch gegenläufige Tendenzen finden (vgl. Gottes Gespräch mit dem fremden König Gen 20,3 ff).

1. Wie ist es möglich, daß E regelmäßig statt des Eigennamens „Jahwe" den Allgemeinbegriff „Elohim" (und zwar ohne erkennbaren Bedeutungsunterschied sowohl ohne als auch mit Artikel) verwendet? Im Nordreich um 800 v. Chr., also in einer Situation, die nach Ausweis der Elijageschichten und der Verkündigung Hoseas in harter Auseinandersetzung zwischen Jahwe und Baal stand! Trotzdem ist eine befriedigende Erklärung des Tatbestands, daß diese Quellenschrift den für Israel spezifischen Gottesnamen meidet, kaum gefunden. Dafür darf man gewiß keinen ehemaligen Polytheismus Israels oder — allgemeiner — schlicht vorgegebene Tradition verantwortlich machen. Auch hat E kaum wie die spätere Priesterschrift verschiedene Perioden des Gottesverständnisses unterscheiden wollen. Gewiß führt E in der Antwort Gottes auf Moses Frage den Namen Jahwe ein und deutet ihn zugleich: „Ich werde sein (bin), der ich sein werde (bin)" (Ex 3,14), hält aber auch danach noch in der Regel an der Allgemeinbezeichnung „Elohim" fest.

Umstritten ist, ob E nach Ex 3,14 das Wort „Elohim" ausschließlich oder nur weit vorwiegend benutzt. Der Versuch, auf Grund dessen zwei Schichten innerhalb des Elohisten zu unterscheiden (C. Steuernagel u. a.), ist schon angesichts des Überlieferungsbestands zu waghalsig. Zumindest gelegentlich liegt in der Erwähnung des Jahwenamens in elohistischen Partien sekundärer Einfluß des Jahwisten oder auch der Priesterschrift, also redaktioneller Eingriff in E, vor (so schon Gen 22,11.14 vor dem Zusatz V 15—18). Wenn Ex 3,15 redaktioneller Zusatz ist, wird leichter verständlich, daß E auch nach Ex 3,14 zumindest durchweg „Elohim" gebraucht.

Wahrscheinlichster Grund für den Gebrauch von „Elohim" ist die Intention, Gottes Transzendenz und damit indirekt wohl auch einen gewissen Universalismus des eigenen Glaubens zu betonen: Jahwe, der Gott des einen Volkes, ist Gott schlechthin. Scheint E nicht geradezu die in der Karmelszene gefällte Entscheidung zwischen Jahwe- und Baalglauben „Jahwe ist Elohim, ist Gott" (1 Kön 18,39) vorauszusetzen (O. Procksch)? Dann würde zugleich verständlich, warum diese Quellenschrift in den ihr eindeutig zuzuweisenden Texten so wenig antikanaanäische Polemik erkennen läßt.

2. Jedenfalls tritt die Tendenz, Gottes Transzendenz zu betonen, beim Elohisten auffällig hervor. Erzählungen, die von einer unmittelbaren Begegnung zwischen Gott und Mensch berichten (wie Gen 3; 18 f J), finden sich nicht mehr. Gott hält vielmehr eine größere Distanz ein: Er „spricht" mit Abraham (Gen 22,1), ohne daß ausdrücklich von

einer Erscheinung die Rede ist, oder „ruft" Mose (Ex 3,4b) wie aus der
Ferne, ohne daß erkennbar würde, woher der Ruf ergeht. Gott scheint
im Himmel zu wohnen, wenn er nach der Darstellung der Väterzeit
von dort aus seine Boten zur Erde sendet, oder sie von dort aus reden
(Gen 28,12 bzw. 21,17; 22,11; vgl. 22,15; Ex 14,19; 20,22). In seinem
Boten läßt sich Gott im Bereich der sichtbaren Welt vertreten und ist
damit nicht mehr unmittelbar erfahrbar (vgl. Gen 28,12 E mit 28,13 J).
Desgleichen ist das Gottesverhältnis nicht mehr „objektivierbar", wenn
Gott — wiederum nur in der Vormosezeit — im Traum erscheint
(Gen 20,3 ff; 28,12; 31,24; 46,2; vgl. 37,5 ff; 40,9 ff; 41,17 ff). Beide
Weisen der Offenbarung, durch Boten und im Traum, können auch miteinander verbunden werden (31,11; 28,12). Dabei hat der Traum gewiß
kein Eigengewicht, sondern wird bewußt, aus theologischer Absicht und
fast wie ein literarisches Stilmittel, eingeführt, um Gott sprechen zu
lassen; entscheidend ist gerade nicht die Vision, sondern die Rede
(Gen 20,3.6 u.a.). Überhaupt nehmen Reden breiten Raum ein; sie verknüpfen und deuten zugleich den Handlungsablauf (31,13 u.a.). Die
elohistische Darstellung von Moses Berufung (Ex 3,1bβ.4b.6.9—14) ist
nahezu ausschließlich als Gespräch gestaltet. Auch in der Beschreibung
von Moses Wirken kommt die Intention des Elohisten zur Geltung: Gilt
die Befreiung aus Ägypten nach älterer Überlieferung als Tat Jahwes
(Ex 3,8.16 f J u.a.), so läßt E, um einen direkten Kontakt zwischen Gott
und Mensch zu meiden, Mose das Volk aus Ägypten herausführen
(3,10.12; vgl. 19,17). „E hat Mose als das Werkzeug Gottes bei der
Verwirklichung der Herausführung viel mehr in den Vordergrund ge-
schoben" (G. v. Rad, TheolAT I,305). Gegenüber der jahwistischen
Erzählweise wirkt darum die elohistische Darstellung insgesamt theologisch reflektierter. Doch ist sie durch Entsinnlichung oder Vergeistigung
des Gottesbildes kaum angemessen charakterisiert, zumal ja die Relation
von Reden und Hören eine so entscheidende Rolle spielt.

3. Neben dieser nur mittelbar, durch Vergleich mit Paralleltexten,
feststellbaren Eigenart gibt der Elohist direkter, durch seine Begrifflichkeit, eine theologische Intention zu erkennen. J. Becker und H. W. Wolff
haben in der Erprobung des Menschen auf seine Gottesfurcht ein
Motiv entdeckt, das in den verschiedensten Einzelerzählungen wiederkehrt. Das schon in Gen 20 (V 11) anklingende Thema Versuchung
wird in der Erzählung von Isaaks Opferung mit anderem Schwerpunkt
aufgenommen und ausgeführt. Diese ursprünglich vorisraelitische Kultlegende (o. § 5b,3) von der Ablösung des Kindesopfers durch ein Tier-
opfer (V 22) wird vom Elohisten gedeutet als Glaubensprüfung: „Gott

versuchte Abraham" (V 1); er erweist sich als gottesfürchtig (V 12), d.h., ist bereit, die ihm verheißene und gewährte Gabe Gott zurückzugeben und sich ihm damit vorbehaltlos anzuvertrauen (vgl. Dtn 8,2; 13,4). Wiederum aus Gottesfurcht (Ex 1,17.21) verweigern die Hebammen gegenüber dem unmenschlichen Befehl Pharaos, nur Israels Töchter leben zu lassen, die Söhne aber zu töten, den Gehorsam (vgl. Apg 5,29) und führen auf diese Weise unbewußt Gottes Willen aus, „ein großes Volk am Leben zu erhalten" (Gen 50,20). So bewährt sich Gottesfurcht in der jeweiligen Situation auf verschiedene Weise: im Gehorsam des Glaubens (22,12), in der Verläßlichkeit des Wortes (42,18; Ex 18,21), im Schutz des Schutzbedürftigen, sei es des Ausländers (Gen 20,11) oder der Neugeborenen (Ex 1,17.21; vgl. noch 20,20). In der Gottesfurcht sind also Religion und Ethos, Glaube an Gott und Verhalten zum Menschen unlösbar ineinander verwoben.

Will die elohistische Darstellung insofern beispiel- und vorbildhaft sein, als sie in der Auseinandersetzung Israels mit der kanaanäischen Religion zur Gottesfurcht aufruft (vgl. H. W. Wolff, K. Jaroš)? Wäre angesichts der Gefahr des Baalglaubens und des drohenden Synkretismus zur Klärung der Fronten aber nicht eher die Betonung der „Jahwefurcht" als der allgemeineren „Gottesfurcht" zu erwarten? Vielmehr könnte die Weisheit dem Elohisten das Stichwort „Gottesfurcht" gegeben haben. Ein Wort wie „Durch Gottesfurcht bleibt man dem Bösen fern" (Spr 16,6; vgl. 14,26f; 19,23 u.a.) scheint unmittelbar die Intention elohistischer Erzählungen auszusprechen. Nimmt E also neben prophetischer weisheitliche Tradition auf, so daß sich die spätere Verbindung von Prophetie und Weisheit bei ihm ankündigt?

8

DIE PRIESTERSCHRIFT

a) Einleitungsfragen

1. Der andere Geist der Priesterschrift zeigt sich schon in ihren (drei) hervorstechenden, charakteristischen Merkmalen:

a) Keine der Quellenschriften ist auf Grund ihres Wortschatzes und ihrer Stileigentümlichkeiten so klar erkennbar wie sie; einen vergleichbar spezifischen Sprachgebrauch hat nur noch die deuteronomisch-deuteronomistische Literatur. Vorwiegend von P gebrauchte Wendungen sind etwa „fruchtbar sein und sich mehren" (Gen 1,28 u.ö.), „des Bundes gedenken" (9,15 f u.a.) oder „Pharao, König von Ägypten" (41,46 u.a.). Insbesondere werden die Gesetze mit typischen, weithin festen Formeln eingeleitet (Ex 16,16; Lev 1,1 f u.ö.). Neben der „Vorliebe für stehende Redensarten" fand schon Th. Nöldeke für P kennzeichnend „die große Weitläufigkeit mit den häufigen Wiederholungen. Durchgängig fehlt der Grundschrift Leben, Anschaulichkeit, Detailmalerei und Wärme der Sprache … Die Personen, welche auftreten, sind nur in Umrissen gezeichnet ohne nähere Characteristik" (133). Tatsächlich tritt das erzählerische Element gegenüber den älteren Quellenschriften zurück. Die Gleichförmigkeit weckt aber zwiespältige Eindrücke: Sie kann erhaben (Gen 1), aber auch unbeweglich-steif, schematisch, ja pedantisch wirken. Der Mangel an Anschaulichkeit kann sowohl starke Zurückhaltung gegenüber mythischen Vorstellungen (z.B. Gen 1,14 ff) als auch Steigerung des Wunderhaften (z.B. Ex 14; 16) bedeuten. Jedenfalls verbirgt sich in dem umständlichen Stil mit seinen gehäuften Beifügungen eine bestimmte Absicht. Er erstrebt eine genau abgrenzende Beschreibung des jeweiligen Phänomens (z.B. Gen 1,11 f. 29 f) und sucht sich auf theologische Aussagen zu konzentrieren, um „über das unmittelbar Gesagte hinaus das Denken des Lesers auf Hintergründe" zu lenken (K. Elliger, 189).

b) Die Priesterschrift gibt weit über die älteren Quellenschriften hinaus eine Fülle von Zahlen an − von den Maßen der Arche (vgl. Gen 6,15 f mit 7,20) bis zur Musterung des Volkes (Num 1). Insbesondere enthält P eine genaue, allerdings erst aus der Rückschau entworfene

Chronologie, behutsam beginnend mit der Tageszählung in der Schöpfungsgeschichte über die der älteren Überlieferung noch unbekannte Datierung der Flut (Gen 7,11; 8,13 u.a.) bis zu den späteren genauen Jahres-, Monats- und Tagesangaben (Gen 17,1.24f; Ex 12,2.18.40f; 19,1 u.a.). Zahlen und Namen finden sich oft in Listen und Genealogien vereint. Diese entstammen z.T. einem ursprünglich wohl selbständigen Toledotbuch, d.h. einem Geschlechtsregister, das mit Gen 5,1 „Dies ist das Buch der Nachkommen Adams" einsetzte und von der Priesterschrift an bezeichnenden, den Handlungsverlauf weiterführenden Stellen (6,9; 10,1; 11,10 u.a.) in ihre Darstellung eingegliedert wurde.

Bereits vor Einsatz des Stammbaumbuches gebraucht P den Begriff *Toledot*, ausgeweitet zu „Entstehungsgeschichte", für die Erschaffung der Welt (Gen 2,4a).

Zwar kann schon J Einzelerzählungen durch Genealogien zu einer Geschehensfolge aneinanderbinden (Gen 4,1f.17ff u.a.), doch kehrt P das Verhältnis nahezu um: Die geschichtliche Darstellung wird „vielfach auf die Genealogie reduziert" (H. Holzinger, EinlHex 369f). Vor allem in der Wiedergabe der Erzvätertradition (genauer der Isaak-Jakob-Joseph-Erzählung) ist die Priesterschrift äußerst zurückhaltend, indem sie sich im wesentlichen auf genealogische Notizen beschränkt. Nur zwei Kapitel, Gen 17 und 23, berichten ausführlich einen Handlungsablauf; auffälligerweise fehlt zu beiden Erzählungen eine Entsprechung in den älteren Quellenschriften.

c) Ein Merkmal hat der Priesterschrift ihren Namen eingebracht: die starke Beachtung des rechten Kults, und zwar sowohl seines Orts, der sog. Stiftshütte, als auch seiner Intention, der Erhaltung von Reinheit und Heiligkeit. Von daher versteht sich die Überlieferung der Kultgesetze wie das Interesse an der Priesterschaft, verkörpert in der Person Aarons und den Leviten. Aaron tritt neben Mose, ja wird zum Mittler zwischen Mose und Volk (Ex 7,1f u.a.).

So tritt die Priesterschrift — wohl auf Grund des Umbruchs, den die Exilszeit brachte — den vorgegebenen Traditionen viel freier gegenüber als der Jahwist, und ihr Stil ist zweifellos theologisch reflektierter, als schon beim Elohisten zu beobachten war. Zwar folgt P in den Hauptlinien den älteren Quellenschriften, strafft aber absichtlich durch Auswahl oder gar Unterdrückung von Überlieferungsstoff.

Es fehlen nicht nur die farbigen Erzählungen der Ur- und Vätergeschichte. Beispielsweise übergeht P Moses Kindheit und damit seine Beziehung zu Midian (Ex 2–4; 18JE). Am auffälligsten sind Korrekturen in der Flut- und Vätergeschichte, die P auf Grund der Voraussetzung vornimmt, daß der Kult erst am Sinai gestiftet wurde. Berichtet J im Anschluß an altorientalische Tradition von einem Opfer, das Noach nach der Rettung darbringt (Gen 8,20 f J), so ist bei P von Opfer und Altarbau, ja der Unterscheidung von reinen und unreinen Tieren (6,19 f; 7,15 f P gegenüber 7,2; 8,20 J) keine Rede mehr. P verschweigt kultische Angaben der Vormosezeit, weil sie seinem Gesamtverständnis widersprechen, rechtmäßige Opfer seien erst durch die Sinaioffenbarung (Ex 25 ff) möglich geworden.

2. Auch wenn die Priesterschrift gelegentlich nur ein Handlungsgerüst bietet, ist sie doch eine ehemals selbständige Schrift. Allerdings hat man diese These zugunsten der Auffassung bestritten, daß P mit der Endredaktion des Pentateuch identisch sei oder eine Teile des Pentateuch übergreifende Bearbeitungsschicht darstelle (I. Engnell; R. Rendtorff; F. M. Cross u.a.). Auch wenn es hier und da schwerfällt, die Priesterschrift von der späteren Redaktion (R^P) streng zu trennen, widerraten doch gewichtige Gründe einer solchen Lösung.

a) Speziell die Doppelungen zwischen den beiden älteren und der jungen Quellenschrift – zumal das Ineinander der Erzählungen von der Flut Gen 6–9 und vom Durchzug durchs Meer Ex 14 sowie das Nacheinander der Berichte vom Abrahambund Gen 15.17 und von Moses Berufung Ex 3 f.6 – sprechen für ursprüngliche Eigenständigkeit der Priesterschrift. Hätte sie ihre Intentionen andernfalls nicht durch redaktionelle Überarbeitung von Ex 3 f ausgesprochen? Daß Ex 6 wie eine nachklappende Wiederholung von Ex 3 wirkt, erklärt sich ungezwungener, wenn Ex 6 einmal unabhängig von Ex 3 war und beide Texte erst nachträglich verbunden wurden.

b) Auch ließ sich das Verhältnis der Priesterschrift zu den beiden älteren Quellenschriften bisher nicht genau bestimmen. Zwar hat P den jahwistischen Entwurf in irgendeiner Form gekannt; denn es finden sich außer den Übereinstimmungen im Aufbau auch wörtliche Berührungen (z.B. Gen 6,9 P; 7,1 J). Aber sie reichen insgesamt nicht aus, in J/E die schriftliche Vorlage von P zu sehen. Sollte P im Exil entstanden sein, standen auch keine schriftlichen Quellen zur Verfügung. Vermutlich lassen sich Gemeinsamkeiten und Unterschiede am besten verstehen, wenn man nur einen mündlichen Überlieferungsprozeß als vermittelnde Größe annimmt, wie ja auch das Johannesevangelium synoptische Traditionen aufgreift.

Wie läßt sich erklären, daß P nur eine durch J und E beeinflußte und bereicherte Tradition aufgenommen zu haben scheint? Kannte P die älteren Quellenschriften nur aus der Erinnerung an die Zeit vor Zerstörung des Tempels? Waren sie schon im Jerusalemer Gottesdienst verlesen worden (vgl. Ex 3,15 mit Ps 135,13)?

Suchte P, „das Alte zu verdrängen" (H. Gunkel, Gen XCIX) oder nur im Exil eine Art Ersatz für Verlorenes zu geben? Jedenfalls ist P eine Neuinterpretation.

c) Außerdem sind die priesterschriftlichen Texte, für sich genommen, lesbar, bieten also trotz wechselnder Ausführlichkeit einen aus sich verständlichen fortlaufenden Zusammenhang, der nur durch geringe Lücken unterbrochen wird, die wohl nachträglich durch die Redaktion (R^P) gerissen wurden.

d) Schließlich sind die priesterschriftlichen Texte durch sich ablösende Themen oder Motive miteinander verbunden. So durchzieht die Verheißung göttlichen Segens von der Schöpfungsgeschichte ab die Genesis (1,28; 9,1.7; 17,2.20 f u. a. bis zur Erfüllung 47,27; Ex 1,7), um durch die Verheißung des Landes und die Zusage der Nähe Gottes bei seinem Volk (Gen 17,7; Ex 6,7; 25,22; 29,43 u. a.) weitergeführt zu werden.

Die ehemals selbständige Priesterschrift bildete später den Grundbestand, in den die bereits kombinierten Quellenschriften J/E eingearbeitet wurden (o. § 4b4,d). Gerade weil die Priesterschrift oft summarisch verfährt, war es sinnvoll, die älteren Texte zur Ergänzung in sie einzufügen; so hat die Pentateuchredaktion die Zurückhaltung der Priesterschrift gegenüber der Überlieferung korrigiert.

3. Auf Grund der stilistischen und sachlichen Eigentümlichkeiten und des inneren Zusammenhangs der Priesterschrift wird ihre Abgrenzung seit Th. Nöldeke (1869) ziemlich einmütig vorgenommen. Dennoch wirkt die Priesterschrift bei näherem Zusehen wenig einheitlich. Zwar bietet sie in der Genesis einen nahezu geschlossenen, planvollen Ablauf, aber etwa vom Übergang ins Exodusbuch an nehmen gewisse Unebenheiten, ja Dubletten zu.

Selbst wenn man umfangreiche Komplexe, wie vor allem das sog. Heiligkeitsgesetz (Lev 17−26; u. § 9b) oder auch Opfer- (Lev 1−7) und Reinheitsvorschriften (Lev 11−15), ausscheidet, ist der Grundbestand noch nicht widerspruchsfrei. So ist man genötigt, die Entstehung der Priesterschrift mit einer Art Ergänzungshypothese zu erklären: Einer mehr oder weniger eindeutig abgrenzbaren priester(schrift)lichen Grundschrift, P^G genannt, wuchs im Laufe der Zeit allerlei Material zu, das man zusammenfassend als P^s, d. h. sekundären Zuwachs zur Priesterschrift, bezeichnet. Es ist vorwiegend kultisch-gesetzlicher Art (z. B. Ex 12,43 ff nach 12,1−20). Jedoch finden sich auch in erzählenden Partien Ergänzungen, etwa genealogische Angaben (z. B. die Aufzählung der Söhne und Enkel Jakobs in Gen 46,8−27; dazu Ex 1,1b.5b; auch 6,14 ff). Derartige Zusätze haben den gleichen, zumindest einen höchst ähnlichen Stil, sind in der Regel noch detaillierter und spitzen so Tendenzen von P^G zu.

Bei manchen Zusätzen, vor allem im Numeribuch, fällt es schwer zu entscheiden, ob es sich um Ergänzungen zur ursprünglich selbständigen Priesterschrift oder um Nachträge nach Vereinigung der Quellenschriften handelt.

Die Abhebung des sekundären Stoffes sucht eine möglichst widerspruchsfreie Grundschrift zu erreichen und geht dabei von dem Leitsatz aus, „daß der P-Erzählung (d.h. der Grundschrift) gesetzliches und listenmäßiges Material nur so weit zuzurechnen ist, als es organisch mit ihr verbunden erscheint" (K. Elliger, 175). Auf diese Weise gewinnt man analog zu den älteren Quellenschriften eine (fortlaufende) Geschichtserzählung, nicht nur eine Gesetzessammlung mit historischem Rahmen. Diesen Eindruck erweckt nämlich die Priesterschrift in ihrem vorliegenden Endbestand, in dem die sekundären Materialien integriert sind.

Die Unterscheidung verschiedener priesterschriftlicher Schichten, eines Grundbestands und späterer Ergänzungen, bedeutet zugleich, daß die Priesterschrift in ihrer vorliegenden Form − wie die deuteronomischdeuteronomistische Literatur − nicht Werk eines Verfassers, sondern eher einer Schule ist, d.h. eines priesterlichen Kreises, der ähnlich dachte (daher die enge Sprachverwandtschaft), Traditionen sammelte, bearbeitete und niederschrieb.

Diese literarkritischen Grundeinsichten hat G. v. Rad (Die Priesterschrift im Hexateuch, 1934) weiterzuführen gesucht, indem er die Grundschrift in zwei parallel laufende Erzählstränge zerlegte; doch fand diese Hypothese wenig Gefolgschaft und wurde von ihm selbst später aufgegeben. P. Weimar erneuerte solche Bemühungen in der Form, daß er aus der priesterschriftlichen Exodusgeschichte eine P vorgegebene schriftliche Vorlage gewinnen möchte; allerdings ist auch dieses Verfahren trotz diffiziler Argumentation kaum überzeugend. Die Priesterschrift liebt eben Wiederaufnahmen bzw. Wiederholungen und hat bei aller Freiheit im Umgang mit Überlieferung die verschiedenen Geschichtstraditionen nicht ganz zur homogenen Einheit gestalten können, so daß gewisse Unebenheiten bestehen bleiben.

4. Wegen des allmählichen literarischen Wachstums fällt eine genaue zeitliche Ansetzung der Priesterschrift nicht ganz leicht. Seit etwa 1875 setzte sich die sog. (Reuss-Graf-Kuenen-)Wellhausensche Hypothese (o. § 4b3) durch, nach der der sog. Priesterkodex als späteste Quellenschrift in der Exilszeit entstand. Dies ist die übliche Auffassung; andere halten die frühnachexilische Zeit (5.Jh. v. Chr.) für wahrscheinlicher.

Die für die Spätdatierung dieser Quellenschrift entscheidenden Gründe waren nicht so sehr sprachlicher als geistesgeschichtlicher Art:

a) Die vom Deuteronomium (12,13 ff) geforderte Kultzentralisation, nach der das Gottesvolk nur ein Heiligtum kennt, ist für die Priesterschrift selbstverständlich. „Im Deuteronomium wird die Einheit des Kultus gefordert, im Priesterkodex wird sie vorausgesetzt"; die Stiftshütte (Ex 25 ff) ist „das einzige legitime Heiligtum der Gemeinde der zwölf Stämme vor Salomo und darum also eine Projektion des späteren Tempels" (J. Wellhausen, Proleg.[6] 35.37). Die vom Deuteronomium (12,15 f) im Zusammenhang jener Forderung ausgesprochene Erlaubnis zur „profanen" Schlachtung wird Gen 9,1 ff P vorausgesetzt (allerdings im Heiligkeitsgesetz Lev 17,3 f wieder aufgehoben). Demnach ist eine Entstehung der Priesterschrift vor der Publikation des Deuteronomiums (621 v. Chr.) kaum möglich. Auch sonst bestehen gewisse Gemeinsamkeiten; kaum zufällig sehen beide Moses Werk vor allem in der Mittlerrolle bei der Gesetzgebung.

b) P bietet ein Spätstadium der aus dem AT erkennbaren Geschichte des Kultus. Das gilt für die genaue Datierung der Feste, die Differenzierung der Opfer und die Gliederung der Priesterschaft (Aaroniden—Leviten, Stellung des Hohenpriesters).

„Aaroniden sind die bevorzugten priesterlichen Angehörigen, die Leviten die nicht-priesterlichen Mitglieder des beide Klassen umfassenden Levistammes ... Zwar werden etwaige Ansprüche (der Leviten) auf spezifisch priesterliche Befugnisse eindeutig negiert ... Aber immerhin werden den Leviten ... verschiedene untergeordnete Zuständigkeiten verliehen und vor allem sollen sie nach dem Entwurf von P eine sichere Existenzbasis erhalten. P bietet zu diesem Zwecke eine Regelung ihrer Einkünfte: den Leviten stehen die Zehnten zu. Von einer Degradierung der Leviten kann also keine Rede sein, eher von einer Sanierung des Levitenstandes" (A. H. J. Gunneweg, 223).

c) P ersetzt den Begriff des „Volkes" (ʿam) durch den der „Gemeinde" (ʿeda) — „wohl deshalb, weil er als Glied der nachexilischen Gemeinde, die staatlich unselbständig geworden war, die Bindung an das Heiligtum, den ʾohel moʿed, für das Entscheidende ansah" (L. Rost, Die Vorstufen von Kirche und Synagoge im AT, 1938, 59). Die Salbung und andere Symbole des Königtums werden nun Kennzeichen des Priesters (Ex 28 f).

d) Die Bedeutung, die Beschneidung und Sabbatheiligung als „Zeichen" und damit als Unterscheidungsmerkmale des Jahweglaubens in der Priesterschrift erhalten, wird erst aus den Bedingungen der Exilszeit verständlich. Der gewiß uralte, auch bei Israels östlichen Nachbarn (Jer 9,24 f) übliche Brauch der Beschneidung war im babylonischen Raum unbekannt und konnte darum zum Kriterium gegenüber den

Umweltreligionen werden. Nach der Priesterschrift empfängt nicht Mose (vgl. Ex 4,24ff), sondern bereits Abraham das Gebot als Zeichen eines „ewigen Bundes": Jeder männliche Neugeborene ist am achten Lebenstag zu beschneiden (Gen 17,9ff; vgl. Lev 12,3). Dagegen kündigt sich die Sabbathaltung bereits bei der Schöpfung an, wenn Gott am siebten Tag ruht, ihn segnet und heiligt (Gen 2,2f). Allerdings weiß der Mensch der Ur- und Väterzeit vom Sabbat noch nichts. Israel entdeckt die Besonderheit des siebten Tags fast zufällig während der Wüstenwanderung.

Als es das vom Himmel gesandte Brot einsammelt, hält sich das Manna nicht von heute auf morgen. Nur am sechsten Tag findet man die doppelte Tagesration und kann einen Teil für den siebten Tag aufspeichern. So übt Israel, mehr oder weniger gezwungen, die Sabbatruhe (Ex 16,22ff). Da Arbeit am Sabbat auf Grund der göttlichen Fürsorge schlicht überflüssig und auch unmöglich ist, kann selbst jetzt noch ein Sabbatgebot im strengen Sinne fehlen. Es findet sich überhaupt erst als späterer Zusatz im Zusammenhang der Anweisungen zum Bau der Stiftshütte; dort ist es als einziges an die Gemeinde gerichtete Gebot deutlich hervorgehoben (Ex 31,12—17Pˢ). Der streng einzuhaltende Ruhetag gilt als „Zeichen" für alle Generationen, daß Jahwe Israel „heiligt", also aussondert (vgl. Ez 20,12.20).

Auf Grund solcher Erwägungen wird man in der Datierungsfrage einen Kompromiß schließen können: Die Grundschrift (Pᴳ) entstand im Exil, während die Ergänzungen (Pˢ) eher in nachexilischer Zeit erfolgten. Allerdings fußt P in den erzählenden, erst recht den gesetzlichen Partien wie den Listen auf vorgegebenem Traditionsmaterial und formt es um, so daß der Zeitpunkt der schriftlichen Fixierung noch wenig über das Alter der Überlieferung besagt, das vielmehr im einzelnen bestimmt werden muß.

Umstritten ist, ob die Priesterschrift in Jerusalem oder, wie man meist und wohl mit mehr Recht annimmt, im Kreise der Deportierten in Babylon verfaßt und später — vielleicht erst durch Esra (Esr 7,14.25f; Neh 8)? — nach Palästina gebracht wurde.

5. Hat die Priesterschrift ihren Anfang und zugleich einen ersten Schwerpunkt eindeutig in der Schöpfungsgeschichte Gen 1,1—2,4a, so ist die Auffassung über das Ende der Priesterschrift weniger einhellig. Älteren und jüngeren Versuchen, P über den Pentateuch hinaus (vgl. § 11c1) zu verfolgen, stehen gewichtige Gründe entgegen: Zunächst wäre nach dem letzten P zuzuschreibenden Text Dtn 34,1a.7—9 eine Lücke zu konstatieren; denn im Josuabuch (vgl. 14,1; 18,1 u.a.) ist kein fortlaufender priesterschriftlicher Faden mehr zu entdecken. Außerdem

treten die sprachlichen Indizien später weniger markant hervor, oder der
Wortlaut müßte stärker überarbeitet sein. So empfiehlt sich die schon
von J. Wellhausen (Proleg.[6] 355 f) erwogene und von M. Noth näher
begründete Auffassung: Der Schluß der Priesterschrift liegt in Dtn 34,
7–9 vor, so daß dieses Geschichtswerk von der Erschaffung der Welt
bis zu Moses Tod führt.

Für die priesterschriftliche Darstellung wichtige Texte sind:

Gen	1,1–2,4a	Schöpfung
	6–9*	Sintflut, Noachbund
	17	Abrahambund
	23	Erwerb der Höhle Machpela
Ex	1,1–5.7.13 f; 2,23–25	Volkwerdung, Bedrückung in Ägypten, Klage (darauf als Gottes Antwort:)
	6 f	Moses Berufung, Verheißung der „Erlösung"
	7–14*	Plagen, Passa, Auszug, Rettung
	16	Murren, Manna, Sabbat
	19,1 f; 24,15 ff	Sinaioffenbarung
	25–29	Anordnungen über die Stiftshütte
Lev	8 f	Priesterweihe (nach Ex 29) und erstes Opfer
Num	10,11 f	Aufbruch vom Sinai
	13 f	Kundschafter. Unglaube des Volkes
	20	Unglaube Moses und Aarons. Aarons Tod
	27,12 ff	Einsetzung Josuas
Dtn	34,1a.7–9	Moses Tod

6. Diese Umfangsbestimmung gibt ein Sachproblem auf: Warum
fehlt der Priesterschrift, die die Landverheißung immer wieder erneuert
und ihr eher größeres Gewicht als die älteren Quellenschriften beimißt,
ein eigener Landnahmebericht?

Die Zusage an Abraham: „Ich gebe dir und deinen Nachkommen das ganze
Land Kanaan zum ewigen Besitz" (Gen 17,8; vgl. 28,4; 48,4) beginnt sich alsbald
im rechtmäßigen Ankauf der Höhle Machpela und des umliegenden Feldes zu
erfüllen; der Erwerb ist partielle Vorwegnahme des Künftigen (Gen 23; vgl.
49,29; 50,12 f). Bei Moses Berufung wird die Verheißung bekräftigt (Ex 6,4.8;
vgl. Num 13,2; 14,31; 20,12). Als er jedoch auf Gottes Geheiß aus der Wüste
Paran Kundschafter aussendet, um das versprochene Land zu erforschen, kommen sie – anders als nach der älteren Überlieferung – enttäuscht zurück und
üben mit Ausnahme von Josua und Kaleb so herbe Kritik, daß das Volk zu
murren beginnt. Daraufhin ergeht das Urteil: Die lebende Generation darf das
Land nicht sehen (Num 13 f). Als sich selbst Mose und Aaron versündigen
(Num 20), wird auch ihnen das Betreten des Landes verwehrt. Aaron stirbt auf
dem Berge Hor, nachdem sein Sohn Eleasar als Amtsnachfolger eingesetzt wurde

(20,25–29). Mose darf von den Moabiterbergen aus nur einen Blick in das verheißene Land werfen (27,12 ff), bevor auch er stirbt (Dtn 34,7 f) – allerdings mit der Gewißheit, daß die Gemeinde auf seinen Nachfolger Josua hört (Num 27,15 ff; Dtn 34,9) und sich – darf man so folgern? – die Verheißung in der nächsten Generation erfüllt. Erinnert diese Darstellung nicht an Jeremias Exulantenbrief (29,5 ff. 10): Nicht die lebende, erst eine künftige Generation darf das Land wieder betreten?

Wie die Erzväter das verheißene Land nur durchwandern und in ihm ihr Grab finden, so ist auch die Gemeinde in der Wüste ständig unterwegs – *communio viatorum*, die die Verheißung hört, ihr folgt (Ex 12,28; 14,4; 35,21 u.a.), aber auch zweifelt und sich empört (6,9; 16,2; Num 14,2; 20,2.12; 27,14). Bewegt von Gottes Zusage, aber unzufrieden mit Gottes Führung, hat sie zwar stets das Ziel vor Augen, erreicht es aber nie, verbleibt im Noch-nicht. Ist eine solche Geschichtsdarstellung nur Blick in die Vergangenheit oder auch transparent für die Gegenwart – die Zeit des Exils, in dem die Gemeinde ebenfalls außer Landes wohnt? Durfte das Israel der Wüstenzeit wegen seiner Schuld das Land nicht betreten, so mußte das Israel des Exils wegen seiner Schuld das Land verlassen. „Weil das Volk Israel abermals in den Händen einer Großmacht und fern von seinem Erblande ist, deshalb wird ihm die alte Geschichte und vor allem, was aus ihr zu lernen ist, in dieser Prägnanz vor Augen geführt. Der Bund und die Verheißung gerade des Landes Kanaan bestehen noch immer" (K. Elliger, 196).

Will P mit dem Rückblick in die Vergangenheit Hoffnung auf die Zukunft wecken? Soll die Gemeinde die Verwirklichung der alten Verheißung neu erwarten? Tatsächlich fordert P nirgends direkt zur Hoffnung auf und enthält zumindest explizit auch keine eschatologischen Aussagen (Num 14,21b ist Zusatz). So kann man die priesterschriftliche Darstellung gegensätzlich beurteilen: Gehört sie wie die Chronik zu der Gruppe der exilisch-nachexilischen Literaturwerke, die unter Verzicht auf Heilserwartungen in der Gegenwart der Kultgemeinde ihr Genüge finden und so den Widerspruch der späten Prophetie bzw. der aufkommenden Apokalyptik hervorrufen (O. Plöger)? Oder verbirgt sich in den perfektischen Aussagen ein Zukunftsentwurf, und wird die Vergangenheit im Lichte dieser Zukunft gemalt? „Die Exilierten stehen wie einst die Alten vor der Landnahme, sie ist ihnen zwar im Augenblick verwehrt, aber sie ist ihnen zugesagt" (R. Kilian, 247). „Die Sinaiperikope ist zugleich Programm für die Zukunft; wie es einst war, muß es wieder werden" (K. Koch, ZThK 1958, 40). Soll die sog. Stiftshütte das eine künftige Heiligtum werden, erhofft P ein Leben der Gemeinde

im Land unter Leitung eines Hohenpriesters ohne König, und sind die
Gesetze für diese Situation bestimmt? Eine Entscheidung zwischen beiden Interpretationsweisen fällt schwer, weil die zweite, weithin übliche
Auffassung ja nur indirekte Stützen hat, zwischen Aussage und Meinung des Textes unterscheidet, und dies ist ein schwieriges, vielleicht
berechtigtes, aber gefährliches Unterfangen.

In der Priesterschrift scheint die radikale Unheilsbotschaft der Schriftpropheten nachzuklingen. Bereits Gottes Urteil über die schuldige Menschheit
„Das Ende alles Fleisches ist vor mich gekommen" (Gen 6,13) weitet gleichsam
das von Amos (8,2) und Ezechiel (7,2 ff) angekündigte „Ende" universal aus
und sieht es mit der Flut in ferner Vergangenheit als bereits vollstreckt an. Ein
kaum weniger hartes Gericht trifft später die ganze Gemeinde Israels: Alle
müssen in der Wüste sterben − mit Ausnahme von Josua und Kaleb; sie sind
wie Noach der Rest, der die Größe von Schuld und Strafe bezeugt (Num
14,26 ff). Wo finden sich entsprechende Anklänge an die prophetische Heilsverheißung? Oder ist die Wüste zugleich Ort des Neuanfangs nach dem Gericht
(Hos 2,16; vgl. Jer 29,10), Josua wie Noach „heiliger Same" (Jes 6,13)?

b) Theologische Intentionen

J. Wellhausen, der die Spätdatierung der Priesterschrift durchsetzte,
führte für sie das Sigel Q als Abkürzung für den Namen *Liber quattuor
foederum*, Vierbundesbuch, ein. Tatsächlich gliedert P den Geschichtsverlauf in vier Perioden. Zu Beginn jeder Epoche erfolgt ein ein-
schneidendes Ereignis, scheint ein kultisch-rituell wichtiger Akt gesetzt
oder gar eine kultische Anordnung erteilt zu werden:

bei der Schöpfung (Gen 1) Gottes Ruhe am siebten Tag (sowie die Zuweisung
    der Pflanzennahrung an Mensch und Tier),
zur Zeit Noachs nach der Flut (Gen 9) das Verbot von Blutgenuß (bei der
    nun vorausgesetzten Fleischnahrung) und von Totschlag,
zur Zeit Abrahams (Gen 17) das Beschneidungsgebot,
am Sinai (Ex 19,1 f; 24,15 ff) die Einführung der Kultgesetze (Ex 25 ff) ein-
    schließlich der Sabbatheiligung (16,22 ff; vgl. 31,12 ff P[s]).

Schon bald hat man aber erkannt (J. J. P. Valeton, 1892; weitergeführt von W. Zimmerli, E. Kutsch): P weiß nur von einem doppelten
Bundesschluß, behält nämlich den Begriff *berit* „Bund" den beiden
mittleren Ereignissen, den göttlichen Zusagen an Noach und Abraham,
vor (vgl. die Tabelle S. 101).

1. Trotz ihrem hohen Interesse an der Kultgemeinde ist die Priesterschrift wie der Jahwist, wenn nicht in stärkerem Maße, universal aus-

Die Periodeneinteilung der Priesterschrift

Gen 1	Erschaffung der Welt (Mensch, als Bild Gottes Herrscher über die Erde)	Zuweisung der Pflanzennahrung Gottes Ruhe am 7. Tag	Elohim „Gott"
Gen 9	Noach„bund" – mit der Menschheit	Noachitische Gebote: Enthaltung von Blutgenuß und Verbot des Totschlags Regenbogen als „Zeichen"	Elohim „Gott"
Gen 17	Abraham„bund" – mit dem künftigen Gottesvolk (Nachkommen- und Landverheißung, sog. Bundesformel V 7f, Abram = Abraham, Sarai = Sara) Gen 23 Anteil am Land	Forderung der „Vollkommenheit" vor Gott Beschneidung als „Zeichen"	El Schaddaj „Der allmächtige Gott"
	Nach Erfüllung der Nachkommenverheißung (Ex 1,7):		
Ex 6	Mosezeit (Bundesformel zweigliedrig – aber allein als Tat Gottes Ex 6,7)		Seit Moses Berufung (Ex 6): Jahwe.
Ex 24,15 ff	Sinai (Zusage von Gottes „Wohnen" Ex 29,43 ff)	Passa (Ex 12) Sabbatheiligung (Ex 16; vgl. 31,12 ff) Stiftshütte mit Kultverordnungen (Ex 25 ff)	Am Sinai (Ex 25) und nach Bau der Stiftshütte (Ex 40; Lev 9): Jahwes Kabod „Herrlichkeit"

gerichtet. Geschichte beginnt mit der Erschaffung der Welt. Nicht nur der Israelit, der Mensch ist als Geschöpf Bild Gottes, gleichsam Gottes Stellvertreter auf Erden, empfängt Herrschaftsauftrag und Segen (Gen 1,26 ff).

Die Gen 1 zugrundeliegende Überlieferung, die dem babylonischen Weltschöpfungsepos *Enuma elisch* nahesteht und Schöpfung als Folge von acht Werken (Licht – Himmelsfeste – Meer/Land – Pflanzen – Gestirne – Wasser- und Flugtiere – Landtiere – Menschen) darstellt, bestand ursprünglich wohl nur aus einem Tatbericht, der nachträglich von einem Wortbericht und der Tageszählung überlagert und theologisch korrigiert wurde (W. H. Schmidt, anders O. H. Steck). Wenn Pflanzen und Lebewesen „nach ihren Arten" erschaffen werden (Gen 1,11 f. 20 f. 24 f), so entstehen bereits die für den späteren Kult entscheidenden Ordnungen, die die Unterscheidung zwischen rein und unrein ermöglichen (vgl. Lev 10,10; 20,25; 11,13 ff). Mit dem göttlichen Segen (Gen 1,28; 9,1.7) erklärt P den Bestand der Erdbevölkerung aus dem göttlichen Ermächtigungswort; dessen Erfüllung bestätigen in nüchterner Form die vor und nach dem Flutbericht eingestreuten Genealogien (Gen 5; 10; 11,10 ff*).

Wurzelt die Mehrungszusage in der Väterüberlieferung, so wird für P umgekehrt die an Abraham und Jakob ergehende Verheißung (17,2 ff; 28,3; 35,11; 48,11) zur Erneuerung des Schöpfungs- und Noahsegens. Mit Israels Volkwerdung verwirklicht sich exemplarisch, prototypisch oder auch stellvertretend die der Menschheit gegebene Zusage (vgl. auch Ex 1,7 mit Gen 1,28).

Alles Geschaffene erfüllt in Gottes Augen seine Aufgabe: „Siehe, es war alles sehr gut" (1,31). Allerdings ist in dieses Urteil das Blutvergießen auf Erden nicht eingeschlossen (Gen 1,29 f; vgl. 2,16 J und die eschatologische Umkehrung Jes 11,6 ff u. a.). „Gewalttat" kommt erst durch den Menschen in die Welt und veranlaßt Gott, sein Urteil zu korrigieren: „Siehe, die Erde war verdorben" (6,11 f P).

Wie die Welt ist auch die Zeit gegliedert; die Schöpfung vollzieht sich als Geschichte. Am Ende von sechs Tagen Arbeit steht als ihr Abschluß und Ziel die Ruhe, die Gott zunächst allein vorbehalten bleibt (Gen 2,2 f). Sie ist Andeutung und Vorwegnahme dessen, was der Mensch später (Ex 16) nachvollziehen soll. So hat der Schöpfungssabbat auch noch nicht die Bedeutung eines „Zeichens".

Darum ist es weder von der Überlieferung noch von der priesterschriftlichen Intention selbst her verwunderlich, daß die Schöpfung nicht als Bund gilt. Dagegen hat P Gottes Zusage nach der Flut, die Erde nicht mehr zu verfluchen (Gen 8,21 J), in einen „Bund" umgewandelt – eine unverbrüchliche, von menschlichem Fehlverhalten unabhängige Verheißung (vgl. Jes 54,9 f). Sie wird durch den Regenbogen als „Zeichen" bekräftigt, der Gott an die Einhaltung des „Bundes" erinnern soll (Gen 9,11–17).

Bricht die Flut nach jahwistischer Darstellung durch starken, anhaltenden Regen herein, so beschreibt P eine kosmische Katastrophe, bei der die Wasser des Urmeeres oberhalb der Himmelsfeste und unterhalb der Erde, die bei der Schöpfung geteilt wurden (Gen 1,6f), wieder zusammenströmen (7,11; 8,2). Ist die Flut darum Rückkehr des Chaos (1,2)? Zweifellos wird die Schöpfung nicht rückgängig gemacht; die Himmelsfeste bleibt bestehen, auch wenn sich ihre Luken öffnen und alle Lebewesen umkommen. Die Flut vernichtet nicht die geschaffene und geordnete Welt, aber deren verdorbenen Teil, die schuldigen Bewohner (6,12f).

Nach der Flut erneuert Gott seinen Schöpfungssegen; jedoch tritt in der Schöpfung eine tiefgreifende Änderung ein: Tötung der Tiere ist möglich geworden (9,2 gegenüber 1,29f). Nur Genuß von Blut, dem Sitz des Lebens, ist nicht erlaubt (9,4; vgl. Lev 17,11.14; Dtn 12,23; Apg 15,20; 21,25), und die Tötung des Menschen als des Bildes Gottes wird unter harte Strafe gestellt (Gen 9,6). So wird die Herrschaft des Menschen über die Erde (1,28) eingegrenzt; der Mensch wird vor sich selbst geschützt.

Während Gottes Zusage an Noach allen Menschen gilt, ist die zweite Bundeszusage (Gen 17) auf einen engeren Kreis, Abraham und seine Nachkommen, eingeschränkt. In diesem Fall konnte P vielleicht auf eine Tradition von einem „Bund" mit den Vätern (Gen 15) zurückgreifen, baut sie aber zumindest aus und versieht sie mit neuen theologischen Akzenten. Der „ewige Bund" überbietet die Verheißung von zahlloser Nachkommenschaft und Landbesitz noch mit der allgemeinen Zusage, der sog. Bundesformel: „Ich will ihr Gott sein" (vgl. Ex 6,4ff; 29,45f). Auch dieser Bund ist ohne Bedingung formuliert, obwohl den Angesprochenen eine Verpflichtung auferlegt wird. Das „Zeichen" nehmen diesmal die Menschen auf sich: die Beschneidung, und mit ihr bekennen sie sich zu Gottes „Bund" (17,9−14), damit zum „Wandel vor Gott" (17,1; s.u.).

P versteht den mit Abraham geschlossenen Bund als „Bund mit Abraham, Isaak und Jakob" (Ex 2,24; vgl. 6,4; anders Lev 26,42). Jedoch treten Isaak und auch Joseph in der priesterschriftlichen Darstellung zurück. Nur über Jakob berichtet sie ausführlicher. Er empfängt in Bet-El neu die (Land- und Nachkommen-)Verheißung (Gen 35,6a.9−13; 48,3f), die sich in seinen Söhnen zu erfüllen beginnt (Ex 1,7).

Erwartet man nach dem Noach- und Abrahambund, daß P auch die Sinaioffenbarung mit der Einrichtung des Kults als „Bund" darstellt, so wird man enttäuscht (der Begriff findet sich erst in einer jüngeren Schicht des Heiligkeitsgesetzes Lev 26,39ff). Vielleicht noch nicht die beiden älteren Quellenschriften (J, E), zumindest aber deren Redaktion (Ex 24,7f; 34,10.27f; vgl. 19,5) und das Deuteronomium (5,2f) wissen

von einem Bundesschluß am Sinai bzw. Horeb. Wirkt in dem auffälligen Schweigen der Priesterschrift lediglich die ältere Überlieferung
von den Sinaiereignissen nach, oder liegt eine ausdrückliche Korrektur
der mittlerweile ausgebildeten Überlieferungsgestalt vor? Wie schon bei
Moses Berufung (Ex 6,2 gegenüber Gen 17,1) fehlt in der Sinaiperikope
auch die Proklamation des Gottesrechts, erst recht jede Ankündigung
von Fluch und Segen. Zwar erwähnt P fast nebenbei auch die Gesetzes-
tafeln; doch führen sie den Namen „Tafeln des Zeugnisses" (Ex 31,18;
25,16.21) und bezeugen damit kaum nur die Verpflichtung des Menschen, sondern auch Gottes Zusage. Welchen Sinn haben solche
Gewichtsverlagerungen? Macht sich in der Gestaltung der Tradition
wieder die Situation der Exilszeit bemerkbar, in der die Drohungen
bereits Wirklichkeit waren? Dies hat W. Zimmerli (215) vermutet: „Der
Sinaibund in seiner alten Gestalt ist P als Grundlage des Gottesverhältnisses fraglich geworden. So wird die ganze Begründung des Bundes-
standes in den Abrahambund zurückverlegt."

2. Der von P vorgenommenen Einteilung der Geschichte in vier
Stadien entspricht nur z.T. der Wechsel der Gottesnamen; beide
Gliederungsprinzipien treffen, streng genommen, nur in der Abraham-
zeit zusammen (vgl. die Tabelle S. 101). In den beiden ersten Epochen,
Schöpfung und Urzeit nach der Flut, sieht P allein Elohim „Gott" am
Werke. Er „erscheint" Noach noch nicht und stellt sich ihm nicht mit
einem „Ich bin" vor. Erst Abraham offenbart Gott in feierlicher Ich-
rede einen neuen Namen:

> „Ich bin *El Schaddaj*.
> Wandle vor mir
> und sei vollkommen (Luther: fromm)!
> — bzw. konsekutiv übersetzt —
> dann bist du untadelig!" (Gen 17,1)

Der Gottesname wird, verbunden mit der Mehrungs- und Landverheißung, später einige Male wiederholt (Gen 28,3; 35,11; 48,3 P),
bis bei Moses Berufung (Ex 6,3) auf diese Periode zurückgeblickt wird.

Dabei scheint in der Priesterschrift noch die Erinnerung nachzuwirken, daß
die El-Gottheiten im Kulturland zu Hause sind (o. § 2a1): *El Schaddaj* offenbart sich erst in Kanaan; doch ist von einer Ortsbindung nichts mehr zu erkennen. Die Priesterschrift oder jedenfalls ihre Zeit (vgl. Ez 10,5) scheint den
Doppelnamen überhaupt erst aus den beiden älteren Elementen El und Schaddaj
(Num 24,4.16; vgl. Gen 43,14; 49,25) gebildet zu haben, um mit ihm die
verschiedenen Überlieferungen der Väterzeit zusammenzufassen und damit zugleich deren Andersartigkeit gegenüber der vorhergehenden Urzeit und der fol-

genden Mosezeit festzuhalten. Vielleicht hörte P aus dem schwer deutbaren Namen Schaddaj Gottes Transzendenz und Macht heraus.

Gottes Zuwendung zu Abraham ist insofern kein „reiner Gnadenbund" (W. Zimmerli), als Gottes Selbstvorstellung in eine Mahnung übergeht. Dieser programmatische Aufruf wirkt geradezu wie eine „Vorwegnahme des Dekalogs" (K. Elliger, 197), in dem ja auch der göttlichen Ichrede die Gebotsmitteilung folgt. So scheint die Priesterschrift, die keinen Dekalog enthält, die grundlegenden Gebote der sog. ersten Tafel, speziell das erste Gebot, in der Mahnung „Wandle vor mir!" und der Forderung der Vollkommenheit (vgl. Dtn 18,13; 1 Kön 8,61; Ps 15,2 u. a.) konzentriert zu haben. Der Zuwendung Gottes zu Abraham soll die Totalität der Zuwendung Abrahams zu Gott entsprechen. Bereits das Gottesverhältnis der Väter ist durch die für den Jahweglauben entscheidende Ausschließlichkeit gekennzeichnet, während die sog. zweite Tafel mit den ethischen Geboten des Dekalogs im Kern schon in dem an Noach gerichteten Verbot des Totschlags (Gen 9,6) enthalten ist. P scheint den Dekalog in seinen Hauptelementen gleichsam aufzuspalten: Die ethische Forderung wendet sich an die Menschheit insgesamt, das theologische Herzstück ist Abraham und seinen Nachkommen vorbehalten.

Die letzte Periode, die Mosezeit, eröffnet P wie die Abrahamzeit mit einer Selbstvorstellung Gottes, an die sich jedoch keine Mahnung anschließt:

> „Ich bin Abraham, Isaak und Jakob
> als El Schaddaj erschienen,
> aber mit meinem Namen Jahwe
> habe ich mich ihnen nicht zu erkennen gegeben" (Ex 6,3).

Versteht P die Folge der Offenbarungsperioden als schlichtes Nacheinander oder als Steigerung? Jedenfalls meint man etwas von der Differenz zwischen Gott und Gott in seiner Offenbarung zu spüren. P bekennt die Identität des einen Gottes in den verschiedenen Namens- und Offenbarungsformen, also im Wandel der Zeit, und sucht auf diese Weise Geschichte und Einheit des Glaubens gerecht zu werden.

In der Mosezeit spricht P allerdings nicht durchgängig von „Jahwe", sondern führt mit der Erscheinung der „Herrlichkeit Jahwes" später noch einmal eine Unterscheidung in Gottes Offenbarungsweise ein (s. u.).

3. Ähnlich wie schon J (o. § 6b,4) schlägt P einen großen Bogen von Moses Berufung über die Plagen bis zum Schilfmeerwunder (Ex 6–14). Über der Handlungsfolge steht leitwortartig die Verheißung:

„Ich will euch erlösen ... mit großen Gerichten" (6,6; vgl. 7,4; 12,12);
die Ägypter sollen lernen, Jahwe anzuerkennen (7,5; 14,4.18). Im einzelnen gestaltet P die Plagen als Auseinandersetzung zwischen
ägyptischer Religion und Jahweglauben mit dem Schilfmeerwunder als abschließendem Gericht, in dem sich Jahwe verherrlicht.

Wie Elija den Baalpropheten (1 Kön 18) so stehen im „Wettstreit mit den
Magiern" Mose und Aaron im Namen Jahwes einer Vielzahl von ägyptischen
Wahrsagepriestern gegenüber. Das von den beiden auf Jahwes Auftrag hin vollzogene Wunder der Umwandlung eines Stocks in eine Schlange vollführen die
ägyptischen Zauberer „mit ihren Geheimkünsten" ebenso (Ex 7,11 f). So wird
die Wirksamkeit jener Kräfte zunächst nicht geleugnet, nur unterschieden: Die
Ägypter arbeiten mit Magie, während sich die Vertreter Israels auf Jahwes Wort
berufen; denn die Ausschließlichkeit Jahwes läßt Magie und Zauberei nicht zu
(vgl. Num 23,23; Dtn 18,10 u.a.). Tritt dieser Unterschied seinem Wesen nach
zunächst „nicht sichtbar in Erscheinung und kann nur geglaubt und daraufhin
ausgesagt werden" (M. Noth), so kommt er im Bereich des Erfahrbaren bzw.
Wunderhaften doch dadurch zum Ausdruck, daß sich im Laufe der Handlung
zunehmend die Überlegenheit der Beauftragten oder vielmehr des Wortes Jahwes
erweist (Ex 7,12). Noch zweimal können die Zauberer mithalten (7,22; 8,3),
dann versagt ihre Kunst, so daß sie gegenüber dem König Jahwes Übermacht
anerkennen müssen: Hier ist „der Finger Gottes", also nicht Zauberei, am Werk
(8,14 f). Schließlich werden die Priester selbst von der Plage betroffen, können
„nicht stehen bleiben" (9,11) und treten zurück. Obwohl nicht gesagt wird, daß
die Zauberkraft der Magier auf der Macht ihrer Götter beruht, wird das Erzähl-
motiv durch Jahwes Drohung aufgenommen: „Ich will an allen Göttern
Ägyptens Gerichte vollstrecken" (12,12).

Wird die Szene wieder transparent für die aktuelle Situation der
Priesterschrift: Will sie verborgen die Überlegenheit des Jahweglaubens
über Religion und Zauberei der Babylonier aussprechen (vgl. Dan 1,20;
2,2 ff; Gen 41,8.24)? Jedenfalls ist für P in noch höherem Maße als
für J (Ex 10,1) das Scheitern der Verhandlungen gottgewollt. Vor allen
Aktionen Pharaos kündigt Gott an: „Ich will das Herz Pharaos hart
machen" (7,3; vgl. 9,12; 10,20.27 gegenüber 7,13.22 u.a.), und vor
dem Schilfmeerwunder, dem eigentlichen Zielpunkt der Plagenerzählungen, nimmt Gottes Wort erneut das Geschehen vorweg: „Ich will mich
an Pharao und seinem ganzen Heer verherrlichen, damit sie erkennen,
daß ich Jahwe bin" (14,4.17 f; vgl. 7,5; von Israel: 16,6.12).

4. Das in der letzten Zukunftsansage gefallene Stichwort „sich verherrlichen" (*kbd* Ex 14,4.17 f; Lev 10,3) wird als Hauptwort „Herrlichkeit (*kabod*) Jahwes" zum Leitwort der priesterschriftlichen Darstellung des Wüstenaufenthalts und der Sinaioffenbarung.

Daß Gott „Ehre, Herrlichkeit" darzubringen ist, war schon kanaanäischer
Religion vertraut (vgl. Ps 29,1f.9; 19,2 u.a.). Die Vorstellung wurde, wohl
vermittelt durch Jerusalemer Kulttradition (Jes 6,3), ausgebaut zur Darstellung
von Gottes Theophanie. „Diese Majestät kann sich in einer Feuererscheinung
manifestieren, aber sie ist nicht die Feuererscheinung" (C. Westermann, 133).
Auch der Prophet Ezechiel (1,28 u.a.), dessen Botschaft mancherlei Gemeinsamkeiten mit priesterlich-kultischen Traditionen hat, kann die Begrifflichkeit aufnehmen.

Als die Gemeinde beim Zug durch die Wüste zu murren beginnt:
„Wären wir doch bei den Fleischtöpfen Ägyptens gestorben!", „erscheint
die Herrlichkeit Jahwes in der Wolke" (Ex 16,10). Diese eine Erscheinung auf dem Weg zum Sinai nimmt ausnahmsweise die entscheidenden Ereignisse auf dem Berg vorweg, auf dem in drei Offenbarungen
der „Herrlichkeit Jahwes" (Ex 24; 40; Lev 9) Israels Kult begründet
wie bestätigt und damit die Gemeinde konstituiert wird.

Als Israel am Sinai eintrifft (Ex 19,1−2a), „bedeckt die Wolke den
Berg, und die Herrlichkeit Jahwes läßt sich nieder" − „wie ein ver-
zehrendes Feuer" (24,15ff). Mose geht in die Wolke hinein und empfängt Gottes Anordnungen zum Bau des „Zeltes der Begegnung" (einer
Verbindung von Zelt, Lade und Jerusalemer Tempel) und zur Einsetzung
des Priestertums (25−29). Nach der Fertigstellung erfüllt Jahwes „Herrlichkeit" das neu errichtete Heiligtum (40,34; vgl. 25,22; 29,43ff) und
kommt ein weiteres Mal nach Altarweihe und vollzogenem Opfer, also
nach dem ersten Gottesdienst (Lev 9,6.23). Entscheidend ist, daß dieser
Offenbarungsvorgang nicht auf den heiligen Raum am Berg beschränkt
bleibt, obwohl das Volk nach der priesterlichen Lagerordnung (Num
1ff) durch Priester und Leviten vom Heiligtum abgeschirmt bleibt.
Auch nach dem Aufbruch vom Sinai, als sich „die Wolke erhebt"
(Num 10,11), greift die „Herrlichkeit Jahwes" in Notfällen ein − hel-
fend, aber auch richtend, wobei die Strafe nach der Offenbarungs-
erfahrung härter ausfällt (Num 14; 20; vgl. 16f). Durch den Begriff
„Herrlichkeit Jahwes", den bereits die Auszugsgeschichte (Ex 14) vorbereitet, verklammert P also die Sinaioffenbarung mit der Wüstenwanderung (Ex 16; Num 14 u.a.). Demnach bleibt das Sinaigeschehen
nicht isoliert; vielmehr wahrt P die Kontinuität: Am Sinai offenbart
sich der Gott, der Israel aus Ägypten rettete. Reden und Handeln
Gottes in Kult und Geschichte wechseln sich ab, lassen sich also nicht
voneinander trennen.

5. Zwar ist die „Herrlichkeit" Jahwe selbst (vgl. Lev 9,4.6; Num
14,14), aber in seiner Offenbarung auf Erden. Die „Herrlichkeit

erscheint" (Ex 16,10; 27,17), Jahwe selbst redet (16,11; 25,1 u.a.). Auf diese Weise nimmt P theologische Intentionen auf, die ähnlich bereits das Deuteronomium vertritt, wenn es Gottes Gegenwart unter dem Begriff des „Namens" zu fassen sucht. Erwächst eine solche Unterscheidung nicht aus dem Bestreben, von Gott so zu reden, daß er der Vorstellbarkeit, Vergleichbarkeit oder gar Verfügbarkeit entzogen bleibt, und wirkt sich darin nicht das zweite Gebot aus? Jedenfalls sucht P zugleich Gottes Transzendenz und seine Macht in der Welt, damit auch Gottes Freiheit in der Offenbarung (vgl. Gen 17,22; 35,13), auszusagen.

Dieselbe Tendenz kommt in ganz verschiedenen Zusammenhängen zur Geltung. P hat ein eigenes Wort für Gottes Schöpfertat (*bara'* Gen 1,1 u.a.), um sie damit aus jeder Analogie menschlicher Tätigkeit herauszuheben. Das in der Schöpfungsgeschichte enthaltene Verständnis des Gotteswortes (1,3 ff) sucht P auch in der Darstellung der Geschichte zu bewahren: Gottes Gebot und die Ausführung durch den Menschen werden oft streng parallel und damit doppelt erzählt, so daß die völlige Entsprechung offenkundig wird (Gen 17,11 f/23; Num 13,2/3.17 u.a.; bes. Ex 35 ff nach 25 ff). So ist die Geschichte im menschlichen Gehorsam wie Ungehorsam Durchführung des Gotteswortes.

Ohne seine Zustimmung, ja trotz seinem Ungehorsam (Ex 6,9.12; vgl. 16,20; Num 14,35; 20,10) findet sich das Volk in der von Gott bereits Abraham angekündigten und gewährten Gemeinschaft vor; sie gilt auch darum als auf Dauer geschlossener „ewiger Bund" (Gen 17,7). Die Zusage „mein Volk – euer Gott" ist allein als Tat Gottes formuliert (Ex 6,7); das Volk soll „erkennen" (6,7; 16,6.12; 29,46).

9

ALTTESTAMENTLICHES RECHT

Im Pentateuch finden sich neben den erzählenden umfangreiche gesetzliche Partien. Sie treten in der Sinaiperikope (ab Ex 20) und im Deuteronomium (ab Dtn 12) beherrschend hervor. Gewiß ist das alttestamentliche Recht in die Geschichtsdarstellung eingebettet, eng mit der Person Moses verknüpft und gilt als Ordnung der am Sinai geschlossenen Gottesgemeinschaft. Dennoch ist es ein relativ eigenständiger Bereich, der seine eigenen Redeformen entwickelt hat und in besonderen Sammlungen, wie Dekalog oder Bundesbuch, zu Wort kommt.

Eine Einführung in „Recht und Gesetz im Alten Testament und im Alten Orient" bietet H. J. Boecker (1976). Selbst die Erforschung der Rechtssätze vollzog sich ein Stück weit unabhängig von der übrigen alttestamentlichen Wissenschaft — ein Zeichen dafür, wie schwer sie sich zeitlich festlegen und in die Geschichte Israels einordnen lassen. Aus der Forschungsgeschichte ragt die Arbeit von A. Alt „Die Ursprünge des israelitischen Rechts" (1934) hervor; sie führte die Unterscheidung zwischen kasuistischem und apodiktischem Recht ein, die inzwischen zwar stark modifiziert wurde, aber grundlegend war und hilfreich bleibt.

a) Rechtssatzformen

1. Das sog. kasuistische Recht umschreibt einen Rechtsfall in allen Einzelheiten — mit den mannigfachen Bedingungen, wie sie im täglichen Leben vorkommen können — und legt das Strafmaß fest, z. B.:

„Wenn Männer miteinander streiten und einer den anderen mit einem Stein oder der Faust schlägt, so daß er zwar nicht stirbt, aber bettlägerig wird; wenn er dann wieder aufsteht und draußen an seinem Stock umhergehen kann, so bleibt der Schläger straffrei; nur sein Daheimsitzen (d. h. seinen Arbeitsausfall) soll er bezahlen, und für seine Heilung soll er aufkommen" (Ex 21,18 f; ähnlich 21,2—11.20 ff).

Die Form dieses Rechts zeichnet sich durch drei Merkmale aus: Es ist bedingt, unpersönlich-allgemein (d. h. in 3. Person) formuliert und altorientalisch vorgeprägt. Ein — gewöhnlich durch *ki* „gesetzt den Fall, wenn" eingeleiteter — Bedingungssatz gibt im Vordersatz (auch Protasis genannt) den Tatbestand an, und weitere — meist durch 'im „wenn dann" eingeführte — Konditionalsätze können ihn noch präzisieren. Der sich anschließende Haupt- oder Nachsatz (die sog. Apodosis) nennt die Rechtsfolge: Straffreiheit oder Strafbestimmung, wie einfache oder mehrfache Ersatzleistung, eventuell auch den Tod (z.B. Dtn 22,23–27). Altorientalische Gesetze haben weitgehend die gleiche Form. Sie ist Israel wohl durch kanaanäische Vermittlung bekannt geworden, wenn es nicht überhaupt kanaanäische Rechtssätze übernommen hat.

Gegenüber jenen drei eindeutig erkennbaren Merkmalen läßt sich eine weitere Eigenart, die Funktion dieser Rechtsart, nur erschließen. Vermutlich diente kasuistisches Recht — besser wäre: konditional formuliertes Recht, im AT vielleicht *mischpaṭ* genannt (Ex 21,1) — der ordentlichen Gerichtsbarkeit als Maßstab für ihre Entscheidungen. Bildete es in Israel also zunächst die Grundlage für die Rechtsgemeinde der Ältesten im Tor (o. § 3b,3)? Sind die Rechtssätze bei der konkreten Rechtsprechung überhaupt entstanden und nachträglich verallgemeinert worden (G. Liedke)?

Von dieser Form hat A. Alt das sog. apodiktische Recht unterschieden. Es ist unbedingt, metrisch-rhythmisch geformt und gerne zu Reihen verbunden. Apodiktisch-unbedingt heißt: Es enthält einerseits keinen konditionalen Vordersatz, der den Tatbestand exakt definiert. Andererseits droht es entweder stets dieselbe Strafe, nämlich Ausschluß aus der Gemeinschaft durch Fluch, Bann bzw. Tod, an oder macht wie der Dekalog überhaupt keine Angaben über Rechtsfolgen.

Dieser Tatbestand wurde zum entscheidenden Anstoß für die weiterführende Diskussion. Was A. Alt als „apodiktisch" reklamiert hat, stellt keine Einheit dar, zerfällt vielmehr in verschiedene sogleich zu nennende Formen. Unter ihnen kann man zwei Grundtypen unterscheiden: zum einen Partizipial- bzw. Relativsätze mit Rechtsfolgebestimmung, wie Todessätze und Fluchworte, zum andern sanktionslose Ver- und Gebote „Du sollst (nicht)". Streng genommen, wäre jede Redeweise gesondert nach ihrem Sitz im Leben zu befragen.

2. In Ex 21,12.15–17 findet sich eine höchst altertümlich wirkende Reihe von Todessätzen, d.h. Rechtssätzen, die zwischenmenschliche Vergehen mit Todesstrafe bedrohen. Auf die Beschreibung des Rechtsfalls:

V 12: Wer einen Mann schlägt, so daß er stirbt,

V 15: Wer seinen Vater oder seine Mutter (er-?)schlägt,

V 16: Wer einen Mann stiehlt — ob er ihn verkauft oder ob er sich noch in seiner Gewalt befindet —,

V 17: Wer seinen Vater oder seine Mutter verächtlich behandelt, folgt jeweils mit derselben Wendung die Strafansage:

wird unbedingt getötet (*mot jumat*).

Im Hebräischen bestehen diese Sätze aus nur fünf Wörtern und weisen eine strengere Struktur auf, als sie die Übersetzung kenntlich macht. Die Redeform beschreibt den Rechtsfall mit Hilfe eines Partizips ohne Wenn und Aber, insofern „apodiktisch", verknüpft ihn aber mit einer Rechtsfolgebestimmung, die allerdings konstant bleibt (vgl. Ex 22,18). Die Sätze wenden sich an den erwachsenen Mann, und er ist neben den Eltern auch Objekt des Schutzes. So reicht die Reihe in frühe, vielleicht noch nomadische Zeit zurück, in der der Mann wichtigstes Glied der Gesellschaft war (o. § 3b,2). Die strenge Form, die wohl auf früher, mündlicher Tradition beruht, löst sich im Laufe der Zeit auf (vgl. etwa Ex 21,12.17 mit den Parallelen Lev 24,17; 20,9), und Ergänzungen innerhalb der Reihe selbst zeigen, daß die Rechtssätze später der Interpretation bedürfen.

Da Ex 21,12 den Tatbestand der Tötung beschreibt, ohne auf Vorsatz des Täters oder Zufall Rücksicht zu nehmen, wird der Rechtssatz nachträglich (durch V 13 f) eingeschränkt.

Die Todessätze erinnern der Sache nach an die sog. zweite Tafel des Dekalogs Ex 20,12−15. Wie sich jedoch Rechtssätze, die Tatbestandsdefinition und Rechtsfolgebestimmung miteinander verknüpfen, zu den sanktionslosen Verboten „Du sollst nicht" verhalten, ist generell ungeklärt. Im vorliegenden Fall zeigen die Dekaloggebote allerdings eine eindeutig jüngere Traditionsgestalt.

Noch in späterer Zeit formieren sich ähnliche Rechtssätze zu Reihen (Lev 20,2.9−16; auch 24,10ff; 27,29). Doch fehlen Einzelsätze, die gleich oder ähnlich gestaltet sind, nicht (Gen 2,17; 4,15; 26,11; Ex 19,12; Ri 21,5; 1 Sam 11,13 u.a.).

An solchen − jüngeren − Einzelsätzen in Erzählzusammenhängen läßt sich beobachten, daß Autoritätspersonen mit entsprechenden Rechtssätzen ein bestimmtes Verhalten fordern bzw. ausschließen (vgl. Gen 26,11; 2 Kön 11,8.15 u.a.). Welche Autorität steht aber hinter der alten Reihe Ex 21,12ff − der Familienvater (so G. Liedke) oder die nomadische Gruppe?

3. In der Liturgie Dtn 27,16−25 hat sich eine Reihe von zehn Fluchworten erhalten, die ebenfalls primär nur zwischenmenschliche Vergehen erfassen.

Die Reihe, die sich aus ursprünglich wohl selbständigen Einzelblöcken zusammensetzt, wurde bei Eingliederung in das Deuteronomium (27,14) in anderem Stil und mit anderer Begrifflichkeit nachträglich um ein spezifisch theologisches Gebot (Bilderverbot V 15) und eine zusammenfassende Warnung, die „Worte dieses Gesetzes" zu halten (V 26), ergänzt, so daß ein Fluchdodekalog entstand. Erst dadurch treten die Sozialbestimmungen in Bezug zur Eigenart des Jahweglaubens.

Alle Sprüche beginnen mit einem „verflucht" ('arur), dem die Beschreibung der Tat (Partizip masc. mit Objekt) folgt, und enden mit dem gleichlautenden Satz „alles Volk spreche: Amen". Angeredet sind aber wiederum die Männer, und zwar die volljährigen, verheirateten (V 20–23), rechtsfähigen (V 19.25) und grundbesitzenden (V 17) Vollbürger. Die Flüche bedrohen nicht ein bestimmtes Vergehen mit Todesstrafe, sondern sind eine Art Selbstverfluchung vor jeder Tat, promissorische Sanktion für den Fall des Rechtsbruchs. Vollzogen werden sie wohl durch Ausstoßung aus der Gemeinschaft. Wirken darin nomadische Lebensgewohnheiten nach (vgl. Gen 4,11 f; dazu W. Schottroff)?

Außerhalb der Reihenbildung gibt es einzelne, verschieden konstruierte Fluchworte, etwa in der jahwistischen Urgeschichte (Gen 3,14ff; 4,11; auch Ri 21,18; Jer 17,5; 20,14f u.a.). Außerdem finden sich Verfluchungen (ohne Fluchformel), die in der Herbeiwünschung von Krankheiten oder Plagen bestehen (Dtn 28,20ff). Der Fluch, ursprünglich eher magisches Machtwort, wird im AT wohl durchweg als Wirken Gottes verstanden.

Gegenstück zu den Fluchworten sind die Segensworte (baruk „gesegnet"; vgl. Dtn 28,3–6 gegenüber 28,16–19). Sie sind wiederum von den Seligpreisungen bzw. Makarismen zu unterscheiden, die im AT eigentlich Glückwünsche sind ('aschre „glücklich, heilvoll" 1 Kön 10,8; Ps 1; 128); ihr Gegenstück sind die Weherufe (u. § 13b3,b).

4. Entgegen weit verbreitetem Mißverständnis baut alttestamentliches Strafrecht keineswegs durchgehend auf dem Talionsprinzip, dem „Grundsatz streng gleicher Ersatzforderung für angerichteten Schaden" (A. Alt), auf. Vergeltung von Gleichem mit Gleichem „Leben um Leben, Auge um Auge, Zahn um Zahn", tritt – wie schon im babylonischen Recht (Codex Hammurabi § 196ff) oder gar noch stärker eingeschränkt – nur bei bestimmten Delikten unter bestimmten Personen ein (Ex 21,22ff; Lev 24,17ff; vgl. Dtn 19,15ff) und wird etwa bei Körperverletzung eines Sklaven außer Kraft gesetzt (Ex 21,25f). Sowohl der Ausnahmecharakter als auch die Formstrenge des Talionsprinzips verraten, daß es aus älterer, wohl schon vorisraelitischer Zeit ins AT hineinragt. In nomadischer Gesellschaft, die noch keine ordentliche Gerichtsbarkeit kannte, mag der Gleichheitsgrundsatz der Willkür unge-

hemmter Vergeltung (vgl. Gen 4,23 f) oder endloser Fortwirkung der Blutrache Einhalt geboten und so zugleich Schutz gewährt haben (vgl. § 3a,4).

Im Anschluß an A. Alt (KlSchr I,341 ff) kann man vermuten, daß die Talionsformel oder eine ähnliche Ausdrucksweise auch bei der Substituierung des Opfers, etwa bei Ablösung der Erstgeburt (Ex 34,19) durch ein Tier, benutzt wurde (vgl. Gen 22,13).

b) Rechtssammlungen

1. Der Dekalog

Im Vergleich mit jenen Rechtssatzformen treten die Eigenarten der zehn Gebote (Ex 20; Dtn 5) deutlich hervor. Der Dekalog ist Hauptvertreter der Reihen von Verboten bzw. Prohibitiven, die den einzelnen unmittelbar anreden: „Du sollst nicht" (vgl. Lev 18,7 ff; auch Ex 22, 17.20 f.27; 23,1 ff).

Die zehn Gebote sind wiederum kategorisch-unbedingt, d.h. sie geben keine näheren Umstände eines Tatbestands an, bleiben vielmehr bewußt allgemein-grundsätzlich und nehmen so den Menschen vorbehaltlos in Anspruch. Um für jedermann behaltbar zu sein, sind sie in gedrängter Kürze formuliert und, um verschiedene Bereiche des Lebens zu erfassen, zu einer Reihe zusammengestellt, gleichsam an den Fingern abzählbar — wie die ursprüngliche Zehnzahl der Fluchworte Dtn 27. Jedoch fehlen jegliche Strafbestimmungen, so daß der Dekalog nicht der Gerichtsbarkeit dienen kann. Gehören sanktionslose Ver- und Gebote überhaupt zur Kategorie der Rechtssätze? Die Dekaloggebote warnen vor noch ungeschehener Tat, sind Anweisungen für das Leben, mehr Ethos als Jus.

Das Alter des Dekalogs — schon der beiden literarischen Zeugnisse, erst recht der mündlichen Vorformen — ist umstritten. In Dtn 5 fügt er sich zwar gut in den Bericht von Theophanie und Bundesschluß ein, ist dem Deuteronomium insgesamt aber erst in einem jüngeren Stadium zugewachsen (u. § 10a,4), während Ex 20 recht unverbunden in der Sinaiperikope steht. So stellt der Dekalog wohl „ein literarisch sekundäres Stück in der Sinaitheophaniegeschichte . . . , eine in sich geschlossene und selbständige Einheit dar . . . , die anfangs gewiß ihre eigene Überlieferungsgeschichte gehabt hat" (M. Noth, ATD 5,124).

Diese Entwicklungsgeschichte kann man auf verschiedene Weise zu erschließen suchen — mit Hilfe eines Vergleichs von Ex 20 mit der jüngeren Textgestalt von Dtn 5 oder einer Untersuchung der Form der Gebote sowie durch Vergleich mit parallelen Rechtssätzen und Prophetenworten.

Nicht nur die Begründungen der Gebote sind variabel (vgl. beim Sabbatgebot Ex 20,11 mit Dtn 5,13 ff), also mindestens teilweise sekundär, selbst die Gebotsformulierungen sind nicht ein für allemal streng festgelegt (vgl. die Voranstellung der Frau im 10. Gebot Dtn 5,21 gegenüber Ex 20,17). Die Kette der Verbote wird beim Sabbat- und Elterngebot durch positive Formulierungen unterbrochen. Auch haben die Gebote recht unterschiedliche Länge. Außerdem sind eigentlich nur das erste Gebot und die Begründung des zweiten (Ex 20,3−6) durch das göttliche Ich geprägt. Dieser Mischstil spricht eher für ein jüngeres Alter des Dekalogs.

Er ging kaum, wie man vielfach annimmt, aus einem „Urdekalog" hervor, der bereits alle zehn Gebote umfaßt haben soll. Eher setzt sich die Zehnerreihe aus ursprünglich selbständigen Kurzreihen, die ein bis vier Gebote umfaßten, zusammen. Ziemlich eindeutig abgrenzbar sind aber nur zwei Untergruppen: Das erste und zweite Gebot einerseits (vgl. Lev 19,3 f; Ex 34,14 ff) sowie die drei Verbote des Totschlags, Ehebruchs und Diebstahls andererseits (vgl. Ex 21,12 ff; Hos 4,2 u. a.) bildeten vermutlich einmal eine je eigenständige Einheit. Ähnlich wie im Fluchdodekalog Dtn 27 und in anderen Gesetzestexten sind ethische und theologische Gebote überlieferungsgeschichtlich (oder gar literarisch?) wohl erst sekundär zusammengewachsen.

Ob der Prophet Hosea (3,1; 4,2; 13,4) im 8. Jh. und Jeremia (7,9) nur wenige Jahrzehnte vor dem Exil den Dekalog schon kennen und frei aus ihm zitieren oder nur in einem Überlieferungsstrom stehen, aus dem später der Dekalog hervorgegangen ist, bleibt umstritten.

Die zehn Gebote gelten für die Gruppe, die Gottes Zuspruch (Ex 3) und Hilfe (Ex 14 f) erfahren hat, wie ja auch der Vorspruch „Ich bin Jahwe, dein Gott" mit dem geschichtlichen Rückverweis ausdrücklich an Gottes˜Befreiungstat erinnert. Die Gebote wollen also nicht die Gemeinschaft mit Gott schaffen, sondern höchstens aufrechterhalten. Durchweg negativ formuliert, können sie nicht einmal das Gottesverhältnis beschreiben, sondern nur dessen Grenze abstecken, bei deren Übertretung es gebrochen ist.

Stellen die zehn Gebote einerseits das Gottesverhältnis in seiner Eigenart (Geschichtsbezug, Ausschließlichkeit, Bildlosigkeit) dar, so dienen sie andererseits dem Schutz des Nächsten. Die altgewordenen Eltern sollen vor Schaden, Übergriffen erwachsener Söhne (Ex 21,15.17; Spr 19,26; 28,24 u. a.) bewahrt werden; das Leben, die Freiheit, die Ehe und das Eigentum des Nächsten werden fremdem Eingriff entzogen. Dabei bezieht sich das Verbot des Totschlags nur auf rechtswidriges Blutvergießen durch den einzelnen, nicht auf die durch die Gemeinschaft vollzogene Tötung, sei es durch Todesstrafe oder Kriegführung. Dem-

gegenüber scheint das Verbot des „Begehrens" über die gewaltsame
Aneignung fremden Eigentums (vgl. Mi 2,2) hinaus bereits ein Denken
und Wollen (vgl. Spr 6,25) zu untersagen. So begnügen sich die zehn
Gebote nicht damit, verwerfliches Verhalten zu verbieten, sondern rufen
zugleich zum Nachdenken darüber auf, wie etwa die Eltern geehrt und
der Nächste geschützt werden können. Zumindest später, bis in neu-
testamentliche Zeit, hatte der Dekalog (auch) im Gottesdienst seinen
festen Platz (vgl. Ps 50,7; 81,9 ff).

Über die oben (a1) genannten Formmerkmale hinaus nannte A. Alt noch
zwei Kriterien, die Herkunft und Funktion des von ihm als „apodiktisch" aus-
gegrenzten Rechts betreffen. Es sei „volksgebunden israelitisch und gottgebunden
jahwistisch" (KlSchr I,323), demnach in der Umwelt singulär, und im Rechts-
vortrag vor versammelter Gemeinde beheimatet, habe also einen kultischen Sitz
im Leben. Jedoch wurden mittlerweile altorientalische Parallelen entdeckt. Auch
ist der als Beleg angeführte Zusatz zum Deuteronomium 31,9–13, nach dem
„dieses (deuteronomische) Gesetz" beim Laubhüttenfest an jedem siebten Jahr
verlesen werden soll, keine tragfähige Begründung für die Auffassung, apodik-
tisches Recht sei von Haus aus Sakralrecht. Was auch der „Sitz im Leben" der
Todessätze und Fluchworte gewesen sein mag, der Dekalog zumindest legt den
Schluß nahe: Der Kult ist kaum der Ursprungsort bestimmter Rechtssätze, aber
nachträglich ihre Heimat geworden (vgl. auch die Einlaßliturgien Ps 15; 24,3 f).
Jedenfalls wird das Recht überraschend konsequent in den Jahweglauben
integriert.

Weit über vergleichbare Reihen (Ex 34; Dtn 27; Lev 19 f) hinaus
umfaßt der Dekalog die wichtigsten theologischen und ethischen Gebote,
geordnet nach ihrem sachlichen Gewicht, in möglichst allgemeingültiger
Form. Seine überragende Bedeutung kommt darin zur Geltung, daß er
als Wort Gottes (Ex 20,1; Dtn 5,4) verstanden und in der Sinaiperikope wie im Deuteronomium den anderen, (nur) als Wort Moses
stilisierten Gesetzen vorgeordnet wird. So erhalten sie vom Bundesbuch
(Ex 20,22) ab durch die Komposition den Charakter von Ausführungsbestimmungen zum Dekalog.

2. Das Bundesbuch

Die Gesetzessammlung Ex 20,22 – 23,19 (33) ist durch vorausgehende und nachfolgende Erzählelemente (20,18–22; 24,3 f) nachträglich in die Sinaiperikope eingebettet und hat von daher (24,7) ihren
Namen erhalten. Formal wie thematisch ist das Bundesbuch ein Misch-
gebilde. So bleibt es schon in seinem Aufbau, erst recht in seiner Entstehung eine umstrittene Größe.

Ähnlich wie beim Fluchdodekalog (Dtn 27,15.26) und Heiligkeitsgesetz (Lev 17; 26,1f) ist das Gesetzeskorpus von einem – doch wohl
nachträglichen – theologischen bzw. kultrechtlichen Rahmen umgeben,
der in verschiedener Weise auf die Abgrenzung von der kanaanäischen
Religion zielt (20,22–26; 23,10–19). Der Prolog mit einer jüngeren
Form des Bilderverbots, das Gott im Himmel den Göttern aus Metall
gegenüberstellt (20,22f), und dem Altargesetz geht der Überschrift
(21,1) voraus. Der Festkalender (23,10ff) weist enge Berührungen mit
dem sog. kultischen Dekalog (34,10ff) auf. Außerdem ist ein anders
strukturierter Schlußabschnitt, eine Entlassungsrede Jahwes (23,20–33),
angehängt.

Das Hauptstück ist zweigeteilt. Die erste Hälfte (21,2 – 22,16)
umfaßt vorwiegend kasuistische Rechtssätze, in die sich die Todessätze
(21,12–17) eingliedern. Die zweite, weitaus weniger einheitliche Hälfte
(22,17 – 23,9) fällt (wie schon der Prolog 20,22–26) durch die Pro-
hibitive „Du sollst" (22,17.27ff; 23,1ff) und die – wohl jüngeren, aber
theologisch gewichtigen – paränetischen Begründungen auf, wie „Ihr
wißt ja, wie es einem Fremdling zumute ist; denn ihr wart selbst
Fremdlinge in Ägypten" (23,9; 22,20) oder „Ich werde das Schreien
(des Schutzbedürftigen) erhören" (22,22.26). So ergibt sich als grobe
Gliederung:

III.	Erzählender Rahmen	20,(18–)22
II.	Theologischer Rahmen	20,23–26
		Bilderverbot, Altargesetz
I.	Gesetzeskern	21,1 – 23,9
	A) 21,2 – 22,16	
	21,2–11	Sklavenrecht
	21,12–17	Todessätze
	21,18–36	Körperverletzung
		21,23ff (Lev 24,20) *Ius talionis*
	21,37 – 22,14(16)	Haftung, Entschädigung
	B) 22,17 – 23,9	
	22,17 – 19.27ff	Religiöse Vorschriften
	22,20ff	Sozialverhalten
	23,1ff	Rechtsverfahren
II.	Theologischer Rahmen	23,10–19
		Sabbatjahr, Sabbat, 3 Jahresfeste
	Anhang: 23,20–33	
III.	Erzählender Rahmen	24,3–8

Diese komplexe Gestalt verdankt sich kaum dem formgebenden Willen eines Gesetzgebers, erklärt sich vielmehr, wenn das Bundesbuch allmählich gewachsen ist. Schon deshalb fällt eine Altersbestimmung schwer. Es setzt Seßhaftwerdung (vgl. 22,4 f) voraus, läßt aber von dem Königtum und seinen Auswirkungen noch nichts erkennen. So mag der Kern in die Richterzeit oder jedenfalls in die (ältere) Königszeit zurückreichen. Wie ein Vergleich der Rechtsbestimmungen erweist (vgl. etwa Ex 21,2 mit Dtn 15,12 ff; Lev 25,10), ist das Bundesbuch jedenfalls älter als das Deuteronomium, dies älter als das Heiligkeitsgesetz, so daß sich die Abfolge Bb—Dtn—H ergibt.

3. Das Heiligkeitsgesetz

Ist das Bundesbuch die älteste so das sog. Heiligkeitsgesetz Lev 17—26 (= H) die jüngste, üblicherweise in die Exilszeit datierte Rechtssammlung. Auch sie vereinigt verschiedenartige Themen und ist allmählich, in mehreren Schichten, gewachsen. Sehr alte Stoffe (z. B. in Lev 18; 19) wie junges Material wurden gesammelt, vielfach überarbeitet und neu gedeutet. Dabei nimmt auch die Paränese gegenüber dem Bundesbuch stark zu; sie erinnert – ähnlich deuteronomisch-deuteronomistischer Predigt – an die Geschichte und mahnt zum Gehorsam (Lev 18,2 ff.24 ff u. a.). Umstritten ist, ob H, wie man gewöhnlich annimmt, ursprünglich selbständig war und nachträglich in die Priesterschrift (P^G) eingearbeitet wurde oder nicht doch von vornherein als Ergänzung zu ihr konzipiert wurde (K. Elliger). Gelegentlich nimmt H deuteronomische Bestimmungen auf, führt sie weiter oder korrigiert sie (A. Cholewiński). Von Kultverordnungen abgesehen, sind wichtige Regelungen:

Lev 17	Weiterführung von Dtn 12: Zentralheiligtum, Verbot des Blutgenusses, aber (anders als Dtn 12; Gen 9,2 ff P) Verbot profaner Schlachtung „Die Seele des Fleisches ist im Blut" (V 11.14)
Lev 18	Geschlechtsverkehr (in einer Großfamilie) 2 Sam 13,12: „So tut man nicht in Israel!"
Lev 19	Theologische und ethische Gebote, ähnlich dem Dekalog Eltern-, Sabbat-, 1. und 2. Gebot (V 3 f; vgl. 26,1 f) Liebesgebot (V 17 f.34; vgl. V 14.32)
Lev 23	Festkalender Vgl. Ex 23,14 ff; 34,18 ff; Dtn 16
Lev 25	Sabbatjahr (vgl. Ex 23,10 f) und Jobeljahr. Israels Land Freilassung statt jedes 7. (Dtn 15) jedes 50. Jahr „Mir gehört das Land. Ihr seid Fremde und Beisassen" (V 23).

Lev 26　　Segen und Fluch (vgl. Dtn 28)
　　　　　V 40 ff Zuspruch von Heil im Exil
　　　　　V 46 Abschlußformulierung

Die verschiedenartigen Materialien werden gerne durch die sog. Selbstvorstellungsformel „Ich bin Jahwe" oder, in erweiterter Form mit Gottes Zuspruch, die sog. Huldformel „Ich bin Jahwe, dein Gott" gedeutet. Diejenige Interpretation, die dem Heiligkeitsgesetz den Namen gegeben hat, ist eine Paränese, die das Verhalten der Gemeinde als Antwort und Spiegelung des Verhaltens Gottes versteht: „Ihr sollt heilig sein; denn heilig bin ich, Jahwe, euer Gott" (19,2). Von daher gewinnen die einzelnen Gesetze ihre gemeinsame Intention (20,26; 21,8.23; 22,32 u. a.).

Insgesamt erscheint das Phänomen des „Gesetzes" im AT unter vielfältigen Begriffen und Formen; sie alle wollen die Gottesgemeinschaft, die sich auf eine Tat Gottes gründet, nicht herbeiführen, aber aufrechterhalten und damit bezeugen, daß Gottes Gabe nicht ohne Aufgabe ist.

10

DAS DEUTERONOMIUM

Die Frage nach dem vornehmsten Gebot beantwortet das Neue Testament (Mk 12,28 ff) zunächst mit Dtn 6,4 f, und dieses Schriftwort bildet zugleich den ersten, grundlegenden Teil des jüdischen Glaubensbekenntnisses, des *Schma*:

„Höre, Israel, Jahwe, unser Gott, Jahwe (ist) einer. Und du sollst Jahwe, deinen Gott, lieben mit deinem ganzen Herzen, deiner ganzen Seele und deiner ganzen Kraft."

Das Wort faßt thematisch die Hauptintention des fünften Mosebuches zusammen: ungeteilte Hingabe an den einen Gott. Wohl kein anderes Buch des AT redet einerseits mit solcher Eindringlichkeit von Gottes Liebe und ruft andererseits mit unablässigen Beschwörungen auf, Gott zu lieben und sich seiner Gaben zu erfreuen. Das „Deuteronomium", das gegenüber dem ersten, am Sinai ergangenen „zweite Gesetz" – der Name entstand auf Grund falscher Deutung des Terminus „Gesetzesabschrift" in Dtn 17,18 – sucht das Volk für dieses Gesetz zu gewinnen.

Tatsächlich hat dieses Buch überragende Bedeutung erlangt, tief in das Leben des Volkes eingegriffen und weite Bereiche des AT geprägt. Mehr oder weniger im Gefolge dieses Buches entstand das deuteronomistische (= dtr.) Geschichtswerk und arbeitete die dtr. Redaktion – hier und da im Pentateuch (§ 4b4,e), intensiver an der prophetischen Überlieferung (§ 19,1 u.a.). Noch bedeutsamer wird dieses Buch, wenn man seine indirekten, folgenreichen Einflüsse mitzählt: Nach ihm wissen alle alttestamentlichen Schriften nur noch von einer Kultstätte; so wäre die Priesterschrift in ihrer vorliegenden Gestalt ohne die Zentralisationsforderung des Dtn undenkbar.

a) Einleitungsfragen

1. Stellen die Rechtssammlungen des Pentateuch in der Regel Rede Gottes an Mose dar, so ist das Dtn Rede Moses an das Volk, also nur indirekt Gotteswort. Die Zusagen und Anordnungen gelten als Ver-

mächtnis dessen, der Israel von Ägypten durch die Wüste bis unmittelbar an die Grenze des verheißenden Landes führt: sie sind Moses Abschiedsreden.

Um den Gesetzeskern (Dtn 12−26) lagern sich ein innerer (5−11; 27−28) und ein äußerer (1−4; 29−30) Rahmen von Reden, während die Schlußkapitel (31−34) Moses „Lied" (32) und „Segen" (33) sowie Nachrichten über die Einsetzung Josuas (31) und Moses Tod (34) u. a. verbinden. So läßt sich der Aufbau grob in einem Stufenschema verdeutlichen:

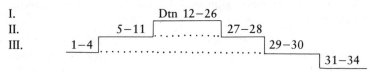

I.   Dtn 12−26
II.   5−11 [..........] 27−28
III.   1−4 [........................] 29−30
                                          [31−34

Wie das Bundesbuch (Ex 20,24ff) setzt das deuteronomische (= dtn.) Gesetz ein mit Bestimmungen über den Kultort, in diesem Fall über die Kultzentralisation (12−16). Es folgt in der Mitte (16−18) ein Block über Amtspersonen, wie König und Propheten, was an das Jeremiabuch (21−23) erinnert. Im dritten und letzten Teil (19−25) sind verschiedene Themen gemischt.

III.	Dtn 1−4	Erste Einleitungsrede
	1−3	Nach der Situationsangabe (1,1−5) Rückblick auf die 40 jährige Wanderung vom Horeb (= Sinai) bis Moab unter Wiederaufnahme der Traditionen von Ex und Num
	4	Erweiterungen gegenüber 1−3: Mahnungen zum Halten der Gebote, bes. des Bilderverbots. Sog. Kanonsformel: Nichts hinzufügen, nichts wegnehmen 4,2; 13,1

II.	Dtn 5−11	Zweite Einleitungsrede über das Wesen des Gebots
	5	Dekalog (gegenüber Ex 20: soziale Begründung des Sabbatgebots), der folgenden Moserede als Gotteswort vorgeordnet
	6,4f	*Schma* „Höre Israel!" (V 8f: Merkzeichen an Hand, Stirn, Haustür)
	6,20ff	Katechese, Belehrung der Kinder (vgl. 4,9f; 6,7; Ex 12,26f; 13,14; Jos 4,6ff)

2. Nach den wachsenden Zweifeln an Mose als Verfasser des Pentateuch, die ja gerade das Dtn als Moserede trafen, und der allmählichen Ausarbeitung der Quellentheorie setzte sich zu Anfang des vorigen Jahrhunderts (de Wette, 1805) die schon ältere Erkenntnis durch, daß das Dtn eine eigenständige Größe sei, die mit der von Joschija im Jahre 621 v. Chr. durchgeführten Kultreform zusammenhängt. Tatsächlich bestehen zwischen dem Dtn und dem Gesetzauffindungs- und Reformbericht 2 Kön 22f tiefe Übereinstimmungen. So lassen sich

(a) die von Joschija vorgenommene Kultzentralisation (vgl. 2 Kön 23,5.8f.19 mit Dtn 12), die über das Ziel bisher bekannter Reformen, den Kult von fremden Elementen zu reinigen, weit hinausgreift, indem sie andere Jahweheiligtümer ausschließt,

(b) die gemeinsam begangene Passafeier (2 Kön 23,21ff; Dtn 16) sowie

(c) die Abschaffung der Gestirnverehrung (2 Kön 23,4f.11; Dtn 17,3), der religiösen Prostitution (2 Kön 23,7; Dtn 23,18f), der Mazzeben, Ascheren, des Kinderopfers, der Wahrsagerei, Zeichendeuterei und anderer fremdreligiöser Praktiken (2 Kön 23,4f.10ff.24; Dtn 12,2f.31; 16,21f; 18,10f)

mit den Forderungen dieses Gesetzes erklären. Allerdings wurden keineswegs alle seine Bestimmungen in Praxis umgesetzt (vgl. vielleicht 2 Kön 23,8f gegenüber Dtn 18,6ff). Selbst das Erschrecken des Königs bei Auffindung und Verlesung des Gesetzes (2 Kön 22,11.13.16f; vgl. Neh 8,9) könnte durch die Flüche hervorgerufen sein, die Dtn 27(f) für den Fall des Ungehorsams androht.

Wollte die Joschijareform den Jahwekult usprünglich nur von assyrischen Elementen befreien? Dann hätte die Entdeckung des Dtn die Reform nicht eingeleitet, doch dem bereits begonnenen Werk ein neues, umfassenderes Ziel gesteckt. Vgl. u. Abs. 5.

Entgegen seinem Anspruch ist das Dtn also nicht Moserede, sondern spiegelt Verhältnisse der Königszeit oder noch jüngerer Zeit wider; kaum zufällig weiß es von Gefahren des Königtums (17,14ff) oder warnt vor falscher Prophetie (13,2ff; 18,9ff). Auf Grund dieser historischen Fixierung stellen sich Fragen nach Herkunft und Einheitlichkeit des Buches, die bisher keine endgültige Antwort gefunden haben.

3. Wann und wo ist das Deuteronomium entstanden? Gewiß ist es in manchen Rechtsbestimmungen jünger als das Bundesbuch (o. § 9b) — was heißt das aber absolut? Die früher gelegentlich vertretene Anschauung, das Dtn sei unmittelbar vor seiner Auffindung erst verfaßt worden

oder die „Entdeckung" wäre gar ein frommer Betrug, der den König zu Reformen zwingen sollte, ist aufgegeben worden. In der Regel nimmt man an, daß ein Grundbestand des Buches in das 7. Jh. oder gar in die zweite Hälfte des 8. Jh. zurückreicht — kaum vor Auftritt der ersten Schriftpropheten um 750, möglicherweise aber noch kurz vor Zerstörung des Nordreichs um 722 v. Chr. Verschiedenartige Hinweise lassen nämlich die Vermutung zu, daß zwar nicht die Heimat des Dtn, aber doch gewisser Traditionen, Vorstellungen oder gar Teile des Buches im (noch bestehenden oder schon zerstörten) Nordreich lag.

Als solche, wenn auch nicht gleichgewichtige Argumente sind etwa zu nennen:

(a) gewisse Beziehungen zu den Elija-Elischa-Überlieferungen (Mosetradtition, Einsatz für das erste Gebot),

(b) zur Prophetie Hoseas (in der Abwehr kanaanäischer Religion, der kritischen Haltung gegenüber dem Königtum und in gemeinsamer Sprache, wie „lieben"; vgl. Hos 11,1.4; 14,5 bzw. Dtn 7,8.13 u.a.),

(c) vielleicht auch zum Elohisten (z.B. in der Begrifflichkeit „versuchen"; vgl. Gen 22,1E bzw. Dtn 8,2.16; 13,4),

(d) die Auffassung vom Königtum einschließlich der Warnung, einen Ausländer als König einzusetzen (Dtn 17,15), die im Herrschaftsbereich der Daviddynastie Jerusalem/Juda kaum Anhalt hat,

(e) die Warnung vor dem Abfall einer ganzen Stadt vom Jahweglauben (Dtn 13,13 ff), die ebenfalls besser zu Nordreichverhältnissen zu passen scheint.

Das nordisraelitische Erbe könnte — wie die Botschaft Hoseas, wohl auch des Elohisten — nach 722 v. Chr. in das Südreich gewandert sein, um sich mit dem dortigen Überlieferungsgut zu vermischen.

Andere suchen im Dtn stärker Jerusalemer Traditionen. Doch findet sich typische Zionstheologie (wie Ps 46; 48; Jes 6) kaum. Gehören gewisse Bezüge nicht späteren Schichten an? Jerusalem ist eher der Anwendungsbereich als der Herkunftsort der dtn. Gesetze. Auch die charakteristische Formel „der Ort, den Jahwe erwählt hat" (s.u.) wurde wohl erst nachträglich auf den Zion bezogen; vgl. Ps 132.

4. Das Deuteronomium ist also kein in sich geschlossener Einzelentwurf, sondern eine überraschend komplexe Größe. In seiner gegenwärtigen Form entsprach es gewiß nicht dem zu Joschijas Zeit entdeckten Gesetz. Welchen Teil umfaßte das im Tempel aufgefundene Urdeuteronomium, die sog. „Tempelurkunde", und wie wuchs es zur vorliegenden Endgestalt heran?

Einerseits spricht der Auffindungsbericht 2 Kön 22,8 von einem „Gesetzbuch". Das Dtn enthält aber bei weitem mehr als den mit diesem Titel angedeuteten Inhalt, nämlich auch umfangreiche paränetische An-

sprachen mit Berichten. Andererseits läßt das Dtn schon mit dem mehr-
fachen Einsatz der Reden und der Häufung der Überschriften (1,1; 4,44 f;
6,1; 12,1; 28,69; 33,1) erkennen, daß es nicht aus einem Guß ist. Wurde
es ursprünglich mit Kap 4 (V 45) oder Kap. 6 (V 4) eröffnet und
reichte bis Kap. 28, oder umfaßte der älteste Komplex überhaupt nur
den Gesetzeskern Dtn 12–26 und wurde allmählich angereichert?
Jedoch bleibt eine solche Aufteilung noch zu grob. Nicht nur die erzählenden Partien, sondern auch die Einzelgesetze selbst sind in sich
uneinheitlich; so wird die Zentralisationsforderung Dtn 12 in nicht
weniger als drei oder gar vier verschiedenen, mehr oder weniger gleichlautenden Formulierungen (V 2–7.8–12.13–19.20–27) erhoben.

Dabei bietet das Dtn ein spezifisches Hilfsmittel für die Abhebung
verschiedener Schichten innerhalb der Prosatexte und der Gesetze: den
Numeruswechsel. Die Anrede an das Volk ergeht teils im singularischen „Du", teils im pluralischen „Ihr". Dieses Kriterium wird zwar
schon lange (C. Steuernagel u. a.) zur Quellenscheidung benutzt, in seiner
Brauchbarkeit gelegentlich aber bestritten. Doch hat sich als Faustregel
der Grundsatz vielfach bewährt: Die singularische Fassung ist älter,
pluralische Formulierungen sind später ergänzt; allerdings gibt es auch
singularische Zusätze.

Die Gesetze richteten sich ursprünglich also in singularischer Fassung an das
Volk; vgl. u. zu Dtn 12 und als Beispiel aus den Redepartien u. zu Dtn 7,6–8.
Sind die pluralischen Sätze in Dtn 5 ff deuteronomistischer Redaktion zuzuschreiben (G. Minette de Tillesse)? Allerdings lassen sich die pluralischen Abschnitte wohl nicht immer von den singularischen abheben, so daß man auch mit
stilistischer Technik zu rechnen hat.

In den einzelnen Kapiteln ist die relative Schichtung oft klar erkennbar, während die Zuordnung der Schichten verschiedener Abschnitte zueinander und die chronologische Einordnung schwer fallen, so daß man
nur mit großen Vorbehalten eine Entwicklungsgeschichte nachzeichnen
kann. Wahrscheinlich erfolgte das Wachstum des Buches von innen nach
außen in einem langwierigen Prozeß von mindestens drei Haupt-
stadien (a–c), die sich durch strengere Aufgliederung leicht um weitere
Stadien vermehren ließen:

a) Das sog. Urdeuteronomium ist vorwiegend, wenn nicht ausschließlich, im Gebotskern (Dtn 12–25) zu suchen. Diese älteste Sammlung besteht selbst aus kleineren Rechtskorpora und deutenden Zusätzen. Innerhalb dieses frühesten Stadiums sind also bereits verschiedenartige Vorlagen oder Traditionen, die unterschiedliches Alter haben

können, von der Schicht abzuheben, die die Einzelmaterialien zu einer
Einheit gestaltet. Ihre Hauptintention ist die Kultzentralisation. Aller-
dings ist es bisher nicht gelungen, in der Abgrenzung der Sammlung
Übereinstimmung zu erzielen.

b) Eine deuteronomische Redaktion (zur Zeit Joschijas?) überarbeitet die Gesetze und fügt im wesentlichen den inneren Gürtel der
Einleitungsreden Dtn 5—11*, vielleicht auch Teile von 27f hinzu.

Im Zentralisationsgesetz Dtn 12 sind die beiden pluralisch konstruierten Partien V. 2—7.8—12 jünger als die Fassung von V. 13—19, die in der singularisch
geformten Ergänzung V. 20—27 bereits eine erste Interpretation und sachliche
Einschränkung erfährt. Dieser Zusatz könnte mit der angedeuteten Gebietserweiterung (12,20; vgl. 19,8) die Expansionspolitik Joschijas in den Bereich des
ehemaligen Nordstaates hinein (2 Kön 23,15ff) voraussetzen. Demnach würde
die vorhergehende Schicht, schon eine „Sammlung", aus vorjoschijanischer Zeit
stammen.

Eher noch schwieriger als die Frage nach dem Alter ist die Frage nach dem
Umfang der Redaktion zu beantworten. Einmal kann man von den (älteren) Überschriften 4,45; 12,1 (vgl. 6,1) ausgehen. Sie scheinen (wegen des Doppelbegriffs
„Satzungen und Rechte") auf 26,16 hinzuführen. Lag hier einmal ein Schluß vor,
so daß der Komplex wohl eine Ein-, aber keine Ausleitungsrede besaß, oder gehören Teile von Kap. 27f seit je zum Ganzen?

Zum andern kann man den Einsatz in Dtn 6,4—9 suchen, zumal der Dekalog
(Dtn 5) eher in jüngerer Zeit vorangestellt wurde. Vielleicht haben auch die verschiedenen Vermutungen recht, weil das Buch allmählich gewachsen ist.

c) Die nachdeuteronomisch-deuteronomistische Redaktion, die
das Exil (587 v. Chr.) voraussetzt, bringt weitere Ergänzungen im Gesetzeskorpus (so im Königs- und Prophetengesetz Dtn 17,18; 18,19—22)
sowie stärker in den inneren Rahmenreden (Dtn 5—11; 27f) an und setzt
vor allem den äußeren Gürtel der Reden Dtn 1—4 und 29ff hinzu. Diese
verschiedenartigen Nachträge stammen gewiß nicht von einer Hand, so
daß man noch zwischen älteren und jüngeren dtr. Schichten differenzieren könnte. Sie hängen mit der Integration des Buches in das dtr.
Geschichtswerk zusammen.

So scheint das Dtn bereits vor seiner Entdeckung und Einwirkung auf
die Joschija-Zeit eine Vorgeschichte gehabt zu haben, und an dieses einschneidende Ereignis schloß sich eine ausgiebige Nachgeschichte an. Die
Rekonstruktion des Verlaufs bleibt im einzelnen sehr unsicher; deutlich
ist aber, daß das Dtn mit Hilfe einer Ergänzungs-, nicht einer Urkundenhypothese zu erklären ist. Ein solcher Entstehungsprozeß ist gewiß nur
verständlich, wenn man das Buch nicht als Werk eines Autors, sondern
einer Schule versteht. Genauer kann man eine deuteronomische von

einer jüngeren deuteronomistischen Schule abzuheben suchen. Da beide jedoch, wie die verwandte, ja teils gleiche Sprache zeigt, in Zusammenhang stehen, kann man auch von einer deuteronomisch-deuteronomistischen Schule sprechen, deren Wirksamkeit wohl schon in vorexilischer Zeit beginnt und dann weit in die exilisch-nachexilische Ära hineinreicht. Aus methodischen Gründen wäre als Grenze zwischen „deuteronomisch" und „deuteronomistisch" aber das Exil festzuhalten.

5. Die dargestellte Auffassung vom Zusammenhang zwischen Joschijareform und Dtn entspricht der mehr oder weniger „traditionellen" Lösung, die in jüngster Zeit zunehmend angefochten wurde. Einerseits gilt der Bericht von einer Kultzentralisation auf Grund eines „Bundesbuches" 2 Kön 23 als historische Fiktion, hervorgegangen aus einem dtr. Programm der Exilszeit (E. Würthwein u. a.); andererseits wird die Existenz eines (Ur-)Deuteronomiums, das vor die Reform zurückreichen könnte, bezweifelt – sei es, weil man im sog. Urdeuteronomium keine das verschiedene Traditionsmaterial verbindende Einheit erkennen kann oder das Buch überhaupt später, in nachexilische Zeit, datiert (G. Hölscher, O. Kaiser u. a.). Diese Einwände berühren kein Randproblem, sondern betreffen eine für das Verständnis des AT, speziell die Datierung der Pentateuchquellenschriften, grundlegende Frage.

Sucht man nach Kriterien, die, teils außerhalb des umstrittenen Sachverhalts gelegen, Anhaltspunkte für dessen Beurteilung geben können, so wird man erwägen:

a) Von der Joschijareform bis zur Aufzeichnung des dtr. Geschichtswerks (um 560 v. Chr.) sind etwa sechs Jahrzehnte vergangen, so daß noch Zeugen der Ereignisse leben konnten, also eine Erfindung der Vorkommnisse ohne Anhalt an historischen Vorgängen schwer denkbar ist. Spricht für die Historizität der Reform nicht auch, daß dem König der letzte Erfolg seines Werks versagt blieb, Tun und Ergehen gerade nicht übereinstimmen? Außerdem ist es möglich, daß die Reform sogar archäologische Spuren hinterließ.

b) Gewiß nimmt der gleichzeitig lebende Prophet Jeremia – wie auch der jüngere Ezechiel – nicht ausdrücklich zur Reform Stellung (vgl. Jer 22,15 f; vielleicht jedoch 8,8), aber seine Polemik gegen den Tempel bei Regierungsantritt von Joschijas Nachfolger Jojakim (Jer 7; 26) wird verständlicher, wenn das Jerusalemer Heiligtum durch die Reform eine Aufwertung erfuhr.

Die Kultkritik des jüngeren Jeremia (Jer 2) wie Zephanjas (1,4 ff) scheint Zustände vor der Reform anzuprangern. Sind andere Texte (Jer 13,27; 17,1 ff) ausreichende Zeugnisse gegen eine Reform? Zieht die Vision Ez 8 nicht als gleichzeitig-gegenwärtig zusammen, was in der Vergangenheit nacheinander vorgekommen sein mag? Oder sind die kultischen Mißbräuche nach Joschijas Tod rasch wieder eingerissen?

c) Die Wallfahrt der Pilger aus Samaria zur Tempelruine in das zerstörte Jerusalem (Jer 41,4 ff) läßt sich leichter motivieren, wenn der Norden durch Joschijas Reform in die Kultzentralisation einbezogen wurde.

d) Wieso setzt die Priesterschrift die Kultzentralisation als selbstverständlich voraus (o. § 8a,4), wenn sie nur dtn Forderung, keine historische Wirklichkeit war?

e) Spricht eine frühe, noch singularisch formulierte Interpretationsschicht des Dtn von der Möglichkeit einer Gebietserweiterung Israels (12,20; 19,8), so läßt sich diese am ehesten auf die Expansionspolitik Joschijas (2 Kön 23,15 ff) beziehen. Auch die Erwähnung des Passa in Dtn 16 ist wohl einer frühen Überarbeitungsschicht zuzuschreiben, die im Zusammenhang mit der Feier 2 Kön 23,21 f stehen könnte.

Solche u. a. Erwägungen legen nahe, an der herkömmlichen Datierung – zumindest vorläufig – festzuhalten.

6. Neben die literarkritisch-historische trat schon um die Jahrhundertwende wenigstens ansatzweise die formgeschichtliche Betrachtungsweise. A. Klostermann wurde darauf aufmerksam, daß sich im Dtn Gesetzestext und -interpretation abwechseln, und erklärte dieses Nebeneinander aus dem mündlichen öffentlichen Gesetzesvortrag. Später verstand G. v. Rad (im Anschluß an A. Bentzen) die paränetische Auflockerung als gepredigtes Gesetz: „Das ist doch der elementarste Unterschied zwischen dem Bundesbuch und dem Dtn, der gerade durch die weithinnige Gemeinsamkeit der Materialien hier und dort besonders in die Augen fällt: das Dtn ist nicht kodifiziertes Gottesrecht, sondern hier wird über die Gebote gepredigt" (GesStud II,112). Dieses Buch verwandelt das fordernde oder gar verurteilende Gesetz („Du sollst . . ." bzw. „Wer . . . tut, soll getötet werden") in liebevoll werbende Mahnungen; die Befolgung der Gebote ist Antwort des Menschen auf Gottes Fürsorge und Liebe.

Welche Gruppe für diese Gesetzespredigt verantwortlich zu machen ist, bleibt schwer zu ergründen. Wie schon andere suchte G. v. Rad die Heimat des Dtn in den (auf dem Land lebenden) levitischen Kreisen des Nordreichs; von ihnen stamme der priesterliche wie der kriegerische Geist des Buches, und ihre Aufgabe sei die Laienbelehrung (Dtn 33,10; Neh 8,7 u. a.) gewesen. Da „Levi" im AT eine komplexe, im einzelnen schwer bestimmbare Größe darstellt, läßt sich von ihr her die Entstehung des Buches kaum erhellen. Allerdings muß eine Verbindung zwischen Deuteronomium und Leviten bestehen (vgl. die Nachträge 27,9 ff; 31,9.24 ff), da es sich um ihr Wohl sorgt (12,12.18 f u. ö.) und sie in den Kreis der *personae miserae*, die des Schutzes und der Hilfe bedürfen, einbezieht (14,27 ff; 26,11 ff u. a.).

Oder sind die Tradenten – später – im Kreis der weisheitlichen Schreiber am Jerusalemer Königshof (Spr 25,1) zu suchen (M. Weinfeld)?

Den (gewiß späten) Gesamtaufriß des Buches mit den vier Hauptteilen

Geschichtsdarstellung und Paränese	Dtn 1 bzw. 6−11
Gesetzesvortrag	Dtn 12−26
Bundesverpflichtung	Dtn 26,16−19
Segen und Fluch	Dtn 27 ff

erklärte v. Rad auffälligerweise nicht aus levitischer Laienbelehrung, sondern aus dem Bundeskult, dessen Aufbau sich auch in der Sinaiperikope Ex 19 ff widerspiegele. Allerdings sei die Form „offenbar längst zu beliebiger literarischer und homiletischer Verwendung freigegeben" gewesen (ATD 8,15).

Andere haben den Aufbau des Buches oder auch einzelner Abschnitte mit dem Formular speziell hethitischer Vasallenverträge verglichen. Gewisse entfernte Beziehungen sind nicht ausgeschlossen, da seit Vorherrschaft der Assyrer im 7. Jh. Einwirkungen des Vertragsdenkens möglich sind. Jedoch sind die Unterschiede, schon in der Form, mehr noch im Inhalt (Verhältnis zwischen Gott und Volk statt zwischen Völkern), nicht zu vergessen; erst recht sind unsere Kenntnisse vom alttestamentlichen „Bundes"kult zu gering.

Als sicher wird jedoch gelten dürfen, daß Gesetze zumindest später im Gottesdienst verlesen wurden (Dtn 31,10 ff; 2 Kön 23,2; vgl. Ex 24,7; Neh 8; Ps 81 u. a.).

b) Theologische Intentionen

Streng genommen wären die einzelnen Interpretationsschichten des Dtn je für sich nach ihren theologischen Intentionen zu befragen. Doch ist die Abhebung der Wachstumsstadien des Buches, erst recht deren theologiegeschichtliche Differenzierung, von Ausnahmen abgesehen, bisher kaum sicher genug. Besteht nicht auch die Gefahr, Unterschiede zu überzeichnen, da die Erweiterungen dem Traditionsbestand in Sprache und Absicht oft nahebleiben? Umgekehrt nimmt eine zusammenfassende Behandlung das Buch zu leicht als Einheit hin. Im folgenden werden Unterschiede in der Entstehungszeit nur gelegentlich angedeutet.

Formelhaft ließe sich die Intention des Dtn mit drei Worten umschreiben: ein Gott, ein Volk, ein Kult, und ihnen könnte man hinzufügen: ein Land, ein König, ein Prophet.

1. Kannte Israel bisher selbstverständlich eine Vielzahl von Heiligtümern (Ex 20,24), von denen einige als Wallfahrtszentren in hohem Rang standen, so fordert das Dtn die Ausschließlichkeit:

„Hüte dich, deine Brandopfer darzubringen, an jedem Ort, den du siehst, sondern nur an dem Ort, den Jahwe − in einem deiner Stämme − erwählt; dort sollst du deine Brandopfer darbringen" (12,13 f).

Zur Not könnte auch diese im Dtn typische Formel, die die theologische Begründung der Kultzentralisation liefert: „der Ort, den

Jahwe erwählt hat", auf verschiedene Orte bezogen werden, die Gott jeweils neu bestimmt. Sowohl die Ortsangabe „in einem deiner Stämme" als auch die unterschiedliche Behandlung von Brand- und Schlachtopfer zeigen aber, daß jene älteste Fassung des Zentralisationsgesetzes (12, 13–19) bereits streng auf die ausschließliche Bindung des Jahweglaubens an ein Heiligtum bedacht ist, und in diesem Sinne hat Joschijas Reform die Formulierung verstanden und verwirklicht. Die Identifikation mit Jerusalem ist in den älteren Schichten des Dtn kaum angelegt und klingt in den jüngeren Schichten nicht einmal unmittelbar nach, da das Buch die Stadt bzw. den Zion überhaupt nicht erwähnt; allerdings wird die Ausdrucksweise vom dtr. Geschichtswerk aufgenommen und nun eindeutig auf Jerusalem bezogen (1 Kön 9,3; 11,36 u.a.).

Der kurzen und vermutlich ältesten Gestalt der Zentralisationsformel „der Ort, den Jahwe erwählt hat" (Dtn 12,14.18.26) wird schon bald eine Begründung beigegeben: „um seinen Namen dort hinzulegen" (12,21) bzw. (wohl jünger:) „dort wohnen zu lassen" (12,11 u.a.). Nach dieser Erweiterung zeichnet der göttliche Name eine Kultstätte aus (vgl. schon Ex 20,24): Sie ist der Ort, der Jahwe gehört und an dem Jahwe gegenwärtig ist. Zumindest später kommt ein anderer, kritischer Klang hinzu: Gott selbst wohnt im Himmel (vgl. Dtn 26,15; 4,36), „nur" sein Name weilt auf Erden. Mit dieser Unterscheidung zwischen Gott und Gottes Gegenwart auf Erden, die an die Einführung des Begriffs „Herrlichkeit" in der Priesterschrift erinnert (o. § 8b,5), wird die ältere Vorstellung, nach der Gott selbst am Heiligtum „wohnt" (1 Kön 8,12; Jes 8,18 u.a.), eingeschränkt (vgl. 1 Kön 8,29 u.a.; dazu R. de Vaux).

Die Forderung nach Konzentration des Gottesdienstes auf einen einzigen Ort bringt einschneidende Veränderungen für das kultisch-religiöse Leben Israels, vor allem der Landbevölkerung außerhalb Jerusalems. Hauptkonsequenz ist die Erlaubnis zur sog. profanen Schlachtung (12,15 f). Gegenüber dem an der heiligen Stätte ganz dargebrachten Brandopfer wird das Schlacht- bzw. Gemeinschaftsopfer – zumindest (so V 20 ff) fern von dem einen Heiligtum, an dem allein Opfer stattfinden dürfen – zur einfachen Mahlzeit (sabach „opfern" Dtn 15,21 gewinnt die schlichte Bedeutung „schlachten" 12,15.21). War ursprünglich jede Schlachtung ein Opfer, nämlich eine Opfermahlzeit (vgl. 1 Sam 2,13; 9,13 gegenüber Gen 18,7 f)? Dann wäre die Bestimmung ein für die Antike ungeheurer Akt der Säkularisierung. Nur das Blut wird rituell geschützt, indem es „wie Wasser auf die Erde geschüttet" werden soll (Dtn 12,16.23 f; aufgenommen von P Gen 9,4 f; anders Lev 17,3 ff).

Darüber hinaus wirkt sich die Zentralisationsforderung auf die Anordnungen über Zehnten, Erstgeburten und Erstlinge (Dtn 14,22—27; 15,
19—23; 26,1ff), den Festkalender (16,1ff) sowie Richter und Priester
(17,8—13; 18,1—8) aus. So sind die Zentralisationsbestimmungen innerhalb dieser Rechtsmaterialien gewiß eine jüngere Schicht, aber eben die
Interpretation, die die verschiedenartigen vorgegebenen Überlieferungen
unter einer Intention zusammenfaßt.

2. Innerhalb des vorliegenden Dtn ist die Einheit des Kults nur
Konsequenz der Einheit Gottes, wie sie vorweg im Schma program-
matisch ausgesprochen wird:

> „Höre, Israel, Jahwe unser Gott,
> Jahwe (ist) einer (bzw. allein, einzig)" (6,4).

Das Bekenntnis ist so gestaltet, daß es nicht nur beiläufigen, auf
eine einmalige Situation bezogenen, sondern grundsätzlich-allgemein-
gültigen Charakter hat, darum verschiedene Stoßrichtungen einnehmen
kann und mehrdeutig ist. Im Sinne eines strengen Monotheismus (Jahwe
allein Gott; vgl. 4,19.35.39; 32,39) ist es seiner ursprünglichen Intention nach kaum auszulegen. Jedoch kann es einerseits — nach außen —
Versuchungen der kanaanäischen Religion abwehren und sich gegenüber der Vielfalt des Baalkults auf die Einheit und Einzigkeit Jahwes
berufen. Die Aussage kann andererseits — nach innen — im Kontext
der Zentralisationsforderung als „Bekenntnis zu der Einheit Jahwes
gegenüber der Vielheit auseinanderstrebender Jahwetraditionen und
Jahwekultorte" verstanden werden (G. v. Rad, ATD 8,45 f). In den
Konsequenzen liegen beide Auffassungen ohnehin ineinander; denn
durch die Betonung der Einheit der Erscheinungsweise des Jahweglaubens vollzieht sich eine Abgrenzung gegenüber der Vielheit der Baalreligion.

So kommt dem Deuteronomium in der Geschichte des Jahweglaubens
eminente Bedeutung zu, indem es dem ersten Gebot neuen Ausdruck
verleiht. In seinen älteren Fassungen (Ex 22,19; 34,14 u.a.) bestimmt
es das Verhältnis zwischen Gott und Mensch, macht aber keine direkte
Aussage über Gott selbst; die Möglichkeit, das Verhältnis in dieser
Hinsicht auszudeuten, ergreift eben das Bekenntnis Dtn 6,4 (vgl. Sach
14,9; Mal 2,10). Indem es dem Anspruch Jahwes auf Ausschließlichkeit
der Verehrung die Einheit oder Einzigkeit Gottes selbst entnimmt, wird
aus einer Bestimmung über das Verhältnis des Menschen zu Gott ein
Satz „über" Gott selbst (wie Ex 34,6f u.a. ohne Rückgriff auf die
Geschichte). Insofern die Zentralisationsforderung die praktische Fol-

gerung aus dieser Einsicht darstellen soll, läßt sich auch die Kultzentralisation als ein Moment in der Wirkungsgeschichte des ersten Gebots begreifen.

Charakteristischerweise für das AT bleibt eine solche Grenzaussage über Gottes „Wesen" nicht isoliert; vielmehr zieht das Dtn sogleich die Folgerung für menschliches Verhalten:

> „So sollst du Jahwe, deinen Gott, mit deinem ganzen Herzen, mit deiner ganzen Seele und mit deiner ganzen Kraft lieben!" (6,5; vgl. 5,10; 7,9; 10,12; 11,1.13.22; 13,3 f; 19,9).

Auf diese Weise wird wiederum das erste Gebot neu interpretiert. Schlossen ältere Verbotsformulierungen nur die Verehrung fremder Götter aus, sagten zumindest nicht ausdrücklich etwas Positives über den „Innenraum" des Verhältnisses Israels zu Jahwe, so faßt das Dtn die Exklusivität nun anthropologisch als Totalität des Verhaltens. Der Einheit Gottes entspricht die ungeteilte, vorbehaltlose Zuwendung des ganzen Menschen zu Gott. Weil „lieben" wie „fürchten", d.h. ehrfürchtige Anerkennung Gottes (6,2.13.24 u.a.), ein Verhalten meinen, können sie geboten werden (6,5 f; 10,12 f), und zwar als dankbare Erwiderung auf Gottes Liebe (7,8; 10,15 u.a.).

Die Paränese vermag die Ganzheit des Gottesverhältnisses ebenso als Gott „anhangen, dienen, nachfolgen" oder auch als „nicht vergessen, gedenken" zu umschreiben (6,12 ff; 8,18 f; 10,20 u.a.). Spricht sich in solcher Begrifflichkeit wie überhaupt in der Entfaltung des ersten Gebots prophetischer Einfluß (vgl. Hos 2,15; 3,1) aus? Es wird wohl in keinem Bereich des AT so oft eingeprägt wie eben im Dtn und in der sich anschließenden dtr. Literatur. Nicht nur finden sich Einzelverordnungen für den Fall, daß ein Prophet, ein Verwandter oder gar eine ganze Stadt zur Verehrung anderer Götter auffordern (13,2−19) oder selbst fremde Götter anbeten (17,2−7; vgl. 12,30 f; 18,20); vielmehr weisen die vorausgehenden allgemeinen Erwägungen über die Bedeutung des Gesetzes dem ersten Gebot entscheidende Bedeutung zu (7,4 ff; 8,19; 11,16 ff u.a.). Verfall an den Götzendienst und Verlust, das „Vergessen", der Geschichte sind die beiden Fehler, vor denen das Dtn warnt, da sie den Jahweglauben seines Wesens berauben.

So hat kaum zufällig der Dekalog, in dem Geschichtsbezogenheit und Ausschließlichkeitsforderung vereint sind (5,6 f), eine Vorrangstellung unter den Geboten. Wie in der Sinaiperikope (Ex 20) wird er, wenn auch auf einer jüngeren Wachstumsstufe des Dtn, allen „Satzungen und Rechten" vorgeordnet und nicht als Moserede, sondern unmittel-

bar als Gotteswort eingeführt (Dtn 5,4.22 ff gegenüber 5,5), so daß
alle folgenden Gesetze gleichsam zu Ausführungsbestimmungen, zur
Erläuterung bzw. Entfaltung des Dekalogs, werden. Auch der „Bund"
wird von ihm her interpretiert (4,12f; 5,2; 9,9ff), und die Lade wird
zum Behälter für die beiden Steintafeln mit den zehn Geboten (10,1ff;
vgl. 31,26). So mag man dem Dtn zwar vorwerfen, daß es den Geboten
einen zu hohen Stellenwert im Leben des Gottesvolkes einräumt, aber
man wird dem Dtn nicht vorhalten können, daß es die Einzelgebote
kasuistisch zu gleichrangig beurteilt.

3. Während die älteren Rechtssatzungen den einzelnen anreden,
wendet sich das Dtn sowohl in seinen „Du"- wie in seinen jüngeren
„Ihr"-Abschnitten an das Gesamtvolk. Wirkt sich darin wieder Einfluß der Prophetie aus, die sich nur noch selten an einzelne, durchweg
an das Volk wendet (Hos 2,4ff; Am 3,2 usw.)? Jedenfalls entspricht
der Einheit Gottes die Einheit des Volkes: Jahwe steht „ganz Israel"
(Dtn 5,1 u.a.) gegenüber.

Jede Aufgliederung des Volkes in Stämme oder in Nord- und Südreich fehlt.
Spricht sich darin außer der literarischen Situation (Israel in der Mosezeit vor
der Landnahme) auch die historische Situation der Joschijazeit, die Nord und Süd
zu vereinigen suchte, oder gar prophetische Hoffnung (Hos 2,1−3; Ez 37,15 ff
u.a.) aus?

Einerseits prägt das Dtn seinen Hörern bzw. Lesern ein: Jahwe
„dein bzw. euer Gott", und zwar weit über das im AT sonst begegnende
Maß hinaus, so daß diese Apposition geradezu als Stilmerkmal dtn-dtr
Literatur gelten kann. Andererseits heißt Israel Gottes „Eigentum",
„heiliges Volk" (7,6; 14,2; 26,18f u.a.). So wird der Unterschied
zwischen Israel und den Völkern, von dem schon die ältere Tradition
wußte (Ex 8,18f; 9,4f J; Num 23,9 E), betont mit eigenen Begriffen
hervorgehoben.

Beide Seiten des Verhältnisses zwischen Gott und Volk faßt Dtn 26,17f in
der sog. Bundesformel zusammen, die sprachlich jung ist, der Sache nach
aber „Anfang und das bleibende Prinzip" (J. Wellhausen) von Israels Geschichte
genannt werden kann: „Jahwe Israels Gott, Israel Jahwes Volk".

Die Gefahr eines Mißverständnisses dieser Vorzugsstellung wehrt
das Dtn ausdrücklich ab, indem es Israels Heiligkeit allein auf dem
von Gott gesetzten Verhältnis beruhen läßt und so jeder vorfindlichen
Begründung entzieht:

„Ein geheiligtes Volk bist du für Jahwe, deinen Gott; dich hat Jahwe, dein
Gott, auserwählt aus allen Völkern, die auf der Erde leben, sein Eigentumsvolk
zu sein."

Diese Zusage wird später — im Übergang vom Singular zu dem für Nachträge charakteristischen Plural — erläutert:

„Nicht weil ihr zahlreicher wäret als alle Völker, hat sich Jahwe euch zugewandt und euch erwählt — ihr seid vielmehr das kleinste unter allen Völkern —, sondern weil Jahwe euch liebte und den Eid hielt, den er euren Vätern geschworen hat" (Dtn 7,6—8).

Die Beziehung zwischen Gott und Volk ist durch einen vorgängigen Akt Gottes, die „Erwählung" (*bachar*) geschaffen, in Gottes „Liebe" gegründet (4,37 u.a.) und mit dem den Vätern geleisteten Eid (auch dies ein Charakteristikum dtn.-dtr. Literatur: 6,10 u.ö.) unverbrüchlich zugesagt. So erhält Israel das Land nicht auf Grund eigener Fähigkeiten und Verdienste, sondern letztlich wegen Gottes Verheißung:

„Nicht um deiner ‚Gerechtigkeit' (d.h. deines rechten Verhaltens) und der Redlichkeit deines Herzens willen kommst du, um ihr Land in Besitz zu nehmen; denn wegen der Bosheit dieser Völker vertreibt Jahwe, dein Gott, sie vor dir, um das Wort einzulösen, das Jahwe deinen Vätern Abraham, Isaak und Jakob geschworen hat" (9,5; vgl. 8,17).

Da in gleicher Weise die Heiligkeit des Kultorts (12,14 u.a.) oder des Levitenstands (21,5 u.a.) auf Gottes „Erwählung" beruht, kann man die Intention des Dtn geradezu als „Erwählungstheologie" (Th.C. Vriezen) zusammenfassen.

4. Aus der Einheit des Gottesvolkes sucht das Dtn Folgerungen für das menschliche Zusammenleben zu ziehen. Die höchsten Amtsträger sollen der „Mitte der Brüder" entstammen — so der verheißene Prophet (18,15.18) und selbst der König (17,15), der in seinen Rechten stark eingeschränkt wird, „sein Herz nicht über seine Brüder erheben" darf (17,20). Wird damit trotz Verschiedenartigkeit der Ämter nicht etwas von der Gleichheit aller vor Gott angedeutet? Aus dem Verhältnis der Brüder zueinander erwachsen zugleich soziale Konsequenzen; denn auch der verarmte Glaubensgenosse ist „dein armer Bruder" (15,2f.7ff u.a.; auch Lev 25,35ff), dem man nicht hartherzig begegnen darf, vielmehr Schuld zu erlassen hat, damit die Armen an Gottes Gabe Anteil bekommen. Dabei werden über die „Witwen und Waisen" (Ex 22,21—23; Jes 1,17.23) hinaus die „Fremden" bzw. „Schutzbürger" (*gerim*), die fern von Heimat und Verwandtschaft ohne Landbesitz leben, darum gewisser Rechte ermangeln, und die Leviten in den Kreis der *personae miserae* einbezogen (Dtn 14,29; 16,11.14; 26,12f u.a.). Befinden sich unter ihnen Flüchtlinge, die nach dem Untergang des Nordreichs im Süden aufgenommen wurden?

Der gleiche Geist der Menschlichkeit wirkt sich in Gesetzen aus, die unterschiedliche Bereiche betreffen, aber wegen ihrer gemeinsamen Tendenz unter dem Namen „Humanitätsgesetze" zusammengefaßt werden (15,1–18; 22,1–8; 23,16–26; 24,6.10–22; 25,1–4). Unter ihnen haben die Verordnungen über die Befreiung vom Kriegsdienst exemplarischen Charakter; sie mögen einen magischen Hintergrund haben, dienen im AT aber nur dazu, dem Betroffenen den Genuß seines Neuerwerbs, sei es seines Hauses, seines Weinbergs oder auch seiner Frau (20,5–7), zu ermöglichen und sich an Gottes guten Gaben zu freuen (12,7.12.18; 16,11.14f u.a.):

„Wenn sich ein Mann eine neue Frau genommen hat, so braucht er nicht in den Krieg zu ziehen oder irgendwelche (anderen) Verpflichtungen zu übernehmen. Er soll ein Jahr lang für seine Familie frei sein, damit er sich an seiner Frau freuen kann, die er genommen hat" (24,5).

Solche – gewiß „theoretisch" gebliebenen – Verordnungen, in denen das Recht des einzelnen bzw. der Familie den Aufgaben der Gemeinschaft übergeordnet werden kann, haben dem Dtn den Vorwurf der „Utopie" (G. Hölscher) im Sinne der Wirklichkeitsfremdheit eingetragen. Wieweit ist aber praktische Durchführbarkeit ein angemessenes Kriterium für einen theologischen Entwurf? Zudem hat das Dtn in anderer Hinsicht die Wirklichkeit tatsächlich tiefgehend umgestaltet.

Die gleiche menschliche Haltung, die sich in der Behandlung des Fremden zeigt (10,18; 24,14; vgl. aber 23,20f), läßt nach dem Kriegsgesetz (20,10ff.19f) sogar den Feinden gegenüber eine gewisse Milde walten. Nur die Kanaanäer sind – allerdings nicht in der Realität, sondern im Rückblick aus späterer Zeit! – aus der freundlicheren Behandlung ausgenommen; denn ihre Religion stellt eine zu gefährliche Versuchung für den eigenen Glauben dar (7,4f.25; 12,2ff.30f u.a.).

5. Die Einheit des Gottesvolkes spricht sich nicht nur im Neben- und Miteinander des gleichzeitigen Israel, sondern auch durch Zusammenschau des Nacheinanders der Generationen im „Heute" aus. Die Vergegenwärtigung der Vergangenheit erhält Vorrang vor dem Bewahren historischer Einmaligkeit: „Euch bzw. uns hat Jahwe herausgeführt" (4,20; 6,20ff; 26,6ff u.a.). Das Mosewort redet über die Jahrhunderte hinweg unmittelbar die Lebenden an; ja das Einst droht vom Jetzt verschlungen zu werden: „Höre, Israel, die Satzungen und Rechte, die ich euch heute verkünde!" (5,1). Wie der Exilsprophet das „Frühere" und das „Neue", Gewesenes und Kommendes, gegenüberzustellen vermag (Jes 43,18f), so kann das Dtn Vergangenheit und Gegenwart in einen

sich ausschließenden Gegensatz bringen: „Nicht mit unseren Vätern hat Jahwe diesen Bund geschlossen, sondern mit uns hier, allen uns heute Lebenden" (5,3 f). Ist hier der Prediger am Werk, der seine Hörer lebensnah ansprechen will? Dieses merkwürdige „Heute" ist bisher kaum ausreichend erklärt.

Das Dtn enthält zwar (wie P) keine eigentliche Zukunftserwartung, weiß insofern aber von einem Überschuß über die Gegenwart, als es dem Glaubensgehorsam „langes Leben" (5,16; 6,2; 11,9.21 u.a.), „Ruhe" vor den Feinden (12,9 f.15; 25,19), Fruchtbarkeit der Natur und das Ende aller Krankheiten (7,13 ff u.a.) verheißt. Sollten alle diese Güter als bereits gegeben und vorhanden angesehen werden? Kaum. So ist die rechte Erfüllung menschlichen Lebens doch wohl eine noch nicht verwirklichte Möglichkeit.

11

DAS DEUTERONOMISTISCHE GESCHICHTSWERK

a) Einleitungsfragen

Mit dem Übergang zu den Geschichtsbüchern tritt man in einen anderen Raum ein. Die Erkenntnis der Andersartigkeit der literarischen Verhältnisse jenseits des Pentateuch bzw. Tetrateuch ist allerdings ziemlich jung. Einsichten bei der Kommentierung des Josuabuches (1938) führten M. Noth zur Annahme eines deuteronomistischen (= dtr.) Geschichtswerks, das vom Dtn bis zum zweiten Königsbuch reicht (Überlieferungsgeschichtliche Studien, 1943. 1957). A. Jepsen ist selbständig zu ähnlichen Ergebnissen gekommen (Die Quellen des Königsbuches, 1953).

Zuvor erklärte man sich diesen Teil der alttestamentlichen Geschichtsbücher analog zum Pentateuch, in dem durch die Quellenschriften jeweils schon durchlaufende Erzählungseinheiten vorgegeben sind. Gewiß waren die dtr. Abschnitte vom Josua- bis zum Königsbuch nicht übersehen worden; denn sie fallen durch ihre charakteristische Sprache in Ausdrucksweise und Stil auf. Allerdings galten sie als redaktionelle Zusätze zu einem bereits vorliegenden Erzählzusammenhang; nur in den Königsbüchern schrieb man Auswahl und Gestaltung der Tradition bereits in höherem Maße dieser Redaktion zu.

Bis in jüngste Zeit wurden immer wieder Versuche unternommen, die Pentateuchfäden (vor allem J und P, gelegentlich E) zumindest bis zum Josuabuch oder auch darüber hinaus bis in die Königsbücher durchzuziehen; aber die Ergebnisse blieben unterschiedlich und haben jedenfalls bisher keine allgemeine Anerkennung gefunden. Schon die Verknüpfung der Texte untereinander zu einem die verschiedenen Epochen umgreifenden Erzählwerk, noch mehr dessen Gleichsetzung mit einer der älteren Pentateuchquellenschriften stießen auf Widerspruch. Im großen und ganzen setzte sich M. Noths These durch, wurde jedoch differenziert und modifiziert.

M. Noth erkannte im Deuteronomisten den Autor des gesamten umfangreichen literarischen Komplexes. Er schuf – darin vergleichbar dem Jahwisten? – ein Werk, „das in seiner Umwelt nicht seinesgleichen kennt ... Es verfolgt rund sieben Jahrhunderte israelitischer Geschichte von der Mosezeit bis zum babylonischen Exil, verarbeitet mit großer Gewissenhaftigkeit literarische Überlieferungen und unmittelbar erlebte Fakten und findet dabei zu einer Konzeption von erstaunlicher Geschlossenheit" (H. W. Wolff, 308).

1. Vor dem dtr. Werk gab es also noch keinen fortlaufenden Geschichtsentwurf, der diese Jahrhunderte insgesamt umspannte, wohl aber Zusammenfassungen von Einzelerzählungen zu Erzählkränzen, wie die Sammlungen von Geschichten der Josua- und Richterzeit, oder auch selbständige Darstellungen von Teilepochen, wie die Geschichte von Davids Aufstieg und Thronfolge in 1 Sam 16 – 1 Kön 2. Eigenständig waren weiter der Zyklus der Elija- und Elischageschichten in 1 Kön 17 – 2 Kön 13 und andere Prophetenerzählungen. Darüber hinaus faßt das Werk verschiedenartigstes Material zusammen: Überlieferungen von Heiligtümern oder vom Hof, Listen, z. B. von Beamten (2 Sam 8,16 ff; 20,23 ff; 23,8 ff; 1 Kön 4), Auszüge aus einer Chronik u. a.

Lagen dem dtr. Geschichtswerk bereits Darstellungszusammenhänge vor, wird leichter verständlich, daß es seine Überlieferungen nicht gleichmäßig stark umgestaltete, so daß der dtr. Anteil an den Büchern variiert. Diese Unausgeglichenheiten sind also kaum ein Einwand gegen Existenz und Einheit des Werkes. Vielmehr sprechen (nach Noth) vor allem zwei Gründe für die Geschlossenheit des Literaturbereichs von Dtn bzw. Jos bis 2 Kön:

a) Mehr oder weniger klar erkennbar ist der Zusammenhang der Chronologie (vgl. als zusammenfassende Angabe 1 Kön 6,1: Salomos Tempelbau 480 Jahre nach dem Auszug).

b) An historischen Höhe- und Wendepunkten sind zurück- und vorausblickende Reflexionen eingeschoben, die entweder in erzählender Form oder als Rede der Hauptperson gestaltet sind. Sie berichten nicht eigentlich eine neue Handlung, suchen vielmehr die Geschichte zu deuten und zu beurteilen; dabei sprechen sie ähnliche geschichtstheologische Grundanschauungen aus und tragen den gleichen charakteristischen Stil. So ähneln diese Zwischenstücke Predigten – einer Redeform, in der prophetische Verkündigung nachwirken könnte. Anfang, Einschnitte und Ende der dtr. Geschichtsdarstellung sind damit markiert:

I. Zeit Moses

Dtn 1–3 (4)   Moses Rückblick auf die Wanderung vom Horeb bis zum Ostjordanland, Vorblick auf die Beauftragung Josuas als seines Nachfolgers

Dtn 31,1−8; 34   Moses Abschiedsrede, Amtseinsetzung Josuas, Moses Tod
und Begräbnis

II. Zeit Josuas

Jos 1 und 23 (24)   Anfang und Ende der Landnahme des Westjordanlandes
1   Übergang der Führung auf Josua
12   Ergebnisse der Eroberung des Landes
21,43−45 Abschließender Erfüllungsvermerk
22,1−8   Heimkehr der Stämme ins Ostjordanland
23   Josuas Abschiedsrede (analog Dtn 31)
24,28 ff; Ri 2,6 ff Josuas Tod und Begräbnis (vgl. Dtn 34,5 f)

III. Zeit der Richter

Ri 2 und 1 Sam 12 Beginn und Abschluß der Richterzeit
1 Sam 8; 12   Rede Samuels

IV. Zeit der Könige

2 Sam 7   Natanweissagung
(dtr. überarbeitet, mit Rückblick V 1)
1 Kön 3; 9   Gottesoffenbarungen an Salomo

1 Kön 8 (V 14 ff)   Salomos Gebet bei der Tempeleinweihung
1 Kön 11   Salomos Abfall

2 Kön 17   Untergang des Nordreichs
(mit rückblickender Beurteilung V 7−23)

2 Kön 25   Zerstörung Jerusalems
(mit knapper Beurteilung 21,10 ff; 24,3 f; vgl. 22,16 f; 23,26 f)

Die spätere Aufteilung des Gesamtwerkes in die Bücher Josua, Richter, Samuel und Könige stimmt also nur zu Beginn, nämlich in der Zeit Moses und Josuas, mit den ursprünglich vorgesehenen Einschnitten überein.

Immerhin scheint sich die heutige Gliederung insofern schon früh abzuzeichnen, als sich am Ende des Richter- und zweiten Samuelbuches (Ri 17−21; 2 Sam 21−24), vielleicht auch zu Anfang des Richterbuches (Ri 1), vermutlich Nachträge befinden, die den ursprünglichen Erzählzusammenhang unterbrechen. Dagegen ist die Zweiteilung der Samuel- und Königsbücher erst seit dem späten Mittelalter bezeugt.

Mit der Umfangsangabe ist zugleich die obere Grenze der Entstehungszeit des Werkes bestimmt: Es muß nach den letzten, in 2 Kön 25,27−30 geschilderten Ereignissen − der deportierte judäische König Jojachin wird von Nebukadnezzars Nachfolger Ewil-Merodach (Awil-Marduk, 562−560 v. Chr.) aus dem Gefängnis befreit und am

Hof aufgenommen – niedergeschrieben worden sein, vermutlich noch
während der Exilszeit um 560 v. Chr. Jedenfalls wird der Grundbestand
so weit zurückreichen. Wo ist der Umschwung, den die Perserzeit (seit
539 v. Chr.) bringt, auch nur angedeutet? Der Abfassungsort ist umstritten, aber (wie bei den Klageliedern) wohl eher in Palästina als (wie
bei der Priesterschrift) im babylonischen Raum zu suchen – vielleicht
genauer in Mizpa, das nach der Zerstörung Jerusalems eine gewisse
Bedeutung erlangte (2 Kön 25,22 ff).

2. Verschiedenartige Beobachtungen nötigen allerdings dazu, M. Noths
Auffassung in einer Hinsicht zu korrigieren: Es gab kaum den einen
Deuteronomisten, sondern eher eine dtr. Schule. Auf diese Weise werden einerseits gewisse Unebenheiten und Ergänzungen innerhalb des
dtr. Geschichtswerks – bei eng verwandtem Sprachstil und ähnlichem
Geist – erklärlich: Der Verfasser wechselte, die Schule blieb. Andererseits wird ihre große Breitenwirkung im AT weit über die Geschichtsbücher Jos bis Kön hinaus, z.B. in der Gestaltung der Prophetenbücher,
verständlich. Die Schule tradierte und kommentierte – unter dem Einfluß des Deuteronomiums? – geschichtliche und prophetische Überlieferung.

War das Dtn gleichsam der auslösende Faktor für die Entstehung der dtr.
Schule? Allerdings ist umstritten, ob das Dtn überhaupt seit je zum dtr. Geschichtswerk gehörte und nicht erst sekundär in es eingefügt wurde.

Auf Grund gewisser Unebenheiten in den Königsbüchern vermutet man auch,
daß es eine ältere, vorexilische Darstellung des dtr. Geschichtswerks gibt.

Mit mehr Recht erklärt man in jüngerer Zeit zunehmend Bestandteile der
Samuel- und Königsbücher als dtr. Gewiß hat die dtr. Überarbeitung tiefer in
Tradition und Texte eingegriffen, als man zuvor annahm. Besteht aber nicht die
Gefahr, den dtr. Anteil zu überzeichnen, zuviel als „dtr." zu reklamieren? Wie
im Pentateuch ist zwischen verknüpfenden und deutenden, kurz redaktionellen
Bemerkungen allgemeinerer Art und – sprachlich ausweisbarem – spezifisch
dtr. Gut zu unterscheiden. Diese Differenzierung ist für die Bestimmung des Alters
der Stoffe und Erzählungen wichtig.

Vor allem sucht man eine dtr. Redaktionsgeschichte zu erschließen, indem
man von einer Grundschicht zwei jüngere Bearbeitungsschichten unterscheidet:
„die grundlegende Konzeption des Geschichtswerks (DtrH), eine Bearbeitung,
die prophetische Texte einträgt (DtrP), und eine weitere, deren Hauptinteresse
dem Gesetz gilt (DtrN)" (R. Smend, EntstAT 123; vgl. W. Dietrich; T. Veijola;
E. Würthwein, ATD 11).

Wie beim Dtn (o. § 10b) wäre bei der Rückfrage nach den theologischen
Intentionen in gleicher Weise von den einzelnen Schichten des dtr. Geschichtswerks auszugehen – falls sie sich mehr oder weniger eindeutig abgrenzen lassen.

3. Das dtr. Geschichtswerk zieht in Ehrfurcht vor der Vergangenheit verschiedenartigste – für den heutigen Historiker wichtige – Überlieferungen heran und verweist auf seine Quellen, bes. die „Tagebücher" der Könige (1 Kön 11,41; 14,19.29 u. a.), in denen interessierte Leser weitere Informationen einholen können. „Dtr hat die Geschichte des Volkes Israel nicht konstruieren, sondern auf Grund des ihm zur Verfügung stehenden Materials objektiv darstellen wollen" (M. Noth, ÜSt 95). Ist dieses Urteil in seiner zweiten Hälfte aber nicht zumindest mißverständlich?

Zunächst trifft das dtr. Geschichtswerk eine Auswahl aus seinem Traditionsmaterial, indem es etwa auf Grund seiner theologischen Intentionen Überlieferungen, die mit Gottesverhältnis und Kult zusammenhängen, Nachrichten über politische und kriegerische Ereignisse vorzieht. Zum andern wird die Überlieferung ergänzt, so durch Zusätze korrigiert; sie kann allerdings selbst dann weitergegeben werden, wenn sie der theologischen Intention des Werkes nicht recht entspricht (vgl. 1 Sam 8–13 zur Entstehung des Königtums). Schließlich beurteilt es die Vorgänge von seinen Leitgedanken her. Demnach will das Werk Vergangenes gewiß nicht darstellen, „wie es gewesen ist", keineswegs nur Tatsachen sammeln, ordnen und darbieten, sondern interpretieren. Es beschreibt Geschichte um des Glaubens willen, letztlich als Verhalten gegenüber Gott und seinem Gebot. Darum konnte man das dtr. Geschichtswerk, das man einerseits als die Arbeit eines Historikers gewürdigt hat, andererseits mit gleichem Recht als „Tendenzschrift" (J. A. Soggin) charakterisieren.

b) Theologische Intentionen

1. Vom Untergang des Nordreiches, erst recht von der Katastrophe, die zum babylonischen Exil führte, war Israel als ganzes betroffen. Das dtr. Geschichtswerk mußte also eine Frage beantworten, die vor ihm noch keine der aufgenommenen Einzelerzählungen oder Erzählkränze gestellt hatte – die Frage nach Existenz und Schicksal des Gottesvolkes insgesamt. So verfolgt das Werk (anders als später der Chronist 2 Chr 10 ff) die Geschichte beider Staaten; ihm ging es „um die Geschichte des Volkes Israel als ganzen" (M. Noth, ÜSt 95). Waren Nord- und Südreich nicht Teile des einen Gottesvolkes, die beide vergleichbare Schuld auf sich luden und darum, wenn auch nacheinander, ein ähnliches Schicksal erleiden mußten (2 Kön 17; 21; 24,3 f)? Die

Auffassung von der Einheit des Gottesvolkes entspricht aber nicht nur einer durch die Situation aufgenötigten Einsicht, sondern nimmt zugleich den Ansatz prophetischer Botschaft und ein Hauptanliegen des Deuteronomiums (o. § 10b,3) auf.

Mahnt es zu Gehorsam, Gottesfurcht und -liebe, so zeigt das dtr. Geschichtswerk an Hand der Vergangenheit auf, wie wenig Israel solchem Rat gefolgt ist. Das Werk bietet also nach und in der Katastrophe eine Art Selbsterkenntnis oder auch Beichte in Form eines historischen Rückblicks: Israels Vergangenheit von der Inbesitznahme des Landes bis in die jüngste Zeit ist eine Geschichte ständigen Abfalls von Gott, der immer wieder warnte, strafte, schließlich den fortgesetzten Ungehorsam schwer ahndete. So hat die Geschichtsschreibung einen konkreten Sinn: angesichts der nationalen Katastrophe den Aufweis von Israels Alleinschuld und Gottes Recht.

„Das erste Ergebnis dieser Einkehr war: an Jahwe hat's nicht gelegen; Israel hat allein durch seine eigene Schuld sein Heil verwirkt. Jahwes Urteil in der Geschichte war gerecht. Es geht Dtr also um jenes ‚Auf daß du recht behaltest in deinem Spruch' (Ps 51,6); sein Werk ist eine große, aus dem Kultischen ins Literarische transponierte ‚Gerichtsdoxologie' " (G. v. Rad, TheolAT I,354f).

Ohne die vorausgehende Prophetie wäre ein solches Bekenntnis kaum möglich gewesen. Etwa Jesajas Weinberglied (Jes 5) stellt Gottes Heilshandeln der Undankbarkeit Israels gegenüber; erst recht wirken die kritischen Geschichtsrückblicke (wie Hos 11f; Jes 9,7ff; 43,27f) wie eine Vorwegnahme des dtr. Werkes *in nuce*. Die Geschichte ist Gericht über Schuld, die Schuld des Volkes, (noch) nicht des einzelnen. Die Strafe kann über Generationen aufgeschoben werden; aber sie wird nicht aufgehoben (vgl. 1 Kön 13 mit 2 Kön 23,15ff oder 1 Kön 21,23 mit 2 Kön 9,36).

2. Vom Dtn übernimmt das dtr. Geschichtswerk die Konzentration auf das Hauptgebot und vermag dieses erste und zweite Gebot gleichfalls in wechselnder Ausdrucksweise zur Geltung zu bringen. Alles zu halten, was das Gesetz befiehlt, besteht keineswegs in kasuistischer Gebotserfüllung, sondern hat letztlich einen einzigen Sinn: nicht den Göttern der Nachbarvölker zu dienen (Jos 23,6f). So ist das Werk eigentlich nur von der einen Frage bewegt, wieweit Israel der Ausschließlichkeit und Bildlosigkeit des Glaubens, die als Einheit gesehen sind (1 Kön 14,9; 2 Kön 17,16 u.a.), gerecht wurde. Durch die Jahrhunderte wird Israel daraufhin geprüft, ob es Jahwe „anhängt" (Jos 23,8) bzw. der König „ungeteilt" (1 Kön 11,4 u.ö.) bei Jahwe ist. Dieses

Urteil fällt in der Richter- (Ri 2,10 ff) wie der Königszeit negativ aus, wenn auch in beiden Perioden auf verschiedene Weise.

Stellt das dtr. Geschichtswerk die Epoche der Richter im Grunde als Zeit des Volkes dar, in der es zwischen Jahwe und den Baalen hin und hergetrieben wird (Ri 2,10 ff), so verlagert sich in der folgenden Epoche das ganze Gewicht auf einen einzelnen: Macht und Verantwortung liegen (trotz der Einschränkungen des Königsgesetzes Dtn 17, 14–20) allein beim König; er empfängt das Urteil, das eigentlich seiner Generation gelten müßte.

Die Chance, die das Königtum hat, ist allerdings rasch vertan; dem steilen Aufstieg unter David folgt ein allmählicher Abstieg, kein zyklisches Auf und Ab wie in der Richterzeit. Schon über Salomo lautet das Urteil: Sein Herz war nicht ungeteilt bei Gott (1 Kön 11,4; vgl. 8,58.61). Erst recht gilt das von fast allen Nachfolgern. Dabei wird die in der Daviderzählung selbst fehlende direkte Stellungnahme indirekt nachgeholt, indem Davids Verhalten als Maßstab dient:

„Sein Herz war nicht so ungeteilt bei Jahwe, seinem Gott, wie das Herz Davids, seines Ahnherrn . . ., weil David getan hatte, was in Jahwes Augen recht ist, und sein Leben lang nicht abgewichen war von allem, was er ihm geboten hatte, abgesehen von der Angelegenheit des Hetiters Urija" (1 Kön 15,3.5; vgl. 9,4; 11,34.38; 14,8 u. a.).

Außer David erhalten verschiedene – judäische – Könige Lob: bedingt etwa Asa (1 Kön 15,11.14), uneingeschränkt Hiskija (2 Kön 18,3 ff) und in höchstem Maße Joschija:

„Seinesgleichen gab es keinen König vor ihm, der mit ganzem Herzen, ganzer Seele und ganzer Kraft ganz entsprechend dem Gesetz Moses zu Jahwe umkehrte; und auch nach ihm ist niemand seinesgleichen erstanden" (2 Kön 23,25; vgl. 22,2).

Das Verhalten des Königs zu Gott, genauer zu dem im Dtn enthaltenen Mosegesetz, entscheidet über Wohl und Wehe der Epoche. Dieser Maßstab muß zur Verurteilung des Nordreichkönigtums führen; denn die politische Trennung vom Südreich schloß die Lösung von dem einzigen von Jahwe erwählten Heiligtum in Jerusalem ein. Zwar hätte auch dem Nordreich Heil widerfahren können, wenn es wie David den Geboten gehorcht hätte (1 Kön 11,38 f), aber tatsächlich ist bereits der erste König Jerobeam durch seine Bemühung um kultische Selbständigkeit vom rechten Wege abgeirrt und hat damit die verfehlte Ausrichtung der späteren Zeit bestimmt (vgl. 1 Kön 14,7 ff; 2 Kön 17,21 ff mit

1 Kön 12,26 ff). Mit der Errichtung eines eigenen Kults, der durch die ganze Geschichte dieses Staates hindurch bestehen blieb, der „Sünde Jerobeams" (1 Kön 14,16 u.ö.; 2 Kön 17,21), erscheint der Untergang bereits als besiegelt. Trotzdem kann auch die Beurteilung der Herrscher Israels differenziert ausfallen (vgl. 2 Kön 17,2).

Insgesamt sind die Maßstäbe des dtr. Geschichtswerks also recht einseitig. Von ethischen oder politischen Verfehlungen, von sozialer Ungerechtigkeit, wie sie die Propheten tadeln, ist keine Rede; in der Regel werden nur kultische Vergehen – Abfall zu fremden Göttern, Übertretung des ersten und zweiten Gebots, Verletzung der Kulteinheit und Kultreinheit – angeführt. Vergleichbar bleibt das Werk allerdings darin prophetischer Botschaft, daß es mehr Abwege aufzeigt als zu rechtem Verhalten aufruft. Selbst „die Gottesverehrung wird weniger unter dem Gesichtspunkt der Entfaltung ihrer verschiedenen Möglichkeiten als vielmehr unter dem der verschiedenen möglichen und in der Geschichte wirklich gewordenen Abwege gesehen"; am Vollzug des Kults selbst zeigt das Werk kaum Interesse (M. Noth, ÜSt 103 ff). Wie vereinfachend oder gar ungerecht diese Darstellung auch sein mag, so spricht sie doch die Einsicht aus, daß sich Heil oder Unheil in der Geschichte durch Treue oder Untreue zum eigenen, Ausschließlichkeit fordernden Glauben entscheiden.

3. Die gegenüber prophetischer Verkündigung vorgenommene Reduktion des Schuldaufweises auf religiös-kultische Vergehen fällt um so mehr auf, als das dtr. Geschichtswerk zumindest in seiner vorliegenden Endgestalt Prophetenerzählungen weiten Platz einräumt, ja den Propheten für die Deutung des geschichtlichen Verlaufs hohen Rang zumißt. Gottes Wort, das sich nach prophetischer Botschaft hier und da in der Geschichte ereignet (Jes 9,7), wird nun zum Akteur der Gesamtgeschichte, wie es für die etwa gleichzeitige Priesterschrift die Welt am Anfang erschafft (Gen 1) und die Folgezeit gestaltet (o. § 8b,5). Die dtr. Darstellung ist von dem in der Geschichte als Verheißung wie als Drohung (1 Kön 11,29 ff; 14,7 ff u.a.) ergehenden, zukunftsmächtigen Gotteswort her entworfen (vgl. die vielfältigen Erfüllungsvermerke, wie Jos 21,43 ff; 23,14; auch 1 Kön 15,29; 16,12 u.a.).

Wissen Prophetenerzählungen zu berichten, daß Propheten wie Elija einzelnen Königen den Tod ansagen (1 Kön 21; 2 Kön 1), so kann das dtr. Werk diese Weissagung – zweifellos auf Grund des Einflusses der Schriftprophetie – verallgemeinern und den Untergang des Nordreichs (2 Kön 17,23) wie des Südreichs als Verwirklichung prophetischer Unheilsankündigung ansehen: Juda zu verderben „nach dem Worte

Jahwes, das er durch seine Knechte, die Propheten, hatte reden lassen"
(2 Kön 24,2 nach 20,12 ff; 21,10 ff; 22,16 f; 23,27).

Trotzdem werden die großen Unheilspropheten, wie Amos, Hosea oder
Jeremia, merkwürdigerweise nicht namentlich erwähnt (zu Jesaja vgl. 2 Kön 19 f).

Drohen Jahwes „Knechte, die Propheten", wie sie in der dtr. Literatur vielfach stereotyp heißen (17,23; 21,10 u. a.), einerseits Unheil an,
so übernehmen sie nach 2 Kön 17,13 andererseits die Aufgabe von
Warnern, die zur Buße aufrufen: „Kehrt um!" und zum Gehorsam
gegenüber dem (deuteronomischen) Gesetz mahnen. Beide Auffassungen
von Prophetie werden dadurch ermöglicht, daß das dtr. Geschichtswerk
den Propheten in völlig anderer Situation gegenübersteht als ihre Hörer.
Die prophetischen Unheilsankündigungen sind Wirklichkeit geworden
und haben damit die Wahrheit prophetischen Anspruchs bestätigt. So
gewinnt prophetische Verkündigung, sowohl in ihrer (nun erfüllten)
Zukunftsansage als auch in ihrer (ungehört verhallten) Umkehrforderung, die Funktion des Schuldaufweises: Das Volk ist unentschuldbar;
denn es war gewarnt. Ist damit aber nicht eine Tonverlagerung gegeben,
oder liegt gar eine andere Auffassung von Prophetie vor als im Selbstverständnis der sog. Schriftpropheten, die aus der Gewißheit kommenden Unheils Gericht ansagen und es in ihren Anklagen begründen?
Zwar zielen die prophetische Botschaft wie das dtr. Werk auf den
Schuldaufweis des Volkes – wollten die Propheten aber warnen?

4. Thema des Deuteronomisten war nach M. Noth (ÜSt 107 f) „die
vergangene und für ihn abgeschlossen vorliegende Geschichte seines
Volkes"; die naheliegende Frage, „ob denn der Sinn der von ihm dargestellten Geschichte nicht in der Zukunft, in Dingen, die aus dem
Zusammenbruch des alten Bestandes erst noch erwachsen sollten, liege",
ließ er unbeantwortet, ja stellte sie nicht einmal ausdrücklich. So hat
Dtr. „in dem göttlichen Gericht, das sich in dem von ihm dargestellten
äußeren Zusammenbruch des Volkes Israel vollzog, offenbar etwas Endgültiges und Abschließendes gesehen und eine Zukunftshoffnung nicht
einmal in der bescheidensten und einfachsten Form einer Erwartung der
künftigen Sammlung der zerstreuten Deportierten zum Ausdruck
gebracht".

Tatsächlich droht das dtr. Werk zwar mehrfach für den Fall des
Ungehorsams die Deportation an (Jos 23,13 ff; 1 Kön 9,7 ff; 2 Kön
17,18.23; 21,14 f u. a.), aber Erwartungen, die über diesen Zeitpunkt
nach dem Gericht hinausgreifen, finden sich kaum (man vermißt sie
bes. in 2 Kön 17; 25). Ähnlich wie die etwa gleichzeitige Priesterschrift

enthält das dtr. Werk zumindest keine direkten Aussagen über eine heilvolle Zukunft; auch in dieser Hinsicht nimmt es die prophetische Verkündigung nicht auf.

G. v. Rad hat die Meinung vertreten, daß dem dtr. Geschichtswerk von David her noch „unablässig das Bild von dem vollkommenen Gesalbten vorschwebt". Nicht nur die prophetischen Drohworte, auch die „Heilszusage der Natanweissagung" ist ja „wirkungskräftig durch die Geschichte gegangen". So weise das Werk mit der Schlußnotiz über die Begnadigung Jojachins (2 Kön 25,27 ff) auf eine Gott noch bleibende Möglichkeit hin (TheolAT I,357.355). Allerdings erinnert dieser Abschlußbericht nicht an die Natanweissagung und hat kaum die hohe Aufgabe, eine messianische Zukunft anzudeuten. Bleiben Heil oder Unheil der Zukunft mit diesem offenen Schluß aber in der Schwebe? Gelten Angebot und Mahnung, „in Treue, von ganzem Herzen" vor Gott zu wandeln (1 Sam 12,24.14 f; 1 Kön 2,4; 9,4 u. a.), noch?

Nach H. W. Wolff enthält das dtr. Geschichtswerk vielfach versteckte, indirekte Zukunftsaussagen; denn das Thema Umkehr (schub) klingt an fast allen bedeutsamen Stellen an (Ri 2,6 ff; 2 Kön 23,25 u. a.). Ausdrücklich faßt 2 Kön 17,13 die Botschaft aller Propheten in der Mahnung zusammen: „Kehrt um von euren bösen Wegen!" Jedoch ist die Reaktion auf den Bußruf: „Sie hörten nicht und blieben halsstarrig wie ihre Väter, die nicht auf Jahwe, ihren Gott, vertrauten" (17,14 ff.19; 21,9). Das Angebot der Umkehr bezieht sich also − darin wieder vergleichbar prophetischer Einsicht (Jes 9,12; 30,15 u. a.) − auf eine vergangene, vertane Situation.

Nur das Tempelweihgebet Salomos, allerdings in seinen nachträglichen Ergänzungen (1 Kön 8,46 ff), bedenkt ausdrücklich, daß Israel auch nach dem Gericht, im Exil, umkehren und seine Schuld bekennen könnte, so daß Jahwe das Gebet erhört, Sünde vergibt (V 50) und sein Volk nicht verwirft:

„Jahwe, unser Gott, sei mit uns, wie er mit unseren Vätern gewesen ist! Er wolle uns nicht verlassen noch verstoßen, sondern ziehe unser Herz zu sich, daß wir ganz in seinen Wegen wandeln und seine Gebote, Satzungen und Rechte halten, die er unsern Vätern auferlegt hat!" (1 Kön 8,57 f; vgl. Klgl 5,21 f; Lev 26,44).

Zu dieser Hoffnung gehört, daß alle Völker Jahwe anerkennen (1 Kön 8,60. 41 ff).

Mit größerer Zuversicht blickt der spätere Rahmen des Deuteronomiums auf eine Heilszeit nach und in der Zerstreuung, ja erhofft eine Sammlung der Diaspora und die Rückkehr Israels in das Land (Dtn 4,29−31; 30,1 ff). So spricht sich erst in den Nachträgen des dtr.

Geschichtswerks, die seine Aussagen weiterführen, der Vorblick auf eine Zukunft jenseits des erfahrenen Gerichts und damit auf ein neues Ziel der Geschichte aus. Das Werk selbst scheint sich mit der Rückschau in die Vergangenheit, dem Bekenntnis der Schuld Israels und der Rechtfertigung Gottes begnügt zu haben.

c) Vom Josua- zu den Königsbüchern

1. Das Josuabuch

Die Amtseinsetzung Josuas vor Moses Tod (Dtn 31,2ff; vgl. 3,21ff; Num 27,15ff) setzt das Josuabuch voraus und führt von der Bestätigung dieses Auftrags (Jos 1) bis zu Josuas Tod (Jos 24). Der Sache nach beschreibt es die Landnahme Israels in zwei Hauptetappen, Eroberung (Kap. 2–12) und Verteilung des Landes (13ff).

I. Jos 1	(Dtr.) Einleitungsrede
	Auftrag an Josua, fest im Glauben den Jordan zu überschreiten, und Auftrag Josuas, bes. an die bereits seßhaften Ostjordanstämme (Ruben, Gad, Halb-Manasse), an der Eroberung des Westjordanlandes mitzuwirken (vgl. 22,1–6)
II. Jos 2–12	Eroberung des Westjordanlandes
2–9	Sammlung von ehemals selbständigen ätiologischen Sagen, die aus dem Stammesgebiet Benjamins kommen und vielleicht am Heiligtum Gilgal bei Jericho überliefert wurden (M. Noth u. a.):
	2; 6 Jericho (Hure Rahab)
	3–4 Gilgal am Jordanübergang (zwölf Steine)
	5 Beschneidung, Passa, Erscheinung des „Obersten des Heeres Jahwes"
	7–8 Ai (Achans Diebstahl)
	8,30ff Altarbau und Gesetzesverlesung bei Sichem; vgl. Dtn 27; 11,28f
	9 Gibeon. Bündnis mit vier Städten
10–11	Zwei Kriegsberichte, die nach der in 2–9 exemplarisch dargestellten Einnahme Mittelpalästinas in den judäischen Süden (10) und den galiläischen Norden (11) führen:
	10 Schlacht bei Gibeon gegen eine Städtekoalition unter Adoni-Zedek von Jerusalem; vgl. Ri 1,5ff „Sonne, stehe still!" (V 12f)

	11 Schlacht am Wasser von Merom gegen Hazor; vgl. Ri 4,2
11,16 ff; 12	Zusammenfassung. Liste der besiegten Könige
III. Jos 13−22	Verteilung des Ost- (13,7 ff; vgl. 22; Num 32; Dtn 3) und Westjordanlandes (14−19; vgl. Num 34)
13−19	Festlegung der Stammesgebiete durch Grenzbeschreibungen und Ortslisten (15,21 ff u. a.). Das Alter der beiden Überlieferungen wird unterschiedlich bestimmt.
20−21	Aussonderung der Asyl- (20) und Levitenstädte (21); vgl. Dtn 4,41 ff; 19; Num 35
22	Rückkehr der Ostjordanstämme (V 1−6; vgl. 1,12 ff) und Bau eines Altars für sie am Jordan (V 9 ff)
IV. Jos 23 (22,1−6)	(Dtr.) Abschiedsrede Josuas
V. Jos 24	Anhang: Sog. Landtag von Sichem. Bekenntnis der Stämme zu Jahwe (vgl. o. § 2b). „Ich und mein Haus wollen Jahwe dienen" (V 15). Verpflichtung auf das Recht (V 25 ff). Josuas Tod und Begräbnis.

Die Reden Jos 1 und 23 (mit 22,1−6) bilden den deutenden R a h - m e n des Josuabuches; andere mehr oder weniger deuteronomistische Abschnitte sind etwa 8,30−35; 12; 14,6−15 (vgl. Dtn 1,22 ff) und auch 24.

Da Josuas Reden in Kap. 23 und 24 ein Stück weit parallel laufen, also kaum ursprünglich nebeneinander standen, und das − nicht nur Worte, sondern auch Handlung berichtende − Kap. 24 zumindest deuteronomistisch überarbeitet ist, wird man im Josuabuch jedenfalls mit zwei deuteronomistischen Redaktionen rechnen müssen.

Außerdem finden sich einige priesterschriftliche oder eher der − mit Moses Tod abschließenden − P r i e s t e r s c h r i f t in Sprache und Intention n a h e s t e h e n d e Verse; vgl. bes. den Passabericht Jos 5, 10−12, die Erwähnung der Priester und der Gesetzeslade in 4,15 ff; 14,1 f; 18,1; 19,51; 21,1 f; auch 9,15 ff u. a.

Selbst der erzählende Hauptteil (Kap. 2 ff) scheint literarisch nicht einheitlich zu sein. Die Zugehörigkeit eines Textanteils des Josuabuches zu einer der beiden älteren Quellenschichten des Pentateuch (vgl. etwa die Übereinstimmung der formelhaften Wendung von Jos 5,15 mit Ex 3,5J) ist dagegen nicht sicher nachweisbar.

Die Ortssagen (Kap. 2−9), die bestimmte Gegebenheiten erklären (§ 5b), und die Kriegserzählungen (Kap. 10 f), die Ereignisse der Richter- zeit ankündigen oder vorwegnehmen, sind wohl erst nachträglich mit-

einander verbunden worden, wobei Josua zum Heerführer und Bindeglied der verschiedenartigen, nun auf Gesamtisrael bezogenen Überlieferungen wurde.

Josua selbst, der aus ephraimitischem Raum stammt (vgl. Jos 24,30;
Num 13,8), könnte ähnlich den charismatischen Helden der Richterzeit in Mittel-
palästina gewirkt haben (vgl. Jos 10), wenn er auch kaum eine so überragende
Rolle spielte, wie sie ihm das Josuabuch zuschreibt (Ri 1,22 ff weiß nichts von
ihm).
Allerdings scheint sein Name, in dem zum ersten Male der Gottesname sicher
bezeugt ist („Jahwe hilft"), zu bestätigen, daß sich Josua zugleich in besonderem
Maße für die Jahweverehrung einsetzte (vgl. Jos 24). Sind darin Anlaß und Recht
der Tradition begründet, der Josua als Diener und Nachfolger Moses gilt
(Ex 33,11; Num 11,28; 27,15 ff; Dtn 31,14.23; 34,9; Jos 1)?

Die verschiedenartigen Geschehnisse und Überlieferungen deutet das
Josuabuch als einen einzigen Ereigniszusammenhang (vgl. 10,42) nach
Jahwes Willen. Die Einnahme des Landes vollzieht sich auf sein Geheiß
(1,2 ff) und gelegentlich mit Hilfe seines wunderbaren Eingriffs (10,12 f;
vgl. Ri 5,20 f). So gibt letztlich Jahwe selbst das Land (Jos 1,11.15;
9,24; 24,13). Im zweiten umfangreichen Hauptteil des Josuabuches
kommt dieser Besitzanspruch Jahwes dadurch zur Geltung, daß die
Landverteilung durch Los (18,8 ff; 14,2 u. ö.), d. h. nach Jahwes Ent-
scheid (vgl. 7,14 ff; 1. Sam 10,20 ff), vorgenommen wird; so sind Wahl-
recht und Eigenmächtigkeit des Volkes gebrochen.
Zudem ist die Landnahme Erfüllung von Verheißung, die schon den
Vätern zugeschworen und bei Moses Berufung (Ex 3,8.17R^{Dtr}) bekräftigt wurde: „Nichts fiel dahin von allen Verheißungsworten; alles traf
ein" (Jos 21,43–45). Weil der Landbesitz nicht naturgegeben ist, ist er
keine Selbstverständlichkeit. Gott kann – wie man in der Nachfolge der
Prophetie formulieren kann – seine gute Gabe im Falle des Ungehorsams Israel entziehen (23,13 ff).

2. Das Richterbuch

Nach der Eroberung des Landes beginnt mit der Richterzeit eine für
das dtr. Geschichtswerk grundverschiedene Epoche, bedingt durch das
andere Verhalten Israels. Stand es zu Lebzeiten Josuas treu zu Jahwe
(Jos 24,31; Ri 2,7), so fällt es nun von Jahwe ab. Durch die Zuwendung zu Fremdgöttern, den Baalen, gerät Israel in Not, die die Richter abwenden können – allerdings nur zeitweise, bis Israel erneut ungehorsam wird (2,11 ff; vgl. 3,7 ff; 4,1 ff; 6,1.6 u. a.).

I. Ri 1   Einleitung (vielleicht nachträglich vorgesetzt)
Bericht bzw. einzelne Kurznachrichten über die Er-
oberung des Landes, die − entgegen der gesamtisraeli-
tischen Ausrichtung des Josuabuches − historisch wahr-
scheinlicher als Unternehmen einzelner Stämme ohne
Josuas Führung beschrieben wird.
Sog. negatives Besitzverzeichnis (V 19.21.27 ff; vgl.
Jos 15,63; 16,10; 17,11 ff)
2,1−5 Zug des Jahwe-Engels (vgl. Ex 23,20; 33,2) von
Gilgal nach Bochim

II. Ri 2−16   Hauptteil
2,6−3,6   Einleitende geschichtstheologische (dtr.) Betrachtungen
über das Gottesverhältnis ganz Israels − mit verschiedenen Ergänzungen am Schluß
gegenüber den Erzählungen einzelner Stammeshelden
(3,7 − 16,31)
3,7−11   Otniel (vgl. 1,13; Jos 15,17)
3,12−30   Ehud aus Benjamin gegen Eglon von Moab
zur Befreiung Jerichos
3,31   Schamgar (vgl. 5,6) gegen die Philister
4−5   Sog. Debora-Schlacht in der Jesreel-Ebene (Tabor)
gegen Kanaanäerstädte. Debora aus Ephraim und
Barak aus Naphtali gegen Sisera (Jabin von Hazor).
Ermordung Siseras durch die Keniterin Jael
5   Deboralied. Sieg durch Theophanie Jahwes
vom Sinai (V 4 f; vgl. Dt 33,2) mit Israels
Hilfe (V 14). Beteiligung von Stämmen aus
Mittel- und Nordpalästina. Lob der Teilneh-
mer, Tadel der Ferngebliebenen.
6−8   Gideon (Jerubbaal) aus Ophra in Manasse gegen die
Midianiter (erste Kamelnomaden); vgl. Jes 9,3
6,11 ff   Berufungsformular (wie Ex 3,10 ffE; 1 Sam
9 f; Jer 1) mit Heiligtumsätiologie
8,22 f   Ablehnung der Königswürde (vgl. 1 Sam 8;
12). Demgegenüber:
9   Abimelech, Sohn Gideons, Stadtkönig von
Sichem (Vorläufer der Staatenbildung)
9,7−15   (königskritische) Jotamfabel
10−12   Jiphtach (Jephta) aus Gilead gegen die Ammoniter.
Zugleich Stammesheld und Richter (12,7).
10,1−5; 12,8−15 Liste der sog. kleinen Richter
13−16   Simson aus Dan gegen die Philister. Volksheldensagen

III. Ri 17—21	Zwei Anhänge (?)
	Sie schildern die Situation vor der Königszeit (17,6; 19,1; 21,25)
17—18	Michas Bilderdienst. Begründung des Heiligtums des Stammes Dan. Seine Wanderung nach Norden
19—21	Schandtat Gibeas.
	Krieg Gesamtisraels (ursprünglich nur Ephraims?) gegen Benjamin. Auseinandersetzung zwischen Stämmen Israels auch 12,1 ff

Die dtr. Geschichtsdeutung spricht sich zunächst in der Einführung Ri 2,6 ff aus, die der Abschlußrede 1 Sam 12 korrespondiert, gelegentlich in größeren Abschnitten (Ri 10,6—16), sogar in einem Prophetenwort (6,7—10), schließlich in allerlei Einzelbemerkungen (8,33 ff u. a.). Dieser Geschichtsdarstellung scheinen vor allem zwei verschiedenartige Überlieferungen aus Israels Frühzeit zwischen Landnahme und Staatenbildung vorgelegen zu haben:

a) Wie das Josuabuch eine ältere, vorgegebene Sammlung von Sagen (Jos 2—9.10 f) in sich aufgenommen hat, so enthält das Richterbuch eine Sammlung von Erzählungen über charismatisch berufene Stammeshelden. Sie traten bei Bedrohung eines Stammes von äußeren Feinden als Retter in der Not bzw. „Helfer" (so im späteren Rahmen Ri 3,9.15; vgl. 1 Sam 11,3) auf, indem sie die betroffenen und die umliegenden Stämme zum Heerbann aufriefen. Diese von Jahwes Geist (6,34 u. a.) erweckten sog. großen Richter hatten eine sowohl räumlich wie zeitlich begrenzte Wirksamkeit; sie führten bestimmte Stämme in einer militärischen Einzelaktion und kehrten nach dem Befreiungszug, gleichsam entamtet, wieder heim.

Jene Sagensammlung hat W. Richter genauer als ein von Ri 3 (V 12 f) — 9 reichendes, in Nordisrael im 9. Jh. entstandenes „Retterbuch" bestimmt.

b) Eine Liste überliefert Namen, Heimat, Wirkungszeit und Begräbnisort der sog. kleinen Richter (Ri 10,1—5; 12,7—15), die „Israel richteten". Sie übten — anders, als es Dtn 16,18 vorsieht — ihr Amt einzeln aus und scheinen — anders als jene Stammeshelden — eine die jeweiligen Nachbarstämme übergreifende Bedeutung gehabt zu haben. Ihre Aufgaben waren kaum außenpolitisch-militärischer, sondern eher innenpolitisch-friedlicher Art. Waren sie als Rechtssprecher, sei es als Schiedsrichter (vgl. 1 Sam 7,15 f; 2 Sam 15,4.6) oder gar als Rechtsverkünder, tätig? Wieweit erstreckte sich ihr Amtsbereich, nur über das spätere Nordreich, oder schloß er auch den Süden ein? Ja, es ist bereits strittig, ob die Liste tatsächlich Erinnerungen aus vorstaatlicher Zeit weitergibt oder nur (gesamtisraelitische) Verhältnisse der Königszeit in die Vergangenheit rückprojiziert.

Beide Kreise überschneiden sich in der Gestalt Jiphtachs, der als (kleiner) „Richter" (Ri 12,7) sowie als charismatischer Anführer wirkt (vgl. auch Debora Ri 4,4f).

Wohl durch diese Überlieferung angeregt, setzt das dtr. Geschichtswerk beide Phänomene gleich. Vielleicht sind die Stammeshelden überhaupt erst durch die Identifikation mit den (kleinen) „Richtern" zu (großen) „Richtern" geworden (so M. Noth).

Ist das Geschehen, von dem die Heldensagen berichten, zunächst einmalig und partikular, so weitet sich seine Bedeutung im Laufe der Überlieferungsgeschichte aus. Entsprechend dem Prozeß, den die Sagen und Heiligtumslegenden der Erzväterzeit durchmachen, werden auch die Stammeserzählungen der Richterzeit auf Gesamtisrael bezogen und damit überhaupt erst oder jedenfalls in zunehmendem Maße Zeugnis des Jahweglaubens. Menschliche Initiative wird zurückgedrängt, damit sich Israel nicht rühme: „Ich habe mir selbst geholfen" (7,2). Diese (jüngere) theologische Deutung kulminiert in der Ablehnung der Königswürde durch Gideon: „Weder ich noch mein Sohn, sondern Jahwe soll über euch herrschen!" (8,22f; vgl. zur Überlieferungsgeschichte W. Beyerlin).

Darüber hinaus fügt das dtr. Geschichtswerk die Überlieferungen in seinen Gesamtrahmen ein und gestaltet, was sich nach der Tradition mal hier, mal dort ereignete, zu einem typischen, fast gleichmäßig wiederkehrenden Geschehen: Abfall von Jahwe − Bedrängnis durch Feinde − Hilferuf zu Jahwe − Rettung − neuer Abfall. Darum hat man kritisch gefragt,, „ob Israel in diesem geschichtstheologischen Programm des Richterbuches dem altorientalischen Kreislaufdenken nicht einen gefährlichen Tribut gezahlt hat" (G. v. Rad, TheolAT I[4], 343). Gewiß beschreibt das Richterbuch die mehrfache Wiederholung der gleichen oder ähnlichen Situation. Jedoch ist, bildlich gesprochen, der scheinbare Kreislauf vielmehr eine Spirale mit bestimmter Zielrichtung. Die Ereignisfolge hat neben der in sich zurückkehrenden eine vorwärtslaufende Bewegung − die Richterzeit geht von vornherein auf die Königszeit zu.

3. Die Samuelbücher

Entgegen ihrem Namen steht in den Samuelbüchern nicht eigentlich die Person Samuels (1 Sam 1−3; 7−16; 28) im Mittelpunkt, vielmehr

nach einer kurzen Vorgeschichte das Schicksal der beiden ersten Könige
Saul (1 Sam 9 – 1 Sam 31) und David (1 Sam 16 – 2 Sam 24;
1 Kön 1 f). Dabei nehmen zunächst die Beziehungen zwischen Saul und
David (1 Sam 16 – 2 Sam 1) und später das Verhältnis Davids zu seinen
Söhnen (2 Sam 13–19) breiten Raum ein. Vom Thema her geurteilt,
haben darum Septuaginta und Vulgata, die griechische und lateinische
Übersetzung, eher mehr Recht, wenn sie die Samuelbücher als erstes und
zweites Königsbuch und entsprechend die beiden sich anschließenden
Königsbücher als drittes und viertes zählen.

Im Blick auf die literarischen Einheiten gliedern sich die Samuelbücher eher so:

I. 1 Sam 1–15   Samuel und Saul

　　1–3   Kindheitsgeschichte Samuels (in Schilo)
　　　　　　Eli und seine Söhne
　　　2   Loblied der Hanna
　　　　　　„Jahwe tötet und macht lebendig" (V 6 f)

　　4–6   Erzählung von der Lade
und 2 Sam 6   Vom Tempel in Schilo über die Gefangennahme durch die
　　　　　　Philister (Gott Dagon) und die Rückkehr nach Israel (Kirjat
　　　　　　Jearim) bis zur Aufstellung in Jerusalem

　　7–12   Entstehung des Königtums
　　　　　　Man unterscheidet (nach J. Wellhausen) gerne zwei Ver-
　　　　　　sionen –
　　　　　　a) eine ältere königsfreundliche: 1 Sam 9–10,16; 11
　　　　　　b) eine jüngere (vorwiegend dtr.) königskritische: 1 Sam
　　　　　　7–8; 10,17–27; 12

　　13–15   Taten Sauls in Kriegen mit den Philistern (13 f; Jonatan)
　　　　　　und Amalek (15; vgl. Ex 17). Konflikt zwischen Königtum
　　　　　　und Tradition (des Jahwekrieges): Übereignung der ganzen
　　　　　　Beute an Jahwe durch Bann
　　　　　　Verwerfung Sauls durch Samuel: „Gehorsam ist besser als
　　　　　　Opfer" (15,22)

II. 1 Sam 16   Geschichte vom Aufstieg Davids
　– 2 Sam 5 (7–8) 16   Salbung Davids (vgl. 1 Sam 9 f Salbung Sauls)
　　　　　　David als Spielmann am Hof Sauls
　　　　17   Zweikampf mit Goliat (vgl. 2 Sam 21,19)
　　　　18 ff   Sauls Eifersucht (Lied: 18,7; 21,12)
　　　　　　Jonatans Freundschaft
　　　　21 ff   David als Freischärler und Söldnerführer (22,2;
　　　　　　27,2 f). Belehnung mit Ziklag (27,6 f)

28		Saul bei der sog. Hexe von Endor
31		Tod Sauls und seiner Söhne im Philisterkampf (bei den Gilboa-Bergen)
1		Davids Klage über Saul und Jonatan
2–4		David und Eschbaal
2		David zum König über Juda in Hebron gesalbt
5		David nach Vertrag zum König über Israel gesalbt
		Eroberung Jerusalems. Sieg über die Philister
6		Überführung der Lade (Fortsetzung der Ladeerzählung 1 Sam 4–6)
7		Natanweissagung: Herrschaft des Davidhauses „auf immer". Ablehnung eines Tempelbaus. Der ältere Textbestand wird in den unbedingten Verheißungen des Fortbestands des Davidshauses (V 11b.16) oder zumindest eines Nachfolgers (V 12.14a) zu suchen sein. Nachklänge: 2 Sam 23,5; Ps 89; 132; Jes 55,3
8		Unterwerfung der Nachbarvölker. Davids Beamte (8,16–18; 20,23–26; vgl. 1 Kön 4)

III. 2 Sam (6) 9–20; Geschichte von der Thronnachfolge Davids
    1 Kön 1f

	10–12	Krieg gegen die Ammoniter (vgl. 1 Sam 11)
	11	Batseba. Geburt Salomos
	12	Natan-Parabel vom reichen und armen Mann (Rechtsfallerzählung wie das Weinberglied Jes 5,1–7) „Du bist der Mann" (V 7). „Ich habe gegen Jahwe gesündigt" (V 13; vgl. Ps 51)
	13ff	Davids Söhne Amnon und Abschalom
	15–19	Abschaloms Aufstand
	20	Schebas Aufstand „Wir haben keinen Teil an David" (V 1; 1 Kön 12,16)

IV. 2 Sam 21–24   Nachträge (?, Einschub in die Thronfolgegeschichte)

	22	= Ps 18
	23	„Letzte Worte" Davids (Regentenspiegel) Davids Helden (23,8ff; 21,15ff)
	24	Ätiologie des Jerusalemer Tempelplatzes? Volkszählung. Gad, „Seher Davids". Wahl der Strafe. Altarbau auf der Tenne Araunas. Von Vorbewohnern übernommene Kultstätte profan (als Tenne) umgedeutet?

Die beiden Samuelbücher enthalten, von Einzelerzählungen (wie Ri 9; 2 Kön 9 f) abgesehen, die ältesten umfangreicheren Werke israelitischer Geschichtsschreibung. Sie kam anscheinend nach Entstehung des Königtums und wohl auch erst auf Grund dieser neuen, Israel zuvor fremden Institution auf; denn der Staat bedurfte für seine Verwaltung der des Schreibens kundigen Beamten (vgl. § 3c,1). Entsprechend wendet sich die Geschichtsschreibung zunächst der Zeitgeschichte zu, um allerdings bald darauf im Werk des Jahwisten weit und umfassend in Israels Vergangenheit zurückzugreifen.

Läßt sich die Entwicklung israelitischer Geschichtsschreibung innerhalb der Samuelbücher sogar noch ein Stück weit verfolgen? Auffälligerweise nimmt im Aufbau der Samuelbücher die Freiheit im Umgang mit den vorgegebenen Einzeltraditionen allmählich zu. Angefangen von den noch recht disparaten Überlieferungen von Samuel und Saul über die aus mancherlei Heldensagen und volkstümlichen Erzählungen locker gefügte Geschichte von Davids Aufstieg bis zu der planvoll und zielstrebig gestalteten Thronfolgegeschichte wächst die Strenge der Komposition, damit die Einfügung der vorgegebenen Stoffe in Zusammenhang und Intention der umfassenderen Darstellung (R. Rendtorff, 40).

Greift man aus dem ersten Teil nur die in sich schon vielschichtige Überlieferung über die Entstehung des Königtums heraus, so tritt deutlich hervor, wie unterschiedlich der Übergang in die neuen Verhältnisse rückblickend gesehen und beurteilt wird. Streng genommen, liegen sogar fünf verschiedene Berichte vor:

a) 1 Sam 8: Das Versagen der Söhne Samuels in der Rechtsprechung, also innenpolitische Gründe, lassen den Wunsch aufkommen, einen König „wie alle anderen Völker" zu haben.
   Eingefügt ist das „Königs(vor)recht" (V 11−17), das die Privilegien des Königs gegenüber den freien Israeliten (Heeres-, Frondienst, Enteignungen, Zehnten) polemisch feststellt.

b) 1 Sam 9,1 − 10,16: Sauls Salbung zum *nagid* „Anführer" durch Samuel (vgl. Davids Salbung 1 Sam 16).
   „Wie jemand auszog, Eselinnen zu suchen und eine Königskrone fand" (H. Greßmann).

c) 1 Sam 10,20−24: Wahl des Königs durch Los (in Mizpa).

d) 1 Sam 10,23b−24: Innerhalb der vorigen Szene ist eine urtümlichere Überlieferung erhalten, nach der Saul zum König ausgerufen wird, weil er das Volk um Haupteslänge überragt (vgl. 9,2).

e) 1 Sam 11: Bedrohung durch die Ammoniter (Jabesch in Gilead). Saul als charismatischer Führer wie ein großer Richter. Saul wird „vor Jahwe" in Gilgal zum König erhoben (V 15).
Nach dem Zusatz V 12—14, der harmonisierend vom „Erneuern" des Königtums spricht, soll Samuel bei der Inthronisation mitgewirkt haben.

Die letzte — vielleicht älteste — Darstellung sieht den Grund für die Entstehung des Königtums mit Recht in kriegerischen Auseinandersetzungen (vgl. auch 1 Sam 8,20; 10,1). Die Bedrohung ging jedoch (entgegen 1 Sam 11) kaum von den Ammonitern, sondern höchstwahrscheinlich von den Philistern aus (vgl. 9,16; 13 f; 28 f; 31), deren ständiger Druck dauernden Gegendruck — darum ein Königtum, nicht nur ein charismatisches, auf eine Notsituation befristetes Richtertum — erforderlich machte. Der unmittelbare Anlaß scheint sich literarisch also überhaupt nicht niedergeschlagen zu haben.

Eine spezielle historische Frage ist, wieweit Samuel, ursprünglich wohl ein sog. kleiner Richter (1 Sam 7,15 f), an den umwälzenden Neuerungen beteiligt war. Seine Bedeutung für die Vorgänge nimmt in der Rückschau mehr und mehr zu (Salbung Sauls 10,1; Berufung des Volkes 10,17; Nachträge in 11,7.12—14; vgl. § 13 d).

Wie schillernd sich das Geschehen auch in den einzelnen Berichten widerspiegelt, so sind sie in ihrer theologischen Intention doch verwandt. Was 1 Sam 11,15 mit der Angabe „vor Jahwe" andeutet, wird, sei es durch den symbolischen Akt der Salbung oder durch Losentscheid, entfaltet: Trotz allen kritischen Vorbehalts entspricht die Wahl des neuen Amtsträgers letztlich dem Willen Gottes, an der der „Erwählte" (10,24) wiederum gebunden ist und bleiben soll.

Die die älteren Traditionen umfassenden und deutenden, deuteronomistisch geprägten Rahmenkapitel 1 Sam 8 und 12, die das Königtum im Rückblick recht skeptisch beurteilen, können sogar die Gottesherrschaft dem Führungsanspruch des Königs gegenüberstellen (8,7; 12,12; vgl. Ri 8,23). Gott selbst beansprucht, der wahre Helfer in der Not zu sein (vgl. 1 Sam 10,18 f).

Die überraschend breiten Überlieferungen von der Davidszeit 1 Sam 16 — 2 Kön 2 zerlegt man üblicherweise in zwei größere Einheiten: Aufstiegs- (1 Sam 16 — 2 Sam 5) und Thronfolgeerzählung (2 Sam 9—20; 1 Kön 1 f).

Den Zielpunkt der Thronfolgegeschichte, die ausführlich das wechselvolle Schicksal der Davidsöhne berichtet, formuliert nach der grundlegenden Analyse von L. Rost (1926) die Frage: Wer soll auf dem Thron Davids sitzen (1 Kön 1,27)? Salomo!

Allerdings wird der Umfang beider Erzählungen nicht einheitlich bestimmt. In ihrer literarischen Zugehörigkeit umstritten sind insbesondere
die Überleitungskapitel (2 Sam 5 bzw. 6–8), die die erste Erzählung
weiterführen, die zweite vorbereiten und damit beide miteinander ver-
klammern. In diesem Zwischenabschnitt ist außerdem das letzte Teilstück
der ehemals selbständigen Ladeerzählung (1 Sam 4–6; 2 Sam 6) eingearbeitet. Auf Grund dieser – dem dtr. Geschichtswerk vorgegebenen? –
geschickten Zusammenfügung der Quellen bietet ein Großteil der
Samuelbücher einen mehr oder weniger konsequenten Erzählverlauf mit
einem weit ausladenden, die mannigfachen Einzelszenen übergreifenden
Spannungsbogen, so daß ein geschlossenerer Eindruck entsteht als bei
den Königsbüchern mit ihrem steten Wechsel von Personen und
Handlung.

Da die Erzählungen genaue Kenntnisse der Vorgänge am Hof Davids
verraten, haben sie – neben möglicherweise frei gestalteten Reden oder
gar Szenen? – gewiß eine Fülle historisch zuverlässiger Erinnerungen bewahrt. Unsicher bleiben jedoch das Alter bestimmter Einzelüberlieferungen, die Zeit der schriftlichen Fixierung des Ganzen (noch zur Zeit
Salomos oder doch erst nach der sog. Reichsteilung 926 v. Chr.?), der
Anteil späterer Redaktion und erst recht die Intention der Darstellung.
Je komplexer ein Geschichtsbericht ist, desto schwieriger ist es naturgemäß, seine Tendenz eindeutig zu erkennen. Ist die Aufstiegserzählung
prodavidisch, die Thronfolgegeschichte antisalomonisch, oder steht sie
dem erblichen Königtum überhaupt kritisch gegenüber (E. Würthwein)?

Wird das dynastische Prinzip kritisiert, weil die Amtseinsetzung Salomos ohne
Beteiligung der freien Israeliten (vgl. 2 Sam 2,4; 5,3; 1 Kön 12,20) erfolgte?
Schon recht früh könnte es eine Opposition zum Königtum gegeben haben
(1 Sam 10,27; 11,12f; auch 2 Sam 15,3 f; Ri 9,7ff u. a.).

Insgesamt kommt die Zweideutigkeit der Geschichte gut zur Geltung.
Die Darstellung wirkt auffällig „profan"; ihr sind nur verhalten, fast
versteckt, theologische Lichter aufgesetzt: Der (vermutlich) ursprünglichen Einleitung der Aufstiegserzählung, die berichtet, wie der junge
David aus Betlehem als Spielmann an den Hof Sauls kam
(1 Sam 16,14ff), wird die eher jüngere Erzählung von der Bestimmung
Davids zum König durch Salbung (16,1–13) vorgeordnet. Die innere
Verbindung beider historisch nur schwer miteinander in Einklang zu
bringenden Erzählungen schafft der Gedanke vom Wechsel des Charis-
mas: Der Geist Jahwes geht von Saul zu David über; ein böser, ebenfalls
von Jahwe gesandter Geist, überfällt Saul (V 14f). Die eigene Intention

der Aufstiegsgeschichte liegt in der Feststellung, daß Jahwe „mit" David war (1 Sam 17,37; 18,12.14.28), mit der sie einsetzt (16,18) und wohl auch schließt: „David wurde immer mächtiger; denn Jahwe, der Gott Zebaot, war mit ihm" (2 Sam 5,10; vgl. auch 7,3.8 f; 1 Sam 10,7). Anscheinend hat man sich Israels Erfolg in der davidisch-salomonischen Epoche durch Jahwes „Mit-Sein" erklärt, so im „natürlichen" Ablauf der Ereignisse die (indirekte) Wirksamkeit Gottes erkannt und den Erfolg nicht schlicht menschlicher Tüchtigkeit zugeschrieben. Nimmt der mehr oder weniger gleichzeitige Jahwist dieses Verständnis für die Deutung der Vätersagen (Gen 26,3; 28,15 u.a.) auf?

Überhaupt bekennen die Samuelbücher Unwürdigkeit und Unvermögen des Menschen gegenüber der Hilfe Gottes (1 Sam 9,21; 14,6; 15,17; 16,11; 17,45.47; 2 Sam 7,18).

Umstritten ist, ob die theologischen Urteile in frühe Zeit zurückreichen oder erst späterer Sicht entstammen, mit denen innerhalb der Thronfolgegeschichte das Gewirr von Schuld und Leid am Königshof als Fügung Gottes beurteilt wird: „Jahwe hatte es so gefügt" (2 Sam 17,14; vgl. 11,27b; 12,24b; 14,14 u.a.). Wiederum drängt sich ein Vergleich mit der ältesten Pentateuchquellenschrift auf; mit Recht hat die Charakterzeichnung der Thronfolgeerzählung, die Höhen und Tiefen, Möglichkeiten und Schwächen des Menschen erfaßt, die Ausleger an die realistische Sicht des Menschen im jahwistischen Geschichtswerk (Gen 4; 8,21) erinnert.

4. Die Königsbücher

Die Königsbücher führen von dem Tod Davids und der Amtseinsetzung seines Nachfolgers Salomo (1 Kön 1 f) über die Geschichte beider Reiche bis zu der Zerstörung Jerusalems und dem babylonischen Exil (2 Kön 25). Diese Zeitspanne von etwa vier Jahrhunderten gliedert sich gleichsam von selbst in drei Abschnitte:

I. 1 Kön 1—11 Regierungstätigkeit Salomos

1—2	Ende der Geschichte von der Thronfolge Davids. Salomos Krönung (gegen Adonija)
3,4 ff; 9	Gottesoffenbarungen
3; 5,9 ff	Salomos Weisheit
4	Salomos Beamte (vgl. 1 Sam 8,16 ff; 20,23 ff) und Fronvögte über Israels zwölf Gaue
5-8	Tempel- und Palastbau

Die Königsbücher erzählen eine Geschichte der Schuld — mit kräftigen theologischen Werturteilen, bieten also keine neutrale, erst recht keine vollständige Darstellung der Königszeit. Berichtet wird vom meist gespannten Verhältnis zwischen Propheten und Königen, von friedlichen oder gewaltsamen Regierungswechseln, kultischen Maßnahmen und Kriegen, kaum von innenpolitisch-sozialen Problemen, die doch in der Königszeit zunehmend an Bedeutung gewannen.

Allerlei Einzelmaterial nicht gerechnet, sind die beiden Hauptquellen, auf denen die Darstellung der Königsbücher aufbaut, recht unterschiedlicher Art:

a) Strengen, amtlichen Charakter tragen —

1. die sog. synchronistische Chronik, die bei Regierungsantritt eines Königs jeweils die Regierungszeit des Herrschers im Nachbarreich anführt (1 Kön 15,1.25 bis 2 Kön 18,1), und

2. die Angabe der Regierungsdauer, oft auch der Residenzstadt (1 Kön 2,11; 11,42; 14,20f u.ö.).

Sie erlauben moderner Historiographie, wenn auch nur unter großen Schwierigkeiten, eine relative Chronologie aufzustellen, die durch Vergleich mit altorientalischen Fixpunkten in eine absolute Chronologie überführt werden muß. A. Jepsen, der Forschungen von J. Begrich weitergeführt und sich selbst mehrfach (bes. BZAW 88, 1964; VT 18, 1968, 31—46) zur Methodik geäußert hat, stellte eine übersichtliche, hier auch zugrundegelegte Zeittafel zur altorientalischen, speziell israelitischen Geschichte zusammen; vgl. jeweils den Anhang der Kommentare von W. Rudolph zum Zwölfprophetenbuch oder A. Jepsen u. a., Von Sinuhe bis Nebukadnezar (²1976).

Jene beiden regelmäßigen Angaben werden bei den judäischen Königen ergänzt durch Notizen über —

3. das Alter des Herrschers bei Regierungsantritt,

4. den Namen der Königsmutter (1 Kön 14,21 u.a.), die als „Gebieterin" (*gebira*) gewisse Regierungsfunktionen (vgl. 15,13; 2 Kön 10,13; Jer 13,18) ausübte.

Zum Abschluß finden sich generell Nachrichten über den Tod des Königs und seinen Nachfolger (1 Kön 14,20.31 u.a.).

Jene amtlichen, vielleicht auch weitere Angaben (12,25 u.a.) können den Annalen entnommen sein, die in den Königsbüchern ebenfalls fast durchgängig zitiert werden: „dem Buch der Geschichten Salomos" (11,41), dem „Tagebuch der Könige von Israel" (14,19 bis 2 Kön 15,26.31) sowie dem „Tagebuch der Könige von Juda" (1 Kön 14,29 bis 2 Kön 24,5). Die Quellenhinweise selbst stammen natürlich von dem Redaktor oder den Redaktoren der Königsbücher.

Ihm bzw. ihnen sind auch die regelmäßigen Beurteilungen der Frömmigkeit der Könige zuzuschreiben (1 Kön 14,22; 15,3.11.26.34 u.a. bis 2 Kön 14,19; o. § 11b,2).

b) Von jenen mehr oder weniger stereotypen Angaben unterscheiden sich die lockerer gestalteten Prophetenerzählungen (§ 13b1), die auffälligerweise gerade in den Königsbüchern breiten Raum einnehmen. Es finden sich Geschichten von namenlosen Propheten (1 Kön 13; 20) wie von

Ahija von Schilo	1 Kön 11,29 ff; 14
Micha ben Jimla	1 Kön 22
Elija (Elia)	1 Kön 17−19; 21; 2 Kön 1
Elischa (Elisa)	2 Kön 2−9; 13 (1 Kön 19,19 ff)
Jesaja	2 Kön 18−20 (=Jes 36−39)

Wie die Vätersagen der Genesis waren auch die Prophetenerzählungen teilweise schon zu Erzählkreisen, so dem Elija- oder Elischa-Sagenkranz, zusammengefaßt, bevor sie in das dtr. Geschichtswerk aufgenommen wurden. Ein literarisch-historisches Problem gibt wiederum die redaktionelle, speziell deuteronomistische Bearbeitung auf, die die prophetischen Weissagungen und Berichte auf Grund des späteren Geschichtsverlaufs ergänzt: Wo liegt wirklich alte Überlieferung, wo nachträgliche Gestaltung vor? Doch nimmt die Redaktion in theologischer Hinsicht eine Intention auf, die bereits die Prophetenerzählungen prägt: die Wirksamkeit des Gotteswortes aufzuzeigen.

§ 12

DAS CHRONISTISCHE GESCHICHTSWERK

a) Die Chronik

Auffälligerweise findet sich neben den Samuel- und Königsbüchern im AT eine weitere, im wesentlichen parallel laufende, aber andere Akzente setzende Darstellung der Königszeit: die Chronikbücher. Die hebräische Bezeichnung „Tagebücher, Annalen" (*dibre hajjamim*) wurde von Hieronymus mit „Chronik" umschrieben, Luther nahm den Titel auf.

Will der griechisch-lateinische Name *Paralipomena* „das Übergangene" andeuten, daß beide Chronikbücher manches bieten, was in den Samuel- und Königsbüchern „ausgelassen" ist? Oder bezieht sich der Name nur auf die griechische Übersetzung, in der die Chronikbücher eben wegen ihrer Parallelität mit den Samuel- und Königsbüchern zunächst „ausgelassen" und später nachgetragen sein könnten?

Nach üblicher, aber keineswegs unbestrittener Auffassung bilden beide Chronikbücher ursprünglich den ersten Teil eines umfangreichen Werkes, das auch Esr und — gänzlich oder teilweise — Neh umfaßte. Wie kommt man zur Annahme eines solchen chronistischen (= chr.) Werkes, dessen Autor man den Chronisten nennt?

1. Die beiden Chronikbücher führen bis zum Exil, die Folgezeit schildern Esr/Neh. Das wichtige Kyrosedikt, das die Exilswende markiert, findet sich sowohl am Ende des zweiten Chronik- als auch zu Anfang des Esrabuches. Die Wiederholung (genauer die Vorwegnahme in 2 Chr 36,22 ff), die aus der Zeit der Aufteilung des Werkes stammt, macht den ursprünglichen Zusammenhang bzw. den Fortgang der Darstellung deutlich.

2. Chr und Esr/Neh stimmen in Ausdrucksweise, Stil, Grundgedanken und Intention weitgehend überein, wenn auch Unterschiede unverkennbar bleiben.

Beispielsweise tritt die hohe Bedeutung, die das davidische Königtum und die Prophetie für die Chr haben, in Esr/Neh völlig zurück — schlicht deshalb, weil sie von einer Zeit berichten, in der beides keine entscheidende Rolle spielt?

3. Schließlich läßt sich die Auflösung des chr. Geschichtswerks erklären. Weil nur Esr/Neh über die Samuel- und Königsbücher hinausgehende Nachrichten bieten, wurden sie von 1–2 Chr abgetrennt und früher kanonisiert. Auf diese Weise wird zugleich verständlich, daß im hebräischen Text Esr/Neh der (nachträglich kanonisierten) Chronik vorgeordnet sind.

Diese dem dargestellten Gang der Ereignisse widersprechende Reihenfolge ist in der griechischen, lateinischen und analog der deutschen Übersetzung korrigiert. Sie stellt das chr. Werk zu den „Geschichtsbüchern", während es im Hebräischen unter die „Schriften" eingereiht ist, ja die Bibel überhaupt beschließt – auch ein Zeichen der späten Entstehung des Werkes.

Entgegen solchen Argumenten wird aber auch die Auffassung vertreten, daß Chr und Esr/Neh von vornherein verschiedene Werke sind, sei es vom gleichen oder von verschiedenen Verfassern.

Die letzten im chr. Werk berichteten Ereignisse fallen in die Zeit um 400 v. Chr. Zwar geht die Darstellung auf den Feldzug Alexanders d. Gr. nicht mehr ein und verrät wohl auch keinen hellenistischen Einfluß; dennoch ist umstritten, ob das Werk noch im 4. Jh. oder erst nach dem Ende persischer Herrschaft um 300 oder gar erst im 3. Jh. v. Chr. verfaßt wurde.

Allerdings ist das Werk nicht einheitlich: Allgemein scheidet man größere Abschnitte als nachträgliche Ergänzungen aus. Ähnlich wie in der Priesterschrift sind vor allem verschiedenartige Listen (in 1 Chr 2–9; 23–27; auch Neh 7; 11 f u. a.) später zugesetzt.

Waren mehrere Bearbeiter tätig, oder darf man solche Zusätze einer Hand zuschreiben? In Weiterführung früherer Analysen hat K. Galling (ATD 12) das chr. Werk auf zwei Autoren, einen älteren (um 300) und einen diesen ergänzenden jüngeren (um 200 v. Chr.) Chronisten, aufgegliedert. Zwar hat diese Zweiteilung wenig Gefolgschaft gefunden, doch könnten Nachträge in so späte Zeit zurückgehen.

Die beiden Chronikbücher erzählen die Geschichte von Adam bis zum babylonischen Exil. Die Darstellung gliedert sich gleichsam von selbst in vier Abschnitte. Der erste Teil, der die gesamte vordavidische Zeit übergreift, besteht nur aus einem – um allerlei genealogische und historische Notizen erweiterten – Stammbaum von Adam bis David. Damit dokumentiert der Chronist, wie das Gottesvolk in der Menschheit verwurzelt ist bzw. die Geschichte der Menschheit auf die wahre Gemeinde zuläuft.

1 Chr 1—9   Genealogie von Adam bis David
             unter bes. Berücksichtigung Judas (2—4) und Levis (6; 5,27 ff)
1 Chr 10—29 Regierung Davids — vom Ende Sauls (10; 1 Sam 31) bis zur Thron-
             besteigung Salomos (29)
             Davids Krönung über Gesamtisrael (11), umfangreiche Vorberei-
             tungen für Salomos Tempelbau und kultische Einrichtungen (17;
             21 ff mit Zusätzen)
2 Chr 1—9   Regierung Salomos mit Tempelbau
2 Chr 10—36 Die Könige von Juda/Jerusalem —
             von Rehabeam bis Zidkija (ohne Nordreich) unter besonderer Be-
             rücksichtigung von Asa (14—16), Joschaphat (17—20), Hiskija
             (29—32) und Joschija (34—35)
             36 Gottes Zorn (V 16), Exil (V 20) und Wende (V 22 ff)

Die Chronik nennt eine Fülle von — nicht mehr erhaltenen — Quellen,
sowohl von Königen (2 Chr 16,11; 20,34; bes. 24,27) als auch Propheten (1 Chr 29,29; 2 Chr 9,29; 32,32 u. a.). Besaß der Chronist wirklich
Quellen, die über den Pentateuch (in 1 Chr 1—9) und das dtr. Geschichtswerk (in 1 Chr 10 ff) hinausreichen? Tatsächlich konnte er in der
Chronik im wesentlichen nur die Samuel- und Königsbücher zugrunde-
legen. Auch die verschiedenen Sonderüberlieferungen, besonders Bau-
und Kriegsberichte (wie 2 Chr 20), sind mit wenigen Ausnahmen (wie
der Liste über die Festungsbauten 2 Chr 11,5b—10a; vgl. 26,6.10;
35,10 ff u. a.) keine historisch vertrauenswürdigen Zeugnisse aus vorexilischer Zeit, sondern entstammen der Zeit des Chronisten (P. Welten).

b) Esra und Nehemia

Für die Darstellung der Bücher Esr/Neh, die von Heimkehr der
Exilierten, Tempel-, Mauerbau und Neubegründung der Jerusalemer Gemeinde erzählen, standen dem Chronisten recht unterschiedliche Quellen
zur Verfügung.

1. Das umfangreichste und wichtigste Dokument ist die „Geschichte
Nehemias" (Neh 1,1), Nehemiaquelle bzw. -denkschrift genannt, die allgemein als Geschichtswerk von hohem Rang gilt (vgl. Kellermann). Sie berichtet hauptsächlich über Nehemias Beauftragung und die für den
Mauerbau nötigen Maßnahmen Neh 1, 1—7,5a; 12,27—43 (mit kleineren Ergänzungen), knapper über bestimmte Reformen 13,4—31*. Die
„Memoiren" stechen nicht nur durch ihre Ichform gegenüber dem Erbericht des Chronisten ab, sondern zeigen auch allerlei stilistische Eigenarten (z.B. Angabe der Monate durch Namen 1,1; 2,1 statt Zahlen 8,2).

Gelegentlich finden sich Abweichungen von der Ichform, so in dem Wir-
bericht 3,38ff oder in der Mauerbauliste 3,1ff, die Nehemia bereits vorgelegen
haben könnte.

Größere Abschnitte werden durch die Gebets- oder Stifterformel abgeschlossen: „Gedenke mir, mein Gott, zum Guten ..." (5,19; 13,14;
vgl. 13,22.31). Nehemia wagt also, seine Taten als Verdienste Gott vorzu-
tragen, weiß aber auch, daß er ohne Gottes Güte und Hilfe sein Werk
nicht vollendet hätte (2,8.18.20; 6,16 u.a.). Schon in seiner Ausführlichkeit ist der Ichbericht der Nehemiadenkschrift einzigartig. Man hat gefragt, ob altorientalische Königsinschriften, Votiv- bzw. Stifterinschrif-
ten, Gedenkstelen oder — wegen jenes Anrufs an die Gottheit — Gebete
des Angeklagten als Vorbild dienen konnten. Jedenfalls läßt die Abwandlung jener Gebetsformel mit der Bitte, dem Gegner seine Taten zu
vergelten (6,14; 13,29; 3,36f), noch erkennen, in welch harten Auseinandersetzungen mit Israels Nachbarn (2,10.19 u.a.) und eigenen Landsleuten (6,10ff) Nehemia den Mauerbau durchsetzen mußte. So bringt
die Denkschrift, als eine Art Rechenschaftsbericht aus persönlichem
Blickwinkel entworfen, zum Ausdruck, „wie Nehemia sein Werk versteht und in der Öffentlichkeit und vor Gott verstanden wissen will"
(Kellermann, 88).

Die lateinische Bibel zählt die Bücher Esr/Neh als 1. und 2. Esr. Als 3. Esr gilt
ein apokryphes Buch, das, soweit erhalten, von Joschijas Passa 2 Chr 35 bis zur
Gesetzesverlesung Neh 8 reicht und nicht-biblischen Stoff (Wettstreit von Darius'
Pagen über das Mächtigste in der Welt: Wein — König — Frauen — Wahrheit)
hinzufügt. Das 4. Esrabuch ist eine Apokalypse, wichtig durch ihre Unterscheidung zwischen gegenwärtigem und künftigem Äon sowie ihre messianische Erwartung.

Da das — auch von Joesephus in seinen „Antiquitates" benutzte — 3. Esrabuch die Nehemiaquelle Neh 1—7 übergeht, hat man sich gefragt, ob diese Übersetzung nicht ein älteres Überlieferungstadium bewahrt, die Nehemiaquelle also
erst später in das chr. Werk eingearbeitet wurde (vgl. Pohlmann). Liegt in 3. Esr
aber nicht eher eine absichtliche Auslassung vor?

2. Analog zur Nehemiaquelle nimmt man gerne eine Esraquelle
oder -denkschrift an, die etwa Esr 7—10; Neh 8(—10) umfaßt haben soll.
Tatsächlich ist auch die Esraerzählung als Ichbericht gestaltet, aber nur
teilweise, so daß der Wechsel zwischen Ich (Esr 7,27 — 9,15) und Er (7;
10; Neh 8) erklärt werden muß. Außerdem zeichnet sie sich nicht in
gleicher Weise durch stilistische Besonderheiten aus. So scheint der
Chronist den Esrabericht in Anlehnung an die Nehemiaquelle selbst entworfen zu haben.

„Diese Abhängigkeit spricht ... für Abfassung durch Chr, der die Nehemia-memoiren gekannt und verarbeitet hat. Im übrigen steht in Esr 7−10 nichts, was nicht Chr selbst aus den benutzten Quellen (Esr 7,12−26; 8,1−14 und Nehemia-memoiren) hätte ableiten oder aus Eigenem hinzutun können. Der Aufriß des Ganzen, die Reise Esras von Babylon nach Jerusalem und sein dortiges Auftreten zur Durchführung des Gottesgesetzes, ergab sich aus Esr 7,12−26. Das Vor-handensein von Mischehen war als ein schon länger bestehender Mißstand aus Neh 13,23−25 zu entnehmen und mußte in den Augen von Chr einen so gröb-lichen Verstoß gegen das Gottesgesetz darstellen, daß der für dieses Gesetz ver-antwortliche Esra ihn nicht wohl übersehen haben konnte; so ergab sich für Chr leicht das Auftreten gegen die Mischehen als erste Tat Esras in Jerusalem" (M. Noth, ÜSt 147; vgl. Kellermann; In der Smitten).

Statt einer geschlossenen Esraquelle werden dem Chronisten also nur einzelne ältere Materialien vorgelegen haben, so der − im Grundbestand vermutlich „echte" − Erlaß des Perserkönigs Artaxerxes für Esra (7,12ff), vielleicht auch die Heimkehrerliste (8,1−14).

3. Eine weitere wichtige Quelle ist die (wie Dan 2,4ff) in Ara-mäisch verfaßte Chronik von Jerusalem Esr 4,6 − 6,15(18), im wesentlichen eine Sammlung von Briefen. Wenn dieses Dokument die Zeit des Xerxes und Artaxerxes (485−424) vor der Regierungszeit des Darius (I., 522−486 v. Chr.) behandelt, so wird dies auf einer Umstel-lung des Chronisten beruhen, „der zuerst von den Störungen und dann von dem guten Ausgang berichten wollte" (K. Galling z.St.). Die Brief-sammlung ist aus doppeltem Grund bemerkenswert. Zum einen erwähnt sie die Propheten Haggai und Sacharja, die zum Tempelbau auffordern (5,1; 6,14); zum andern enthält sie (6,3−5) das Tempelbauedikt des Kyros (538 v. Chr.). Der in Reichsaramäisch, der Amtssprache im west-lichen Teil des Perserreiches, verfaßte Brief entspricht der auch sonst er-kennbaren Absicht der frühen Perserkönige, kultische und rechtliche Eigenarten abhängiger Völker zu fördern. Er kann auch deshalb als „echt" gelten, weil er durch den Chronisten (in Esr 1,2ff) um die Rück-kehrerlaubnis ergänzt und damit korrigiert wird − auf Grund der Auf-fassung, daß allein die Exilierten die wahre Gemeinde sind.

Spielen Esr 1−6 (mit Ausnahme von 4,6ff) in der Zeit von 538−515 v. Chr., so springt Kap. 7 um mehrere Jahrzehnte in die Mitte des 5. Jh. vor und führt erst die Person ein, die dem Buch den Namen gab: Esra. Dagegen setzt das Nehemiabuch mit dem „Ich" Nehemias ein; Neh 8 nimmt den Esrabericht wieder auf.

Esr 1–6   Vom Kyrosedikt (538) bis zum Tempelbau (515).

1   Edikt des Kyros für Tempelbau und – über den älteren Text
                 6,3–5 hinaus – Heimkehr. (Erste) Rückwanderung der „von
                 Gottes Geist Erweckten". Rückgabe der Tempelgeräte an
                 Scheschbazzar (vgl. 5,14 ff).

2   Vgl. Neh 7. Liste der Heimkehrer (Personenstandsregister) mit
                 Serubbabel, dem Enkel des 597 deportierten Königs Jojachin,
                 und Josua, dem Enkel des letzten Jerusalemer Priesters. Perso-
                 nen unsicherer Abstammung (V 59 ff). Spenden für den Tem-
                 pel (V 68 f).

3   Neubeginn des Kults: Wiederaufbau des Brandopferaltars,
                 Opfer, Laubhüttenfest, Grundlegung des Tempels durch Serub-
                 babel (den der Chronist irrtümlich mit Scheschbazzar gleich-
                 setzt; vgl. 5,2.16) und Josua (vgl. Hag 1,12 ff).
                 Doch „das Volk des Landes" (= Samaritaner) behindert den
                 Tempelbau (für knapp zwei Jahrzehnte bis 520 v. Chr.; vgl.
                 4,24)

4,6–6,18   Aramäische Chronik von Jerusalem. (Überarbeitete) Sammlung
                 von offiziellen Briefen mit verbindendem Text, zeitlich ver-
                 schoben:

         5   Auf Drängen der Propheten Haggai und Sacharja be-
                 ginnen Serubbabel und Josua (520 v. Chr.) mit dem
                 Tempelbau bzw. setzen ihn fort. Tatnaj, persischer
                 Satrap von Syrien, erkundigt sich bei Darius (521–485
                 v. Chr.) nach der Rechtslage.

         6   Darius' Antwort auf Grund des (in der persischen Som-
                 merresidenz) Ekbatana gefundenen Kyros-Edikts (V
                 3–5). Unterstützung des Tempelbaus auf Staatskosten

         4,6 ff Anklage bei Xerxes. Um 450 v. Chr. Verbot des Wieder-
                 aufbaus der Stadtmauern Jerusalems unter Arta-
                 xerxes (I.).

6   Nach Vollendung des Tempels (V 14 ff; 515 v. Chr.) erstes
                 Passa- und Mazzenfest (vgl. 2 Chr 30; 35)

Esr 7–10   Esra-Erzählung

7   Vorstellung und Amtseinsetzung Esras, „des Schreibers des Ge-
                 setzes des Himmelsgottes" aus Babel durch Erlaß (V 12 ff in
                 Aramäisch) des Königs Artaxerxes (I.?): Rückführung, Gesetz,
                 Tempelspenden und -geräte

8   Heimreise Esras mit Exulantengruppen ohne bewaffneten
                 Schutz (anders Neh 1,7 ff), allein unter Gottes Segen

9–10   Esras Bußgebet (9,5 ff) und Lösung der Mischehen mit Zustim-
                 mung des Volkes (10,9 ff). Vgl. Neh 9 f
                 10,18 ff (Zugesetzte?) Liste der Schuldigen

Der Esrabericht (Esr 7–10; Neh 8) rahmt also den Hauptteil der Nehemiadenkschrift (Neh 1–7) ein, kaum ohne Absicht. Der Chronist gibt Esra – sachlich wie zeitlich – den Vorrang; er ist als Priester (Esr 7,12; vgl. die Genealogie 7,1ff) berufen, das Werk Nehemias zu überbieten und in seiner Bedeutung einzuschränken. Wenn die Esradarstellung weitgehend durch den Chronisten gestaltet ist, sind die historisch verläßlichen Kenntnisse über Esra gering, während die Nehemiadenkschrift über Nehemia gut und, wenn auch persönlich gefaßt, so doch zuverlässig unterrichtet. Es ist heftig umstritten, ob der Chronist mit Recht Esra ein gutes Jahrzehnt vor Nehemia auftreten läßt, Esra nicht vielmehr Nehemia gefolgt ist. Warum erwähnt er in seiner Denkschrift Esra nicht, und wird Nehemias Warnung vor künftigen Mischehen (Neh 13,23ff) noch verständlich nach Esras rigoroser Scheidung (Esr 10,11f.44; vgl. Neh 9,12; 13,3)?

Nehemia, Mundschenk am persischen Hof in Susa, erhält auf seine Bitte im Jahre 445 v. Chr. (Neh 1,1; 2,1) Vollmacht, die Mauer Jerusalems aufzubauen. Das Werk gelingt – unter Ausschluß der Samaritaner. Später wird Nehemia „Statthalter" (5,14; vgl. 8,9; 10,2) der Provinz Juda, die damit, von Samaria abgetrennt, selbständig wird. Hat der Vorwurf politischer Ambitionen (6,6f) einen realen Hintergrund?

Auch Esra steht im persischen Dienst, wohl mit dem Titel „Schreiber des Gesetzes des Himmelsgottes" (Esr 7,12). Als Sonderbeauftragter für Religionsangelegenheiten wird er mit einer Rückwanderergruppe (nach 7,7f im Jahre 458 v. Chr.) nach Juda entsandt. Eine berühmte, aber kaum mehr beantwortbare Frage ist, welches Werk jenes „Gesetz des Himmelsgottes" meint, das Esra anscheinend aus Babel mitbringt (7,14.25) und (nach Neh 8) als „Buch des Gesetzes Moses" vor dem Volk verliest – nur das Deuteronomium, die Priesterschrift einschließlich gewisser Gesetze (bes. des Heiligkeitsgesetzes) oder doch das Pentateuchganze? Wieweit darf man überhaupt dem Bericht Neh 8 trauen? Jener amtliche Titel, den der Chronist im Sinne eines „Schriftgelehrten" (Esr 7,6.10f) zu verstehen scheint, deutet aber zumindest an, daß Esra entscheidende Bedeutung für die – nun staatlich anerkannte – Geltung des Gesetzes in Israel hat. So hat man in Esra geradezu den „Begründer des Judentums" gesehen.

c) Theologische Intentionen

Der Chronist „hat die Entstehungsgeschichte der nachexilischen Gemeinde, in der er lebte, darstellen wollen" (M. Noth, 172). Dabei steht er in der Nachfolge des dtr. Geschichtswerks, ist streckenweise geradezu dessen „Auslegung" (Th. Willi). Wiederum erfolgt die Deutung der Vorgänge oft durch das mahnende und zukunftsansagende Wort der Propheten (2 Chr 12,5 ff; 15,2 ff u. a.). Allerdings stellt der Chronist die Vergangenheit aus der Sicht seiner Zeit dar, gestaltet um, wertet weit stärker, korrigiert und idealisiert. Zum guten Teil kann seine Intention durch Vergleich mit den Samuel- und Königsbüchern bestimmt werden: Was läßt er fort, was fügt er hinzu?

1. Entscheidender Maßstab ist der Tun-Ergehen-Zusammenhang, die „personale Vergeltung", die die Kontingenz der Geschichte einsichtig zu machen hilft. So wird der Aussatz des Königs Usija durch seinen Eingriff in priesterliche Rechte erklärt (2 Chr 26,16 ff gegen 2 Kön 15,5). Während bei Usija eine frühe gute von einer späteren bösen Zeit unterschieden wird, folgt bei Manasse umgekehrt einer Zeit des Frevels die – durch eine (konstruierte) assyrische Gefangenschaft herbeigeführte – Demütigung vor Gott; sie läßt die auffällig lange Regierungszeit des Königs verständlich werden (2 Chr 33,1.10 ff). Hinter solcher Geschichtsdarstellung steht der mehrfach ausgesprochene Grundsatz: Wer sich zu Gott hält, wird gehalten, wer ihn verläßt, wird verlassen (1 Chr 28,9; 2 Chr 15,2 u. a.).

2. Wie im dtr. so kommt auch im chr. Geschichtswerk David hohe Bedeutung zu. Er ist „Mann Gottes" (2 Chr 8,14), Vorbild der Gesetzestreue (7,17 u. a.); ja, Jahwe wird – in Anlehnung an die Gottesnamen der Väterzeit – „Gott Davids, deines Vaters" (21,12; 34,3) genannt. Weniger erfreuliche Geschehnisse, wie die Batseba-Affaire oder Abschaloms Aufstand, werden übergangen. Die Regierungstätigkeit Davids ist zwar die Zeit großer Kriege (1 Chr 18 f; 22,8; 28,3), aber zugleich umfangreicher Vorbereitungen für den von Salomo durchzuführenden Tempelbau: David erwirbt den Bauplatz und plant den Kult (1 Chr 21 ff; 28,19). Die Natanweissagung (2 Sam 7) wird auf Salomo, den Erbauer des Tempels, konzentriert (1 Chr 17,11 ff; vgl. 22,6 ff; 28,5 ff). Bei der Einweihung erkennt Gott selbst durch vom Himmel auf den Altar herabfahrendes Feuer das Heiligtum an (2 Chr 7,1; vgl. 1 Chr 21,26; Lev 9,23 f; 1 Kön 18). So treffen die Erwählung der Davididen und des Jerusalemer Heiligtums zusammen.

3. Überhaupt spielt der Kult, eben am Jerusalemer Heiligtum, eine grundlegende Rolle. Der Chronist berichtet ausführlich von großen Feiern, speziell dem Passa (2 Chr 30; 35; Esr 6,19 ff) und dem Laubhüttenfest (2 Chr 7,9 f; Neh 8,13 ff). Die Gesetzesverlesung durch Esra mit der sich anschließenden Unterweisung (in Aramäisch?) scheint eine

Art vorweggenommener Synagogengottesdienst zu sein (Neh 8). Spiegelt sich in solchen Darstellungen die Lebensform der Jerusalemer Gemeinde wider? Zur Gestaltung des Kults gehören auch die Tempelmusik, die levitischen Sänger (1 Chr 15,16 ff; 2 Chr 5,11 ff; 29,25 ff) und die Priester für den Opferdienst (1 Chr 23,13; 24,1 ff u.a.). Im einzelnen ist die Gliederung des Tempelpersonals recht differenziert, im Laufe der Zeit auch gewissen Wandlungen unterworfen; sie kommen sowohl in Unterschieden gegenüber der Priesterschrift als auch in der Redaktionsgeschichte des chr. Geschichtswerks selbst zum Ausdruck.

Wie sehr der Chronist bereits auf die Tradition bezogen ist, zeigen die freien Zitate von Schriftstellen, sei es aus Tora, Geschichtsbüchern oder Prophetie. Vor allem in eingestreuten Reden (wie 2 Chr 15,2 ff) werden Prophetenworte abgewandelt auf die Gegenwart bezogen (vgl. 2 Chr 20,15.20 mit Ex 14,13 f; Jes 7,9 oder 2 Chr 15,2 mit Jer 29,14 u.a.). Spiegelt diese Darstellung „mit ihrem Rekurs auf prophetische Sätze und ihrem theologischen Rückblick auf ein Stück der Volksgeschichte levitische Predigtpraxis wider" (G. v. Rad, 252; vgl. 2 Chr 17,7 ff; 35,3 u.a.)?

Ein Zeugnis für den späteren Gebrauch der Psalmen im Gottesdienst mag der in 1 Chr 16,7 ff eingefügte Hymnus sein, der verschiedene Psalmen (105; 96; 106) zu einem neuen Lied verbindet.

4. Ist die Begründung und Erhaltung der Jerusalemer Kultgemeinde das Thema des Chronisten, so ist die Bewahrung ihrer Eigenart sein Ziel. Sie scheint die Abgrenzung von Fremden geradezu notwendig zu machen (vgl. die Polemik gegen Mischehen Esr 9; Neh 9,2; 10,29 ff). Ist die Trennung von den nicht mehr als rechtgläubig geltenden Samaritanern, den Nachkommen des Nordreichs Israel (2 Chr 13,5 ff; 19,2; 25,7; 30,6 ff; Esr 4,1 ff; auch Neh 2,19 f u.a.), gar ein Hauptanlaß des Werkes? Seine Absicht ist, „in Auseinandersetzung mit den Samaritanern Juda mit seinem allein legitimen Königtum und seiner allein legitimen Kultstätte als das wahre Israel darzustellen" (so W. Rudolph). Oder belegt das chr. Geschichtswerk nur den sich im Laufe der Zeit zuspitzenden Gegensatz, der schließlich zur endgültigen Trennung führt?

5. Schon der eigentliche Einsatz chr. Geschichtsschreibung (1 Chr 10 ff, nach der Genealogie) läßt die Bedeutung des Königtums ahnen. Weit enger als nach der älteren Tradition (vgl. aber Ps 110,1) sind Königtum und Gottesherrschaft verbunden. Der davidische Herrscher „auf Jahwes Thron" scheint Gottes Stellvertreter, das Königtum in Jerusalem gleichsam das Königtum Gottes auf Erden zu sein (1 Chr 17,14; 28,5; 29,11 f.23; 2 Chr 9,8; 13,8). Steht hinter solchen − auf

die Vergangenheit bezogenen – Aussagen unausgesprochen die Hoffnung auf den Messias, in dem sich Gottes Macht offenbart?

In der Darstellung der nachexilischen Zeit, die auf seine Gegenwart zuläuft, greift der Chronist auf diese Erwartung nicht zurück; ja, die unter Haggai und Sacharja aufgebrochene messianische Bewegung wird übergangen. Die Königszeit endet in einer Katastrophe (2 Chr 36,11 ff); die Heilswende mit Heimkehr und Wiederaufbau bringt nach siebzigjähriger Sühnezeit (36,21) das Edikt des von Jahwes Geist erweckten Perserkönigs Kyros (36,22 f = Esr 1,1 ff). Konnte schon der Exilsprophet Deuterojesaja in Kyros Jahwes „Gesalbten" sehen, der zur Stadt Jerusalem und zum Tempel spricht: „Werde gebaut!" (Jes 44,28 f), so sichert nun die Gunst des Perserkönigs (Esr 3,7; 6,14; 9,9 u. a.) den Jerusalemer Kult und garantiert „den Schutz der Kultgemeinde in Jerusalem. Es gibt für den Chron in der nachexilischen Theokratie keinen legitimen Messianismus und keinen monarchischen Davididen mehr" (Kellermann, 97). Wird die Außenpolitik damit an den fremden Herrscher abgetreten, hat die sich um das Heiligtum scharende, gesetzestreue Gemeinde an ihrem Glauben genug? Oder teilt der Chronist „die Hoffnung auf eine noch einmal kommende Erneuerung des Thrones Davids" (M. Noth, 179)? Lebt, wenn auch versteckt (Esr 9,7 ff; Neh 9,32.36 f), die sich erst in der Makkabäerzeit verwirklichende Sehnsucht nach politischer Selbständigkeit weiter?

Ähnlich wie bei der Deutung der Priesterschrift (o. § 8a,6) ist umstritten, ob der Chronist noch entscheidende Zukunftshoffnungen hegt oder gar eschatologischen Strömungen seiner Zeit entgegentreten will.

III.

Die Prophetie

§ 13

DIE FORM DES PROPHETENWORTES

a) Prophetenwort und Prophetenbuch

1. Unterscheidung zwischen mündlicher Verkündigung und Niederschrift. Der Prophet kann mit dem Auftrag berufen werden: „Gehe hin und sprich!" (Am 7,15 f; Jes 6,9; vgl. Jer 1,7 u.a.) und seinen Spruch einleiten: „Höret das Wort Jahwes!" (Jes 1,10 u.a.). So begegnet man dem Propheten mit dem Vertrauen, aber auch unter dem Vorbehalt, daß das von ihm weitergegebene nicht selbst ersonnenes, sondern vernommenes Wort ist. Da der Wortempfang als Merkmal echter prophetischer Sendung gilt, wird den Gegnern Jeremias das Gotteswort entgegengehalten: „Haben sie in meinem Rat gestanden, so mögen sie meinem Volk meine Worte verkünden ... Wer mein Wort hat, rede mein Wort wahrheitsgetreu!" (Jer 23,22.28; vgl. 20,8 f; 27,18; 28,8 f u.a.).

Die sog. „falschen" Heilspropheten trifft der Vorwurf, daß sie Gott die Worte „stehlen" (Jer 23,30). Darum wird einerseits dazu aufgerufen, den Worten der „Lügen"propheten nicht zu trauen (23,16; 27,14.16), andererseits beklagt, daß den Worten der ‚wahren" Propheten Unglaube, Zweifel (17,15) und Ungehorsam (29,19; Jes 28,12; 30,10.12; Ez 2,7 f; Am 2,11 f; 7,16; Hos 9,7 u.a.) begegnen. Ja, der Prophet kann selbst unter dem ihm aufgetragenen Wort leiden (Jer 20,8; 23,9; vgl. Jes 50,4 ff).

Insofern ist der übliche Begriff „(klassische) Schriftprophetie" für die etwa ab 750 v. Chr. auftretenden Propheten Amos, Hosea, Jesaja oder später Jeremia u.a. unbefriedigend, ja höchst mißverständlich; denn sie waren nicht Schriftsteller, sondern Redner oder Boten. Die ursprüngliche Situation ihres Wirkens war die mündliche Verkündigung in unmittelbarer Gegenüberstellung zum Hörer. Ihre Worte wurden erst nachträglich gesammelt, schriftlich fixiert, z.T. überarbeitet, durch andere Worte oder Erzählungen ergänzt und zu einem Buch vereinigt (vgl. Jer 36).

Daß Prophetenworte nur als Schrift erhalten sind, hatte über lange Zeit erhebliche Mißdeutungen zur Folge. Schon LUTHER fiel auf: Die Propheten „haben eine seltsame Weise zu reden, als die keine Ordnung halten, sondern das Hundert ins Tausend werfen, daß man sie nicht fassen noch sich drein schicken möge" (WA XIX,350,13). Tatsächlich besteht für den Leser ein offenkundiger Widerspruch zwischen dem Anspruch des Prophetenwortes, auf lebendiger Rede zu beruhen, und seiner vorliegenden Überlieferungsgestalt: lange, ungegliederte Abschnitte von merkwürdig unzusammenhängendem Gedankengang. Wie diese Unebenheit aufzulösen ist, hat die um die Jahrhundertwende aufkommende Formgeschichte (H. Gunkel) gelehrt: Ein Prophetenbuch besteht − ähnlich wie später die synoptischen Evangelien − aus vielen kleinen Einheiten, die nach Form und Inhalt selbständige, in sich sinnvolle und aus sich verständliche Gebilde wörtlicher Rede darstellen, die jeweils in eine bestimmte Situation hinein gesprochen worden sind. Hatte man die prophetischen Redeeinheiten zunächst zu umfangreich bestimmt, so erkannte man, daß sie aus ganz knappen Worten, von vielleicht nur ein oder zwei Versen, bestehen können:

> „Nur euch habe ich erkannt
> aus allen Geschlechtern der Erde;
> darum suche ich an euch heim
> alle eure Sünden" (Am 3,2;
> vgl. 5,2; 9,7; Jes 1,2 f u. a.).

Gelegentlich finden sich umfangreichere Kompositionen, so der Visionszyklus (7,1−9; 8,1−3) und die Völkersprüche (1,3 − 2,16) des Propheten Amos oder Jesajas Geschichtsrückblick (9,7−20; 5,25−29) und die Kette seiner Weherufe (5,8 ff). In solchen Fällen ist jeweils zu prüfen, ob eine seit je, also schon in der mündlichen Verkündigung, festgefügte Einheit vorliegt oder die Reihe erst redaktionell, bei der Schriftwerdung, gebildet wurde. Die späteren Propheten, wie Ezechiel, scheinen größere Redeeinheiten häufiger zu verwenden.

Wie kam es vom mündlichen Vortrag der Einzelworte zur Entstehung der Prophetenbücher? Diese Frage, zeitweilig Anlaß für eine heftige Auseinandersetzung, ist letztlich für jedes Prophetenbuch neu zu stellen und läßt sich meist nicht eindeutig beantworten. Wurde die prophetische Botschaft erst nach langer überwiegend mündlicher Tradition in nachexilischer Zeit schriftlich fixiert (so die sog. Uppsala-Schule; vgl. E. Nielsen, Oral Tradition, 1955)? Gewiß hat die mündliche Tradition für das Wachstum der Prophetenbücher − insbesondere des Jeremiabuches − entscheidende, aber insgesamt doch eingeschränkte Bedeutung. Ab und zu finden sich Hinweise (vor allem Jer 36), daß die Propheten selbst (vgl. Jes 8,1; 30,8) bereits Teile ihrer Botschaft niederschrieben oder durch einen Schreiber (vgl. Jer 36,4) aufschreiben ließen. Dafür spricht außer den mancherlei Ichberichten, die auf den Propheten selbst zurückgehen werden (wie Am 7f; Hos 3; Jes 6 u.a.), auch die strenge, durchweg metrisch geprägte Form, in der die Mehrzahl der Prophetenworte erhalten ist, so daß vielfach noch eine Unterscheidung zwischen ursprünglichem Wortlaut und nachträglicher Bearbeitung möglich ist.

Ein weiterer, wohl größerer Teil der Prophetenworte wird durch Freunde oder Schüler des Propheten gesammelt und überliefert sein. Sie sind direkt nur selten bezeugt (Jes 8,16; vgl. 50,4; 2 Kön 4,34ff; 6,1), ihre Tätigkeit kann jedoch erschlossen werden. Wer anders als Prophetenjünger sollte die gelegentlich recht zeitnah wirkenden Berichte über den Propheten in dritter Person (Am 7,10ff; Hos 1; Jes 7; 20 u.a.) verfaßt haben?

Welchem Zweck soll die Niederschrift dienen? Da das angekündigte Gericht zunächst ausbleibt (vgl. Jes 5,19) und der Prophet bei seinen Hörern auf Spott und Ablehnung stößt, läßt er seine Botschaft „versiegeln" – in der Hoffnung, daß die Zukunft seine Verkündigung bestätigt und ihm Recht gibt (Jes 8,16f; 30,8; vgl. 8,1f; auch Hab 2,2f). So werden die Worte gleichsam in der Zwischenzeit, zwischen Ansage und Eintreffen der Zukunft, aufgezeichnet, und die Niederschrift bezeugt als eine andere Form der Verkündigung weiterhin die Zukunftsbedeutung des Prophetenwortes. Ein neues Motiv tritt nach Erfüllung der Zukunftsankündigung hinzu; mit ihr ist die Wahrheit des prophetischen Anspruchs durch den Lauf der Dinge bestätigt (schon Am 1,1 u.a.).

Die verschiedenen Sammlungen von Prophetenworten wurden später miteinander verbunden und um weiteres Traditionsgut ergänzt. Demnach stammen die Prophetenbücher nicht vom Propheten selbst, sondern wuchsen in einem langen, z.T. schwer durchschaubaren Entstehungsprozeß, aus dem die Prophetenworte erst wieder zu gewinnen und ihre ursprüngliche Situation zu rekonstruieren sind.

2. Unterscheidung zwischen Einzelwort und Komposition. Die Zusammenstellung der ursprünglich selbständigen Einzelworte erfolgte durchweg unter mehr oder weniger zufälligen Gesichtspunkten, wie Stichwortanschluß; gelegentlich mag eine chronologische Abfolge angestrebt sein; teils wurden thematisch verwandte Texte einander zugeordnet (z.B. über die Propheten Jer 23; Ez 13), so daß „kerygmatische Einheiten" entstehen können.

Man versteht Prophetenworte nur dann sachgemäß, wenn man die ursprüngliche Abgrenzung der kleinen Einheiten, also Anfang und Ende der Rede, erkennt. Hilfen bei der Aufgliederung bieten zunächst die ein- und ausleitenden Redeformeln. Unter ihnen ragt die sog. Botenformel „So spricht (bzw. sprach) Jahwe" (Am 1,3ff u.ö.) hervor, die den Propheten als Gottes Beauftragten ausweist, als bevollmächtigten Übermittler einer bestimmten Botschaft an einen konkreten Adressaten. Der sog. Aufmerksamkeitsruf „Höre(t)", bei Verdoppelung „Höret, merket auf" auch Lehreröffnungsruf genannt, ist in der Erziehung zur Weisheit (Spr 1,8; 4,1 u. ö.) zu Hause und mahnt ebenso vor dem Anstimmen eines Liedes (Gen 4,23; Ri 5,3 u. a.) oder ähnlich im Kult (Dtn 6,4; Ps 17,1; 50,7; 81,9 u. a.) zum Hinhören. Sowohl der Prophet selbst (Jes 1,2.10; 32,9; Mi 1,2) als auch die spätere Redaktion (vgl. Hos 4,1; Am 3,1 u. a.) können diesen Ruf nutzen, um die Verkündigung betont als Gotteswort einzuführen. In gleicher Weise beanspruchen formelhafte Wendungen wie „Ausspruch ($n^{e\cdot}um$) Jahwes" (Am 2,16 u. a.), „denn Jahwe hat es gesagt/beschlossen" (Jes 1,2; 22,25 u. a.) oder „denn Jahwes Mund hat es geredet" (Jes 1,20; 40,5) für die vorausgehende oder die nachfolgende Worteinheit die Autorität Gottes. In einer typischen Formulierung des Ezechielbuches erscheint eine entsprechende Versicherung sogar als Selbstaussage Gottes: „Ich, Jahwe, habe es geredet – und tue es" (Ez 5,15.17; 17,24 u. ö.).

Auch ohne Rahmenformeln können sich neue Redeeinsätze durch den Wechsel der Angesprochenen, des Themas oder des formalen Aufbaus verraten. Die kleinen Einheiten haben oft gemeinsame Stil- oder Strukturmerkmale, z.B. ein einleitendes „Wehe", so daß sich verschiedene Gattungen unterscheiden lassen (s. u.). Schließlich ist prophetische Rede durchweg poetisch und metrisch geformt; also durch den Parallelismus membrorum (u. § 25,1) geprägt. Diese strenge Fügung wird so weitgehend durchgehalten, daß Prosaworte, zumal wenn sie in metrisch gebundene Rede eingestreut sind, als nachträgliche Zusätze verdächtig sind (z.B. Am 3,7 innerhalb von Am 3,3–6.8). Besondere Probleme wirft diese Einsicht für das Verständnis des Jeremiabuches auf, in dem große Teile der Prophetenworte in Prosafassung erhalten sind.

Als poetische Sprache zeichnen sich Prophetenworte wie Psalmen durch Reichtum, Anschaulichkeit, ja Kühnheit der Bilder aus (vgl. Am 5,19; Hos 5,12.14; Jes 1,2 f; 28,20; Jer 8,7 u. v. a.). Sie deuten ein Geschehen nur an und führen es dem Hörer dennoch eindringlich vor Augen. Ausnahmsweise kann der Vergleich „es wird sein wie" (Jes 17,5; vgl. Am 3,12; 9,9 u. a.) auch zum Gleichnis (Jes 5,1–7; vgl. 2 Sam 12) ausgebaut werden.

Stand das formal wie inhaltlich abgegrenzte Einzelwort in seiner – nur erschließbaren – ursprünglichen Situation allein, so kann sich sein Sinn durch den vorliegenden Kontext, in den es jetzt eingebettet ist, verschieben. Die Exegese hat, soweit möglich, auch solchen Wandlungen nachzuspüren. Die Frage nach der Intention eines Textes in seinem Kontext, letztlich im Rahmen des Buches, sucht man auch unter den Begriff „Redaktionsgeschichte" zu fassen.

3. Unterscheidung zwischen ursprünglichem Prophetenwort und späterer Redaktion. Prophetische Verkündigung wurde nicht zur Archivierung, sondern um ihrer Zukunftsbedeutung willen niedergeschrieben und weitergegeben. So lasen auch spätere Generationen die Sammlungen der Prophetenworte als für sie gültiges Gotteswort, deuteten mit ihnen die Gegenwart und blickten mit ihnen in die Zukunft, konnten deshalb aber auch ihre Gedanken in die prophetischen Überlieferungen eintragen. Wie die urchristliche Gemeinde die Botschaft Jesu in den Evangelien nicht „historisch rein" bewahrte, so wurde auch die Verkündigung der Propheten von den Erfahrungen späterer Jahre her ergänzt oder gar überarbeitet. Die redaktionellen Erweiterungen verraten also etwas von dem Fortleben, der Nach- bzw. Wirkungsgeschichte prophetischer Botschaft; sie sind eine frühe Auslegung, die wichtige Verständnishilfen bieten, aber auch falsche Auskunft geben kann. Die unglückliche, aber nun einmal eingebürgerte Nomenklatur „echt – unecht" will kein sachlich-wertendes, sondern nur ein historisches Urteil einschließen: „Echte" Worte lassen sich mit der Wahrscheinlichkeit, die historisch-kritischer Analyse möglich ist, auf den Propheten selbst zurückführen. Auch das sog. „unechte", d.h. nicht vom Propheten stammende, redaktionelle Gut kann sachlich „echte", d.h. bedenkenswerte und wahre, Aussagen enthalten.

Daß die Zusätze nicht rein literarischer Art zu sein brauchen, wird daran ersichtlich, daß gelegentlich der gottesdienstliche Gebrauch auf die Gestaltung des Prophetenbuches einwirkte: Auf die Verlesung der Prophetenworte antwortete die Gemeinde – sich selbst einschließend, anerkennend und bekennend – im „Wir"-Stil (z.B. Jes 1,9; 2,5; Mi 4,5) oder auch mit einer Doxologie, die Eingang in das Prophetenbuch fand (Hos 12,6; Am 4,13; 5,8f; 9,5f; vgl. Jes 12; Mi 7,8ff; auch Sach 2,17 u.a.). Im späteren jüdischen Gottesdienst wurde die Lesung aus der Tora schon früh durch Verlesung von Prophetentexten, Haftara genannt, ergänzt (vgl. Apg 13,15; Luk 4,17).

Die Unterscheidung zwischen sog. echten und redaktionellen Worten mag weithin unerheblich oder gleichgültig sein, solange sie nicht auf verschiedene Inhalte und damit Intentionen der Aussage stößt. Dies ist aber tatsächlich der Fall. Da die Zusätze in der Mehrzahl aus einer Zeit stammen, in der das vom Propheten angekündigte Unheil bereits eingetreten ist, haben sie ein völlig anderes Interesse als das ursprüngliche Prophetenwort.

Einerseits schauen sie im Unheil nach Heil aus: Will Gott nicht letztlich doch das Leben des Volkes? So werden die prophetischen Gerichtsankündigungen um Heilsverheißungen ergänzt (z. B. Am 9,11 ff). Ja, die verschiedenen Prophetenbücher sind von diesem Grundanliegen her durchweg nach demselben Schema: zuerst Unheil (für Israel und die Fremdvölker), dann Heil (für Israel) aufgebaut. Diese — wohl durch die prophetische Verkündigung (Jes 1,21−26 u. a.) angeregte — Gliederung scheint eine Abfolge der Endzeitereignisse in zwei Phasen, durch Gericht zum Heil, vorauszusetzen und anzudeuten.

Andererseits fragen sich die vom angesagten Unheil Betroffenen: Warum konnte dies geschehen? und bezeugen das erfahrene Gericht als gerecht. So gewinnen das Nachdenken über die Gründe des Geschehenen und das Bekenntnis der Schuld Vorrang gegenüber der prophetischen Strafankündigung; man sucht die Schuld des Volkes im Ungehorsam gegenüber dem göttlichen Gebot (z. B. Am 2,4 f) und versteht die Propheten jetzt als Bußrufer, deren Mahnungen ungehört verhallten. Insofern sieht das Wirken der Propheten im Rückblick anders aus, zumindest verlagert sich der Ton: Künden sie eine unmittelbar bevorstehende Zukunft an, so erscheinen sie im nachhinein als vergebliche Warner (vgl. bes. 2 Kön 17,13; Sach 1,4 u. a.; dazu § 11 b,3).

Insbesondere scheint die deuteronomistische Schule (o. § 11a,2) für die Sammlung und Gestaltung der Prophetenworte bedeutsam gewesen zu sein; denn deuteronomistische Elemente finden sich in fast allen Prophetenbüchern (zumindest in den Überschriften), beherrschend im Jeremiabuch.

Auch Weisheitskreise sind an der Redaktion der Prophetenbücher beteiligt (Hos 14,10; Jer 17,5 ff; vgl. Am 1,1 u. a.).

Von daher wird verständlich, daß die Unterscheidung zwischen ursprünglichem Prophetenwort und redaktionellen Ergänzungen keineswegs eine historische Randfrage darstellt, sondern zutiefst ein Sachproblem aufwirft, von dessen „Lösung" das Gesamtverständnis der Prophetie — das Verhältnis von Unheilsdrohung und Heilsverheißung, die Ankündigung eines „Restes" u. a. — abhängt. So grundlegend jene Unterscheidung ist, so umstritten ist sie aber auch.

Könnte in dieser Situation nicht die radikale Forderung, daß nicht die Unechtheit des späteren, sondern umgekehrt die Echtheit des ursprünglichen Traditionsgutes zu beweisen sei, Abhilfe schaffen und die Exegese auf sicheren Boden stellen?

„Nicht mehr der Erweis des Späteren und seine Sonderung von einem Grundbestand, der sodann ohne weiteres für authentisch zu halten wäre, stellt das
eigentliche Problem dar, sondern umgekehrt der Aufweis des prophetischen
Traditionskerns ... Methodisch stringent müßte sich die Rückfrage nach dem
genuin Prophetischen von dem Kriterium leiten lassen, nur das Gut für echt zu
halten, das sich einzig und allein aus den konkreten Umständen der Zeit eines
bestimmten Propheten verstehen läßt, wobei zwischen den einzelnen für echt
angenommenen Worten die Übereinstimmung in einer für den betreffenden
Propheten spezifischen Intention zusätzlich aufgewiesen werden müßte" (W. Schottroff, ZThK 67, 1970, 294).

So einleuchtend ein solcher Grundsatz wegen seiner methodischen
Konsequenz erscheint, so läßt er sich doch nur schwer anwenden. Die
sich aus dieser Voraussetzung ergebende Notwendigkeit, alle Texte, die
auch aus späteren Verhältnissen erklärbar sind, als redaktionell auszuschließen, läßt sich sachlich nicht zwingend begründen.

Wird die redaktionsgeschichtliche Erklärung — insbesondere gegenüber der
überlieferungsgeschichtlichen Frage nach der Gestalt der Tradition vor ihrer
Schriftwerdung — überbetont, so besteht die Gefahr, daß der Text als ganzer zu
einheitlich beurteilt wird und erkennbare Unterschiede im Textgefälle übersehen
werden. Gerade prophetische Texte zeigen oft (redaktionelle) Wachstumsschich-
ten, die etwas von der Geschichte des Textes verraten. Wird die Entstehung des
Prophetenbuches in seiner Komplexität darum nicht leichter verständlich, wenn
man mit allmählicher Anreicherung eines — vom Propheten selbst und von seinen
Schülern stammenden — Grundbestands rechnet? Allerdings läßt sich die Abgrenzung oft nicht eindeutig vollziehen. Dabei sind geistesgeschichtliche Argumente
für die Bestimmung der „Echtheit" bzw. „Unechtheit" eines Textes nur bedingt
geeignet; denn wir wissen kaum, welche Vorstellungen und Überzeugungen im
8. oder 7. Jh. möglich waren, welche nicht. Nur tiefe Einschnitte, wie das Exil,
hinterlassen leichter erkennbare Markierungen.

Gewiß läßt sich die Echtheit eines Textes in der Regel nicht beweisen.
Darum bleibt die schwierige Aufgabe bestehen, mit allen nur greifbaren
Gründen (sprachlicher, inhaltlicher, historischer Art) das Für und Wider
sorgsam abzuwägen. Trotzdem lassen die objektivierbaren Kriterien eine
zweifelsfreie Entscheidung in manchen — nicht selten in den für die
Interpretation eigentlich wichtigen — Fällen nicht zu. So muß man nach
Ausgliederung des als „unecht" Erkannten zu dem subjektiveren Ko-
härenzkriterium greifen: Fügen sich die fraglichen Texte in den
Rahmen der — aus kaum bestreitbar „echten" Worten erschlossenen —
prophetischen Verkündigung ein, oder widersprechen sie ihr? Diese
Frage ist vor allem für die Beurteilung der hart umstrittenen Heilsverheißungen (wie Jes 2; 9; 11) wichtig: Heben sie die Gerichtsdrohun-

gen auf oder setzen sie diese voraus und führen sie weiter? Auch bei
solchem Vorgehen bleiben genügend Unsicherheiten, die verschiedene
Auffassungen zulassen.

b) Hauptgattungen der Prophetenliteratur

Die in den Prophetenbüchern benutzten Literaturformen lassen sich grob
drei Hauptkategorien zuordnen: Prophetenerzählungen, Visionen, Worten.

1. Prophetenerzählungen

Sie berichten von Erfahrungen, Taten oder Leiden des Propheten;
dennoch ist nicht sein Schicksal, erst recht nicht die vita eines Heiligen,
das Hauptthema. So ist auch der übliche Name „Prophetenlegende"
mißverständlich. Das entscheidende Gewicht tragen die Worte, so daß
die Prophetenerzählungen zumindest in ihrer vorliegenden Überlieferungsgestalt das Ergehen des Gottes- und Prophetenwortes berichten.

Überlieferungen von den sog. Vorschrift- bzw. vorklassischen Propheten, wie Natan, Elija oder Elischa, sind überhaupt nur in dritter
Person, eben in Erzählform, erhalten (2 Kön 1). Auch die Worte jener
Propheten sind also nur im Zusammenhang eines Handlungsgeschehens
berichtet. Dagegen ist die Wortüberlieferung der sog. klassischen Schriftpropheten nur noch ausnahmsweise in einen Erzählrahmen eingebettet,
der dann die Situation schildert, in der das Wort ergangen ist (Hos 1)
oder in die es hineingesprochen wird (z.B. Jes 7). Insbesondere wenn
es an Einzelpersonen gerichtet ist (so Am 7,10ff; Jes 7), bedarf es
der Situationsskizze mit Angabe des Adressaten, um verständlich zu
bleiben. Dabei hat der Bericht so wenig biographisches Interesse, daß
er über das Schicksal des Propheten gar keine Mitteilung zu machen
braucht (Am 7,10ff).

In der Regel wird das Wort der sog. Schriftpropheten selbständig, ohne
nähere Beschreibung der Situation, weitergegeben und kann darum auch leichter
Zukunftsbedeutung behalten; denn spätere Generationen können eben wegen
des fehlenden Erzählrahmens unmittelbar auf sich beziehen, was ursprünglich
nicht für sie gedacht war.

Der Unterschied in der Überlieferungsweise zwischen den Worten
der sog. vorklassischen und klassischen Propheten beruht zumindest

auch auf zwei tiefgreifenden Unterschieden im Auftreten des Propheten selbst: Einmal reden die sog. Schriftpropheten nur noch ausnahmsweise einzelne, wie den König, an (Jes 7). Ihre Botschaft richtet sich durchweg an Gruppen oder vielmehr an das Volksganze. Zum andern handeln die sog. Schriftpropheten im strengen Sinne nicht mehr, greifen nicht mehr aktiv in die Politik ein, sondern wirken allein durch ihr Wort.

Die wenigen Handlungen, die sich bei ihnen noch finden, sind sog. „symbolische Handlungen" oder „Zeichenhandlungen", die magischem Hintergrund entwachsen sein mögen, das sichere Eintreten eines bevorstehenden Ereignisses aber nicht herbeiführen, sondern zeichenhaft (Jes 20,3 u.a.) vorankündigen, darstellend vorwegnehmen und damit das prophetische Wort unterstützen und bekräftigen. So trägt Jeremia ein eisernes Joch, um jedermann vor Augen zu führen, daß Israel und seine Nachbarn das Joch babylonischer Fremdherrschaft zu tragen haben werden (Jer 28,12 ff; vgl. 1 Kön 22,11). Befehl zur Ausführung, Bericht über die Ausführung und Deutung der symbolischen Handlung sind wichtige, aber nicht notwendige Elemente (1 Kön 19,19 ff; Hos 1; 3; Jes 8; 20; Jer 13; 16; 19; Ez 4 f; 12; Sach 6,9 ff u.a.; vgl. G. Fohrer).

In den Prophetenbüchern finden sich nicht nur Erzählungen in der Form des – von Dritten, einem Schüler oder Tradentenkreis, verfaßten – Erberichts (wie Am 7,10 ff; Hos 1; Jes 7; 20; die Barucherzählung des Jeremiabuches oder das Jonabuch), sondern auch in der neuen Form des – vom Propheten selbst verfaßten – Ich- oder Selbstberichts (Hos 3; Jer 13; 24 u.a.).

Zu dieser Kategorie gehören insbesondere die Berufungsberichte (Jes 6; 40; Jer 1; Ez 1 ff). Sie dienen der Begründung, Rechtfertigung und Beglaubigung des Propheten, der gegenüber Zweifeln auf den von ihm erfahrenen Zwang verweisen kann (vgl. Am 7,15; Jer 26,12). Innerhalb der Berufungsberichte hat man nochmals zwei Grundformen zu unterscheiden: Zum einen erfolgt die Berufung in einem Zwiegespräch Gottes mit dem Propheten, so daß er wegen seiner Unwürdigkeit und der Schwere seiner Aufgabe widersprechen kann; doch wird der Einwand durch Gottes Zuspruch abgewiesen (so mehr oder weniger formelhaft bei Mose Ex 3 f; Gideon Ri 6,11 ff; Saul 1 Sam 9 f und Jer 1). Zum andern geschieht die Berufung mehr indirekt aus einer Thronratvision heraus (Jes 6; 40; Ez 1; vgl. 1 Kön 22,19 ff; Sach 1,7 ff; Hi 1). In beiden Fällen kann der Auftrag mit den Worten „senden" und „gehen" zusammengefaßt werden (Ex 3,10; Jer 1,7; Jes 6,8 f; Ez 2,3 f; vgl. Jer 14,14 f u.a.).

Den Prophetenerzählungen kann man generell die „Orakel" gegenüber-stellen. Da dieser Begriff jedoch mißverständlich ist, begnügt man sich besser mit der Dreiteilung: Erzählungen, Visionen, Worte.

2. Visionen

Erteilen der Priester eine „Weisung", der Weise oder Älteste einen „Rat", so zeichnet sich der Prophet durch das „Wort" (Jer 18,18) oder die „Schau" (Ez 7,26) aus. Amos und wohl auch Jesaja scheinen sich selbst als „Seher" verstanden zu haben (Am 7,12.14; Jes 30,9f). Noch in den Buchüberschriften klingt nach, daß die Propheten sowohl Worte (Am 1,1; Hos 1,1 u.a.) als auch Visionen (Jes 1,1; 2,1; Nah 1,1; Hab 1,1 u.a.) empfangen. Sie selbst berichten: „Ich sah" (Am 9,1 u.a.).

Die Visionen sind zwar innerhalb der prophetischen Überlieferung bei weitem in der Minderzahl, haben jedoch für sie konstitutive Bedeu-tung. Ja, das Verständnis der Prophetie hängt weitgehend davon ab, welches Gewicht man ihnen beimißt; denn nirgends kommt der Vorrang der Zukunft deutlicher zur Geltung, und die Zukunftseinsicht der Visio-nen geht gewiß in geringstem Maße aus einer Analyse der Gegenwart hervor.

Stehen sie zeitlich wie sachlich am Anfang prophetischer Tätigkeit? Amos' Wirksamkeit beginnt anscheinend mit einem Visionszyklus (Am 7,1–8; 8,1–2); Jesaja (Jes 6), Ezechiel (Ez 1–3), Deuterojesaja (Jes 40), vielleicht auch Jeremia (Jer 1, bes. V. 13f; vgl. 24,1ff), werden durch Inaugural- bzw. Berufungsvisionen zu ihrer Sendung beauftragt. Von Hosea oder Micha sind Visionen nicht überliefert. Um so mehr nehmen sie in der späteren Prophetie im Übergang zur Apokalyptik bei Ezechiel (1–3; 8–11; 37; 40–48), Sacharja (1–6) und im Danielbuch (7f; 10–12; vgl. die Träume 2; 4) an Umfang und Bedeutung zu. So läßt sich in der Geschichte der Prophetie eine gewisse Entfaltung und Aus-weitung dieser Gattung feststellen, bis sie in der Apokalyptik (z.B. im Henochbuch) eine so beherrschende Stellung gewinnt, daß sie sich in ein literarisches Genre verwandelt und der Erlebnishintergrund kaum mehr faßbar wird (vgl. aber Luk 10,18).

In den Visionen kann der Prophet mit Gott ein Zwiegespräch führen. Demnach ist das Bewußtsein des Propheten keineswegs aus-geschaltet, sondern eher hellwach. Außerdem braucht der Inhalt der Vision nicht nachträglich in einen klaren Gedanken überführt zu wer-den. Vielmehr laufen die Visionen von vornherein auf Auditionen, auf sag- und mitteilbare Einsicht, hinaus, ja können sich überhaupt in Auditionen verwandeln (Jes 40,1−9).

Mit der Wieder- und Weitergabe der Visionen erfüllt der Prophet in gewisser Weise bereits seinen − direkt (Sach 1,14) oder nur indirekt (vgl. Am 3,8) ergangenen − Verkündigungsauftrag. Außerdem klingt die Einsicht, die sich dem Propheten in der Vision aufgedrängt hat, in der übrigen Botschaft nach.

Man kann die erhaltenen Visionen auf Grund ihres wechselnden Formaufbaus oder nach inhaltlichen Kriterien, vorwiegend auf Grund des Verhältnisses von Bild und Wort, unterscheiden. Entspricht das Geschaute unmittelbar dem angekündigten Geschehen, liegt eine Ereignisvision vor (z.B. Am 7,1−6). Sind Visionsinhalt und Sache nur durch das den Visionsinhalt wiedergebende Wort verbunden, spricht man von einer Wortspiel- oder Wortassonanzvision (Am 8,1f; Jer 1,11f). Allerdings gelingt die Aufteilung in solche und andere Typen (wie Anwesenheits-, Symbol-, Situationsvision) nur unvollkommen; die Zuweisung eines Textes zu einer Gruppe ist oft nicht eindeutig, und die Übergänge bleiben fließend.

Eine wichtige Differenz sollte man allerdings nicht übersehen. Teilweise erfährt der Prophet die Vision als Eingriff Gottes, der dem Propheten das Gesicht zuteil werden läßt: „So ließ der Herr mich schauen" (Am 7,1; vgl. Jer 24,1; Sach 3,1; auch Ez 37,1 u.a.); teilweise wird Gott selbst zum Visionsinhalt, gibt sich zu erkennen: „Ich sah den Herrn" (Am 9,1; 1 Kön 22,19; Jes 6,1). Aber selbst diese Unterschiede können zumindest nachträglich verwischt werden (Am 7,7).

Auch in der Gottesschau bleibt die Transzendenz Gottes gewahrt; das Hören erhält einen Vorrang vor dem Sehen (vgl. schon 1 Kön 22,11ff). Die Ankündigung „Ich sah den Herrn" verspricht mehr, als die Ausführung der Vision bietet; Gott wird weder von Amos noch Jesaja beschrieben. In Sacharjas Vision symbolisiert ein goldener Leuchter mit sieben Lampen (4,2) die Allgegenwart, Allwissenheit oder auch Allmacht Gottes auf Erden (4,10).

Größere Freiheit nehmen sich Ezechiel in der Darstellung der Umgebung von Gottes Thron (1,4ff) und vor allem Daniel in der Schilderung des „Hochbetagten" (7,9ff). Ezechiel fügt den Vorbehalt „etwas, was aussah wie" (1,22.26f) hinzu, um auf die Inadäquatheit der Ausdrucksweise hinzuweisen. Zwar wagt der Schluß trotz dieser nur geringen Andeutungen festzustellen: „Das war die Erscheinung der Gestalt der Herrlichkeit Jahwes" (1,28), scheint aber damit noch die direkte Aussage „Das war die Gestalt Jahwes" meiden zu wollen.

Als man in nachexilischer Zeit Gottes Transzendenz stärker betont, tritt ansatzweise in Ezechiels Schau vom neuen Tempel (40,3f; vgl. Jes 40,6), konstitutiv in Sacharjas Visionszyklus sowie im Danielbuch

(7,16; 8,15 ff u.a.), ein Deute-Engel (*angelus interpres*) als Mittlergestalt zwischen Gott und Mensch auf, so daß die Unmittelbarkeit der Begegnung zwischen Gott und Prophet nicht mehr gegeben ist.

3. Worte

Die umfangreichste Kategorie in der Überlieferung von den sog. Schriftpropheten bilden die Worte. Der „Vision" entsprechende Begriff „Audition" ist, generell angewandt, weniger glücklich. Setzt er nicht voraus, daß alle Worte vom Propheten empfangen wurden, obwohl ein Großteil schon formal nicht als Gotteswort eingeführt ist, sondern vom Propheten selbst stammt? Aber auch die ausdrücklich als Gotteswort ausgewiesenen Sprüche geben die Frage auf: Mußte der Prophet in konkreter Situation warten, bis ihm das weiterzugebende Wort aufgetragen wurde (vgl. Jer 28,6 ff; 42,7; Num 22,8.19 u.a.), oder konnte er auf Grund der ihm − insbesondere in den Visionen − zuteilgewordenen Zukunftseinsicht das einzelne Wort selbst formen und sprechen?

So bleibt der Begriff „Audition" besser jener Sonderform oder auch jenem Ausschnitt der Visionen vorbehalten, der nicht mehr vom Sehen, sondern nur noch vom Hören berichtet (vgl. bes. Jes 40,1−9).

Die Prophetenworte zeichnen sich durch einen überraschenden Reichtum an Redeformen aus. Die grundlegende Einsicht, daß sie zum größten Teil nicht primär, sondern erst sekundär prophetisch sind, also vom Propheten aus anderen Lebensbereichen entlehnt wurden, hilft, die Vielfalt auf wenige Grundformen zu reduzieren. Das erleichtert nicht nur den Überblick, sondern ist auch sachlich ein Gewinn: Das Phänomen Prophetie tritt in seiner Besonderheit schärfer hervor, wenn man nach der „eigentlich prophetischen Gattung" sucht (H. Gunkel, XLVI). Man wird sie in der Zukunftsankündigung, sei es Drohung oder Verheißung, einschließlich deren Begründung finden müssen.

a) Zukunftsansage und Begründung. Schon Worte der sog. Vorschriftpropheten zeigen die charakteristische Zweiteilung. Sie nennen zunächst den an Ort und Stelle offenkundigen schuldhaften Tatbestand, um aus ihm − oft nach der Botenformel − die Strafansage zu folgern:

„Hast du gemordet
und schon das Erbe angetreten?
So spricht Jahwe:
An dem Orte, an dem die Hunde das Blut Nabots leckten,
werden die Hunde auch dein Blut lecken"
(1 Kön 21,19; vgl. 2 Kön 1,3 f u.a.).

Unheilsdrohungen, allerdings stärker an Gruppen oder das Volksganze gewandt, stellen auch die Mehrzahl der Worte der sog. Schriftpropheten dar. So tadelt Amos in einem ironisch-bitterscharfen Wort
die vornehmen Frauen der Hauptstadt des Nordreichs:

> „Hört dies Wort,
> ihr Basanskühe (d.h. ihr Mastvieh) auf dem Berg Samarias,
> die ihr die Geringen bedrückt,
> die Armen schindet
> und zu euren Herren sagt:
> Schafft her, daß wir zechen!
> Geschworen hat der Herr Jahwe bei seiner Heiligkeit:
> Siehe, Tage werden über euch kommen,
> da treibt man euch fort mit Stacheln
> und euren Rest mit Haken" (Am 4,1 f).

Obwohl das künftige Ergehen dem gegenwärtigen Tun der hart
Betroffenen entspricht, wird nur die sich an die einleitende Anklage
anschließende Zukunftsansage als Gotteswort eingeführt (vgl. Am 3,
9–11; 8,4ff u.a.). Gottes Schwur, eine Art verschärfter Botenformel,
legt das angedrohte Gericht unumstößlich fest: Harte Deportation durch
ein fremdes Heer. Die der Strafankündigung vorausgehende Begründung
ist Wort des Propheten selbst. Demnach scheint die Unterscheidung von
Anklage und Zukunftswort ein Stück weit mit der Unterscheidung von
Menschenwort und Gotteswort übereinzustimmen. Gewiß hat der Prophet auch das Gotteswort selbst formuliert; denn es zeigt zu deutlich
die sprachlichen Eigenarten des Amos. Empfindet er die Ansage der
– dem Menschen ja letztlich unzugänglichen – Zukunft aber in höherem Maße als ihm fremdes Wort? Hat Gott dem Propheten vielleicht
nur die Gewißheit der dunklen Zukunft anvertraut (vgl. Am 8,2) und
ihm dann selbst überlassen, zu erkennen und zu benennen, worin die
Verfehlungen des Volkes bestehen (G. v. Rad)?

Die – oft mit „siehe" eingeleitete – Zukunftsansage nennt man,
soweit sie Unheil impliziert, Droh- oder Gerichtswort, Unheils-
weissagung oder Strafankündigung, auch Urteilsspruch o.ä. Die
verschiedenen Namen bergen jeweils bestimmte Deutungen der prophetischen Verkündigung – etwa von der Gerichtsszene her – in sich,
die Teilaspekte erfassen, sich aber keineswegs durchgängig bewähren.
Darum ist, solange sich keine überlieferungsgeschichtliche Ableitung der
Struktur des Prophetenwortes allgemein durchgesetzt hat, der formalste
Begriff der angemessenste; zumindest empfiehlt sich ein möglichst formales Verständnis der gebräuchlichen Begriffe.

Die Zukunftsansage bedarf der Begründung, um in die konkrete
Situation hineinzusprechen, den bestimmten Adressaten zu erreichen
und für ihn einsichtig zu sein. Nur so können die Hörer das Unheil
als Strafe für ihre Schuld anerkennen; statt als Fatum erscheint es als
von Gott verhängtes Gericht. Dieser begründende Teil des Prophetenwortes, Scheltrede, Anklage oder auch Lagehinweis genannt, enthält
die Situationsanalyse, also die Kritik an der Gegenwart, sei es an
Gottesdienst, Gesellschaft oder Politik. Ist darum die Zukunftsankündigung der eine Grundbestandteil prophetischer Verkündigung, so die
Situationsanalyse der andere. Beide Teile treten gelegentlich selbständig
auf, stellen üblicherweise aber eine Einheit dar, zumal Schelt- und
Drohwort oft durch Partikel wie „darum, weil" o.ä. verbunden sind.

Die Kategorie der Gerichtsrede bleibt besser bestimmten Texten vorbehalten, die einen Rechtsstreit widerspiegeln (z.B. Jes 1,18ff; Hos 2,4; Jer 2,9;
u. § 21,2c). Im einzelnen kann man zwischen vorgerichtlichen Auseinandersetzungen, Anklage- oder Verteidigungsreden u.a. unterscheiden (vgl. H.J.Boecker).

b) In den prophetischen Weherufen folgt auf das einleitende
„Wehe!" (hoj) ein Nomen, oft ein aktives Partizip, das eine Person
oder Personengruppe durch ihr Verhalten charakterisiert und bei ihm
behaftet:

„Wehe denen, die den Tag Jahwes herbeiwünschen!" (Am 5,18)
„Wehe denen, die Böses gut und Gutes böse nennen!" (Jes 5,20; vgl. Mi 2,1).

Solche Weheworte treten gerne zu Reihen zusammen (Jes 5,8ff;
Hab 2,6ff), sei es, daß sie eine ursprüngliche Redeeinheit bilden oder
eine nachträgliche Komposition darstellen, die auch zur Gliederung des
Textes dienen kann (Jes 28,1; 29,1; 30,1 u.a.). Woher haben die Propheten das „Wehe" entlehnt? Die Frage hat eine lebhafte Diskussion
ausgelöst (zuletzt C. Hardmeier). Wie erklären sich Strukturähnlich-
keiten zu den Fluchworten (Dtn 27,15ff)? Thematisch finden sich
Berührungspunkte mit der Weisheit (Jes 5,20ff u.a.). Jedoch entstammt
das „Wehe!" der Totenklage (1 Kön 13,30; Jer 22,18; 34,5; vgl.
Am 5,16). Der Prophet überträgt es auf Lebende, um seinen Hörern
vor Augen zu führen, „daß einem bestimmten menschlichen Verhalten
der Keim des Todes bereits innewohnt" (G. Wanke). Von der Unterscheidung zwischen Zukunftsansage und Begründung her geurteilt, ist
der Weheruf also eine Mischgattung, in der Schuldaufweis (in der Tat-
beschreibung) und Strafansage vereinigt sind. In dem „Wehe!", das
Lebende als dem Tod verfallen beklagt, liegt bereits drohendes, ja schon

gegenwärtiges Unheil beschlossen. Jedoch kann ausdrücklich eine Zukunftsankündigung folgen (Jes 5,8f; 30,1–3 u.a.).

Dem Weheruf in der Intention verwandt ist die *Qina* bzw. das Leichenlied. In der Form geht jeweils ein längerer Versteil einem kürzeren voraus (z.B. Am 5,2), in der Sache werden gerne einst und jetzt gegenübergestellt (Jes 1,21; 14,12ff; Ez 27 u.a.; vgl. § 26,2).

Gegenstück zum Weheruf ist der Makarismus (*aschre* „glücklich, Heil!"), der als Gratulation begegnet (1 Kön 10,8; vgl. Ps 127,5; 128) oder ein Verhalten preist (Ps 1,1; 2,12; 32,2f u.a.; vgl. Matth 5,3ff).

c) Propheten schauen nicht nur in die Zukunft, sondern auch in die Vergangenheit. Allerdings dient der Geschichtsrückblick – sei er kurz (Am 2,9; 9,7; auch Jes 28,21 u.a.) oder ausführlich (Hos 9,10ff; bes. 11,1f; Jes 9,7ff; u. § 20,3c) – den sog. Unheilspropheten wesentlich als Schuldaufweis, d.h. als Begründung ihrer Zukunftsansage. So ist „die Einseitigkeit dieser Geschichtsbetrachtung, deren Zweck es war, die zu allen Zeiten gleichbleibende Sünde Israels nachzuweisen, nicht zu verkennen" (H. Gunkel; vgl. J. Vollmer).

d) Im Disputationswort, auch Diskussionswort, Streitgespräch o.ä. genannt, läßt sich der Prophet auf eine Auseinandersetzung mit seinen Hörern ein, setzt ihre Zweifel an seiner Botschaft voraus und sucht sie durch Fragen zu bestimmten Schlußfolgerungen zu führen (Am 3,3–6.8; 6,12; 9,7; Jer 13,23; 23,23f; Hag 1,2.4ff u.a.). Die Redeweise scheint im Laufe der Zeit eine strenger geprägte Form zu gewinnen (DtJes § 21,2b; Mal § 22,4). Entstammt sie ursprünglich dem Meinungsstreit des Alltags oder eher weisheitlicher Schulddisputation (vgl. Hi 6,5f; 8,11)?

e) Das Mahnwort enthält eine imperativische Aufforderung: „Zerreißt eure Herzen, nicht eure Kleider!" (Joel 2,13; Jer 4,4). An sie kann sich eine Folge („damit", „damit nicht") oder eine Begründung („denn") anschließen. Die formal oder sachlich negierte Form, wie „Suchet nicht Bet-El!" (Am 5,5) oder „Hört auf, Böses zu tun!" (Jes 1,16), nennt man Warnwort, die spezielle Mahnung „Kehrt um!" (Jer 3,22 u.a.) Bußruf. Nach Themen wie Hauptstichworten sind die Mahnrufe uneinheitlich und verraten damit ihren unterschiedlichen Herkunftsort und Verwendungsbereich: Weisheit (u. § 27,3e), Recht (Hos 2,4ff; vgl. 1 Kön 3,24ff), Krieg (Hos 5,8; Jer 6,1; 51,6.27f.45; Joel 2,1; 4,9; vgl. Ex 14,13; Dtn 20,3; Jes 7,4 u.a.) und Kult. Er gebraucht Imperative etwa im Hymnus (u. § 25,4a), im Aufruf zur Volksklage (Jer 36,9; 6,26 u.a.; u. § 25,4b) oder in der von Propheten aufgenommenen prie-

sterlichen *Tora* (der „Weisung" für Wallfahrt oder Opfer: Am 4,4f;
5,4.21ff; Jes 1,10ff u.a.).

f) Das Gegenstück zur Unheilsankündigung, das Heilswort oder
die Verheißung, scheint weitaus weniger einheitlich geformt zu sein (vgl.
etwa Hos 2,16ff; Am 9,11ff; Jes 11; Jer 28,2f; 30f oder Ez 37). Einleitende Redeformeln sind gerne „an jenem Tag/jenen Tagen" (Hos
2,18ff; Joel 4,1), „in der Folge (bzw. am Ende) der Tage" (Jes 2,1),
„siehe, Tage kommen" (Jer 31,31; vgl. Am 4,2) u.a. Am klarsten ist
das − ehemals priesterliche − „Heilsorakel" erkennbar, „das dem Beter
im Namen seines Gottes die Erhörung seiner Bitte zusagte" (J.Begrich;
u. § 21,2a). Soll man von dieser Heilszusage noch Heilsankündigung
und Heilsschilderung unterscheiden (C.Westermann)? Wie die Unheils-
ist jedenfalls auch die Heilsansage oft durch das göttliche Ich geprägt
und verweist damit auf den, der die Zukunft ermöglicht und herbei-
führt (Hos 14,4; Jes 1,26 u.a.).

c) Fragen gegenwärtiger Prophetenforschung

Wenn sich die Propheten einer Vielfalt von Redeformen bedienen,
wo ist dann das Entscheidende, Wesentliche ihrer Verkündigung zu
suchen − in der Zukunftsansage, in der Situationsanalyse (einschließlich
der Gesellschaftskritik) oder im Mahnwort, zugespitzt im Bußruf? Auf
einige, gewiß leicht zu ergänzende Grundprobleme gegenwärtiger Prophetenforschung ist wenigstens hinzuweisen.

1. Wieweit läßt sich die Botschaft der Schriftpropheten aus den
älteren Traditionen Israels, sei es aus Kult, Recht oder Weisheit, „herleiten"? Gewiß nehmen die Propheten mannigfach Redeformen, Themen,
Überlieferungen und Vorstellungen auf, um sie im Rahmen ihrer Botschaft umzubilden und mit ihnen die Hörer in der jeweils aktuellen
Situation anzusprechen. Können die Schriftpropheten aber auch mit
ihrer Zukunftsansage, daß Gott die Gemeinschaft mit seinem Volk aufkündigt (Am 8,2; Hos 1,9; Jes 6,9ff; Jer 1,13f; 16,5 u.a.), an längst
Gedachtes anknüpfen? Oder widersprechen sie mit dieser Einsicht vielmehr dem Grundgehalt der Tradition, die gerade die Gemeinschaft von
Gott und Volk bekennt (Gen 15; Ex 3 u.a.)?

2. Umgekehrt haben die Schriftpropheten in ihrer Zukunftseinsicht,
in den aufgegriffenen Redeformen (Unheilsansage mit Begründung,
Weheruf, Leichenklage u.a.) oder in ihren Themen (Kult-, Sozialkritik
u.a.) so viel Gemeinsames, daß sie kaum völlig unabhängig voneinander

aufgetreten sind. Trotz individuellen Zügen, unübersehbaren Unterschieden auch in Hauptpunkten, ist ihre Botschaft eng verwandt. Wie kommen diese Gemeinsamkeiten zustande? Eine direkte, erst recht eine schriftliche, Abhängigkeit ist nicht zu erkennen. Besteht aber eine Verbindung durch mündliche Überlieferung (vgl. das Zitat von Mi 3,12 in Jer 26,18) – eventuell vermittelt durch Prophetenschüler (Jes 8,16)?

Allerdings stellen sich die Schriftpropheten nur selten ausdrücklich in eine Gemeinschaft mit anderen Propheten (Hos 6,5; vgl. Jer 28,8). Öfter stehen sie Prophetengruppen kritisch gegenüber (Am 7,14; Mi 3,5 ff u. a.).

3. Zukunftsansage und Gegenwartsanalyse sind in der Regel miteinander verknüpft. Umstritten ist aber, wie diese Beziehung zu deuten ist: Entstammt die Zukunftsahnung der tiefen Einsicht in die gegenwärtige Lage des Volkes, oder ist umgekehrt der Schuldaufweis eher Konsequenz prophetischer Zukunftsgewißheit?

Dahinter verbirgt sich zugleich der Zusammenhang zwischen Einzelwort und Offenbarung: Sind die Einzelworte vom Propheten selbst gestaltete Konkretionen seiner allgemeinen – in Visionen gewonnenen – Zukunftseinsicht? Oder beruht jedes als Gottesspruch ausgewiesene Wort auf einem je neuen Offenbarungsakt?

4. Das Verhältnis von Zukunft und Gegenwart steht auch beim Verständnis der auf die Zukunft bezogenen Worte in Frage. Sind die prophetischen Unheilsankündigungen von den Mahnworten her zu deuten, oder stehen umgekehrt die – zumindest in älterer Zeit eher seltenen – Mahnungen im Dienst der eschatologischen Verkündigung (vgl. z.B. Am 5,5)? Ja, stellen die Gerichtsansagen selbst nur Drohungen, d.h. letzte Warnungen, dar mit dem Ziel, das Gericht durch eigenes Verhalten abzuwenden? Oder wollen die Propheten mit ihrer Unheils- wie mit ihrer Heilsbotschaft eine gewiß eintretende, schon anbrechende Zukunft ansagen?

Ein Teilproblem im Rahmen dieser Fragestellung: Sind so radikale Aussagen wie der sog. Verstockungsauftrag Jesajas (6,9 f) erst im Rückblick, auf Grund von Reaktionen der Hörer auf die prophetische Verkündigung, formuliert?

5. Von Amos abgesehen, scheinen die sog. Unheilspropheten keineswegs nur Unheil, sondern auch Heil angekündigt zu haben. Mag man die Heilsverheißungen nicht generell für „unecht" erklären (§ 13a,3), drängt sich also die Frage auf: Bleibt die prophetische Botschaft letztlich unausgeglichen oder gar widerspruchsvoll, weil der Prophet zu verschiedenen Zeiten und vor wechselnden Hörerkreisen Unterschiedliches, ja Gegensätzliches sagen konnte? Oder stehen Gerichts- und Heilsansagen in einem Sachzusammenhang?

Nach einer Auffassung sind beide durch die Hoffnung auf einen „Rest", der das Gericht übersteht (1 Kön 19,17 f), miteinander verbunden. Jedoch kann der Rest in unbestritten „echten" Prophetenworten Zeichen der Katastrophe sein, das nicht mehr zukunftsträchtige oder gar selbst noch bedrohte Überbleibsel, das die Größe des Untergangs bezeugt (Am 3,12; 8,10; 9,4; Jes 17,5 f; 30,17 u.a.; vgl. Hi 1,15 ff). Umgekehrt erscheint der Rest als „heiliger Same", nämlich als Ziel des Gerichts und Träger neuen Heils, oft gerade in umstrittenen Worten (Jes 6,13; 4,3; schon Am 5,15; 9,8 u.a.).

Wird in ähnlicher Weise der Bußruf erst für den Rückblick späterer Zeiten zur Zusammenfassung prophetischer Botschaft (2 Kön 17,3; Sach 1,3 f)? Nicht selten stellen die Propheten fest, daß Buße nicht erfolgte (Am 4,6 ff; Jes 9,12; 30,15) oder gar nicht erfolgen kann (Hos 5,4; Jer 13,23). Entsprechend können sie eine Wende durch Gott selbst verheißen (Hos 14,5; Ez 37 u.a.). Hier, im Rahmen der Heilsansage, hat auch der Bußruf Raum (Hos 14,2; Jer 3,12; vgl. Jes 55,6 u.a.). Kann der Mensch für die prophetische Botschaft das Heil also nicht bewahren, sondern nur neu geschenkt bekommen?

Solche Fragen werden in der gegenwärtigen Prophetenforschung sehr verschieden beantwortet. Weil jedes Verständnis der Prophetie Entscheidungen über „Echtheit" bzw. „Unechtheit" von Texten voraussetzt, fällt das Prophetenbild recht unterschiedlich aus.

d) Vorläufer der Schriftpropheten

Die alttestamentliche Schriftprophetie ist eine relativ späte Form des vielschichtigen, bis in vorisraelitische Zeit zurückreichenden Phänomens Prophetie, die in − ekstatischen − Gruppen (1 Sam 10,5 ff; 19,22 ff) wie in Einzelgestalten auftritt.

Bileam gehört als Ausländer eigentlich nicht in die Reihe israelitischer Propheten. Er soll in der Frühzeit ein Machtwort über Israel gesprochen haben. War es ein Fluch, den Jahwe „in Segen verwandelte" (Dtn 23,5), oder mußte Bileam statt des von ihm erwarteten Fluches auf Jahwes Geheiß Segen sprechen (Num 22−24)? Jedenfalls ist die recht umfangreiche, in einen jahwistischen (24) und einen elohistischen (23) Strang gegliederte, Überlieferung in hohem Maße durch prophetische Elemente geprägt, wie die Erfahrung göttlichen Zwangs (22,8.18) oder die Offenbarung in Vision und Wort (23,3; 24,3 f.15 ff).

Wie in diesem Fall so ist auch bei den Überlieferungen von den israelitischen Einzelgestalten stark umstritten, wie hoch der Anteil spä-

terer Zeit an der Traditionsbildung ist. Die Erzählkomplexe, etwa der
Sagenkranz um Elija oder Elischa, sind aus Einzelerzählungen erwachsen, die je für sich nach ihrem historischen Hintergrund und ihrem
Werdegang zu befragen sind. Angesichts dieser Situation kann nur ein
knapper Überblick über die Vorschriftprophetie gegeben werden. Was
historische Rückfrage so erschwert, vermag für theologische Betrachtung
allerdings ein Gewinn zu sein. Gerade dort, wo die Erzählungen ins
Wunder- und Legendenhafte übergehen, weisen sie über das Faktische
hinaus und wollen andeuten: Hier ist nicht eigentlich die Person des
Propheten, sondern Gott selbst am Werk. Letztlich wollen alle teils
mehr, teils weniger sagenhaften Prophetenberichte „Jahwe-Erzählungen"
(G. v. Rad) sein.

Eröffnet Samuel die Reihe israelitischer Einzelpropheten? Nach der
wohl ·ältesten Nachricht tritt er als sog. kleiner Richter auf
(1 Sam 7,15 ff. 6). Er erteilt als „Gottesmann" oder „Seher" (9,6 ff) und
selbst noch als Totengeist (28,7 ff) Auskunft, erscheint als Anführer einer
Ekstatikerschar (19,18 ff), und in der gewiß jüngeren Kindheitsgeschichte
führt er sogar den Titel „Prophet" (3,19 f). Einmal wird er als charismatischer Heerführer gezeichnet (7,7 ff); vor allem weiß die Überlieferung
von der Mitwirkung Samuels bei der Entstehung des Königtums zu berichten (vgl. § 11c3). Welche der verschiedenen Funktionen der historische Samuel auch auf sich zog, von nun an treten Führung und
Charisma, die in der Person der großen Richter vereinigt waren, auseinander. Dem Königtum ersteht in der Prophetie ein kritisches
Korrektiv.

Zur Zeit Davids tritt neben dem „Seher" Gad, der dem König nach
einer Volkszählung entgegentritt (2 Sam 24 mit der Ätiologie eines Jerusalemer Altars; auch 1 Sam 22,5), der „Prophet" Natan auf. Er kündet
David − nach Überführung der Lade nach Jerusalem (2 Sam 6) − unter
Ablehnung eines Tempelbaus dauernden Bestand des Davidhauses an
(2 Sam 7); diese Weissagung klingt im AT öfter nach und wird dabei
auf Grund des Verlaufs der mehrhundertjährigen Geschichte zunehmend
einer Bedingung unterworfen (Ps 89; 132; 1 Kön 2,4; 8,25; 9,4 f; vgl.
Sach 3,7 u. a.), vom Exilspropheten sogar auf das Volk übertragen
(Jes 55,3 f). Ein anderes Mal begegnet Natan dem König nicht verheißend, sondern drohend, wenn er David nach einem Vergehen (Verletzung der Ehe eines Nichtisraeliten) mit Hilfe eines Gleichnisses über
einen Rechtsfall sich selbst das Urteil sprechen läßt (2 Sam 12). Schließlich spielt Natan eine entscheidende Rolle bei den Palastintrigen am
Totenbett Davids zugunsten Salomos als Thronerben (1 Kön 1).

Die folgenden namhaften Propheten wirken, beginnend mit Ahija von Schilo (1 Kön 11; 14), im Nordreich.

Elija (Elia), zumindest aus der Sicht späterer Zeit der bedeutendste der Vorschriftpropheten (vgl. Mal 3,23 f; Mk 9,11), verkörpert schon in seinem Namen „Mein Gott ist Jahwe" sein Programm: „Geeifert habe ich für Jahwe" (1 Kön 19,10.14). Er kämpft während des im Nordreich unter Ahab, Isebel und Ahasja geförderten Synkretismus oder gar der Vorherrschaft des Baalkultes für die Ausschließlichkeit des Jahweglaubens (2 Kön 1 Befragung des Heilgottes Baal) und stellt seine Zeit vor die Alternative Jahwe oder Baal: „Wie lange wollt ihr auf beiden Seiten hinken?" (1 Kön 18,21 Gottesurteil auf dem Karmel). Wie schon Natan setzt sich Elija angesichts eines konkreten Vergehens des Königs, nach dem Mord am Weinbergbesitzer Nabot, für das Recht ein; überhaupt stehen im Hintergrund der Erzählung (1 Kön 21) zwei verschiedene Rechtsauffassungen: die im kanaanäischen Raum selbstverständliche Macht des Königs und die Unveräußerlichkeit des Erbes für den Israeliten. Elijas Bedeutung spricht sich schließlich in der Überlieferung aus, nach der er sich als Moses Nachfolger zum Ursprung des Jahweglaubens, zum Gottesberg, begibt und eine Theophanie erfährt (1 Kön 19; vgl. Ex 19; 33). Gott ist nicht (mehr) in den Naturerscheinungen Sturm, Erdbeben und Feuer, sondern in der Stille. Erhält Elija dort den Auftrag, Hasael zum König von Syrien und Jehu zum König von Israel zu salben (1 Kön 19,15 ff), so werden damit zwei einschneidende Ereignisse der Folgezeit, die grausamen Aramäerkriege und die Revolution Jehus (2 Kön 8; 9 f), auf den Gottesmann bezogen und als Läuterung des Volkes verstanden: Elija droht Israel ein Gericht an, dem nur Siebentausend, „deren Knie sich vor Baal nicht gebeugt und deren Mund ihn nicht geküßt hat", entgehen werden.

Mehr als Elijas Wesensart, nämlich seine Einzigartigkeit kommt in der Überlieferung von der Himmelfahrt, der „Entrückung" (vgl. Gen 5,24; Ps 73,24) auf dem von feurigen Rossen gezogenen Wagen, zum Ausdruck (2 Kön 2). Doch gehört diese Szene, an der Elischa (Elisa) als Zuschauer und Nachfolger teilhaben darf, eigentlich zum Elischa-Sagenkranz (2 Kön 2–9; 13). Elischa, durch Überwurf des Mantels zur unverzüglichen und unbedingten „Nachfolge" berufen (1 Kön 19, 19 ff), erhält den Erstgeborenenanteil von Elijas Geist (2 Kön 2,9; vgl. Dtn 21,17). Demnach gilt Elischas Charisma nicht als gottunmittelbar, sondern als durch Elija vermittelt (wie Israels Älteste nach Num 11, 17.25 an Moses Geist Anteil bekommen). Elischa ist selbst Haupt einer Schülergemeinschaft, die zumindest gelegentlich zusammenkommt

(2 Kön 2,3 ff; 4,1.38; 6,1 u. a.). Obwohl die Auseinandersetzung
mit der Baalreligion in den Überlieferungen von Elischa zurücktritt,
scheint er gemeinsam mit jenen Prophetenjüngern die sog. Revolution
des Jahweeiferers Jehu (845 v. Chr.) angeregt zu haben (2 Kön 9). Wie
der Ehrentitel „Wagen Israels und seine Reiter (bzw. Fahrer)" (13,14;
2,12) verrät, hat Elischas politische Tätigkeit auch irgendeine Wirksamkeit im Krieg (mit den Aramäern) eingeschlossen (6,8 ff). Darüber hinaus
wird Elischa wie schon Elija mit der Thronbesteigung des Aramäers
Hasael verbunden (2 Kön 8). Eher noch stärker als im Elija-Sagenkranz
wiegen Wundergeschichten vor; unter ihnen verdient die Erzählung vom
Aramäer Naaman, der zum Jahwegläubigen wird, aber am fremden
Tempel Dienst tun muß (2 Kön 5), wegen ihrer theologischen Implika-
tionen („Bekehrung" eines Ausländers, jedoch Dispens vom ersten Gebot?) besondere Beachtung.

Kann schon Elija vom König als „mein Feind" angeredet werden
(1 Kön 21,20; vgl. 18,17), so urteilt der König von Israel über Micha
ben Jimla: „Er weissagt mir nichts Gutes, sondern nur Böses"
(1 Kön 22,8.18). In der einzigen Erzählung, die von diesem vor Auftritt
der sog. Schriftpropheten noch zu erwähnenden Propheten handelt, kün-
digen sich die späteren Gegensätze innerhalb der Prophetie an, wenn
sich Heil verheißendes Berufsprophetentum und der Unheil kündende
Einzelne gegenüberstehen. Wieweit ist die Erzählung durch diese jüngere
Situation beeinflußt und macht lehrmäßig-beispielhaft den Unterschied
zwischen wahrer und falscher Prophetie anschaulich, wieweit gibt die
Erzählung den Verlauf der Dinge wieder? Micha sieht nicht nur kommendes Unheil über das Volksganze („Ich sah ganz Israel zerstreut auf
den Bergen wie Schafe ohne Hirten"), sondern kann mit einer weiteren
Vision, in der er am himmlischen Thronrat teilhat („Ich sah Jahwe auf
seinem Thron"; vgl. Jes 6; Jer 23,22; Hi 1), die falsche Heilsbotschaft
seiner Gegner erklären: Der Geist ist „im Munde der Propheten zum
Lügengeist geworden".

In solchen Visionen ist die Gerichtsbotschaft der sog. großen Propheten vorbereitet oder im Rückblick vorweggenommen. Wie es auch
mit dem nur schwer aufhellbaren historischen Hintergrund der Prophetenerzählungen der Samuel- und Königsbücher bestellt sein mag, unbezweifelbar bleibt, daß schon die Vorschriftpropheten im Einsatz für
Jahwe dem König mit Drohung und Verheißung begegnen konnten. Die
Schriftpropheten übertragen diese Botschaft auf das Gesamtvolk.

§ 14

AMOS

1. Mit Amos ist der Übergang zur sog. Schriftprophetie, die, von symbolischen Handlungen abgesehen, nur noch durch ihre mündliche, später Schrift gewordene Verkündigung „handelt", plötzlich und endgültig vollzogen. Das Buch, in dem die Überlieferungen von Amos gesammelt sind, enthält fast ausschließlich Worte und Visionen, nur ausnahmsweise eine Prophetenerzählung in dritter Person (7,10—17). Neben Einzelsprüchen von einem (3,2.8; 6,12; 9,7) oder mehreren Versen finden sich auch größere Einheiten. So setzt das Buch, im Vergleich zu den übrigen Prophetenbüchern ganz ungewöhnlich, mit einem Fremdvölkerzyklus (1,3 — 2,16) ein. Die Strophen dieser umfangreichen Komposition bilden, Zusätze ausgenommen, gewiß einen von vornherein vorliegenden Sachzusammenhang. Auch der Visionszyklus (7,1—9; 8,1—3) stellt eine vorgegebene Einheit dar, deren Höhepunkt ganz entsprechend den Völkersprüchen am Schluß liegt. Das Amosbuch ist so aufgebaut, daß auf die Überschrift (1,1) aufeinander folgen:

Am 1,2	Motto (über Kap. 1—2 oder 1—9?)
	„Jahwe brüllt vom Zion"
I. Am 1,3—2,16	Fremdvölkerzyklus mit Kehrvers:
	„Wegen drei Freveln, wegen vier . . . nehme ich es (das Unheil/swort) nicht zurück . . . Ich sende Feuer in . . ."
2,6—16	gegen Israel
	Sozialkritik V 6—8, Gottes Tat für Israel V 9 (10—12), Ankündigung von Erdbeben und Krieg V 13 ff
II. Am 3—6	Einzelworte mit Gerichtsansagen über Israel, gegliedert durch die Einführungen:
a)	„Höret dieses Wort" (3,1; 4,1; 5,1; vgl. 8,4)
3,2	Erwählung bedeutet Ahndung der Schuld
3,3—6.8	Disputationsworte
3,9—4,3	Verschiedene Worte gegen die Hauptstadt Samaria
3,12	Keine Rettung
4,1—3	Gegen die vornehmen Frauen (vgl. Jes 3,16 ff)

4,4f (5,5)	Mahnwort gegen Kult
4,6–12	Geschichtsrückblick mit Refrain „Ihr aber seid nicht zu mir umgekehrt"
5,1 f. 3	Totenklage

b) „Wehe" (5,18; 6,1; vielleicht 5,7; 6,13)

5,4–6.14 f	„Jahwe suchen"
5,18–20	Tag Jahwes
5,21–27	Gegen Kult („ich hasse eure Feste"), für Recht, mit Strafansage („Verbannung über Damaskus hinaus")
6,1–7.8 ff	Gegen die Sorglosen in Samaria

III. Am 7–9   Fünf Visionen, Fremdbericht und Worte

7,1–8(9); 8,1f(3)	Vier Visionen in zwei Paaren „So ließ Jahwe mich schauen"
7,10–17	Erbericht: Amos und Amazja. Ausweisung aus Bet-El. „Ich bin kein Prophet . . ." (V 14)
8,4–14	Einzelworte
	8,11f Hunger nach dem Wort Jahwes
9,1–4	Weitere, selbständige Vision („ich sah den Herrn") Zerstörung des Altars
9,7(8–10)	Gegen Israels Erwählungsbewußtsein „Seid ihr mir nicht wie die Kuschiten?"

IV. Am 9,(8–10)11–15 (Sekundärer Anhang:) Heilsworte

| 9,11 f | Verfallene Hütte Davids wiederaufrichten |

2. Im Amosbuch finden sich mancherlei Zusätze, deren Ausscheidung allerdings nicht einheitlich vollzogen wird:

(a) Die Doxologien (4,13; 5,8; 9,5f), ursprünglich vielleicht ein zusammengehöriger Hymnus, wurden wie wohl auch das Motto (1,2) nachträglich in das Amosbuch eingestreut, vermutlich in exilisch-nachexilischer Zeit. Mit diesem Lob des Schöpfers erkennt die Gemeinde das Gericht als gerecht an (vgl. Ps 51,6; F. Horst) oder bekennt die künftig-eschatologische Bedeutung des Prophetenwortes (vgl. K. Koch; W. Berg).

(b) Wohl ebenfalls die exilisch-nachexilische Zeit, die das Gericht erfahren hat, fügt der Gerichtsbotschaft einen versöhnenden Schluß an, die Hoffnung auf Wiederaufrichtung der Hütte Davids und auf Segen in der Natur (9,11–15). Auch wenn die Ausgrenzung dieser Heilsworte über das Gesamtverständnis des Propheten entscheidet, stimmen in ihr doch die Mehrheit der Exegeten überein (anders etwa W. Rudolph).

(c) Als deuteronomistische, jedenfalls nachexilische, Ergänzungen wird man ansprechen müssen: zunächst die drei Völkersprüche gegen Tyrus, Edom und Juda (1,9f.11f; 2,4f), die schon durch ihre Gemeinsamkeiten — Wegfall der Abschlußformel „spricht Jahwe", Verkürzung der Strafansage und Erweiterung des Schuldaufweises — auffallen, sodann Einzelworte wie 2,10—12; 3,1b.7; 5,25(f); z.T. 1,1. Umstritten sind außerdem 5,13; 8,11ff; 9,8ff u.a.

So ist das Amosbuch in einem allmählichen Wachstumsprozeß entstanden, beginnend mit den Worten und Visionen des Amos, ergänzt durch den Erbericht (7,10—17), vielleicht auch durch Worte eines nur erschließbaren Freundes- oder Schülerkreises (sog. Amosschule) und abgeschlossen durch spätere Ergänzungen. Dieser Werdegang des Buches erfolgte im Südreich (vgl. 1,1f; 2,4f; 7,10 u.a.), aus dem Amos kommt und in das er ausgewiesen wird (7,12). Eine spezifisch judäische Redaktion ist im Hoseabuch aber deutlicher zu erkennen.

3. Amos, in Tekoa im Südreich beheimatet (1,1), tritt (nur) im Nordreich auf, und zwar um 760 v. Chr. unter Jerobeam II. zu einer Zeit außenpolitischer Ruhe, ja gewisser militärischer Erfolge (vgl. Am 6,13 mit 2 Kön 14,25ff) und wirtschaftlichen Wohlstands. Das Motiv prophetischen „Auftretens liegt also nicht in den politischen oder kulturellen Zuständen seiner Zeit; diese boten, von außen gesehen, wenig Grund zum Anstoß" (A. Weiser, ATD zu Am 1,1). Eher mögen innenpolitische Verhältnisse, soziale Ungerechtigkeit (o. § 3d), Anlaß zur Klage gegeben haben; denn die assyrische Großmacht erschien höchstens für politisch Weitblickende am Horizont. Das Aramäerreich war durch die Assyrer mehr oder weniger entmachtet; sie selbst drangen aber noch nicht weiter nach Süden vor. So spricht Amos nur andeutend (5,27; 4,3; 6,2.14) von ihnen, nennt sie anders als später Hosea oder Jesaja (noch) nicht mit Namen.

Amos wirkt nur kurze Zeit, vielleicht wenige Monate, im Nordreich (vgl. 1,1 „zwei Jahre vor dem — von Amos angedrohten — Erdbeben"), und zwar in Bet-El (7,10ff), eventuell in Samaria (vgl. 3,9; 4,1; 6,1) und an anderen Orten. Er kennt Vergangenheit wie Gegenwart Israels einschließlich seiner Umwelt (1,3ff; 9,7 u.a.) und formt seine anschaulichen, bilderreichen Worte mit dichterischer Kraft (vgl. 3,3ff.12; 5,19 u.a.). H.W. Wolff hat Beziehungen des Amos zur (Sippen-)Weisheit beobachtet — etwa in der Benutzung des Zahlenspruchs; vgl. 1,3ff mit Spr 30,15ff (kritisch H.H. Schmid). Die prophetische Zukunftsbotschaft läßt sich aus diesem Hintergrund jedenfalls nicht erklären.

Anders als Hosea greift Amos nur gelegentlich auf Israels Frühgeschichte zurück; dabei argumentiert er mit den fundamentalen Traditionen, Herausführung

(9,7; vgl. 3,1f) und Landnahme (2,9), gegen Israel, wie er die Überlieferung von einem Krieg Jahwes für Israel in die Ankündigung eines Krieges gegen Israel umkehren kann (2,13 ff). Auch zitiert Amos – wohl anders als Hosea (4,2) – das Gottesrecht nicht im Wortlaut, stimmt nur der Intention nach mit ihm überein.

Von Beruf ist Amos „Hirte und Maulbeerfeigenritzer", vielleicht auch Herdenbesitzer. Jedenfalls braucht er seinen Lebensunterhalt nicht durch seine prophetische Tätigkeit zu verdienen, ja zählt sich selbst nicht zu den Propheten oder Prophetenschülern, sondern weiß sich unmittelbar durch Gott berufen (7,14f; vgl. 1,1) – durch die Visionen?

4. Sie gehören vermutlich an den Anfang seiner Wirksamkeit; denn im ersten Visionspaar, das hartes, vielleicht aber noch nicht endgültiges Gericht kommen sieht (Vernichtung der Ernte durch Heuschrecken und des Ackers durch eine Feuerflamme), tritt Amos noch fürbittend für das Volk ein: „Herr Jahwe, vergib doch! Wie kann Jakob bestehen?" Erst im zweiten Visionspaar, das auf das Gotteswort „Gekommen ist das Ende für mein Volk Israel" (8,2) zuläuft, wird Amos vom unabwendbaren (vgl. 8,7; 9,4) Gericht über das Volksganze überzeugt. In dieser Grundeinsicht sind Neuheit und Eigenart vorexilischer Schriftprophetie gleichsam gesammelt (vgl. der Sache nach Hos 1,9 u.a., dem Wortlaut nach Ez 7; Gen 6,13P). Das Wie des Gerichts scheint zunächst unbestimmt zu bleiben; später konkretisiert es Amos gelegentlich als Erdbeben (2,13; 9,1; vgl. 3,14f; 1,1), in der Regel als Krieg (2,14ff; 3,11; 4,2f; 5,3.27; 6,7; 7,11.17; 9,4), den Gott durch ein fremdes Volk gegen Israel führt (6,14). Selbst eine nähere Motivation scheint zunächst nicht gegeben zu sein, sondern erst nachträglich in der Verkündigung des Propheten, mit seiner Kult- und Sozialkritik, zu erfolgen. Gewiß braucht Amos vor seiner Berufung nicht geschlossenen Auges durch seine Zeit gelaufen zu sein; lernt er aber nicht durch die Ahnung des Kommenden, seine Gegenwart anders zu sehen, ihre Mängel zu erkennen? Allerdings ist von vornherein unbezweifelbar, daß das Unheil ein schuldiges Israel trifft und kein schicksalhaft-unerklärliches Fatum, sondern von Gott herbeigeführte Strafe ist („ich gehe nicht mehr schonend vorüber" 7,9; 8,2). Dieses der Allgemeinheit drohende Gericht wird nicht in ferner, sondern in allernächster Zukunft erwartet, ja erscheint „als eine bereits vollzogene Tatsache" (A. Weiser z. St.). Insofern die angesagte Zukunft bereits die Gegenwart bestimmt, verdient die prophetische Botschaft die – umstrittene – Bezeichnung „eschatologisch".

5. Im Zeitverständnis wie im Inhalt wirkt jene Einsicht in der Verkündigung des Propheten an die Hörer nach, so in der Totenklage über das äußerlich eher in einer Blütezeit lebende Volk:

> „Gefallen ist,
> nicht mehr steht auf die Jungfrau Israel;
> hingestreckt liegt sie auf ihrem Boden,
> niemand richtet sie (mehr) auf" (5,2).

Was der Gesamtheit gilt, kann im Weheruf mit der Ansage gestaffelter Strafe, die kein Entrinnen erlaubt, am einzelnen konkretisiert werden:

> „Wehe denen, die den Tag Jahwes herbeiwünschen! . . .
> Wie jemand flieht vor dem Löwen,
> da trifft ihn der Bär,
> aber er kommt noch nach Haus
> und stützt seine Hand an die Wand,
> da beißt ihn die Schlange"
> (5,19; vgl. 9,2−4; 1 Kön 19,17; Jes 5,5 f).

Wie hier im Bild kann Amos Israel direkt Tod (5,3.16f; 6,9f; 8,3; 9,4) und Verbannung (5,5.27; 6,7; 7,11) ankündigen und die Familie des Priesters, der ihn mit dem Vorwurf der „Verschwörung" bei Hof anzeigt und ihm das Wort verbietet, in dieses allgemeine Schicksal einbeziehen (7,17). Nicht einmal ein Rest überlebt (3,12; vgl. 4,2; 6,10 u.a.).

Gegenüber Einwänden der Hörer verweist Amos zunächst auf den von ihm erfahrenen Zwang (3,8; 7,14f; vgl. 3,3−6). Die Völkersprüche, vielleicht Amos' erstes Wort in der Öffentlichkeit (1,3 − 2,16), setzen Israel in Schuld wie Strafe den Nachbarvölkern mehr oder weniger gleich. Aus der ihm vermutlich entgegengehaltenen Erwählung des Volkes zieht Amos eine andere Konsequenz − Verantwortung, ja Ahndung der Schuld (3,2; vgl. 6,12) − oder relativiert gar Israels Vorzug:

> „Seid ihr mir nicht wie die Kuschiten,
> ihr Söhne Israels? − spricht Jahwe −
> Habe ich nicht Israel herausgeführt
> aus dem Land Ägypten
> und die Philister aus Kaphtor
> und die Aramäer aus Kir?" (9,7; vgl. 6,2)

Ein solches Wort verrät zugleich etwas von der universalen Weite des Gottesverständnisses dieses Propheten. Jahwe ist nicht nur Richter der Völker (1,3 ff), der auch nicht an Israel begangene Verbrechen ahndet (2,1), sondern hat Macht weit über die Umwelt (9,7) hinaus bis an die Grenzen des Kosmos (9,2 f).

6. Sucht Amos die Schuld der Völker vor allem in ihren Kriegstaten (1,3 ff), so stellt er Israel gegenüber die Verfehlung des Rechts (3,10;

5,7.24; 6,12), also die Sozialkritik, in den Vordergrund: „Sie verkaufen den Schuldlosen um Geld" (2,6; vgl. 2 Kön 4,1). Neben Unterdrückung der Armen und Luxus auf deren Kosten (4,1) werden wirtschaftliche Straftaten, wie Fälschen von Maß und Gewicht (8,4f), Beugung des Rechts „im Tor" (5,10.12.15) u.a. genannt (2,6−8; 3,9f.15; 4,1f; 5,7ff; 6,4ff.12; 8,4ff; vgl. 7,9.11 gegen das Königshaus). Dabei scheint Amos nicht nur Vergehen der Oberschicht anzuprangern (2,7 „ein Mann und sein Vater gehen zu demselben Mädchen"), jedenfalls ergreift er nicht eigentlich für die Unterschicht Partei. Vielmehr bleibt die Sozialkritik Schuldaufweis, so daß sie in die Gerichtsansage gegen ganz Israel übergehen kann (2,13ff nach 2,6ff; vgl. 3,11). Amos „kommt über die Negation des Beschriebenen nicht hinaus, erreicht aber gerade damit seine analytische und seine angreifende Schärfe" (M. Fendler, 53).

Wenn Amos als Prophet sozialer Gerechtigkeit gilt, so ist damit zwar das bevorzugte, aber keineswegs einzige Thema seiner Anklage erfaßt. Daneben treten Polemik gegen falsche Sicherheit bzw. Hochmut (6,1f.8.13; 8,7) − ein Motiv, das vor allem Jesaja aufgreift − und Kultkritik. Was Amos in seiner fünften Vision (9,1) erfährt, gibt er in seinen Worten weiter: Zerstörung des Altars (3,14), d.h. der Heiligtümer des Nordreichs (5,5; 7,9). Hat man deren Verurteilung nachträglich und gewiß nicht in Amos' Sinne als Stellungnahme zugunsten des einen Heiligtums in Jerusalem verstanden (1,2)? Anders als der fast gleichzeitige Hosea begründet Amos seine Kultkritik nicht mit dem Abfall zum Baalkult. Aber wie die späteren Propheten wendet sich Amos in polemischer Aufnahme priesterlicher Redeweise gegen Opfer und Feste (4,4f; 5,21ff; 8,10; vgl. 2,8). Sowenig wie die Gesellschaftskritik läßt sich die Kultkritik isolieren; sie bleibt in die Zukunftsbotschaft (5,5.27; 8,10) und damit in das prophetische Gottesverständnis integriert. Ist darum die Devise „Recht und Ethos statt Kult", die einen Teilaspekt erfaßt (5,24.14f), nicht letztlich unzureichend?

7. Hart umstritten ist, ob Amos über Anklage und Strafansage hinaus Raum für einen Hoffnungsschimmer offenhält. In den Heilsweissagungen am Buchschluß (9,11ff) spricht kaum Amos selbst. Unsicher bleibt jedoch, ob ihm jene Mahnung, die Rettung unter einer Bedingung zusteht: „Suchet mich, so werdet ihr leben!" (5,4f.6.14f), abzuerkennen ist (so H. W. Wolff). Ob in ihr nun ein Schülerkreis oder doch der Prophet selbst zu Wort kommt, in jedem Fall wird die Möglichkeit des (Über-)Lebens für diejenigen, die Gutes lieben und Recht tun, doppelt eingeschränkt: Die Gnade gilt nur einem Rest und selbst diesem nur viel-

leicht (5,15). Kann und will ein solches Wort überhaupt zu anderem Lebenswandel ermutigen? Eine echte Heilshoffnung äußert erst Hosea, aber der Verlauf der Geschichte, der Untergang des Nordreichs (722 v. Chr.), hat eher Amos recht gegeben.

§ 15

HOSEA

1. Das Zwölfprophetenbuch (Dodekapropheton) wird durch das Hoseabuch eröffnet, weil es an Umfang die älteren kleinen Prophetenbücher
überragt oder Hosea im Rückblick als ältester der Reihe galt. Doch ist
er Amos' jüngerer Zeitgenosse, trat nur etwa ein Jahrzehnt später auf,
und zwar noch während der Regierung Jerobeams II. von Israel, den
Amos (7,9.11) erwähnt, und des judäischen Königs Usija, in dessen
Todesjahr Jesaja (6,1) berufen wurde. Der sog. syrisch-ephraimitische
Krieg 734/3 v. Chr. spiegelt sich in der Verkündigung Hoseas (5,8 ff)
wider. Dagegen hat er die Verwirklichung seiner Drohungen gegen
Samaria (14,1), den Untergang des Nordreichs durch die Assyrer
722 v. Chr., kaum mehr erlebt. So umfaßt Hoseas prophetische Wirksamkeit etwa den Zeitraum von 750–725 v. Chr. – im Vergleich zu
Amos eine recht weite Zeitspanne, zumal das Hoseabuch nur etwa um
die Hälfte umfangreicher ist.

Hosea ist der einzige nicht-judäische Schriftprophet; denn das Nordreich ist nicht nur sein Wirkungsfeld, sondern wahrscheinlich auch seine
Heimat. Von daher mögen sich manche Spracheigentümlichkeiten oder
gar gewisse Themen seiner Verkündigung, wie die Aufnahme der Jakob-
und Exodustradition (Kap. 11 f), erklären. Daß die Vorläufer der Schriftpropheten vorwiegend im Nordreich auftraten, macht leichter verständlich, daß Hosea anders als der aus dem Süden stammende Amos den
Propheten hohe Bedeutung für Israel zumißt (6,5; 12,11.14). Wird hier
ein Überlieferungszusammenhang erkennbar? Vielleicht darf man eine
Traditionskette von Elija und dem Elohisten über Hosea zu den Traditionen des Deuteronomiums und zu Jeremia annehmen, der in seiner
Jugend durch Hosea beeinflußt sein könnte (vgl. § 10a,3). Es ist beispielsweise kaum zufällig, daß Hosea, Jeremia (7,9) und das Deuteronomium den Dekalog oder dessen Traditionen aufgreifen.

Biographisch wissen wir von Hosea wenig, nicht einmal wie bei
Amos Geburtsort und Beruf. Bekannt sind die Namen des Vaters Beeri
(1,1), der Frau Gomer (1,3) und seiner drei Kinder (1,4 ff), die mit ihren
Symbolnamen in Hoseas Verkündigung einbezogen werden. Auch ist ein
eigentlicher Berufungsbericht (wie Am 7,14; Jes 6) nicht überliefert (vgl.
aber Hos 1,2). Wie wohl die meisten Propheten muß Hosea Feindschaft

und Spott ertragen: „Ein Narr ist der Prophet, verrückt der Mann des Geistes" (9,7f). So wird Hosea zumindest ironisch als „Prophet" angeredet.

2. Sind im Amosbuch die kleinen Einheiten mündlicher Rede recht eindeutig voneinander abgehoben, so sind die Einzelworte im Hoseabuch, sei es unter thematischem oder historischem Aspekt, zu größeren Kompositionen vereint. Da überleitende Redeformeln wie die Botenformel fast ganz fehlen (vgl. aber 2,15.18 u.a.), fällt die Abgrenzung der ursprünglichen Worte schwer. Nur gelegentlich sind Anfang (4,1) und Ende (2,23; 11,11) einer Sammlung durch eine Formel markiert, und das Buch wird durch eine weisheitliche Mahnung (14,10) abgeschlossen. Erklärt sich diese erstaunliche Geschlossenheit des Hoseabuches bereits aus dem mündlichen Vortrag (H. W. Wolff denkt an „Auftrittsskizzen") oder nicht doch eher aus dem nachträglichen Überlieferungsvorgang vor oder bei der Schriftwerdung? Wenn Hosea seine Worte nicht oder höchstens ausnahmsweise selbst niedergeschrieben und die Redekompositionen gebildet hat, wird man der Redaktion einen größeren Anteil an der Gestaltung des Buches zuschreiben müssen. Allerdings läßt sich im Hoseabuch die spätere Überarbeitung kaum eindeutig vom ursprünglichen Gut trennen.

Das Hoseabuch besteht aus zwei Hauptteilen, die sich wiederum aus kleinen Sammlungen zusammensetzen. Der erste Teil (Kap. 1–3) möchte mit dem Fremdbericht Kap. 1, dem Ichbericht Kap. 3 sowie den Droh- und Heilsworten im Zwischenstück Kap. 2 zeigen, „wie sich die persönliche Lebensgeschichte Hoseas in seiner Verkündigung widerspiegelte" (W. Rudolph). Der zweite Buchteil (Kap. 4–14) ist wiederum aus zwei größeren Einheiten (Kap. 4–11 und 12–14) aufgebaut, in denen wie schon in Kap. 1–3 Unheils- und Heilsbotschaft aufeinander folgen. So wechseln sich im Hoseabuch – vergleichbar dem Jesajabuch – Drohung und Verheißung mehrfach ab:

	Unheil	Heil
I. Kap. 1–3	1,2–9	2,1–3
	2,4–15	2,16–25
	3,1–4	3,5
II. Kap. 4–14	4,1 – 11,7	11,8–11
	12,1 – 14,1	14,2–9

In den Einzelsprüchen des zweiten Hauptteils ist ein klarer Aufbau kaum erkennbar; ab Kap. 9,10ff wiegen die geschichtlichen Rückblicke zum Schuldaufweis Israels vor.

I. Hos 1—3

1   Fremdbericht. Auftrag zur Heirat einer Hure
              Drei Kinder: Jesreel, Ohne-Erbarmen, Nicht-mein-Volk

2   Einzelworte (mit verschiedener Verszählung)

         V 1—3   Verheißung. Umwandlung der Unheils- in Heils-
                     namen: „Söhne des lebendigen Gottes"

         V 4—15   Drohung. Gott entzieht die Gaben des Landes.
                     Ehebild. Auseinandersetzung mit Baalkult

         V 16—25   Verheißung. Rückkehr aus der Wüste („zweiter Ex-
                     odus"). Neue Gemeinschaft

3   Ichbericht. „Liebe eine Ehebrecherin!"

         V 4   „Ohne König und ohne Opfer"

         V 5 (sek.)   Umkehr zu Gott und David (vgl. Jer 30,9)

II. Hos 4—14

4—11   4   Gegen Priester (V 1—10) und Kult (V 11—19)

                 V 2   Keine Gotteserkenntnis im Land

            5,1—7   Gegen Führer des Volkes

                 V 4.6   Keine Möglichkeit der Rückkehr

            5,8 ff   Syrisch-ephraimitischer Krieg

                 6,1—3   Bußlied (vgl. 14,3 f): Heilung nach 2,3 Tagen

                 6,4   Israel unverbesserlich

                 6,6   Gotteserkenntnis statt Opfer

                 7,8   „Ephraim unter den Völkern. Es vermengt
                       sich."

            8,4 ff   Gegen Königtum und Kult

                 9,7 f   „Ein Narr ist der Prophet."

            9,10 ff   Erster geschichtlicher Rückblick (Baal Peor)
                   „Wie Trauben in der Wüste fand ich Israel."

            11   Israel als abgefallener Sohn
                   „Als Israel jung war, gewann ich es lieb."

            11,8 ff   Gottes heilige Liebe: „Gott bin ich, nicht Mensch."

12—14   12   Israel Abbild des listigen Stammvaters Jakob
                 (vgl. Gen 27 ff; Jer 9,3; Jes 43,27)

            13   Israels Untergang

            14   Ruf zur Umkehr (V 2—4) als Konsequenz von Got-
                 tes Heilung (V 5 ff)
                 Deutende weisheitliche Schlußbemerkung (V 10):
                 „Gerade sind die Wege Jahwes."

Wie Amos' so wurde auch Hoseas Botschaft in das Südreich gebracht, allerdings wohl erst beim Untergang des Nordreichs. Erklärt das Ergehen des Buches seinen schlechten Textzustand? — Ähnlich dem

zweiten Abschnitt des Amosbuches (3,1) wird der zweite Hauptteil des
Hoseabuches durch den sog. Aufmerksamkeitsruf „Hört das Wort Jahwes" (4,1; vgl. 5,1) eingeleitet. Wie mehrfach im Amosbuch ist einmal
auch im Hoseabuch (12,6) eine Doxologie eingeschaltet. Darf man
deshalb auf Zusammenhänge zwischen der Redaktion beider Prophetenbücher schließen, zumal Amosworte (5,5; 1,4 u.a.) in abgewandelter
Gestalt wohl nachträglich in das Hoseabuch (4,15; 8,14; vgl. 7,10;
11,10) eingedrungen sind?

Jedenfalls hat eine — wohl mehrschichtige — judäische Redaktion
Hoseas Worte gegen das Nordreich im Südreich aktualisiert und damit
erweitert (1,7; 4,15; 5,5; 6,11; auch 1,1; 3,5 u.a.). Sie konnte sich
darauf berufen, daß Hosea selbst gelegentlich Juda einbezog (5,10.12;
6,4).

Das Hauptproblem geben die Heilsworte auf. Wenn sich auch ein
kleiner Teil (1,7; 3,5) recht eindeutig als sekundär abheben läßt, so
bleibt doch bei einem Großteil (bes. 2,1—3 oder 2,20 ff) der Nachweis
schwierig, so daß man die Entscheidung „echt — unecht" offenhalten
muß. Anders als bei Amos ist aber unbezweifelbar, daß Hosea nicht
nur Unheil androht, sondern auch Heil verheißt.

3. Zunächst herrschen allerdings Unheilsansage und Anklage vor,
wie die beiden Berichte in Er- und Ichform Kap. 1 und 3 zeigen. Sie
schildern das Verhältnis Hoseas zu einer (ehebrecherischen) Frau und
geben damit der Exegese seit eh und je schier unlösbare Probleme auf:
Handelt es sich um einunddasselbe Ereignis oder zwei verschiedene, um
einunddieselbe Frau oder um zwei? Heiratete Hosea bewußt, in göttlichem Auftrag, eine Dirne oder erkannte er erst rückblickend, im Verlauf der Ehe, die Untreue seiner Frau? Ist der Text (1,2) nachträglich
entstellt? Und welchen Sinn hat „Huren" — eheliche Untreue, Tempel-
prostitution oder Teilnahme am Fremdkult, speziell an einem kanaanäischen Sexualritus (vgl. 2,4 ff; 4,12 ff; 5,4)?

Die Fülle der Lösungsmöglichkeiten kann nicht vorgeführt werden. Vielleicht
darf man trotz allen Unsicherheiten die Interpretation H.W.Wolffs von Kap. 1
und W. Rudolphs von Kap. 3 vorziehen.

Danach heiratet Hosea auf göttlichen Befehl „eine jener heiratsfähigen jungen
Frauen, die sich dem in Israel eingedrungenen bräutlichen Initiationsritus unter-
warfen", „bei dem der Gottheit die Jungfrauschaft geopfert und damit Fruchtbarkeit erwartet wird" (Wolff, BK XIV/1³,14 f).

Demgegenüber spricht Kap. 3 (nach Rudolph) nicht von derselben Frau, nicht
einmal von einer Ehe, sondern von Kauf und Einsperrung einer Dirne: „Geh,
liebe eine Frau, die von einem anderen geliebt wird!"

Wie auch der Handlungsablauf ausgesehen haben mag, deutlich ist der Sinn beider Berichte. Sie wollen weder Vision noch Allegorie, sondern symbolische Handlungen sein, mit denen der Prophet seine Verkündigung veranschaulicht und bekräftigt. In ähnlicher Weise bezieht später Jesaja (7,3; 8,3) seine Familie in seine Botschaft ein. Beide Geschehnisse haben doppelte (symbolische) Intention, indem sie sowohl Israels Gegenwart charakterisieren als auch seine Zukunft bestimmen. Die Frau verkörpert in beiden Fällen das gegenwärtige, von Jahwe abtrünnige und dem Götzendienst verfallene Israel (1,2; 3,1). Gegenüber diesem Schuldaufweis stellt die Folgehandlung jeweils die Zukunft dar. Der Name des ersten Sohnes Jesreel (nach dem Ort der Bluttaten Jehus 2 Kön 9 f) kündet den Untergang nicht nur der Dynastie, sondern des Königtums überhaupt an (Hos 1,4). Die Namen der Tochter Ohne-Erbarmen und des Sohnes Nicht-mein-Volk sagen das Ende der Gemeinschaft von Gott und Volk an: „Ihr seid nicht mehr mein Volk, und ich, ich bin nicht mehr für euch da" (1,6.9 entgegen Ex 3,14). In ähnlicher Weise symbolisiert das Alleinsein der Dirne (Hos 3,3) weder Erziehung noch Besserung der Frau bzw. des Volkes, sondern das Ende des Königtums und zumindest bestimmter gottesdienstlicher Praktiken: Lange Zeit bleibt Israel ohne König und Opfer (V 4; V 5, wohl insgesamt Zusatz, erwartet eine Umkehr erst nach dem Gericht).

4. Die Intention beider Zeichenhandlungen kommt auch in Hoseas übriger Botschaft zur Geltung. Im Einklang mit Amos kündigt Hosea Gottes liebevolle Fürsorge für Israel auf (1,6; 2,6), sagt Krieg (7,16; 8,3; 10,14; 11,6; 14,1 u.a.), Tod (13,14 f) und Zerstreuung an: „Sie werden Flüchtlinge unter den Völkern" (9,16 f). In der Schärfe seiner Bilder von Gottes Strafhandeln geht Hosea noch über Amos hinaus: „Ich bin wie Eiter, wie Fäulnis, wie ein Löwe, wie ein Bär" (5,12.14; 13,7 f; vgl. 7,12).

In der Anklage zeigen sich allerdings charakteristische Verschiebungen. Herrscht bei Amos Sozialkritik vor, so bei Hosea Kultkritik. Er nimmt die Unheilsansage gegen Altäre und Heiligtümer des Nordreichs auf (8,11; 10,2.8; 12,12), droht das Ende der Festfreude an (2,13; 9,5) und verwirft die Opfer:

> „An Treue habe ich Gefallen
> und nicht an Schlachtopfern,
> an Gotteserkenntnis
> und nicht an Brandopfern"
> (6,6; vgl. 3,4; 8,13; 9,4).

Über Amos' einmalige Auseinandersetzung (7,10ff) hinaus findet Hosea generell zu einem harten Urteil über das Priestertum (4,4ff; 5,1; 6,9). Vor allem begründet er die Kultkritik mit Motiven, die bei Amos (trotz 5,26; 8,14) zumindest stark zurücktreten: Hosea rügt den Abfall zum Baalkult und den Bilderdienst, also die Übertretung des ersten und zweiten Gebots. Wieweit kommen damit typische Probleme des Nordreichs (vgl. 1 Kön 12,28f), vielleicht gar spezifische Themen der Nordreichprophetie (vgl. 1 Kön 18; 2 Kön 1) zur Sprache? Der Einsatz für das Bilderverbot ist der Elijatradition allerdings noch fremd.

Gottesbilder können als Menschenwerk Gott nicht darstellen, erniedrigen Gott wie Mensch:

„Ein Handwerker hat es gemacht –
das ist kein Gott."
„Menschen küssen Kälber"
(8,6; 13,2; vgl. 8,4ff; 10,5; 11,2; 14,4).

Weil mit dem Fremdkult Prostitution – ursprünglich die irdische Nachbildung der himmlischen Hochzeit von Gott und Göttin – verbunden ist, nennt Hosea das Treiben „Hurerei" (2,4f; 4,10ff; 5,3f; 9,1; aufgenommen in Jer 2f; Ez 16; 23). Darin spricht sich sowohl die Abwertung des kanaanäischen Fruchtbarkeitskults als auch das Bekenntnis zur Ausschließlichkeit des Jahweglaubens aus. Selbst politisches Verhalten, das bei fremden Völkern Hilfe sucht, kann Hosea als „Buhlerei" (8,9ff; vgl. 5,13; 7,8ff; 10,4; 12,2) beurteilen. Wenn er die Verbundenheit Gottes mit seinem Volk als Verhältnis von Mann und Frau darstellt (2,4ff; vgl. Jer 2 u.a.), nimmt er aus der kanaanäischen Religion jedoch die ihr wohlvertraute mythische Vorstellung einer Ehe zwischen Gott und Göttin auf, um sie allerdings zum Bild für Israels Ehebruch, die Treulosigkeit des Volkes gegenüber seinem Gott, umzudeuten. Mit allem konkretisiert Hosea die Forderung des ersten Gebots, das er unmittelbar zitiert (13,4; 3,1), wie er sich auch des ethischen Teils des Dekalogs oder jedenfalls der Dekalogtradition für seinen Schuldaufweis bedienen kann (4,2).

Ob Hosea wegen der Auseinandersetzung mit der Fremdreligion in so hohem Maße auf die Geschichte zurückgreift? Vor allem hilft sie ihm, Gottes Treue und Israels Abfall, damit die Kontinuität der Schuld im Wandel der Zeit aufzuzeigen (Kap. 9–12). Dabei wiegen die Traditionen vom Exodus („Aus Ägypten rief ich meinen Sohn" 11,1; 12,10; 13,4) und von der Wüstenwanderung (2,5.16f; 9,10; 13,5f) vor; außerdem beruft sich Hosea auf die erst wieder für Deuterojesaja wichtige Vätertradition (Jakob Hos 12).

Greift Amos aus den sozialen Gegensätzen seiner Zeit konkrete Vergehen heraus (z.B. 2,6−8), so bleibt Hoseas Sozialkritik allgemeiner:

> „Es ist keine Treue, kein Gemeinschaftssinn,
> keine Gotteserkenntnis im Lande"
> (4,1; vgl. 6,6ff; 12,7).

Doch ist Hosea unter allen Propheten wohl der schärfste Kritiker des Königtums überhaupt: „Von selbst machen sie Könige, gegen meinen Willen" (8,4). So kann er es als nur menschliche Einrichtung oder auch als Gabe von Gottes Zorn (13,11) verstehen und androhen: „Ich mache dem Königtum des Hauses Israel ein Ende" (1,4; 3,4). Von daher gewinnt seine Kritik ihren prinzipiellen Charakter; denn die späteren Südreichpropheten tadeln wohl Herrscher oder Herrscherhaus, halten aber in den messianischen Weissagungen an der Institution fest. Selbst die umstrittene Weissagung von der Vereinigung Judas und Israels verheißt nur ein gemeinsames „Haupt" (2,2; Zusatz: 3,5). Hat Hosea in seiner Hoffnung auf Heil jenseits des Gerichts weder den Fortbestand des Königtums noch des Kults erwartet, die er beide unter den Gaben, die Gott neu gewährt (2,16ff), nicht nennt?

5. Das Gericht verwirklicht sich so, daß Gott Israel die verfänglichen Güter des Landes, aber auch Königtum und Kult, entzieht (2,5.11−14; 3,4). Diesen Grundgedanken baut Hosea im Blick auf Israels gesamte Geschichte aus. Assur wird das Land überziehen und die Bevölkerung in die Verbannung schleppen, und zwar nicht nur nach Assur, sondern auch dorthin, wo Israel herkam: „Sie müssen nach Ägypten zurückkehren" (8,13; 9,3.6; 11,5; vgl. 7,16). So werden Exodus und Landnahme, ja die gesamte Geschichte des Volkes rückgängig gemacht. Die Rückkehr nach Ägypten bzw. − auf Grund der politischen Situation gegenüber der Tradition konkretisiert als: − die Exilierung nach Assyrien ist für Hosea doppelsinnig. Sie ist durch Wegnahme des Vorhandenen Rückführung zum Ursprung, ermöglicht aber gerade dadurch einen Neubeginn:

> „Sie werden zitternd heimkommen aus Ägypten wie Vögel
> und wie Tauben aus dem Lande Assur.
> Ich lasse sie in ihre Häuser ‚heimkehren' "
> (11,11; vgl. 2,16f von der Wüste).

Diese Vorstellung eines sog. zweiten Exodus nehmen später Jeremia, Ezechiel und Deuterojesaja auf. Für Hosea ist entscheidend, daß seine Botschaft nicht in zwei unabhängige Teile auseinanderfällt. Das verheißene Heil schränkt das Gericht nicht ein oder hebt es gar auf, sondern setzt es voraus. Erst in der „Nullpunktsituation" (H. W. Wolff) gewährt Gott neue, ungestörte, bleibende Gemeinschaft und Erstattung des Verlorenen: „Du wirst mich ‚mein Mann' und nicht mehr ‚mein Baal (d. h. Herr)' nennen" (2,18 ff; 14,6 ff).

Israel soll das Heil zwar neu zuteil werden, kann es aber nicht von sich aus bewahren. Wo es ein entsprechendes Angebot erhält, schlägt es dieses aus (2,4 ff; vgl. 4,16; 6,4; 7,14 ff; 10,12 f). Israel „hat mich vergessen" (2,15); „sie hören nicht" (9,17; vgl. 11,5 ff). „Eingebunden ist Israels Schuld, aufbewahrt seine Sünde" (13,12). So kann Gott (trotz 14,2 ff) kaum auf Israels Bußfertigkeit hoffen, sondern muß sie selbst schaffen:

> „Ich heile ihre Abtrünnigkeit,
> ich liebe sie aus freien Stücken" (14,5).

Letztlich kann Gott sein Erbarmen nur mit seiner eigenen Heiligkeit (vgl. Jes 40,25) begründen; in seinem Herzen streitet die Liebe gegen den berechtigten Zorn:

> „Wie könnte ich dich preisgeben, Ephraim,
> dich hingeben, Israel? . . .
> Mein Herz kehrt sich gegen mich,
> mein Mitleid entbrennt mächtig.
> Nicht vollstrecke ich meinen heißen Zorn,
> nicht will ich Ephraim wiederum verderben;
> denn Gott bin ich und nicht ein Mensch,
> in deiner Mitte ein Heiliger" (11,8 f).

Zwar haben sich Hoseas Verheißungen am Nordreich nicht erfüllt, aber spätere Propheten, wie Jeremia (3,12.22; 31,3.20), tragen die Hoffnung weiter.

§ 16

JESAJA

1. Das umfangreiche Buch, das von der Tradition dem Propheten Jesaja zugeschrieben wird, ist ein höchst komplexes literarisches Gebilde aus mehreren Jahrhunderten. Nachdem schon das Mittelalter Unterschiede im Jesajabuch bemerkt hatte, setzte sich nach 1780 (durch J. G. Eichhorn und J. Chr. Döderlein) allmählich die Erkenntnis durch, daß die Kap. 1−39 und 40−66 zu trennen und auf zwei Autoren zu verteilen seien − Jesaja (I) und einen Unbekannten, den man Deuterojesaja („zweiter Jesaja") zu nennen pflegt. Mehrere Gründe zwingen dazu, die Einheit des Jesajabuches aufzugeben:

(a) Jesaja lebte nach 6,1 u. a. vor 700 v. Chr., z. Z. der Bedrohung durch die von ihm namentlich genannten Assyrer (10,5 ff u. a.). Die Kap. 40 ff setzen aber bereits die Zerstörung Jerusalems durch die Babylonier im Jahre 587 v. Chr. voraus. Entsprechend wird Jes 47 nicht mehr Assur, sondern Babel mit dem Untergang bedroht, gelegentlich (44,28 f) sogar der Perserkönig Kyros erwähnt.

(b) Sprachgebrauch, Redeformen, Gedankenwelt und Aussageabsicht ändern sich ab Kap. 40 völlig. Statt der Gerichtsdrohungen überwiegen Heilszusagen, und dem Gottesnamen werden gerne Appositionen, wie „der Heilige, der Erlöser" o. ä., beigegeben.

(c) Die Prosakapitel Jes 36−39, ein Nachtrag aus 2 Kön 18−20, verraten, daß das Buch einmal mit Kap. 35 abschloß.

Erst seit dem bis heute bedeutsamen Jesajakommentar von B. Duhm (1892. ⁴1922) trennt man noch einmal Deuterojesaja, Kap. 40−55, von Tritojesaja (dem „dritten Jesaja"), Kap. 56−66, ab.

In der Gesamtanlage des Buches verbirgt sich, ähnlich der Komposition anderer Prophetenbücher, ein Sinn: Die Botschaft Jesajas (I), in der die Unheilsansage vorherrscht, scheint auf die Heilsverheißung Jes 40 ff zuzulaufen.

2. Innerhalb von Jesaja I wird schon Kap. 2 durch eine neue Überschrift eröffnet (vgl. 2,1 mit 13,1). So besteht auch dieses Buch aus mehr oder weniger deutlich erkennbaren Teilsammlungen, wie Kap. 1; 6−8; 28−32 u. a. Zwar hat Jesaja um der Zukunftsbedeutung seiner Botschaft willen gelegentlich selbst geschrieben oder diktiert (8,1 f; 30,8;

vgl. die Ichberichte Kap. 6; 8), doch sind die Sammlungen eher in einem Schülerkreis (8,16) entstanden (vgl. den Erbericht Jes 7; auch 20), soweit sie nicht in späterer Zeit erweitert wurden.

Ähnlich wie im Hoseabuch sind Heilsworte an ehemalige Teilsammlungen angehängt, so die Verheißung der Völkerwallfahrt zum Zion 2,1–5 nach Kap. 1 oder die messianische Weissagung 9,1–6 nach Kap. 6–8; vgl. weiter 4,2–6 nach Kap. 2,6 – 4,1 und in den späteren Kapiteln 32,15 ff u. a.

Auch wenn sich die Heilserwartungen im Schlußteil (Kap. 24 ff; 33 ff) häufen, so ist das Hauptgliederungsprinzip des Buches doch nicht die Abfolge von Unheil zu Heil. Vielmehr sind jeweils Worte gegen das eigene Volk (Kap. 1–12; 28–32) und gegen fremde Völker (13–23) zusammengestellt, so daß drei Hauptabschnitte (I–III) entstehen. Sie werden durch drei umfangreiche Zusätze (A–C: Kap. 24–27; 33–35; 36–39) unterbrochen.

I. Jes 1–11(12) Vorwiegend Drohworte gegen Juda und Jerusalem

1	„Zusammenfassung der Botschaft Jesajas" (G. Fohrer)	
	V 2–3	Abgefallene Söhne
	V 4–8(9)	Jerusalem wie Sodom (701 v. Chr.)
	V 10–17	Kultkritik und Recht. „Eure Hände sind voll Blut."
	V 18–20	Aufruf zum Rechtsverfahren (vgl. 3,13 f)
	V 21–26(27f)	Läuterung Jerusalems „Ich will dir Richter geben wie einst."
	V 29 ff	Baumkult (vgl. 17,9–11; 57,5; 65,3 u. a.)
2–4	2,1.2–4.5	(= Mi 4,1–3.4 f) Völkerwallfahrt zum Zion
	2,12–17	Tag Jahwes (im teils sek. Rahmen 2,6–22)
	3,1–7.8 f	Gegen „Stütze und Stab", die herrschenden Ämter
	3,16 f.24(18–23)	Gegen die vornehmen Frauen (vgl. 3,25 f; 4,1; 32,9 ff)
	4,2–6 (sek.)	Verherrlichung des Zion
6–8	Sog. Ur- oder Denkschrift Jesajas (6,1–8,18; erweitert bis 9,6)	
	6	Berufungsvision als Ichbericht „Ich sah den Herrn . . ." mit Verstockungsauftrag
	7	Begegnung von Prophet und König Ahas beim syr.-ephraim. Krieg in zwei Szenen (V 3–9. 10–17)
	V 9	„Glaubet ihr nicht, so bleibet ihr nicht!"
	V 14	Immanuelzeichen: „Die junge Frau ist schwanger . . ."
	V 18 ff	Einzelworte. Gericht durch Assur

29,1−4.5−8   Wehe über Ariel-Jerusalem
29,9 f.11 f   Verblendung (vgl. 6,9 ff)

30 f   Gegen den Schutz Ägyptens (bes. 30,1−3; 31,1−3)
31,3   Die Ägypter sind Mensch, nicht Gott
32,9−14   Gegen die sorglosen Jerusalemerinnen
                (vgl. 3,16 ff)

B) Jes 33−35   Heilvoller Anhang
33   Nachahmung einer Liturgie mit Klage und Heils-
                orakel (vgl. Mi 7,8 ff)
34   Gericht über Edom (vgl. Obd; Ez 35 u. a.)
35   Erlösung und Heimkehr zum Zion (ähnlich
                DtJes)

C) Jes 36−39   Geschichtlicher Anhang aus 2 Kön 18−20
                Bericht über Jerusalems Belagerung durch Sanherib (701)
                Dankpsalm Hiskijas (38,9 ff)
                Vgl. den Anhang Jer 52 aus 2 Kön 24 f

Jesajanische Worte sind am ehesten in Kap. 1−4,1; 5−11; 14; 17 f; 20; 22;
28−32 zu suchen.

3. Traten Amos und Hosea im Nordreich auf, so ist Jesaja der erste
Schriftprophet im Südreich. Allerdings wendet er sich an „beide Häuser
Israels" (8,14). Eine Reihe von Drohworten aus der Zeit vor 722 v. Chr.
richtet sich gegen das Nordreich (9,7 ff; 28,1 ff u.a.). In der Regel
spricht er aber zu „Jerusalem und Juda", d.h. Stadt Davids und Land
(3,1.8; 5,3; 22,21), schließlich wie schon Amos auch zu Fremdvölkern
(z.B. 18,1 ff).

Amoz − nicht zu verwechseln mit dem Propheten Amos, der sich
mit anderem An- und Schlußlaut schreibt − heißt der Vater Jesajas.
Seine Frau trägt (8,3) den Titel $n^e bi^\circ ah$ „Prophetin", evtl. auch „Pro-
phetenfrau", während Jesaja selbst den Titel „Prophet" meidet (vgl.
28,7) und sich wie Amos eher als „Seher" versteht (vgl. 1,1; 30,10;
2,1). Wie Hosea seine Kinder so bezieht auch Jesaja seine beiden Söhne
(7,3; 8,3) als „Zeichen und Mahnmale" (8,18) in seine Verkündigung
ein, indem er ihnen anstößige Symbolnamen verleiht. „Immanuel" (7,14)
ist kaum ein weiterer Sohn Jesajas.

Da Jesaja Zugang zum König wie zu höheren Beamtenkreisen hat
(7,3; 8,2; 22,15 ff), auch die politischen, sozialen und kultischen Verhältnisse der Hauptstadt gut kennt, könnte er vornehmer Abstammung
und in Jerusalem aufgewachsen sein. Von daher wird einmal die
überraschende Nähe Jesajas zur Weisheit (1,2; 11,2; vgl. 10,15 u.a.)
erklärlich; allerdings steht er ihr keineswegs unkritisch gegenüber (5,20 f;

10,13; 29,14ff; 31,2; vgl. 2,17; 3,3 u.a.). Zum andern ist er stark
durch die Zion- (1,21ff; 6; 8,18; 28,16f u.a.) und Davidtradition
(29,1; 11,1ff u.a.) geprägt, während die für Amos wie Hosea wichtige
Exodus- oder auch die Vätertradition ganz zurücktreten. Außerdem
könnte Jesaja aus dem Jerusalemer Tempel, in dem er wohl seine Berufung erlebt, auch die Sprache der Psalmen vertraut sein, die er
wiederum kritisch umdeutet (8,14.17; 28,15; 30,2f; 31,2f u.a.).

Eine späte, apokryphe Legende, das „Martyrium Jesajas", erzählt, der Prophet sei zur Zeit Manasses (vgl. 2 Kön 21,16) zersägt worden, da er von sich
behauptete, Gott gesehen zu haben (Jes 6,1), Jerusalem Sodom nannte (1,10)
und die Verwüstung von Stadt und Land ankündigte (6,11 u.a.). Demnach
haben entscheidende Worte von Jesajas Botschaft bis in die Spätzeit Anstoß
erregt.

4. Jesajas Wirkungszeit, etwa 740 − das Todesjahr Usijas Jes 6,1
läßt sich nicht genau datieren − bis 701 v. Chr., ist eine wegen der
wachsenden assyrischen Bedrohung politisch bewegte Epoche, und Jesaja
nimmt in steigendem Maße zur aktuellen Politik Stellung. Auf Grund
der Hauptereignisse der Zeit pflegt man das Auftreten Jesajas in verschiedene Perioden aufzuteilen, auch wenn die zeitliche Einordnung
nicht weniger Texte umstritten bleibt.

(a) In der sog. Frühzeitverkündigung Jesajas, die sich im groben in Kap.
1−5 niederschlägt, tritt die später wichtige Außenpolitik (Jes 7f; 20; 30f) noch
zurück; der Schuldaufweis beruht vorwiegend auf der Sozialkritik.
    Vor die Berufung läßt sich die Frühzeitverkündigung nicht einordnen, da 6,1
das älteste Datum im Jesajabuch enthält und sich die Radikalität der Gerichtsbotschaft von Jes 6 in diesem frühen Textkomplex widerspiegelt (1,10.15; 3,8f.
25ff; 5,5−7.13f u.a.). Auch darf man eine Mahnung wie 1,16f nicht für sich,
von ihrem Kontext (1,10ff) gelöst, interpretieren.
    In der Regel wird die Frühzeitverkündigung in der Zwischenperiode zwischen
Jesajas Berufung und dem syrisch-ephraimitischen Krieg, gelegentlich aber auch
erst danach angesetzt.
    (b) In der Zeit des syrisch-ephraimitischen Krieges um 733 v. Chr.,
in der Juda in die antiassyrische Koalition gezwungen werden soll, spielen die
bewegten Szenen Jes 7f. Es folgt eine Zeit des Schweigens, in der Jesaja seine
Botschaft in seinen Jüngern „versiegelt" und das Eintreffen des Angekündigten
Gott überläßt (8,16−18).
    In jene beiden Perioden oder auch danach, jedenfalls in die Zeit vor 722
v. Chr., fallen zugleich die Ankündigungen des Untergangs des Nordreichs
(Jes 9,7ff; 5,25ff; 17,3ff; 28,1−4; vgl. 7,4ff; 8,4).
    (c) In die Zeit rasch niedergeworfener Aufstände, besonders der Philister-
stadt Aschdod um 711 v. Chr. (vgl. Jes 20,1), gegen die assyrische Oberherrschaft

unter Sargon gehören die symbolische Handlung Jes 20 und Worte wie 18,1 ff;
vielleicht 22,15 ff u. a.

(d) Während oder nach Zerstörung des Landes durch die Invasion des
Assyrers Sanherib (Belagerung Jerusalems, 701 v. Chr.) sind größere Teile aus
dem sog. Assurzyklus Kap. 28–32 gesprochen. Im Jahre 701 oder 700 v. Chr.
endet Jesajas Wirksamkeit; seine drei letzten Worte sind vermutlich 1,4–8;
22,1–14; 32,9–14.

5. Mit Amos hat Jesaja Kult- und Sozialkritik, die Erwartung des
„Tages Jahwes", die Weherufe, die Polemik gegen menschlichen Hochmut u. a. gemeinsam. Doch greift Jesaja in der Vielfalt seiner Themen
über Amos hinaus, indem er etwa seine Botschaft auf Jerusalem aus-
dehnt, die Außenpolitik einbegreift oder Unheils- und Heilsansage eng
miteinander verzahnt (1,21 ff). Auch Jesajas Sprache ist reich an Bildern,
einmal kann er sie zu einem Gleichnis ausbauen (5,1 ff).

„Die Verkündigung Jesajas ist das gewaltigste theologische Phänomen des
ganzen Alten Testaments" (G. v. Rad), leider auch das umstrittenste. In entscheidenden Sachfragen liegen so divergente Deutungen vor, und die für jede
Gesamtdeutung höchst wichtige Unterscheidung zwischen „echten" und späteren
redaktionellen Texten schwankt so stark, daß es schwer fällt, allgemein anerkannte Grundlinien auszuziehen.

Die Vision des von seinem Thronrat umgebenen heiligen Gottes
(Jes 6; vgl. § 13 b,2) geht in eine Sühnehandlung über, die Jesaja von Schuld
befreit und zum Dienst befähigt: „Wen soll ich senden? Sende mich!"
So wird die Berufungsvision zugleich Ätiologie seiner Unheilsbotschaft.
Erklärt die ähnliche Vision Michas ben Jimla (1 Kön 22,19 ff) die
Betörung des Königs, so zielt Jesajas Auftrag auf die Verstockung des
Volkes: „Höret, doch verstehet nicht, sehet, doch erkennet nicht!" Auf
die Frage nach der Dauer „Wie lange?" ergeht die harte Antwort: „Bis
die Städte öde liegen ohne Bewohner" (V 11; V 12 f wohl Zusatz).
Wie schon in Amos' Vision wird das Wann und Wie nicht näher ent-
faltet, das Warum nur angedeutet (V 5). Wieweit diese Darstellung das
Berufungsereignis getreu wiedergibt und wieweit sich in ihr bereits
spätere prophetische Erfahrung niederschlägt, ist eine sehr unterschiedlich beantwortete Frage. Nimmt das Verständnis des Textes aus der
Rückschau ihm nicht seinen Anstoß?
Jesaja erfährt weniger den Inhalt als die Wirkung seiner Verkündigung; der Mißerfolg wird als gottgewollt in den Auftrag hineingenommen. Wie Jesajas Mahnung zur Einsicht auf Ablehnung stößt und so
das Gericht herbeizuführen hilft, veranschaulicht beispielhaft die Begeg-

nung zwischen Prophet und König (Jes 7). Zu einem Zeitpunkt, da Damaskus und Israel Jerusalem zu einer antiassyrischen Koalition zwingen und den regierenden Davididen Ahas durch einen Sohn Tabeals ersetzen wollen, ruft Jesaja — in Anknüpfung an die Tradition vom Jahwekrieg (Ex 14,13f; Dtn 20,2—4) — zu Furchtlosigkeit und Ruhe, damit zum Vertrauen auf Jahwe (Jes 30,15), auf. Beide Feindstaaten, Syrien und das Nordreich, gelten in prophetischer Vorwegnahme der Zukunft nur noch als „qualmende Brennholzstummel"; die von Jesaja erst später (8,4ff; 7,18ff) ausdrücklich genannte Assyrermacht rückt heran. Aber auch das Jerusalemer Königshaus wird nicht etwa einer Verheißung, sondern einer bedingten Unheilsankündigung „Glaubet ihr nicht, so bleibet ihr nicht!" (7,9; vgl. 28,16) unterworfen. Sie wandelt sich im Verlauf der folgenden Szene, in der Ahas das Angebot ausschlägt, in eine unbedingte Gerichtsankündigung gegen König und Volk — in der höchst umstrittenen Immanuelweissagung, die nicht eigentlich auf Geburt und Namengebung, sondern auf eine Zeitansage, die Teilung des Landes, hinausläuft (7,14.16f).

Wurde die Korrespondenz von Jes 6 und 7 erst im Rückblick empfunden? Wird Jesaja erst im Laufe des Gesprächs von dem auch Juda — vordergründig durch die Assyrer, letztlich durch Jahwe selbst (8,12ff) — drohenden Unheil überzeugt oder betritt er mit einer Ahnung vom Ausgang der Dinge die Szene?

Zur Begegnung mit dem König nimmt Jesaja seinen Sohn Sch\u1ear jaschub mit. Der Name „(Nur) Ein Rest kehrt — ergänze: aus der Schlacht — zurück" (kaum: Ein Rest kehrt um) ist doch wohl als Drohwort gegen Juda zu verstehen, wie der Name seines zweiten Sohnes „Raubebald-Eilebeute" (8,3f) Unheil für das Nordreich ansagt.

Wie für Amos (3,12) ist für Jesaja der Rest eher Überbleibsel aus der Katastrophe (1,8; 17,3.5f; 30,14.17) als Ziel des Gerichts, Träger neuen Heils (anders in den als Zusatz verdächtigen Texten 1,9; 4,3; 6,13; 10,20f; 11,11.16; 28,5 u.a.). Außerdem läßt eine Reihe von Gerichtsankündigungen (5,6.24.29; 6,11; 28,2—4.18—20; auch 8,8 u.a.) für eine Resthoffnung keinen Raum.

6. So nimmt Jesaja in den verschiedenen Perioden seiner Wirksamkeit Grundaussagen von Jes 6 auf. Nicht nur einzelne, wie der König oder ein Hofbeamter (22,15ff), nicht nur Gruppen (3,16ff; 5,8ff), sondern das Volksganze ist schuldig (6,5; 9,12; 10,6; 30,9; 31,2) und geht dem Gericht entgegen (6,11f; 3,8; 5,13.29; 8,5ff; 28,18ff u.a.). Jahwe selbst wird für „beide Häuser Israels" zum „Stein des Anstoßes" (8,14). Jesaja klagt über Israels Undankbarkeit und Ungehorsam, der sich aller väterlichen Fürsorge widersetzt (1,2f; 5,1—7). Was im sog. Verstockungsauftrag (6,9f; 29,9f) als Wirken Gottes gilt, erscheint hier

als schuldhafte, selbst zu verantwortende Tat des Volkes; Nichtkönnen und Nichtwollen liegen ineinander.

> „In Umkehr und Ruhe liegt euer Heil,
> in Stillesein und Vertrauen besteht eure Stärke –
> aber ihr habt nicht gewollt" (30,15).

Die Israeliten wollen weder sehen (5,12) noch hören (28,12; 30,9.12; vgl. 1,5; 8,6; 29,13 u.a.); selbst Umkehr kann als vertane Möglichkeit erscheinen (9,12 vom Nordreich; vgl. 6,10). Sie sind Jahwes Söhne, aber mißraten (1,4; 30,1.9). So kann er statt von „meinem Volk" (1,3 u.a.) auch verächtlich von „diesem Volk" (6,9f; 8,6.11f; 29,14f u.a.) sprechen.

Wie schon Amos oder Hosea entfaltet Jesaja das Gericht in der Regel als Einfall eines feindlichen Heeres (5,25ff; 7f u.ö.), gelegentlich auch als direkten Eingriff Gottes (1,24ff; 8,13f; 29,1–3), ausnahmsweise als Naturkatastrophe (2,12–17; vgl. 5,14.24; 32,12–14). Denkt der Prophet dabei nicht letztlich an ein Geschehen, das auf verschiedene Weise konkretisiert werden kann?

Durchweg wird es als Ereignis verstanden, das in Kürze bevorsteht, ja schon in die Gegenwart hineinragt (1,15; 7,4; 29,10 u.a.). Manchmal scheint Jesaja aber einen etwas größeren Zeitraum von zwei, drei Jahren vor Augen zu haben (7,16; 8,4).

7. Amos' Anklage gegen Unrecht und Unterdrückung setzt Jesaja fort, doch nennt er neben den Armen und Schwachen, die benachteiligt werden (3,14f; 10,2), eine von Amos noch nicht erwähnte Gruppe, die keinen Fürsprecher in der Rechtsgemeinde hat:

> „Verhelft der Waise zum Recht,
> führt den Rechtsstreit der Witwe!"
> (Jes 1,17.23; 10,2; schon Ex 22,21 u.a.)

Auch das „Wehe" über die Großgrundbesitzer, die „Haus an Haus, Feld an Feld reihen" (5,8), findet sich erst bei dem gleichzeitigen Micha (2,2). Noch bezeichnender ist die Unheilsdrohung gegen „Stab und Stütze", die oberen Ämter (Jes 3,1ff). So beherrscht das Thema „Gerechtigkeit" die Frühzeitverkündigung (1,16f.21–26; 5,7ff u.a.), ist aber auch in der Spätzeit nicht vergessen (28,17); es bestimmt Anklage wie Heilserwartung: „Ich gebe dir wieder Richter wie vorzeiten" (1,26; 9,6; 11,3ff; 28,17).

Einen weitaus geringeren Anteil hat die mit der Sozialkritik verwobene Kultkritik. Auch sie deckt Schuld auf: „Eure Hände sind voll Blut", Schuld nicht nur der Oberschicht, sondern des Volksganzen, „der

Fürsten von Sodom und des Volkes von Gomorra" (1,10–17; vgl.
22,12 f; 29,1.13 f; gegen Priester: 28,7).

Knüpft Jesaja auch an Amos (6,8 u. a.) an, wenn er sich menschlichem Hochmut entgegenstellt? Jesaja spürt ihn bei allen Adressaten
auf, die er anspricht: bei Assur (10,5 ff), Nord- (9,8; 28,1 ff) wie Südreich, speziell Jerusalem (5,14), den vornehmen Frauen der Hauptstadt
(3,16 f; 32,9 ff) und einem Hofbeamten (22,15 ff). Stolz und Hoffart
sind letztlich Widerspruch gegen den Gott, den Jesaja „auf einem hohen
und erhabenen Thron" sah, gegen den „Heiligen Israels" (1,4; 30,15;
31,1 u. a.). Die Ausschließlichkeit, die das erste Gebot verlangt, wird
Gott an seinem „Tag" durchsetzen:

> „Gebeugt wird der Stolz des Menschen,
> gedemütigt der Hochmut der Männer,
> und Jahwe allein ist erhaben an jenem Tage." (2,17)

8. Die Stellungnahme zu aktuellen Ereignissen der Außenpolitik
ist ein weiteres Hauptthema von Jesajas Verkündigung. In der Frühzeit
engagiert er sich im syrisch-ephraimitischen Krieg (Jes 7) und proklamiert Assur als die Macht, die auf Jahwes Geheiß an Nord- (5,25 ff
u. a.) wie Südreich das Gericht vollstreckt: „Siehe, der Herr läßt die
Wasser des Euphrat emporsteigen, stark und mächtig" (8,7), „pfeift die
Biene aus dem Land Assur herbei" (7,18). Weil die fremde Großmacht
im Auftrag handelt, gilt sie andeutend als „Starker und Gewaltiger des
Herrn" (28,2). Da sie sich aber über ihr Amt, Gerichtswerkzeug zu
sein, hinaus anmaßend und überheblich zeigt, ruft Jesaja über sie das
„Wehe" aus (10,5 ff; auch 14,24 ff?). Dennoch tritt er in seiner Spätzeit leidenschaftlich allen Versuchen entgegen, durch Bündnisse mit
Ägypten das assyrische Joch abzuschütteln (20; 30,1 ff; 31,1 ff). Was
sind sie anderes als menschliche Eigenmächtigkeit gegen Jahwe (30,2)?

> „Doch auch er ist weise
> und führt Unheil herbei . . .
> Ägypten ist Mensch und nicht Gott,
> seine Rosse sind Fleisch und nicht Geist.
> Jahwe streckt seine Hand aus,
> da strauchelt der Beschützer
> und fällt der Beschützte,
> und zusammen gehen sie alle zugrunde" (31,2 f).

Wie sein Wort (9,7) so wirken Gottes „Rat, Plan" und „Werk" in
der Geschichte. Aber Israel hat keinen Blick für die Zukunft: „Das Tun
seiner Hände sehen sie nicht" (5,12.19; 9,12; 22,11; vgl. 14,26; 28,21

u. a.). In diesem überraschend fest geprägten Sprachgebrauch zeigen sich Anfänge einer Begriffsbildung. Sie ermöglicht Jesaja, Gottes Kommen zum Gericht oder gar die Verstockung als *opus alienum* Gottes zu verstehen: „Befremdlich sein Tun, fremd sein Werk!" (28,21; vgl. 29,14; 31,2).

9. Höchst umstritten ist, von den messianischen Weissagungen abgesehen, die Zionsbotschaft Jesajas. Ihre Deutung hängt weitgehend von der Entscheidung über die „Echtheit" von Texten ab, die Jerusalem mehr oder weniger uneingeschränkt eine heilvolle Wende in der Bedrängnis zusagen. Verheißt Jesaja dem Zion wunderbare Errettung in letzter Stunde? Oder sind Verheißungen, die ganz allgemein die Abwehr angreifender „Völker" erwarten, so keine zeitgenössische Situation erkennen lassen und an das Motiv vom Völkeransturm in den Zionspsalmen (46; 48; 76) erinnern, spätere Zusätze (8,9f; 17,12ff; 29,5ff; vgl. 14,30a.32b)? Insbesondere sind solche Worte, die einer Drohung gegen Jerusalem unmittelbar eine Heilsweissagung folgen lassen und so mehr oder weniger ausdrücklich einen Umschwung erhoffen, als Nachträge verdächtig (29,5ff; 31,5ff; 32,15ff; vgl. 18,7; 28,5f u.a.). Bei Ausgrenzung der seit langem umstrittenen Texte wirkt die Verkündigung Jesajas einheitlicher, in sich geschlossen: Da er gegen Ende seiner Wirksamkeit die Unheilsansagen seiner Berufung (6,11) wieder aufnimmt (22,14; 28,22; 29,9f; 32,14 u.a.), könnte er nur zwischenzeitlich anders gedacht haben. Jedoch fehlen für die Annahme einer doppelten Wandlung Jesajas die nötigen Anhaltspunkte. Greift Jesaja (28,15.18ff) – ähnlich wie Micha (3,11) oder Jeremia (7,8ff) – nicht das Sicherheitsgefühl der Jerusalemer an, wie es sich in der Ziontradition (Ps 46 u.a.) ausspricht? Jedenfalls kann Jesaja den Bewohnern der Hauptstadt den Tod (22,14; vgl. 29,4 u.a.) und ihr selbst den Untergang (3,8; 5,14.17; 32,14) androhen.

10. „Hofft" Jesaja auf den Gott, der „sein Angesicht verbirgt" (8,17)? Unbezweifelbar sind Unheil und Heil ineinander verschlungen: Die verdorbene Hauptstadt wird, geläutert, in Zukunft neu den Namen „Stadt der Gerechtigkeit, treue Stadt" erhalten, den sie einst verdiente (1,21–26).

Abgesehen von diesem Text, der das künftige Neue aus dem Gericht am Bestehenden erwachsen läßt, sind alle übrigen Heilserwartungen in ihrer „Echtheit" umstritten. Dies gilt nicht nur für die Schlußworte der Berufungsvision: Erst der Wurzelstumpf ist „heiliger Same" (6,13), sondern auch für die drei großen Verheißungen in Kap. 2; 9 und 11. Sie lassen sich kaum einer eindeutigen geschichtlichen Situation zuweisen; allerdings geben Heilsworte oft entsprechende Probleme auf. Da es überhaupt schwerfällt, vom jeweils eigenen Prophetenverständnis unabhängige, objektivierbare Gründe, vor allem sprachlicher Art, für die Ausscheidung zu finden, wird man die „Echtheit" für möglich halten müssen – zumindest von Jes 11, dem aber Jes 9 nahesteht. Tatsächlich entfalten die Heilsweissagungen, etwa in der strengen Konzentration auf die Durchsetzung des Rechts, ein Gegenbild zu Jesajas Anklagen und sind dadurch sowohl mit der übrigen Botschaft Jesajas als auch untereinander verbunden.

Jes 9,1–6 (wohl ohne 8,23b) verheißt nur dem „Volk, das im Finstern wandelt", im Machtbereich des Todes wohnt (9,1; vgl. 29,4), ein „großes Licht": Befreiung durch Gott selbst, Geburt des Herrschers, Frieden ohne Ende. Demgegenüber hat sich die messianische Weissagung in Jes 11 (V 1–5 mit Ergänzungen in V 6–8.9f) verselbständigt; die Geistbegabung (11,2) entspricht den Ehrentiteln (9,5). Was dem Volk fehlt, Einsicht, Gerechtigkeit und Fürsorge für die Armen (1,3.17 u.a.), soll der Zukunftsherrscher bringen. Er entstammt, gemäß dem Bild vom Reis, das aus dem Stumpf hervorsprießt, nicht der regierenden Daviddynastie, der vielmehr das Gericht bevorsteht (7,16f).

Wie Jesaja hier den Fortbestand der Institution, nicht die Bewahrung der Amtsträger erwartet, so scheint auch in Jerusalem nur die Identität des Orts gewahrt zu bleiben. Jes 28,16f kündet eine Neugründung in bzw. auf dem Zion an: „Siehe, ich lege in Zion einen neuen Grundstein." Die Verheißung der Völkerwallfahrt (2,2–4; auch Mi 4,1–3 überliefert) spricht sogar von Gründung und Erhöhung des Zion. Von nationaler Größe und Herrschaft Israels ist jedoch keine Rede, nur von Aufrichtung des Rechts und Beendigung des Krieges unter allen Völkern in der Begegnung mit dem einen erhabenen Gott (vgl. Jes 6,1; 2,17).

§ 17

MICHA

1. Micha ist Jesajas jüngerer Zeitgenosse; beide treten etwa im gleichen Raum, im Südreich, und zur gleichen Zeit auf. Das Todesjahr Usijas (Jes 6,1) wird im Michabuch nicht mehr erwähnt; darüber hinaus nennen die Buchüberschriften (Jes 1,1; Mi 1,1) die gleichen drei Könige Jotam, Ahas, Hiskija. Nur noch ein einziges Wort Michas (1,2–7) richtet sich gegen das Nordreich: „Ich mache Samaria zu einem Trümmerhaufen." Diese Gerichtsansage muß vor ihrer Erfüllung, 722 v. Chr. durch den Fall der Stadt, gesprochen sein. Der tiefe Einschnitt, den der Untergang des Nordreichs bedeutet, macht sich im Wandel des Sprachgebrauchs bemerkbar: Der Würdename „Israel" geht vom Nordreich (so 1,5) zum Südreich über (3,1.9 u. a.). Aber noch der Feldzug der Assyrer gegen Jerusalem im Jahre 701 scheint sich in der Botschaft Michas (1,8 ff) widerzuspiegeln. So wird er etwa 740 (?)–700 v. Chr. gewirkt haben.

Micha tritt wohl in der Hauptstadt auf (3,9 ff), kommt aber – anders als Jesaja, der in Jerusalem zu Hause ist – vom Lande, aus Moreschet-Gat (1,1.14; Jer 26,17 f) im judäischen Hügelland, nicht allzu fern von Amos' Heimat. Erklärt sich aus dieser Herkunft, daß Micha zwar der Hauptstadt Jerusalem dasselbe Schicksal wie Samaria androht (3,12; vgl. 1,12.16; 2,4), aber in der Hoffnung an dem nicht aus Jerusalem, sondern aus Betlehem stammenden davidischen Königtum festhält (5,1 ff)? Gehört der Prophet zur grundbesitzenden Landbevölkerung ('am ha'arez), die bei allen Hofputschen treu zur Daviddynastie steht (2 Kön 11,14; 14,21 u. a.)? Hat Micha das Amt eines Ortsältesten inne, der sich um „sein Volk" (1,9; 2,8 f; 3.3.5) sorgt (H. W. Wolff)? Nur gelegentlich spricht Micha von sich selbst, so in der Klage über das Schicksal seines Volkes (1,8; vgl. 7,1.7) oder in dem selbstbewußten Hinweis auf seinen Auftrag (3,8).

2. Wie im Hoseabuch mehrmals Unheils- und Heilsworte aufeinander folgen, beschließen im Michabuch dreimal Verheißungsworte eine Sammlung von Drohworten (W. Rudolph):

	Unheil	Heil
I. Kap. 1—2	1,2—2,11	2,12—13
II. Kap. 3—5	3,1—12	4,1—5,14
III. Kap. 6—7	6,1—7,7	7,8—20

Die drei Sammlungen werden — wiederum ähnlich dem Amos- (3,1 u.ö.) oder Hoseabuch (4,1) — jeweils mit dem Aufmerksamkeitsruf „Höret!" eröffnet (Mi 1,2; 3,1; 6,1; vgl. noch 3,2; 6,2.9).

I. Mi 1—2

1	Untergang Samarias (V 2—6), Bedrohung judäischer Städte und Jerusalems (V 8f. 10ff)
	V 2—4 Aufruf an die Völker zuzuhören (vgl. Jes 1,2). Theophanie
2	Wehe den Großgrundbesitzern (V 1—5). Prediger für das Volk: Gegen Einwand der Hörer (V 6f) neue Anklagen (V 8ff)
	V 12f (Exilisch-nachexilische) Verheißung der Sammlung Israels unter Führung des Königs Jahwe (vgl. 4,7)

II. Mi 3—5

3	Ständepredigt. Gegen die „Häupter, Führer" (V 1—4.9), Propheten (V 5—8), Richter, Priester, Propheten (V 9—12)
	V 12 Zerstörung des Tempels (Jer 26,18)
4f	Verheißungen
	4,1—4.5 = Jes 2,2—4 Völkerwallfahrt zum Zion
	4,6—8 Heimkehr der Diaspora (vgl. 2,12f) aus dem Exil (4,9f)
	4,11ff Besiegung der Völker (vgl. Jes 8,9f u.a.)
	5,1—5 Der Zukunftsherrscher aus Betlehem
	5,9—14 Durchsetzung des ersten Gebots — gegen Kriegswerkzeuge und Fremdkult

III. Mi 6—7

6,1—7,7	Gottes Rechtsstreit mit seinem Volk (V 1—8; V 4f Zusatz?). Die folgenden Worte beklagen die Nichterfüllung von Gottes Forderung (6,8):
	6,9ff Gegen Jerusalems Habgier. Falsche Maße
	7,1ff Kein Rechtschaffener mehr im Lande (vgl. Jer 5,1)
	V 5f Vertraut keinem Nächsten!
	V 7 Bekenntnis der Zuversicht (vgl. Jes 8,17)
7,8—20	Prophetische Liturgie aus nachexilischer Zeit: Zusage von Gottes Gnade für Jerusalem, dessen Mauern noch zerstört sind (im Heilsorakel V 11f).
	V 18 „Wer ist ein Gott (Anspielung auf den Namen Micha?) wie du?"

Übereinstimmung besteht nur darin, daß der Hauptanteil von Kap. 1—3 (ohne 2,12 f u. a.; vgl. J. Jeremias) Micha zuzuschreiben ist, während schon die Gerichtsworte 6,1—7,7, erst recht die Heilsworte in ihrer „Echtheit" umstritten sind. Drohte dieser Prophet nur — von Jahwe kommendes (1,9.12) — Unheil an? Mag die Mehrzahl der Verheißungen (bes. 4,1 ff) auch nicht von Micha stammen, so fügt sich zumindest die messianische Weissagung (5,1 ff) in ihrem Grundbestand gut in seine Verkündigung ein. Micha scheint also — ähnlich Jesaja? — die Ansage unabwendbaren Gerichts, ja restloser Zerstörung (1,6; 3,12), mit der Verheißung einer neuen Wende nach dem Gericht zu verbinden — aber dies bleibt umstritten.

3. Mit Amos und vor allem Jesaja (5,8 ff) stimmt Micha in wesentlichen Zügen der Sozialkritik überein; die bei Hosea vorherrschende Kritik am Fremdgötter- und Bilderkult tritt zurück. Wenn Micha die Latifundienwirtschaft, die Habgier der Oberschicht nach Haus- und Grundbesitz, tadelt, scheint er das zehnte Gebot (Ex 20,17) zu aktualisieren:

> „Wehe denen, die Böses planen . . .
> Sie begehren Felder und rauben sie,
> Häuser und nehmen sie weg.
> So bedrücken sie den Mann und sein Haus,
> den Menschen und sein Erbgut" (2,1 f; vgl. 2,8 ff; 3,2 f.10).

Überhaupt beklagt Micha die Unterdrückung durch die oberen Schichten der Gesellschaft, besonders den Rechtsbruch: „Sie hassen das Gute, lieben das Böse" (3,1 ff.9 ff; vgl. 6,10 ff; 7,2 f). Wie schon seine prophetischen Vorgänger (Am 5,21 ff; Hos 6,6; Jes 1,10 ff) kann Micha, wenn das Wort von ihm stammt, das Rechtsverhalten dem (Opfer-)Kult gegenüberstellen:

> „Womit soll ich vor Jahwe treten,
> mich beugen vor dem Gott der Höhe?
> Soll ich vor ihn treten mit Brandopfern,
> mit einjährigen Kälbern? . . .
> Er (Jahwe oder : Man) hat dir gesagt,
> was gut ist und was Jahwe von dir fordert:
> nichts als Recht üben, Güte lieben
> und einsichtig (demütig) wandeln mit deinem Gott" (6,6—8).

Wie der Pilger die Bedingungen für den Eintritt in das Heiligtum erfährt (Ps 15; 24), so weist der Prophet den „Menschen" auf das hin, was ihm als Gottes Willen vertraut sein sollte. Ob Micha mit der Auswahl seiner drei Forderungen zugleich Hauptintentionen der drei älteren

Schriftpropheten – Recht zu üben (Amos), Güte zu lieben (Hosea) und
vor Gott ohne Hochmut zu wandeln (Jesaja) – wiedergibt?

Über die Kritik am Priestertum (3,11) hinaus greift Micha ein Thema
auf, das Jesaja (28,7) nur eben andeutet, erst für Jeremia entscheidend
wird – die Auseinandersetzung mit der Prophetie:

> „So spricht Jahwe gegen die Propheten,
> die mein Volk irreführen.
> Wenn sie mit ihren Zähnen etwas zu beißen haben,
> rufen sie: ‚Heil!'
> Wer ihnen aber nichts ins Maul gibt,
> dem sagen sie den Kampf an.
> Darum wird es Nacht für euch werden ohne Gesicht
> und Finsternis für euch ohne Wahrsagung . . ." (3,5 f)

Micha wirft seinen prophetischen Gegnern vor, daß sie ihre Antwort,
sowohl Heil als auch Unheil, von der Bezahlung abhängig machen, und
beansprucht, ein höheres Zukunftswissen zu haben; denn er wagt, ihnen
das Ende ihrer Wirksamkeit anzukündigen. Mögen sie in der Vergangenheit Offenbarungen empfangen haben, in Zukunft schweigt Gott (3,4.7)!
Seine Vollmacht versteht Micha als empfangene, aber sie gibt ihm das
Recht, die Sünde des ganzen Volkes aufzudecken; Schuldaufweis, nicht
Bußruf, ist seine Aufgabe:

> „Doch ich bin erfüllt von Kraft,
> – von Jahwes Geist – von Recht und Stärke,
> Jakob seine Sünde zu künden
> und Israel seine Verfehlung" (3,8; vgl. 1,5).

4. Wie andeutungsweise Jesaja (28,15 ff) so polemisiert Micha gegen
das Gefühl der Sicherheit und die Hoffnung auf Unverletzbarkeit der
Stadt, wie sie die Ziontradition (Ps 46; 48) vermittelt:

> „‚Ist nicht Jahwe in unserer Mitte?
> Kein Unheil kann über uns kommen!'
> Darum wird um euretwillen der Zion als Acker umgepflügt,
> Jerusalem wird zur Trümmerstätte
> und der Tempelberg zur Waldeshöhe"
> (3,12; vgl. 1,6; Jes 32,14; im Rückblick: Klgl 5,18).

Das Michawort gegen den Tempel ist noch ein Jahrhundert später
im Umlauf (frei zitiert Jer 26,18), als Jeremia diese Unheilsansage erneuert.

Bestehen mancherlei Beziehungen zwischen der Verkündigung Jesajas
und Michas in Anklage und Gerichtsansage, so wird die Tradition im

Recht sein, wenn sie Micha wie Jesaja die Aufnahme der Davidtradition
in der messianischen Weissagung zuschreibt:

> „Aber du, Betlehem Ephrata,
> du kleinste . . . unter den Tausendschaften Judas,
> aus dir wird (mir) kommen,
> der Herrscher in Israel sein wird"
> (5,1.3a.4a; V 2.3b.4b−5a, vielleicht auch 5b,
> sind wohl Zusatz).

Wie Jes 11,1 greift Micha auf den Ursprung der Daviddynastie zurück, erhofft nicht Kontinuität, sondern Neuanfang − einen Herrscher
aus dem Geburtsort Davids (1 Sam 17,12; Rut1,2). Setzt diese Heilserwartung den Untergang Jerusalems mit dem dort lebenden Königshaus
voraus? Jedenfalls erwählt Gott den Geringen, Unbedeutenden (vgl.
1 Sam 9,21 u. a.) zu seinem Statthalter; er wird in Gottes Kraft regieren
und persönlich den Frieden repräsentieren (Mi 5,3a.4a).

18

NAHUM, HABAKUK, ZEPHANJA, OBADJA

Nach der Wirksamkeit Jesajas schweigt die Prophetie in der Epoche drückender assyrischer Vorherrschaft für ein halbes Jahrhundert, etwa 700–650 v. Chr. Dann treten nacheinander Nahum, Zephanja, Habakuk und vor allem Jeremia auf.

1. Wie schon die Überschrift „Ausspruch über Ninive" verrät, kreist die Botschaft des Propheten Nahum aus – einem unbekannten – Elkosch um ein Thema: den Untergang Ninives, der assyrischen Hauptstadt (seit Sanherib um 700 v. Chr.). Die lebendige Darstellung der Eroberung der Stadt in plastischen Einzelszenen (2,4ff) setzt kaum die bereits erfolgte Zerstörung Ninives (612 v. Chr.) voraus, sondern geschieht eher in prophetischer „Schau" (1,1) der Zukunft, noch während der Glanzzeit assyrischer Macht. Zurück liegt nur die Einnahme der ägyptischen Hauptstadt Theben durch die Assyrer (3,8; 663 v. Chr.). So wird Nahum um 650 v. Chr. oder etwas später sehnsüchtig nach dem Untergang der im alten Orient allgemein verhaßten Großmacht ausgeschaut haben: „Ninive ist zerstört! Wer wird Mitgefühl mit ihr haben?" (3,7).

Der erste Teil des Buches ist bestimmt durch einen – in seiner „Echtheit" als Wort Nahums höchst umstrittenen – Hymnus auf die Macht Gottes, der die Natur zu verwandeln und die Seinen zu schützen vermag. So enthält der einleitende Psalm die theologische Begründung für die folgende Zukunftsansage: Gott kann und wird den Umsturz der politischen Lage herbeiführen. In dem nach wenigen Zwischenworten (1,11–2,3) einsetzenden Hauptteil (2,4ff) wechseln dreimal Drohworte gegen Ninive und Klage- bzw. Spottlieder über die gefallene Stadt ab.

1,2–8.9 f   Hymnus auf Jahwes Macht
        Mit Versanfängen nach der ersten Hälfte des Alphabets a–k (wie Ps 9 f u. a.)
        „Ein eifernder, rächender Gott ist Jahwe."
        Theophanie (V 3b–6; vgl. Ps 18,8ff; Hab 3 u. a.)
1,11–2,3   (Schwerverständliche) Einzelworte
        1,12 f   Heilszusage an Juda: „Ich zerbreche das Joch."
        2,1   (Eschatologischer) Aufruf zum Festfeiern (vgl. Jes 52,7)

2,4—3,19 Der Fall Ninives
2,4—14 Drohwort (V 4—11), Klage- oder Spottlied (V 12f).
Sog. Herausforderungsformel „Siehe, ich will an dich" (2,14; 3,5)
3,1—7 Drohwort (V 1—4.5f), Klage- oder Spottlied (V 7)
3,8—19 Drohwort (V 8—17), Klage- oder Spottlied (V 18f)
Vergleich Ninives mit dem eroberten No-Amon = Theben in Ägypten (V 8)

Wirken in der Komposition des Buches aus Psalm und Heilszusage für Israel liturgische Vorgänge nach? Mehr Anhalt für eine solche Vermutung bietet der Aufbau des Buches Habakuk.

Die Drohworte gegen Ninive weisen z.T. so enge Berührungen mit Gerichtsansagen anderer Propheten gegen Israel/Jerusalem auf, daß J. Jeremias annimmt: Auch Nahum-Worte (wie 3,1ff) richteten sich ursprünglich gegen Jerusalem und wurden erst nachträglich auf Ninive umgedeutet. War also Nahum nicht nur Heilsprophet (vgl. 1,12)?

Die Unheilsankündigung über Ninive hat sich erfüllt. Wie einseitig die gegen den äußeren Feind gerichtete Botschaft Nahums auch sein mag, in jedem Fall enthält sie das — für die spätere Prophetie (Sach 2) bis hin zur Apokalyptik (Dan 2; 7) entscheidende — Bekenntnis, daß Gott auch der größten Weltmacht ein Ende setzen kann. Mit dieser Einsicht will das Nahumbuch zum Vertrauen auf die Macht des Herrn der Geschichte aufrufen, und in diesem Sinne ist es in späterer Zeit wohl auch gelesen worden.

2. Ankündigung des Untergangs der Eroberermacht ist auch der Hauptinhalt der Botschaft Habakuks. Er tritt einige Jahrzehnte nach Nahum kurz vor 600 v. Chr. auf, zur Zeit der Unruhe nach dem Zusammenbruch der assyrischen und dem Aufstieg der babylonischen Großmacht. Die Chaldäer bzw. Neubabylonier werden ausdrücklich genannt (1,6 wohl im ursprünglichen Text), noch hat Israel einen König („Gesalbter" 3,13), aber die erste Eroberung Jerusalems 598 v. Chr. spiegelt sich in der Botschaft Habakuks noch nicht wider.

Das Habakukbuch besteht aus drei Hauptabschnitten, die — ähnlich wie Nah 2,4ff — bereits in sich kleine Kompositionen darstellen. In der ersten Einheit 1,2—2,5 wechseln zweimal Klage des Propheten und Antwort Gottes ab. Der zweite Gottesbescheid (2,1—5) ist eigentlich die Buchmitte; denn die in ihm erteilte Zukunftseinsicht wird von den Weheworten (2,6ff) aufgenommen und in dem „Gebet" (Kap. 3) breit ausgestaltet.

1,2—2,5   Wechselgespräch zwischen Prophet und Gott

     1,2—4   Klage des Propheten über Frevel und Gewalt

     1,5—11   Gottes Antwort als Gerichtsankündigung:
                „Ich lasse erstehen ein ungestümes Volk — die Chaldäer" (V 6).

     1,12f. 14—17   Einwand (vgl. 2,1) bzw. neue Klage des Propheten

     2,1—5   Abschließende Antwort Gottes

           V 1   Prophet als Wächter (vgl. Jer 6,17; Ez 3,17 u.a.)

           V 2f   Aufschreiben der Offenbarung (vgl. Jes 8,16)

           V 4f   Inhalt der Offenbarung. Ende des Ungerechten, Leben des Gerechten.

2,6—20   Fünf Weherufe (vgl. Jes 5,8ff) gegen Babylon
         „Jahwe ist in seinem heiligen Tempel — stille vor ihm alle Welt"
         (V 20; vgl. Zeph 1,7; Sach 2,17)

3   Gebet Habakuks
        Klageaussagen (V 2.16.18f) um Theophanieschilderung (V 3—12. 13—15)

    Wenn sich Habakuk in der Anfechtung mit seinen Klagen (1,2ff.12ff) wie mit dem sehnsüchtigen Harren auf einen Gottesbescheid (2,1) an Gott wendet, scheint die Initiative eher beim Propheten als bei dem sich offenbarenden Gott zu liegen. Gehört Habakuk, wie man gerne annimmt, zu den Kultpropheten? Einige Hinweise, wie der Titel „Prophet" (1,1), die Art des Offenbarungsempfangs (2,1; 3,2.16) oder die Nähe zur Psalmensprache (1,2ff.12f; 3,2.18f), lassen eine solche Vermutung, aber kaum eine sichere Entscheidung, zu. Bildet das ganze — kaum von Habakuk selbst zusammengestellte — Buch eine Liturgie (P. Humbert)? Jedenfalls finden sich in Kap. 3 Spuren gottesdienstlichen Gebrauchs (s. u.).

    Im ersten Gebet (1,2—4) klagt der Prophet über Unrecht und Gewalt — konkret eher über rechtliche wie wirtschaftliche Unterdrückung in Israel selbst als über Bedrückung durch die Assyrer. Gott antwortet mit der Ankündigung eines unglaublichen „Werkes" (1,5; vgl. Jes 28,21). Er läßt die Strafe durch ein schnelles, übermächtiges Feindvolk vollführen, die Babylonier (1,5—11.14ff). Überschreiten sie aber ihre Aufgabe, Israel zu läutern? Jedenfalls entlockt die Grausamkeit, ja Überheblichkeit (1,11.16) der Großmacht dem Propheten einen Einwand: Wie kann der heilige, unsterbliche Gott dem bösen, schonungslosen Wüten zusehen und schweigen (1,12f)? Wie ein Wächter auf der Warte — einem realen Platz (für einen Kultpropheten im Tempel?) oder nur bildhafte Vergegenwärtigung? — späht der Prophet nach Gottes Antwort aus

(2,1). Sie enthält zunächst den Auftrag, die Offenbarung, die sich auf das „Ende" bezieht, aufzuschreiben (2,2 f), und setzt inhaltlich den Tun-Ergehen-Zusammenhang, damit den Unterschied zwischen Frevler und Gerechtem, wieder in Kraft: „(Nur) Der Gerechte wird auf Grund seiner Treue (zu Gott) leben" (2,4; zugespitzt Röm 1,17; Gal 3,11).

Das Gotteswort (2,4 f) wird im zweiten Hauptteil des Buches (2,6 ff) in fünf Weheworten des Propheten gegen den Eroberer Babylon entfaltet. Allerdings hat der Text eine nachträgliche Überarbeitung erfahren (vgl. die Deutung als Rätselrede in der Überschrift 2,6a oder die Bilder-polemik 2,18 ff), so daß man sogar gefragt hat, ob die Weherufe seit je gegen die Großmacht gerichtet sind (J. Jeremias; E. Otto). Die Schluß-worte, die die toten Götzen dem lebendigen Gott gegenüberstellen (2,19 f), leiten zum „Gebet" Habakuks über, das noch einmal an die Zukunftsankündigung (2,4 f) anschließt.

Klage- und Vertrauensaussagen des Propheten („Ich" 3,2.16.18 f) umrahmen eine visionäre Theophanieschilderung: Gottes glanzvolle Er-scheinung vom Sinai (V 3; vgl. Ri 5,4 f; Dtn 33,2), begleitet vom Beben der Natur, zielt auf die Bestrafung des „Frevlers" (V 13–15; vgl. 1,13; 2,5), d.h. auf den Untergang der babylonischen Macht. Der Offenba-rungsempfang führt beim Propheten zu körperlichen Erschütterungen (3,16; vgl. Jes 21,3 f; Hi 4,12 ff).

Obwohl der Prophet sehnsüchtig nach rascher Verwirklichung des Geschauten (3,2; 2,3) und damit nach Gottes Hilfe für sein Volk (3,13) ausblickt, freut er sich doch schon in der Gegenwart im Vertrauen auf die Macht „des Gottes meines Heils" – wenn die Schlußworte (3,18 f) von Habakuk und nicht erst von einem späteren Beter stammen sollten. Die prophetische Vision (3,2 ff) wurde nämlich, wie Über- und Unter-schrift (3,1.19b) sowie das zwischeneingestreute „Sela" (V 3.9.13) zeigen, wie andere Psalmen nachträglich im Gottesdienst Israels als Gebet um Gottes Einschreiten in der Not verwendet.

3. Zephanja gehört trotz schmalem Umfang seiner Botschaft wegen der Radikalität von Schuldaufweis und Strafansage wieder zu den „großen" Propheten; er steht thematisch Jesaja und seinem Zeitgenossen Jeremia nahe. Vor allem aktualisiert Zephanja die Ankündigung bevor-stehenden Gerichts als des „Tages Jahwes" (Am 5,18 ff; Jes 2,12 ff), so daß der Charakter der Naherwartung prophetischer Unheilsansage scharf hervortritt: „Nahe ist der Tag Jahwes" (1,7.14 ff; 2,2; aufge-

nommen Joel 1,15 u. a.). In dieser Gestalt (Zeph 1,14 ff) wird sie zum Vorbild für die mittelalterliche Sequenz *Dies irae, dies illa.*

Wie der junge Jeremia (Kap. 2) schilt Zephanja (1,4 ff) den Götzendienst, speziell den Baal- und Gestirnkult, der sich in der Epoche assyrischer Oberhoheit im 7. Jh. ausbreitete und wenig später durch die Reform des Königs Joschija 622 v. Chr. zumindest zeitweilig beseitigt wird (vgl. o. § 10 a,5). Da Joschija schon als Kind gekrönt wird (1 Kön 22,1), ist es verständlich, daß Zephanja in seiner Kritik an Hofbeamten und Königshaus (1,8) den König selbst nicht nennt. So bestätigt sich die Angabe der Überschrift (1,1), daß Zephanja zur Zeit Joschijas auftritt – genauer wohl in Jerusalem (1,10 f) vor der Reform, um 630 v. Chr. Der rasch einsetzende Niedergang assyrischer Macht zeichnet sich in Zephanjas Drohwort (2,13 ff) noch nicht ab.

Die Überschrift nennt über den Namen des Vaters hinaus drei weitere Generationen. Dies ist innerhalb der Prophetenbücher so ungewöhnlich, daß man über eine fremde (Kuschi = Äthiopier?) oder davidische (Hiskija = der König?) Abstammung des Propheten spekuliert hat.

Im Aufbau des Buches folgen zwar Unheils- (1,2–3,8) und Heilsworte (3,9–20) einander, aber die übliche Dreiteilung findet sich nur gebrochen wieder. Nach den Drohworten gegen Fremdvölker (2,4–15) werden die Gerichtsansagen gegen Jerusalem nochmals aufgenommen (1,2–18; 3,1–8), und auch die Heilsweissagungen sind in Verheißungen für die Völker (3,9 f) und Israel (3,11 ff) aufgegliedert.

1,1	Überschrift
1,2–18	Drohworte gegen Juda/Jerusalem
	V 2 f. 17 f Universaler Rahmen (Zusatz? Vgl. 3,8)
	V 7.14 ff Tag Jahwes. *Dies irae*
2,1–3	Mahnung zu Demut und Recht –
	„vielleicht" Verschonung vor dem Tag Jahwes
2,4–15	Drohworte gegen Fremdvölker:
	Philister – Moab/Ammon – Kusch (Äthiopien) – Assyrien
	V 11 (Zusatz mit universaler Hoffnung): Jahwe „werden verehren alle Inseln der Völker, ein jedes von seinem Ort" (vgl. Mal 1,11)
	V 15 Klagelied über den Sturz des selbstsicheren Ninive
3,1–8	Drohworte gegen Jerusalem
	V 1–5 Weheruf des Propheten mit Ständepredigt V 3 f (vgl. Jes 3; Mi 3 u.a.)
	V 6–8 Jahwewort: Ich sammele Völker gegen euch
	Das Drohwort über Jerusalem 3,8 scheint durch Textkor-

rektur (gegen „sie" statt „euch") nachträglich in eine Gerichtsansage gegen die Völker, damit in eine Verheißung
für Jerusalem, geändert worden zu sein.

3,9 f   Heilswort für die Völker
        Umwandlung der Völker zu Jahweverehrern (vgl. 2,11)

3,11—20 Heilsverheißungen für Israel
        V 14 f   Eschatologischer Aufruf zur Freude (vgl. Sach 2,14; 9,9 f)
                 über Gottes Königsherrschaft
        V 16 f. 18 f. 20 aus (nach-)exilischer Zeit: Gott „ein Held, der hilft"
                 „Ich sammele das Verstreute" (die Diaspora)

Aus universalem Horizont erwächst die Gerichtsansage: „Ich strecke
meine Hand aus gegen Juda und alle Bewohner Jerusalems." Bleibt die
Erwartung des Weltgerichts, der Vertilgung von Mensch und Tier auf
der ganzen Erde (1,2 f.18), unbegründet, so wird die Bestrafung Jerusalems in einem ausführlichen Schuldaufweis motiviert: Fremdkult (1,4 ff),
Gewalt und Betrug der Oberschicht (1,8 f; 3,3) wie der Kaufleute (1,11),
Treulosigkeit der Propheten und Priester (3,4), Selbstsicherheit und man-
gelndes Vertrauen in Gottes Macht, wie es in dem Zitat zum Ausdruck
kommt: „Jahwe tut weder Gutes noch Böses" (1,12; vgl. Jes 5,19;
Mal 3,14 f). Die — exemplarische — Kritik an den Ständen und Gruppen
ist integriert in die Gerichtsansage über das Volksganze (1,4), so daß
Zephanja (3,1 f; vgl. 1,12) das „Wehe" über die gewalttätige, Gott miß-
achtende Stadt Jerusalem erneuern kann (Jes 29,1; vgl. Ez 22). Dennoch
ruft Zephanja angesichts des in Kürze anbrechenden Gerichtstages auf:

        „Suchet nach Gerechtigkeit, suchet nach Demut!
        Vielleicht bleibt ihr geborgen am Tage des Zornes Jahwes"
        (2,3; vgl. Am 5,14 f; Jes 2,10 ff).

In diesem Wort bietet Zephanja Verschonung vor dem Gericht an,
aber unter einer Bedingung (nur denen, die sich vor Gott demütigen)
und zugleich unter Wahrung von Gottes Freiheit (nur „vielleicht"). Wie
weit reicht dann das Vertrauen des Propheten auf das rechte Verhalten
der Hörer? Letztlich erhofft er eine Wandlung des Menschen von Gott
selbst: „Ich wandle um" (3,9).

        „Ich lasse in deiner Mitte übrig
        ein demütiges und geringes Volk.
        Bergen wird sich im Namen Jahwes
        der Rest Israels.
        Sie werden kein Unrecht tun
        und keine Lüge reden" (3,12 f).

Diese Hoffnung, die Jesajas Erwartung von Gottes Sieg über menschlichen Hochmut aufzugreifen scheint, wird – wenn nicht in der prophetischen Verkündigung, so jedenfalls im Rahmen des Zephanjabuches – noch durch die Hoffnung auf Zuwendung aller Völker zu Jahwe überboten (3,9f; 2,11).

4. Tritt Habakuk unmittelbar vor der ersten Belagerung Jerusalems auf, so setzt Obadja die Ereignisse der Katastrophenjahre 597/587 v. Chr. voraus. Er scheint gewisse Begleiterscheinungen aus nächster Nähe, vielleicht aus eigener Erfahrung, zu beschreiben. Die Edomiter, die sich zuvor an einer antibabylonischen Koalition beteiligt hatten, wurden bei Jerusalems Untergang zu schadenfrohen Feinden, die judäische Flüchtlinge verfolgten oder auslieferten (Obd 14). Edoms Feindseligkeiten und Israels Feindschaft gegen Edom spiegeln sich in einer Reihe exilisch-nachexilischer Texte wider (Ez 25,12ff; 35; Klgl 4,21f; Ps 137,7; Jes 34 u.a.).

Als „Kunde von Jahwe" sagt Obadja Gottes Gericht gegen Edom an: „Siehe, ich mache dich klein unter den Völkern" (V 1f). Esau/Edom hat seinem „Bruder" Jakob/Israel (vgl. Gen 25ff; Dtn 23,8f) Gewalt angetan (Obd 10ff). Sind die Völker zunächst Jahwes Strafwerkzeug (V 5ff), so werden sie später selbst bedroht: „Nahe ist der Tag Jahwes über alle Völker" (V 15a.16ff). Der Grundsatz des Tun-Ergehen-Zusammenhangs

> „Wie du getan hast, wird dir getan werden;
> deine Tat fällt auf dein Haupt zurück"
> (V 15b; vgl. Spr 12,14; 26,27 u.a.)

wird nicht nur auf Edom, sondern auch auf die Völker (V 16f) angewandt.

Obd 1–14.15b   Drohungen gegen das angeredete Edom und Begründung:
Hochmut der Felsenbewohner (V 3f), Gewalttat am Brudervolk Jakob/Israel (V 10ff).
Aufruf Jahwes zum Kampf der Völker gegen Edom (V 1).
V 1–4.5 entsprechen Jer 49,14–16.9
Edoms berühmte Weisheit (Jer 49,7; Hi 1,1 u.a.) wird zuschanden (Obd 8)

Obd 15a.16–18   Gericht über die Völker (vgl. Joel 4; Jes 34)
Die Völker trinken Jahwes Zornesbecher (vgl. Jer 25,15ff u.a.)

Obd 19-21   Drei Ergänzungen in Prosa(?)
V 19 und 20 schließen an V 17b, V 21 an V 17a an.

Das Büchlein ist zwei- oder dreigeteilt. Die Haupttrennungslinie läuft durch V 15, dessen zweite Hälfte V 15b Grundsatz und Ziel des ersten Buchteils (V 1−14) angibt, während V 15a überschriftartig das Thema des zweiten Teils (V 16−18) nennt. Doch vereinigt schon V 1−14 mehrere Wortgruppen in sich, so daß man das nur 21 Verse umfassende Büchlein auch verschiedenen Autoren zugewiesen hat. Könnte der Name des nicht näher bekannten Propheten Obadja „Knecht Jahwes" − ähnlich wie Maleachi „mein Bote" − gar ein Symbolname sein (vgl. Am 3,7)? Eher handelt es sich jedoch um die Botschaft eines Propheten, der in unheilvoller Zeit als Offenbarung das Gericht über Edom und die Völker ankündigte. War Obadja Kultprophet, der sein Heilswort bei Klagefeiern sprach (H. W. Wolff)? Jedenfalls finden sich enge Beziehungen zu Worten anderer Propheten (bes. Jer 49); die Berührungen mit Joel 4 (Am 9,12) können auch die Stellung des Büchleins im Zwölfprophetenbuch nach Joel-Am erklären.

Nur die Schlußverse werden jüngerer Zusatz sein. Sie malen den künftigen Besitzstand Israels aus (V 19f nach V 17b), überbieten aber alle Erwartungen um die Hoffnung auf die Königsherrschaft Gottes. Trotz aller angekündigten Vergeltung: Ihm, nicht Israel, gebührt die Herrschaft (V 21; vgl. Sach 14,9; Zeph 3,15 u.a.).

19

JEREMIA

1. Ist im Jesajabuch gelegentlich davon die Rede, daß Jesaja einzelne Worte, vielleicht auch kleinere Sammlungen aufschreibt oder aufschreiben läßt (8,1.16; 30,8), so bietet das Jeremiabuch zum ersten Male einen Bericht über die Niederschrift prophetischer Verkündigung. Baruch schreibt auf Jeremias Diktat die Worte auf eine Rolle und trägt sie dem Volk im Tempel, später den königlichen Beamten im Palast vor. Als die Rolle, noch ein drittes Mal verlesen, vom König Jojakim zerschnitten und verbrannt wird, diktiert Jeremia den Inhalt von neuem und ergänzt ihn (Jer 36). Dieser in seiner Historizität nicht selten angezweifelte Bericht nötigt der Exegese seit langem die Frage auf, welche Texte des Jeremiabuches bereits in der Urrolle verzeichnet waren. Eine eindeutige Antwort will nicht mehr gelingen. Da die Rolle nur Drohungen enthalten zu haben scheint, scheiden Heilsweissagungen aus, desgleichen Berichte über Jeremia in 3. Person und gewiß alle jüngeren, redaktionellen Worte. Wie sind diese aber auszusondern?

Tatsächlich wirft das Jeremiabuch schwierige redaktionsgeschichtliche Probleme auf. Es umfaßt einmal — analog zur Botschaft der älteren Prophetie im 8. Jh. — metrisch festgefügte, poetisch-rhythmisch geprägte Worte, zum andern predigtartige Prosareden (wie Jer 7). Sie fallen gleich auf mehrfache Weise auf: (a) durch ihre prosaische Form, (b) durch ihre Verbundenheit in Ausdrucks- und Gedankenwelt mit der deuteronomisch-deuteronomistischen Literatur, (c) durch die Alternative, die Wahl zwischen Heil und Unheil, vor die sie den Hörer stellen. Sollte sich Jeremia nach Stil wie Intention so verschiedenartiger Redeweise bedient haben?

Hält man die Prosatexte für genuine Bestandteile jeremianischer Verkündigung, kann man die Berührung der Prophetenworte mit der deuteronomisch-deuteronomistischen Literatur auf verschiedene Weise erklären: Jeremia sei nach Joschijas Reform durch das Deuteronomium beeinflußt, die Sprache sei die gehobene Redeweise des ausgehenden 7. Jh. v. Chr. oder typisch für den Kult. Warum findet sich dieser Stil aber nicht in den metrisch gefügten Worten, in denen man primär die authentische Verkündigung Jeremias zu suchen hat? Müßte jene gehobene Redeweise des 7. Jh., sei es Kunstprosa oder Predigtstil, nicht auch außerhalb des deuteronomistischen Sprachkreises nachweisbar sein?

Jede Entscheidung in der komplexen literarischen Fragestellung hat tiefgreifende Konsequenzen für das Gesamtverständnis des Propheten, ordnet ihn entweder in die Reihe seiner Vorgänger ein oder muß annehmen, daß die Prophetie gegen Ende des 7. Jh. v. Chr. eine spürbare Wandlung durchgemacht hat, so daß Mahnungen wie Warnungen stark zunehmen und der Bußruf die Botschaft Jeremias (36,3.7) wie aller Propheten (25,4f; 35,15) zusammenfassen kann.

Im Anschluß an den die jüngere Jeremiaforschung einleitenden Kommentar B. Duhms (1901) teilte S. MOWINCKEL (1914) das Jeremiabuch auf drei bzw. vier Quellen auf, und diese Gliederung hat sich, wenn auch mit Modifikationen, weithin durchgesetzt:

A) Sprüche des Propheten und Eigenberichte

Wie in anderen Prophetenbüchern findet sich auch im Jeremiabuch eine Vielzahl von durchweg rhythmisch gehaltenen Einzelworten; sie sind in verschiedenen Sammlungen vereinigt, die durch ein gemeinsames Thema bestimmt sein können (z.B. Kap. 2; 4–6 oder die Worte über Könige und Propheten Kap. 21–23; vgl. Dtn 17f).

Mehrfach sind (wie etwa schon Hos 3 oder Jes 6) Selbstberichte eingestreut (Jer 1; 13; 18; 24; 25,15ff; vgl. 3,6.11; 14,11.14 u.a.).

B) Berichte über Jeremia in 3. Person, sog. Baruchbiographie

Die Kapitel 19–20,6; 26–29; 36–44; 45 (51,59–64) werden durch Fremdberichte beherrscht, die durchweg von Jeremias Leiden erzählen. Sie setzen in der Zeit Jojakims ein und führen bis zur Flucht nach Ägypten. Da sie Einzelheiten überliefern, die aus der näheren Umgebung Jeremias stammen müssen, führt man diese Fremdberichte gerne auf Baruch, Jeremias Vertrauten, zurück (vgl. Kap. 36; 43; bes. 45 mit einer an ihn gerichteten Weissagung). Jedenfalls sind wir durch sie über das Schicksal Jeremias besser als über das Leben anderer Propheten unterrichtet.

C) Prosareden in deuteronomistischer Bearbeitung

Sie zeichnen sich durch Gemeinsamkeiten in Stil, Ausdrucksweise und Thema (etwa: Schuld des Volkes durch Ungehorsam gegenüber prophetischen Warnungen, Strafansage) aus und deuten damit die Exilssituation vom Jahwe- bzw. Prophetenwort her. Geht der schematische Aufbau auf den Predigtstil der exilisch-nachexilischen Zeit zurück?

Eine eindeutige Abgrenzung ist bisher nicht gelungen; doch weist man C zumindest Kap. 7–8,3; 11,1–14; 18,1–12; 21,1–10; 22,1–5; 25,1–11(14); 34,8–22; 35 zu.

D) Heilsweissagungen in Kap. 30f

Gewiß bilden beide Kapitel eine eigene Sammlung. Da ihr Grundbestand jeremianisch ist, kann man sie auch Gruppe A zuordnen (so W. Rudolph) und speziell mit Jer 3 verbinden.

Als Annäherungswert hat diese Erklärung der literarischen Verhältnisse ihre Vorzüge; denn sie vermag gewisse Doppelungen (z. B. Jer 7; 26) und Sprachunterschiede verständlich zu machen. Tatsächlich ist die Lage jedoch verwickelter. Ist die sog. Baruchbiographie keine Einheit (G. Wanke) oder Fortschreibung der Jeremiaworte (A. Graupner)? Vor allem findet sich deuteronomistische Sprache über den Komplex C hinaus auch in B und A, also nicht nur in breitem, langatmigem Stil, sondern auch in knappen Zusätzen zu poetischen Texten (grundlegend W. Thiel mit Forschungsgeschichte). So wird man statt Quellen vielmehr Traditionsschichten (schon S. Mowinkel, 1946) anzunehmen haben: In mündlicher oder schriftlicher (vgl. Jer 36) Überlieferung sind Jeremiaworte − teils weniger, teils mehr − überarbeitet und auf die Gegenwart, die Situation exilischer oder auch noch nachexilischer Zeit, übertragen oder gar neugestaltet worden. Darum bleibt der Übergang zwischen den Komplexen A, B, C fließend.

Dabei wird man mit einem längeren Prozeß und einer mehrschichtigen Redaktion des Jeremiabuches rechnen müssen. Selbst die deuteronomistischen Partien sind nicht einheitlich, sondern zeigen in ihrer Intention recht tiefgreifende Unterschiede. Neben die Ausrichtung auf Israel oder die einzelnen Israeliten tritt der Blick auf die Völker (18,7ff; vgl. 12,14ff), neben Schuldaufweis und Drohung treten Heilsweissagungen in ebenfalls deuteronomistischem Stil (etwa Jer 30f, bes. 31,31ff). Die Hoffnung auf Gottes Zuwendung zu Israel nach dem Gericht, die sich ansatzweise in Zusätzen zum deuteronomistischen Geschichtswerk ausspricht (o. § 11b,4), wird im Jeremiabuch weitergeführt (12,14ff u.a.). Versteht man die deuteronomistische Bearbeitung als Werk einer sich wandelnden und zugleich ausbreitenden Schule (o. § 11a,2), lassen sich die verwickelten Beziehungen erklären: Gemeinsamkeiten mit und Unterschiede zu der in sich schon nicht einheitlichen Sprache des deuteronomistischen Geschichtswerks, Aufnahme und Abwandlung jeremianischer Verkündigung sowie schließlich Unebenheiten innerhalb der deuteronomistisch gestalteten Texte des Jeremiabuches selbst.

Methodisch kann man unterscheiden:
a) Worte Jeremias mit dtr. Ergänzungen,
b) Worte in dtr. Sprache, die von einem „echten" Jeremiawort ausgehen, es aber ausbauen,
c) Worte der dtr. Redaktion ohne jeremianischen Hintergrund.

Eine eindeutige Differenzierung fällt aber schwer, so daß einerseits die Erforschung der Redaktionsgeschichte des Jeremiabuches in besonderem Maße unabgeschlossen ist, andererseits die Ausgliederung des authentischen Gutes

keineswegs einhellig vollzogen wird. Eine exakte Prüfung müßte Vers für Vers,
ja jeden Versteil untersuchen. Allem Anschein nach griff die Überarbeitung in
das Jeremiabuch tiefer als in die älteren Prophetenbücher ein. Das Exil bedeutete
einen Einschnitt, auf den bei Weitergabe der prophetischen Botschaft Rücksicht
genommen wurde.

2. Im Aufbau des Jeremiabuches kommen verschiedenartige Kriterien zur Geltung: Einmal überwiegen im ersten Teil (Kap. 1−25) die
Worte, im zweiten Teil (Kap. 26−45; 52) die Prosaberichte. Zum andern
findet sich − ähnlich wie im Jesajabuch − insofern ein gewisses chrono-
logisches Gerüst, als etwa die Worte der ersten Periode Jeremias (Kap.
1−6) der zweiten (Kap. 7 ff) vorgeordnet sind und sich Kap. 1−39 auf
die Zeit vor, Kap. 40−45 auf die Zeit nach dem Fall Jerusalems
beziehen. Schließlich ist das Jeremiabuch nach dem üblichen, wohl
eschatologisch gemeinten zwei- bzw. dreiteiligen Schema gegliedert:
zuerst Unheil, dann Heil (Kap. 29; 30 ff), wobei sich die Unheilsweis-
sagungen noch einmal in Worte gegen das eigene Volk (Kap. 1−25)
und fremde Völker (Kap. 25,15−38; 46−51) aufteilen.

I. Jer 1−25,13(14) Vorwiegend Drohworte gegen Jerusalem und Juda

1   Berufungsbericht V 4−10 mit symbolischer Mundberüh-
                    rung (V 9)
                    Aussonderung „im Mutterleib" (V 5) zum „Völkerprophe-
                    ten" (V 10)
                    Vision vom Mandelzweig (bzw. Wacholder) V 11 f und
                    siedenden Kessel V 13 f (15 f)
                    Aussendung V 17−19 (vgl. 15,19 ff): „Ich mache dich zur
                    ehernen Mauer."

2   Anklage wegen Naturkult. Israel untreue Braut
        V 2 f   Ich gedenke der Liebe deiner Jugend − in der
                    Wüstenzeit
        V 10 f   Aufruf zum Vergleich der Religionen
        V 13.32   Widernatürlicher Abfall (vgl. 8,7 u. a.)

3−4 (V 4)   Thema: Rückkehr zu Jahwe
        3,1−5   Rückkehr zum ersten Mann unmöglich (vgl.
                    Dtn 24)
        3,6 ff   Die beiden treulosen Schwestern Israel und Juda
                    (vgl. Ez 23)
        3,12 f   Aufruf an das Nordreich (vgl. 31,2 ff)
        4,1 f.3 f   Bedingte Rückkehr: Beschneidet die Herzen!
                    (vgl. 9,24 f)

4 (V 5)−6   Der Feind aus dem Norden. Sog. Skythenlieder
                    Ich höre Kriegslärm (4,19), sehe Chaos (4,23)

<table>
<tr><td></td><td>5,1</td><td>Durchstreift Jerusalems Gassen, ob einer Recht übt!</td></tr>
</table>

	5,1	Durchstreift Jerusalems Gassen, ob einer Recht übt!
	6,27–30	Prüfung Israels: „verworfenes Silber" (vgl. 13, 10 f)
7; 26		Tempelrede. Jerusalem wie Schilo
	V 9	Dekalog (vgl. Hos 4,2)
	V 16 ff	Gegen Kult der Himmelskönigin (vgl. 44,17 ff)
	V 21 ff	Gegen Opfer (vgl. 6,20)
8–9		Einzelworte
	8,8 f	Lügentora
	9,22 f	Kein Selbstruhm (vgl. 1 Kor 1,31)
10 (V 1–16)		Zusatz: Götzenpolemik (vgl. Jes 40,19 f; 44,9 ff u.a.)
11		Die Bundesworte
In 11–20		Jeremias Konfessionen (11; 15; 17 f; 20)
	11,18–12,6	Verfolgung in Anatot durch Verwandte
	17,14 ff; 18,18 ff	Klage über Feinde (vgl. 11,20 – 12,3; 20,11 f)
	15,10 ff	„Wehe mir, Mutter, daß du mich geboren!" (vgl. 20,14 ff)
	20,7 ff	„Du hast mich betört, und ich ließ mich betören."
13		Gleichnishandlung oder Vision (?) vom Schurz am Euphrat
	13,23	Unfähigkeit, Gutes zu tun (vgl. 2,21 f u.a.)
14 (–15,4)		Liturgie mit Volksklage (V 7–9.19–22) und Gottes Antwort
	14,11	Verbot der Fürbitte (vgl. 7,16; 11,14; 15,1)
16		Ehelosigkeit als Zeichen
	17,5 ff	Weisheitswort (vgl. Ps 1)
	17,19 ff	Einsatz für Sabbatheiligung
18		Jeremia beim Töpfer
	V 7 ff	Heil und Unheil der Völker. Gottes Reue
19 f		Symbolische Handlung, Zerbrechen der Flasche, und erste Schläge (20,1–6)
21,11 – 23,8		Worte „über das Königshaus"
		Schallum/Joahas – Jojakim – Jojachin
	22,15	Joschija übte Recht
	23,1–4	„Wehe den Hirten!" (vgl. Ez 34)
	23,5 f	Messianische Weissagung (vgl. 33,14 ff)
	23,7 f	Neues Credo
23,9–20		Worte „über die Propheten"
	V 29	„Ist nicht mein Wort wie Feuer?"
24		Vision von zwei Feigenkörben

II. Jer 25 (V 15–38) Vision vom Taumelbecher (als Einleitung für:)

46–51   Drohworte gegen die Völker
Die Völkerworte Kap. 46–51, nur z.T. „echt" (bes. 46, 3–12), sind in der griechischen Textüberlieferung (LXX) umgestellt und vor 25,15 ff eingefügt. So hat sie im Gesamtaufbau des Buches die klarere – darum auch ältere? – Ordnung

III. Jer (29)30–33   Heilsworte für Israel

30 f   Sog. Trostbüchlein (vgl. 30,2) für Ephraim (Nordreich)
„Ich wende das Geschick meines Volkes" (30,4)
Der Grundstock (bes. 31,2 ff. 15 ff) wendet sich an die Bewohner des ehemaligen Nordreichs. Ist der Text hier und da nachträglich durch den Zusatz „und Juda" (30,3 f; 31,27.31) projudäisch überarbeitet?

     31,15   Rahel (Stammmutter Nordisraels) weint um ihre Kinder

     31,31 ff   Neuer Bund

32   Ackerkauf in Anatot während Jerusalems Belagerung
V 15:   „Man wird wieder Häuser, Äcker, Weinberge kaufen."

33   Verschiedene Verheißungen

34   Beginn der Belagerung Jerusalems. Schicksal Zidkijas
Freilassung und Wiedereinfangen der hebräischen Sklaven

35   Vorbild der Rechabiter

IV. Jer (19 f) 26–29;

36–45   Sog. Baruchbiographie

26   Jeremias Schicksal nach der Tempelrede
Zitat von Mi 3,12. Tod des Propheten Urija

27–29   Gegen falsche Propheten

27   Symbolische Handlung: Tragen des Jochs zum Zeichen der Unterwerfung unter Nebukadnezzar

28   Jeremia und Hananja
V 8 ff   Der wahre Prophet als Unheilskünder (vgl. Dtn 18,21 f)

29   Brief an die (597) nach Babel Deportierten
„Baut Häuser, betet für das Wohl der Stadt / des Landes!"

36   Die Buchrolle: Entstehung, Verlesung, Schicksal

37–39   Belagerung und Zerstörung Jerusalems
Anfragen Zidkijas, Jeremias Warnungen und Ergehen

40−43	Ermordung des Statthalters Gedalja (40−41) und Aufbruch nach Ägypten gegen Jeremias Rat (42f)
44	Gegen den Kult der Himmelskönigin (vgl. 7,16 ff)
45	Weissagung für Baruch „Dir gebe ich dein Leben zur Beute."
V. Jer 52	Nach der Schlußbemerkung (51,64) am Ende der Fremdvölkerworte Anhang aus 2 Kön 24f: Eroberung Jerusalems, Deportation, Begnadigung Jojachins Vgl. Jes 36−39 aus 2 Kön 18−20

3. Nach den Angaben des Buches (1,2f; 3,6; 25,3; 36,2) wurde Jeremia im 13. Regierungsjahr des Königs Joschija, d.h. im Jahre 627/6, berufen, also wohl um 650 geboren (vgl. 1,6), und wirkte bis etwa 585 v. Chr.

Er war kaum − wie Ezechiel (1,3) − selbst Priester, stammte aber aus priesterlichem Geschlecht; sein Vater hieß Hilkija (1,1). Jeremias Heimat war Anatot (vgl. 1 Kön 2,26), unweit nordöstlich von Jerusalem, so daß er anders als Jesaja nicht aus der Hauptstadt, sondern wie etwa Amos oder Micha vom Lande kam. Wird von daher Jeremias kritische Haltung gegenüber Hauptstadt und Tempel (5,1; 7; 26) verständlich? Vielleicht nicht zufällig spielen David- und Zionstradition in Jeremias Heilshoffnung keine oder nur eine geringe Rolle (23,5f); „Heil" (schalom) ist für die Exilierten auch außerhalb Jeru-salems zu gewinnen (29,7).

Während Hosea den göttlichen Befehl zur Heirat erhielt und seine Kinder Zeugen seiner Gerichtsbotschaft wurden (Hos 1; vgl. Ez 24,16 ff), mußte Jeremia zum Zeichen kommenden Unheils ehe- und kinderlos bleiben (16,1 ff). Die Verkündigung bestimmte sein Leben (15,17; 20,10) − bis hin zu den Nachstellungen durch seine Familie (11,8 ff), der Verfolgung, Mißhandlung, Gefangennahme, Verschleppung nach Ägypten. Jedoch fand Jeremia in Baruch einen Helfer, Freund und Leidensgefährten (32; 36; 43,3; 45).

In jenen vier Jahrzehnten, zwischen etwa 625 und 585 v. Chr., erlebte Jeremia so einschneidende Ereignisse wie die Kultzentralisation Joschijas, den Niedergang der assyrischen und den Aufstieg der babylonischen Macht, den Versuch der Ägypter, diesen Prozeß aufzuhalten, die erste Eroberung und die endgültige Zerstörung Jerusalems 587 v. Chr. (o. § 2c). In den Wirren zu Beginn der Exilszeit wurde Jeremia nach Ägypten verschleppt, wo er verschollen ist.

Auf Grund der Hauptereignisse kann man wie Jesajas so auch Jeremias Wirksamkeit in drei oder vier Perioden aufteilen:

a) Die Frühzeitverkündigung während der Regierungszeit Joschijas, von Jeremias Berufung bis zu Joschijas Reform (etwa 626−622 v. Chr.), ist im groben in Kap. 1−6 enthalten und endet mit trostlosem Ergebnis (6,27 ff). Die kultischen Mißstände, die Kap. 2 bekämpft, werden anscheinend durch Joschijas Reform beseitigt.

Anschließend schweigt Jeremia − ähnlich wie Jesaja − für mehr als ein Jahrzehnt. Sieht Jeremia nach der Reform keinen Anlaß mehr, als Prophet öffentlich aufzutreten, oder hält er sich, abwartend oder gar ablehnend, zurück? (Wegen dieser Problematik hat man Jeremias Berufung entgegen den Datenangaben im Buch auch erst in die Zeit nach dem Tod Joschijas verlegt.)

Zwar bestehen gute Beziehungen zu Anhängern der Reform (vgl. 26,24; 36,10 mit 2 Kön 22,12), Jeremia selbst nimmt aber nirgends ausdrücklich zu ihr Stellung. König Joschija wird nicht wegen der Reform, sondern wegen seines Eintritts für soziale Gerechtigkeit gelobt (22,15 f). Schließt gar das kritische Wort über Jahwes Gesetz (8,8 f) das Deuteronomium bzw. dessen Gebrauch ein (vgl. § 10a,5)?

Wie Jesaja in seinen ersten Epochen Drohworte gegen das Nordreich sprach, so wendet sich Jeremia in seiner Frühzeit − als Joschijas Expansionspolitik nach Norden übergreift? − an die Bewohner des ehemaligen, ein Jahrhundert zuvor zerstörten Nordreichs und verheißt ihnen Umkehr bzw. Heimkehr und Wiederaufbau (3,12 ff; 31,2 ff. 15 ff). In seiner Heilsverkündigung für das Nordreich wie in seiner Kultkritik könnte Jeremia in seiner Frühzeit durch Hosea beeinflußt sein.

b) In die Regierungszeit Jojakims bis zur ersten Eroberung Jerusalems (etwa 608−597 v. Chr.) fällt ein Großteil von Kap. 7−20; 26; 35 f.

Nach der nur dreimonatigen Zwischenherrschaft von Joahas/Schallum (Jer 22,10 ff; 2 Kön 23,31 ff) meldet sich Jeremia gleich bei Regierungsantritt Jojakims mit der Tempelrede zu Wort, in der er doch wohl Auswirkungen von Joschijas Reform auf das Selbstbewußtsein der Jerusalemer entgegentritt. Auch sonst hat er sich mit der Priesterschaft (Jer 20; 36,5; vgl. schon 6,13; 8,8 f) wie dem König selbst (22,1 f. 13 ff) auseinanderzusetzen. Dessen Haltung gegenüber dem Propheten zeigt die Reaktion auf die Verlesung der Urrolle (Jer 36) im Jahre 604 v. Chr.

Die Regierungszeit von Jojakims Nachfolger Jojachin, Konja genannt (Jer 22,24 ff), ist wieder nur kurz, sein Schicksal unglücklich (2 Kön 24,8 ff).

c) In der Regierungszeit Zidkijas zwischen der ersten und zweiten Eroberung Jerusalems (etwa 597−587 v. Chr.) spielen Kap. 21−24*; 27−29; 32; 34; 37−39.

Diese dritte Wirkungsperiode Jeremias ist die Zeit der harten Auseinandersetzung mit den „falschen" Propheten (Jer 27-29) und der zunehmenden Verfolgung bis zur Gefangennahme (37−39). Jedoch wird das Verhältnis zum König freundlicher; Zidkija möchte auf Jeremias Rat − sich den Babyloniern zu unterwerfen − hören, vermag es aber nicht (Jer 21; 27; 37 f).

d) Die letzte knappe Epoche vom Fall Jerusalems bis zum Zwangsaufenthalt in Ägypten (nach 587 v. Chr.) ist nur in der gänzlich veränderten Situation, aber nicht im Gehalt von Jeremias Verkündigung eine eigenständige Wirkungsperiode (Jer 40–44).

Nachdem man entgegen Jeremias Warnung nach Ermordung des Statthalters Gedalja nach Ägypten flüchtet, muß Jeremia dort ankündigen, daß man selbst im Land des Nils vor Nebukadnezzar nicht geschützt ist (43,8 ff), und seine Vorwürfe gegen Israels Götzendienst (44) wiederaufnehmen.

4. Obwohl als Ichrede geformt, ist der in die Gesamtkomposition von Jer 1 integrierte Berufungsbericht zumindest redaktionell überarbeitet, wenn nicht insgesamt nachträglich gestaltet. Wie erklärt sich sonst, daß der Aufbau mit dem Einwand „Ich bin zu jung" dem sog. Berufungsformular (von Ex 3 f; Ri 6) entspricht und an das Prophetengesetz (Dtn 18,18) erinnert? Jeremia ist bereits vor der Geburt „erkannt" (vgl. Jes 49,1.5; Gal 1,15) und zum „Völkerpropheten" bestellt; in seinen eigenen Worten scheint er sich wie Amos oder Jesaja aber nicht „Prophet" zu nennen, den Titel vielmehr seinen Gegnern zu überlassen (23,9 ff). Auch gehören der Auftrag für die Völkerwelt sowie die Bestimmung „einzureißen und aufzubauen", die seine Gesamtverkündigung als Unheils- und Heilsbotschaft umschreibt, eher in seine Spätzeit; denn in der Frühzeit ist Jeremia in Juda-Jerusalem wohl nur mit Klagen, Anklagen und Drohworten aufgetreten. So deutet Kap. 1 vorweg an, was Jeremia zu drohen, zu verheißen und zu erleiden hat – sein Sträuben und die ihm verliehene Festigkeit.

Während die erste Vision nochmals die gesamte Verkündigung mit Gottes Zusage übergreift: „Ich wache über meinem Wort, es zu vollbringen" (1,11 f), enthält die zweite vom siedenden Kessel die Unheilsansage über das Südreich: „Von Norden ergießt sich Unheil über alle Bewohner des Landes." Spätestens hier spricht der „authentische" Jeremia. Diese Vision erinnert in ihrer Struktur, Radikalität wie Allgemeinheit an Amos (8,1 f) und führt ein Thema ein, das Jeremia mehr und mehr entfaltet: Das Unheil von Norden kommt militärisch (1,15), durch einen zunächst nicht namentlich genannten Feind aus dem Norden (Jer 4–6; bes. 6,22), der später in den Babyloniern erkannt wird (20,4 ff u.a.), bis schließlich Nebukadnezzar persönlich genannt wird. Wie bei den früheren Propheten erscheint die fremde Großmacht als Jahwes Gerichtshelfer (20,4 ff; vgl. 1,15 u.a.), ja sogar Nebukadnezzar als Jahwes „Knecht", Statthalter seiner Weltherrschaft (27,6 ff; 28,14). Letztlich bleibt das Gericht aber Jahwes eigenes Werk (9,10; 10,18; 13,26 u.a.).

Soziale Anklagen fehlen bei Jeremia nicht (5,1 f. 26 ff; 6,6; 22,13 ff; vgl. das Dekalogzitat 7,9 u. a.). Zumindest in der Frühphase herrscht aber die Klage über die Übertretung des ersten und zweiten Gebots vor (Jer 2; vgl. 7,16 ff; 44; Zeph 1,4 ff u. a.). Ja, Jeremia scheint in den Themen seiner Verkündigung – das Verhältnis von Gott und Volk als Ehe, die Wüste als Zeit der Harmonie vor dem Abfall bei Eintritt ins Kulturland oder der Vorwurf der Fremdgötter- und Bilderverehrung, speziell des Baalkults mit seinen Riten – bis in die Begrifflichkeit hinein („treulos sein, huren"; Gott „verlassen, vergessen") durch Hosea beeinflußt zu sein, auch wenn Jeremia eigenständig formuliert:

> „Zweifaches Unrecht beging mein Volk:
> mich verließen sie, den Quell lebendigen Wassers,
> um sich Zisternen zu hauen,
> rissige Zisternen, die das Wasser nicht halten" (2,13).

Zwar ist in diesem Themenbereich nicht ganz leicht zu entscheiden, was „echt" jeremianisch und was redaktionell ist; denn die deuteronomistische Schule nimmt jene Thematik und Begrifflichkeit auf, scheint aber Jeremias Botschaft nur weiterzuführen, zu typisieren und zu generalisieren (z. B. 2,20b). – Selbst die Radikalität der Einsicht in menschliche Schuld hat Jeremia mit Hosea (5,4 u. a.) gemeinsam:

> „Auch wenn du dich mit Lauge wüschest,
> viel Seife für dich gebrauchtest,
> schmutzig bleibt deine Schuld vor mir"
> (2,22; vgl. 3,1–5; 17,1.9; 30,12 f u. a.).

Das Böse ist dem Menschen gleichsam „zur zweiten Natur" (W. Rudolph) geworden, die er weder abstreifen kann (13,23; vgl. 4,22 u. a.) noch will (6,16; 8,5 u. a.). Wieder liegen innerer Zwang und eigene Absicht, Eigenschaft und Verhalten, Nicht-Können und Nicht-Wollen ineinander. Israel hat „unbeschnittene Ohren, die nicht aufmerken können" (6,10). Diese Eigenwilligkeit erscheint Jeremia so unnatürlich und widersinnig wie schon Jesaja (1,2 f; 5,1–7):

> „Vergißt wohl eine Jungfrau ihren Schmuck,
> eine Braut ihren Gürtel?
> Mein Volk aber hat mich vergessen –
> seit zahllosen Tagen"
> (2,32; vgl. 2,10 ff; 6,10; 8,4 ff; 12,8 u. a.).

Den „einen, der Recht übt", sucht man in Jerusalems Gassen und Plätzen vergeblich (5,1); nicht einmal eine Läuterung des Volkes brächte Erfolg (6,27–30; vgl. 9,6).

Angesichts eines so eindrücklichen Zeugnisses ist es nicht nur aus sprachlichen, sondern auch aus inhaltlichen Gründen wenig wahrscheinlich, daß die
Redaktion Recht hat, wenn sie Jeremias Botschaft im Erbericht mit dem Umkehr-
ruf (36,3.7; 26,3) zusammenfaßt.

Im Rahmen der Gerichtsbotschaft wird die Intention, zur Buße zu führen, in
den metrisch gebundenen Texten nur ein einziges Mal ausgesprochen, und hier
(23,22b) liegt wahrscheinlich ein Zusatz vor (W. L. Holladay, G. Münderlein
u. a.). Wie schon bei den früheren Propheten (Jes 9,12; Hos 7,10 u. a.) stellt der
Bußruf nicht mehr die Möglichkeit von Heil in Aussicht, sondern dient der Anklage, daß Israel eben nicht umkehrt (8,4 ff; vgl. 3,1; auch 23,20 u. a.).

Wahrscheinlich darf man dieses kritische Urteil auf Mahnungen überhaupt
ausdehnen (vgl. 2,10 ff. 25; 6,16 u. a.); allerdings sind dabei Vorbehalte gegenüber bestimmten, als redaktionell verdächtigen Worten (wie 4,3 f) vorausgesetzt. –
Ganz andere Funktion erhält das Mahnwort einschließlich des Bußrufs im
Rahmen der Heilsbotschaft (s. u.).

Bei der Einsicht in die Differenz zwischen Prophetenwort und Propheten-
buchredaktion ist nicht zu vergessen, daß auch sie die Unbußfertigkeit des Volkes
hervorheben kann (7,23 f; 11,8 ff; 18,11 f; 44,5.16 u. a.). Wieweit bleibt so der
Bußruf ein noch in der Exilssituation gültiges Angebot? Vgl. § 11b,4.

5. Nach einer Zeit des Schweigens wendet sich Jeremia bei Regierungsantritt Jojakims gegen das Sicherheitsgefühl, das der Tempel wohl
gerade nach Joschijas Reform verleiht (Jer 7; 26), und ruft in den letzten
beiden Jahrzehnten vor dem Untergang mit Worten wie mit der symbo-
lichen Handlung des Jochtragens (Jer 27 f) zur Unterwerfung unter die
babylonische Macht auf. Ihr hat Jahwe die Weltherrschaft, selbst über
Ägypten (43,8 ff), anvertraut. Die Kritik, die Jeremia an den letzten
judäischen Königen (21,11 ff; 36,30 f) bis zu Zidkija (34; 37 f) übt, ist im
Grunde ein Aspekt seiner Gerichtsbotschaft für das Gesamtvolk (8,14 ff;
10,18 ff; 13,12 ff; 15,1 ff; 16,3 ff; 17,1 ff).

Dies gilt entsprechend für die – gegenüber der älteren Zeit (Mi 3,5 ff)
verschärfte – Auseinandersetzung mit den prophetischen Gegnern.
Den sog. Heilspropheten oder, wie sie dem rückblickenden Urteil (des
griechischen, noch nicht des hebräischen Textes) erscheinen, falschen
Propheten hält Jeremia seine Einsicht entgegen: Die Zeit des Heils und
des Friedens (8,11 ff), der Gnade und des Erbarmens (16,5; vgl. 12,12;
30,5), ja der Fürbitte (14,11 ff; 15,1 ff) ist vorbei. Angesichts dieser
Situation entspringt die Heilsbotschaft einem Wunschdenken bzw. einer
Lüge (6,13 f; 23,16 ff; 28,15 f u. a.), eigenen Träumen, aber nicht dem
Wort Gottes (23,25 ff).

> „Ist nicht mein Wort wie Feuer – spricht Jahwe –
> und wie ein Hammer, der Felsen zerschlägt?" (23,29).

Während Jeremias Gegner seiner Unheilsansage widersprechen (23,17; vgl. 28,2 f), bestreitet er ihre Legitimation: „Ich habe diese Propheten nicht gesandt, sie aber laufen" (23,21.16). Der eigentliche Gegensatz besteht nicht im ethischen Verhalten (23,11 ff), sondern eben in der Zukunftsankündigung. In der Radikalität der das Volksganze treffenden Gerichtsdrohung liegt zwar nicht ein Wahrheits-, aber immerhin ein Unterscheidungskriterium zwischen „wahrer" und „falscher" Prophetie. Die Erfüllung der Zukunftsansage kann nur eine − wieweit überzeugende? − Bestätigung im Rückblick sein.

6. Eine Redeweise, die in den älteren Prophetenbüchern nur ausnahmsweise anklingt, nimmt im Jeremiabuch breiten Raum ein: Neben das prophetische Wort an die Zeitgenossen tritt die Rede mit Gott − in Form der K l a g e. Schon Jeremias Anklage und Gerichtsansage können als Klage ergehen:

> „O mein Leib, mein Leib, ich muß mich winden . . .
> Wie lange muß ich den Schall der Trompete hören?"
> (4,19 ff; 8,18 ff; 10,19 ff; 13,17; 14,17 f)

Nahm Jeremia diese Gattung auf, um sein Ich in ihr auszusprechen? Die in ihrer Echtheit umstrittenen K o n f e s s i o n e n bezeugen in strenger, weithin formelhafter Sprache die Wirkung der Botschaft auf den Menschen: „Nie saß ich heiter im Kreis der Fröhlichen" (15,17). Den äußeren Verfolgungen entsprechen innere Leiden, die zum Hadern mit Gott, ja zur Anklage Gottes führen (20,7 ff):

> „Du hast mich betört, und ich ließ mich betören.
> Du bist mir zu stark geworden und hast mich überwältigt."

Wie seine Gegner (23,29; 5,14) muß Jeremia (20,9) das Wort als „brennendes Feuer" spüren. Zwar wird ihm die Umkehr angeboten (15,19 ff; vgl. 4,1), doch endet der Zyklus im Dunkeln: Jeremia verflucht den Tag seiner Geburt (20,14 ff; vgl. 15,10; Hi 3).

7. Gewiß ist die Mehrzahl der H e i l s w e i s s a g u n g e n des Jeremiabuches (23,3 ff; 30 f u. a.) in ihrer „Echtheit" wiederum umstritten. Aber es bietet einige feste Anhaltspunkte (29; 32) dafür, daß auch dieser Prophet − ähnlich wie etwa Hosea oder Jesaja − eine Heilshoffnung kannte. Wohl noch in seiner Frühzeit, der Epoche Joschijas, wendet sich Jeremia an die Bewohner des rund ein Jahrhundert zuvor zerstörten Nordreichs:

> „Kehre um (bzw. heim), du Abtrünnige Israel . . .,
> ich blicke nicht (mehr) ungnädig auf euch;
> denn gnädig bin ich − Spruch Jahwes"
> (3,12 f; ausgeführt 31,2 ff. 15 ff).

Das neue Heil ergeht ohne Bedingung und ist im Wesen Gottes selbst, ja in einer Wandlung Gottes, begründet (vgl. Hos 11,8f; Jer 3,22; 31,3.18−20). Im Rahmen dieser Verheißung bekommt der Bußruf neuen Sinn: Er stellt den Menschen nicht vor die Alternative, zwischen Gut und Böse zu wählen, sondern fordert ihn auf, sich auf Gottes Gnade und Liebe einzulassen.

Wie Jeremia in seiner Botschaft für das Nordreich denen Heil zusagt, die das Unheil erfahren haben, so kündet er auch gegenüber Juda/ Jerusalem Heil nur in und nach dem Durchgang durch das Gericht an. Jahwe sieht nicht die (im Jahre 597) in Jerusalem Verbliebenen, sondern die nach Babel Verschleppten freundlich an (Jer 24). Allerdings werden sie zwei oder drei Generationen, rund siebzig Jahre, in der Ferne bleiben müssen; Jeremia fordert sie auf, sich darauf einzurichten und für das Wohl der fremden Großmacht zu beten. Die Lebenden sehen ihre Heimat nicht wieder, haben aber, gleichsam als Vorschein des Kommenden, an „Zukunft und Hoffnung" teil (29,5−7.10f; vgl. 27,7). In der gleichen verhaltenen Weise verheißt Jeremias Ackerkauf in Anatot während der Belagerung Jerusalems durch die Babylonier neues Leben nach der Zerstörung: „Man wird in diesem Lande wieder Häuser, Äcker, Weinberge kaufen" (32,15; vgl. 31,5; 33,12f; außerdem die Zusagen an einzelne 39,17f; 45,5; 35,19).

Demgegenüber bleibt die messianische Weissagung vom „gerechten Sproß" (23,5f) − auch im Vergleich mit den Verheißungen des Jesajabuches, an die sie anknüpft − blasser. Jedenfalls hat die Davidtradition für Jeremia keine ausschlaggebende Bedeutung.

Das Wort vom „neuen Bund" (31,31ff; vgl. 32,27ff), das eine so gewichtige Nachgeschichte hat (1 Kor 11,25 u.a.; o. § 1a), stammt kaum von Jeremia, spiegelt aber mit dem Gegensatz zwischen dem durch Israel verschuldeten Bundesbruch und der Neusetzung durch Gott selbst zutiefst prophetische Verkündigung wider. Die Einsicht in die unveränderliche Bosheit des Menschen (Jer 13,23 u.a.) führt zur Hoffnung, daß Gott selbst seinen Willen ins menschliche Herz legt, so freiwilligen Gehorsam und damit Gotteserkenntnis aller ermöglicht (vgl. 24,7).

20

EZECHIEL

1. So gewichtige redaktionsgeschichtliche Probleme, wie sie das Jeremiabuch aufgibt, bestehen auf andere Weise auch im Buch des Propheten Ezechiel (Luther: Hesekiel). Allerlei Anzeichen, wie die Breite der Darstellung, die Wiederaufnahme von Themen, gewisse Unebenheiten trotz ähnlicher Sprache oder erkennbare Wachstumsstadien, deuten daraufhin, daß eine (anonym bleibende) „Schule" vorgegebene Prophetenworte nicht nur sammelte und verknüpfte, sondern auslegte, weiterführte, neu gestaltete, „fortschrieb".

Eine Auslegung „wird mit der Einsicht Ernst zu machen haben, daß das Prophetenwort im Prophetenbuch durch das Medium der überliefernden Schule gebrochen ist. Ihr Werk ist dabei nicht nur in der formalen Redaktion und Aneinanderfügung des überlieferten Wortgutes zu erkennen. Vielmehr greift es, gewiß im einzelnen in unterschiedlicher Stärke, in das überkommene Wortgut ein" (W. Zimmerli, Ezechiel, 1972, 21).

Durch seinen auffällig einheitlichen Stil macht das Buch die Unterscheidung zwischen ursprünglichem Gut und sekundärer Bearbeitung schwer. Gewiß war auch Ezechiel nicht (nur) Schriftsteller, sondern trat wie seine Vorgänger mit seinem Wort und seinen symbolischen Handlungen (Ez 4f; 12; 21; 24; 37) in der Öffentlichkeit auf. Wieweit haben aber seine Nachwirkungen seine Botschaft bewahrt und nur entfaltet, wieweit verändert? Wo ist die authentische Verkündigung wirklich greifbar? Darf man Ezechiel nur mehr oder weniger rhythmisch gestaltete Worte zuschreiben, oder sprach er auch in Prosa? Wieweit hat man der fast durchgängigen, der älteren Schriftprophetie in diesem Ausmaß noch unbekannten Gestaltung des Buches als Ichrede und den genauen Datierungen, die es (von 1,2 bis 40,1) durchziehen, zu trauen? Sie weisen auf die Zeitangaben im Haggai- und Sacharjabuch voraus.

Die Forschung schwankt zwischen mehr Zutrauen und mehr Skepsis. Diese bricht im Anschluß an die Kritik G. Hölschers neuerdings wieder auf. Er verstand das Buch − wesentlich auf Grund der Unterscheidung zwischen poetischen und prosaischen Texten − als „ein vielschichtiges Redaktionswerk, in welchem die Visionen und Gedichte des Propheten Hesekiel nur den Kern bilden" (1924, 26).

2. Nach den Angaben des Buches gehört Ezechiel, Sohn des Busi, zu den 597 v. Chr. von Nebukadnezzar nach Babylon Deportierten, die außer König Jojachin und seinem Gefolge auch Teile der Oberschicht und Handwerker umfassen (2 Kön 24,10 ff). Ezechiel lebt in einer Gruppe, die in Tell Abib (hebräisch „Ähren-“, babylonisch „Sintfluthügel“) am Fluß bzw. Kanal Kebar, wohl bei Nippur, angesiedelt ist. Dort wird er im 5. Jahr nach der Verbannung des Königs Jojachin, 593 v. Chr., berufen (1,1–3; 3,15). In die wenigen Jahre bis zur Zerstörung Jerusalems 587/6, von der Ezechiel in der Ferne durch einen der Katastrophe „Entronnenen“ erfährt (33,21 f), fällt der Grundstock der Gerichtsworte gegen Hauptstadt und Land Kap. 4–24 (vgl. 8,1; 20,1; 24,1). In die letzte Spanne dieser Epoche sind im wesentlichen auch die Fremdvölkerworte Kap. 26–32 datiert, während die Vision vom neuen Tempel den Propheten über ein Jahrzehnt später, 573 v. Chr., überfallen haben soll (40,1; vgl. 29,17). Der Chronologie wird man jedenfalls entnehmen können, daß der Ursprung der Drohworte in die Zeit vor dem Fall der Stadt 587 v. Chr. zurückreicht, während die Heilsworte wohl erst danach entstanden.

Die Vision vom Jerusalemer Tempel (8–11) gab zu der Frage Anlaß, ob Ezechiel nicht auch in Palästina aufgetreten sei. Doch beruht die Vision (nach 8,3; 11,24) auf geistgewirkter Entrückung, und die Kenntnisse über die Jerusalemer Situation können, soweit sie nicht überhaupt aus früheren Zeiten (mit Kontraktion der Tempora?) stammen, dem Propheten durch die Nachricht von Boten (vgl. Jer 29) zugekommen sein.

Wie die Ehelosigkeit für Jeremia (16,2 ff) so scheint der plötzliche Tod seiner Frau für Ezechiel (24,15 ff) symbolische Bedeutung – Darstellung der Reaktion Israels auf die Zerstörung Jerusalems – zu bekommen: „Du sollst weder klagen noch weinen!“ Auch sonst ist Ezechiels persönliches, bis ins Körperliche gesteigertes Erleben vom Zittern, Betäubtsein, Verstummen oder Gebundensein (3,15.22 ff; 4,4 ff; 6,11; 12,17 ff; 21,11 f; 33,21 f u.a.) in Gestaltung und Intention der Verkündigung, insbesondere in die Ansage des Gerichts, hineingenommen, so daß man kaum von solchen auffälligen Phänomenen auf krankhafte Zustände schließen darf.

3. Das Ezechielbuch ist in mancher Hinsicht anders als die älteren Prophetenbücher. Es besteht weniger aus Sammlungen von knappen, selbständigen Einzelworten als aus größeren Kompositionen, in denen jeweils ein Thema breit ausgestaltet ist. Charakteristisch sind:

a) Gegenüber der älteren Prophetie sind die Visionen so umfangreich (1–3; 8–11; 37; 40–48), daß sie bereits die Bedeutung der Vision für die Apokalyptik ahnen lassen. Ezechiel kann nicht nur fürbittend (9,8; 11,13), sondern auch prophezeiend und handelnd (11,4; 37,4 ff) in das visionäre Geschehen eingreifen (vgl. 4,14; 21,5).

b) Die ausgedehnten Bildreden (Allegorien) können denselben Stoff mit unterschiedlichen Nuancen und Intentionen ausmalen: das Bild von der einen bzw. den beiden untreuen Frauen (16; 23), vom Weinstock (15; 17; 19,10 ff), vom Feuer (22,17 ff; 24). Verschiedene Bilder (so vom Weinstock und Adler Kap. 17) oder auch Bild und Deutung können ineinander übergehen.

c) Die ausführlichen Geschichtsrückblicke umgreifen bildlich (16 von Jerusalem; 23 von beiden Reichen) oder unbildlich (20) die Gesamtgeschichte von den fragwürdigen Ursprüngen an (16,2; 20,7 f; 23,3) und halten sie mit ungemein kritischer Schärfe anklagend wie drohend den Zeitgenossen vor Augen.

d) Mehr oder weniger typisch sind bestimmte Wendungen, wie die Erkenntnisformel „(ihr werdet, du wirst o. ä.) erkennen, daß ich Jahwe bin" (6,7.13 f u. ö.), die gerne die Ankündigung von einem Handeln Jahwes beschließt (W. Zimmerli: Erweiswort), der einleitende Auftrag zu einer sog. Ausdruckshandlung „richte dein Angesicht gegen" (6,2; 21,2.7; 38,2 u.a.), die Selbstaussage Gottes, die durchweg gegen Ende die Bestätigung oder Verwirklichung des Wortes betont: „ich, Jahwe, habe es geredet – und tue es" (5,15.17; 17,24; 37,14 u.a.; vgl. 12,25 ff), vor allem Gottes Anrede an den Propheten als „Menschensohn" im Sinne von Mensch, Einzelperson, Geschöpf (2,1 u. ö.).

e) Ezechiel greift gerne prophetische Traditionen auf, um ihnen neue Akzente zu verleihen. Dabei belebt er einerseits Vorstellungen, die aus den Überlieferungen der Vorschriftpropheten bekannt sind, bei den Schriftpropheten aber zurücktreten: das Ergriffenwerden durch Jahwes „Hand" (Ez 1,3; 8,1; 37,1; 40,1 u.a.; vgl. 1 Kön 18,46) bzw. den „Geist", der Ezechiel entrückt (3,12 ff; 8,3 u.a.; vgl. 2 Kön 2,16; 5,26), oder auch die Gewohnheit, daß die Ältesten vor Ezechiel in seinem Haus sitzen (8,1; 14,1; 20,1; vgl. 2 Kön 6,32). Andererseits schließen Verkündigung (vgl. Ez 7 mit Am 8,2) und Bildrede (vgl. Ez 16; 23 mit Hos 2; Jer 3) an die Thematik der älteren Schriftprophetie, insbesondere an Jeremia, an.

f) Daß Ezechiel selbst Priester oder jedenfalls Priestersohn (1,3) ist, macht nicht nur sein Interesse am Tempel und seinen Einrichtungen (bes. 8; vgl. 40 ff) verständlich, sondern erklärt auch die gegenüber der älteren Schriftprophetie auffällige Berührung seiner Sprache mit priesterlicher Ausdrucksweise, speziell dem Heiligkeitsgesetz (Lev 17–26).

4. Im Aufbau des Ezechielbuches ist die Dreigliederung − Unheil über das eigene Volk (1−24), über fremde Völker (25−32), Heil (33−48) − ungewöhnlich streng, wenn auch nicht ausnahmslos, durchgehalten. Den Gerichtsansagen sind gelegentlich Heilsworte an- und eingefügt (11,14 ff; 17,22 ff; 20,32 ff u. a.), wie umgekehrt die Verheißung vom wahren Hirten mit einem „Wehe" einsetzt (34; vgl. Jer 23). Im einzelnen ist charakteristisch, daß sich mehrfach an die Visionsberichte (1−3; 8−11; 37) Symbolhandlungen (4 f; 12; 37,15 ff) anschließen und die Kap. 1−24.29−32 durchweg chronologisch angeordnet sind.

und vom Essen und Trinken mit Zittern (V 17 ff)

12,12 ff	Ergänzung: Schicksal Zidkijas
12,21 ff	Gewisses, baldiges Eintreffen des Prophetenwortes
13	Wehe den Propheten und Prophetinnen (vgl. Mi 3,5 ff; Jer 23)
14	Kein Befragen Gottes (vgl. 20,1 ff) durch Götzendiener
14,12 ff	Selbst die drei gerechten Noach, Daniel und Hiob könnten nur sich selbst retten (vgl. Jer 5,1; 15,1)
15	Jerusalem als Rebholz, nur zum Verbrennen tauglich
16	Jerusalem als untreue Frau (vgl. 23; Hos 2)
17; 19	Klage über die letzten Könige Judas (vgl. Jer 21 f)
17	„Rätsel": Allegorische Darstellung des Schicksals Jojachins (vom Adler geraubter Zedernwipfel) und Zidkijas (Weinstock vor zwei Adlern: Ägypten und Babylon)
17,13 ff	Vertragsbruch Zidkijas
18	Sog. Lehre von der individuellen Vergeltung (vgl. 33,10 ff) Der Gerechte und der Ungerechte (vgl. Ps 15; 24,3 ff). Freiheit zur Umkehr „Ich richte jedermann nach seinem Wandel" (18,30)
19	Klagelied. Fabel von der Löwin und ihren beiden Jungen über das Königtum (Joahas, Jojachin) und – im Nachtrag (V 10 ff) – vom verdorrten Weinstock (Zidkija)
20	Geschichtsrückblick in die Wüstenzeit Offenbarung des Jahwenamens, Übertretung des ersten Gebots und Sabbatgebots
V 25 ff	Ungute Satzungen, die nicht zum Leben führen (Forderung der Erstgeburt)
V 32 ff	Zusatz: Gericht in der Wüste „von Angesicht zu Angesicht" und Heil. Zweiter Exodus
21	Jahwes „Schwert"
V 23 ff	Symbolhandlung: Nebukadnezzar vor zwei Wegen. Das Los entscheidet für Jerusalem
22	Die „Blutstadt" (22,2; 24,6.9)
V 17 ff	Im Schmelzofen (vgl. Jes 1,21 ff)
V 23 ff	Ständepredigt. Alle verdorben
23	Die untreuen Schwestern Ohola und Oholiba, Samaria und Jerusalem (vgl. Jer 3,6 ff)
24	Bild vom (verrosteten) Kessel im Feuer
V 15 ff	Der Tod von Ezechiels Frau als Symbol für den Fall Jerusalems: Keine Trauer

II. Ez 25—32   Worte über (sieben) Fremdvölker (vgl. Am 1f; Jer 46ff u.a.)
                25   Gegen Ammon, Moab, Edom (vgl. Kap. 35), Phi-
                             lister

    26—28   Gegen Tyrus (von Nebukadnezzar aber nicht erobert; vgl.
                29,18)
                Wie schon in Kap. 19 tritt in 26,15ff; 27; 28,11ff; 32 die
                Form des Klageliedes hervor. Dabei klingen in Kap. 28—32;
                47 verstärkt mythische Traditionen an
                27   Klagelied über das Schiff Tyrus
                28,1ff   Höllensturz des Himmelswesens (vgl. Jes 14; Ez
                             31,14ff; 32,17ff)
                28,11ff   Klagelied: Der König als Urmensch verstoßen aus
                             dem Gottesgarten (vgl. Gen 3)
                28,20ff   Gegen Sidon und Verheißung für Israel

    29—32   Gegen Ägypten (vgl. 17,7ff. 15ff)
                Pharao als Krokodil (29; 32) und Weltenbaum (31; vgl. Dan 4)

III. Ez 33—39   Heilsworte
                Kap. 33 mit den Entsprechungen zu Kap. 1—24 markiert die
                Wende von der Unheils- zur Heilsbotschaft

    33   Beauftragung zum Wächter (vgl. 3,16ff)
                V 10ff   Umkehrpredigt: Der Gerechte und der Ungerechte
                             (vgl. Kap. 18)
                V 21f   Kunde vom Fall Jerusalems (vgl. 3,26f; 24,25ff)
                V 23ff   Gegen die Sicherheit der im Land Verbliebenen
                             und der Verbannten (V 30ff)

    34   Die bösen Hirten Israels (V 1—10) und der wahre Hirte —
                Gott (V 11ff) und sein Knecht David (V 23f; 37,22ff; vgl.
                Jer 23)
                V 25ff   Friedensbund

    35—36,15   Gericht über Seir/Edom (wegen seines Verhaltens bei und nach
                dem Fall Jerusalems; vgl. Obd; Jes 34; 63) und Heil über die
                Berge Israels (vgl. Kap. 6). Gegen Anspruch der Feinde auf
                das Land

    36,16ff   Reinigung Israels. Neues Herz, neuer Geist (V 26f; 11,16ff)

    37   Vision von der Wiederbelebung der Gebeine: neues Leben und
                Heimkehr des Volkes
                V 15ff   Symbolhandlung: Zusammenlegung zweier Höl-
                             zer mit der Aufschrift „Juda" und „Joseph" als
                             Bild für die Vereinigung von Süd- und Nordreich

    38f   Ansturm von Norden (vgl. Jer 4—6) unter Gog von Magog,
                dem Fürsten von Meschech und Tubal. Seine Vernichtung
                Sicherung des Landes

5. In der Berufungsvision sieht Ezechiel aus einer von Norden her kommenden Feuerwolke vier vierflügelige Lebewesen (mit je einem Menschen-, Löwen-, Stier- und Adlergesicht), die über ihren Häuptern eine kristallähnliche Platte tragen: auf ihr eine glänzende Gestalt „nach Aussehen eines Menschen" auf einer Art Thron. „Das war die Erscheinung der Gestalt der Herrlichkeit Jahwes" (1,5 ff. 22 ff, bes. 28; vgl. § 13 b,2). Gottes Thron, seit davidisch-salomonischer Zeit am Zion fest gegründet, wird beweglich, erhält gleichsam Räder (1,15 ff in einer jüngeren Schicht; vgl. 10,9 ff) und erscheint im fernen, unreinen (4,13; 11,15) Land. Aus der Vision erwächst die Beauftragung: „Menschensohn, ich sende dich zu den Israeliten" (2,3). Wie die älteren Propheten wird Ezechiel zu ganz Israel gesandt, dessen Reaktion auf die Botschaft keineswegs günstiger als früher eingeschätzt wird: „Mögen sie hören oder es lassen – denn sie sind ein Haus Widerspenstigkeit –, sie sollen erkennen, daß ein Prophet in ihrer Mitte gewesen ist" (2,5; vgl. 33,33). So wird dem „Haus Israel" als dem „Haus Widerspenstigkeit" zwar volle Verantwortung zugesprochen, aber bereits vorausgesehen, daß es erst im Rückblick erkennt. Um dem Widerspruch derer, „die nicht hören wollen", trotzen zu können, erhält Ezechiel eine diamantharte Stirn (3,5 ff; vgl. 2,6 ff; 12,2 ff u.a.). Erinnert die einleitende Vision an Jes 6, so führt die Zusage der Festigkeit in allen Anfeindungen Jer 1 (V 17 ff) weiter. Auch der symbolische Wortempfang vollzieht sich so, daß ein Bildwort Jeremias (15,16; vgl. 1,9) in visionäres Erleben umgesetzt wird: Ezechiel hat eine Buchrolle, beidseitig mit „Klage, Ach und Wehe beschrieben", zu essen, die ihm honigsüß schmeckt (2,8 – 3,3).

6. In der Beschriftung der Buchrolle ist indirekt die Thematik von Kap. 4–24, direkt die Wirkung der anzusagenden Zukunft auf die Hörer vorweggenommen. So wird in den letzten Jahren vor der Katastrophe die harte Gerichtsbotschaft der älteren Schriftpropheten noch einmal aufgegriffen, von Ezechiel zugespitzt, ja gelegentlich über-

spitzt. In immer neuen Variationen, mit Vision (8–11), symbolischen Handlungen (4f; 12; 21,24ff; 24,15ff) und Worten, kündet Ezechiel dem Land und der Stadt Jerusalem das „Ende" (7) an:

> „Wehe der Blutstadt!" (24,9)
> „Wie das Holz der Rebe unter den Bäumen des Waldes,
> das ich dem Feuer zum Fraß gebe,
> so gebe ich die Bewohner Jerusalems dahin" (15,6).

Der Tempel, aus dem Jahwes Herrlichkeit auszieht (10,18f; 11,23f), bleibt nicht verschont: „Siehe, ich entweihe mein Heiligtum" (24,21). Wie Jeremia und ähnlich schon Jesaja wendet sich Ezechiel (17; 23; 29ff) gegen den Versuch, durch Paktieren mit Ägypten dem – durch die Babylonier (bes. 21,23ff) herbeigeführten – Gericht zu entkommen.

Die Anklage führt kultische (6; 8; 13f; 43,7ff), soziale (22; 34), aber eben auch außenpolitische (17) Gründe an. Israel ist als Ganzes schuldig (16; 23; 22,23ff u.a.); das bevorstehende Gericht Gottes trifft alle:

> „Auf allen Gesichtern liegt Scham,
> und alle Häupter sind kahlgeschoren" (7,18).
> „Ich tilge Gerechte und Ungerechte aus dir hinweg" (21,8).

Wird durchweg die Unwiderruflichkeit des Gerichts vor Augen gestellt, das keinen Rest verschont (9,8ff; 11,13; 15; 21,3.6ff; 22; 24 u.a.), so steht dieser Einsicht jedoch vor allem das visionäre Geschehen von Kap. 9 entgegen: Wer durch eine – priesterliche – Schreibergestalt ein Zeichen (in Kreuzform?) an der Stirn erhält, ist dem Morden der sechs Verderberengel, damit dem Gericht, entzogen (vgl. auch 5,3 u.a.). Erinnert die Szene nicht an den Schutzritus des Passablutes (Ex 12,23f) oder auch an die Jahrhunderte später von Johannes dem Täufer vollzogene Taufhandlung, die Rettung vor dem Gericht verheißt? Jedenfalls deutet sich in einer solchen Szene eine Individualisierung an, insofern einzelne aus dem der Gesamtheit drohenden Gericht ausgenommen werden.

Das Gericht soll in Kürze erfolgen: „Es kommt die Zeit, nahe ist der Tag" (7,7). Wie im Jesaja- (5,19) so klingt auch im Ezechielbuch (12,21ff) der Spott an, den diese Naherwartung bei den Hörern auslöst.

7. Nach der durch die Redaktion bewußt betonten Darstellung des Buches bedeutet die Nachricht vom Fall Jerusalems „Die Stadt ist genommen!" (33,21f; vgl. 3,25ff; 24,25ff), die Ezechiels Gerichtsbotschaft bestätigt, einen Umbruch in seiner Verkündigung. Allerdings ist die „Echtheit" der Heilsbotschaft in noch höherem Maße umstritten; auf authentische Heilsworte stößt man am ehesten in dem visionären und symbolischen Geschehen von Kap. 37.

Im Aufbau des Buches korrespondieren Unheils- und Heilsansage. Dem Auszug aus seinem Heiligtum (8–11) entspricht Gottes Rückkehr (40–48; vgl. auch 6 mit 36). Weiß die Anklage von der tief verwurzelten Schuld Israels, so kann die Verheißung nicht an Verhalten und Wesen des Volkes anknüpfen, sondern erwartet neues Leben durch einen neuen Schöpfungsakt Gottes (vgl. 36,21 ff).

Der Hoffnungslosigkeit der Exilierten „Verdorrt sind unsere Gebeine, geschwunden unsere Hoffnung" (37,11; vgl. 33,10; Jes 49,14) tritt die Vision von der Erweckung der Gebeine entgegen: „Siehe, ich bringe Lebensodem in euch" (Ez 37; vgl. Gen 2,7). Diese Neuschöpfung, Wiederbelebung des Totenfeldes und Öffnung der Gräber, symbolisiert Wiedergeburt, Befreiung, genauer: Heimkehr des Volkes. Sie wird in der sich innerhalb des Buches unmittelbar anschließenden Symbolhandlung von der Verbindung der beiden Holzstäbe um die Hoffnung auf Wiedervereinigung von Juda und Israel ergänzt (37,15 ff; vgl. Hos 2, 1–3).

Die Exodus- (20; 23) und die Jerusalemer Tradition, die etwa bei Hosea einerseits und Jesaja andererseits voneinander getrennt weiterleben, finden sich im Ezechielbuch zusammen. Jedoch tritt die Erwartung eines neuen David als des rechten „Fürsten" (34,23 f; 37,24 f; vgl. 17,22 ff) wohl erst in den jüngeren Schichten des Buches hinzu. Er übernimmt Gottes Aufgabe (34,10 ff), der eine wahre Hirte zu sein. Wie Gott selbst seinen Knecht David einsetzt und den Friedensbund schließt (34,25 ff; 37,26), so schafft er auch den Gehorsam, die innere Erneuerung, die Vermenschlichung des Menschen:

> „Ich gebe euch ein neues Herz,
> und einen neuen Geist lege ich in euer Inneres.
> Ich nehme das steinerne Herz aus eurem Leib heraus
> und gebe euch ein fleischernes Herz"
> (36,26; vgl. 11,19; 18,31; Jer 24,7; 31,33).

Daß Gott selbst in seinem Volke wohnt (37,26 f; vgl. Sach 2,14), entfaltet die allmählich immer breiter ausgestaltete Vision vom neuen Heiligtum und seinen Einrichtungen (40–48, bes. 43).

8. Zwischen den Kapiteln 3,17–21; 18; 33,1–20; aber auch 14, 1–20 bestehen in der Ausrichtung auf den einzelnen, dem Angebot der Umkehr und der Aufnahme rechtlicher Aspekte auffällige Gemeinsamkeiten, die jene Abschnitte mehr oder weniger zusammenhalten und vom Kontext abheben. Sind sie insgesamt Ezechiel abzusprechen

(H. Schulz) oder gehören sie der jüngeren Phase seiner Verkündigung
nach 587 v. Chr. an?

Das Ezechielbuch leitet die Heilsverkündigung mit einer Art zweiten
Berufung ein (33,1−9; in 3,17ff vorweggenommen). Das Amt des Propheten wird um das des Wächters bzw. Spähers (vgl. Jer 6,17) erweitert, der vor der Gefahr zu warnen hat, so daß der Frevler von seinem
Wandel ablassen kann und gerettet wird. Damit wird die Verantwortung für Tun und Ergehen des Hörers beim Propheten, der treu seine
Aufgabe erfüllt, eingeschränkt und dem Hörer selbst übertragen. Für
eine solche Wende des einzelnen läßt die Unheilsbotschaft kaum Raum
(vgl. Ez 15; 2,5ff u.a.). Ist die Möglichkeit der Umkehr, die Kap. 18
breit entfaltet, überhaupt erst vom Heilszuspruch her gegeben?

Das bittere Sprichwort „Die Väter essen sauere Trauben, und den
Söhnen werden die Zähne stumpf" (18,2; vgl. Jer 31,29) fängt das
Selbstverständnis der von der Katastrophe bereits Betroffenen ein: „Der
Weg Jahwes ist nicht recht" (Ez 18,25ff; 33,17ff). Dabei scheint jenes
Zitat nicht nur geschichtliche Erfahrung auszusprechen, sondern zugleich
der (früheren) Gerichtsbotschaft des Propheten, die die Generationen
in der Schuldverfallenheit zusammenfaßt und bei ihr behaftet (16; 23),
zu widersprechen. Dem stellt nun Ez 18 unter Aufnahme von Rechts-
traditionen aus der Torliturgie am Tempel (Ps 15; 24,3ff) die Verantwortung jeder neuen Generation, ja jedes einzelnen entgegen und
eröffnet die Möglichkeit neuen Lebens:

> „Habe ich etwa am Tod des Gottlosen Gefallen − spricht Jahwe − und
> nicht vielmehr daran, daß er sich von seinem Wandel bekehre und lebe?" (Ez
> 18,23; vgl. 33,10ff; 14,6).

Auf diese Weise wird die Verantwortung jedes einzelnen für sein
eigenes Leben in einem Maße freigesetzt, wie es der älteren Prophetie
noch unbekannt war, im Rahmen der jüngeren Heilsprophetie aber
aufgenommen wird (Jes 55,7; 44,5 u.a.).

21

DEUTEROJESAJA UND TRITOJESAJA

1. In Jes 40−55 spricht ein anderer Verfasser in einer gegenüber Kap. 1−39 völlig veränderten Situation, knapp zwei Jahrhunderte später (o. § 16,1): Er kündet nicht Gericht an, sondern setzt es voraus. Jerusalem ist zerstört (44,26; 51,3 u.a.); das angeredete Volk lebt, bedrückt (42,22 u.a.), im Exil. Erwartet werden der Untergang Babels (43,14; 46f) und der Aufstieg des Persers Kyros (44,26f u.a.).

Da in Jes 40−55 jegliche Überschriften mit Orts- und Zeitangaben fehlen, können Raum (Babylon, kaum Palästina) und Zeit der Wirksamkeit Deuterojesajas (= DtJes') nur erschlossen werden. Die Kapitel bleiben wie andere Abschnitte aus der Spätzeit der Prophetie (Jes 56−66; 24−27), sei es zufällig oder eher mit Bedacht, anonym.

Im Gesamtrahmen des Jesajabuches sprechen Kap. 40ff die Vergebung nach Anklage und Gerichtsansage von Kap. 1ff zu. Sollte zwischen beiden Teilen von vornherein insofern ein Zusammenhang bestehen, als DtJes an Jesajas Botschaft anknüpft? Immerhin erinnern Jes 40 an Jes 6 oder 43,8ff an 6,9f, wie beiden Propheten das Gottesprädikat „der Heilige Israels" (41,14.16 u.a.), die Opferkritik (43,22ff), die Ziontradition u.a. gemeinsam sind.

Fällt Ezechiels Wirksamkeit in die Frühzeit, so DtJes' Auftritt in die Spätzeit des Exils, etwa zwischen 550−540 v. Chr. Kyros' rascher Sieg über den Lyderkönig Krösos (546) könnte sich in den Texten (41,2f.25; 45,1ff) widerspiegeln, nicht jedoch die Einnahme Babylons 539 v. Chr. Zwar kündet der Prophet die Zerstörung der Stadt und den Untergang ihrer Götter an (46f; vgl. 21,9), tatsächlich zieht Kyros aber im Triumph ein und hat im Rahmen seiner toleranten Religionspolitik gegenüber den unterworfenen Völkern (vgl. Esr 6,3−5) den babylonischen Kult erhalten oder wiederhergestellt.

2. DtJes redet zu den Opfern der Katastrophe, dem „Rest des Hauses Israel" (46,3), tritt der Hoffnungslosigkeit und Verzweiflung seiner Zeitgenossen entgegen, die klagen: „Jahwe hat mich verlassen" (49,14; 40,27; vgl. 45,15 „ein sich verbergender Gott"). In dieser Situation gebraucht DtJes die für die vorexilische Gerichtsprophetie wichtigste Redeform, die Unheilsansage mit begründendem Schuldaufweis, verständlicherweise nicht mehr, obwohl der Prophet gewisse Anklagen sei-

ner Vorgänger übernehmen und wiederholen kann. Die Opferkritik (43,22 ff) zeigt: Die Schuld liegt beim Volk, nicht bei Jahwe. Es bleibt aber „blind" und „taub" (42,18 ff; 43,8; vgl. 6,9 f; Jer 5,21; Ez 12,2), ist für DtJes' Trostbotschaft genausowenig aufgeschlossen wie für die Strafansagen seiner Vorgänger. So ist der Widerspruch zwischen Prophetenwort und der vor Augen liegenden Wirklichkeit nicht geringer als früher zur Zeit der Gerichtsprophetie. Sollten die Gottesknechtlieder (bes. Jes 53) autobiographisch zu deuten sein, mußte DtJes sogar Verfolgung und Tod erleiden.

DtJes verwendet zwar gelegentlich Redeformen der älteren Schriftprophetie, wie den Visions- bzw. Auditionsbericht (40) oder das Mahnwort; doch hat sich der Schwerpunkt völlig verlagert. Die entscheidenden Gattungen sind „nichtprophetischen Ursprungs" (J. Begrich):

a) Das sog. Heilsorakel, ursprünglich Zuspruch aus dem Mund des Priesters an den einzelnen Angefochtenen und Zusage der Erhörung seiner Bitte (vgl. 1 Sam 1,17; Gen 21,17; Klgl 3,57; u. § 25,4b), wird von DtJes auf das Volksganze übertragen: „Nun aber, Israel, fürchte dich nicht!" Der namentlichen Anrede und der Aufforderung zur Furchtlosigkeit schließt sich in der Ichrede Gottes (im Perfekt) die eigentliche Heilszusage an: „Ich habe dich erlöst", die in der sog. Folge für den Angeredeten (im Imperfekt) entfaltet wird: „Wenn du durch Wasser gehst, ich bin mit dir." Die Einheit endet gerne in einer Angabe über Zweck und Ziel des göttlichen Eingreifens (Jes 43,1−7; 41,8−13.14−16; auch 44,1−5 u.a.). Meist nur durch indirekte Anspielungen, gelegentlich aber auch ausdrücklich (vgl. 49,14; 51,9 ff), bezieht sich das Heilsorakel auf eine voraufgegangene Klage des Volkes zurück. Hat DtJes seine Worte gar im Gottesdienst, in Klagefeiern der Gemeinde (Sach 7; 8,19) gesprochen (H. E. v. Waldow)? Die Freiheit im Gebrauch der Redeformen widerrät jedoch der Annahme, daß die prophetische Verkündigung an den Gottesdienst gebunden war.

C. Westermann hat Texte wie Jes 41,17−20; 42,14−17 oder 43,16−21 als Heilsankündigung von dem Heilsorakel (bzw. der Heilszusage) unterschieden. Ihnen fehlt die persönliche Anrede mit der Mahnung zur Furchtlosigkeit, und sie reden futurisch, nicht perfektisch. Da jedoch nur das Heilsorakel eine geschlossene Struktur mit ursprünglich eigenem „Sitz im Leben" (im Gottesdienst) aufweist, wird man jene Texte eher als prophetische Varianten und Differenzierungen der Grundform des Heilsorakels zu verstehen haben.

b) In den Disputationsworten bzw. Streitgesprächen, die schon von den älteren Schriftpropheten benutzt (Am 3,3−6.8; Jer 13,23; o. § 13b3,d), nun aber breit ausgebaut werden, sucht sich DtJes gegen-

über Vorwürfen zu wehren. Sie werden in der Regel allerdings nicht
mitzitiert, müssen vielmehr erschlossen werden. Der Exilsprophet verteidigt Recht und Notwendigkeit seiner Verkündigung, indem er ver-
nachlässigte, vergessene Glaubenswahrheiten aktualisiert und von dieser
„Basis" aus in den „Schlußfolgerungen" auslegt und entfaltet: „Die auf
Jahwe harren, kriegen neue Kraft" (Jes 40,27−31.12−17.21−24; 46,5 ff
u. a.). Kennzeichnend für diese Redeform sind − nur rhetorische, fin-
gierte oder nicht doch echte? − Fragen, weisheitliche Sprachelemente,
auch hymnische Partizipien, die gerne Jahwes Schöpfermacht, Unvergleichlichkeit und die Verläßlichkeit seines Wortes preisen.

c) In den Gerichtsreden ahmt DtJes − kaum eine kultische, sondern eher − die profane Gerichtsverhandlung der Ortsältesten im Tor
nach. Die mannigfachen Redeformen dort, wie die Anrufung des Gerichts
(43,22 ff) oder auch die Reden vor Gericht (44,6 ff), spiegeln sich in
DtJes' Verkündigung wider. Der Sache nach hat man zwischen der Ver-
teidigung Jahwes gegenüber Anschuldigungen Israels (43,22−28; vgl.
50,1−3) und der häufigeren, für DtJes spezifischen Auseinandersetzung
zwischen Jahwe und den Völkern bzw. deren Göttern (41,1−5.21−29;
43,8−13; 44,6−8) zu unterscheiden. Werden in diesem zweiten Fall
mythische Vorstellungen von einem Göttergericht (Ps 82) in geschichtlicher Stunde aktualisiert?

d) Schließlich rufen eschatologische Hymnen (vgl. § 25,4a) weltweit dazu auf, jetzt schon in Lob und Freude über Gottes künftiges,
bereits anbrechendes Heil einzustimmen (42,10−13; 44,23; 45,8; 48,20f;
52,9 f). Die kleinen Loblieder scheinen gelegentlich für die Gliederung
des Buches bedeutsam zu sein (C. Westermann), da sie größere Kompositionen beschließen können (augenfällig 44,23).

Geht die Zusammenstellung der kleineren zu größeren Einheiten
(wie schon Jes 40,12−31) auf DtJes selbst zurück, hat er von vornherein
umfangreichere literarische Kompositionen gebildet und auch (vielleicht
gar nur) schriftlich gewirkt? Oder hat ein Redaktionsvorgang bei der
Schriftwerdung in die Verkündigung gestaltend eingegriffen? Das
Bekenntnis zur Wirksamkeit des Gotteswortes (40,8; 55,10f mit der
Verheißung der Heimkehr 40,10f; 55,12f) bildet den Rahmen des
Buches. Auch stellt man gerne die Kap. 40−48, in denen Kyros eine
Rolle spielt, den Kap. 49−55 gegenüber, die in allgemeinerer Form die
Heilswende ankündigen; beide Teile werden aber etwa durch die Gottes-
knechtlieder, die Hoffnung auf die Rückkehr zum Zion u. a. zusammen-
gehalten. Der Auftrag „Rufe!" (40,6), die Zitate der Hörer (40,27 u. a.),
die formal wie inhaltlich mehr oder weniger klar abgrenzbaren Ein-

heiten und die − gegenüber dem Ezechielbuch wieder auffällig − strenge poetisch-rhythmische Struktur sprechen dafür, daß auch in Jes 40−55 mündlich gesprochene Einzelworte zugrunde liegen, die nachträglich zu thematisch bestimmten und kerygmatisch ausgerichteten Einheiten geordnet und geformt wurden. Außerdem wird man mit gewissen Zusätzen, zu denen durchweg die Polemik gegen die Götterbilder (s. u.) gezählt wird, zu rechnen haben.

Der Überblick markiert nur wenige Schwerpunkte:

40	Prolog. Berufungs„vision" (V 1−8.9−11)
	Gottes Unvergleichlichkeit. Disputationsworte (V 12−31)
41,8 ff; 51	Abraham
44	Geistausgießung (V 1−5). Bilderpolemik (V 9 ff)
41; 44,24 ff; 45,1−7	Kyros
46 f	Babels Fall. 47 Spottlied
42; 49; 50; 53	Gottesknechtlieder
51,9 ff	„Wach auf, Arm Jahwes!" Klage und Gottes Antwort
52,7−10	Eschatologisches Thronbesteigungslied (vgl. Ps 47; 93; 96−99)
54	Noachbund (V 9 f)
55	Davidverheißung (V 3 ff). Epilog
	„Meine Gedanken sind nicht eure Gedanken."

3. Das Buch wird mit einer Vision eingeleitet, die Jes 6 überraschend ähnlich ist und wohl entsprechende Funktionen, die Berufung des Propheten zu seinem Amt, aber ganz andere Intentionen hat. Allerdings ist die Vision reine Audition; sichtbar ist nichts mehr, hörbar wird, was auf Erden noch unerkennbar ist. DtJes darf wie Jesaja am Thronrat Gottes teilhaben, vernimmt Stimmen, die einander zurufen, und wird Zeuge, wie Gott seine himmlischen Boten beauftragt:

> „Tröstet, tröstet mein Volk − spricht euer Gott.
> Redet Jerusalem zu Herzen und ruft ihr zu,
> daß ihr Frondienst vollendet,
> ihre Schuld gesühnt ist!" (40,1 f)

Gott selbst kündet eine neue Zeit, das Ende der Dienst- und Leidenszeit, an. Die Wende für die Verbannten, der Umbruch vom Gericht zum Heil, macht sich bis in die sprachlichen Einzelheiten bemerkbar: „Euer Gott" spricht (wieder) zu „meinem Volk". Die Doppelung des Aufrufs will locken, ermutigen, trösten (49,13; 51,12 u. a.). Den Müden wird neue Hoffnung zugesprochen − Hoffnung auf eine Zukunft, die in ihrer Gestalt von vornherein darauf Rücksicht zu nehmen scheint, daß die Hörer skeptisch bleiben, sich nicht beteiligen wollen. Nicht etwa die Menschen, die Himmelswesen selbst werden aufgerufen: „In der Wüste bahnt den Weg Jahwes!" Und die Straße, für die sich alles Widrige ebnen wird, ist zunächst für Gott bestimmt: Er wird auf ihr seine Herrlichkeit offenbaren, die Verbannten als sein Gefolge mit sich ziehen (40,5.10 f).

Aus dem Gespräch im Himmel erwächst mit der Anrede „Rufe!" die Beauftragung. Auf seine Erkundigung „Was soll ich rufen?" erfährt der Prophet: „Alles Fleisch ist Gras." Die Einsicht in die menschliche Vergänglichkeit – in V 7 nachträglich auf das eigene Volk übertragen – ist gewiß nicht Einwand des Propheten, sondern Antwort auf seine Frage. Nur dann wirkt auch diese dritte Einzelszene (40,6–8) nicht allgemein-zeitlos, sondern hat konkreten Anlaß: Hinweis auf Grenze und Ende der Macht der Bedrücker (51,12 f; 40,24; 41,11 f), wie auch die Zusage „Das Wort unseres Gottes bleibt in Ewigkeit" (vgl. 44,26; 45,19; schon Jer 1,11 f; Jes 9,7 u. a.) Beständigkeit und Zielstrebigkeit des zuvor ergangenen Trostwortes bekräftigt. Daß die Heilsverheißung nicht auf dem Verhalten der Betroffenen, sondern auf einer Wende in Gott selbst beruht (43,25; 48,9 ff), kann kaum eindeutiger als durch die .Himmelsszene dargestellt werden.

4. Die in der Audition Jes 40 anklingenden Themen führt der Prophet in seiner Botschaft von der „Erlösung" Israels (43,1.14 u.a.) weiter aus. „Losgekauft hat Jahwe seinen Knecht Jakob" erscheint fast wie ein neues Bekenntnis (48,20; 44,23). Die Befreiung aus Babel verwirklicht sich im Auszug, frei von Hindernissen unter dem Jubel der Natur (41,17 ff; 42,16; 43,19 f; 49,9 ff; 55,12 f u.a.). Dieser sog. zweite Exodus – eine Erwartung, die schon Hosea (2) und Ezechiel (20) in verhaltenerer Form hegen – wird den ersten Exodus bei weitem überbieten (vgl. Jes 52,12; 48,21 mit Ex 12,11; 17,5 f u.a.). Jahwe selbst wird Israel geleiten (Jes 52,12; 40,10 f), um in Zion einzuziehen. Der Prophet sieht dieses Ereignis so greifbar nahe vor sich, daß er den Boten bereits Gottes Ankunft „Siehe da, euer Gott!" (40,9) und Königsherrschaft ausrufen läßt: „Dein Gott ist König geworden" (52,7 in Anlehnung an die Tradition der Thronbesteigungspsalmen 47,9; 93,1).

So sind die Heimkehr nach Jerusalem und der Wiederaufbau der zerstörten Stadt, aber auch des Tempels (44,26.28; vgl. 52,11), das Ziel des Auszugs (49,16 f; 51,3.11; 54,11 ff u.a.). Hier, am Ort der Herrschaft Gottes, ist die Wohnung seiner Gemeinde (vgl. 52,1). Der Raum der Stadt wird allerdings nicht mehr ausreichen (54,1 ff; vgl. Sach 2);

denn der Rückkehrerschar schließen sich alle „Söhne" an, die aus den
vier Himmelsrichtungen gesammelt (43,5 f), ja von den Völkern selbst
herbeigetragen werden (49,22 f; krasser 45,14; 49,26).

Insgesamt tritt die Erzväterüberlieferung für die Schriftprophetie zurück.
Hosea (12) greift die Jakobtradition nur polemisch als Schuldaufweis auf, was
noch bei DtJes (43,27) nachklingt. Jedoch kann er nun zum Trost an die
Abrahamverheißung erinnern (41,8 f; 51,1 f), die Exilierten selbst als Jakob-
Israel (44,1—5 u. a.) wie als Zion-Jerusalem anreden (40,2; 49,14 u. a.). Sogar
die Überlieferung von Gottes „Friedensbund" mit Noach nach der Flut wird
beschworen, um das Ausmaß der Wende zu veranschaulichen: „Meine Gnade
soll nicht (mehr) von dir weichen" (54,9 f).

In dieser Vorstellung vom „ewigen Bund" mit Noach (Gen 9) oder von der
Erscheinung der „Herrlichkeit Jahwes" in der Wüste (Ex 16), auch in Schöpfungsaussagen u. a. lassen sich Gemeinsamkeiten zwischen dem Exilspropheten
und der etwa gleichzeitigen, aber der frühen Vergangenheit zugewandten Priesterschrift entdecken (vgl. A. Eitz).

In der Aufnahme jenes Begriffs „Herrlichkeit", in der Erwartung eines zweiten Exodus und der Heimkehr Jahwes nach Jerusalem u. a. bestehen auch Beziehungen zu dem etwas älteren Propheten Ezechiel (vgl. D. Baltzer).

Wird DtJes' Trostbotschaft schon in der Erwartung von Heimkehr,
Sammlung des Volkes und Wiederaufbau Jerusalems konkret, so wird
sie doch nochmals aktuell zugespitzt. Wie die früheren Propheten in
den Assyrern oder Babyloniern Jahwes Gerichtswerkzeuge sahen, Jeremia Nebukadnezzar geradezu als Jahwes „Knecht" (25,9 u. a.) bezeichnen konnte, so ist für DtJes der Perserkönig Kyros Jahwes „Hirte"
(44,28), ja „Gesalbter" (Messias: 45,1; vgl. 48,14). Nicht mehr Israels
Könige, er übt auf Jahwes Geheiß die Herrschaft aus (41,25). Demnach
hat Kyros nicht eigentlich selbständige Bedeutung, sondern erhält seinen
Auftrag zur Eroberung Babels und Befreiung der Exilierten nur im
Rahmen von Jahwes umfassenderem Heilswerk: „Er wird ausrichten,
was mir gefällt" (44,28 in einer Selbstprädikation Jahwes V 24 ff; vgl.
41,2 ff. 25 ff; 45,13; 46,11 u. a.). Das „Politische" ist gleichsam ein
Teilbereich des „Theologischen", des geschichtsbezogenen Glaubens und
Hoffens. Letztlich erringt Jahwe selbst den Sieg (42,13; 49,24 f u. a.).

5. Seine Heilszusage verteidigt DtJes in der Exilssituation, in der
Macht und Glanz der babylonischen Gottheiten (vgl. 46,1) eindrucks-
voll vor Augen stehen, auch gegenüber fremdem Glauben. Im Großteil
der Gerichtsreden geht es um den Anspruch: Wer ist wahrhaft Gott?
Wahrheitskriterium ist — darin spürt man die Nachwirkung der vorexilischen Propheten und der Erfüllung ihrer Gerichtsansagen — das

wirksame Wort, die rechte Ansage der Zeit, des bereits Vergangenen
wie des noch Kommenden:

> „Sie (die Götter) mögen herzutreten und uns kundtun,
> was sich begeben wird!
> Das Frühere – was war es? Tut es kund,
> damit wir es zu Herzen nehmen!
> Oder das Künftige laßt uns hören,
> damit wir seinen Ausgang erkennen.
> Tut kund, was hernach kommen wird,
> damit wir erkennen, daß ihr Götter seid!" (41,22 f. 26)

Die Götter schweigen, tun nichts, sind nichts (41,24.29 u. a.) – damit
wird kaum im Sinne eines konsequenten „Monotheismus" ihre Existenz
schlechthin geleugnet, aber ihre Macht und Fähigkeit bestritten, Geschichte zu lenken und vorherzubestimmen. So wird die Prophetie (vgl.
44,25 f) gleichsam zum Wahrheitsbeweis für Jahwe.

Aktualisiert DtJes in solcher Auseinandersetzung das erste Gebot
(„Meine Ehre gebe ich keinem anderen" 42,8; 48,11), so kommt das
zweite Gebot im Spott über die handgefertigten Götterbilder zur
Geltung (40,19 f; 41,6 f; 44,9 ff u. a.). Allerdings sind diese Beschrei-
bungen der Bilderherstellung wie schon ähnlich polemische Aussagen
in älteren Prophetenbüchern (Jes 2,8; 17,8; Jer 10 u. a.) wohl als spätere
Einschübe anzusehen. In ihnen stellt der Jahweglaube im Gegenbild
oder gar in der Karikatur fremder Religion seine Eigenart und Überlegenheit heraus, bekennt sich zu dem einen lebendigen, nicht darstell-
baren, unvergleichlichen Gott (vgl. Ps 115; 135).

6. In einer Zeit, in der Verheißungsgüter wie Land und Tempel
verloren sind, argumentiert DtJes nur gelegentlich unter Berufung auf
die Auszugstradition (43,16 f; 51,9 f mit mythischen Zügen vom Drachenkampf). Öfter greift er – eine gegenüber der älteren Prophetie
überraschende Neuerung – zur Begründung seiner Zusagen auf die
Schöpfung als Erweis der Macht Jahwes zurück. Dabei kann sich
DtJes wechselnder kosmologischer Vorstellungen bedienen, im hymnischen Partizip wie in der Ichrede Gottes sprechen (40,22.26.28; 42,5;
45,12.18 u. a.) oder im Heilsorakel Israels Erschaffung und Erwählung
gleichsetzen (43,1; 44,2 u. a.). So ist Schöpfung für DtJes nicht eigentlich ein selbständiges Thema, das von einem Urgeschehen „im Anfang"
redet, sondern auf die Geschichte, damit auf Gegenwart und Zukunft,
bezogen. Der Schöpfer ist der Erlöser (44,24). Wie die Welt als ganze
mit Licht und Finsternis (45,7), so ist auch das kommende Heil Gottes
Schöpfung (41,20; 45,8; 44,3 f; vgl. 65,17 f):

> „Denkt nicht mehr an das Frühere,
> und auf das Vergangene achtet nicht!
> Siehe, nun schaffe ich Neues,
> schon sproßt es – merkt ihr es nicht?" (43,18 f)

„Früheres" und „Neues", „Vergangenes" und „Künftiges" können geradezu einen Gegensatz bilden. Das bei DtJes mit Varianten mehrfach wiederkehrende, aber nicht leicht zu fassende Begriffspaar stellt bereits verwirklichtes und noch ausstehendes Prophetenwort (vgl. 42,9; 48,3.6f; auch 41,22 f; 43,9), damit zurückliegende Geschichte und angesagtes Heil gegenüber. Dabei schließt das „Frühere" über das erfahrene Gericht hinaus wohl doch die gesamte Heilsgeschichte seit dem Auszug ein (43,16 f; 46,9), so daß das neue Heil das alte nicht nur – wie in der Erwartung vom neuen Exodus – überbietet, sondern auch zurückdrängt (vgl. Jer 23,7 f). Eine solche Grenzaussage steht im Dienste des Aufrufs an die Hörer, nicht mehr zurückzublicken, sondern sich ganz auf Gottes Zukunft einzulassen (vgl. 42,10 ff; 44,23; 52,9.11 u. a.). Wie die Unheilsansage der älteren Gerichtspropheten so kündet DtJes' Trostbotschaft eine nahe, schon anbrechende, ja im Prophetenwort gegenwärtige und insofern eschatologische Zukunft an: „Schon sproßt es!"

Dieses Heil bleibt keineswegs auf die unmittelbar Betroffenen beschränkt, sondern geschieht sichtbar vor aller Welt (40,5; 52,10), ja bezieht die Völker ein. Spitzt DtJes seine Einsichten vom alleinigen Wirken Gottes in Schöpfung und Geschichte in Gottes Selbstaussagen zu: Ich bilde Licht und Finsternis, Heil und Unheil (45,7), „Ich bin der Erste und der Letzte; außer mir ist kein Gott" (44,6; 48,12 u. a.), so erwartet er von der Zukunft, daß die Völker diese Wahrheit anerkennen:

> „Mir wird sich beugen jedes Knie
> und jede Zunge wird schwören:
> Nur in Jahwe ist Heil und Stärke"
> (45,23 f; vgl. 45,3.6.14 f; 49,26; 43,10).

So bringt DtJes das erste Gebot nicht nur in aktueller Auseinandersetzung zur Geltung, sondern erhofft seine weltweite Verwirklichung von der Zukunft. Für dieses Ziel wird das Gottesvolk selbst als „Bote" (42,19) und „Zeuge" (43,10.12; 44,8) in Auftrag genommen: „Siehe ein Volk, das du nicht kennst, wirst du rufen" (55,5). Eine „Mission" Israels ist damit kaum im Blick, wohl aber die Ausweitung des Gottesvolkes durch Anschluß Fremder (vgl. 56,3 ff; Sach 8,20 ff).

7. Die Traditionen von Davidherrschaft und Königtum werden von DtJes aufgespalten: „König" ist allein Jahwe selbst (52,7), und zwar

auch als Weltherrscher in der Zuwendung zu Israel: „euer König" (43,15; 41,21; 44,6). Der Titel „Gesalbter" bleibt dem Perser Kyros vorbehalten (45,1). Die „Gnadenerweise an David", die Natanverheißung (2 Sam7), überträgt DtJes auf das Volk (55,3). Ist demnach in der Botschaft des Exilspropheten — anders als bei seinen Vorgängern (zuletzt Jer 23,5 f; Ez 34; 37) und Nachfolgern (Hag, Sach) — kein Raum mehr für eine messianische Weissagung? Ist die rätselhafte Gestalt des Gottesknechts vielmehr in diesen theologischen Rahmen einzuzeichnen, d.h. als „Minister des Königs" (vgl. 2 Kön 22,12), nämlich als Beauftragter des Königs Jahwe, zu deuten?

Die sog. „Lieder" vom *Ebed Jahwe* bzw. Gottesknecht bilden eine aus dem Buch herauslösbare, selbständige und in sich zusammenhängende Schicht; sie schildern das Ergehen des Knechtes von seiner Amtseinsetzung (42) bis zu seinem Tod (53). Allerdings wird die Abgrenzung der vier Texte, die wesentlich die Interpretation beeinflußt, nicht ganz einheitlich vorgenommen: 42,1—4 (5—9); 49,1—6 (7—13); 50,4—9 (10f); 52,13—53,12. Die in Klammern angegebenen Abschnitte stellen wahrscheinlich spätere Erweiterungen dar, in denen sich bereits ein anderes, von der Grundschicht abweichendes Verständnis vom Knecht ausspricht.

In Jes 42,1—4 wird er — wohl einem himmlischen Hofstaat — als mit Gottes Geist begabter „Erwählter" öffentlich vorgestellt, der Gottes Recht, Gnadenentscheid, Rechtsordnung, „Tora" aller Welt verkünden soll. Die Zusage des Erfolgs trotz angedeuteter künftiger Widrigkeiten „Er wird nicht matt" wird in den folgenden Liedern nach beiden Seiten hin, Wirksamkeit und Leiden, breiter ausgeführt. In Form einer Ichrede, die an das Berufungsformular von Jer 1 erinnert, berichtet der Knecht in Jes 49,1—6 den Völkern von seiner vorgeburtlichen Beauftragung; er hat nicht nur Israel „wiederaufzurichten und heimzuführen", sondern „Licht der Völker" zu sein, damit Jahwes Heil die Enden der Erde erreiche. Wie eine Überleitung wirkt das nochmals im Ichstil gefaßte dritte Lied Jes 50,4—9 mit seinen beiden Themen: Verkündigungsaufgabe des Knechts durch Zurüstung von Zunge und Ohr sowie Gottes Beistand und des Knechts Festigkeit im Leiden. Schluß- und Höhepunkt ist das vierte Lied, in dem zwei — wiederum in einer Himmelsszene gesprochene? — Gottesreden (52,13—15; 53,11b—12) Bericht und Bekenntnis einer „Wir"-Gruppe (53,1—11a) umrahmen: „Er trug unsere Krankheit." Die Gottesworte bekräftigen Erfolg und Erhöhung des Verachteten, stellvertretend Leidenden: Der Gerechte wird die „Vielen" (wohl alle Völker) gerecht machen, ihre Schuld tragen, und Könige werden vor ihm ihren Mund verschließen (53,11 f; 52,15). Die Kernaussagen von Tod, Grab und — verhalten angedeutet — neuem Leben, Rechtfertigung aller und weltweiter Anerkennung des Erniedrigten übersteigen historisch mögliche Erfahrung.

Wie im ganzen Deuterojesajabuch finden sich auch in den Gottesknechtliedern Elemente aus den Psalmen, vor allem den Klage- und Vertrauensliedern, und der Weisheitsliteratur. Vorherrschend sind jedoch zwei Traditionen, die sich vereinigen, um unerhört Neues (vgl. 52,15) entstehen zu lassen.

Der königlich-messianischen Tradition entstammen etwa in Jes 42 das höfische Zeremoniell, die Anrede als „erwählter Knecht", den Gott bei der Hand ergreift (Ps 89,4.20 ff), die Verbindung von Geistverleihung mit Rechtsprechung und Fürsorge (2 Sam 23,2 f; Jes 11,2 ff) oder in Jes 49 das Berufungswort mit Titelvergabe (Ps 2,7) und die Ausstattung mit dem scharfen Wort (Jes 11,4).

Dieser Überlieferungsstrang wird von der prophetischen Tradition, die vom Wortamt und Leiden weiß, in Jes 42; 49 weitergeführt und umgedeutet, bis sie sich in Jes 50 durchsetzt. Auffällig sind Berührungen mit dem Jeremiabuch, speziell den Konfessionen (12,5 f; 11,19 u.a.).

Jedoch nimmt Jes 53 mit dem universalen Rahmen, der an Jes 42 erinnert, nochmals königliche Tradition auf, korrigiert sie aber (53,2) und transzendiert sie wie alle Leidensaussagen in Prophetie und Psalter.

Der Ehrentitel „Knecht (Gottes)" wird im AT Mose, Propheten (44,26), Königen, selbst dem Messias (Ez 34,23 f; Sach 3,8 u.a.) verliehen, so daß der Begriff keine rechte Interpretationshilfe für die schwierige Frage zu bieten vermag: Wer ist der Knecht? Die Antworten fallen schon in ihrer Art ganz unterschiedlich aus: (a) Die kollektive Deutung, die im „Knecht" Israel selbst, sei es das Volksganze oder die Exilsgemeinde, wiedererkennt, kann sich auf den Kontext (Israel als Knecht 44,1 f u.a.) und Jes 49,3 berufen. In diesem Text wird „Israel" jedoch einen Einschub darstellen, da der Knecht einen Auftrag an Israel erhält (49,5 f) und anders als das „blinde, taube" Volk sein Los willig auf sich nimmt (50,5 f). (b) Die individuelle Deutung, die an Personen in Zukunft, Vergangenheit oder Gegenwart denken kann, hat recht verschiedenartige Möglichkeiten: (1) Der traditionellen eschatologisch-messianischen Auffassung steht entgegen, daß der Knecht keine Davidsgestalt ist und die aktuelle Aufgabe der Heimführung Israels erhält. Die „Lieder" wollen gewiß nicht Weissagung für spätere Zeiten sein, sondern — wie allerdings DtJes' eschatologische Verkündigung überhaupt — in die Gegenwartssituation sprechen. (2) Man hat den Knecht mit verschiedenen Einzelpersonen der Vergangenheit identifiziert, sei es Königen oder Propheten. Anspruch, bedacht zu werden,

haben eigentlich nur Mose, wie er jüngerer Tradition erscheint
(Num 12,3; Ex 32,31f u.a.), und Jeremia, zu dessen literarischer Hinter-
lassenschaft ja mancherlei Beziehungen bestehen. (3) Die autobiogra-
phische Deutung auf DtJes selbst, heute die üblichste (vgl.
Apg 8,34), kann sich auf die Verkündigungsaufgabe des Knechts und
die Form der Ichrede im zweiten und dritten Lied berufen, muß jedoch
das vierte Lied, das auch sprachlich gewisse Besonderheiten aufweist,
einem anderen Verfasser, am ehesten aus DtJes' Schülerkreis („Wir"),
zuschreiben.

Die Schwierigkeiten der autobiographischen Deutung lassen sich in zwei
Grundfragen zusammenfassen – zum einen: Warum ist die Präsentation des
Gottesknechts Jes 42 nicht in den Auditionsbericht Jes 40 integriert? Bedarf es
einer gleichsam zweiten Berufung, weil DtJes' Auftrag an Israel auf die Völker
erweitert wird? Wieweit übernimmt der Prophet diese weltweite Verkündigung
aber wirklich (vgl. 42,10; 43,10; 52,10 u.a.)? Zum andern: Zielen die ersten drei
Lieder nicht von vornherein auf Jes 53, so daß die vier Texte als Einheit zu
verstehen sind? Wie kann die Schülerschar von ihrem Meister im Rückblick bekennen, daß er Leben nach dem Tode empfing und die Schuld der „Vielen" trug?

Werden die alle geschichtlichen Erfahrungen transzendierenden Aussagen von Jes 53 als Zukunftsansagen nicht doch verständlicher? Zumindest können die Gottesknechtlieder die spätere Form messianischer
Erwartung beeinflußt haben, wenn Sach 9,9f nach einem „gerechten,
demütigen" König ausblickt, der den Völkern Heil verkündet (vgl. auch
die dunkle Anspielung auf den „Durchbohrten" Sach 12,10).

DtJes' Naherwartung hat sich in der von ihm beschriebenen Weise –
Zerstörung Babels, glanzvolle Heimkehr des Volkes, Anerkennung
Jahwes durch Kyros (45,3) u.a. – nicht erfüllt. Dennoch wird die
Hoffnung auf Gottes künftige Offenbarung und den Antritt seiner
Königsherrschaft weitergetragen, vielleicht schon von einem Schüler
DtJes'–Tritojesaja.

8. Wie B. Duhm (1892) erkannte, bilden die Kap. 56–66 eine selbständige literarische Größe. Ob sie aber eine Einheit und nicht eher eine
Komposition von kleinen Wortsammlungen aus unterschiedlichen Zeiten
darstellen, bleibt umstritten. Übereinstimmung besteht darin, daß zumindest die Heilsweissagungen im Buchkern Kap. 60–62 auf einen Propheten aus frühnachexilischer, also schon persischer Zeit zurückgehen.
Er trat (in Jerusalem) nach 538, aber vielleicht noch vor Wiedererrich-
tung des Tempels 520–515 v. Chr. auf.

Im Aufbau des Buches legen sich verschiedene Schichten wie Schalen um jenen Kern. Er wird in einem engeren Kreis von einem locker gefügten (59) und einem geschlosseneren (63,15 ff) Volksklagelied umgeben, auf das die Heilszusage im Zentrum antwortet. Weiter außen sind Anklageworte plaziert (56–58; 65 f), denen wiederum Heilsansagen als Einschub (57,14 ff; 65,17 ff) oder Anhang (66,6 ff) beigefügt sind. Die äußersten Rahmenworte bedenken in geringerem (56,1–8) und umfassenderem, fast schon apokalyptischem (66,18 ff) Ausmaß die Ausweitung der Gemeinde über die in vorexilischer Zeit bestehenden Grenzen hinaus.

56,1–8	„Gemeindegesetz". Zulassung von Ausländern und Verschnittenen entgegen Dtn 23
	„Mein Haus soll ein Bethaus heißen für alle Völker" (V 7).
56,9 – 57,13	Mehrere Anklageworte
	(aus vorexilischer Zeit aktualisiert?)
	56,9 ff Gegen Hirten (vgl. Jer 23; Ez 34)
	57,3 ff Gegen Götzendienst, Hurerei
	57,14 ff Trostworte für die Demütigen und Geschlagenen
58	Sog. Fastenpredigt (vgl. Sach 7 f). Mahnrede über rechtes Fasten
	„Warum fasten wir, und du siehst es nicht?" (V 3)
	„Brich dem Hungrigen dein Brot, kleide den Nackten!" (V 7)
59	„Prophetische Liturgie" mit Elementen der Klage, Anklage, Sündenbekenntnis (V 12) und Gottes Zusage
	„Siehe, die Hand Jahwes ist nicht zu kurz" (V 1).
60–62	Heilsworte für Jerusalem. Verherrlichung Zions
60	Völkerwallfahrt zum Zion (vgl. Jes 2; Hag 2)
	61,1–3 Trostamt des Propheten
	61,6 „Ihr werdet Priester Jahwes heißen" (vgl. Ex 19,6)
63	Gottes Rückkehr vom Gericht an den Völkern, bes. Edom (V 1–6).
	Klagender geschichtlicher Rückblick, bes. auf Mose (V 7–14)
63,15 – 64,11	Volksklagelied mit Bitten, Fragen (vgl. die Klagelieder)
	Nicht Abraham, Gott ist unser Vater (63,16; 64,7)
	„Ach, daß du den Himmel zerrissest!" (63,19.15)
65	Gerechte und Frevler (V 1–16)
	„Summe" eschatologischer Heilserwartungen (V 17 ff)
	„Ich schaffe einen neuen Himmel und eine neue Erde" (65,17; 66,22)
66	Tempelkritik: „Der Himmel ist mein Thron" (vgl. 1 Kön 8,27)
	Freude über Jerusalems Reichtum (V 7 ff)

Der namentlich unbekannte Sprecher der Heilsweissagungen „Tritojesaja" (TtJes) beschreibt selbst seine Vollmacht und seinen Auftrag:

> „Der Geist des Herrn Jahwe ist auf mir,
> weil Jahwe mich gesalbt hat.
> Er hat mich gesandt, den Armen frohe Botschaft zu bringen,
> zu verbinden, die gebrochenen Herzens sind,
> für die Gefangenen Freilassung auszurufen . . ."
> (61,1−3; vgl. zum Ich 62,1.6; zur Sache 57,14; 66,2)

Dieser Prophet scheint sich als Schüler DtJes' zu verstehen, knüpft bis in den Wortlaut hinein an dessen Heilsbotschaft an und erneuert sie unter den geänderten Bedingungen seiner Situation. Die aktuelle Zeitansage DtJes' bekommt dabei einen allgemeineren Ton oder gar übertragenen Sinn (vgl. bes. 40,3 ff mit 57,14 f). Doch hält TtJes in den wirtschaftlich ärmlichen Verhältnissen seiner Gegenwart, in der das Nicht-Eintreffen von DtJes' Heilsverheißung enttäuschend offenkundig ist, an der Ansage der Heilswende und der Hoffnung auf Verherrlichung des Zion fest. Die Ausrichtung auf Gottes Zukunft soll dennoch das Verhalten des Volkes bestimmen:

> „Mache dich auf, werde licht;
> denn dein Licht kommt
> und die Herrlichkeit Jahwes strahlt auf über dir!"
> (60,1 f; vgl. 56,1)

Situation und Problematik nachexilischer Zeit kommen zum Ausdruck in der Klage über die Zerstörung des Tempels (64,9 f), der Hoffnung auf Wiederaufbau von Stadt (61,4; 60,10 f. 18) und Heiligtum (60,13 gegenüber der Kritik 66,1 ff), in Fastengottesdienst (58) und Klageliedern (63,15 ff; 59), auch der Sehnsucht nach günstigeren wirtschaftlichen Bedingungen (62,8 f; 60,17; vgl. Hag 1) oder in der Bedeutung der Sabbatheiligung (56,1 f; 58,13 f).

Als Hauptunterschied zu DtJes' Trostbotschaft fällt auf, daß Kap. 56−66 Anklagen enthalten, die an die Verkündigung der früheren Gerichtspropheten erinnern: „Eure Sünden trennen euch von eurem Gott" (59,2). Hier findet sich neben der Sozialkritik (58,3 ff) wieder die Abwehr von Fremd-, speziell Vegetationskulten (57,3 ff; 65,3 ff; 66,17). Hat man alle Anklagen TtJes abzusprechen und ihm nur die Weiterführung der an DtJes anschließenden Heilsverkündigung (60−62; vgl. 57,14 ff; 65,17 ff 66,6 ff) zu belassen? Auch die Worte, in denen die Gemeinde in zwei Gruppen, „Frevler" und „Fromme", gespalten ist (57,19 ff; 65; 66,5), scheinen in jüngere Zeit zu führen. Jedenfalls bieten

die nachexilischen Verhältnisse Anlaß, Schuldaufweis und Strafankündigung der älteren Prophetie wiederaufzunehmen, allerdings nun auf
Gruppen eingeschränkt.

Außerdem erwartet TtJes eher, daß die Völker im Dienst Israels in
das künftige Heil einbezogen werden (60,3 f. 9; 61,9; 66,12.20; schon
49,22 f), als daß sie Gottes Gericht erfahren (63,1 ff; 60,12; 66,15 f. 24).
In den (jüngeren) Schlußworten des Buches wird aber jeder Partikularismus durch die universale Erwartung überboten, daß Gott alle Völker
sammelt, sie seine Herrlichkeit sehen läßt oder sich gar aus ihnen –
ohne Legitimation durch priesterliche Stammbäume – „Priester und
Leviten" wählt (66,18.12; vgl. Mal 1,11; Zeph 2,11).

§ 22

HAGGAI, SACHARJA, DEUTEROSACHARJA, MALEACHI

1. Wohl wenige Jahre nach Tritojesaja nimmt der Prophet **Haggai** die Botschaft vom nahen Heil im gegenwärtigen Dunkel (Jes 60,1 f; 56,1) auf und verbindet sie − ähnlich wie zuvor Deuterojesaja mit dem Sieg des Persers Kyros − mit unmittelbar zeitgenössischen Ereignissen. Entsprechend dem Kyrosedikt (Esr 6,3 ff) wird der persische Statthalter Scheschbazzar schon bald nach 539 v. Chr. die nach Babylon verschleppten Tempelgeräte zurückgebracht, vielleicht auch den Grundstein für den Tempelneubau gelegt haben (Esr 5,14 ff; vgl. aber Hag 2,18; Sach 4,9). Weiter konnte das Werk bei der armseligen Wirtschaftslage (Jes 62,8 f; Hag 1,6.9 f; 2,16 f) nicht gedeihen. Da tritt im zweiten Regierungsjahr des Perserkönigs Darius I., 520 v. Chr., nur wenige Monate lang, Haggai in Jerusalem auf, wendet sich an die im Land gebliebenen Altjudäer wie die Rückwanderer (Esr 2) und kehrt die Beurteilung der Lage gegenüber dem Selbstverständnis seiner Zeitgenossen um: Die wirtschaftliche Lage ist nicht Grund, sondern Folge des Umstands, daß der Tempel noch in Trümmern liegt.

> „Steigt hinauf ins Gebirge, holt Holz und baut den Tempel,
> so werde ich daran Wohlgefallen haben
> und mich herrlich erweisen" (Hag 1,8).

Die wenigen Worteinheiten Haggais sind − wie zuvor schon Ezechiels und unmittelbar darauf Sacharjas Verkündigung − durchweg genau datiert (1,1 bis 2,20). So wechseln sich in den zwei Kapiteln des Haggaibuches erzählender Rahmen (1,1.3.12−15; 2,1 f.10.20) und mehr oder weniger rhythmisch gehaltene Einzelworte ab. Daher stellt sich wiederum die Frage, wieweit man den Datierungen (Aug.−Dez. 520) trauen darf, aber auch, wie die Worteinheiten ursprünglich abgegrenzt und (bes. bei 2,10 ff) an wen sie gerichtet waren. Im groben läßt sich die Verkündigung Haggais auf vier Themen (I.−IV.) aufteilen:

I. Aufforderung zum Wiederaufbau des Tempels
1−2,5   Disputationsworte (1,2.4 ff.9 ff) und Mahnworte mit bedingter Verheißung (1,7; 2,3 ff; vgl. 2,15−19)

II. Erschütterung der Welt

2,6−9   Unbedingte Verheißung: Völkerwallfahrt zum Zion (vgl. Jes 2; 60; 66,20)

III. Unreines Volk

2,10−14   Priesterliche Tora über rein und unrein (vgl. Lev 10,10f), vom Propheten aktualisiert

IV. Messiaserwartung

2,20−23   Unbedingte Verheißung: Erschütterung und Befriedung der Welt Serubbabel Jahwes Siegelring

Haggai schätzt die allgemeine Lage zwar nüchtern ein, führt mit Fragen und Mahnungen jedoch zu der Einsicht: Der Neubau von Gottes Haus hat Vorrang vor der Verbesserung eigener Wohnverhältnisse (1,4.9; vgl. 2 Sam 7,2). Auch ist Gottes Geist mit dem Werk (Hag 2,5; 1,13), so daß es gelingen wird. Die vom Himmel gesandte Not (1,10f) wird sich in Heil wenden: „Von diesem Tag an segne ich" (2,19; Sach 8,9ff). Ja, Gott wird in Kürze Himmel und Erde erschüttern, damit die Völker ihre Schätze herbeibringen, so daß das kommende Haus das zerstörte an Glanz übertreffen soll: „Mein − Jahwes, nicht Israels − ist das Silber, mein das Gold" (Hag 2,6−9). Das von den früheren Propheten, wie Deutero- und Tritojesaja, erwartete Heil ist also noch zukünftig, bricht aber mit dem neuen Tempel an (2,9).

Tatsächlich hat Haggais Aufruf Erfolg; die Arbeit beginnt alsbald (1,12ff) und wird weitergeführt (2,1ff; Esr 5,1f; 6,14). Macht Haggai aber die Teilnahme am Werk und damit den Zugang zum Tempel einem Volk(steil) streitig? Die priesterliche Weisung über heilig und unrein, die über Gefahr und Macht der Unreinheit belehrt, läuft auf die prophetische Einsicht hinaus: „Dieses Volk" mit allem Werk seiner Hände und seinen Opfern ist unrein (2,10−14). Üblicherweise deutet man (seit J. W. Rothstein) die nicht näher bestimmte Bezeichnung „dieses Volk" auf die Bevölkerung des ehemaligen Nordreichs, also die späteren Samaritaner (Esr 4), die seit den assyrischen Zwangsumsiedlungen fremde Völkerteile mit ihren Religionen aufnehmen mußten (2 Kön 17). Grenzt bereits Haggai die Gemeinde gegen diese Gruppe ab, um einen möglichen Synkretismus des Jahweglaubens von vornherein abzuwehren? Oder kann Haggai wie seine prophetischen Vorgänger (vgl. nur Jes 6,4; Ez 36,25; 37,23) doch sein eigenes Volk „unrein" nennen (K. Koch)? Um so krasser wäre der Gegensatz zwischen Gottes Heilszusage und der Situation des Volkes.

Zum Tempelwiederaufbau spornt Haggai (2,2ff; 1,1.12) den persischen Kommissar für Juda Serubbabel, einen Enkel des 598 v. Chr.

nach Babylon deportierten Königs Jojachin, und den Hohenpriester Josua an — politisches und priesterliches Amt stehen in nachexilischer Zeit nebeneinander. Dem Davididen Serubbabel sagt Haggai im letzten Wort des Buches messianische Würde zu. Im Rahmen der Welterschütterung (2,6.21) wird Gott selbst die Kriegswerkzeuge der Völker zerschlagen und seinen Repräsentanten in sein Friedensreich einsetzen (2,22 f). Haggai scheint damit der Sache nach jesajanische Zukunftserwartungen (9,3 ff) zu erneuern und universal auszuweiten, verbindet zumindest ebenfalls Zion- und Davidtradition. In der Sprache kommt jedoch die andere Zeit zum Ausdruck: Serubbabel wird als Jahwes „Knecht" (Ez 34,23 f u. a.) zum Siegelring an Gottes Hand „erwählt" (Gegenbild zu Jer 22,24).

Auch Haggai hat sich mit seiner Naherwartung (2,6 ff. 20 ff) geirrt, aber mit dem Anstoß zum Tempelneubau Wirklichkeit gestaltet, so auf lange Zeit die Glaubensgeschichte des nachexilischen Israel geprägt und vor allem in seiner Situation die Hoffnung auf Gottes Zukunft wachgehalten.

2. Kurz nach Haggai, vielleicht nur zwei Monate später, tritt Sacharja auf und wirkt zumindest zwei Jahre, 520—518 v. Chr. (vgl. Hag 1,1 mit Sach 1,1; 7,1). Der Jüngere trägt die Heilsverkündigung des Älteren weiter, übertrifft sie aber in der universalen Weite (1,7 ff; 6,1 ff) und der Tiefe der Schulderkenntnis (5,5 ff). Überhaupt nimmt Sacharja Themen seiner prophetischen Vorgänger auf: Gottes Zuwendung zu Jerusalem, Reinigung der Gemeinde von Schuld, Heimkehr der Diaspora, Volksreichtum Israels, Entmachtung der Völker, aber auch ihre Teilnahme am Heil, Vollendung des Tempelbaus und messianische Erwartung. Doch werden die traditionellen Motive mit neuen Bildmitteln eigenständig ausgestaltet und aktualisiert. Dabei finden sich innerhalb der Heilsbotschaft wie im Tritojesajabuch auch Anklage und Gerichtsansage (5; 7).

Der erste Hauptteil des Sacharjabuches (1—8) ist durch die genauen Datumsangaben, verbunden mit der Wortereignisformel (1,1.7; 7,1), dreigeteilt. Allerdings haben Ein- und Ausleitung mit dem knappen Bußruf (1,1—6) und der breiter ausgestalteten Fastenpredigt (7 f) einen anderen Charakter als die beherrschend im Zentrum stehende Komposition aus Visionen und Worten (1,7 —6,15). Im Rahmen finden sich ausdrückliche Rückverweise auf die Worte der „früheren Propheten" (1,4 ff; 7,7 ff; 8,9 ff); der Traditionsbezug wächst in der Spätzeit und kündet von ferne die kanonische Geltung der Prophetenbücher an.

Den Grundbestand bildet ein im Ichstil verfaßter Zyklus von **sieben Nachtgesichten**, die den Propheten möglicherweise in einer Nacht überfielen (1,8; 4,1; nach 1,7 im Februar 519). Sie erinnern in ihrem Aufbau mit Visionsbeschreibung und Deutung, Frage und Antwort an Visionen wie Am 8,1 f oder Jer 1,13 f, sind aber viel breiter ausgestaltet. Kann Amos von sich sagen „So ließ der Herr mich schauen", so wird Gott in Sacharjas Visionen durch einen Dolmetscher- oder Deute-Engel (*angelus interpres*) vertreten, der Erläuterungen gibt, Fragen stellt und beantwortet, ja die Schauung herbeiführen kann (4,1 f. 5; 5,3 ff u. a.). So wirkt er als Mittlerfigur zwischen dem „Herrn der ganzen Erde" (4,14; 6,5) und dem Propheten (vgl. schon Ez 40,3 f; später Dan 8; 10).

In den Siebenerzyklus (1,8−15; 2,1−4.5−9; 4,1−6a.10b−14; 5,1−4.5−11; 6,1−8) ist einerseits eine weitere Vision (3,1−7) eingefügt; sie ist formal wie inhaltlich anders strukturiert, kommt ohne den Deute-Engel aus und richtet sich anders als die Siebenerreihe auf eine konkrete Person, den Hohenpriester Josua, aus. Dieses Gesicht ist an vierter Stelle vor die mittlere, messianische Vision des Zyklus eingeordnet, der sie sachlich nahesteht. (Demgemäß schwankt die Zählung I.−VII. bzw. VIII., je nachdem ob man die eigenständige Vision von Kap. 3 mitrechnet oder nicht.)

Wie etwa schon den Visionen des Amosbuches (7,9.10−17; 8,3) sind Sacharjas Visionen andererseits erläuternde, aber ursprünglich selbständige Einzelworte beigefügt (1,16 f; 2,10−17; 3,8−10; 4,6b−10; 6,9−15). Er scheint mit ihnen die ihm zuteilgewordenen Zukunftseinsichten weiterzugeben. So stammen die Worte im Kern von Sacharja, sind jedoch kaum von ihm selbst in die Komposition eingeschoben, deren Ablauf sie zerstören.

Eher zur Redaktion des Buches als zur Verkündigung des Propheten gehört die hier und da (2,13.15; 4,9; 6,15) eingestreute, an Ezechiel erinnernde Formel „ihr werdet/du wirst erkennen, daß Jahwe mich gesandt hat". Sie bekräftigt die Wahrheit prophetischer Heilsweissagung, vielleicht gerade angesichts gegenwärtiger Nicht-Erfüllung.

Wie die verwandten Datierungen im Haggai- und Sacharjabuch oder die Anklänge von Sach 8,9 ff an Hag 1 f vermuten lassen, besteht zwischen beiden Buchredaktionen ein Zusammenhang, der wiederum auf Beziehungen zum chronistischen Geschichtswerk hinweisen könnte.

Wenn die Sacharjabuchredaktion nicht nur den Bußruf (1,1−6) oder die Fastenpredigt (7 f), sondern sogar das umfangreiche Mittelstück (1,7−6,15) als je an einem Tag empfangene Einheit versteht, so verdient diese Chronologie wenig Vertrauen. Ja, kommt in 1,3−6; 7,7−14;

auch 8,14 ff nicht überhaupt eine jüngere Stimme zu Wort, die der deuteronomistischen Schule nahesteht (vgl. W. A. M. Beuken)? Daß die
Umkehr Bedingung für die Heilswende ist – so ist wohl die Vorordnung
von 1,3 ff zu verstehen –, widerspricht der Intention der Visionen
(1,7 ff). „Die Nachtgesichte bilden eine unbedingte Heilsverheißung"; sie
verkünden „Heil als eine absolut geltende neue Wirklichkeit" (Beuken,
112).

A) 1,1–6   Bußpredigt (Okt./Nov. 520)
B) 1,7–6,15   Komposition aus Visionen und Worten (Febr. 519)

    1   I. Vision (V 8–13.14 f): Mann auf rotbraunem Pferd zwischen
               Myrten, dahinter Reiter auf andersfarbigen Pferden
               V 16 f Einzelwort

    2   II. Vision (V 1–4): Vier Hörner, von vier Schmieden umzuwerfen
               III. Vision (V 5–9): Mann mit Meßschnur, um Jerusalem auszu-
               messen
               Einzelworte (V 10–17)

    3   Zwischenvision (V 1–7): Freispruch und Amtseinsetzung Josuas
               Einzelworte (V 8–10); Stein vor Josua

    4   IV. Vision (V 1–6a.10b–14): Leuchter, umgeben von zwei Öl-
               bäumen
               Verheißungen an Serubbabel (V 6b–10)

    5   V. Vision (V 1–4): Fliegende, fluchbeladene Schriftrolle
               VI. Vision (V 5–11): Weib in der Tonne

    6   VII. Vision (V 1–8): Vier Wagen in vier Himmelsrichtungen
               Symbolische Krönung (V 9–15)

C) 7 f   Sog. Fastenpredigt (Dez. 518; vgl. Jes 58) mit Anklage und ver-
               schiedenartigen – teils späteren – Heilsweissagungen (8,1 ff)

Zwar bleibt der Bildgehalt der Gesichte Sacharjas gelegentlich schwer
verständlich; doch liegt wie schon bei den Visionen der älteren Prophetie
aller Nachdruck auf der Aussageabsicht, und diese wird durchweg klar
und eindeutig ausgesprochen. In der ersten Vision sieht der Prophet
himmlische Reiter, von Gott ausgesandt, um die Lage auf Erden zu er-
kunden (vgl. Hi 1,7; 2,2). Auf die Nachricht, die Erde liege ruhig und
still, erhebt sich Klage: Nach siebzig Jahren noch kein Ende des göttlichen Zorns über Juda und Jerusalem? Doch Gott antwortet mit Trost-
worten. So erneuert und aktualisiert Sacharja die eschatologische Botschaft (von Jes 40,1; 66,13; Jer 29,10 u.a.), um seiner Gegenwart zu
widersprechen: Die Heilszeit bricht an, auch wenn die Wirklichkeit
anders aussieht! Gott „eifert" für Jerusalem, zürnt den Völkern

(Sach 1,15; 8,2). Ihre Zeit läuft ab. Die vier Hörner der zweiten Vision symbolisieren die Kraft der (Unterdrücker-)Völker, die Israel „zerstreuten", deren Macht nun aber (durch vier Handwerker) gebrochen wird. Da die Vierzahl wie in der letzten Vision die Weltganzheit umschreibt, nimmt das Bild die apokalyptische Hoffnung auf Unterwerfung der Weltmächte durch Gott vorweg (Dan 2; 7; vgl. Hag 2,22). In der dritten Vision wird ein Mann sichtbar, der die Ausdehnung Jerusalems mißt; doch wird seinem Tun Einhalt geboten. Die Verheißung vom Volksreichtum Jerusalems (Jes 49,19 f) erfüllt sich in solchem Übermaß, daß die Stadt über ihre Mauergrenzen hinaus wächst und allein von Gottes „Herrlichkeit" (Ez 43,5; Hag 1,8) beschützt werden kann:

> „Offen soll Jerusalem daliegen
> wegen der Fülle der Menschen und Tiere in seiner Mitte.
> Ich selbst will ihm — Spruch Jahwes —
> ringsum eine Feuermauer sein
> und mit Herrlichkeit in seiner Mitte weilen" (2,8 f).

Deutende Zusätze ziehen nur die Konsequenz aus dieser Erwartung, indem sie zur Flucht aus Babel mahnen (2,10 ff; vgl. Jes 48,20; 43,5 f). Die Volkszunahme soll sich durch Rückkehr der Diaspora oder durch Anschluß „vieler Völker" (Sach 2,15; 8,20 ff) verwirklichen. Jedenfalls wird die Gegenwart zur Freude über Gottes Zukunft aufgerufen:

> „Frohlocke und freue dich, Tochter Zion;
> denn siehe, ich komme, um bei dir zu wohnen" (2,14.17).

Die fünfte (bzw. sechste) Vision (5,1—4) zeigt eine breit aufgerollte, fliegende Buchrolle, beschrieben mit Fluchworten gegen Diebe und Meineidige; so wird die Gemeinde vor der Heilszeit von Übeltätern — konkret den im Lande Verbliebenen, die sich die Güter der Exilierten aneigneten und den Heimkehrern nicht zurückerstatten? — gereinigt. Die sechste (bzw. siebte) Vision (5,5—11) führt diese Erwartung der Entsündigung der Gemeinde durch Gott selbst (vgl. Ez 36,25; 37,23) sichtbar-bildhaft weiter: Das die Gottlosigkeit verkörpernde Weib im Hohlmaß, in dem die Schuld des Landes gleichsam gesammelt ist, wird von zwei beflügelten Frauen fortgetragen, aus Juda nach Babel. Dort soll das Weib als Gottesbild auf einem Postament im Tempel stehen. — Die letzte Vision knüpft an die erste an, durchbricht die dort beklagte Stille: Vier mit verschiedenfarbigen Pferden bespannte Wagen kommen von Gott her, zwischen beide Erzberge am Himmelseingang hindurch, um in die vier Himmelsrichtungen zu fahren. Das nordwärts ziehende Gespann „läßt Jahwes Geist auf das Nordland nieder", gewiß nicht, um

Jahwes Zorn ausbrechen zu lassen, sondern um die Exilierten zur Heimkehr oder gar Fremde zum Anschluß an Israel zu bewegen (vgl. 2,10ff;
8,7f.20ff).

Die äußeren Visionen (1,8ff; 6,1ff) stecken den universalen Rahmen
ab; im Mittelstück des Siebenerzyklus steht die Messiaserwartung
der vierten breiter ausgeführten Vision (4,1−6a.10b−14). Sieben
Lampenschalen auf einem goldenen Ständer, die wiederum je sieben
Schnauzen mit Dochten (also insgesamt 49 Lichtquellen) aufweisen,
symbolisieren Gottes Augen, die über die Erde schweifen, unbildlich gesprochen: Allmacht und Allgegenwart des Weltenherrn. Zwei Ölbäume
rechts und links des Leuchters sind Sinnbild der beiden „Ölsöhne" bzw.
Gesalbten, die in Gottes Dienst stehen. Damit ist in der Zukunftsvision
eine der vorexilischen Zeit unbekannte Teilung der Gewalten vollzogen;
politisches und kultisches, weltliches und geistliches Haupt stehen gleichrangig nebeneinander.

Diese zweigeteilte Zukunftserwartung klingt nur noch außerhalb des AT in
Qumran wieder an; in der Leitung der nachexilischen Gemeinde hat sich das
Amt des Priesters durchgesetzt. Auch er wird jetzt „gesalbt" (Lev 8,12.30 u.a.).
Falls Sacharja, Sohn oder Enkel Iddos (Sach 1,1; Esr 5,1; 6,14), mit der
gleichnamigen Person von Neh 12,16 gleichzusetzen ist, stammt er wie Ezechiel
aus priesterlichem Geschlecht. So könnte sich erklären, daß Sacharja gegenüber
Haggai dem Hohenpriester gewichtige Bedeutung für die Zukunftsgestaltung zu-
schreibt.

Das Ziel der Zentralvision (4,14) wird in einer weiteren Vision, in
Symbolhandlung und Worten entfaltet. Die beiden namentlich zunächst
nicht Genannten sind der Hohepriester Josua (Jeschua) und der schon
von Haggai (2,23) mit messianischen Würden ausgestattete Davidide
Serubbabel. Ihm, nicht dem Hohenpriester, wird im Zwischenwort
(Sach 4,6b−10) die Zusage gegeben, den Tempelbau zu vollenden:
„Nicht durch Macht und nicht durch Gewalt, sondern durch meinen
Geist!"

Demgegenüber steht im Mittelpunkt der anders strukturierten, nachträglich in den Siebenerzyklus eingeschobenen Vision (3,1−7) der Hohepriester Josua. Er wird vor Jahwes Engel durch den Satan, den himmlischen Ankläger (vgl. Hi 1f), beschuldigt. Doch wird Josua von schmut-
zigen Kleidern, damit von Schuld, befreit und neu eingekleidet, ja mit
einem Turban gekrönt (vgl. Lev 16,4; auch das schwer deutbare Wort
Sach 3,8f). Dem Hohenpriester wird, freilich unter der Bedingung des
Gehorsams, nicht nur die Verwaltung des Heiligtums anvertraut, son-

dern auch freier „Zugang" zu Gott verheißen, so daß Josua fürbittend für die Gemeinde eintreten kann (3,7; vgl. Jer 30,21).

Ein Gegenstück bietet die offenkundig nachträglich korrigierte – und darum sehr unterschiedlich gedeutete – symbolische Handlung von Sach 6,9 ff, wie die Visionen ein Ichbericht. Sacharja erhält den Auftrag, von Exulanten Gold und Silber zu holen, eine Krone herstellen zu lassen und jemandem aufs Haupt zu setzen – nach dem vorliegenden Text dem Hohenpriester Josua. Da er aber schon den Turban trägt und der Tempelbau (6,12 f; 4,9 f) Aufgabe Serubbabels ist, gilt die symbolische Krönung ursprünglich wohl Serubbabel, und er wird als der verheißene „Sproß" proklamiert, „unter dem es sprossen wird" (vgl. Jer 23,5; auch Hag 2,23 u.a.). Ihm steht der Hohepriester zur Seite (Sach 6,13; 4,14). Als der Verlauf der Geschichte die messianische Inthronisation jedoch nicht bestätigt, wird der Text – kaum durch Sacharja selbst – korrigiert, so daß die eschatologische Erwartung nicht mehr auf Zeitgeschichte, sondern auf Zukunft ausgerichtet ist (6,12).

Sacharja erlebt in den Visionen, daß „das ganze Gottesreich im Himmel schon vorbereitet" ist. „In der oberen Welt sind die eschatologischen Heilsordnungen und die eschatologischen Ämter schon präfigurativ vorhanden" (G. v. Rad).

Nach K. Seybold (107) ist der Visionszyklus „gedacht als Aufruf und Vorschau zum Wiederaufbau des Jerusalemer Tempels, als Denk- und Programmschrift zur Restauration des Kultzentrums auf dem Zion, und erhält dadurch den Charakter eines Hieros Logos des neuen Heiligtums." Auffälligerweise wird der Tempel aber nur gelegentlich und nicht einmal im Zyklus selbst erwähnt (1,16; 4,9 f; 6,12 f). Reicht die Erwartung vom Anbruch der Gottesherrschaft nicht auch weit über den aktuellen Anlaß hinaus?

Kap. 7 f ist anderer Art und zumindest mit allerlei späterem Stoff angereichert, hängt aber in der Sache mit dem Fortgang des Tempelbaus zusammen. Auf die Frage, ob die Fasten- bzw. Trauergottesdienste am Tag der Tempelzerstörung (und an ähnlichen Gedenktagen 7,3.5; 8,19) eingestellt werden können, ist die Antwort, die auf die Hartherzigkeit der Hörer verweist, zunächst eher abschlägig. Erst im zweiten Anlauf geht die Antwort in eine Heilsweissagung über: Fasten wird zur Freude (8,19). An diese Erwartung einer Wende schließt sich eine Reihe verschiedenartiger Verheißungen an (vgl. Jes 65,17 ff).

Allerdings scheint die Folgezeit die Fastengottesdienste nicht aufgegeben, sondern weitergeführt zu haben (vgl. Mal 2,13; 3,14). Wie in dieser Einzelheit ist Sacharjas Zukunftsschau Hoffnung geblieben, aber eben Hoffnung auf die Durchsetzung von Gottes Macht in dieser Welt.

3. In Kap. 9 des Sacharjabuches beginnt etwas Neues, in Stil, Sprache und historischer Situation. Die Redaktion hat durch drei gleichgeartete Überschriften „Ausspruch. Wort Jahwes …" (9,1; 12,1; Mal 1,1) drei Sammlungen (von je drei Kapiteln) markiert, die den Abschluß des Zwölfprophetenbuches bilden: Sach 9−11; 12−14 und Maleachi. Die beiden Anhänge an das Sacharjabuch bezeichnet man analog zum Jesajabuch gewöhnlich als Deuterosacharja (9−14) oder unterscheidet mit sachlichem Recht nochmals Deutero- (9−11) und Tritosacharja (12−14). In jedem Fall ist die Erwartung des Völkeransturms Kap. 14 eine eigene Größe, die im Thema Kap. 12 nahesteht, aber doch anderer Art ist. So sind die Texte nicht einem Verfasser zuzuschreiben. Man hat sehr unterschiedliche Datierungen, in vor- und nachexilische Zeit, vorgeschlagen. Vermutlich stammt der erste, ältere Teil aus der Zeit um 300, der zweite, jüngere Teil aus dem 3. Jh. v. Chr. Die Entstehungszeit liegt also nach dem Siegeszug Alexanders des Großen um 330 v. Chr. (vgl. 9,1−8?), zumindest zwei Jahrhunderte später als Sacharjas Wirksamkeit. Das samaritanische Schisma (11,14), die Griechen (9,13) wie die Diadochenreiche der Ptolemäer in Ägypten und der Seleukiden in Assur/Syrien (10,10f; vgl. Jes 19,23f) werden erwähnt.

Was berechtigte dazu, die umfangreichen Abschnitte an Sach 1−8 anzufügen? Tatsächlich besteht über gewisse wörtliche Berührungen hinaus (z.B. 2,14; 9,9 oder 2,9; 9,8) eine thematische Verwandtschaft. Auch die Kap. 9−14 schildern, wenn auch wieder mit anderen, wechselnden Mitteln, den Anbruch der Heilszeit: Gottes Fürsorge für Jerusalem (9,8.15f; 10,6; 12; 14), Heimkehr und Sammlung des Volkes (9,11f; 10,6ff einschließlich des Nordreichs; vgl. Jer 3,12f; 30f), Befreiung von Sünde (13,1ff), Entmachtung der Völker (9,13ff; 11,1ff; 12; 14), Anschluß an Israel (9,7; 14,16ff), letztlich die Königsherrschaft Gottes:

> „Jahwe wird König sein über die ganze Erde.
> An jenem Tag wird Jahwe einzig sein
> und sein Name einzig" (14,9.16f; vgl. Dtn 6,4).

Gegenüber dem zweifachen Angriff der Völker (12; 14) wird Jerusalem einmal (12) standhalten, das andere Mal (14) nicht; Gott selbst wird die Feinde herbeiführen, die erneut die Hälfte der Stadtbevölkerung in die Verbannung verschleppen. Mit dieser Erwartung eines Läuterungsgerichts (13,7ff; 14,2ff) trägt die späte Prophetie in gewandelter − und partieller − Form die Ansage von Gericht und Heil der vorexilischen Propheten weiter. Neben Texten mit klar erkennbarer Intention finden

sich auch ausgesprochen dunkle Passagen (wie die Hirtenrede 11,4 ff).
Ist der „Durchbohrte", über den die Jerusalemer klagen (12,10), eine
messianische Gestalt, die das Schicksal des Gottesknechts (Jes 53,5) auf
sich nehmen mußte? Beherrschend am Anfang (Sach 9,9 f) findet sich
jedenfalls die Erwartung eines demütigen Königs, der auf Gottes Hilfe
angewiesen ist, nicht auf einem Kriegsroß, sondern einem Esel reitet,
aber der ganzen Welt mit seinem Wort Frieden bringt.

9	V 1–8	Ausdehnung der Macht Jahwes nach Nord und West (Anspielung auf den Siegeszug Alexanders des Großen?)
	V 9 f	Aufruf zur Freude über den künftigen Friedenskönig (vgl. Matth 21)
	V 11–17	Erläuternde Heilsworte: Heimkehr, Jahwekrieg
10	V 1 f	Segen von Gott
	V 3–12	Krieg und Heimkehr (vgl. 9,10 ff)
	11,1–3	Spottlied über Hohes, das zu Fall kommt (vgl. Jes 2,12 ff; Jer 25,36 ff)
11,4 ff; 13,7–9		Sog. Hirtenrede (vgl. Jer 23; Ez 34; Jes 56,9 ff)
	11,4–14.15–17	Mischung von Zeichenhandlung, Vision, Allegorie. Weiden der Schlachtschafe Zwei Stäbe „Huld" und „Eintracht" (vgl. Ez 37,15 ff) – Symbol der Trennung zwischen Juden und Samaritanern 11,13: 30 Silberlinge (Matth 27,3 ff)
	13,7 ff	Läuterung des Restes (ein Drittel)
12		Ansturm der Völker auf Jerusalem und ihr Scheitern. Geistausgießung. Klage um den „Durchbohrten" (V 10 ff)
13		Befreiung von Unreinheit, Götzendienst und (ekstatischer) Prophetie
14		Ansturm der Völker, Rettung erst nach Einnahme der Stadt. Läuterung Jerusalems (die Hälfte; vgl. 13,7 ff). Theophanie Der Rest der Völker verehrt Jahwe als König (V 16 ff)

4. Gewiß bilden die drei Kapitel der Worte Maleachis den Abschluß
des Zwölfprophetenbuches; auch sind sie durch die Überschrift „Ausspruch. Wort Jahwes an Israel durch Maleachi" mit Sach 9–11.12–14
zu einer Sammlung oder redaktionellen Einheit verbunden. Dennoch ist
Maleachi etwa ein Jahrhundert älter als Sach 9–11, wenn auch jünger
als Haggai und Sacharja. Umstritten ist allerdings schon, ob Maleachi
echter Personenname und nicht vielmehr Titel eines anonymen Propheten ist: „mein Bote" (vgl. Hag 1,13; Mal 3,1; 2,7).

Wie sein Name unsicher bleibt, so läßt sich auch seine Wirkungszeit
nur annäherungsweise bestimmen. Maleachi muß bereits gegen Mißstände am − zweiten − Tempel (1,10; 3,1.10) vorgehen (1,6 ff); dabei
wird als Kontrast auch der (persische) „Statthalter" erwähnt (1,8). Die
Bedrängnis, die Juda nach der Zerstörung Jerusalems 587 v. Chr. durch
Edom erfuhr, scheint abzunehmen (1,3 ff). Die Notwendigkeit, Ehe-
fragen (2,10 ff) und die Abgabe des Zehnten (3,8 ff) zu regeln, darf
wohl als grober Hinweis auf die Zeit Esras und Nehemias (Esr 9 f;
Neh 13,10 ff.23 ff) verstanden werden. So wird der Prophet, dem der
Grundbestand des Maleachibuches zuzuschreiben ist, im 5. Jh. v. Chr.,
sei es eher in der ersten oder auch zweiten Hälfte, aufgetreten sein.

Die Gattung des Disputations- bzw. Diskussionswortes, die sich bei
den älteren Propheten gelegentlich, bei Deuterojesaja häufiger findet,
beherrscht das Buch. Charakteristisch sind Fragen (1,2 f.6; 2,10 u. a.)
oder Zitate (2,17; 3,13 f). Der Prophet knüpft an die (skeptischen) Auffassungen seiner Hörer an, übt gleichsam (seelsorgerliche) „Verkündigung im Gespräch", indem er seine Botschaft als Antwort auf Fragen
entfaltet.

1,2−5	Ich liebe euch, hasse Edom (vgl. Ez 35; Obd; Jes 63) Erwählung in Freiheit Gottes
1,6 − 2,9	Anklage (1,6 ff) und Gerichtsansage (2,1 ff) über Priester. Opfer fehlerhaft, unrein (vgl. Dtn 15,21; Lev 22,20 ff) „Groß ist mein Name unter den Völkern" (1,11) Bund mit Levi (vgl. Dtn 33,8−11) gebrochen (2,4−9)
2,10−16	Anklage gegen das Volk wegen Ehescheidung (V 13 ff) und Misch- ehen (V 11b.12 wohl Zusatz; vgl. Esr 9 f; Neh 13) „Haben wir nicht alle einen Vater?" (Mal 2,10; vgl. 1,6) „Ich hasse Scheidung" (2,16)
2,17 − 3,5	Reinigung der Gemeinde (vgl. Sach 5) Ist „wer Böses tut, vor Gott gut" (2,17)? Gott kommt zum Gericht (3,1.5; vgl. 2,3.9) „Siehe, ich sende meinen Boten, daß er vor mir den Weg bereite" (3,1) „Wer kann den Tag seines Kommens ertragen?" (3,2; Joel 2,11)
3,6−12	Bedingte Segenszusage „Kehrt um zu mir, so kehre ich um zu euch!" (3,7; Sach 1,3)
3,13−21	Die „Sonne der Gerechtigkeit" strahlt auf über die Gottesfürch- tigen „Ihr sagt: Es ist umsonst, Gott zu dienen" (V 14; vgl. Zeph 1,12) Gottes Gedenkbuch (V 16; vgl. Ex 32,32 f; Dan 12,1; Ps 139,16; 56,9 u. a.)

Das Schicksal der Frommen und der Gottlosen (V 18 ff; vgl. Ps 1,6)

3,22.23 f   Abschluß des Zwölfprophetenbuches
(Dtr.) Mahnung, (neben der Prophetie) Moses Gesetz im Gedächt-
nis zu halten
Wiederkunft Elijas

Gegen Zweifel beharrt Maleachi auf der Unverbrüchlichkeit von
Gottes Liebe zu seinem Volk (1,2): Gott wird sich groß an Israel erweisen (1,5), allerdings auf seine Ehre bedacht sein (1,6; 2,2). So trägt
Maleachi wiederum die Heilserwartung weiter, aber auch die Gerichtsankündigung, die jedoch – gegenüber der vorexilischen Prophetie –
auf Gruppen in der Gemeinde beschränkt bleibt. Der Erwählungs- und
Heilszusage folgt die Anklage gegen Priester, die die Opfer nicht recht-
mäßig darbringen. Damit greift Maleachi die prophetische Kritik an
den Priestern auf (Hos 5,1; Jes 28,7; Jer 2,8 u.a.), nimmt aber die
rechte Form des Gottesdienstes als ehrfürchtigen Gehorsam gegenüber
Gott sehr ernst (Mal 1,6 ff; 3,6 ff. 3 f).

In den, sei es realen oder rhetorisch gestalteten, Gesprächen wird
die Enttäuschung über den Verzug der Verheißungen eines Haggai oder
Sacharja spürbar. Aber gegen alle Skepsis wirbt Maleachi geradezu um
Vertrauen auf die Zuverlässigkeit des Gotteswortes: Gott ändert sich
nicht, hält an den Zusagen von Segen und Heil (Hag 2,9.16; Sach
8,9 ff) fest, macht sie allerdings von Gehorsam und Gottesfurcht abhängig (Mal 3,6 ff. 17 ff). Gott wird Mißstände beseitigen, die Gemeinde
von Übeltätern, die Gott nicht fürchten, wie Zauberern, Ehebrechern
und Meineidigen, reinigen (3,5.19; vgl. Sach 5). Dagegen findet sich
die Hoffnung auf Entmachtung der Völker bei Maleachi nicht (vgl.
aber die universale, wohl jüngere Erwartung 1,11).

Vor dem Gericht sendet Gott einen Boten – kaum den Propheten
selbst, eher eine künftige Gestalt; er wird Gottes Weg bereiten (3,1;
vgl. Jes 40,3 f). Im abschließenden Nachtrag zum Zwölfprophetenbuch
ist dieser Bote mit dem wiederkommenden Propheten Elija identifiziert,
der Väter und Söhne miteinander versöhnen wird. Ist die Einheit der
Generationen nicht Grundbedingung für die Weitergabe des Glaubens
(Ex 13,8.14 u.a.)?

JOEL UND JONA

1. Die Wirkungszeit Joels, des Sohnes Petuels, ist weder durch die Buchüberschrift noch auf andere Weise festgelegt, kann darum nur aus der Botschaft erschlossen werden. Entsprechend groß ist der Spielraum; nur die beiden Hauptvorschläge seien genannt. Einerseits wird Joel in die spätvorexilische Ära datiert; dann wäre er Zeitgenosse, ja mit seiner Heilserwartung Gegner Jeremias. Die politisch bewegte Situation jener Epoche, die Bedrängnis durch die Babylonier oder auch das wechselvolle Schicksal der letzten Könige, spiegelt sich im Buch jedoch nicht wider. Vielmehr setzt die Erwartung des Gerichts über die Völker, die Israel zerstreut und verkauft haben (4,2f.17), doch wohl die Katastrophe von 587 v. Chr. voraus. Dann ist das Heiligtum (1,14; 2,17) aber der zweite Tempel im bereits wieder mauerumwehrten (2,6ff) Jerusalem. Charakteristisch für die Spätzeit sind auch die mannigfachen sprachlichen Berührungen mit der Verkündigung der älteren Prophetie.

Die Übereinstimmungen zwischen Joel 4,16.18 und Am 1,2; 9,13 werden der Anlaß gewesen sein, das Joel- dem Amosbuch voranzustellen (so im hebräischen, nicht aber im griechischen Text, in dem Hos – Am – Mich – Joel – Obd – Jon aufeinander folgen). Las man die ältere Prophetie im Geiste der jüngeren oder suchte man – entsprechend dem Verständnis der späteren Zeit – chronologisch zu ordnen?

Joel schätzt, anders als die vorexilischen Schriftpropheten, den Kult und damit auch die Priester hoch (1,9.13f.16; 2,14ff). Ist Joel deshalb „Kultprophet"? Die Frage läßt sich schwer eindeutig beantworten, da in nachexilischer Zeit der Kult für die Prophetie überhaupt, in besonderem Maße für Maleachi, größere Bedeutung hat. Tatsächlich wird Joel nicht allzu weit von Maleachi entfernt sein, um 400 oder im 4. Jh. v. Chr. gewirkt haben.

Das Joelbuch besteht im groben aus zwei Teilen (Kap. 1–2; 3–4). Gehören sie – von dem späteren Prosazusatz 4,4–8 abgesehen – als Werk eines Autors literarisch seit je zusammen? Nicht selten wurden Zweifel laut. Aber Hauptmotive, wie das Stichwort vom „Tag Jahwes", kehren wieder (2,1ff; 3,4; 4,14; vgl. auch 2,10; 4,15). Vor allem werden beide Teile durch eine Erkenntnisaussage abgeschlossen (2,27; 4,17)

und so zu einer spannungsvollen Einheit zusammengefügt. Der Gesamtaufbau bildet eine Art liturgischer Komposition aus Klagen (1,4−20;
2,1−17) und Heilszusagen (2,19 ff; 3 f). In ihnen greift Joel die vertrauten Themen eschatologischer Erwartung exilisch-nachexilischer Prophetie − Untergang der Völker, Segen, Rettung und Heil Jerusalems −
auf, geht aber charakteristischerweise von einer konkreten, zeitgenössischen Not aus. Wie etwa Haggai (1,6 ff; 2,16 ff) an die ungünstige Wirtschaftslage seiner Zeit anknüpft, so nimmt Joel eine schwere Heuschreckenplage und Dürre zum Ausgangspunkt seiner Botschaft.

A) Kap. 1−2

1,2−20	Klage über Heuschreckenplage und Dürre	
	V 2 f	Aufforderung zur Überlieferung über Generationen: Not (V 4) und Errettung durch Jahwe (2,18)
	V 5−14	Aufruf zur Volksklage
	V 15	Klageruf „Nahe ist der Tag Jahwes!" (Zeph 1,7; Jes 13,6 u. a.)
	V 16−18	Klage einer „Wir"-Gruppe
	V 19 f	Bitte („ich rufe zu dir") des Propheten als Vor-beters
2	Neue Klage und Gebetserhörung	
	V 1 f	Alarmruf: Der Tag Jahwes kommt (vgl. Zeph 1,14 f)
	V 3−11	Beschreibung des Feindes
	V 12−14	Bußruf
	V 15−17	Neuer Aufruf zur Volksklage
	V 18	Wende der Not
	V 19 f	Gottes Antwort (Erhörungsorakel): Segen, Vertreibung des „Nördlichen" (Heuschrek-ken, Heer?; vgl. Jer 1,14 f)
	V 21−24	Aufruf zu Freude und Dank
	V 25−27	Neue Heilszusage mit Gotteserkenntnis als Ziel (2,27; 4,17)
	In Kap. 3 f ist die Verszählung unterschiedlich.	

B) Kap. 3−4

3	Geistausgießung (V 1 f) Zeichen am Himmel und auf Erden (V 3 f), Rettung in Jeru-salem (vgl. Obd 17)	
4	Völkergericht in Jerusalem (vgl. Jes 17,12 ff; 29,5 ff; Ez 38 f; Sach 12; 14)	
	V 4−8	Einschub in Prosa
	V 18−21	Nachtrag nach der abschließenden Erkenntnis-aussage 4,17

In einen Erzählrahmen (1,4; 2,18 f) ist eine doppelte Klage mit Bußruf eingebettet. An den einleitenden knappen Bericht von der Not (1,4) schließt sich ein umfangreicher, in sich gegliederter Aufruf zum Fasten bzw. zur Volksklage (vgl. Sach 7 f; Jes 63) an. In der aktuellen Notlage sieht Joel „Zeichen der Zeit", nämlich Vorboten des Endgerichts: „Nahe ist der Tag Jahwes!" (1,15; 4,14; vgl. schon Am 5,18 ff; Jes 2,12 ff; bes. Zeph 1,7 ff). Unter dieser eschatologischen Perspektive (2,1 f.10 f) ruft Joel ein zweites Mal zur Volksklage auf: Ein von Gott herbeigeführter Feind nähert sich Jerusalem! Hier wird die Heuschreckenplage mit Motiven des erwarteten Völkeransturms (Jes 5,26 ff; Jer 4–6; Ez 38 f; bes. Jes 13) ausgemalt und damit transparent für ein eschatologisch-apokalyptisches Geschehen: „Groß ist der Tag Jahwes und sehr furchtbar, wer kann ihn ertragen?" (2,11; 3,4; Mal 3,2). Die Rettungsmöglichkeit eröffnet der Ruf zur Buße:

> „Zerreißt eure Herzen, nicht eure Kleider,
> kehrt um zu Jahwe, eurem Gott!
> Denn er ist gnädig und barmherzig,
> langmütig und reich an Güte,
> und das Unheil wird er leid.
> Vielleicht läßt er es sich wieder leid sein ..."
> (2,13 f; vgl. Jon 3,8 ff; auch Ex 34,6 f u.a.).

Ist der Bußruf selbstverständlich befolgt worden? Jedenfalls wird die eingetretene Wende knapp geschildert: Jahwe „eiferte" (vgl. Sach 1,14; 8,2) aus Mitleid für sein Land und Volk, sagt Rettung, neuen Segen, Ersatz des Verlorenen zu: „Mein Volk soll nimmermehr zuschanden werden." (2,18 f).– Der gesamte Handlungsablauf mit Klage, Bußruf, Erhörung und Heilszusage gilt als so außerordentlich, daß er für Generationen der Überlieferung wert befunden wird (1,2 f).

Die Heilszusagen des ersten Teils (2,19 f.25–27) werden in den Weissagungen des zweiten Buchteils (Kap. 3 f) breit ausgestaltet. Ausgießung des Geistes gewährt die Gabe der Prophetie, damit unmittelbare Gottesbeziehung und Ansage der Zukunft, für jedermann ohne Unterschied des Alters, Geschlechts und sozialen Standes:

> „Hernach wird es geschehen:
> Ich gieße meinen Geist aus über alles Fleisch.
> Eure Söhne und eure Töchter werden weissagen,
> eure Alten Träume haben,
> eure jungen Leute werden Gesichte sehen.
> Auch über die Knechte und die Mägde
> gieße ich in jenen Tagen meinen Geist aus"
> (3,1 f; universal gedeutet Apg 2).

Gott führt die Völker wegen ihrer Schuld nach Jerusalem: „Dort werde ich sitzen, zu richten alle Völker ringsum" (4,2.12). Wie der eine Gott (Joel 2,27) Heuschreckennot und Dürre beendete, so wird er auch im Endgericht sein Heiligtum schützen. Wer „den Namen Jahwes anruft", wird im unantastbaren Jerusalem gerettet (3,5; 4,16f; vgl. Ps 46; 48).

2. Viel weiter reicht die Hoffnung des etwa gleichzeitigen oder jüngeren Jonabüchleins. Es ist innerhalb des Zwölfprophetenbuches eine Größe eigener Art, keine Sammlung von Prophetenworten (vgl. nur 3,4), sondern eine Prophetenerzählung in Prosa. Sie schließt, gelegentlich sogar im Wortlaut, an die Überlieferungsweise der Vorschriftprophetie, wie der Elijaerzählungen, oder auch an die Erberichte im Jeremiabuch an. In der kunstvollen literarischen Gestaltung steht das Jonabüchlein der Hiobrahmenerzählung, den Büchern Rut oder Ester nahe. Man kann es geradezu eine Novelle mit lehrhaftem Charakter und (bes. in Kap. 4) ironischen Zügen nennen. Sie setzt sich aus mehreren Einzelszenen zusammen. Drei Szenen, in denen der widerspenstige Jona Jahwe gegenübersteht (1,1−3; 2,1 − 3,3; 4,1−11), umrahmen zwei Szenen, in denen der Prophet Heiden begegnet und durch ihr Verhalten beschämt wird (1,4−16; 3,4−10). Personen und Handlung tragen idealtypische Züge: Die „Bosheit" Ninives repräsentiert das Treiben der Weltstadt (1,2; 3,2f.8; 4,11; vgl. Gen 10,12), Jona zugleich den israelitischen Hörer oder Leser, der zur Einsicht in Gottes freie Güte (4,2) gegenüber den Heiden gebracht werden soll.

Nach 2 Kön 14,25 hat ein sonst unbekannter Prophet Jona, Sohn Amittais, dem Nordreichkönig Jerobeam II. (787−747 v. Chr.) den Rückgewinn verlorener Gebiete vorausgesagt. Dieser „nationale Heilsprophet" wird in spätnachexilischer Zeit zum „Helden" − deutet schon der Name Jona „Taube" sein flatterhaftes oder eher unverständiges Wesen an? − in der Lehrerzählung von Gottes Barmherzigkeit gegenüber Fremden. Weil jener Jona etwa gleichzeitig mit dem Propheten Amos lebte, wird das Büchlein, das im 4. oder gar erst im 3. Jh. v. Chr. entstand, nachträglich an so früher Stelle in das Zwölfprophetenbuch eingeordnet.

Zwischen beiden Buchhälften (Kap. 1f; 3f) bestehen gewisse Spannungen, etwa im Gebrauch des Gottesnamens, die man auch literarkritisch zu lösen sucht. Doch ist das Büchlein literarisch eher einheitlich, wenn es auch verschiedene vorgegebene Überlieferungen und Erzählmotive (z.B. vom Mann im Fischbauch) aufnimmt.

Jon 1–2   Zu Wasser
  1,1–3   Einführung: Beauftragung und Flucht
  1,4–16   Auf dem Schiff: von Sturmgefahr bis zur Windstille
  2,1–11   Jona drei Tage und Nächte im Bauch des Fisches
             V 3–10   Dankpsalm (wohl Zusatz)

Jon 3–4   Auf dem Lande
  3   Neuer Auftrag (V 1–3), Verkündigung in Ninive (V 4), Bußfasten
             von Mensch und Tier (V 5–9) und Gottes Reue (V 10)
  4   Jonas Zorn über Gottes Gnade

Eine jüngere Schicht des Jeremiabuches denkt über Gottes Verhalten
zu den Völkern nach, stellt Drohung und Verheißung gegenüber und
gelangt zu einem allgemein-grundsätzlichen, ja schon ein wenig stereotypen Urteil; es lautet im Fall der Drohung:

> „Einmal drohe ich einem Volk oder Königreich an, es auszureißen ... und
> zu vernichten. Bekehrt sich dieses Volk aber von seiner Bosheit ..., dann lasse
> ich mich des Unheils gereuen, das ich über es zu bringen beschlossen hatte"
> (Jer 18,7 f).

Diese Möglichkeit führt das Jonabüchlein in einer Beispielerzählung
vor Augen, nicht ohne dabei Gottes Freiheit in seinem Verhalten stärker
zur Geltung zu bringen („vielleicht" 1,6; 3,9) und einem zu sehr auf
sich bedachten Israel den Spiegel vorzuhalten.

Gott erteilt Jona den Auftrag, gegen die Weltstadt Ninive zu predi-
gen; denn ihre Bosheit drang zum Himmel. Aber statt zu gehorchen
(Am 3,8), flieht der Prophet „von Jahwe weg" mit einem Schiff nach
Tarschisch (in Spanien?), in die äußerste Ferne. Jedoch kann der Flüch-
tende Gott nicht entkommen (Ps 139,7 ff). Die Dreierbeziehung Jahwe–
Jona–Ninive wird vorbereitet durch die Szene auf dem Schiff; in ihrer
bunten Zusammensetzung wie in ihrer Reaktion nimmt die Mannschaft
das Verhalten der Weltstadt vorweg. Die Besatzung handelt vorbildlich,
wenn ein jeder in Angst und Not „zu seinem Gott schreit" (1,5). Ja,
die Matrosen werden durch den störrischen Jona, der seinen Gott nicht
anruft und seine Schuld nicht eingesteht, zur Anerkennung Jahwes
geführt und übernehmen gleichsam Jonas Bekenntnis zum Schöpfer
(1,9.16).

Kann sich die Besatzung vor dem wütenden Sturm letztlich nur
retten, indem sie Jona über Bord wirft, so wird er auf Jahwes Geheiß
von einem „großen Fisch" verschlungen und nach drei Tagen und
Nächten wieder an Land gespieen (2,1–11). Als Jahwes Auftrag Jona
zum zweiten Male trifft (3,1–3), widersetzt er sich, durch die Erfah-

rung belehrt, nicht mehr, trägt aber seine Botschaft in überraschender Kürze vor: „Noch vierzig Tage, und Ninive ist zerstört." Der Stadt steht das Schicksal von Sodom und Gomorra bevor, aber die unbedingte Gerichtsansage gibt noch eine Frist frei. Die Drohung weckt „Glauben"; selbst der König unterzieht sich (anders als Jer 36) dem Bußritus, ruft Mensch und Tier zur Fastentrauer und zur Abkehr vom Bösen auf – in der Hoffnung, daß Gott das Unheil vielleicht noch einmal widerruft und von seinem Zorn abläßt, „so daß wir nicht umkommen" (3,9; 1,6; vgl. Joel 2,13 f). In dieser Reaktion gegenüber dem Prophetenwort ist Ninive ein unerreichtes Vorbild Israels (vgl. nur Ez 3,4 ff).

Die Wirkung der Predigt macht Jona betroffen. In der letzten Szene, in der er vor der Stadt mit Gott allein ist, wird Jona in der Klage beredter und begründet nachträglich sein störrisches Verhalten von Anfang an. Anstelle Gottes (3,9 f) zürnt Jona, und zwar über Gottes Reue und Mitleid (4,2). Zwar sucht Gott den Propheten mit seinen Fragen wie mit dem Aufwachsen und Absterben des schattenspendenden Rizinus zur Besinnung zu führen, aber Jona verharrt angesichts von Gottes Güte im Trotz, wünscht sich den Tod (vgl. 1 Kön 19,4). Mit einer Frage endet auch die Erzählung, läßt damit die Entscheidung offen und fordert zum Nachdenken auf. Einerseits hält das Büchlein dem Gottesvolk entgegen: „Solchen Glauben habe ich in Israel nicht gefunden" (Matth 8,10; vgl. 12,41); andererseits sucht es bei diesem Israel Verständnis zu wecken für Gottes Barmherzigkeit mit den Fremden.

§ 24

DANIEL

1. Wohl kaum ein Literaturwerk des AT hat einen so großen Nachhall gefunden wie das Danielbuch mit seiner Lehre von den vier Weltreichen (2; 7) und der Erwartung des Menschensohnes (7,13 f). Es spielt in der Zeit des Übergangs vom babylonischen zum medisch-persischen Großreich. Jedoch sind die historischen Nachrichten über jene Epoche, die Abfolge der Herrscher und Reiche, teilweise ungenau und unzuverlässig (5,1.30 f; 9,1 u. a.). Dagegen werden die Angaben präziser, wo sie auf die Ereignisse seit dem Feldzug Alexanders des Großen (11,3 f) vorausblicken. Ja, die visionäre oder geschichtliche Darstellung läuft mehrfach auf Antiochus' IV. Epiphanes zu (2,41 ff; 7,8.20 ff; 8,9 ff.23 ff; 9,26 ff; 11,21 ff), der 167 v. Chr. den Jerusalemer Kult aufhebt (8,12 f; 9,27; 11,31.36 f; 12,11) und das Judentum gewaltsam zu hellenisieren sucht. In dieser harten Notzeit, in der das Weiterleben jüdischen Glaubens überhaupt in Frage steht, schreibt der Verfasser um 165 v. Chr. sein Buch. Zwar erlebt er noch den Aufstand der Makkabäer (seit 166), kann in ihm jedoch nur eine „kleine Hilfe" (11,34) sehen, da er die entscheidende Rettung von Gott selbst erwartet. Die Wiedereinweihung des Tempels (164 v. Chr. mit dem Chanukkafest zum Gedächtnis) oder der Tod Antiochus' IV. (163 v. Chr.) spiegeln sich im Buch nicht mehr wider (vgl. die anders gestaltete Voraussage 11,40 ff).

In der Auseinandersetzung ist das Judentum gespalten in Sympathisanten mit dem Hellenismus und Gruppen, die in der Verfolgung treu den Glauben bewahren (11,32 ff). Vermutlich gehört der Autor den „Weisen" (11,33; 12,3) im Kreis der „Frommen" (Chassidim, Asidäer; 1 Makk 2,42; 7,13) an, die notfalls zum Martyrium (Dan 11,33.35) bereit sind, eine Wende aber ausschließlich vom Anbruch der Gottesherrschaft – „ohne Zutun von Menschenhand" (2,34.45) – erhoffen.

Aus der späten Entstehungszeit des Buches erklärt sich, daß es nicht mehr in den (hebräischen) Prophetenkanon aufgenommen, sondern zu den „Schriften" gerechnet wurde. Erst die griechische und die ihr folgenden Übersetzungen ordnen das Buch der Prophetie zu (vgl. Matth 24,15) – aus einem sachlich berechtigten Empfinden für die Zusammengehörigkeit.

Die griechische Bibel weist vier umfangreiche – apokryphe – Ergänzungen auf. In Kap. 3 sind das Gebet Asarjas, das an das Volksklagelied in Dan 9,4 ff erinnert, und der Gesang der drei Jünglinge im Feuerofen eingefügt. Zwei weitere Zusätze finden sich am Buchschluß: die jede Bilderverehrung verspottende Erzählung von Bel und dem Drachen sowie die Daniels Weisheit verherrlichende Geschichte von Susanna.

2. Der Autor aus der beginnenden Makkabäerzeit bedient sich für seine Darstellung einer Gestalt, die seit alters als gerecht und weise gilt (Ez 14,14.20; 28,3; auch aus Ugarit bekannt), und läßt sie um die Exilszeit, von Nebukadnezzar bis Kyros, auftreten. Wird in der ersten Hälfte des Buches, den Erzählungen oder Legenden (Kap. 1–6), von Daniel in der dritten Person berichtet, so wird er in den Visionen des zweiten Teils (Kap. 7–12) selbst zum Autor, der nach kurzer Überleitung (7,1; 10,1) von sich in erster Person spricht. Demnach vollzieht sich innerhalb des Buches der Übergang von der Anonymität zur Pseudonymität, die für die – spätere – Apokalyptik (Abraham, Baruch, Henoch, Esra u.a.) charakteristisch ist. Weil der Geschichtsverlauf bis hin zur Gegenwart des Apokalyptikers und zur erwarteten Zukunft als seit langem vorhergesagte und vorherbestimmte Ereignisfolge gilt, wird dem Daniel der Exilszeit auferlegt, sein Zukunftswissen geheimzuhalten (12,4.9; 8,26).

Wie gewisse Unebenheiten in der Gesamtkomposition noch andeuten, greift der Autor im ersten „biographischen" Buchteil weitgehend auf älteres Erzählgut zurück, das von den Bedrängnissen z. Z. Antiochus' IV. noch nichts weiß. Lief es mündlich in Einzelerzählungen (etwa Kap. 3; 4f; 6) um, oder war es bereits in einer Sammlung vereint?
Aus der Überlieferung mag sich auch der auffällige Tatbestand erklären, daß nach der hebräisch geschriebenen einführenden Situationsschilderung von Kap. 1 ein großes – mehr oder weniger vorgegebenes – Mittelstück (2,4b–7,28) aramäisch gehalten ist. Doch nutzt der Verfasser den Sprachenwechsel insofern für seine Darstellung aus, als er gerade beim Neueinsatz einer Rede ins Aramäische übergleitet (2,4b; vgl. Esr 4,8). Auch sind die beiden thematisch zusammengehörigen Kapitel 2 und 7 über die Zwischenerzählung hinweg durch die gemeinsame Sprache verbunden (O. Plöger).

Vielfach greift das Danielbuch prophetische Traditionen auf, so in Erzählungen, Visionen, Auditionen, einzelnen Motiven oder auch in der Darstellung der an Ezechiel erinnernden Reaktion des Propheten gegenüber der Offenbarung (9,3; 10,2 f. 8 ff. 15). Tritt schon in Sacharjas Visionen ein Deute-Engel als Mittler zwischen Gott und Prophet auf, so erhält dieser Mittlerengel (4,10; 7,16) nun einen Namen: Gabriel (8,15 ff; 9,21 ff). Unter den Völkerengeln, den himmlischen Vertretern der irdischen Mächte, setzt sich Michael als Schutzpatron für Israel ein (10,13.20 f; 12,1). Vor allem hält das Danielbuch die (spät-)prophetische Eschatologie wach, wenn es auch anders als die Propheten die Zukunft zu berechnen sucht. Die Bestimmung der in Kürze, etwa dreieinhalb Jahre nach Entweihung des Tempels durch Antiochus, erwarteten Endzeit wird im Fortgang der Visionen deutlicher (7,25; 8,14; 9,24 ff; 12,7), um schließlich auf Grund des faktischen Geschichtsverlaufs — vom Autor selbst oder von einem Dritten? — leicht korrigiert zu werden (12,11 f).

3. Demnach führt das Danielbuch prophetische Traditionen, verbunden mit weisheitlichen Vorstellungen (1,17.20; 2,20 ff u. a.), weiter und steht zugleich am Anfang der „apokalyptischen" Literatur im engeren Sinn. (Vielleicht sind jedoch Teile des außerkanonischen Henochbuches älter.) Der Name „Apokalypse" deutet den Hauptinhalt an: „Enthüllung, Offenbarung" über Verlauf und Ende der Geschichte. Allerdings ist der Übergang von der späteren Prophetie zur Apokalyptik fließend, so daß sich nicht eindeutig ein fester Einschnitt bestimmen läßt. In der Weissagung vom Einbruch und Untergang Gogs (Ez 38 f), den Nachtgesichten Sacharjas (Sach 1—6), den Tag-Jahwes-Erwartungen im Joel- und Tritosacharjabuch (Sach 12—14), der Hoffnung auf einen neuen Himmel wie eine neue Erde (Jes 65,17; 66,22) und der Ankündigung eines weltweiten Gerichts in der Jesaja-Apokalypse (Jes 24—27) bereitet sich mit der Frage nach Durchsetzung der Macht Gottes in dieser Welt apokalyptisches Denken vor.

Jes 24—27, ein geschlossener nicht-jesajanischer Abschnitt im Anhang an die Völkerorakel des Jesajabuches, ist im strengen Sinne noch keine Apokalypse, wenn sich auch bereits gewisse apokalyptische Motive (24,21 f; 26,19; 27,1 u. a.) erkennen lassen. Wie in der nachexilischen Prophetie oft wird das ältere prophetische Schrifttum vorausgesetzt, aber nun in universalem Horizont aktualisiert. Die Einheit bildet eine im einzelnen nicht leicht durchschaubare, wohl erst allmählich gewachsene Komposition. Zumindest unterscheidet man (seit B. Duhm) zwischen eschatologischen Erwartungen (Jes 24,1 ff. 16 ff u. a.) und — später ergänzten? — Liedern (24,10 ff; 25,1 ff; 26,1 ff u. a.), die zum großen Teil den Sturz einer namenlosen Stadt besingen. Das theologisch Belangvollste findet sich in den vielleicht erst jüngeren Partien 24,21—23; 25,6—8 mit ihrer alle Völker einschließenden, ja ins Kosmische ausgreifenden Hoffnung auf die Königsherrschaft Gottes. Sie wird — nach einem wohl noch jüngeren Zusatz (in 25,8; vgl. 26,19) — selbst den Tod besiegen.

4. Das eigentliche Thema des Danielbuches ist das Verhältnis von Weltherrschaft und Gottesherrschaft. Zielen die Erzählungen des ersten Teils auf die Anerkennung Gottes durch den Weltherrscher, damit auf das Bekenntnis zur Gottesherrschaft in der Gegenwart (2,46f; 3,33; 4,22f.31ff; 5,18ff; 6,26ff; vgl. Ps 145,13), so kündigt der zweite Teil den in Bälde bevorstehenden Anbruch der Königsherrschaft Gottes an, die irdisch-politischer Macht ein Ende setzt (2,44; 7,27; 9,24; 11,40ff). Hier steht die Frage nach dem „Ende der Tage" im Mittelpunkt (2,28; 8,17ff; 10,14; 12,6.13); denn die Zeit der Welt ist befristet (11,24ff). Angesichts dieser die gegenwärtigen Verhältnisse umwandelnden Zukunft sucht der Apokalyptiker seine angefochtenen Zeitgenossen zu trösten, zu Glaubenstreue, Hoffnung und Ausharren aufzurufen.

I. Dan 1–6   Erzählungen bzw. Legenden von Daniel in 3. Ps.

a) Zur Zeit Nebukadnezzars

1   Erziehung Daniels und seiner drei Gefährten am babylonischen Hof

2   Vom Ende der Weltreiche: Nebukadnezzars Traum von einer Statue aus verschiedenen Metallen, vom Stein zerschlagen

3   Von der Glaubenstreue: Rettung der drei Gefährten Daniels aus dem Feuerofen

4   Von der Demütigung des Weltherrschers: Nebukadnezzars weltweit bekanntgegebener Traum vom abgehauenen Weltenbaum (3,31 – 4,34)

b) Zur Zeit Belschazzars

5   Von der Bestrafung des Herrschers: „Menetekel"-Inschrift nach der Entweihung der Tempelgeräte bei Belschazzars Gastmahl

c) Zur Zeit Darius' „des Meders"

6   Von der Glaubenstreue Daniels: Rettung aus der Löwengrube

II. Dan 7–12   Visionen als Eigenberichte Daniels

a) Noch zur Zeit Belschazzars

7   Vier Tiere, Gottesgericht und Menschensohn

8   Kampf zwischen Widder (Persien) und Ziegenbock (Alexander d. Gr.)

b) Zur Zeit Darius' „des Meders"

9   Deutung des Jeremiawortes von „siebzig Jahren" als Jahrwochen

c) Zur Zeit des Kyros, Königs von Persien

10–12   Abschlußvision
10 Zwiegespräch mit dem Engel am großen Fluß (Euphrat)

11 Geschichtsrückblick in Form einer Weissagung von Kyros
   bis Antiochus IV.
   Gericht (11,40 ff) und Heil (12,1 ff) der Endzeit
12 Auferstehung. Gewißheit des Endes

Das Buch setzt mit seiner Geschichtsbetrachtung in der Epoche ein, in der Israel seine politische Selbständigkeit verliert. Im dritten Jahr Jojakims – gemeint ist die erste Deportation 597 v. Chr. – wird Daniel, genannt Beltschazzar, von Jerusalem nach Babylon weggeführt. Gemeinsam mit seinen drei klugen Freunden Hananja, Mischael und Asarja, die in der Fremde die Namen Schadrach, Meschach und Abed-Nego erhalten (1,6; 2,26), wird er am Hof Nebukadnezzars in Sprache und Weisheit der Chaldäer bzw. Babylonier unterrichtet. Trotz strenger Einhaltung der Speisegebote erweisen sich die vier allen anderen überlegen (Kap. 1). Als Nebukadnezzar durch einen Traum beunruhigt wird, mutet er seinen chaldäischen Weisen zu, den Traum nicht nur zu deuten, sondern ihm zuvor erst mitzuteilen; bei der Rückfrage der Weisen wechselt das Buch ins Aramäische über (2,4b). Erweist sich der Auftrag für sie als zu schwer, können Daniel und seine Freunde durch Offenbarung „des Gottes im Himmel, der Geheimnisse enthüllt" (2,28.22.47; 4,6; 5,11 ff; vgl. Gen 41,16.38), die Doppelaufgabe lösen: Trauminhalt ist ein Standbild, das vom Kopf zu den Füßen aus Gold, Silber, Erz (Bronze) und Eisen oder Ton besteht. Die Statue wird „ohne Zutun von Menschenhand" von einem Stein zerschlagen, der zu einem Felsen anwächst „und die ganze Erde füllt" (3,31–35). Die Statue symbolisiert vier aufeinanderfolgende Weltreiche, am ehesten: Babylonier – Meder – Perser – Ptolemäer/Seleukiden. (Geschichtswirksam wurde die jüngere Deutung, die im letzten Reich Rom wiedererkennt: Assyrer/Babylonier – Meder/Perser – Griechen – Römer.) Das Gottesreich, dargestellt durch den Fels, wird „alle diese Reiche zermalmen, selbst aber in Ewigkeit bestehen" (2,44).

Nimmt die Traumdeutung durch Daniel die Geschehnisse von Kap. 4 f vorweg, so erinnern Bild und Intention von Kap. 2 stark an Kap. 7. In der Kolossalstatue erscheint die Weltgeschichte (seit der Exilszeit) als Mensch, und die Abfolge der Reiche wird durch in ihrem Wert abnehmende Metalle verkörpert. Hier oder in der Darstellung von Kap. 7 und 8, in der die politischen Mächte als Tiere auftreten, nimmt das Danielbuch altorientalische Vorstellungen auf.

Der fremde Herrscher Nebukadnezzar huldigt dem Gott Daniels und setzt ihn sowie seine Freunde in hohe Ehrenämter ein (Kap. 2). In der folgenden Szene werden allein die drei Gefährten – Repräsentanten und Vorbilder des Israel im Exil – auf Glaubenstreue und Bekennermut geprüft. Auf ihre Weigerung, ein von Nebukadnezzar errichtetes goldenes Standbild anzubeten (Übertretung des 1. und 2. Gebots), werden sie in den Feuerofen geworfen, verbrennen jedoch nicht, bewahrt durch ein Himmelswesen „gleich einem Gottessohn" (3,25). Wie zuvor preist Nebukadnezzar den Gott, der „zu retten vermag" (3,17.29; 6,28). Auf Grund seiner Erfahrungen mit dem „höchsten Gott" (3,32f) gibt Nebukadnezzar in einem Edikt allen Völkern seinen Traum von einem Weltenbaum bekannt, der bis zum Stumpf abgehauen wird. Damit ist, wie Daniel deutet, Nebukadnezzars Schicksal vorweggenommen: Der übermütige (4,27) König wird wie ein Tier leben, bis er den Himmels- herrn, der dem Menschen die Herrschaft verleiht, erhöht und erniedrigt (4,29; 5,18f), anerkennt und daraufhin seine Macht zurückgewinnt (4,23.31ff). So geschieht es auch.

In Kap. 4 scheint Erzählgut vom letzten, in seinem Verhalten auffälligen Babylonierkönig Nabonid (vgl. das in Qumran gefundene „Gebet des Nabonid") auf Nebukadnezzar übertragen zu sein. So könnte sich auch erklären, daß Bel- schazzar (5,1; 7,1; 8,1), der während Nabonids jahrelanger Abwesenheit nur die Regentschaft in Babylon innehatte, unter Übergehung der Zwischenherrscher und Kontraktion von gut drei Jahrzehnten im Danielbuch als König und Nachfolger Nebukadnezzars gilt.

Findet Nebukadnezzar noch Gnade, so der „König" Belschazzar nicht mehr. Als er bei einem Gastmahl aus den von Jerusalem entführten Tempelgeräten trinkt, erscheint an der Wand, geheimnisvoll von einer Hand geschrieben, eine Schrift. Erneut versagen die Weisen des Königs (2,5ff; 4,3f; 5,8.15; vgl. Ex 9,11P). Lesung wie Deutung sind nur Daniel möglich: *mene, mene, tekel ufarsin* − eigentlich wohl drei Geld- einheiten „Mine, Schekel und (dessen) Teile" − wird gedeutet als „ge- zählt, gewogen, geteilt"; d.h. das Ende babylonischer Herrschaft naht, das Reich wird an Meder und Perser verteilt (Kap. 5).

Nach dem Tod Belschazzars geht die Macht an den Meder Darius (6,1) über − historisch korrekt König der Perser, nicht der Meder, Vater, nicht Sohn des Xerxes (9,1) und ein Nachfolger des Kyros (10,1). Darius erläßt, von seinen Hofbeamten überredet, ein schriftliches und damit unwiderrufliches (6,9.16; Est 1,19; 8,8) Verbot, einen Monat lang Gebete an Gott zu richten − außer an den gottgleichen König. Der in seinem Glauben treue Daniel wird in die Löwengrube geworfen, aber − wie schon seine drei Freunde im Feuerofen − gerettet. Daraufhin ergeht im ganzen Herrschaftsbereich Darius' Befehl, den „lebendigen Gott" zu fürchten, dessen „Herrschaft ohne Ende" ist (6,27; 3,33; 4,31).

Den Übergang von den Erzählungen zu dem im Ichstil gehaltenen Visionsteil und zugleich die Sachmitte des Buches bildet die an Kap. 2 erinnernde Schau Daniels von vier Tieren, die die vier Weltreiche verkörpern. Beide Kapitel sind nicht nur durch die aramäische Sprache, die in Kap. 7 zum letzten Male benutzt wird, sondern auch durch die ähnliche Thematik verbunden; die schon in Kap. 2 anklingende Frage nach dem „Ende" beherrscht den zweiten Teil des Buches. Nach einem Löwen mit Adlerschwingen, einem Bären und einem geflügelten Panther tritt ein Tier mit zehn bzw. elf Hörnern auf; es wird von einem Feuerstrom vernichtet, der vom Richterstuhl Gottes, des „Hochbetagten", ausgeht. Während der Stein, der (nach Kap. 2) die Kolossalstatue zerschlägt, selbst das die Weltreiche ablösende Gottesreich symbolisiert, erscheint hier eine − im Gegensatz zu den Tieren − menschenähnliche Gestalt erst nach Gottes Gericht. „Mit den Wolken des Himmels" kommt jemand „wie ein Menschensohn"; ihm wird ewige Herrschaft übertragen (7,13 f). Er ist als Individuum dargestellt, und so wird er auch im Henochbuch wie im Neuen Testament verstanden. Merkwürdigerweise entspricht der „Menschensohn" in der Deutung der Vision aber einer kollektiven Größe − den „Heiligen des Höchsten", die wiederum das Reich erhalten (7,18 ff. Sind sie als Himmelswesen gedacht, oder verkörpern sie das erwählte bzw. (eingeschränkter) das noch glaubenstreue, jetzt aber bedrängte (7,21.25) Volk? Tritt Israel nicht doch erst als „das Volk der Heiligen des Höchsten" ins Blickfeld, um so an der Herrschaft teilzuhaben (7,27)? Vielleicht wurde die Zukunftsvision auch überarbeitet und umgedeutet. Jedenfalls ist sie in ihrer vorliegenden Form hochaktuell: Die Reihe der zehn Hörner des vierten Tiers, d.h. der zehn Könige, läuft auf den entscheidenden elften Herrscher Antiochus IV. zu, unter dessen unheilvollem Regiment das Gottesreich anbrechen wird.

Die Bildgegenstände der nächsten Vision scheinen der Astralwelt entnommen zu sein. Daniel sieht, wie ein Widder mit zwei Hörnern, der das medisch-persische Reich darstellt, von einem einhörnigen Ziegenbock, Symbol für Alexander den Großen, zertreten wird. An Stelle des einen Horns treten vier Hörner (die Diadochenreiche?). Ein weiteres nachwachsendes Horn (wiederum Antiochus IV.) kann nicht nur nach Süden und Osten, sondern auch gen Himmel vorstoßen, das Heiligtum entweihen, so daß kein Opfer mehr möglich ist − jedoch für eine begrenzte Frist, etwa dreieinhalb Jahre (8,9 ff. 23 ff). Nach einem − später zugefügten? − Bußgebet mit Schuldbekenntnis und Bitte um Rettung (9,4−20) wird Daniel die prophetische Weissagung von „siebzig Jahren" des Gerichts über Israel (Jer 25,11; 29,10; Sach 1,12;

2 Chr 36,20 f) auf die Bedrängnisse seiner Gegenwart und das in Bälde
erhoffte Ende gedeutet, indem die Jahre als Jahrwochen (d.h. 490 Jahre)
interpretiert werden. Diese Aktualisierung belegt beispielhaft die Bedeutung prophetischer Verkündigung für die Apokalyptik und zugleich die
Art und Weise, in der man die Tradition gegenwarts- wie zukunftsbezo-
gen las.

Ähnlich führt die letzte Vision (Dan 10–12) nach einer umfangreichen Einleitung, die von der Begegnung mit einem Gottesboten erzählt, zu einem als Audition gestalteten Geschichtsabriß, der seinen
Schwerpunkt in der Zeit Antiochus' IV. und sein Ziel in der Ansage des
Endes hat. Der erwartete – aber in dieser Form nicht eingetretene –
Untergang Antiochus' IV. bei Jerusalem (11,40 ff) ist Anfang der Endzeit,
die Bestrafung des Frevlers Wende der Not Israels. Der Anbruch der
Gottesherrschaft bedeutet nicht nur die Herrschaft des Gottesvolkes
(7,27), sondern auch die Auferstehung seiner Toten. Allerdings werden
nur die im Glauben Treuen am Heil teilhaben; die Spaltung Israels in der
Gegenwart wird im Endgericht bestätigt:

> „Viele (d.h. wohl alle Glieder des Gottesvolkes, vielleicht
> auch nur die Frommen, jedenfalls nicht die Menschheit),
> die im Lande des Staubes schlafen, werden erwachen –
> die einen zum ewigen Leben
> die anderen zur ewigen Schmach" (12,2).

So löst die Endzeit sowohl die prophetischen Gerichtsdrohungen als
auch die prophetischen Heilsverheißungen ein – Gott bleibt seinem
Wort treu.

IV.

Dichtung aus Kult und Weisheit

25

DER PSALTER

1. Alttestamentliche Dichtung umfaßt weit über die Psalmen hinaus etwa auch große Teile der Prophetenworte oder der Weisheitsliteratur. Nur selten zeigen sich Ansätze zu Endreim (wie Jer 1,5; Ps 75,7f). Häufiger findet sich Alliteration bzw. Stabreim (Gen 1,1; Am 5,5; Ps 1,1 u. a.). Grundlegend ist der Satzrhythmus, der sog. Parallelismus membrorum, der Gleichheit in der Form mit dem Wechsel der Ausdrucksweise verbindet. Da im Hebräischen Satzrhythmus und Gedanke, Form und Inhalt durchweg übereinstimmen, fallen Vers- und Satzschluß in der Regel zusammen.

Die Halbverse bzw. Verszeilen, auch Reihen, Glieder, Stichen oder Kola genannt, bilden einen Vers. Er heißt Periode oder je nach seiner Zwei- bzw. Dreiteilung Di- oder Tristichon, Bi- oder Trikolon.

Entsprechen sich die sinngemäß zusammengehörigen Verszeilen und geben mit durchweg anderen Worten denselben Gedanken wieder, so spricht man von einem synonymen Parallelismus:

> „Wasche mich rein von meiner Schuld,
> und von meiner Sünde reinige mich!"
> (Ps 51,4f; vgl. 5,2; Jes 1,10 u.a.)

Bilden beide Versglieder einen − mehr oder weniger strengen − Gegensatz, liegt ein antithetischer Parallelismus vor:

> „Jahwe kennt den Weg der Gerechten,
> aber der Weg der Frevler vergeht"
> (Ps 1,6; vgl. 27,10; Spr 10,1ff).

Führt der zweite Vers- bzw. Satzteil den ersten fort, ohne ihn abgewandelt zu wiederholen, so entsteht ein sog. synthetischer „Parallelismus". Auch er ist zwei- oder dreigliedrig, läßt aber die Parallelität der Aussage kaum mehr erkennen:

> „Jahwe ist mein Licht und mein Heil −
> vor wem sollte ich mich fürchten?"
> (Ps 27,1; vgl. 23,1; 1,3; 103,1f; Jes 40,31).

Von diesen drei Grundformen unterscheidet man als Sonderfall etwa
noch den parabolischen Parallelismus, bei dem sich beide Versteile auf
Bild- und Sachhälfte verteilen:

> „Wie sich ein Vater seiner Kinder erbarmt,
> so erbarmt sich Jahwe über die, die ihn fürchten"
> (Ps 103,11–13; 42,2; Jes 1,3; 55,9–11; Spr 26,14 u. a.).

Dreigliedrige Verse bedienen sich gerne des stufenartigen – auch
klimaktisch, repetierend oder tautologisch genannten – Parallelismus,
der entscheidende Worte beibehält, aber den Gedanken weitertreibt. In
dieser Form hat sich mehrfach altorientalische, Israel vorgegebene Überlieferung erhalten.

> „Mehr als das Tosen großer Wasser,
> mächtiger als die Brandungen des Meeres,
> mächtig ist Jahwe in der Höhe"
> (Ps 93,3 f; 24,7 f; 29,1 f; vgl. 92,10 u. a.).

Mehr ausnahmsweise finden sich sog. Kurzverse, die keinen Parallelismus
mehr aufweisen, aber zu ähnlich gestalteten Reihen zusammengestellt sind
(Ps 111 f; vielleicht auch Rechtssatzreihen wie der Dekalog).

Gelegentlich werden Verse zu „Strophen" zusammengefaßt und
durch einen Kehrvers bzw. Refrain voneinander abgehoben (Ps 42 f; 46;
Jes 9,7–20; 5,25 ff u. a.). – Im alphabetischen Akrostichon entsprechen
die Anfangsbuchstaben der Verse oder „Strophen" der Folge des Alphabets (Ps 9 f; 111 f; 145; Nah 1; Klgl 1–4 u. a.). Dient dieses Stilmittel als
Gedächtnisstütze, oder setzt es, weil es im Schriftbild weit leichter als
beim mündlichen Vortrag zu erkennen ist, jeweils die schriftliche Weitergabe des Psalms voraus?

Zweifellos weist die hebräische Dichtung auch metrische Struktur auf; sie beruht auf der Abfolge von betonten und unbetonten – nicht: langen und kurzen –
Silben. Nach der einen Auffassung, dem sog. alternierenden System, wechseln be-
tonte und unbetonte Silben fast regelmäßig einander ab, während nach dem
freieren und darum wohl angemesseneren sog. akzentuierenden System einer betonten mehrere unbetonte Silben folgen können.
Da sich die Aussprache des Hebräischen im Laufe der Zeit geändert hat und
reine Metren selten begegnen, läßt sich eine allgemein überzeugende Entscheidung
über das umstrittene Problem der Metrik nur schwer herbeiführen.

2. Seit früher Zeit wurden in Israel zu ganz verschiedenen Situationen Lieder gesungen und von Musikinstrumenten begleitet (Ex 15,20 f;
Num 21,17 f. 27 ff; Ri 5; 2 Sam 1,17 ff; vgl. Am 5,23 u. a.). Gilt schon
in den historischen Büchern David als Liedersänger (2 Sam 1; 22 f) und

Salomo als Autor von Sprüchen und Liedern (1 Kön 5,12), so wird
die knappe Hälfte des Psalters David, zwei Psalmen (72; 127) werden
Salomo zugeschrieben.

> Gewiß bleibt die vieldiskutierte Überschrift *l^edawid* mehrdeutig: „von bzw. für
> David". Doch wird sie zumindest dort nur als Herkunftsbezeichnung verständ-
> lich, wo sie mit näheren Situationsangaben verbunden ist (Ps 18; 51 u.a.).

Allerdings sind die geschichtlichen Einleitungsvermerke nachträglich,
darum historisch kaum zuverlässig; sie sagen weniger über den Ursprung
des Psalms als über dessen Verständnis zur Zeit der Psalmensammlung
aus. „Jahwe ist mein Hirte" (Ps 23) ist kaum ein Vertrauenslied aus
davidischer Zeit oder Ps 90 kein „Gebet Moses". Die sekundären Histo-
risierungen, die in der griechischen Bibel noch zunehmen, entstammen
einer Interpretationsabsicht, die für einen Psalm eine geeignete Situation
in der Geschichte Israels sucht (vgl. Ps 51,6 mit 2 Sam 12,13).

Eine Reihe von Psalmen werden levitischen Sängergilden am
nachexilischen Tempel zugeordnet, so Ps 50; 73—83 Asaph (vgl.
1 Chr 15,17.19). Eine Gruppe von zwölf Psalmen (42—49; 84f; 87f)
gehört zum „Gesangbuch" der Korachiten, die „Jahwe, den Gott Israels,
mit lauter Stimme hoch zu loben" haben (2 Chr 20,19; vgl. 35,15;
1 Chr 9,19.31). In diesen Tempelsängern hat man kaum die Dichter,
wohl aber die Tradenten der Psalmen zu sehen. Wie Prophetenworte
später ergänzt wurden, so wird allerdings auch älteres Liedgut in jüngerer
Zeit weitergebildet worden sein.

Vor allem auf Grund der Überschriften, dann auch nach gemeinsamen Stichworten (Thronbesteigungs-, Halleluja-Psalmen) lassen sich
die Psalmen auf kleinere oder größere Sammlungen aufteilen (s.u.
die Übersicht). Daß diese Sammlungen ursprünglich unabhängig voneinander bestanden und erst nachträglich zusammenwuchsen, beweisen
mancherlei Dubletten (Ps 14 = 53; 40,14ff = 70 u.a.).

Viermal, durchweg am Abschluß einer Teilsammlung (am Ende von
Ps 41; 72; 89; 106), ist eine Doxologie „Gesegnet ist Jahwe . . ." ein-
gestreut. Sie erlaubt zumindest nachträglich, den Psalter analog zum
Pentateuch als Komposition aus fünf Büchern zu verstehen. Ps 150
mag insgesamt als Schlußhymnus dienen. Umgekehrt sind der einladende
Heilsruf von Ps 1 und das wohl eschatologisch gedeutete Königslied
Ps 2 dem ersten Buch mit dem umfangreichen, relativ alten David-
psalter (3—41) vorangestellt. Das zweite und teilweise auch das dritte
Buch werden durch den aus verschiedenen Teilsammlungen zusammen-
gefügten sog. elohistischen Psalter (42—89) eingenommen, in dem der

Name Jahwe nachträglich weitgehend durch Elohim „Gott" ersetzt ist. Wird hier das dritte Gebot streng aufgefaßt, oder soll wie in anderer jüngerer Literatur (Chronik, Hiob) der Unterschied zwischen Gott und Mensch betont werden?

Aufbau des Psalters

I. Buch: Ps 1–41
mit Schlußdoxologie: 41,14

Ps 1:   Einleitung des ganzen Psalters:
            „Heil" dem, der die Schrift (den Psalter) liest.
Ps 2:   Königslied, wohl einmal als Ps 1 gezählt (vgl. Apg 13,33) und
            eschatologisch gedeutet.
Ps 3–41:   Erster Davidpsalter
            Ps 3–41 (ohne 33): „Von David"

II. Buch: Ps 42–72
mit Schlußdoxologie: 72,18 f

III. Buch: Ps 73–89
mit Schlußdoxologie: 89,53

Ps 42–83:   Elohistischer Psalter
            aus drei Teilsammlungen (a–c):
            a) Ps 42–49: „Von den Korachiten"
               Nach den Beischriften erkennbare Untergruppen: Ps 42–45;
               46; 47–49
               Anhang Ps 50: „Von Asaph"
            b) Ps 51–72: Zweiter Davidpsalter
               Genauer Ps 51–65; 68–70 (LXX auch: 67; 71): „Von David"
               Nach den Beischriften erkennbare Untergruppen: Ps 52–55;
               56–60; 62–64; 65.67 f
               Anhang Ps 72: „Von Salomo" (vgl. Ps 127; 1 Kön 5,12)
               Unterschrift Ps 72,20: „Zu Ende sind die Gebete Davids, des
               Sohnes Isais."
            c) Ps 73–83: „Von Asaph"
Ps 84–89:   Anhang zum elohistischen Psalter
            Ps 84 f; 87 f: „Von den Korachiten"
            Ps 86: „Von David"
            Ps 88 auch: „Von Heman, dem Esrachiten"
            Ps 89: „Von Etan, dem Esrachiten" (vgl. 1 Kön 5,11; 1 Chr 15,17 ff)

IV. Buch: Ps 90–106
mit Schlußdoxologie: 106,48 (= 1 Chr 16,36)

V. Buch: Ps 107—150
mit Schlußdoxologie: Ps 150 (V 6)

Ps 90:   „Gebet Moses" (vgl. Dtn 32 f)
Ps 93; 96—99; 47: sog. Thronbesteigungspsalmen
Ps 104—106; 111—117 (ohne 114?); 135; 146—150: „Halleluja"-Psalmen
                (mit Überschrift oder Unterschrift „Lobt Jahwe" als Antwort der
                Gemeinde; vgl. 106,48)
                Sog. Hallel Ps 113—118 (bei Passa und anderen Festen)
Ps 108—110; 138—145: „Von David"
Ps 120—134:   „Wallfahrts"- oder „Stufen"-Lieder
                Einzelpsalmen, wie der sog. Gesetzespsalm 119 (vgl. 1; 19)

Die griechische Übersetzung faßt zweimal zwei Psalmen zu einem zusammen
(Ps 9 f zu Recht; Ps 114 f zu Unrecht) und zerlegt zwei Psalmen (116; 147). So
weicht die Zählung in der Septuaginta ab, ist meist um eine Ziffer geringer.

3. Die Psalmen sind seit je unter recht unterschiedlichen Gesichtspunkten betrachtet worden.

Die eschatologisch-messianische Interpretation geht schon in
frühjüdische Zeit zurück und wurde in der Kirche seit alters geübt,
findet aber am Wortlaut wenig Anhalt. Gewiß enthalten die Psalmen
Zukunftsaussagen, aber selbst in den Texten, die man ihres universalen
Horizontes wegen gerne eschatologisch interpretieren möchte (wie Ps
96 ff), fehlen die für prophetische Verheißungen charakteristischen Formeln „an jenem Tag" o. ä.

Im 19. Jh. setzte sich die historische Interpretation durch, die den
Psalm aus der erschlossenen Entstehungszeit zu erklären sucht. Allerdings lassen die Psalmen ihren historischen Ort kaum erkennen, weil
sie den konkreten Anlaß in allgemeiner, mehr oder weniger formelhafter
Sprache fassen. Sie stellen kein einmaliges Einzelschicksal, sondern
typische, exemplarische Vorgänge dar, so daß der Psalm in geänderter
Situation nachsprechbar bleibt und zum je eigenen Wort der Klage und
des Lobs werden kann. Darum sind Datierungen der Psalmen durchweg höchst unsicher und umstritten. Nur Ps 137 „An den Wassern
Babels saßen wir und weinten" weist sicher in die Exilszeit. Doch wird
man die anderen Psalmen weder insgesamt für nachexilisch (vgl. den
Kommentar von B. Duhm) noch geschlossen für vorexilisch halten.
Vielmehr muß man mit vor- (etwa Ps 2; 24; 29; 45—48; 93; 110) wie
nachexilischen Psalmen rechnen.

Auf die nach Vorgängern eigentlich von H. Gunkel begründete
formgeschichtliche Interpretation (s. u. 4) baute S. Mowinckel die
kultgeschichtliche Deutung auf. Er verstand die Psalmen als Kult-

lieder und den Kult als heiliges Drama mit einem Thronbesteigungsfest als Zentrum. Doch bleibt eine Kultdeutung deshalb oft unsicher, weil die Anhaltspunkte zu schwach und unsere Kenntnisse von Israels Gottesdienst (Ex 23,14ff u.a.) zu gering sind, als daß sich beides in Übereinstimmung bringen ließe.

Obwohl die Psalmen in der Mehrzahl Klage- bzw. Bittlieder sind, wurden sie durch die Überschrift und die eingeschobenen Doxologien als „Loblieder" gedeutet. Hier liegt das Recht der Charakterisierung des Psalters als „Gesangbuch der Gemeinde des zweiten Tempels" (J.Wellhausen). Jedoch wurden die Psalmen selbst später kaum nur als Lieder im (öffentlichen) Gottesdienst, sondern auch als „private" Gebete des einzelnen verwendet (vgl. Jeremias Klagelieder). Jedenfalls ist zwischen erster und zweiter Heimat, Entstehung und späterer Verwendung des Psalms – im Rahmen des nachexilischen Gottesdienstes wie der Psalmensammlung – zu unterscheiden.

Die stilistisch-literarische Interpretation (M.Weiss u.a.) sucht den einzelnen Psalm als individuelles Kunstwerk, sprachlich-strukturale Einheit, zu verstehen. Wird das Gewicht der Überlieferung aber nicht verkannt, wenn sie als Rohstoff für die Gestaltungskraft des Dichters gilt?

Die im Pentateuch so ertragreiche überlieferungsgeschichtliche Interpretation, die den Text aus einem allmählichen Wachstum in der Geschichte erklärt und verschiedene – sei es nur mündlich oder bereits schriftlich fixierte – Schichten aus wechselnden Situationen abzuheben sucht, befindet sich in der Anwendung auf die Psalmen noch im Anfangsstadium.

4. In unserem Gottesdienst haben sich in kurzen liturgischen Formeln die beiden Hauptarten, in denen die Psalmen von Gott sprechen, bewahrt – der Hymnus, der von Gott in dritter Person redet: *Hallelu-ja* „Lobt den Herrn!" und die Gott anredende Bitte: *Kyrie-eleison* „Herr, erbarme dich!"

a) Als „einfachste und wichtigste Grundform des israelitischen Hymnus" (F. Crüsemann) kann man das Mirjamlied verstehen, das Jahwes Sieg über die ägyptischen Verfolger besingt:

> „Singet Jahwe, denn hoch erhoben hat er sich
> (bzw. erhaben ist er),
> Pferd und (Streitwagen-)Fahrer warf er ins Meer!" (Ex 15,21)

Auf die an eine Mehrzahl gerichtete Aufforderung zum Singen oder Loben folgt, durch *ki* „denn" eingeleitet, der sog. Hauptteil. Er ist zugleich Begründung für den Aufruf zum Lob und dessen Inhalt; Gott loben heißt eben, seine Taten nachzuerzählen. Jene Doppelstruktur, Aufforderung und Hauptteil, kehrt in späteren umfangreichen Hymnen wieder, wird jedoch in verschiedener Weise erweitert und zerdehnt (Ps 33; 100; 145–150 u. a.). Beispielsweise können sie den ursprünglich eigenständigen hymnischen Partizipialstil aufnehmen (104,2 ff; 136,3 ff u. a.) oder analog zum einleitenden Aufruf einen Abgesang erhalten (103,20 ff; 136,26 u. a.). Gelegentlich wird Gottes Geschichtswirken (Ps 135 f und in den sog. Geschichtspsalmen 105 f; 114; 78), häufiger Gottes Schöpfermacht und Güte (Ps 96 oder in den sog. Naturpsalmen 8; 19 A; 104; vgl. 24,1 f; 29) gepriesen, wie in der schon formelhaften Wendung:

> „denn er ist freundlich,
> und seine Güte währet ewiglich"
> (Ps 106,1; 107,1; 118,1 ff; 136,1 u. a.).

Der Prophet Deuterojesaja ruft in den eschatologischen Hymnen jetzt schon zur Freude über Gottes künftige Taten auf (o. § 21,2d; vgl. Sach 2,14; 9,9 f u. a.). Aber auch der einzelne kann sich selbst auffordern: „Lobe Jahwe, meine Seele, d. h. mein Ich!" (Ps 103 f; 146; 8; Ex 15). Löst sich in solchen individuellen Formen der Hymnus allmählich aus seinem ursprünglichen „Sitz im Leben" im Gottesdienst (Ps 135,1 f u. a.)?

b) Richtet sich der Hymnus mit seinem Aufruf primär an die Gemeinschaft, so wendet sich das sog. Klagelied an Gott, ist also im eigentlichen Sinne Gebet: *Hosianna* „Hilf doch (mein Gott)" (Ps 3,8 u. a.), „Herr, gedenke, sei gnädig, vergib!" (Ri 16,28; Am 7,2; auch 1 Kön 18,26 oder profan 2 Sam 14,4 u. a.). Die Bitte mit der Anrufung Gottes ist das Herzstück, so daß die Bezeichnung „Bittlied" angemessener wäre. Der Name „Klagelied" beruht auf der der Bitte beigegebenen Begründung, die in einer Schilderung der gegenwärtigen Situation, eben der Klage über die Not, besteht.

„Es gibt keinen einzigen Klagepsalm, der bei der Klage stehen bleibt. Die Klage hat ihren Sinn nicht in sich selbst . . . Es geht in der Klage nicht um die Selbstdarstellung des Leids und die Selbstbemitleidung, sondern um die Wende des Leids . . . Die eigentliche Funktion der Klage ist der Appell, in dem das Leid aus sich heraustritt vor den, der es wenden kann. So gesehen ist die Klage als solche eine Bewegung auf Gott zu" (C. Westermann, Forschung am Alten Testament II, 1974, 255.261).

So ist die ausgeführte Form des Klagelieds im wesentlichen dreiteilig: Anruf, Klage, Bitte. Jedoch kommen zu diesen Grundbestandteilen gerne andere (im folgenden mit a–e bezeichnete) Strukturelemente hinzu, ohne daß die Abfolge streng festgelegt wäre. Auch ähneln sich die Klagelieder des Volkes („Wir") und des einzelnen („Ich") im Aufbau:

1. Anrede an Gott, oft mit kurzer Bitte oder Frage verbunden
„Warum, Gott, verstößt du uns auf immer?" (Ps 74,1)
„Mein Gott, mein Gott, warum hast du mich vergessen?" (22,1)
„Aus der Tiefe rufe ich, Jahwe, zu dir!" (130,1)

a) Hinweis auf Gottes früheres Heilshandeln, insbes. den Exodus
„Du hast erlöst" (74,2; vgl. 44,2–4; 85,2–4; Jes 51,9f)

2. Klage als Schilderung der Not: Krankheit, Schuld, Verfolgung durch Feinde, Gottverlassenheit – mit den typischen Fragen „Warum, wie lange?"
„Warum sollen die Völker sagen: Wo ist nun ihr Gott?" (Ps 79,10; 115,2)
„Wie lange, Jahwe, willst du mich vergessen?" (13,2)
Nach dem Satzsubjekt läßt sich die Klage nochmals dreiteilen (C. Westermann): die Feinde – wir/ich – du (vgl. 13,2f).

b) Beteuerung der Unschuld
„Prüfst du mein Herz, so findest du nichts Arges" (17,3)

c) Bekenntnis der Zuversicht bzw. Vertrauensäußerung
„Gott ist mein König von uran" (74,12)
„Auf deine Gnade traue ich" (13,6; vgl. 22,10f; 28,7; 71,6)
Wie der Geschichtsrückblick (a) enthält die Vertrauensäußerung (c) zugleich einen Beweggrund für Gottes Einschreiten.

3. Bitte
„Wende, Jahwe, unser Geschick!" (126,4; vgl. 80,15)
„Schaffe in mir, Gott, ein reines Herz!" (51,12f)

d) Lobgelübde, das nach der Rettung Lob und Dank verspricht
„Wir wollen dich für immer loben" (79,13)
„Ich will Jahwe danken/singen" (7,18; 13,6)

e) Erhörungsgewißheit
Auf die Bitte kann ein Heilsorakel folgen. Diese Antwort durch Priester- oder Prophetenmund ist in den Psalmen nur andeutungsweise erhalten (12,6; 60,8ff; 85,9ff; 107,19f; 119,25.81; 1 Sam 1,17; Klgl 3,57; vgl. als Selbstantwort des Beters Ps 42,6.12; 130,5), unmittelbar aber in Deuterojesajas Botschaft (vgl. Jes 50,4; o. § 21,2a)
Ein solches Heilsorakel scheint vorausgesetzt zu sein, wo das Klagelied mit einem „Stimmungsumschwung", der Erhörungsgewißheit, endet:
„Weicht von mir, all ihr Übeltäter;
denn Jahwe hat mein Weinen erhört!" (Ps 6,9ff; vgl. 28,6ff; 56,10ff u.a.)

Schon babylonische Klagelieder weisen einen entsprechenden Aufbau
mit vergleichbaren Motiven auf; er ist Israel wohl durch kanaanäische
Vermittlung bekanntgeworden. Auch sonst sind mancherlei Beziehungen
zur altorientalischen Gebetsliteratur erkennbar. Die Eigenart der alttestamentlichen Psalmen besteht darin, daß sich die Gemeinschaft wie
der einzelne in konkreter Anwendung des ersten Gebots in der Not
allein an Jahwe wenden, Hilfe nur von ihm erbitten. Er ist der rechte
Arzt (Ex 15,26), der tötet und lebendig macht (1 Sam 2,6; Dtn 32,39 u. a.).

Wie der Hymnus ist das Klagelied ursprünglich im Gottesdienst
beheimatet. Das Klagelied des Volkes wurde bei einer öffentlichen
Volkstrauerfeier angestimmt. Zu diesem „Fasten" wurde zunächst
bei kriegerischer Bedrängnis, bei einer Naturkatastrophe oder aus anderem Anlaß aufgerufen (1 Kön 8,33ff; 21,9ff; Jer 36,9; Jon 3,5; Joel
1,5ff). Nach der Zerstörung des Tempels 586 v. Chr. fanden auch
regelmäßige „Fasten"-Gedenktage statt (Sach 7,3ff). So mag es sich
erklären, daß die Volksklagelieder (Ps 44; 74; 79f; 83; 85; vgl. Klgl;
Jes 63,15ff; Dan 9) in ihrer vorliegenden Fassung zur Mehrzahl aus
exilisch-nachexilischer Zeit stammen.

Individuelle Klagelieder (Ps 3; 5–7; 13; 22 u. v. a.) haben wohl
mehrheitlich, aber kaum ausschließlich ihren Ursprung in gottesdienst-
lichem Rahmen; denn sie können auch fern vom Heiligtum (Ps 42f),
etwa auf dem Krankenlager (Jes 38), gebetet worden sein. Da die
Anlässe, ein Bittgebet zu Gott zu senden, vielfältig sind, haben die
Klagelieder kaum einen einzigen gemeinsamen „Sitz im Leben". Vielmehr hat man aus den verschiedenartigen Anspielungen auf Verfolgung,
Gefangenschaft, Krankheit einen je spezifischen Hintergrund, wie die
Situation des Angeklagten (Ps 7; 26 u. a.) oder des Kranken (Ps
38f; 41 u. a.), und entsprechende sakralrechtliche Institutionen, wie kultisches Gottesurteil oder Verfahren zur Wiedereingliederung des Kranken, erschlossen (zuletzt W. Beyerlin, K. Seybold). Doch sind die Aussagen der Psalmen durchweg nicht konkret genug, zu generell-typisch,
um einen eindeutigen Rückschluß zu ermöglichen. Letztlich erbitten sie
die Wiederherstellung der Gemeinschaft mit Gott.

Wie auch der ursprünglich konkrete Anlaß ausgesehen haben mag,
die Klagelieder des Volkes wie des einzelnen können ihm entwachsen
und die allgemein-menschliche Situation vor Gott beklagen, so Ps 90
die Vergänglichkeit des Menschen (vgl. 103,14ff; 104,29f u. a.). In
den Bußpsalmen (51; 130; 32; vgl. 6; 38; 102; 143) tritt anstelle
der Klage über die Not das Bekenntnis der Sünde mit der Bitte um
Vergebung beherrschend in den Vordergrund.

Als Konsequenz des Klageliedes läßt sich der Dankpsalm verstehen. Den Dank, den der Klagende in der Not gelobt: „Ich will Jahwe danken" (Ps 7,18; o. Strukturelement d), spricht er nach erfahrener Rettung am Heiligtum beim Opfer aus: „Dir statte ich meine Gelübde ab" (Ps 66,13; vgl. 116,17; 118,19; Jon 2,10). Allerdings kann sich das Danklied auch vom Dankopfer – beide heißen im Hebräischen *toda* (Am 4,5; Ps 50,14) – lösen oder es gar ersetzen. Vom Klagelied des einzelnen übernimmt das Danklied die Anrede an Gott:

> „Ich danke dir;
> denn du hast mich erhört" (Ps 118,21; vgl. Jes 12,1; Jon 2,3).

Kernstück ist die Nacherzählung der erlösenden Tat Gottes (Ps 40,2ff) vor der Gemeinde oder den Geladenen (22,23ff; 66,16; 116,18f; 118,17). Das Bekenntnis wird weitergegeben, damit andere ähnliche Erfahrungen machen können. Dabei wird in den Dankliedern (30; 32; 41; 66,13ff; 116; 118; Jes 38,10ff; Jon 2,3ff; vgl. Ps 18 vom König) der Bericht gerne um einen Rückblick auf Not und Klage erweitert.

Da Hymnus („Lobt Jahwe; denn ...") und Danklied („ich danke dir; denn ...") von verschiedener Struktur und wohl auch Herkunft sind, empfiehlt es sich kaum, beide (mit C. Westermann) als beschreibendes bzw. berichtendes Lob unter der Kategorie „Lob" zusammenzufassen (vgl. F. Crüsemann). Ob es auch ein Danklied des Volkes gibt (Ps 124; 129), ist umstritten.

Folgt das Danklied aus dem Lobgelübde des Klageliedes, so entfaltet das Vertrauenslied das Bekenntnis der Zuversicht: „Der Herr ist meines Lebens Halt" (Ps 54,6). Die Vertrauensäußerung, ein Strukturelement (oben c) des Klage- oder auch Dankliedes, hat sich im Vertrauenspsalm des einzelnen (23; 27) oder auch des Volkes (125; 46 u.a.) verselbständigt. Jedoch klingt der Hintergrund der Notlage noch nach, so daß das Bekenntnis den Bezug zur Wirklichkeit nicht verliert oder gar dem Augenschein widerspricht:

> „Jahwe ist mein Hirte, mir wird nichts mangeln ...,
> auch wenn ich wandere im finstern Tal" (Ps 23,1.4)

c) Drei Psalmengruppen, die untereinander in lockerem Zusammenhang stehen können: Königs-, Zions- und Thronbesteigungslieder, werden weniger nach formgeschichtlichen als nach thematisch-überlieferungsgeschichtlichen Gesichtspunkten ausgesondert.

Die Königspsalmen (2; 18; 20f; 45; 72; 89; 101; 110; 132; 144) sind in Form, Aufbau und wohl auch „Sitz im Leben" sehr unterschiedlich. „Ihre innere Einheit" erhalten sie schlicht „dadurch, daß sie sämtlich von Königen handeln" (H. Gunkel). Gemeint ist der regierende Herrscher, in der Regel der Davidide (das Hochzeitslied Ps 45 aber aus dem Nordreich?). Jedoch machen die Psalmen so wenig konkrete, zeitgenössische Angaben und entwerfen in so hohem Maße ein „Herrscherideal" (Gerechtigkeit, langes Leben, weltweiter Machtbereich; vgl. § 2c1), daß es späterer Zeit leicht fiel, die Lieder eschatologisch-messianisch zu deuten.

„Gott und nicht der König steht im Vordergrund. Wie es anscheinend weder Lieder zur Verherrlichung des Königs noch den Selbstruhm des Königs gegeben hat, so ist in den kultischen Königsliedern weniger von seiner Kraft und seinen Leistungen die Rede als davon, was ihm von Gott verheißen wird, was er von Gott erbittet und wofür er ihm dankt" (G. Fohrer, EinlAT 291 f).

Diese Abhängigkeit des Königs kommt etwa darin zum Ausdruck, daß ihm Sohneswürde und Herrschaft erst in einem − prophetischen − Gotteswort zugesprochen werden (Ps 2; 89; 110) und der König des Gebetes oder der Fürbitte bedarf (Ps 20f; 72; 144). Wird einerseits die Menschlichkeit des Königs nicht vergessen (89,48f; 144,3f), kann sich andererseits die Übertragung von Königsprädikaten auf jedermann, die sog. Demokratisierung, unschwer vollziehen (Ps 8).

Die Zionspsalmen, formal den Vertrauensliedern des Volkes nahe (Ps 46; 48; 76; vgl. 87; 84; 122; 132; 137,3), preisen den Ort, an dem Gott wohnt: den Zion. Gegen die Vorstellung der Uneinnehmbarkeit der „Stadt Gottes" − Abwehr des Meeres und der Völker (auch Jes 17,12ff u.a.) − nehmen bereits die Propheten kritisch Stellung (Jes 28,15ff; Mi 3,11f). Setzen die Zionspsalmen eine liturgische Begehung mit einer Prozession voraus (Ps 48,13f; 46,9)?

Wichtiger ist diese Frage für das Verständnis der stärker hymnisch bestimmten sog. Thronbesteigungspsalmen bzw. Jahwe-Königs-Psalmen (47; 93; 96−99), die Gottes Königsherrschaft proklamieren: „Jahwe ist König geworden" bzw., wie man auch übersetzen kann, „Jahwe herrscht als König" (93,1; 96,10 u.a.). Läßt dieser Ruf im Rahmen von Ps 47 (V 6.9) nicht eine Kultbegehung erahnen, zumal er ganz entsprechend bei der Inthronisation des irdischen Königs (2 Sam 15,10; 2 Kön 9,13) belegt ist? Analog zum babylonischen Neujahrsfest, an dem Chaoskampf, Weltschöpfung und die Thronbesteigung des Gottes Marduk gefeiert wurden, hat S. Mowinckel (1922; zuvor schon P. Volz, 1912) ein Thronbesteigungsfest Jahwes als Teil des Herbstfestes erschlossen und damit bis heute sowohl Gefolgschaft als auch harten Widerstand gefunden. Eine überzeugende Rekonstruktion des gottesdienstlichen Geschehens erlaubt der Textbefund nicht; immerhin kann man an eine Ladeprozession denken, bei deren Einzug in das Heiligtum Gott als König akklamiert wurde (vgl. Ps 24,7 ff). Zwar ist schon das Alter der einschlägigen Psalmen umstritten, doch setzt Deuterojesaja (Jes 52,7−10) in der Exilszeit die Tradition der Thronbesteigungspsalmen voraus. Auch scheinen Ps 47; 93 alt zu sein, während Ps 96−99 eher jünger, vielleicht erst nachexilisch, sind. In dem entscheidenden Bekenntnis zu Gottes weltweiter Königsherrschaft, verbunden mit seiner Treue zu seinem Volk (93,5; 98,3; 99,4 ff), stimmt die Psalmengruppe überein.

Wie in jenen drei Psalmengruppen hier und da ein gottesdienstlicher Ablauf durchschimmert (Ps 2; 110; 46−48), so enthalten auch andere Psalmen liturgische Elemente (Ps 115; 121; 134 u. a.). Im einzelnen sind Einlaßliturgien beim Einzug in den Tempel (Ps 15; 24; vgl. Mi 6; Ez 18), Dankfestliturgien (Ps 107; 118) oder prophetische Gerichtsreden im Gottesdienst (50; 81; vgl. 95; 82) erkennbar. Ähnlich spiegeln sich in prophetischen Texten (wie Jer 14; Mi 7) gottesdienstliche Vorgänge wider.

Andere Psalmen (112; 127 f; 133) enthalten weisheitliches Sprach- und Gedankengut. Es prägt auch die sog. Gesetzespsalmen 1; 119 (19B), die den Weg des Gerechten rühmen, Ps 73 (37; 49), der über das Geschick des Gerechten angesichts des „Endes" der Gottlosen nachdenkt, und den Geschichtspsalm 78. Weisheitliche Elemente finden sich aber weit darüber hinaus − etwa in der Bitte: „Lehre uns, unsere Tage zu zählen, damit wir ein weises Herz gewinnen!" (Ps 90,12; vgl. 32,8 ff; 111,10 u. a.).

26

HOHESLIED, KLAGELIEDER, RUT UND ESTER

Die drei poetischen Bücher Hoheslied, Klagelieder, Kohelet/Prediger (u. § 28) und die beiden Prosaerzählungen Rut und Ester, die in unseren Bibeln auf geschichtliche (Rut, Est), poetische (Koh, Hld) und prophetische (Klgl) Bücher verstreut sind, sind in der hebräischen Bibel zu einer Gruppe, den fünf *Megillot* oder Fest„rollen", vereint. Schon seit je war das Esterbuch mit dem Purimfest verbunden; auch die Klagelieder werden schon sehr früh an Klagefeiern angestimmt worden sein. Aber erst seit dem Mittelalter ist die liturgische Verwendung auch der anderen Bücher bezeugt: das Hohelied am Passa (Ostern), Rut am Wochenfest (Pfingsten), die Klagelieder bei der Gedächtnisfeier zur Tempelzerstörung, Kohelet/Prediger am Laubhütten- bzw. Herbstfest und Ester am Purimfest. Teilweise sind die fünf Bücher in dieser dem jahreszeitlichen Ablauf entsprechenden Folge angeordnet, teilweise sind sie aber auch nach (vermeintlich) chronologischen Gesichtspunkten zusammengestellt, so daß das in der Richterzeit spielende Buch Rut den Anfang bildet. Im dritten Teil des Kanons, den „Schriften", besteht eben noch eine gewisse Freiheit (o. § 1a).

Wie gering der innere Bezug der Bücher zu den Festen sein kann, wird im Hohenlied (wie auch bei Rut und Kohelet) deutlich.

1. Allerdings hat man das „Lied der Lieder", d.h. das andere Lieder überragende, das „Hohelied", trotz seiner natürlichen Sprache auf recht unterschiedliche Weise ausgelegt: (a) Die allegorische Deutung bezieht das in den Liedern gepriesene Verhältnis zwischen Liebenden, Bräutigam und Braut, analog zu den Bildreden der Propheten (Hos 1–3; Jer 2; Ez 16; 23; auch Jes 5) auf das Verhältnis Jahwes zu Israel. Diese schon in frühjüdische Zeit zurückreichende Auslegung wird vom Christentum abgewandelt, nämlich auf das Verhältnis Christi zur Kirche oder auch zur gläubigen Seele o.ä. gedeutet. Jedoch bietet der Wortlaut des Buches selbst kaum Anhalt für ein solches Verständnis. (b) Die kultisch-mythische Deutung bezieht die Lieder in ihrem ursprünglichen, nun mehr oder weniger verdeckten Sinn auf das Verhältnis zwischen

Gott und Göttin; im Hintergrund stehe das Ritual der Heiligen Hochzeit (im Ischtar-Tammuzkult), das zumindest den Wortlaut beeinflußt
habe. Gewiß gibt es gelegentlich sprachliche Berührungen mit kultisch-
mythischen Texten; doch läßt sich das Hohelied als ganzes nur gezwungen aus diesem Zusammenhang erklären. (c) Die „natürliche", wörtliche Deutung sieht im Hohenlied eine Sammlung von einzelnen, ehemals selbständigen Liebesliedern. Der Gesamtaufbau, keineswegs ein-
heitlich-zielgerichtet oder gar dramatisch gestaltet, ist wie etwa bei der
Redaktion der Prophetenbücher nachträglich und erfolgt nur gelegentlich aus thematischen, in der Regel mehr aus zufälligen Gründen, wie
Stichwortanschluß (W. Rudolph).

Was war der „Sitz im Leben" der Liebeslieder und zugleich Grund
ihrer Überlieferung? Besingen sie die „freie Liebe"? Zumindest die
meisten, wenn nicht gar alle Lieder werden bei der mehrtägigen, mit
Musik, Tanz und Spielen gestalteten Hochzeitsfeier angestimmt worden sein, besingen also das Verhältnis von Bräutigam und Braut (vgl.
4,9ff; 1,2ff; 2,4ff). Dabei kann, wie ähnlich in neuzeitlichen arabischen
Liedern belegt ist, der Bräutigam als „König" angeredet, ja mit Salomo
verglichen werden (1,4.12; 3,11; 6,8f; 8,11f). Vielleicht bezeichnet der
Name Schulammit die Braut als „zu Salomo gehörende" Fürstentochter
(7,1f). Auch allerlei Einzelzüge lassen sich mit Hochzeitsbräuchen verdeutlichen, die zwar nicht im AT (vgl. Gen 29,21ff; Jer 16,8f; vom
König: Ps 45), wohl aber in jüngerer Zeit belegt sind.

Sog. Beschreibungslieder besingen Anmut und Reiz der Frau: „Du
bist schön, meine Freundin, du bist schön!" (4,1ff; 6,4ff; 7,1ff; auch
vom Mann: 5,10ff). Der Text steckt voller Vergleiche und Anspielungen; so sind Weinberg und Garten Symbole für die Frau (2,15; 4,12),
oder Pflücken, Essen, Trinken meinen den Liebesgenuß (4,16f; 8,2; vgl.
7,3). Überraschend oft kommt die Frau selbst zu Wort: „Meinen Weinberg hüte ich nicht" (1,6), „mein Liebster ist mein, und ich bin sein"
(2,16; vgl. 6,3; 8,6). Teils spricht der Mann; gelegentlich entspinnt sich
ein Wechselgespräch (1,15f).

Wie die Sprache erweist, stammen die Lieder aus spätnachexilischer
Zeit, wohl aus der Umgebung Jerusalems (3,10f u.a.), enthalten aber
älteres Traditionsgut aus der Königszeit. Schon die Vergleiche des Bräu-
tigams mit Salomo mögen nahegelegt haben, die Sammlung diesem
Vorbild zuzuschreiben. Da man in Salomo als Weisheitslehrer zugleich
den Autor des Sprüche- und des Predigerbuches sah (vgl. 1 Kön 5,12),
darf man vielleicht auf einen − in Einzelwendungen auch sprachlich
faßbaren − Zusammenhang des Hohenlieds mit der Weisheitsliteratur

schließen. Die Liebeslieder geben nämlich kaum die schlichte Sprache des Volkes wieder, sondern sind kunstvoll, dichterisch gestaltet und – ähnlich den Psalmen – nicht individuell, sondern exemplarisch, typisch ausgerichtet, zum Vorsingen gedacht.

E.Würthwein kann seine Ansicht über die Entstehung der Lieder „dahin zusammenfassen, daß die Gedichte des Hohenlieds Kunstlieder darstellen, die aus dem Kreis der nachexilischen Weisen Jerusalems hervorgegangen sind und zum Vortrag bei den im allgemeinen sieben Tage dauernden Hochzeitsfeiern bestimmt waren" (HAT I/18, 1969, 34).

Das „natürliche" Verständnis des Hohenliedes wirkte später, als es (mit Salomos Autorität) unter den „Schriften" bereits seinen Platz im Kanon gefunden hatte, anstößig. Suchte die allegorische Deutung diesen Anstoß zu beseitigen? Von sich aus redet das Hohelied mit unbefangener Freude von der Schönheit des Menschen und auch der Natur (2,11ff), damit von der Schöpfung – und hat diese Aussage nicht ihr theologisches Recht?

2. Die Klagelieder sind ganz anderer Art: Ihre Grundstimmung ist nicht Freude, sondern Trauer; sie sind nicht „profan", sondern Klage vor Gott. Sie beschreiben die Situation nach dem großen Zusammenbruch 587 v. Chr., als Jerusalem und der Tempel zerstört (2,6ff), der König „unser Lebenshauch, Jahwes Gesalbter, gefangen" (4,20) und das Land „unser Erbteil, Fremden zugefallen" ist (5,2). In Form und Motiven verbinden die Lieder Merkmale der Volksklage (bes. Kap. 5; vgl. Ps 44 u. a., o. § 25,4b) mit Elementen der *Qina* bzw. des Leichenliedes, das die glanzvolle Vergangenheit der trostlosen Gegenwart gegenüberstellt und gerne mit einem „Ach!" eingeleitet wird:

„Ach, wie einsam sitzt die Stadt, einst so volkreich!
Einer Witwe ist gleich geworden, die groß war unter den Völkern ...
All ihre Freunde sind ihr untreu, sind ihr zu Feinden geworden"
(1,1f; vgl. 2,1; 4,1; Jes 1,21ff).

Diese Struktur hat den Liedern ihren Namen gegeben, mögen sie im Hebräischen nach jenem einleitenden „Ach!", nach der Gattung *Qina* oder auch „Buch bzw. Rolle der Klagelieder" heißen. Die ersten vier Kapitel enthalten jeweils 22 Strophen mit je drei oder einmal (Kap. 4) zwei Zeilen. Jede Strophe beginnt mit einem neuen Buchstaben des Alphabets (vgl. ähnliche alphabetische Akrosticha Ps 9f u. a.; o. § 25,1). Das weit kürzere Volksklagelied Kap. 5 ist zwar nicht alpha-

betisch angeordnet, zählt aber — entsprechend der Zahl der hebräischen
Buchstaben — 22 Verse.

Schon diese Form zeigt, daß die einzelnen Lieder ursprünglich eigenständig waren und wohl erst nachträglich zu einer mehr oder weniger
lockeren Einheit zusammengestellt wurden. Jedoch sind sie im gleichen
Raum, eher in Palästina als in Babylon, und etwa zur gleichen Zeit
entstanden, in teils weiterem, teils engerem Abstand zur Katastrophe
von 587. Beruhen gewisse Schilderungen (wie 4,17ff) sogar auf der
Erfahrung des Augenzeugen? Die griechische oder auch lateinische
Übersetzung bestimmen diesen Augenzeugen näher, indem sie die Lieder
an das Jeremiabuch anfügen (was in unseren Bibeln nachwirkt) und im
Propheten den Verfasser sehen (vgl. 2 Chr 35,25). Tatsächlich ist die
Form der Klage Jeremia (8,21f u.a.) wohlvertraut; doch kommt der
Prophet, der schon bald nach der Katastrophe nach Ägypten verschleppt
wurde, aus zeitlichen wie inhaltlichen Gründen als Autor nicht in Frage.
Überhaupt bleibt unsicher, ob die Klagelieder einen oder mehrere Ver-
fasser haben. Deutlicher erschließt sich der „Sitz im Leben". Wenn die
Klagelieder (bes. Kap. 1) nicht von vornherein für den Gottesdienst
verfaßt sind, wurden sie jedenfalls schon bald in den „Fasten"- bzw.
Trauergottesdiensten verwendet, an denen regelmäßig der schrecklichen
Ereignisse von 587 gedacht wurde (Sach 7f).

Nicht unähnlich dem deuteronomistischen Geschichtswerk, das in
seinem historischen Rückblick aus der Exilszeit ein Schuldbekenntnis
ablegt, suchen die Klagelieder im Gebet die entstandene Lage zu deuten.
Sie nehmen Anklage und Gerichtsansage der Schriftprophetie im Schuld-
geständnis auf sich:

> „Ausgeführt hat Jahwe, was er geplant, vollstreckt sein Wort" (2,17).
> „Wie ein Feind hat sich der Herr gezeigt, Israel verschlungen . . .
> Verworfen hat der Herr seinen Altar, entweiht sein Heiligtum" (2,5.7).

Jahwes Zorn hat das Unheil gebracht (2,1ff; 3,43ff), verursacht hat
es aber eigene Schuld: „Schwer gesündigt hat Jerusalem!" (1,8; vgl.
1,13f; 3,42; 4,6; 5,7.16). Einen gut Teil Schuld tragen die (sog. Heils-)
Propheten:

> „Deine Propheten schauten dir Lug und Trug
> und deckten deine Schuld nicht auf, um dein Schicksal zu wenden"
> (2,14; vgl. 4,13).

Wie sich die Klagelieder mit diesem Vorwurf der Polemik der Schriftpropheten (Jer 23 u.a.) anschließen, erkennen sie etwa auch die pro-

phetischen Anklagen wegen Israels Bündnispolitik als berechtigt an (4,17; 5,6 f).

In der Not, die mit Einzelzügen ausgemalt wird, rufen die Klagelieder Gott an (1,21; 2,18). Einen anderen Tröster gibt es nicht (1,9. 16 f.21). Nur der, der geschlagen hat, kann die Bitte hören und vielleicht erhören. So lebt das Gebet von der Gewißheit: „Der Herr wird nicht auf ewig verstoßen" (3,31; vgl. 3,21 ff; 4,22), wagt diese Hoffnung aber nur verhalten in der Bitte auszusprechen:

> „Bringe uns zu dir zurück, Jahwe, daß wir werden wie früher,
> erneuere unsere Tage wie einst!
> Es sei denn, du hättest uns gänzlich verworfen,
> wärest maßlos über uns erzürnt!" (5,21 f)

3. Von Klage und Vertrauen zu Gott im Leid berichtet auch das Büchlein Rut, allerdings auf ganz andere, erzählende Weise. Die meisterlich in Einzelszenen gestaltete „Novelle" führt in einem großen Bogen von anfänglich bitterer Not zu gutem Abschluß.

1	V 1–7a	Exposition: Vorgeschichte und Situation
	V 7b–19a	Zwiegespräch Noomi–Rut. Ihr Entschluß
	V 19b–22	Klage daheim in Betlehem: Statt Noomi „die Anmutige, Liebliche" eher Mara „die Bittere"
2	V 1–17	Erste Begegnung zwischen Rut und Boas auf dem Felde beim Ährenlesen
	V 18–23	Rut berichtet Noomi
3	V 1–5	Noomis Plan
	V 6–15	Begegnung zwischen Rut und Boas nachts auf der Tenne
	V 16–18	Rut berichtet Noomi
4	V 1–12	Rechtsverhandlung im Tor. Verzicht des Lösers
	V 13–17	Boas heiratet Rut. Geburt des Sohnes
	V 18–22	(Sekundäres) Geschlechtsregister bis David

In der Richterzeit zwingt eine Hungersnot Elimelech aus Betlehem mit seiner Frau Noomi und zwei Söhnen zur Auswanderung nach Moab. Nach dem Tod des Vaters nehmen beide Söhne Moabiterinnen zur Frau. Als auch die Söhne sterben, macht sich die nun alleinstehende Noomi auf den Heimweg nach Betlehem und drängt ihre Schwiegertöchter Orpa und Rut, die sie begleiten, in ihrer Heimat zu bleiben. Während Orpa „zu ihrem Volk und ihren Göttern zurückkehrt", beharrt Rut bei ihrem Entschluß, sich an Noomi und damit zugleich an Jahwe zu „hängen":

„Wo du hingehst, will ich auch hingehen,
und wo du bleibst, will ich auch bleiben.
Dein Volk ist mein Volk, und dein Gott ist mein Gott.
Wo du stirbst, will ich auch sterben,
und dort will ich begraben sein.
Jahwe tue mir an, was er will –
nur der Tod soll scheiden zwischen mir und dir" (1,16f; vgl. 2,12).

Daheim beklagt Noomi ihr von Jahwe gesandtes bitteres Los (1,13.
20f; vgl. Hi 1,21). Rut sorgt tatkräftig für den Unterhalt beider Frauen,
indem sie vom Recht der Armen (Lev 19,9f; 23,22; Dtn 24,19) Gebrauch
macht, Ähren auf abgeernteten Feldern zu lesen. Dabei gerät sie auf
das Feld des Boas, eines Verwandten Elimelechs. Boas kümmert sich
fürsorglich um das Ergehen der Ausländerin, behandelt sie als Verwandte
und wünscht ihr Gottes Segen (2,12). Als Noomi den reichen Ertrag
von Ruts Arbeit sieht, verwandelt sich ihre Klage in einen Preis der
Güte Gottes (2,20). Am Ende der Erntezeit begibt sich Rut auf den Rat
Noomis, die Rut eine „Ruhestätte", d.h. ein Heim, verschaffen möchte
(3,1; 1,9), nachts zu Boas auf die Tenne, um ihn um die Schwager- bzw.
Leviratsehe zu bitten: „Du bist Löser!" Nach dieser Rechtsinstitution
(Gen 38; Dtn 25,5ff) ist der nächste Verwandte eines kinderlos verstorbenen Mannes verpflichtet, die Witwe zu heiraten; der erste Sohn
gilt als Kind des Verstorbenen (vgl. 4,10). Da noch ein näherer Verwandter lebt, dem das Löserecht in höherem Maße zukommt, wartet
Boas den Morgen ab, um in der Rechtsversammlung der Vollbürger im
Tor (4,1ff; vgl. 2,1; o. § 3b,3) als Fürsprecher der beiden Frauen aufzutreten. Boas bietet dem bevorrechtigten Verwandten in Gegenwart
von zehn Ältesten an, den Grundbesitz Elimelechs zu „lösen" (vgl. Lev
25,25; Jer 32,7ff), d.h. durch Vorkauf zu erwerben, und dessen ver-
witwete Schwiegertochter zu heiraten. Als der Verwandte verzichtet,
wird die Abtretung des Rechts an Boas durch den alten Brauch der
Schuhübergabe vollzogen. Damit wird Rut Boas Frau. Ihr wird ein
Sohn geboren, der als Sohn Noomis gilt (4,13ff). Wegen ihrer Liebe
zu Noomi wird die ausländische Schwiegertochter höher gepriesen „als
sieben Söhne".

Nach dem abschließenden Geschlechtsregister (4,18ff) wird Ruts
erstgeborener Sohn namens Obed der Vater Isais, damit Großvater
Davids. Gewiß ist diese weit zurückgreifende, im Erzählrahmen schon
stilistisch auffällige und 1 Chr 2,5.9ff entlehnte Genealogie Zusatz. Ist
die Geschichte deshalb überhaupt erst nachträglich mit der Davidfamilie
verbunden worden? Entsprechende kritische Bedenken müssen aller-

dings auch die Namengebung „Obed" (4,17b) einschließen und annehmen, daß das Kind ursprünglich einen anderen Namen trug. Beseitigt
ein solcher Eingriff aber nicht den Anstoß, den die Erzählung von einer
Moabiterin unter Davids Vorfahren bedeutet? Außerdem führt schon
die einleitende Herkunftsangabe Elimelechs in die Heimat Davids: Betlehem (in der Landschaft) Ephrata (1,1 f; vgl. 1 Sam 17,12; Mi 5,1).
Vielleicht spielen auch die Glückwünsche der Frauen nicht zufällig auf
einen weiteren Vorfahren Davids, Perez, an (4,12). So ist es ebensogut
möglich, daß die jüngere Genealogie nur Erläuterung dessen ist, was
die Erzählung seit je beabsichtigt.

Jedenfalls sagen solche Erwägungen noch nichts über die Historizität
des Vorgangs, sondern nur etwas über das ursprüngliche Selbstverständnis der „Novelle" aus. Die berichteten Geschehnisse liegen für sie in
ferner Vergangenheit (1,1; 4,7). — Wenn sich die Erzählung über das
Verbot der Zugehörigkeit von Moabitern zur Jahwegemeinde (Dtn 23,4)
hinwegsetzt, so kann die Geschichte entweder diese Vorschrift noch
nicht kennen, also älter als das Deuteronomium sein und noch aus der
Königszeit stammen, oder in späterer Zeit jene Vorschrift übergehen.
Eine absolute Altersbestimmung des Büchleins Rut ist schwer möglich.
Doch spricht mehr dafür, daß es in zeitlicher Nähe zu der nicht weniger
fremdenfreundlichen Jona„novelle" in jüngerer, nachexilischer Zeit entstand.

Die Geschichte weiß von vorbildlichem Verhalten, von Pflichtgefühl,
Fürsorge und Treue (vgl. 1,8; 3,10) zu erzählen — gewiß von Treue
innerhalb der Familie, aber eben auch von Treue einer Ausländerin und
von Treue gegenüber der Ausländerin. Aber in und mit dem Sich-
Entscheiden, Planen und Tun der Menschen wirkt die heimliche Führung Gottes, der mit seinem Segen die Handlung lenkt und den guten
Ausgang aus Not und Leiden (1,13.20 f) schafft (1,6.9; 2,12.20; 3,10;
4,11.13 f).

4. In theologischen Aussagen weit zurückhaltender ist das Esterbuch, ebenfalls eine aus wechselnden Einzelszenen aufgebaute „Novelle".
Sie spielt am persischen Hof in Susa. Die beiden Einleitungskapitel
(1—2) führen die Hauptpersonen ein und schaffen die Voraussetzungen
für die eigentliche Handlung (Kap. 3—9). König Ahaschwerosch (d.i.
Xerxes I., 485—465 v. Chr.) verstößt seine Gemahlin Waschti, weil sie
sich weigert, bei einem Gastmahl zu erscheinen (Kap. 1). Als unter
allen schönen Jungfrauen des Landes eine Nachfolgerin gesucht wird,

findet Ester, eine jüdische Waise (mit hebräischem Namen Hadassa „Myrte"), des Königs Gunst und wird zur neuen Königin erhoben. Esters Vetter und Vormund Mordechai gelingt es, den König vor einer Verschwörung zu warnen; Mordechais Verdienste werden aufgeschrieben (Kap. 2). Doch verweigert er den Kniefall vor des Königs Günstling Haman – auffälligerweise kein Perser, sondern ein Agagiter, d. h. ein Angehöriger des mit Israel verfeindeten Königsgeschlechts der Amalekiter (Ex 17,8 ff; 1 Sam 15). Daraufhin erwirkt Haman einen Erlaß, daß an einem durch Los auf den 13. Adar festgesetzten Tag alle Juden im gesamten persischen Reich ausgerottet werden (Kap. 3). Ester, durch Mordechai unterrichtet und nach Einwänden zur Fürsprache bereit (Kap. 4), bittet den König, mit Haman zu einem und dann einem weiteren Gastmahl zu erscheinen (5,1–8). In der Zwischenzeit läßt Haman einen Pfahl aufrichten, um Mordechai, der weiterhin die Proskynese ablehnt, hinzurichten (5,9–14). Damit ist der Höhepunkt der Macht des „Judenverfolgers" (3,10 u. a.) erreicht, der Umschwung bahnt sich an. In schlafloser Nacht läßt sich der König aus der Chronik vorlesen, wird an Mordechais Verdienste (2,22 f) erinnert und beschließt, die Belohnung nachzuholen. Haman schlägt die – nach seiner Meinung ihm selbst zugedachte – Art der öffentlichen Ehrung vor, muß sie zu seinem Schrecken aber an Mordechai vollziehen (Kap. 6). Bei dem zweiten Gastmahl bekennt sich Ester zu ihrer jüdischen Abkunft und bittet um ihr Leben und um Rettung ihres Volkes. Als sich der König erkundigt, wer der Verfolger ist, wirft sich Haman flehend an Esters Diwan nieder. Der König mißdeutet Hamans Gebärde als Aufdringlichkeit und läßt ihn an dem für Mordechai von Haman selbst aufgestellten Pfahl pfählen (Kap. 7). Anstelle Hamans erhält Mordechai den Siegelring und damit Vollmacht des Königs, während Hamans Haus Ester zugesprochen wird. In einem zweiten Gang zum König bittet sie darum, daß auch der Erlaß gegen die Juden (3,13) aufgehoben wird: „Wie könnte ich das Unheil mitansehen, das mein Volk treffen soll?" (8,6) Liefe die Erzählung auf die Erfüllung dieses Wunsches hinaus, würde sie mit der Abwendung des Schadens und der Wiedergutmachung erlittener Drangsal einen guten Abschluß finden. Warum müssen darüber hinaus die Verfolgten zu Verfolgern werden? Da vom König erlassenes Recht nicht außer Kraft gesetzt werden kann (8,8; 1,19; Dan 6,9 ff), wird den Juden gestattet, sich ihrer Feinde zu erwehren und ihre Verfolger zu töten – so geschieht es am 13. Adar und am folgenden Tag (9,1–19). Der dreiteilige Ausklang zieht aus diesen Geschehnissen die Folgerung: An den beiden Tagen, an denen „die Juden Ruhe fanden vor ihren Feinden",

Trauer in Freude verwandelt wurde (9,22; 8,15 f), soll auf Grund Mordechais und Esters Anordnung (9,20 ff. 29 ff) für alle Zeiten das Purimfest begangen werden. Der Schluß erinnert noch einmal an Mordechais Ansehen: Er war „der Zweite nach dem König" (10,1–3; vgl. 8,2.15).

Gewiß enthält die Erzählung allerlei persisches Kolorit und persische Namen (1,10.14; 9,7 ff), aber ein konkreter historischer Hintergrund läßt sich nicht auffinden. Der Handlungsablauf einschließlich des Triumphes über die Feinde ist nicht geschichtlich, so daß man das Esterbuch auch einen „historischen Roman" genannt hat. Geschichtlich ist allerdings die allgemeine Situation: Das Judentum, weltweit zerstreut, begegnet auf Grund seiner Andersartigkeit (3,8) der Ablehnung, ja der Verfolgung (vgl. Dan 3 ff). Spielt dabei auch das Gerücht über den Reichtum dieses Volkes eine Rolle (3,9.13)? Jedenfalls kann es günstig sein, die jüdische Abkunft zu verschweigen (2,10). Diese Lage tritt wohl erst in hellenistischer Zeit ein, so daß die Erzählung im 3. oder 2. Jh. v. Chr., wohl im Bereich der östlichen Diaspora, entstanden sein wird.

Das Esterbüchlein führt in seiner vorliegenden Form auf die Einsetzung des Purimfestes zu und will es begründen. Allerdings hat man in verschiedener Weise die Einheitlichkeit des Textes bezweifelt. Möglicherweise ist 9,20 ff ein Anhang, der die ältere Schlußnotiz über das Fest (9,18 f) verdeutlicht und den Namen Purim als „Los" erklärt (vgl. 3,7). Zumindest zwei Erzählmotive, bestimmt durch die Personen Ester (5,1 ff; 7,1 ff u. a.) und Mordechai (3,1 ff; 6,1 ff), sind ineinander verschlungen (2,5 ff. 19 f u. a.). Hier und da mögen ältere Vorformen durchscheinen, die aber eher auf mündliches Erzählgut als auf schriftliche Vorlagen schließen lassen. Die Gesamtkomposition ist von jeher auf das Purimfest ausgerichtet.

Allerdings ist die Erzählung wohl erst nachträglich die Legende des Festes geworden; denn das Purimfest ist vorgegeben und wohl als eine Art Neujahrsfest im persischen oder mesopotamischen Raum vom Judentum übernommen. Sind von daher auch die Namen Ester (persisch „Stern"; vgl. Ischtar) und Mordechai („Mardukverehrer"?) zu verstehen? Fand am Neujahrstag durch „Los" eine Schicksalsbestimmung statt, oder ist (mit G. Gerleman) das Wort Purim auf die „Anteile", die gegenseitige Gabensendung, zu deuten? Jedenfalls hat das Fest einen ausgesprochen „profanen" Charakter, ist durch Freude, Verteilung von Geschenken an Freunde und Arme (9,18 f. 22; 8,16 f), vielleicht aber auch durch Fasten (9,31), geprägt. Wie die Erntefeste im AT eine heilsgeschichtliche Begründung erhalten (z. B. Lev 23,42 f), so bekommt auch das Purimfest in der Estererzählung eine geschichtliche Motivierung.

Schon im frühen Judentum, erst recht im Christentum gab es Zweifel, ob das Buch als kanonisch gelten könne. Gewiß halten Mordechai und Ester auch in gefährlicher Situation vorbildlich am Judentum fest; stellt das Buch aber nicht zu sehr die Überlegenheit des Judentums (6,13) heraus? Warum muß die Rettung vor dem Untergang zum Triumph über die Feinde gesteigert werden? Vergeltung aus eigener Hand ist ein gewiß verständlicher Wunsch der Verfolgten, aber eine theologisch illegitime Hoffnung. Wie anders urteilt das Jonabüchlein!

Die Estererzählung meidet den Gottesnamen; dennoch setzt der Handlungsverlauf eine verborgene Lenkung durch Gott voraus. Wo Menschen versagen, „wird den Juden Befreiung und Rettung von anderer Seite erstehen" (4,14). Dokumentiert die Verweigerung der Proskynese (3,2; 5,9) nicht den Gehorsam gegenüber dem ersten Gebot selbst bei Lebensgefahr (vgl. Dan 3)?

27

DIE SPRUCHWEISHEIT

„Weisheit" meint zunächst weniger die Fähigkeit, theoretisch-grundsätzliche Fragen zu beantworten, als sich im Lebensalltag zurechtzufinden, mit den Dingen und Menschen zurechtzukommen. Weisheit ist etwa der Sachverstand des Handwerkers oder Künstlers (Ex 31,3 ff; 35,10.25 f. 35; Jes 40,20 u. a.), des Herrschers oder Richters (1 Kön 3; Jes 11,2 ff), die Lebensklugheit (Spr 6,6), kurz ein Erfahrungswissen. Es beruht auf der Beobachtung von Lebensvorgängen, der Zuordnung von Vergleichbarem und der Erkenntnis von Regeln. Die Einsicht in vorgegebene Ordnungen, sei es in der Natur oder in zwischenmenschlichen Bezügen, wird in bildkräftige, in Parallelismen (o. § 25,1) gegliederte Sprache gefaßt und damit behaltbar. Sammlung und Weitergabe von Erfahrung schafft Tradition („ein Spruch der Vorfahren" 1 Sam 24,14); sie gewinnt neben eigener Erfahrung Autorität (Hi 8,8). Absicht der Weisheit ist es, Gefahren und Schaden fernzuhalten, den Weg zum – rechten, angesehenen, gelungenen – Leben zu finden (Spr 13,14; 15,24).

1. Daß sich die Weisheitsliteratur vorwiegend unter den „Schriften", im dritten und jüngsten Teil des alttestamentlichen Kanons, befindet, gab Anlaß zu der Auffassung, daß die Weisheit ein Spätphänomen in Israel ist. Tatsächlich ist sie nichts spezifisch Israelitisches, sondern gemeinorientalisch. So gibt es babylonische oder kanaanäische Weisheit; in Israel ist die Weisheit der nomadischen „Söhne des Ostens" berühmt (1 Kön 5,10 f; Hi 1,3 u. a.). Das AT selbst nennt Ausländer als Verfasser von Spruchsammlungen (Spr 30,1; 31,1; vgl. Hi 1,1). Vor allem scheint Ägypten die israelitische Weisheit beeinflußt zu haben. Die Partie Spr 22,17 – 23,11 ist mehr oder weniger wörtlich dem ägyptischen Weisheitsbuch des Amenemope entlehnt, zeigt neben den Übereinstimmungen aber auch Eigenes (die theologischen Begründungen 22,19.23; 23,11). So stellen die Sprüche „die altorientalische Weisheit in ihrer israelitisch-jüdischen Ausprägung" (J. Fichtner, 1933) dar.

Dieser Beziehungszusammenhang zeigt, daß Weisheit keineswegs erst dem nachexilischen Israel bekannt wurde. Wenn das AT von der Weisheit Salomos berichtet (1 Kön 3; 5,9 ff), so ist diese Überlieferung zumindest insoweit historisch vertrauenswürdig, als Einzelsprüche oder gar kleinere Sammlungen in die frühe Königszeit zurückreichen werden. Auch setzen die Propheten die Weisheit voraus, nehmen positiv (Am 6,12; Jes 1,2 f; 11,2; 28,23 ff) oder kritisch (Jes 5,21; 29,14; 44,25; Jer 8,9 u.a.) auf sie Bezug.

Allerdings hat weisheitliches Denken eine sich über weite Zeiträume erstreckende Geschichte. Sie reicht etwa von den Lebenserfahrung gestaltenden Einzelsprüchen (1 Sam 24,14; Spr 10,1 ff; 25,1 ff) bis zu den umfangreichen theologischen Reflexionen im Hiobdialog oder Predigerbuch, auch außerhalb des Kanons zu Jesus Sirach oder der Weisheit Salomos. Müssen aber längere Einheiten (Spr 1—9) gegenüber den kürzeren jünger sein, oder entstammen sie einem anderen „Sitz im Leben"? Ist die Personifizierung der Weisheit (1,20 ff; 8; 9; vgl. Hi 28) oder die Verbindung von Weisheit und „Gesetz" (Ps 1u.a.) erst ein späteres Phänomen? In Israel scheint es so. Jedenfalls gilt Salomo noch in der Spätzeit als die Autorität, auf die man sich gerne beruft (Spr, Koh, Hld, griech. WeishSal).

2. Eine Gruppe von Sprüchen haben „die Männer Hiskijas, des Königs von Juda, zusammengestellt" (Spr 25,1). Weisheit wurde also am Königshof gepflegt. Der König bedurfte weiser Ratgeber (2 Sam 16,23; Gen 41,33). Vielleicht gab es eine Schule für Beamte.

Ist der ursprünglichere „Sitz im Leben" der Weisheit nicht eher die Familie? In ihr fand vor allem die Erziehung statt. Nicht nur der Vater, auch die Mutter lehren, der Sohn hört (Spr 1,8; 4,1 ff; 6,20; 31,26; vgl. Ex 12,26; 13,14 u.a.); denn es gebührt dem Sohn, die Eltern zu ehren (Spr 10,1; 20,20 u.a.). Von daher wird verständlicher, daß die Spruchweisheit nur einzelne Königssprüche (16,10 ff; 25,2 ff) und anders als die ägyptischen Lehren kein Beamtenethos enthält. Angeredet ist jedermann, nicht ein bestimmter Stand.

Wieweit haben die höfischen Weisen also nur vorgegebenes Gut „gesammelt" (25,1), wieweit selbst gestaltet? Jedenfalls war die Weisheit an der — in Israel nur erschließbaren — Schule für Beamte oder auch für Priester (Jer 8,8 f) zuhause, noch in der Spätzeit gab es in Jerusalem vermutlich eine eigene Bildungsstätte. Hinter der Anrede „Vater-Sohn" mag sich das Verhältnis zwischen Lehrer und Schüler verbergen (Spr 1,1 ff). Gab es neben Priestern und Propheten geradezu einen eigenen Stand der „Weisen", der einen „Rat" zu erteilen vermochte (Jer 18,18; vgl. Ez 7,26)? Der Rat des Weisen war hochgeachtet (2 Sam 16,23), ja konnte sich auf Offenbarung berufen (Hi 4,12 ff; 32,6 ff). Klug ist aber nicht nur, einen Rat zu erteilen, andere zu belehren, sondern auch auf einen Rat zu hören, sich selbst zu bilden (Spr 1,5; 10,17; 12,15).

3. Zu ihrem Zweck, der Weitergabe von Erfahrungen, bedient sich die Spruchweisheit unterschiedlicher Redeformen.

a) Im Aussagewort, auch Maschal, Sentenz oder Wahrspruch genannt, ergreift die Weisheit „die Tatbestände der Wirklichkeit und stellt sie in Aufzählungen und Wahrnehmungssätzen fest" (W. Zimmerli, GesAufs I, 304). Das Leben wird festgehalten, wie es eben ist – so beim Handel:

> „'Schlecht, schlecht' sagt der Käufer,
> wenn er (aber) fort ist, dann rühmt er sich" (Spr 20,14).

Gerne wird ein Tun-Ergehen-Zusammenhang formuliert, der das Schicksal als Folge eigenen Verhaltens erscheinen läßt:

> „Wer eine Grube gräbt, fällt hinein,
> und wer einen Stein wälzt, auf den rollt er zurück"
> (26,27; vgl. 1 Sam 24,14; Spr 11,2.17.25; 22,8 f).

In der Regel wird der Sachverhalt aber nicht neutral beschrieben, sondern bewertet. Das Urteil besteht oft schlicht in Kontrastbegriffen, wie Weiser und Tor, Gerechter und Frevler, arm und reich, fleißig und faul. In ihnen wird aus dem Verhalten des Menschen gleichsam eine Haltung bzw. Lebenseinstellung, die über seine Zukunft entscheidet:

> „Die Hoffnung der Gerechten bringt Freude,
> aber die Erwartung der Frevler wird zunichte"
> (10,28; vgl. 11,7.23 u.a.).

Auf Grund ihrer pädagogischen Ausrichtung liebt die Weisheit eine gewisse Schwarz-Weiß-Technik. Verbirgt sich in ihr nicht eine leicht erkennbare Mahnung zu rechter bzw. Warnung vor unkluger Lebensführung?

b) Im Bildwort oder in dem – durch „wie" gekennzeichneten – Vergleichswort werden Vorgänge aus verschiedenen Bereichen, oft aus der Welt der Natur und des Menschen, einander zugeordnet. Dabei ruht der Ton gerne auf dem Schluß:

> „Die Tür dreht sich in ihrer Angel
> und der Faule in seinem Bett" (26,14).
> „Wie ein Hund, der zu seinem Gespei zurückkehrt,
> (ist) der Tor, der seine Narrheit wiederholt"
> (26,11; vgl. 25,3.11 ff.26.28).

Dient die so festgestellte Beziehung nur zur Veranschaulichung, oder setzt sie letztlich eine Analogie zwischen Natur und Menschenleben, d.h. eine weltumspannende Ordnung, voraus? Eher geht es „jedenfalls in Israel nicht um eine Weltordnung insgesamt, sondern um Einzelordnungen" (Hermisson, 191), hier und da entdeckte Analogien. Kaum zufällig bleibt das *tertium comparationis*, das den verschiedenartigen Sachverhalten und Handlungsabläufen Gemeinsame, oft nicht eindeutig bestimmbar, sondern mehrdeutig, ja „rätselhaft" (vgl. zum Rätsel 1 Kön 10,1; Spr 1,6; Ri 14,12 ff).

c) Dies gilt auch vom Z a h l e n s p r u c h, der sich als spezielle Form des Bild- oder Vergleichsworts verstehen läßt, weil er ebenfalls verschiedenartige Phänomene einander zuordnet:

> „Drei (Dinge) sind es, die mir zu wunderbar sind,
> und vier, die ich nicht begreife:
> den Flug des Adlers am Himmel,
> den Weg der Schlange auf dem Felsen,
> den Weg des Schiffes auf offener See,
> den Weg des Mannes bei der Frau" (30,18 f).

Denkt das Spiel mit dem Wort „Weg" an den zuvor nicht festgelegten, jeweils neu zu bahnenden oder an den im Rückblick nicht mehr erkennbaren (so 30,20) Weg? Jedenfalls hat man „den Eindruck, daß die drei ersten Phänomene nur dazu aufgeführt werden, um das vierte, das menschliche Geschehen ins Licht zu rücken" (H. W. Wolff). Eine „N a t u r w e i s h e i t" (vgl. 1 Kön 5,13) gibt es in den Sprüchen also nur mit Blickrichtung auf den Menschen (vgl. auch Ps 104; Hi 38 ff).

Neben „drei−vier" finden sich andere gestaffelte Zahlenfolgen von „eins−zwei" bis „neun−zehn" (Spr 30,15 ff; 6,16 ff); selbst der Prophet kann sie aufgreifen (Am 1,3 ff).

d) Eine spezifische Form des Vergleichs enthalten jene Sprüche, die zwei Sachverhalte gegenüberstellen, den ersten positiv, den zweiten negativ bewerten:

> „Besser wenig in der Furcht Jahwes
> als ein großer Schatz und Unruhe darin.
> Besser ein Gericht Gemüse und Liebe dabei
> als ein gemästeter Ochse und Haß dabei"
> (15,16 f; vgl. 16,8; 17,1; Koh 7,1 ff u. a.).

Die hebräische Wendung (*tob min*), üblicherweise „b e s s e r   a l s" übersetzt, ist vielleicht nicht abwägend, sondern ausschließend-kontrastierend zu verstehen: „gut ist im Unterschied/Gegensatz zu". Entspricht diese Deutung nicht eher dem weisheitlichen Denken in Kontrastbegriffen? Jedenfalls will die Gegenüberstellung wiederum helfen, sich im Leben zurechtzufinden − nicht nur im Bereich des Alltäglichen, sondern auch des Ethischen (Spr 19,1.22) oder gar Theologischen (Ps 118,8 f).

e) Erst die Gattung des Mahnworts ruft ausdrücklich zu einem bestimmten Verhalten auf, fügt dabei gerne eine Begründung („denn") hinzu oder warnt vor Konsequenzen („damit nicht"). So wird auf Grund des Tun-Ergehen-Zusammenhangs zur Besonnenheit gegenüber dem Frevler gemahnt:

> „Erhitze dich nicht über die Bösewichter,
> ereifere dich nicht über die Frevler;
> denn der Böse hat keine Zukunft,
> die Leuchte der Frevler erlischt"
> (24,19f; vgl. Ps 37,1f).

Die Redeform, die sich in der ägyptisch beeinflußten Sammlung Spr 22,17ff (auch 1,8ff) gehäuft findet, dringt in viele Literaturbereiche, nicht zuletzt in die Botschaft der Propheten (o. § 13b3,e), ein.

4. Das Buch der Sprüche (latein.: Proverbien) Salomos besteht ähnlich den Prophetenbüchern oder dem Psalter aus einzelnen Sammlungen oder Teilsammlungen. Wie erklären sich sonst gewisse Wiederholungen (vgl. 19,1 mit 28,6; 11,13 mit 20,19 u.a.)? Die einzelnen Sprüche sind gelegentlich durch ein gemeinsames Thema (so die Jahwesprüche 16,1ff), in der Regel nur durch Stichwortanschluß (25,2f) o.ä. locker miteinander verbunden. Dabei können unterschiedliche, ja gegensätzliche Erfahrungen aufeinanderstoßen (26,4f; 17,27f); jedoch kann ein Wort auch ein vorhergehendes erläutern (25,16f).

Die Sammlungen sind teilweise noch an der Überschrift erkennbar, tragen recht unterschiedlichen Charakter und stammen auch aus verschiedenen Zeiten. Allerdings läßt sich eine Altersbestimmung auf Grund formaler oder inhaltlicher Kriterien nur mit starkem Vorbehalt durchführen. Von den großen Hauptsammlungen (I, II, V) steht die jüngste zur Deutung des ganzen Buches (vgl. 1,7) voran; das entspricht einem im AT oft belegten Grundsatz (vgl. Gen 1P vor Gen 2J). An die beiden älteren Sammlungen (II, V) schließen sich auffälligerweise jeweils nicht-israelitische Anhänge an.

I	1–9	„Sprüche Salomos, des Sohnes Davids, Königs von Israel"

Vermutlich die jüngste (nachexilische) Sammlung

1,1–7 Überschrift über das ganze Buch mit Motto:
„Die Furcht Jahwes ist der Anfang der Weisheit" (1,7 u.a.)

Erklären sich die längeren Einheiten als Lehrreden, die mit einer Aufforderung zum Hören eingeleitet werden

und Mahnungen enthalten (1,8 ff; 4,1 ff. 10 ff. 20 ff u. a.;
B. Lang)?

5 – 7 (ohne 6,1 – 19) Warnung vor „fremdem Weib"
(vgl. 2,16 ff)

1,20 ff; 8; 9 Personifizierte „Frau Weisheit" (gegenüber
der Torheit 9,13 ff)

8,22 ff Schöpfungshymnus: Weisheit als Erstling der
Schöpfung anwesend bei Entstehung der Welt (vgl.
3,19 f), spielend vor Gott, darum für den Menschen
notwendig (8,32 ff; 2,2 ff)

II	10 – 22,16	„Sprüche Salomos"
	a 10 – 15	Neben V eine der ältesten Sammlungen, wohl aus zwei
	b 16 – 22,16	Teilen (a,b) zusammengesetzt.

In a meist Aussageworte mit antithetischem Parallelismus (wie 10,1 ff).

Oft werden Verhalten und Ergehen des Weisen und
Toren, Gerechten und Gottlosen gegenübergestellt.

III	22,17 – 24,22	„Worte von Weisen"
	a 22,17 – 23,11	Enge Anlehnung an das ägyptische Weisheitsbuch des Amenemope (vor 1000 v. Chr.). Vorwiegend Mahnworte. Dem Einleitungsspruch (22,17 – 21) folgen zehn Themen (22,22 – 23,11).
	b 23,12 – 24,22	Von 23,13 f (nach den assyrisch-aramäischen Sprüchen Achikars) und 24,10 – 12 abgesehen, „kaum ausländisches Gepräge", aber „kräftige Religiosität": 23,17; 24,12. 18. 21 (B. Gemser)

IV	24,23 – 34	„Auch dies (Worte) von Weisen"

V	25 – 29	„Sprüche Salomos, gesammelt von den Männern des Königs Hiskija"
	a 25 – 27	„Der ,weltlichste' Abschnitt der israelitischen Weisheitsliteratur" – deshalb die „ursprünglichste Form" (H. H. Schmid, 145)? Nur 25,2. 22 reden von Gott.
	b 28 – 29	Stärker religiös bestimmt.

Ist a ein Bauern- oder Handwerkerspiegel, b ein Regen-
tenspiegel (U. Skladny)?

VI	30,1 – 14	„Worte Agurs"

Wie VIII außerisraelitisch, wohl aus edomitisch-nord-
arabischem Raum

VII	30,15 – 33	Zahlensprüche

5. Die Themen der Sprüche sind vielfältig. Die Weisheit denkt nach über den Umgang mit dem Wort (18,7.13; 25,11), die Erziehung (13,24; 29,19), das Benehmen gegenüber Eltern (10,1 u. a.) oder König (16,12 ff; 23,1 ff), über Haushalt und Familie (12,4; 19,14; 21,9; 31,10 ff), Gesellschaft (11,11.14; 14,34), Verhalten wie Ergehen des Weisen oder Gerechten bzw. Frommen (10,20 f; 11,3.31; 13,25; 14,16; 15,2.28) u. a. Weil es Gottes Sache ist, den Zusammenhang von Tun und Ergehen aufrechtzuerhalten oder gar erst zu schaffen (10,3.22 u. a.), ergeben sich Folgen für menschliches Handeln: Befiehl dem Herrn deine Wege (16,3), vergilt nicht selbst (20,22; 24,29), freue dich nicht über den Fall deines Feindes (24,17 ff), sondern hilf ihm (25,21 f)! Die Warnungen vor Verachtung der Eltern (28,24; 30,11.17; vgl. 17,25; 23,24), Ehebruch (6,20 ff; 23,27), falschem Zeugnis (12,19.22; 19,5; 21,28; vgl. 18,5) oder Aneignung fremden Guts (10,2; vgl. 16,8 u. a.) kommen den Dekaloggeboten nahe. Die Bedrückten stehen unter dem Schutz des Schöpfers (14,31; 17,5; 15,25). Neben der Mahnung, sich der Armen anzunehmen (19,17; 22,9.22 f; 23,10 f), steht die Einsicht, daß es eben Reiche und Arme gibt − doch beide stehen in Gottes Hand (22,2; 29,13). Er kann in das Innerste des Menschen schauen, um ihn zu prüfen (15,3.11; 16,2; 21,2), bleibt aber in seinem Tun frei (16,1.9; vgl. 25,2a). So kann der Mensch sich selbst und sein Schicksal nicht durchschauen (20,24; 21,30 f). Da die Einsicht des Weisen in die Ordnung der Dinge (11,24 f), ja in das eigene Herz (16,1 f), begrenzt bleibt, ist Bescheidenheit am Platze (16,5.18 f; 22,4; 26,12). Letztlich ist Gottesfurcht, d. h. zugleich Vertrauen auf Gott, die rechte Weisheit (14,26 f; 1,7; 9,10; Hi 28,28; Ps 111,10; vgl. Jer 9,23 f u. a.).

28

KOHELET, DER PREDIGER SALOMO

Kohelet ist ein Weisheitslehrer, der in hellenistischer Zeit kritisch über den Ertrag weisheitlicher Denkbemühungen reflektiert, dabei überraschend eigenständig wirkt. Dem Wortlaut nach scheint *Kohelet* (im Hebräischen auffälligerweise ein feminines Partizip) ein Amt in der Versammlung (*kahal*) zu bezeichnen, sei es den einberufenden Leiter oder einen Sprecher. Doch wurde die Berufsbezeichnung (in 12,8 mit Artikel; vgl. 7,27) zum Eigennamen (1,12; 12,9f). Die griechisch-lateinische Übersetzung *Ecclesiastes* gab Luther mit „Prediger" wieder.

Wird der Eigenname in der Überschrift (1,1) gar zum Pseudonym? Sie setzt Kohelet mit dem in Jerusalem regierenden Davidsohn gleich. Offenkundig ist Salomo gemeint (vgl. 1,16). Allerdings fällt sein Name nirgends, während sich das Sprüchebuch oder das Hohelied ausdrücklich auf Salomo berufen. Doch mag die Urheberschaft Salomos dem Hohenlied wie dem Predigerbuch die Aufnahme in den alttestamentlichen Kanon erleichtert oder gar ermöglicht haben (vgl. zum späteren gottesdienstlichen Gebrauch § 26).

1. Wahrscheinlich hat Kohelet das Buch in seiner vorliegenden Form nicht selbst zusammengestellt. Ein Stück weit erschließt sich der Werdegang des Buches vom äußeren Rahmen her, d.h. von den ein- und ausleitenden Angaben in dritter Person (1,1–2a; 12,9ff; vgl. 7,27).

Die Identifizierung Kohelets mit dem Sohn Davids (1,1) ist vermutlich sekundär und im Anschluß an 1,12 „Ich, Kohelet, war König über Israel in Jerusalem" vorgenommen worden. Im Text sind nämlich nur 1,12 – 2,11.12 als Worte eines Königs gestaltet. Diese sog. „Königsfiktion" wird in gewisser Weise allerdings durch die Ichrede „ich sah, ich erkannte" (2,13ff) weitergeführt, die das Buch durchzieht. Sie stellt Sachverhalte als persönliche Lebenserfahrung dar (vgl. zu diesem Stilmittel schon Spr 24,30ff; Ps 37,25.35). Daneben finden sich Mahnungen im Du-Stil (5,1ff) und allgemeine Betrachtungen (3,1ff u.a.).

Am Buchende sind zwei – prosaische? – Nachträge mit unterschiedlicher Intention zu erkennen. Der erste Epilog informiert, charakterisiert Kohelet zustimmend als Weisen, der „das Volk Erkenntnis lehrte" und „Worte der Wahrheit" aufschrieb (12,9–11). Dagegen hat der

zweite Epilog zweifellos einen kritischen Unterton, warnt einerseits vor
endlosem Büchermachen wie ermüdendem Studieren (12,12) und mahnt
andererseits: „Fürchte Gott und halte seine Gebote!" Gottes Gericht
ergeht über alles menschliche Tun, selbst das verborgene (12,13 f).

Kommt diese Korrektur aus traditionellem Glauben auch im Buch
selbst zur Geltung? Es liegt nahe, die Aussagen, die von Gottes Gericht
(11,9b) und gerechter Vergeltung (8,12b−13) reden, für Zusätze zu
halten. Weitere Texte (wie 3,17a; 8,5 u.a.) sind umstritten. Gewisse
Unausgeglichenheiten liegen in der Sache begründet; denn Kohelet greift
weisheitliches Traditionsgut auf, deutet es wohl in seinem kritischen
Sinne um, verfährt dabei aber kaum ganz konsequent („zwar − aber":
2,13 ff; 9,4 f u.a.). Außerdem sind Sprachunterschiede schwer greifbar.
So läßt sich eine „orthodoxe" Überarbeitungsschicht wohl wahrscheinlich machen, jedoch kaum eindeutig erweisen.

2. Der äußere Rahmen in dritter Person umspannt einen inneren
Rahmen, der in derselben programmatischen Aussage besteht: „Eitelkeiten der Eitelkeiten. Alles ist eitel" (1,2; 12,8). Wie etwa die Schöpfungsgeschichte durch eine das Ganze zusammenfassende Über- und
Unterschrift (Gen 1,1; 2,4a) gedeutet wird, so liegt hier eine Art Thema-
angabe oder Leitmotiv vor. Handelt es sich um eine nachträgliche
Interpretation, die die Worte einem „Motto" unterstellt?

Möglicherweise sind noch die Sentenzen über den Wechsel der Geschlechter
1,3−11 und das Altern 11,9 − 12,7 als grundsätzliche Äußerungen bewußt an
Anfang und Schluß des Buches gestellt. Dann liegt es nahe, eine Entstehung des
Buches in drei Stadien zu vermuten:

a) In der Ichrede 1,12 ff könnte sich die ursprüngliche Einleitung der von
„Kohelet" verfaßten Sentenzensammlung erhalten haben.

b) Die Komposition des Buches stammt vielleicht von dem ersten Epilogisten,
dem Autor der Kohelet empfehlenden Schlußbemerkung (12,9−11). War er ein
Schüler Kohelets?

c) In die fertige Buchgestalt könnte der zweite Epilogist mit den oben genannten kritischen Zusätzen redaktionell eingegriffen haben.

Jedenfalls ist das Predigerbuch kein Traktat über ein einziges Thema.
Das Buch weist keinen folgerichtigen Aufbau auf, ist zwar weit einheitlicher gefügt als das Sprüchebuch, aber noch nicht so geschlossen wie
die Hiobdichtung. Einzelsprüche, die sich hier und da finden, sind
zu Lehrdichtungen, Sentenzen oder Reflexionen zusammengestellt. Beispielsweise ist eine Reihe der „Besser als"-Sprüche (7,1 ff) in den Bogen
von 6,12 zu 7,14 eingefügt und so einem Grundgedanken untergeordnet.

Die größeren Einheiten lassen sich allerdings nicht eindeutig voneinander abgrenzen. Mehrfach steht eine These zu Anfang (3,1 u. a.).

Formal wird das Buch durch die Ichrede, inhaltlich durch seinen Leitgedanken, die „Nichtigkeit" menschlichen Lebens, zusammengehalten. Weitere charakteristische Hauptstichwörter sind etwa: „Mühsal", „Hauch", „Haschen nach Wind", „Torheit", „Vorzug", „Gewinn", „unter der Sonne" (d. h. auf Erden, angesichts des Todes).

1,1	Überschrift
1,2; 12,8	Leitmotiv: „Alles ist eitel."
1,3.4−11	Wiederkehr des Gleichen „Was hat der Mensch für Gewinn von all seiner Mühe?" (1,3) „Es geschieht nichts Neues unter der Sonne." (1,9)
1,12 − 11,8	Aus diesem „Mittelstück", der Sentenzensammlung, ragen hervor: 1,12 − 2,11 Rückblick des Königs 3,1 ff „Alles hat seine Zeit"
11,9 − 12,7	Über das Altern
12,9 − 11.12.13 f	Epiloge

3. Kohelet scheint den abgeschlossenen Pentateuch vorauszusetzen (vgl. 5,3−5 mit Dtn 23,22 ff), spricht ein spätes, aramäisch beeinflußtes Hebräisch, das gelegentlich auch ein persisches Fremdwort (2,5; 8,11) in sich aufgenommen hat. Genauer rechnet man mit der Entstehung des Buches in Palästina nach der Perserherrschaft, aber einige Jahrzehnte vor den Makkabäerkämpfen, gegen Mitte oder Ende des 3. Jh. v. Chr. Das ist die Ära des frühen Hellenismus.

Kohelets Gedanken weisen Berührungen mit ägyptischen und babylonischen Weisheitstexten auf, denen kritische Erwägungen nicht unbekannt sind (vgl. O. Loretz). Doch läßt die Zeitlage eher an griechische Einflüsse denken (R. Braun), auch wenn direkte Entlehnungen kaum nachweisbar sind. Ist darum mehr zu vermuten, als daß Kohelets Kritik an der Weisheit auch durch griechisch-hellenistische Skepsis beeinflußt sein könnte?

4. Im Stil und Denkansatz steht Kohelet der Spruchweisheit nahe, ja kann ihre Worte und Einsichten aufgreifen: „Der Weise hat Augen im Kopf, der Tor tappt im Finstern" (2,14a; vgl. 4,13; 8,1; 10,12). In der Intention widerspricht Kohelet der Spruchweisheit jedoch zutiefst (1,17; 7,23 ff; 8,17). Er relativiert weisheitliche Erkenntnis von zwei Grundgedanken her, die miteinander zusammenhängen.

Zum einen: Der Weise hat letztlich keinen „Vorzug" (6,8), sondern stirbt wie der Tor. Der Fromme wie der Gottlose haben „ein Geschick"; es gibt kein Gedenken über den Tod hinaus, darum keinen Unterschied zwischen Mensch und Vieh (2,14b ff; 3,19 ff; 9,2 ff). Bleibt Kohelet auch gegenüber der aufkeimenden Hoffnung auf Auferstehung skeptisch (3,21; vgl. 12,7)?

Zum andern: Es gibt Fromme, denen es wie den Gottlosen, Gottlose, denen es wie den Frommen ergeht; der Tun-Ergehen-Zusammenhang erklärt das Leben nicht (8,14; 7,15; 9,11).

Zu diesen beiden Hauptproblemen treten andere hinzu: das unübersehbare Unrecht in der Welt (3,16; 4,1; 5,7; 8,9 ff; vgl. 9,16; 10,6 ff), der Reichtum (5,9 ff), die Ungewißheit über den Erben (2,18 f), die Bosheit des Menschen überhaupt (8,6.11) und der Frau im besonderen (7,27 ff; anders 9,9). Auch der Fromme ist nicht fehllos (7,20).

Demnach fragt Kohelet anders als die Spruchweisheit nicht mehr nach der Erkenntnis einzelner Ordnungen, sondern nach dem Lebensganzen (überdeutlich im Naturvergleich: Koh 3,19 gegenüber Spr 6,6 u.a.). Weil es hier selbst für den Weisen (8,17) keine überzeugende Antwort gibt, gelangt Kohelet zu einer überaus harten Konsequenz: „Ich haßte das Leben" (2,17), Nicht-geboren-Werden ist besser (4,2 f) – ein Urteil, das als Stoßseufzer des einzelnen in der Not zwar verständlich (1 Kön 19,4; Jer 15,10; 20,14 f; Hi 3 u.a.), in dieser Allgemeinheit aber dem AT sonst unbekannt ist. Gewiß hat das Leben seine Freude (wie die Jugend oder den Wein: 2,24 f; 3,12 f; 5,17 f; 9,7 ff; 11,9 u.a.), die man als Gabe aus Gottes Hand genießen soll (9,7; 3,13; 5,19); doch auch die Freude hat angesichts des Todes nur relativ Bestand (2,1; 3,22; 8,15).

Trotz allem hält Kohelet unbezweifelbar an der „Gottesfurcht" fest (5,6; 3,14; aber Warnung vor Übermaß 7,16 f). Gott schenkt und nimmt das Leben (5,17; 12,1.7), gibt Freude wie Mühsal, Glück wie Unglück (2,24 f; 3,10; 6,2; 7,14). Sind hier nicht die Auswirkungen des ersten Gebots zu spüren? An dem, was Gott bestimmt und tut, kann der Mensch nichts ändern (3,14; 6,10; 7,13). Zwar hat Gott alles recht gemacht, doch Gottes Werk – damit die Lebensordnung, den Zusammenhang zwischen Tun und Ergehen – vermag der Mensch nicht zu ergründen (3,11; 8,17; vgl. 7,29; 5,1). Er weiß weder seine Zeit (3,1 ff; vgl. 9,1) noch seine Zukunft (8,7; 9,12; 10,14).

Darf man Kohelet entgegenhalten, daß er den Namen des Israel gnädig zugewandten Gottes (Ex 34,6 f) nicht mehr erwähnt? Der Jahwename tritt in der Spätzeit überhaupt und in der Weisheit insbesondere zurück (vgl. Hiob). Wenn auch das im AT ganz ungewöhnliche Predigerbuch zum Kanon gehört, so scheint es den Leser vor die Frage zu stellen: Bewährt sich das Bekenntnis zu dem in der Geschichte wirkenden, tötenden und lebendig machenden Gott (1 Sam 2,6) angesichts individueller Welt- und Lebenserfahrung?

29

DAS HIOBBUCH

Das Buch, benannt nach seiner Hauptgestalt Hiob bzw. Ijob, besteht aus zwei ganz verschiedenartigen Teilen: einer Rahmenerzählung in Prosa (Prolog 1,1 – 2,13; Epilog 42,7–17) und einer breiten, in sie eingeschobenen, metrisch gefügten Dichtung. Sie enthält einen Dialog zwischen Hiob, seinen Freunden und – zunächst nur als heimlichem Partner – Gott (3,1 – 42,6).

1. Gleich die Einleitungssätze sind grundlegend für beide Teile des Buches: Hiob ist ein gottesfürchtiger, rechtschaffener und zugleich reicher Mann. Nach dem Tun-Ergehen-Zusammenhang sollte Hiob kein Leid geschehen. Trifft ihn dennoch Unheil, stellt sich für den Prosarahmen die Frage: Kann Hiob Glauben bewahren? Im Dialog aber fällt den Freunden die Einsicht schwer: Zu diskutieren wäre nicht das Problem des Leidens überhaupt, sondern das Leiden des Frommen, Gerechten.

Hiob verliert ohne eigenes Verschulden Besitz und Kinder (Hi 1), schließlich seine Gesundheit (Hi 2). Doch wird er, sogar gegenüber der versucherischen Rede seiner Frau (2,9), treu befunden; er nimmt sein Schicksal aus Gottes Hand, ja vermag den Schöpfer zu preisen:

> „Jahwe hat es gegeben, Jahwe hat es genommen –
> der Name Jahwes sei gelobt!" (1,21)
> „Das Gute nahmen wir von Gott hin,
> doch das Böse sollten wir nicht hinnehmen?" (2,10)

Angesichts der Bewährung erfährt Hiob seine Wiederherstellung, ja wird noch reicher gesegnet (42,10 ff).

Bleibt der Hiob der Erzählung bzw. Legende gottergeben, so begehrt der Hiob des Dialogs auf, klagt und klagt an. Der Jahwename, von der Rahmenerzählung benutzt (1,6 ff), findet sich in der Dichtung nur ausnahmsweise, ja wohl erst nachträglich (38,1 u.a.); sie zieht Gottesbezeichnungen wie El, Eloah „Gott" und Schaddaj „der Allmächtige" vor. Angesichts dieser und anderer Differenzen lassen sich Erzählung und Dichtung nicht einem Autor zuschreiben.

Offenbar ist die Hioblegende aus mündlicher Überlieferung vorgegeben, stellt jedoch kaum eine schlichte „Volkssage", sondern eher eine in Kunstprosa gefaßte „weisheitliche Lehrerzählung" (H. P. Müller, 45. 80) dar. Sie behandelt an der Gestalt Hiobs das Verhältnis von Frömmigkeit und Wirklichkeit, genauer das Verhalten des Gottesfürchtigen im Leid. Allerdings sind Erzählung und Dichtung auch nicht unabhängig voneinander; eher setzt diese jene voraus (8,4 u. a.). Die Hioblegende, einst selbständig überliefert, wurde zur Rahmenerzählung für den jüngeren Dialog und hat dabei eine gewisse Überarbeitung erfahren. Wieweit diese ging, ist umstritten.

2. Die Entstehungsgeschichte der Legende wird – auf Grund gewisser Unebenheiten – recht unterschiedlich erklärt.

Nach einer Auffassung sind die beiden Himmelsszenen (1,6–12; 2,1–7) ein jüngerer Zusatz. Nur in ihnen tritt als Angehöriger des himmlischen Hofstaates der Satan auf. Mit Gottes Einwilligung darf er prüfen, ob Hiob auch im Leid selbstlos am Glauben festhält, und bekommt dabei gegenüber Gott Unrecht. Gerade für weisheitliches Tun-Ergehen-Denken sind jedoch die Himmelsszenen kaum entbehrlich, da nur sie einen – Hiob selbst verborgenen – Grund angeben, warum der Gerechte Leid erfahren muß, und damit das Geschehen deuten.

Außerdem kann man die Himmelsszene aus Kap. 2 nicht herausbrechen, ohne den Gang der Handlung zu zerstören (2,7). Allerdings stellt nach anderer Auffassung Hi 2 nur eine nachträgliche Verdoppelung von Kap. 1 dar. Auffälligerweise berichtet Hi 42 nämlich nichts von Hiobs Genesung (2,7) und schweigt von seiner Frau (2,9 f.). Ist aber Kap. 1 nicht von vornherein auf Kap. 2 hin angelegt, wenn die ersten Schicksalsschläge Hiob selbst verschonen? Darüber hinaus sind beide Kapitel nicht nur innerhalb (1,6–8. 11. 12b = 2,1–3a. 5. 7a), sondern auch außerhalb (1,22 = 2,10b u. a.) der Himmelsszenen eng miteinander verknüpft. „Sehr kunstvoll arbeitet der Erzähler mit Doppelungen als Mittel der Steigerung" (E. Ruprecht, 427).

So erlauben verschiedene Unebenheiten wohl einen Rückschluß auf Vorstufen in der mündlichen Überlieferung der Hioberzählung, reichen aber kaum aus, die literarische Einheitlichkeit der Erzählung in ihren Grundzügen zu bestreiten.

Eine weitere Frage ist schwer zu beantworten: Hat die Hioblegende neben dem Besuch der Verwandten, die ihren Trost (nun in 42,11 verspätet und an wenig passender Stelle) spenden, seit je auch vom Besuch der drei Freunde (2,11 ff) berichtet? Oder werden sie erst vom Dichter als Gesprächspartner des anschließenden Dialogs in die Erzählung eingeführt (vgl. 42,7 ff)?

3. Offenkundig reicht die Hiobüberlieferung in frühe, fremde Ursprünge zurück. Hiob gehört zu den „Söhnen des Ostens" (1,3; vgl.

1 Kön 5,10) und kommt aus dem „Land Uz", das eher im Südosten, im edomitischen Raum (Klgl 4,21), zu suchen ist. Noch Hiobs Freunde Eliphas von Teman (in Edom?), Bildad von Schuach (am Euphrat?) und Zophar von Naama (im Norden?) sind Ausländer. Dennoch ist die Erzählung vom gottesfürchtigen Hiob kaum in Edom, Arabien oder anderswo, sondern in Israel entstanden.

Sie enthält einerseits altertümliche Traditionselemente, wenn etwa der Familienvater wie in der Patriarchenzeit selbst Opfer darbringt (1,5). Andererseits finden sich jüngere Vorstellungen, wie das Auftreten des Satans als Versuchers oder Widersachers (vgl. Sach 3; 1 Chr 21,1). Demnach entstammt die Hioblegende in schriftlicher Fassung — wie etwa das Jonabüchlein — wohl erst der nachexilischen Zeit. Wenn der Prophet Ezechiel (14,14.20) Noach, Daniel und Hiob als in ferner Vergangenheit lebende Vorbilder der Gerechtigkeit und Frömmigkeit nennt, kennt er wohl noch nicht die vorliegende Erzählung, sondern nur eine ältere mündliche Hiobüberlieferung.

Nach gängiger Auffassung ist das Hiobbuch als ganzes zwischen dem 5. und 3. Jh. v. Chr., also in persischer oder frühhellenistischer Zeit, entstanden; eine genauere Datierung fällt schwer.

4. Auch am Buch fanden nachträglich noch Änderungen statt; zwei Einschübe verdienen hervorgehoben zu werden.

Den umfangreichsten und gewichtigsten Zuwachs stellen die Reden des vierten Freundes Elihu (Kap. 32–37) dar. Er wird zuvor oder später (42,7ff) nicht mehr erwähnt und bekommt von Hiob keine Antwort mehr. Vor allem zerreißen die Elihureden den Zusammenhang zwischen Hiobs letztem Ruf zu Gott (31,35ff) und Gottes Antwort. Sie machen noch einmal den Versuch, weisheitliche Anschauungen modifiziert zur Geltung zu bringen; kaum zufällig zitieren sie anders als die vorhergehenden Worte der drei Freunde Hiob mehrfach (33,8ff u.a.). Neben mannigfachen Wiederholungen zuvor geäußerter Gedanken tritt die Ansicht, das Leid sei Warnung und Erziehungsmaßnahme Gottes (33,19; 36,8ff; vgl. 5,17).

Das Lied von der Weisheit (Kap. 28) mag ursprünglich selbständig gewesen sein. Es besingt die Weisheit nicht (wie Spr 8f) als Person, jedoch als dinghafte Größe. Der Mensch kann nach Bodenschätzen graben, aber die Weisheit bleibt ihm unerreichbar (V 13.21). „Wo wird Weisheit gefunden?" lautet der Kehrvers (V 12.20). Nur Gott hat Zugang zu ihr (V 23ff). Dieses Gedicht ist kaum ohne kritische Absicht in die Hiobworte eingefügt worden; letztlich kommt Weisheit weder den Freunden noch Hiob, sondern Gott allein zu. Ein noch jüngerer Zusatz (V 28) schränkt diese Einsicht im Sinne von Spr 1,7 ein: Die rechte Weisheit ist Gottesfurcht.

Darüber hinaus scheint an mindestens zwei weiteren Stellen in den Text eingegriffen worden zu sein.

Während in den beiden ersten Redegängen die drei Freunde Eliphas, Bildad und Zophar nacheinander sprechen, bleibt der dritte Redegang (Kap. 22–27) unvollständig: Bildad kommt nur kurz, Zophar überhaupt nicht mehr zu Wort.

Die Gottesrede (Kap. 38–41) ist kaum als ganze zugesetzt, hat aber nachträgliche Erweiterungen erfahren. Sie besteht in vorliegender Form aus zwei Teilen, die jeweils mit der Unterwerfung Hiobs (40,3–5; 42,1–6) schließen. Ursprünglich wird es sich nur um eine Rede gehandelt haben − sei es, daß 40,3–5 (mit der Überleitung 40,1.6 f) vom Ende in die Mitte der Rede vorverlegt oder gar erst neu gebildet wurde. Außerdem sind die Darstellungen von *Behemot* „Nilpferd" (40,15–24), *Leviatan* „Krokodil" (40,25 − 41,26), vielleicht auch Strauß (39,13–18) vermutlich später eingefügt.

Demnach wird man, grob geurteilt, zumindest mit vier Entwicklungsstadien des Hiobbuches zu rechnen haben:

I. Mündliche Vorgeschichte der Hioberzählung (vgl. Ez 14,14 ff)
II. Hioberzählung (Kap. 1 f; 42)
III. Hiobdichtung (Kap. 3–27; 29–31; 38–42,6), die die Erzählung als Rahmen benutzt
IV. Spätere Zusätze zur Dichtung (bes. Kap. 28; 32–37)

I.	Hi 1–2	Rahmenerzählung. Prolog
		Hiobs zweifache Prüfung und Bewährung
		„Fürchtet Hiob Gott etwa umsonst?" (1,9)
		Verlust von Habe, Kindern (Kap. 1) und Gesundheit (Kap. 2)
II.	Hi 3–31	Dialog in drei Redegängen
		mit Hiobs Monologen (3; 29–31) als Rahmen
	3	Hiobs Monolog
		Verwünschung seiner Geburt (vgl. Jer 20,14 ff; Koh 2,17)
	4–27	Drei Redegänge (4–14; 15–21; 22–27)
		mit Reden von Eliphas von Teman (4 f; 15; 22)
		Bildad von Schuach (8; 18; 25),
		Zophar von Naama (11; 20)
		und Reden Hiobs (6 f; 9 f; 12–14; 16 f; 19; 21; 23 f; 26 f)
	28	Exkurs: Lied auf die Weisheit (vgl. Spr 8 f)
	29–31	Hiobs Monolog
		mit Klage: Einst angesehen und hoffnungsvoll (Kap. 29),

jetzt von außen angefeindet und von innen angefochten (Kap. 30).
Unschuldsbekenntnis als Reinigungseid (Kap. 31)
mit Herausforderung Gottes (31,35 ff)

III.	32−37	Einschub: Reden Elihus
IV.	38−42,6	„Theophanie". Zwei Gottesreden mit Hiobs Antwort (40,3−5; 42,1−6)
V.	42,7−17	Rahmenerzählung. Epilog

5. Schon die Hioberzählung enthält weisheitliche Elemente (2,10 u.a.). Erst recht ist die Weisheit im Dialog die vorherrschende Tradition. Sie kommt nicht mehr in einzelnen Sprüchen, sondern − in noch höherem Maße als bei Kohelet − eben in längeren Redeeinheiten zu Wort. Jedoch treten auch andere Formelemente hervor, wie sie im israelitischen Rechtsverfahren zu Hause (13,3 ff; 40,8 u.a.; vgl. H. Richter) oder aus den Psalmen bekannt sind (C. Westermann). So finden sich neben engen Berührungen mit Klageliedern (Hi 3; 29 f u.a.) hymnische Motive (9,4 ff; 38 ff u.a.).

Ähnlich wie bei Kohelet (7,15) und doch auf andere Weise bezweifelt der Autor des Dialogs den Zusammenhang zwischen Tun und Ergehen, Frömmigkeit und Glück, Unrecht und Leid. Hiob bestreitet zumindest für seine Person diese Lebensauffassung (21,7 ff u.a.), die Freunde setzen sie merkwürdig starr voraus (4,6 ff; 8,6 ff; 15,20 ff; 20 u.a.). Doch wissen sie, daß letztlich kein Mensch vor dem erhabenen Gott gerecht und rein dasteht (4,17; 15,14 ff; 25,4 ff); nur darin stimmt ihnen Hiob (9,1 ff) zu.

Bereits innerhalb altorientalischer Weisheitsliteratur finden sich mehrere unter sich recht verschiedenartige Texte, die in Form (Dialog) und Thema (Gerechtigkeit − Leid) dem Hiobbuch nahekommen, wie der sog. sumerische Hiob, der babylonische Hiob „Ich will preisen den Herrn der Weisheit" oder die sog. babylonische Theodizee bzw. der babylonische Kohelet. Vgl. zuletzt Religionsgeschichtliches Textbuch zum AT, hg. v. W. Beyerlin, 1975, 157 ff; dazu H. P. Müller 49 ff.

Im AT steht Ps 73, einer der Weisheitspsalmen, Hiob am nächsten, gibt jedoch eine Antwort, die an der Todesgrenze nicht Halt macht (V 23 ff).

6. Da die Freunde im Verlauf des Gesprächs auf ihrem Standpunkt beharren und sich in ihren Argumenten wiederholen, besteht in ihren Reden ein nur mühsam erkennbarer Gedankenfortschritt. Auch beziehen sich die Ausführungen der Freunde und Hiobs durchweg nur locker und indirekt aufeinander, selbst wo sie formal aneinander anknüpfen (16,2 ff; 18,2; 19,2 ff; nur Kap. 21 widerspricht Kap. 20).

Darum ist nicht leicht zu entscheiden, ob Hiob den Freunden antwortet oder umgekehrt die Freunde auf Hiob reagieren (so G. Fohrer). Setzt der Dialog also erst mit Eliphas' Rede Kap. 4 oder schon mit Hiobs klagendem Monolog Kap. 3 ein?

Eine weitere Streitfrage ist, ob die drei Freunde über ihren gemeinsamen Gegensatz zu Hiob und die Übereinstimmung in der sog. Vergeltungslehre hinaus je ihre eigene Art haben: Eliphas würdevoll-besonnen, Zophar schroff, Bildad zwischen beiden?

Dennoch ist eine gewisse Steigerung in der Gesamtanlage unverkennbar. Die Freunde beginnen mit tröstendem Zuspruch (4,1 ff) und gelangen zu persönlichen Anschuldigungen (22,4 ff). Hiobs Weg führt von der Verwünschung der eigenen Geburt (3,3 ff; vgl. 6,8; 10,18 ff) über Anklagen gegen Gott, der den Schwachen plagt (7,12 ff) und den Schuldlosen schuldig spricht (9,20 ff), zu der Hoffnung, in Gott einen Helfer zu finden. So kommt Hiob − gleichsam in Anwendung des ersten Gebots auf sein Schicksal − zu fast paradoxen Gottesaussagen. Trotz seiner Einsicht, daß es zwischen Gott und ihm keinen Schiedsrichter, also keine übergeordnete neutrale Instanz, gibt (9,32 f), ruft er Gott zum Rechtsentscheid auf (13,3.18 ff; 23,4 ff). Folgt Hiob doch dem Rat der Freunde (5,8 f; 8,5 f; 11,13 ff; 22,21 ff), wenn er sich entgegen seiner früheren Bitte „Laß ab!" (7,16; 10,20) an Gott wendet? Er möge ihn vor dem göttlichen Zorn im Totenreich bergen, um dann Hiobs in Güte zu gedenken (14,13). So ruft Hiob gegen den Gott, der ihn verfolgt (16,9 ff; 19,6 ff. 21) und ihm das Recht nimmt (27,2), den Gott an, der in der Not für ihn und für sein Recht eintritt. Gegen den zürnenden, anscheinend ungerecht und willkürlich handelnden Gott appelliert Hiob an den ihm wohlgesinnten:

> „Im Himmel ist mein Zeuge
> und mein Bürge in den Himmelshöhen" (16,19−21).
> „Ich weiß, daß mein Löser (Rechtshelfer) lebt ...
> Auch ohne Fleisch werde ich Gott schauen" (19,25 f).

Hiob ist sich gewiß, daß er einen Fürsprecher finden, ja Gott schauen wird, sei es − nach dieser viel umstrittenen Stelle − angesichts des Todes oder noch im Tode. Bleiben solche Bekenntnisse aber nicht Lichtblicke im tiefen Dunkel der Klage?

Sehen die Freunde in Hiob nur den leidenden Menschen, nicht den Gerechten, so hält er selbst an seiner Schuldlosigkeit fest (6,24.28 ff; 9,21; 10,7; 16,17; 23,10 ff). Ja, er gelobt für die Zukunft, bis zum Lebensende Lauterkeit zu bewahren (27,2 ff), und bekräftigt abschließend mit einem umfangreichen Reinigungseid (31), sich keiner Schuld in Vergangenheit wie Gegenwart bewußt zu sein. Das Unschuldsbekenntnis läuft – wiederum entgegen der Klage, daß Gott den Hilfeschrei nicht hört (30,20) – in Hiobs Ruf aus: „Der Allmächtige antworte mir!"

In der älteren Fassung des Hiobbuches, die jetzt durch die zwischeneingeschobenen Elihureden gestört ist, folgt auf Hiobs Herausforderungsrede unmittelbar Gottes Antwort „aus dem Sturm" (38,1). Sie geht nur indirekt auf Hiobs Geschick ein. Fragen wie „Wo warst du, als ich die Erde gründete? Hast du einen Arm wie Gott?" (38,4; 40,9) führen Hiob angesichts der Wunder der Schöpfung die Unfähigkeit des Menschen vor Augen, die Welt erschaffen oder auch nur bewahren zu können. Die Ordnung in der dem Menschen ferneren und näheren Natur (Gestirne, Wetter, Tiere) zu erhalten, ist Aufgabe Gottes, nicht des in Wissen und Vermögen begrenzten Menschen.

Durch die rhetorischen Fragen macht „Gott den Fragenden zum Gefragten und schließlich in Frage Gestellten ... Die Gottesreden rücken die vorausgegangenen Aussagen über das Verhältnis von Gott und Mensch zurecht, indem sie Hiob vor den in seiner Schöpfung sichtbaren und zugleich unbegreiflichen Gott stellen." Der Gang durch die Schöpfung zeigt den Menschen „als begrenzt in Zeit, Macht, Wissen und Können vor dem in allem und von Anfang an wirkenden, unendlich überlegenen und unbegreiflichen Gott" (E. Würthwein, 215).

Gottes Wort ist für Hiob eher Zurechtweisung (38,2; 40,8) als Rechtfertigung. Erfährt er es trotzdem als die ersehnte gnädige Zuwendung Gottes? Jedenfalls unterwirft sich Hiob dem Allmächtigen: „Siehe, ich bin zu gering, was kann ich dir entgegnen?" (40,4), verzichtet auf seine Zweifel an der Weltordnung, auf die Anklagen gegen Gott und die eigenen Unschuldsbeteuerungen:

> „Vom Hörensagen hatte ich von dir gehört,
> nun aber hat mein Auge dich gesehen.
> Darum widerrufe ich
> und bereue in Staub und Asche" (42,5 f).

Beruht diese „Lösung des Hiobproblems" in einer persönlichen Gotteserfahrung, die jede Welterklärung und Leiderfahrung überbietet und relativiert? Wenn Hiob „widerruft", kehrt der (im Dialog) aufbegehrende, mit Gott rechtende zu dem Gott ergebenen Hiob (des Prologs) zurück, der im Glauben sein Geschick hinnimmt (1,21; 2,10). Hat der Autor des Dialogs die Rahmenerzählung mit tiefer Absicht beibehalten, weil er Hiob am Schluß zum Anfang zurückführt? Hiob nimmt mit seinem letzten Wort die demütige Haltung „in Staub und Asche" (2,8; 42,6) wieder ein. Ist er ein anderer geworden oder derselbe geblieben, aber um neue Erfahrungen bereichert?

Nach Hiobs Widerruf bedarf es eines Urteils Gottes, das eine Entscheidung im Streit zwischen Hiob (13,7; 27,5 u.a.) und seinen Freunden (20,3; 22,5 u.a.) fällt und öffentlich kundgibt: Hiobs Selbsterkenntnis bestätigt keineswegs die Theologie der Freunde. Im Gegenteil, sie leben von seiner Fürbitte; denn sie haben „nichts Rechtes" von Gott geredet (42,7–9).

Die Wende in Hiobs Geschick mit überreichlicher Erstattung des Verlorenen ist nicht Voraussetzung, sondern eher Folge seiner Einsicht – Zugabe Gottes, Bekräftigung seines Urteils (42,10ff; V 11 gehört ursprünglich zu Kap. 1f). Setzt Gott damit zugleich den Tun-Ergehen-Zusammenhang, der unterbrochen war, wieder in Kraft?

V.

Theologie und Hermeneutik

30

ZUR REDE VON GOTT IM ALTEN TESTAMENT

1. Das AT zeichnet sich durch seine Rede von Gott aus und ist ohne sie nicht zu verstehen; sie erscheint freilich in vielfältiger, im Laufe der Geschichte auch wechselnder Gestalt.

Dabei weiß das AT das Bekenntnis zu Gottes Ewigkeit mit dem geschichtlichen Bewußtsein von der Zeitlichkeit des Glaubens zu verbinden. „Bevor Berge geboren wurden, Erde und Festland in Wehen lagen, bist du, Gott, von Ewigkeit zu Ewigkeit" (Ps 90,2; vgl. 93,2; 102,26 f; Gen 1,1; Dtn 33,27). Weil Gott vor aller Zeit ist, kann er in aller Zeit, „von Geschlecht zu Geschlecht" (Ps 90,1), gegenwärtig sein. Götter können geboren werden und sterben; ein Werden und Vergehen des einen Gottes ist undenkbar (Hab 1,12; verb. Text): „Bist du nicht von Urzeit, Jahwe, mein ‚heiliger' Gott, ‚der nicht stirbt'?" Gott ist ohne Anfang und Ende, aber der Glaube an Gott hat einen Anfang: Die Väter Abrahams „dienten anderen Göttern" (Jos 24,2; vgl. Jub 11 f). So läßt sich der Glaube nicht endlos zurückverfolgen, sondern hat eine Geschichte (vgl. Ex 6,2).

2. Allerdings bleibt die historische Rückfrage, wie sich die Anfänge des Glaubens (vgl. o. § 2 a) im einzelnen gestalteten, schon deshalb schwierig zu beantworten, weil sie in eine Zeit weit vor der literarischen Fixierung der Überlieferung zurückgreifen muß und sich mehr nur auf Andeutungen, Einzelnamen, Erzählsplitter als in sich geschlossene Überlieferungen stützen kann; darum fallen die Antwortversuche unterschiedlich aus. Zudem müssen die Texte durchweg gegen ihren Sinn im vorliegenden Kontext gedeutet werden; denn das AT bezeugt die Identität des einen Gottes im Wandel der Namen und Zeiten, so ausdrücklich in der Gottesrede an Mose: „Ich bin Jahwe; Abraham, Isaak und Jakob bin ich als El Schaddaj erschienen, aber unter meinem Namen Jahwe habe ich mich ihnen noch nicht zu erkennen gegeben" (Ex 6,2 fP; vgl. o. § 10 b). Religionsgeschichtliche Betrachtung sucht hinter dieses aus der Rückschau gewagte Bekenntnis der Identität zurückzugreifen, um dem Verlauf der Geschichte rekonstruierend folgen zu können.

Während nach jenem Zitat die Priesterschrift die Erinnerung bewahrt, daß sich Jahwe – vielmehr: Gott unter dem Namen Jahwe – erst Mose offenbarte (vgl. Ex 3,13 ffE; auch Hos 12,10 u. a.), geht die jahwistische Erzählschicht von der Voraussetzung aus: Jahwe wird seit Urzeiten verehrt (Gen 4,26; 9,26 u. a.). Darin spricht sich auf andere Weise dieselbe theologische Grundeinsicht aus, daß der eine Gott seit der Schöpfung (2,4 bff) wirkt.

Vielleicht lebt in den beiden so andersartigen Überlieferungen auch historische Erinnerung weiter: Wurde Jahwe schon vor Israel verehrt, in Israel aber erst seit Mose? Welche Gottheiten kannten die später in Israel aufgegangenen, in Palästina ansässigen Gruppen zuvor?

2.1. Die bei dem Grenzvertrag zwischen Jakob und Laban gebrauchte Schwurformel (Gen 31,53) läßt mit dem auffälligen Plural der Verbform auf ein hohes Alter schließen: „Der Gott Abrahams und der Gott Nahors sollen richten zwischen uns!" Anscheinend werden zwei Gottheiten angerufen, die jeweils einer Gruppe zugehören („Gott Abrahams" zu Jakob, „Gott Nahors" zu Laban). Verehrte jede Gruppe jeweils ihren, und zwar je einen Gott? Beide Gottheiten scheinen nicht nur in ihrem Namen („Gott" + Personenname), sondern auch in ihrem Wesen gleich zu sein; denn sie haben die Aufgabe, Schiedsrichter zu sein und wohl auch die Gruppe zu beschützen (vgl. Gen 4,15). Wie andersartig ist die am Heiligtum zu Bet-El beheimatete Traumoffenbarung von einer Vielzahl von Engelwesen (28,12; vgl. 32,2)!

Gen 31,53 bietet wohl die festeste Stütze für die Rekonstruktion eines Vätergottglaubens (A. Alt); sie fand — wegen der Entsprechung von nomadischer Lebensweise und Religionsform — zunächst weithin Anerkennung, läßt sich mittlerweile, soweit sie nicht überhaupt abgelehnt wird, aber nur noch mit Einschränkungen und Abwandlungen vertreten. In der Tat scheint die Wendung „Gott meines/deines Vaters" (31,5.42 u. a.) älter als der Plural „Gott deiner/eurer Väter" (Ex 3,13 ff) zu sein, desgleichen Einzelformulierungen wie „Gott Abrahams" (Gen 31,53; Ps 47,10), „Schreck (Verwandter?) Isaaks" (Gen 31,42.53) oder „Starker (Stier?) Jakobs" (49,24; Ps 132,2.5) älter als die Zusammenfassung „Gott Abrahams, Isaaks und Jakobs" (Ex 3,6.15 f). In ihr ist — nach Verbindung der an verschiedenen Orten haftenden Vätertraditionen — die Vereinigung der einzelnen Sippen- oder Familiengottheiten zu einem Gott vollzogen. Allerdings konnte der von A. Alt erschlossene Glaube von Nomaden an einen personen- statt ortsgebundenen Vätergott im alten Orient — einschließlich der vorislamischen Beduinen — bisher nicht nachgewiesen werden; Gottesnamen von entsprechender Form sind durchweg nicht Eigen-, sondern nur Beinamen. Sind also auch jene Vätergottnamen nur Beinamen, nämlich des Gottes *El*?

Haben die Väter ihren Gott oder ihre Götter unter dem — gemeinsemitischen — Namen *El* verehrt?

Die dem AT zu entnehmenden Belege, daß die nomadischen Väter den Gott *El* verehrten (Gen 49,25; vgl. 33,20; 46,3; Ex 15,2; 18,4), sind aber kaum so alt und vertrauenswürdig wie Gen 31,53. Wahrscheinlich hat man zwischen dem Glauben der Vätergruppen und der an den Kulturlandheiligtümern, wie *Bet-El*, ausgeübten Religion zu unterscheiden und diese wiederum von der Jahweverehrung des späteren Volkes Israel abzuheben. Wie man über die Möglichkeit urteilen mag, das Dunkel der Vorgeschichte noch ein wenig aufzuhellen, jedenfalls hatte der Jahweglaube Vorläufer.

Auch die Elnamen sind vielgestaltig und lassen sich in der im AT bewahrten Form nur eingeschränkt durch außerbiblische Parallelen stützen. Der Name *El'Olam*, „Gott (der) Ewigkeit" (Gen 21,33) wird in Beerscheba, *El Ro'i* „Gott, der mich sieht (?)" (16,13) an einem im Süden gelegenen Brunnen, *El Bet-El* „Gott (von) Bet-El" (35,7; vgl. 31,13; Jer 48,13) an eben diesem Heiligtum, *El 'Eljon* „der höchste Gott" (Gen 14,18 ff; vgl. Num 24,16; Ps 46,5; 47,3; 82,6 u. a.) in Jerusalem beheimatet sein. In diesen Bezeichnungen scheinen die Ortsgottheiten weiterzuleben, die an den betreffenden Stätten verehrt und (nach O. Eißfeldt) vielleicht als lokale Erscheinungsformen des einen Hochgottes *El* verstanden wurden. Dagegen ist der nach Sichem weisende Name „El Gott Israels" (Gen 33,20; vgl. Jos 8,30) schon formal anderer Art und bezeugt eher die Bindung an eine Gruppe.

Die Priesterschrift faßt – bei ihrer Bemühung, überkommene Traditionen zu systematisieren und zu periodisieren – im Begriff *El Schaddaj* die verschiedenen Gottesnamen der Väterzeit zusammen und unterscheidet mit ihm die Epoche der Väter (in Kanaan) von der vorhergehenden Ur- und der folgenden Mosezeit (Gen 17,1; 28,3 u. a. bis Ex 6,3; vgl. § 8 b). Die Übersetzung „der Allmächtige" geht (über die Vulgata: *omnipotens*) zurück auf die LXX, die im Hiobbuch *Schaddaj* öfter mit Pantokrator wiedergibt.

Das AT konnte die vielfältigen Namenformen bewahren, weil *El* auch als Appellativ „Gott" deutbar ist, so daß die ehemaligen Eigennamen nur noch als Beinamen oder Attribute Jahwes erscheinen: „der ewige Gott", „der Höchste" (Gen 21,33; Ps 47,3 u. a.). Darüber hinaus behalten oder bekommen die verschiedenen Überlieferungselemente im AT letztlich nur eine Intention: „die Verheißungen an die Väter" (Röm 15,8) weiterzugeben. Gott führt die Väter und ihre Familien in die Zukunft, indem er ihnen Schutz und Fürsorge auf ihrem Weg zusichert (Gen 28,15; 31,3.5; 35,3; 46,3 f u. a.), Nachkommen (18; 16,11 f u. a.) sowie Landbesitz (12,6 f; 15,7.18; 28,13 u. a.) verspricht. Demnach äußert sich Glaube im hoffenden Vertrauen auf die Zusage künftigen und in der göttlichen Führung schon gegenwärtigen Heils: „Ich bin mit dir!" (26,24.28 u. a.).

Die Verheißungsreden sind in der Vätertradition so breit gestreut, daß sie dort ihren ursprünglichen Haftpunkt haben und nicht insgesamt jüngeren Gegebenheiten entstammen werden. Allerdings wurde ein – im einzelnen schwer abgrenzbarer – Grundbestand der Überlieferung gemäß späteren Erfahrungen erheblich ausgebaut und damit abgewandelt; so wurde die Sohnesverheißung auf die Volkwerdung Israels gedeutet (12,2; 17,4 ff; 26,4 u. a.), und die Landverheißung galt erst mit der Inbesitznahme Palästinas als erfüllt (bes. Dtn 6,10 u. a.). Nach der jüngeren Priesterschrift lebten die Väter im „Lande der Fremdlingschaft" (Gen 17,8; 28,4 u. a.); sie erhielten mit dem Begräbnisplatz (Gen 23) nur ein Unterpfand der verheißenen Zukunft (vgl. § 8 a, 6). Damit hält das AT zugleich fest, daß Volk und Land nicht von vornherein, gleichsam naturgemäß und selbstverständlich, verbunden sind; Landbesitz ist vielmehr ein von Gott zugesagtes und gewährtes Gut, das Israel nicht aus eigener Kraft erwarb (Dtn 8,17; 9,6) darum letztlich nicht sein, sondern Gottes Eigentum ist (Lev 25,23; Jos 22,19).

2.2. Nach frühen, verschiedenartigen und darum vertrauenswürdigen Zeugnissen des AT war der Sinai die Heimat *Jahwes* (Ri 5,4 f; Dtn 33,2; Ex 19 ff). Vielleicht wurde er bereits von den Kenitern (vgl. Gen 4,15) oder Midianitern (Ex 18,12) verehrt; bei ihnen könnte Mose, der (nach Ex 2,15 ff) die Tochter eines Midianiterpriesters heiratete, den Jahwenamen kennengelernt und den in Ägypten zur Fronarbeit verpflichteten Landsleuten gebracht haben. Hat Mose den Unterdrückten die Hilfe Jahwes verheißen (so Ex 3,8.16 f J, während 3,10 – 12 E, wohl um Gottes Transzendenz hervorzuheben, Mose eine Führerrolle zuschreibt)? Dabei betonen die verschiedenen Überlieferungsstränge (3,13 ff.16) gemeinsam die Identität des Gottes der Väter mit Jahwe; dem entspricht, daß sich Jahwe auf dieselbe Weise äußert: in der Verheißung. Nur gilt sie nicht mehr der Familie oder Sippe, sondern dem Volk (3,7 f.16 f J.9 ff E). Wird in der Anrede gegenüber Pharao die Bezeichnung „Gott der Hebräer" gebraucht (5,3 u. a.), so ist nach dem Kontext (3,18; 7,16 u. a.) doch Jahwe gemeint. Ihm wird nach der Rettung vor den Verfolgern (Ex 14) gedankt (Ex 15). Schon den frühesten noch greifbaren Überlieferungen galt das Ereignis weder als bloßes Naturgeschehen noch als Sieg Israels, sondern als Tat Jahwes: Er „warf" (nach dem Mirjamlied 15,21) bzw. „schüttelte" (14,27 J) die Feinde ins Meer. So wird Gott an seinem Tun erkannt und deswegen gepriesen – bis hin zu dem späten Hymnus des einzelnen Ps 103,2: „Lobe, meine Seele, Jahwe und vergiß nicht alle seine Wohltaten!" Da das Geschehen über die unmittelbar Betroffenen hinaus Bedeutung behält, damit auf Zukunft hin offen bleibt, können dem einen Ereignis andere angefügt werden, so daß das Gotteslob auf eine Geschehnisfolge zurückblickt (so im Moselied Ex 15,1 – 18; vgl. Ps 105 f; 135 f u. a.). Aber die Befreiung aus Ägypten gilt durch Israels Geschichte hindurch als die grundlegende Erwählungstat (Hos 12,10: „Ich bin dein Gott vom Land Ägypten her"; vgl. Ps 114,1 f u. a.), und das Bekenntnis „Jahwe, der Israel aus Ägypten geführt hat" wird, „gemessen an der Häufigkeit seines Vorkommens, die wichtigste theologische Aussage des AT" (E. Zenger), die weite Bereiche − aber nicht die Weisheitsliteratur oder die Jerusalemer Tradition − durchzieht und gleichsam zum Grund der Erwählung wird (vgl. Am 3,1 f; 9,7 u. a.).

2.3. Gänzlich andere Wesenszüge treten in der Sinaiperikope hervor: Der mitgehende Gott wohnt bzw. erscheint auf einem Berg, offenbart sich statt in Verheißungsreden und Taten vielmehr in Gebot und Gesetz. Ob Exodus- und Sinaitradition von Anfang an einen Zusammenhang bilden, ist umstritten; gemeinsam ist beiden Überlieferungsblöcken aber nicht allein die Person Moses, sondern vor allem der Gott Jahwe. Nach Ex 19,16 ff wird seine Offenbarung von Erscheinungen in der Natur (Donner, Blitze, Rauch, Feuer; vgl. Gen 15,17) begleitet, die Gott nicht sichtbar machen (vgl. die spätere Deutung Dtn 4,12; u. Abs. 3.2), nur sein Kommen anzeigen. Auch bleibt Jahwe zumindest kein Orts- oder Berggott, sondern „steigt" auf den Sinai „herab" (Ex 19,18.20 J; vgl. 24,16 P) und bricht von dort auf, um zu helfen (Ri 5,4 f), oder zieht mit den Menschen mit (Ex 33,12 ff; Num 10,11 ff). Vor allem zielt die Sinaitheophanie selbst auf die Gemeinschaft zwischen Gott und Volk, die mit der Gottesschau gewährt, mit dem Mahl (Ex 24,10 f) bzw. einem Blutritus (24,6.8) bekräftigt wird. Folge dieser Gemeinschaft ist die Proklamation von Geboten und Rechtssätzen (Ex 20; 21 − 23; 34), die weit über den kultischen Bereich hinaus in das Alltagsleben eingreifen.

2.4. Die Rettung vor den Verfolgern am Meer, seit je oder schon früh als Tat Jahwes verstanden, wird näher als sein kriegerisches Eingreifen entfaltet − in wohl späterer Formulierung (Ex 14,13 f.25): „Seht die Hilfe Jahwes an ... Jahwe wird für euch kämpfen, und ihr sollt still sein!" Die Erfahrung „Jahwe ist ein Kriegsmann" (15,3; vgl. Jes 42,13) soll sich nach Ex 17,8 ff (V 16: „Jahwe ist mein Feldzeichen") und Num 21 noch in der Wüste wiederholt haben, wird zumindest hauptsächlich aber erst im Kulturland gemacht, zumal in Auseinandersetzung mit den kanaanäischen Stadtstaaten (Ri 4 f) und eindringenden Nachbarn (Ri 6 ff; vgl. Jos 2 ff). In der Ausgestaltung dieser Überlieferung wird eine Mithilfe Israels (Ri 5,23; vgl. 2 Sam 5,24) zunehmend ausgeschlossen (Ri 7,2; Ps 33,16 ff; 44,4.7 f; vgl. Jes 30,15 f u. a.).

3. Vielleicht stand Mose am Ursprung des Jahweglaubens (Ex 3); jedoch will es überlieferungsgeschichtlicher Forschung, die eher Traditionsprozesse in Gruppen als Erfahrungen und Wirkungen von Individuen

zu erfassen vermag, nicht mehr gelingen, die Eigenarten alttestamentlichen Glaubens auf Offenbarungswiderfahrnisse dieses Mannes zurückzuführen. So bleibt umstritten, wie und wann sich die Charakteristika bzw. Wesensmerkmale alttestamentlichen Glaubens herausbildeten.

3.1. Die Forderung der Ausschließlichkeit des Gottesverhältnisses, die aus Israels Nachbarreligionen nicht ableitbar ist, wird in verschiedenen Rechtssätzen erhoben: „Wer (anderen) Göttern opfert (es sei denn Jahwe allein), soll gebannt werden" (Ex 22,19; vgl. von Anrufung oder Verehrung 23,13.24; 34,14). Demgegenüber ist das erste Gebot des Dekalogs „Du sollst keine anderen Götter haben vor mir" (Ex 20,3; vgl. Ps 81,10 u. a.) allgemeiner gehalten und könnte über den kultischen Bereich hinaus das Verhalten im Alltag einschließen. Das erste Gebot bestreitet nicht die Existenz anderer Götter (vgl. Ri 11,23 f; 1 Sam 26,19; 2 Kön 5,17 f u. a.), verlangt vielmehr die alleinige Hinwendung zu dem einen Gott:

„Alle Völker wandeln jeweils im Namen ihres Gottes;
wir aber wandeln im Namen Jahwes, unseres Gottes, auf immer und ewig"
(Mi 4,5; vgl. noch I Kor 8,5 f).

So werden die Götter nicht in ihrem „Sein", sondern in ihrem „Sein für" Israel verneint:

„Außer mir ist kein Helfer" (Hos 13,4; Jes 43,11; vgl. Jer 2,13).

Nennt man dieses Gottesverhältnis Monolatrie, muß man zugestehen: Der „Mono-Jahwismus" ist eine „Vorstufe des Monotheismus ...‚ weil der Exklusivitätsanspruch Jahwes zu ihm drängt" (W. Holsten). Der Monotheismus ist gleichsam theoretische Konsequenz alttestamentlichen Glaubens; denn mit der Ausschließlichkeitsforderung ist ein Anspruch gesetzt, der mehr und mehr die Wirklichkeit menschlichen Lebens, Natur und Geschichte zu durchdringen sucht, damit keinen Raum mehr für den Machtbereich anderer Götter läßt.

Beispielsweise sind Totenbeschwörung oder -verehrung (Lev 19,31; 20,6.27; I Sam 28), Zauberei oder Magie (Ex 22,17; Dtn 18,9 ff) und der Astralkult (Dtn 4,19 u. a.) verboten; die Gestirne sind nicht mythisch-numinose Größen (vgl. Ez 8,16), sondern weltliche Phänomene (Gen 1,14 ff; Ps 136,7 ff u. a.).
Die Übernahme – oder gar Ausbildung – von Mythen, die eine Mehrzahl von Göttern oder das Gegenüber von Gott und Göttin voraussetzen, von Göttergeburt, -hochzeit oder -tod erzählen, ist nicht oder nur stark abgewandelt möglich; so wird die Vorstellung einer göttlichen Ehe auf das Verhältnis von Gott und Volk umgedeutet (Hos 1–3; Jer 2 f; Ez 16; 23).
Die – schon dem alten Orient geläufige – Frage nach der Unvergleichlichkeit Gottes „Wer ist ein Gott, so groß wie ‚Jahwe'?" (Ps 77,14; vgl. 89,7; Ex

15,11; 18,11 u. a.) wird zum Bekenntnis der Ausschließlichkeit: „Niemand ist dir gleich, und kein Gott ist außer dir" (2 Sam 7,22; vgl. Ps 83,19 u. a.). Der „höchste" (97,9; 82,6 u. a.) ist der eine Gott (73,11).

Der Glaube an Dämonen spielt im AT insgesamt eine geringe Rolle, da auch die bedrohlichen Mächte in Gott integriert sind, so daß der Mensch Freud und Leid, Gut und Böse aus derselben Hand empfängt: „Das Gute nehmen wir von Gott, und das Böse sollten wir nicht annehmen?" (Hi 2,10).

Darum hat für einen erheblichen Teil des AT das erste Gebot bzw. der in ihm zur Geltung kommende Ausschließlichkeitsanspruch entscheidende Bedeutung. Insbesondere ziehen die Propheten für ihre Botschaft aus ihm die Konsequenzen, so in ihrer Auseinandersetzung mit dem Fremdkult (1 Kön 18; 2 Kön 1; Hos; Jer 2; 44; Ez 8 u. a.), dem Hochmut (Jes 2,12 ff u. a.), dem Vertrauen auf fremde Mächte (30,1 – 3; 31,1 – 3 u. a.) und auf mancherlei andere Weise. Aus dem Anspruch auf Alleinverehrung hört das Deuteronomium (o. § 10 b) die Einheit oder gar Einzigkeit Jahwes heraus und formuliert damit das für spätere Zeiten grundlegende Bekenntnis (6,4): „Höre, Israel, Jahwe unser Gott, Jahwe ist einer (bzw. allein, einzig)!" Der Einheit Gottes entspricht die ungeteilte Zuwendung des Menschen zu Gott: „Ganz bzw. vollkommen sollst du sein bei Jahwe, deinem Gott" (18,13; vgl. Gen 17,1 P; 1 Kön 8,61; 11,4 u. a.). Im deuteronomistischen Geschichtswerk wird der Ausschließlichkeitsanspruch zum Maßstab der Geschichte (Jos 23,6 ff; 1 Kön 11,2.4; 2 Kön 17,35 f u. v. a.) erhoben. Wenn Deuterojesaja immer wieder die Einzigkeit Jahwes betont: „Ich bin der Erste und der Letzte, außer mir ist kein Gott" (Jes 44,6; vgl. 43,10; 45,5; auch Dtn 4,35 u. a.), so kann man in solchen Worten einen Monotheismus ausgesagt finden, darf aber nicht vergessen, daß die Botschaft des Exilspropheten nicht auf eine theoretische Einsicht, sondern das Vertrauen in den Gott zielt, der „allein" Schöpfer wie Erlöser ist (Jes 44,24) und darum zu helfen vermag (43,11; 45,21 u. a.).

Um die Exilszeit finden sich in unterschiedlichen Literaturbereichen monotheistische oder monotheistisch klingende Aussagen (Gen 1,1 P; Dtn 4,39; 32,39; 2 Sam 7,22; 2 Kön 5,15; DtJes u. a.).

3.2. Das Bilderverbot, das in der unmittelbaren raum-zeitlichen Umwelt des älteren Israel keine Parallele hat, findet sich in allen Gesetzessammlungen; sie untersagen Herstellung und Verehrung geschnitzter wie gegossener Bilder (Ex 20,4; Dtn 27,15; vgl. Hos 11,2; 13,2) oder Götter (Ex 20,23; 34,17; Lev 19,4; vgl. 26,1). Die erste Formulierung (Ex 20,4: „Du sollst dir kein Bild machen") scheint die ältere zu sein; in der anderen sind erstes und zweites Gebot bereits eine Einheit eingegangen.

Die sachliche Nähe bzw. enge Verknüpfung dieser beiden für den Jahweglauben entscheidenden Gebote kommt auch im Dekalog (durch die interpretierenden Erweiterungen Ex 20,5: „Bete sie nicht an!") und darüber hinaus (Ex 34,14.17; Lev 19,4; vgl. Jer 1,16 u. a.) zur Geltung. Eine polemische Auseinandersetzung mit dem Bilderkult, die jüngere Teile des Alten Testaments durchzieht (Jes 2,8.20; 40,19 f; 44,9 ff; Jer 10; Ps 115,4 ff u. a.), führt erst Hosea (8,4 ff; 10,5 f; 11,2; 13,2), noch nicht Elija oder Amos (trotz 5,26; 8,14); dennoch hat es im offiziellen Jahwekult, zumal im Jerusalemer Tempel, wohl seit je kein eigentliches Jahwebild gegeben (vgl. aber Ri 17 f). Das AT schließt aus, was der religiösen Umwelt (anders Zarathustra) üblicherweise selbstverständlich, ehrwürdig und heilig war. Es kann die Wendung „Gottes Angesicht schauen" übernehmen, ohne die Sache – die Anwesenheit eines Gottesbildes im Heiligtum – vorauszusetzen, benutzt den Ausdruck also nur im übertragenen Sinn.

Ursprung, Ursache und (früheste) Begründung des Bilderverbots sind schwer festzustellen; leichter lassen sich seine Auswirkungen umreißen. Es will primär kaum die „Personalität" Jahwes wahren; eher betont es im Laufe der Zeit zunehmend die Unterscheidung zwischen Gott und Welt, damit die Transzendenz Gottes. Nichts in Himmel, Erde oder Unterwelt soll und kann (nach der Erläuterung in Ex 20,4) Gott abbilden; er ist – sei es männlich oder weiblich – nicht darstellbar, ja nicht weltlich-vorstellbar (Dtn 4,15 ff). Dabei wird nicht grundsätzlich eine Grenze zwischen Geistigkeit und Sinnlichkeit gezogen, vielmehr innerhalb der Sinne selbst unterschieden. Selbst bei seiner Offenbarung wurde Gott nicht sichtbar (4,12): „Den Schall von Worten hörtet ihr wohl, aber eine Gestalt saht ihr nicht."

Damit übereinstimmend, fallen sprachliche Bilder (Hos 5,12.14; Klgl 3,10 u. a.) nicht unter das Verbot; das AT gesteht dem Ohr zu, was es dem Auge verweigert. Auch wenn – ausnahmsweise – Gott „gesehen" wird, wird sein Aussehen nicht beschrieben (Ex 24,10 f; vgl. Gen 12,7 J; 17,1.3 P; prophetische Visionen, wie Jes 6). Zurückhaltende Andeutungen finden sich nur Ez 1,22 ff mit einem Vergleichswort, das auf die Inadäquatheit der Ausdrucksweise hinweist: „wie das Aussehen eines Menschen", und Dan 7,9 ff mit der knappen Schilderung des „Hochbetagten". Eigentlich gilt der Grundsatz: „Niemand schaut mich und bleibt am Leben" (Ex 33,20; vgl. Ri 13,22; Jes 6,5 u. a.). Selbst in stärker mythisch geprägten Erzählungen, nach denen Gott direkt in irdisches Geschehen eingreift, bleibt er in seinem Wirken menschlichen Blicken entzogen (Gen 2,21; 15,12; 19,17.26; Ex 12,22 f); so bedecken Mose (Ex 3,6) und Elija (1 Kön 19,13) in Gottes Gegenwart ihr Angesicht (nach Jes 6,2 sogar die

Seraphen). Auch kann ein Bote bzw. Engel Gott im Bereich des Sichtbaren vertreten (Ex 3,2 gegenüber 3,4 ff), wie Gott auftreten, handeln und sprechen (Gen 21,17 f; vgl. 16; 22; Ri 6; 13 u. a.). Nach Ex 33,12 ff ist der ferne Gott in seinem „Angesicht", nach dem deuteronomistischen Geschichtswerk (1 Kön 8,16 ff.29 u. a.) in seinem „Namen", nach der Priesterschrift (Ex 16,7.10; 24,16 f u. a.) in seiner „Herrlichkeit" nahe. So wird auf wechselnde Weise zwischen Gott und seiner Gegenwart auf Erden, seinem Für-sich-Sein und seiner Hinwendung zum Menschen, seiner Freiheit und seiner Offenbarung, seiner Transzendenz und seiner Geschichtswirksamkeit unterschieden und beides zugleich ausgesagt. Allerdings kann von der Zukunft erhofft werden, daß Gott unmittelbar („von Angesicht zu Angesicht" Ez 20,35; „Auge in Auge" Jes 52,8) begegne: „die Herrlichkeit Jahwes sich offenbare und alles Fleisch es sehe" (Jes 40,5; vgl. 52,10; auch 1 Kor 13,12).

3.3. Das AT kann ein Geschichtsereignis so streng und ausschließlich als Tat Gottes verstehen, daß sie gleichsam sein Wesen zu umschreiben vermag: „Ich bin Jahwe, dein Gott, der dich aus Ägyptenland herausgeführt" (Ex 20,2), d. h. befreit hat. Entsprechend wird rückblickend die Eigenart des Gottes Abrahams bestimmt (Gen 15,7): „Ich bin Jahwe, der dich aus Ur der Chaldäer herausgeführt hat." Wer und wie Gott ist, scheint sich in der Geschichte zu erweisen. Auch wenn die Vorstellung göttlicher Offenbarungen in der Geschichte schon dem alten Orient vertraut ist, so gilt doch, „that the idea of historical events as divine manifestations has marked the Israelite cult in a way that lacks real parallels among Israel's neighbours" (B. Albrektson). So erhält das Passa die Aufgabe, den Ägyptenaufenthalt zu vergegenwärtigen; der regelmäßig wiederkehrende Ritus soll die Geschichte nicht wiederholen, vielmehr an das einmalige Ereignis „erinnern" (Ex 12,14; vgl. Dtn 16,3.12), damit künftigen Generationen sowohl den Zeitabstand als auch die bleibende Gegenwartsbedeutung bewußt machen. Vielleicht hängen die Ausschließlichkeit und die Geschichtsbezogenheit alttestamentlichen Glaubens zutiefst zusammen: Da er kein Verhalten der Götter untereinander kennt, ist jede Tat des einen Gottes ein Verhalten gegenüber der Welt oder/und dem Menschen.

Etwa in der jüngeren Zusammenfassung des sog. kleinen Credo (Dtn 26,5 – 11; vgl. Ps 136 u. a.) erscheinen herausragende Geschichtsereignisse in ihrer Abfolge als Werk Jahwes, oder die Gemeinde bekennt rückschauend die Bewahrung Jerusalems als Akt seiner Gnade: „Wenn Jahwe Zebaot uns nicht einen geringen Rest gelassen hätte, wären wir wie Sodom geworden, Gomorra gleich!" (Jes 1,9; vgl. Ps 94,17). Die spätere

Zeit kann selbst ihre Hoffnung in einem neuen Bekenntnis formulieren, das künftiges Geschehen vorweg als Tat Gottes beschreibt (Jer 23,7 f; Jes 48,20; vgl. 44,23 u. a.). Wie beispielsweise im oben zitierten Eingangswort des Dekalogs Gottes „Ich" beansprucht, die Vergangenheit gestaltet zu haben, so können die Propheten die Zukunft in göttlicher Ichrede ansagen (Am 5,27; 6,14 u. a.). Weiß schon die Exodustradition zu erzählen, daß der Gott Israels auch über Ägypten Macht ausübt (Ex 7 – 15; vgl. Gen 12,17 u. a.), so beziehen erst recht die Propheten die Fremdvölker in ihre Botschaft ein (z. B. Am 9,7): „Habe ich nicht Israel aus Ägyptenland geführt, die Philister aus Kreta und die Aramäer aus Kir?" Die in der Geschichte gefallenen oder zu treffenden Entscheidungen, eingetretene und angekündigte Ereignisse können als Fügung Gottes angesehen werden, so daß sich menschliche Verantwortung und Gottes Wirken nicht ausschließen (vgl. Gen 50,20 E; Ex 8,15; 9,12 P; 2 Sam 17,14; Jes 29,10; 30,9.15 u. a.). Im Rahmen dieses Glaubens und Denkens wird verständlich, daß der Name Jahwe in der umstrittenen Deutung von Ex 3,14 – nach der Zusage „Ich werde mit dir sein" (3,12) – als Ansage der Gegenwart und Wirksamkeit Gottes entfaltet wird: „Ich werde sein, der ich sein werde."

Unter Wahrung und Ausformung dieser Eigenarten (3.1 – 3) gelangt alttestamentlicher Glaube – nicht ohne kritische Anlehnung an Vorstellungen von Nachbarreligionen, durch Auswahl und Umgestaltung des Übernommenen im Sinn des Eigenen – zu neuen Gottesaussagen, die über das Verhältnis Gott-Volk weit hinausgreifen.

4.1. Der Glaube an den Schöpfer ist vielleicht das Haupterbe des AT an die Christenheit. Schöpfungsaussagen prägen jedoch keineswegs das ganze AT, sondern haben ihren Schwerpunkt in bestimmten Bereichen (bes. Gen 1 f; Psalter; Dtjes; Weisheitsliteratur: Spr/Hi/Koh; Zusätze zu Prophetenbüchern) und gehören überwiegend einer jüngeren, exilisch-nachexilischen Periode an (Gen 1 P; Ps 8; 33; 136; 148; Jes 40,12 ff u. a.), wenn auch Zeugnisse aus der – frühen – Königszeit nicht fehlen (etwa Gen 2 J; 14,19 ff; vielleicht 1 Kön 8,12 LXX; Ps 19 A; 24,2; 104; Spr 14,31 u. a.). Allem Anschein nach war der Glaube längst durch die älteren Geschichtsüberlieferungen (von den Vätern, Exodus, Sinai), die auch von Jahwes Macht über die Natur (Ex 14 – 17; 19,16 ff u. a.) wissen, geprägt, bevor er das Bekenntnis zum Schöpfer aussprach. So wird nicht von der Natur auf das Heil geschlossen, vielmehr von den Glaubenserfahrungen in der Geschichte her die Welt als Schöpfung gedeutet und damit der Glaube – über das Leben der Gemeinschaft und des einzelnen hinaus – mit Rückgriff auf den „Anfang" in einen universalen Rahmen gestellt.

Dabei bildeten sich die alttestamentlichen Schöpfungsaussagen in Auseinandersetzung mit den aus der Umwelt bekannten kosmogonischen und anthropogonischen Vorstellungen aus. Sie klingen zumal in der Szene Gen 14,19 ff nach: Melchisedek, König von (Jeru-)Salem, segnet Abraham im Namen *El 'Eljons*, „des höchsten Gottes, der Himmel und Erde geschaffen hat" (auch die hier bewahrte fremde Gottesbezeichnung wird Jahwe meinen; vgl. 14,22; Ps 47,3). Mit dem eigenen Glauben unvereinbare Motive (wie die Entstehung des Menschen aus Götterblut) wurden ausgeschlossen, andere (wie der Meeres- und Drachenkampf: Ps 74,12 ff; 77,17 ff; 89,10 ff; Jes 27,1; 51,9 f u. a.) nur in poetischen Anspielungen verwendet.

Dabei fügen sich die überraschend vielfältigen Schöpfungsvorstellungen des AT (vgl. etwa Gen 1,24; 2,7.19; Ps 90,2; 139,15 f; Jes 42,5; 45,18; 48,13 u. v. a.) nicht zu einem mehr oder weniger geschlossenen „Weltbild" zusammen, stehen vielmehr unausgeglichen nebeneinander. Wenn das AT so grundverschiedene Schöpfungsberichte wie Gen 1 und 2 miteinander verbindet, scheint ihm die Vorstellung vom Wie des Schöpfungsvorgangs bereits nicht mehr ausschlaggebend zu sein; entscheidend ist die – gemeinsame – Intention so verschiedenartiger Aussagen: Gott hat das Weltganze mit dem Lebensraum, die Kreaturen (Gen 1; Ps 104; 121,2 u. a.) sowie den Menschen (8; 22,10 f; 139,13 f; Jer 1,5 u. a.) geschaffen und ist ihr Herr (Ps 24,1 f u. a.).

Zudem finden sich Aussagen, die in besonderer Weise dem Glauben gemäß sind und – dem ersten wie zweiten Gebot entsprechend – sowohl die Analogielosigkeit als auch die Freiheit von Gottes Wirken herausstellen: „Er sprach, und es geschah" (Ps 33,6.9; 148,5; Klgl 3,37; Gen 1,3 u. a.); er „ruft" die Gestirne (Jes 40,26) oder spricht der Erde die Kraft, die Vegetation hervorzubringen (Gen 1,11 f.24; 8,22), wie auch den Lebewesen ihre Fähigkeit, sich zu mehren (1,22.28), erst zu. Sein „Schaffen" (*bara'* Gen 1,1.27 u. a.) bedarf keines vorgegebenen Stoffes und ist, da das Verb im AT Gott vorbehalten bleibt, menschlichem Handeln unvergleichbar, sagt insofern auch über das Wie des Vorgangs nichts mehr aus.

Der Schöpfungsbericht Gen 1 (o. § 8 b), der den Welt- und Lebensraum sowie das Leben selbst als Gaben Gottes versteht, zielt mit dem Einsatz beim „Anfang" auf die Geschichte – zunächst auf die Geschichte des Menschen, der durch die Gottesebenbildlichkeit (1,26 f; 9,6) und die Anrede Gottes (1,28 f) vor den anderen Lebewesen ausgezeichnet ist, dann (ab Gen 17; Ex 1,7 P) auf die Geschichte des Volkes. Dabei gilt Gottes volle Billigung „Siehe, es war sehr gut!" (Gen 1,31) der von ihm erschaffenen, zweckvoll-schön eingerichteten Welt, in der es noch kein Blutvergießen (1,29 f; entsprechend 2,8 ff J) gibt; als später „Gewalt" aufkommt, heißt es demgegenüber: „Siehe, sie war verdorben" (6,11 fP, vgl. 3,14 ff; 4,6 ff J). Nur beide Urteile gemeinsam umschreiben in ihrer Spannung die Zwiespältigkeit gegenwärtiger Wirklichkeit.

Die Psalmen bringen unmittelbar zur Geltung, daß das Bekenntnis zum Schöpfer Gegenwartserfahrungen einschließt (Ps 8; 104; 139 u. a.), und sprechen das Vertrauen in den Schöpfer aus, der in der Not zu helfen vermag (121,1 f; vgl. 33 u. a.). Für die Weisheit ist im Verhalten zum Bedrückten ein Verhalten zum Schöpfer verborgen (Spr 14,31; 17,5); doch bleibt die Schöpfung ein auch die Gegensätze, reich und arm, verbindender und tragender Grund (22,2; 29,13; vgl. Hi 31,13 ff; Mal 2,10). Gott hat die Welt „durch Weisheit" geschaffen (Spr 3,19 f; 8,22 ff; vgl. Hi 38 f), auch wenn Kohelet skeptisch hinzufügt, daß der Mensch diese Ordnung nicht zu durchschauen vermag.

Demgegenüber kann der Prophet Deuterojesaja seine Verheißungen statt aus der − durch den tiefen Einschnitt des Exils fraglich gewordenen − Geschichte mit der Schöpfung begründen, um zu betonen: Trotz der Ohnmacht des Volkes hat Gott Macht und Fähigkeit, das angekündigte Heil auch herbeizuführen (Jes 40,12 ff; 45,7 f.18 u. a.). Dabei kommt Schöpfung der Erwählung und Erlösung nahe (43,1 f; 44,2.24 u. a.), ja das künftige Heil gleicht einer Neuschöpfung: „Siehe, ich mache Neues" (43,19; 48,6 f), „einen neuen Himmel und eine neue Erde" (65,17; 66,22; vgl. Jer 31,22 u. a.).

4.2. Eine ähnliche Wandlung, zumal eine Sinnverlagerung in die Zukunft, vollzieht sich nach Übertragung des Königstitels auf Jahwe. Von ihrem Ursprung her bekundet die Redeweise von Gottes „Königtum" gerade nicht die Ausschließlichkeit Gottes, sondern setzt die Vorstellung der altorientalischen Religionen von einem umfangreichen Götterkreis mit einem königlichen Herrscher an der Spitze voraus. Indem Israel im Kulturland diese Anschauung übernimmt, kann es den eigenen Gott zum König der Götter proklamieren und damit Jahwes − weltweiten − Machtanspruch aussagen: „Ein großer Gott ist Jahwe und König über alle Götter" (Ps 95,3; vgl. 29,1 f.10; 47,3; Jes 6 u. a.). Jedoch wird aus der Überlegenheit des einen Gottes über die anderen Götter (Ps 97,7.9) − im Sinne des ersten Gebots − der eine „König Israels" (Jes 44,6), „euer König" (43,15), so daß der Titel die Herrschaft wie den Gemeinschaftswillen Gottes bezeugt (33,22): „Jahwe, unser König, wird uns helfen." Vielleicht erklang am Herbstfest in Jerusalem, etwa bei einer (Lade-) Prozession, der Ruf: „Jahwe ist König (geworden)", wie die sog. Thronbesteigungspsalmen bzw. Jahwe-Königs-Lieder vermuten lassen (bes. Ps 47; 93; dann 96 − 99; vgl. 24,7 ff; Sach 14,16 ff). Als Deuterojesaja diese Überlieferung aufnimmt, wandelt er die Formel in einen Zuspruch „Dein Gott ist König geworden" ab, faßt die Wirklichkeit dieses Wortes als noch ausstehend auf und kündigt den Anbruch der Königsherrschaft

Gottes „vor den Augen aller Völker" für die nächste Zukunft an (Jes 52,7 – 10). Wenn andere Prophetenworte (Ez 20,33 ff; Mi 2,12 f; 4,7 u. a.) diese Erwartung weitertragen, so kommt das Bekenntnis zu Gottes Königtum einer auf Zukunft ausgerichteten Auslegung des ersten Gebots gleich:

> „Jahwe wird König werden über die ganze Erde;
> an jenem Tag wird Jahwe einzig sein und sein Name einzig"
> (Sach 14,9; vgl. 14,16).

In die weltweite Königsherrschaft werden auch die Toten einbezogen (Ps 22,28 – 30), oder Gott wird, wenn er unumschränkt regiert und die Völker in seine Gemeinschaft aufnimmt, „den Tod für immer vernichten" (Jes 24,23; 25,6 – 8). Allerdings wird Gottes Königsherrschaft nicht nur von der Zukunft erwartet, sondern zugleich als gegenwärtig geglaubt (Ps 103,19) und bekannt: „denn Gottes Herrschaft ist eine ewige Herrschaft, und sein Königtum währt von Geschlecht zu Geschlecht" (Dan 4,31; vgl. 2,46 f; 3,33; 6,26 f; Ps 145,13). Darum kann die Welt jetzt schon aufgerufen werden, sich über die Herrschaft Gottes zu freuen: „Jahwe ward König – es jubele die Erde!" (Ps 97,1; vgl. 98,6).

5. Das Urteil „Die Bibel spricht ungebrochen und in reicher Fülle von göttlichen Eigenschaften" (G. Ebeling) ist für das AT kaum berechtigt. Von Prädikaten wie „König" oder „Herr" abgesehen, legt das AT eher wenige Attribute Gott bei, lobt ihn nicht durch Häufung von Beinamen und zählt in der Regel keine Eigenschaften als Wesensmerkmale auf, sondern spricht zumeist verbal von Gott. Darin wird auch eine kritische Zurückhaltung gegenüber Sprachmöglichkeiten spürbar, die der alte Orient anbietet; denn die Jahwe beigelegten Attribute haben der Ausschließlichkeit – wie der Geschichtsbezogenheit – des Glaubens gerecht zu werden. Zugleich tritt deutlich hervor, wie wenig das AT eine – systematisch reflektierte – Lehre von Gott bietet.

5.1. Das AT hat – wohl erst später – die Forderung der Ausschließlichkeit der Gottesbeziehung mit Jahwes „Eifer" begründet und ausgelegt (Ex 20,5; 34,14; Dtn 4,23 f; 6,14 f u. a.); mit dem Attribut „eifernd" wird die gemeinsemitische Gottesbezeichnung El „Gott" streng im Sinne des ersten Gebots verstanden. Dabei wendet sich diese „Eiferheiligkeit" nicht – als Mißgunst, Eifersucht – gegen fremde Götter, sondern gegen Israel (Jos 24,19 u. a.), kann dem Volk aber auch Heil schaffen (Jes 9,6; Sach 1,14 u. a.).

Konnte schon der alte Orient eine Gottheit „heilig" nennen (vgl. von den „Göttersöhnen" Ex 15,11; Ps 89,6.8; vom Zion Ps 46,5; 48,2), so weiß das AT Gottes „Heiligkeit" als seinen „Eifer" (Jos 24,19) zu bestimmen: „Niemand ist heilig wie Jahwe" (1 Sam 2,2; vgl. Jes 6,3; 40,25). Der „Heilige Israels" klagt sein Volk an (Jes 1,4 u. a.) und verwirklicht nach dem Gericht die Erlösung (41,14 u. a.; vgl. 57,15; Hos 11,9). So bleibt der erhabene Gott den Menschen nahe (Ps 99,9): „Heilig ist Jahwe, unser Gott."

Im Alten Testament heißt Jahwe nicht deshalb „lebendig", weil er als sterbend-auferstehender Gott nach dem Tod neues Leben gewinnt, sondern sich als „wahrer" Gott (Jer 10,10) „lebendig" erweist (1 Sam 17,26.36 u. a.) und Leben zu schenken vermag: „Meine Seele dürstet nach Gott, dem lebendigen Gott" (Ps 42,3.9; vgl. 84,3; Hos 2,1). Er ist „die Quelle des Lebens" (Ps 36,10; vgl. Jer 2,13 u. a.).

5.2. Neben dem Credo, das auf Gottes Taten in der Geschichte verweist, kennt das AT eine ganz anders strukturierte Bekenntnisformel, die − scheinbar allgemein-zeitlos, ohne ausdrücklichen Bezug zur Geschichte − Gottes Wesen beschreibt. Sie findet sich mit gewissen Abwandlungen mehrfach, durchweg in jüngeren Texten, und stellt (trotz Ex 34,6 f) keine Selbstprädikation Gottes, sondern eine Aussage über seine Hinneigung zum Menschen dar:

„Barmherzig und gnädig ist Jahwe, langmütig und reich an Güte" (Ps 103,8; vgl. 86,15; 145,8; Neh 9,17 u. a.)

Wie verhält sich ein so grundsätzliches Bekenntnis zu Gottes Güte, Geduld und Vergebungsbereitschaft zur menschlich-geschichtlichen Erfahrung: Wird es auch angesichts von Not und Leid − oder gar Tod − festgehalten, so daß es der Wirklichkeit zu widersprechen vermag? „Deine Gnade ist besser als Leben" wagt Ps 63,4 zu formulieren.

Eine ebenfalls mehrfach belegte liturgische Formel lautet ähnlich: „denn er ist freundlich und seine Güte währet ewig" (Ps 106,1; 136 u. ö.). Überhaupt bezeugt das AT vielfältig Gottes Huld (Ex 20,6; Jes 54,10; Jer 3,12; 9,23; Hos 2,21; Ps 33,5; 51,3; 103; 130,7 u. v. a.).

5.3. Jenes mehrgliedrige Bekenntnis zu Gottes Gnade wird in Joel 2,13 für Israel und in Jon 4,2 für die Völker um die Aussage bereichert: „Ihn gereut des Unheils." Für das AT ist Gott nicht schlechthin unwandelbar und unveränderlich; er hat sich nicht − aufgrund seiner Allwissenheit − von uran festgelegt, sondern kann sein Vorhaben oder seine Tat „bereuen", sich etwa aufgrund menschlichen Verhaltens oder der Fürbitte (Gen 18,17 ff; Ex 32,9 ff u. a.) neu entscheiden. Angesichts abgrundtiefer Bosheit seines Geschöpfs „gereute es Jahwe, den Menschen gemacht zu haben" (Gen 6,5 − 8 J). Da dieser durch die Strafe der Flut jedoch nicht gebessert wird, ändert Gott seine Einstellung zum Menschen und sagt unverbrüchlich zu, seine Schöpfung trotz bleibender Bosheit im Rhythmus des Jahres- und Tageslaufs zu erhalten (8,21 f J; vgl. Jes 54,9). Ähnlich „bereute" es Gott, Saul zum König erwählt zu haben (1 Sam 15,11.35; vgl. von der Verwerfung Jerusalems 2 Kön 23,27). Allerdings wird in diesen beiden außergewöhnlichen Fällen jeweils auf eine abgeschlossene Vergangenheit zurückgeblickt und die Überlieferung nachträglich mit jenem kaum volkstümlichen, sondern eher theologisch gefüllten „Begriff hoher Reflexionsstufe" (J. Jeremias), gedeutet. Was Gen 6 – 8 J erzählend andeutet, spricht der Prophet Hosea aus: Gott selbst wandelt sich, ringt mit sich (11,8: „mein Herz kehrt sich wider mich"), um die Unbußfertigkeit, die Israel selbst nicht zu ändern vermag (5,4; 7,2; 11,7 u. a.), zu heilen (14,5). Ist für Amos (7,3.6) Gottes Reue keine gegenwärtige Möglichkeit mehr, um die Strafe für Israels Schuld aufzuschieben oder aufzuheben (7,8; 8,2), so eröffnet Hoseas Botschaft die Reihe der Aussagen, nach denen Gottes Willenswandel, Selbstbeherrschung oder Mitleid sowohl das eine Volk (Ex 32,11 – 14; Jer 26,3.13.19; Joel 2,12 ff u. a.) als auch die Völker (Jer 18,7 ff; Jon 3 f) vor seinem – berechtigten – Zorn verschont und dem Untergang entreißt. So kann das AT einerseits bezeugen, daß Gott sein (Heils-)Wort nicht zurücknimmt: „Gott ist kein Mensch, daß er lüge, kein Sterblicher, daß ihn gereue" (Num 23,19; vgl. 1 Sam 15,29 u. a.), andererseits auf menschliche Umkehr und Gottes Reue hoffen (Jer 18,7 f; Joel 2,12 – 14 u. a.).

5.4. Gott ist Richter der Welt (Ps 82; 96 ff) wie des einzelnen; er prüft das Herz (7,9 ff; 9,5; vgl. 1 Kön 8,30 ff u. a.). Dieser Gott des Rechts hilft dem, der ihn anruft (Ps 4,2; 31,2 u. a.): „Gnädig ist Jahwe und gerecht; unser Gott ist barmherzig" (116,5; vgl. 25,8; 145,17; Jes 45,21). Weil Gottes Gerechtigkeit sein Heilswirken (so schon nach dem Deboralied Ri 5,11) ist, kann der Psalmist einerseits bitten: „Um deiner Treue, deiner Gerechtigkeit willen erhöre mich!" (Ps 143,1), andererseits Gottes Hilfsbereitschaft preisen: „Mein Mund soll deine Gerechtigkeit künden, deine Hilfe den ganzen Tag" (71,15; vgl. 40,10 f; 145,7 u. a.). Der Zukunftsherrscher soll sogar den Titel tragen: „Jahwe unsere Gerechtigkeit" (Jer 23,6; vgl. 33,16).

In gleicher Weise zielen andere, seltenere Prädikate, wie „treuer" (Dtn 7,9; vgl. Jes 65,16 u. a.), „vergebender" (Ps 99,8) oder auch „sich verbergender" (Jes 8,17; 45,15) Gott, auf Gottes Verhältnis zum Menschen. Dabei meinen Gottes „Eigenschaften" nicht nur seine Gesinnung, sondern zugleich seine Fähigkeit und Bereitschaft zur Tat, umschließen also Wollen und Tun, Wesen und Wirken: „Jahwe ist gerecht in allen seinen Wegen, gnädig in all seinen Taten" (Ps 145,17; vgl. 103,8 – 10).

Gott wirkt auf einmalig-besondere wie stetige Weise auch durch seinen Geist (im Hebräischen Femininum). Er erweckt die sog. großen Richter (Ri 6,34 u.a.) und die — frühen — Propheten (1 Sam 10,6 ff; 19,20 ff; vgl. Num 11,16 ff), während die sog. Schriftpropheten sich eher auf das Wort als den Geist berufen (anders Ez 3,12.14 u.a.; vgl. Hos 9,7; Jer 29,26; Mi 3,8; Jes 61,1). Gottes Geist ist Leben spendende (Ps 104,29 f; Hi 33,4; vgl. Gen 2,7 u.a.) und erneuernde Kraft (Neuschöpfung Ez 37; vgl. Joel 3,1 f; Ps 51,12 f), gleichsam Gottes Gegenwart bei seinem Geschöpf (Ps 139,7). Gottes Geist und „Fleisch" als menschliche Ohnmacht können gegenübertreten (Jes 31,3; 40,6 f; auch Sach 4,6).

6.1. Solche Zuwendung erfährt der König in besonderem Maße: Jahwe „verleiht große Hilfe seinem König und erweist Huld seinem Gesalbten, David und seinen Nachkommen für immer" (Ps 18,51). Gott erwählte David und den Zion (1 Kön 8,16 LXX; Ps 132). Mit der Krone gibt Gott Segen, Leben, Hoheit, so daß sich der König auf Gott verlassen kann: „Der König vertraut auf Jahwe, durch die Huld des Höchsten wankt er nicht" (21,4 – 8). Zwar soll der König den Armen helfen (72,12 ff), doch bleibt er selbst auf Hilfe angewiesen (20,2 ff.10). Diese Abhängigkeit kommt etwa in der Bitte des Königs (1 Kön 3,5 ff; Ps 2,8; 21,3.5; 144,7) oder in der Fürbitte für ihn (20,2 ff; 72,1; 132,1.10) zum Ausdruck. Werden die Helden der Richterzeit unmittelbar berufen, so scheint die Amtseinsetzung des Königs mittelbar zu erfolgen. Seine Legitimation beruht auf einem Gotteswort, das ihm in der Ichrede, wohl durch einen prophetischen Sprecher zusagt: „Mein Sohn bist du" (Ps 2,7; vgl. 89,4 f.28 ff). Die in dem vergleichbaren Ermächtigungswort: „Setze dich zu meiner Rechten, bis ich deine Feinde zum Schemel deiner Füße lege!" (110,1) angedeutete Unterscheidung von göttlicher und menschlicher Tat kommt zunehmend zur Geltung, bis schließlich gegenübergestellt werden kann: „Nichts hilft dem König ein starkes Heer … Sieh, Jahwes Auge ruht auf denen, die ihn fürchten" (33,16.18; vgl. 20,8 f; 147,10 f). So wird auch der Herrscher in das Eingeständnis menschlicher Ohnmacht einbezogen (89,48 f; 144,3 f) und der Wirksamkeit Gottes mehr Raum gegeben.

6.2. Eine entsprechende Tendenz wird verstärkt in den messianischen Weissagungen spürbar. Der Messias ist nicht eigentlich „Heilsbringer", sondern tritt in einem von Gott geschaffenen Friedenszustand auf und kann darum „Friedensherrscher" heißen, weil er keinen Krieg mehr führt (Jes 9,1 – 4.5 f). Gott selbst zerbricht das Joch (vgl. Ex 14 f; Ps 20,8 f u.a.), bringt oder ist das Licht, d.h. die Rettung, das Heil (Jes 9,1; vgl. 60,1 f; Ps 27,1; 36,10 u.a.). Der Zukunftskönig „weidet in der Kraft Jahwes"

(Mi 5,3), ja trägt geradezu den Namen „Jahwe ist unsere Gerechtigkeit" (Jer 23,5 f). So steht der Messias einerseits Gott sehr nahe, ist ihm fast gleich. Die Ehrentitel „Der Wunderbares plant" und „Gottheld" bzw. „starker Gott", auch „Ewig-Vater" (Jes 9,5), sind göttliche Würdeprädikate (vgl. 28,29 bzw. Ps 24,8); solche hohen Aussagen, die an altorientalische, zumal ägyptische Königsvorstellungen erinnern, hat Israel – trotz der einmaligen Anrede „Gott, Göttlicher" (Ps 45,7) – auf den irdischen Herrscher kaum übertragen, sondern der Zukunftserwartung vorbehalten. Andererseits bleibt der Messias Gott untergeordnet; zu den ihm verliehenen Charismata gehört auch „der Geist der Furcht Jahwes" (Jes 11,2). Der letzten messianischen Weissagung des AT (Sach 9,9 f) gilt der statt auf dem Kriegsroß vielmehr friedfertig auf einem Esel reitende Messias selbst als „Armer", der auf Gottes Hilfe angewiesen ist (vgl. Ps 20,7. 10; 33,16), aber seine Friedensbotschaft weltweit trägt: Er „verkündet das Heil den Völkern." So wird die Herrschaft des Messias universal ausgeweitet (vgl. Mi 5,3; Jes 11,10; auch Ps 72,8 u. a.) und zugleich die Niedrigkeit des Kommenden bekannt. Ähnlich lautet das spätere Urteil über Mose: „Der Mann Mose war sehr demütig, mehr als irgendein Mensch auf Erden" (Num 12,3; vgl. vom Gottesknecht Jes 53,4).

6.3. Das besondere Verhältnis zwischen Gott und König bringt die Zusage 2 Sam 7,14 formelhaft zum Ausdruck: „Ich will ihm Va t e r sein, und er soll mir Sohn sein." Der König ist nicht natürlich-leibhaftig göttlichen Ursprungs, sondern wird – vermutlich bei der Thronbesteigung – zum Sohn erklärt (Ps 2,7; vgl. 89,27 f; auch Jes 9,5). Daneben bewahrt das AT gelegentlich die mythische Vorstellung von „Götter- bzw. Gottessöhnen" (Gen 6,1–4; Ps 29; 82), die zunehmend Jahwe untergeordnet werden (89,6 ff; Hi 1 f u. a.).

Vor allem aber wird der Sohnestitel auf das Volk übertragen: „Aus Ägypten berief ich meinen Sohn" (Hos 11,1; vgl. Ex 4,22 f). Allerdings meint man in älterer Zeit eine gewisse Zurückhaltung zu bemerken, Gottes Beziehung zu Israel mit dem Vater-Sohn-Verhältnis zu veranschaulichen, da sich mit dieser Bildrede zu leicht für den Jahweglauben anstößige Vorstellungen (vgl. Jer 2,27) verbinden konnten. Zieht die Zusage „Söhne seid ihr Jahwe, eurem Gott" (Dtn 14,1) Konsequenzen für Israels Verhalten, so werfen die Propheten dem Volk gar vor, „mißratene, widerspenstige" Söhne zu sein (Jes 1,4; 30,1.9; Jer 3,14.22 u. a.), und bezeugen damit den Ungehorsam des ganzen Volkes (Hos 2,6; Jer 2,29; Ez 2,3 ff u. a.). Ähnlich spricht das Moselied von Söhnen, auf die kein Verlaß ist" (Dtn 32,20), und wagt im Schuldaufweis vom Schöpfer (32,6) als Va t e r und Mu t t e r zu reden: Du vergaßest „den Felsen, der dich

gezeugt, Gott, der dich geboren hat" (32,18; vgl. Num 11,12). Nur in
z. T. sehr alten Eigennamen – wie Abraham „(Mein Gott) Vater ist
erhaben" – wird Gott öfter „Vater" genannt, und zwar wohl als Führer
und Schützer. In späten Zeugnissen gilt der Titel eher dem Schöpfer:

> „Haben wir nicht alle einen Vater,
> hat nicht ein Gott uns geschaffen?"
> (Mal 2,10; vgl. 1,6; Jes 64,7 u. a.).

Dabei kann die Autorität des liebenden Vaters (Spr 3,12) zugunsten
seiner Güte und Fürsorge zurücktreten: „Wie sich ein Vater über Kinder
erbarmt, so erbarmt sich Jahwe über die, die ihn fürchten" (Ps 103,13;
vgl. Mal 3,17). Darum kann sich die Gemeinde mit dem Bittruf „unser
Vater" an den Erlöser wenden (Jes 63,15 f; 64,7; vgl. Jer 31,9).

7. Bereits bei der Amtseinsetzung des Königs scheint ein durch einen
prophetischen Sprecher weitergegebenes Gotteswort eine Rolle zu spielen;
außerdem können die Propheten schon früh dem König verheißend
(2 Sam 7) wie drohend (2 Sam 12; 24; 1 Kön 21 f) entgegentreten.

7.1. Die sog. großen Schriftpropheten des 8. und 7. Jh. (vgl. o. § 13)
gehen über die Kritik am König (Am 7,9.11; Jes 7; Jer 21,11 ff) oder
Königtum (Hos 1,4; 3,4; 8,4 u. a.) hinaus; ihre Gerichtsbotschaft über das
Volksganze rührt an die Fundamente alttestamentlichen Glaubens. Diese
Propheten treten der Grundannahme, daß Gott Israel zugeneigt ist und
Schuld vergibt, mit der Zukunftseinsicht entgegen, daß sich Gottes Herr-
schaft im Leiden des Volkes erweisen, ja den Untergang Israels herbei-
führen wird.

In einem Zyklus von vier Visionen wird *Amos* zu der Einsicht geführt:
„Das Ende ist gekommen für mein Volk Israel. Ich will nicht mehr
(schonend) an ihm vorübergehen" (8,2). Er kann diese Ansage gewisser
Zukunft (1,3 – 2,6: „Ich nehme nicht zurück") auch in göttlicher Ichrede
weitergeben: „Ich suche an euch heim alle eure Schuld" (3,2; vgl. 2,13
u. a.). Schon für Amos ist Jahwe nicht nur Richter Israels und der
umliegenden Völker, der auch Vergehen ahndet, von denen Israel nicht
betroffen ist (2,1), sondern hat Macht über die Nachbarstaaten hinaus
(5,27; 6,14; 9,7) bis an die Grenzen des Kosmos: Weder im Himmel oder
in der Unterwelt noch in der Tiefe des Meeres gibt es vor ihm eine
Fluchtstätte (9,2 f; vgl. Ps 139,7 ff). Damit sprengt Jahwe die Kategorie
eines „Volks-" oder „Nationalgottes", zumal er sich gegen sein Volk
wendet.

Amos' Nachfolger nehmen seine Verkündigung mit jeweils eigenen
Schwerpunkten auf. *Hosea* scheint der Zusage der Gegenwart Gottes

„Ich werde (da-)sein" (Ex 3,14) unmittelbar zu widersprechen: „Ihr seid nicht (mehr) mein Volk, und ich, ich bin nicht (mehr) für euch da" (Hos 1,9). Die Härte dieser Botschaft, nach der Gott selbst die Gemeinschaft mit dem Volk aufkündigt, spiegelt sich auch in Bildworten wider: „Ich bin wie ein Löwe, zerreiße, trage weg, und niemand rettet" (5,14; vgl. 5,12; 13,7 f).

Für *Jesaja* ist Gott nicht mehr der verläßliche Fels (Ps 18,3 u.a.), sondern der „Stein des Anstoßes und der Fels des Strauchelns für beide Häuser Israels" (Jes 8,14). Wie der Prophet in der − von den Hörern selbst gewollten (9,12; 28,12; 30,9.12.15) und darum auch zu verantwortenden − Verblendung (9,9 f; 29,9 f) das Gericht als bereits gegenwärtig erfährt, so kann er dem Beten Israels im Gotteswort die Erhörung versagen (1,15): „Auch wenn ihr noch so viel betet, ich höre euch nicht (mehr)."

Jeremia, der ähnlich wie Amos in einer Vision vom kommenden „Unheil über alle Bewohner des Landes" überzeugt wird (1,13 f), kann sogar die Fürbitte für sein Volk verboten werden (14,11 u.a.); denn er hat auch mit seiner Lebensweise zu bezeugen: „Ich habe mein Heil von diesem Volk genommen, die Gnade und das Erbarmen" (16,5; vgl. Am 9,4; Hos 13,14). Daß der nahe zum fernen Gott wird (Jer 23,23), muß Jeremia, durch die Botschaft vereinsamt (15,17) und angefochten, selbst erleben: „Du bist mir wie ein Trugbach geworden" (15,18). So erfährt Jeremia (20,7) noch stärker als Amos (3,8; 7,15; vgl. Jes 8,11) den auf ihm lastenden Zwang (vgl. I Kor 9,16).

Das Gericht können die Propheten auf verschiedene Weise beschreiben, gelegentlich als direkte Begegnung mit Gott (Am 5,17; 9,1 ff; Jes 1,24 ff; 2,12 ff u.a.), öfter jedoch nur indirekt als Tat Gottes. Die Erinnerung an Kriege Jahwes zugunsten seines Volkes wandelt sich ihnen zur Ankündigung eines Krieges Gottes gegen sein Volk (Am 2,14 ff; Jes 28,21 „befremdlich sein Werk" u.a.). Die Großmächte gelten als Werkzeug Jahwes, die in seinem Auftrag das Gericht vollstrecken; so ist der Assyrer „ein Starker für Jahwe" (Jes 28,2; vgl. 5,26 ff; 7,18 ff; Am 5,27; 6,14; Jer 27,6; auch im Rahmen der Heilsverheißung: Jes 44,23; 45,1).

Angesichts des drohenden „Zorns" Gottes (Jes 5,25; Jer 23,19 f u.a.) wird verständlich, daß die Propheten bestehende Hoffnung zerstören: „Wehe denen, die den Tag Jahwes herbeisehnen! Er ist Finsternis und nicht Licht" (Am 5,18; vgl. Jes 2,12−17). Als Zephanja (1,7.14 ff) dieses Thema aufgreift, tritt besonders deutlich hervor, daß schon die Gerichtsansage − wie später die Heilsverheißung (Jes 43,19) − aktuelle Naherwartung ist: „Nahe ist der Tag Jahwes! Ein Tag des Zorns ist jener Tag!"

Jeremia muß gegenüber seinen „heils"prophetischen Gegnern seine Gewißheit durchhalten: „Sie sagen: ‚Heil, Heil'; aber es ist kein Heil" (6,14;
vgl. 23,16 ff; 28 f; Ez 13). Entsprechend können die Propheten dem Er-
wählungsbewußtsein (Am 3,2; 6,1; 9,7) und dem Sicherheitsgefühl „Ist
nicht Jahwe in unserer Mitte? Es kann kein Unheil über uns kommen!"
(Mi 3,11; vgl. Jer 5,12) entgegentreten. So kann – im Gegensatz zur
Zionstradition (Ps 46 u. a.) – selbst Jerusalem mit dem Tempel das Heil
nicht garantieren (Mi 3,12; Jer 7; 26; Ez 8 ff; vgl. Jes 28,14 ff u. a.).

Aus derselben Absicht erklärt sich wohl auch die umstrittene Kult-
und Opferkritik, die die Propheten in der Gottesrede vortragen können:
„Ich hasse, ich verschmähe eure Feste" (Am 5,21 ff; vgl. 4,4 f; 5,5; Jes
1,10 ff; 43,22 ff u. a.). Sie weisen die „Sünde" des Volkes (Am 3,2.14; 5,12;
Jes 1,4; 6,5 u. a.) in verschiedenen Bereichen, Gottesdienst, Gesellschaft,
Recht oder Politik, exemplarisch auf, können aber auch allgemein Gottes
Zuwendung und Israels Abfall unmittelbar gegenüberstellen: „Söhne habe
ich großgezogen …, aber sie haben sich gegen mich aufgelehnt" (Jes 1,2;
ausgeführt im Weinberggleichnis 5,1 – 7; vgl. Jer 2,7 u. a.). Gelegentlich
kann die Schuld bis in die Ursprünge zurückverfolgt („Im Mutterleib
betrog er seinen Bruder" Hos 12,4; vgl. Jes 43,27; Ez 15 f; 23 u. a.) oder
gar über die Unbußfertigkeit (Jes 30,15; Jer 6,16; Ez 2,3 ff u. a.) hinaus
die Unmöglichkeit der Umkehr festgestellt werden: „Ihre Taten erlauben
ihnen nicht, zu Jahwe zurückzukehren" (Hos 5,4; vgl. Jer 2,22; 13,23
u. a.).

7.2. Trotz so radikaler Einsicht sagen die Schriftpropheten, vielleicht
von Amos abgesehen, angesichts des Gerichts auch Heil an, wie die
Symbolhandlung von Jeremias Ackerkauf während der Belagerung Jeru-
salems (Jer 32,6 – 15) vor Augen führt. Hosea stellt die Deportation nach
Assur als Rückführung nach Ägypten dar, so daß aus der Rückkehr zum
Ursprung ein Neubeginn erwachsen kann (8,13; 9,3.6; 11,5.11; 12,10;
2,16 f). Die Wende vollzieht sich als Wandlung in Gott („Mein Herz kehrt
sich gegen mich" 11,8) und erscheint als sein Werk: „Ich heile ihre
Abtrünnigkeit" (14,5; aufgenommen in Jer 3,22; 31,20). Ähnlich erwartet
Jesaja, der auf den „sich verbergenden" Gott zu „hoffen" wagt (8,17), im
Rückgriff auf die Vergangenheit eine neue Zukunft als Tat Gottes: „Deine
Richter will ich machen wie zuvor und deine Ratgeber wie zu Beginn"
(1,26; vgl. 28,16 f). Jeremia erneuert Hoseas Verheißung an das Nordreich:
„Kehre um; denn ich bin gnädig" (3,12); in gleicher Weise fordern spätere
Worte angesichts der Heilszukunft zu einem bestimmten Verhalten auf,
sei es Buße, Freude oder Rechttun (Jes 44,22; 55,6 f; 56,1; 60,1; Sach 2,14;
9,9 f u. a.). Wie Jeremia – gegenüber dem Südreich – festhält, daß Heil

nur in oder nach dem Gericht erfahren wird (Jer 24; 29; 32), macht die Vision von der Wiederbelebung der Totengebeine anschaulich, daß die Zukunft des Volkes durch einen Akt göttlicher Schöpfung herbeigeführt wird: „Siehe, ich bringe Lebensodem in euch" (Ez 37,5 f). Ähnlich werden eine Erneuerung der Schöpfung (o. Abs. 4.1) oder des Menschen erwartet: „Ich gebe ein neues Herz" (Ez 36,26; vgl. Jer 31,31 ff; Ps 51,12 u. a.).

Spielt in der Botschaft der Propheten das Wort Gottes eine zunehmende Rolle (Am 3,8; Jes 9,7; Jer 1,11 f; 5,14; 23,28 f u. a.), so kann sich der Exilsprophet Deuterojesaja bereits auf die Erfüllung des Worts seiner Vorgänger berufen (Jes 44,26; vgl. 41,22 f; 43,9 u. a.). Er hört, die Zukunft vorwegnehmend, bereits den Ruf: „Siehe da, euer Gott" (40,9; vgl. 52,7). Obwohl sich seine Heilsbotschaft nur sehr eingeschränkt erfüllt hat, wird sie als „bleibendes" (40,8) und wirksames (55,10 f) Wort bewahrt und von nachexilischen Propheten wie Tritojesaja, Haggai oder Sacharja, weitergetragen: „Juble und freue dich, Tochter Zion; denn siehe, ich komme und wohne in deiner Mitte" (Sach 2,14). Schließlich wird die Zukunftserwartung von der aufkommenden Apokalyptik aufgenommen, die streng zwischen Gottes- und Menschenwerk unterscheiden kann (Dan 2,34 f u. a.).

8.1. Der Jahweglaube trat wohl erst allmählich in das altorientalisch vorgeprägte Weisheitsdenken (vgl. o. § 27) ein, das mit dem Ziel der Lebensbewältigung in Sprüchen Erfahrungen sammelt und deutet. Dabei spielt der Zusammenhang von Tun und Ergehen, gutem Verhalten und Heil, Unrecht und Unheil, eine gewichtige Rolle: „Wer unsträflich wandelt, wandelt sicher, wer aber krumme Wege geht, wird ertappt" (Spr 10,9; vgl. 26,27 u. a.). Wie verhält sich Gott zu dieser Lebensordnung? Er „prüft die Herzen" (21,2; 16,2) und vergilt dem Menschen gemäß seiner Tat (24,12; 25,21 f; Jer 17,10 u. a.). „Der Gute findet Wohlgefallen vor Jahwe" (Spr 12,2); Unrecht und Hochmut sind vor ihm ein „Greuel" (11,1.20; 16,5 u. a.). Dabei gebührt es dem Menschen, bescheiden zu sein (20,24; 21,30; 26,12); denn angesichts des geheimnisvollen (25,2) Waltens Gottes sind menschlicher Einsicht Grenzen gesetzt: „Des Menschen Herz erdenkt sich seinen Weg, aber Jahwe lenkt seinen Schritt" (16,9; vgl. 16,1; 19,21); nicht eigene Mühe, „Jahwes Segen macht reich" (10,22). Aus diesem Denkansatz ergeben sich auch ethische Konsequenzen. So ist der Arme nicht zu bedrücken; denn er findet einen Schutz in seinem Schöpfer (14,31; 17,5; 22,22 f; 23,1 f). Weil Gott selbst die Bestrafung oder „Rache" vornimmt (vgl. Gen 9,5; 2 Sam 16,8; Jes 35,4; 47,3 u. a.; an Israel: Jes 1,24), ist es nicht Sache des Menschen, Vergeltung zu üben (Spr 20,22; 23,17 f; 24,29; 1 Sam 24,13; Ps 37,1 f).

Noch enger werden Welt- und Lebenserfahrung mit dem – wohl jüngeren – Motto der Sammlung in den Glauben einbezogen: „Die Jahwefurcht ist der Anfang der Weisheit" (Spr 1,7; vgl. 9,10; 14,26; Hi 28,28; Jer 9,22 f u. a.). Der Prophet Jesaja kann gar unter kritischer Aufnahme der Weisheitstradition in seine Gerichtsbotschaft von Gott sagen: „Auch er ist weise und führt Unheil herbei" (31,2; vgl. 5,21).

Angesichts des allgemeinen Todesschicksals hegt der „Prediger" *Kohelet* Zweifel an der Weisheit (1,16 f; 2,14 ff u. a.) und am Tun-Ergehen-Zusammenhang; denn „es gibt Gerechte, denen es nach dem Tun der Frevler ergeht, und es gibt Frevler, denen es nach dem Tun der Gerechten ergeht" (8,14; vgl. 7,15). Jedoch nimmt Kohelet den Lauf der Dinge und die Gaben dieses Lebens aus Gottes Hand (2,24 f; 7,14; 12,1.7 u. a.). Er hat alles recht gemacht und ist zu fürchten (3,14); aber der Mensch vermag Gottes Werk (3,11; 8,17), damit auch seine eigene Zukunft (3,21; 8,7; 9,12; 10,14), nicht zu ergründen.

Bewahrt Kohelet trotz der Einsicht in die Undurchschaubarkeit des Daseins den Glauben an die göttliche Lenkung des Schicksals, so ringt *Hiob* mit dem Gott, der ihn verfolgt und bedrückt (16,9 ff; 19,6 ff): „Er brach mich nieder um und um, und ich fahre dahin; er riß meine Hoffnung aus wie einen Baum" (19,10; vgl. 14,19). Aber gegen den Gott, der ihm das Recht nimmt (27,2; vgl. 9,20 ff), ruft Hiob den Gott an, der für sein Recht eintritt: „Im Himmel ist mein Zeuge" (16,19 – 21; 19,25 f). Als Hiob die ersehnte (31,35) Antwort erhält, die ihm die Begrenztheit menschlichen Wissens und Tuns vor Augen führt (38 ff), gibt er Gott recht und kehrt nach allem Aufbegehren zur Demut vor Gott zurück (42,5 f; 2,8; vgl. o. § 29,6).

Wagt Hiob einmal den Wunsch zu äußern, Gott möge ihn vor seinem Zorn im Totenreich verbergen, um dann dort seiner gnädig zu gedenken (14,13; vgl. 19,26), so geht das Bekenntnis zu einer Gottesgemeinschaft, die sich im Tode durchhält, über das Hiobbuch hinaus: „Doch bleibe ich stets bei dir; mögen auch mein Fleisch und mein Herz vergehen …, Gott ist auf ewig mein Teil" (Ps 73,23 – 26; vgl. 49,16).

8.2. Gegenüber Hiobs schrecklicher Gotteserfahrung „Ich schreie zu dir, doch du antwortest mir nicht" (30,20; vgl. 19,7) bezeugen die Psalmen: „Zu Jahwe rief ich in meiner Not, und er antwortete mir" (120,1; 18,7; 22,6; 40,2; Klgl 3,55 ff; Jer 29,12; Jes 55,6; 65,24 u. a.). Dieser Ruf kann aus der Tiefe (Ps 130,1), der Erfahrung der Gottverlassenheit (22,2) oder der Verborgenheit Gottes (13,2; 88,15 u. a.) kommen. Der Beter kann sich besinnen und sich aufrufen: „Was bist du so aufgelöst meine Seele, so unruhig in mir? Harre auf Gott!" (42,6.12; vgl. 27,14; 37,3 ff). Die

Frage „Was erhoffe ich, Herr?" erhält die Antwort: „Mein Harren geht
auf dich!" (39,8; vgl. 71,5; 130,5 ff). Auf ihn richtet sich das Vertrauen,
daß er auch „im finstern Tal" den einzelnen (23; 27; vgl. Jer 15,20 u. a.)
wie die Gemeinde (Ps 46; 125 u. a.) geleitet. Im Schuldbekenntnis findet
sich eine ähnliche Konzentration: „An dir allein habe ich gefehlt" (51,6;
vgl. 32). Auf vielfältige Weise bezeugen die Psalmen Ferne und Nähe,
Zorn und Gnade Gottes, Ohnmacht und Hoheit des Menschen. Sie preisen
einerseits den Schöpfer (o. Abs. 4.1): Du hast den Menschen „wenig
niedriger als Gott gemacht" (8,6), klagen andererseits: „Wir vergehen in
deinem Zorn" (90,7). Jedoch: Gott „denkt daran, daß wir nur Staub
sind" (103,14). So soll das Lob Gottes über die Gemeinde (22,23) hinaus
weltweit erschallen: „Alles, was Odem hat, lobe Jahwe!" (150,6; vgl. 33;
96 – 99; 145; 148). Selbst „die Himmel erzählen die Ehre Gottes" (19,2;
vgl. 29,1 f).

9.1. Der Verständige „fragt nach Gott"; nur „der Tor spricht in seinem
Herzen: Es ist kein Gott" (Ps 14,1 f; vgl. Spr 19,3). Solche im AT aufkommenden Zweifel entstammen keinem theoretischen, sondern eher einem
praktischen Atheismus, beziehen sich nicht auf die Existenz, sondern die
Wirksamkeit Gottes im menschlichen Leben: „Er ahndet nicht" (Ps
10,4.11); „Jahwe tut weder Gutes noch Böses" (Zeph 1,12; vgl. Mal 2,17;
3,14 f; Jer 5,12; Ps 73).

Demgegenüber bekennt das AT vielstimmig und vielfältig: „Der Hüter
Israels schlummert noch schläft nicht" (Ps 121,4), wird „nicht müde noch
matt" (Jes 40,28). Dies zu bezeugen ist der Sinn der Anthropomorphismen.
Anders als sichtbare Bilder werden hörbare, sprachliche Bilder vielfach
gebraucht; denn sie sagen den in menschliches Schicksal eingreifenden
Gott an. So vollzieht sich die tiefste Anfechtung, von der das AT weiß,
im Ringen mit Gott; es kann die Nöte des Daseins in der Klage vor Gott
oder gar in der Anklage Gottes aussprechen (Ps 22; Jer 15,10 ff; 20,7 ff;
Hiob; vgl. Jes 53; auch 1 Kön 19,4; Jon 4 u. a.). Im Laufe der Geschichte
werden immer neue Erfahrungen mit diesem Gott gemacht, neue Le-
bensbereiche vom Glauben her erschlossen und gedeutet. So ist alttestamentliches Gottesverständnis nicht statisch festgelegt, sondern in bleibender Bewegung, unabgeschlossen, suchend, aber auch mit Gewißheit bekennend; es artikuliert sich in unterschiedlichsten Redeformen, wie Gebet
und Prophetenwort, Klage und Zuspruch.

9.2. Dieses Gottesverständnis umspannt größte Weiten, Höhen und
Tiefen, ja Gegensätze. Gott ist Gott des Volkes (vgl. die sog. Bundesformel
„Ich will euer Gott, ihr sollt mein Volk sein"), des einzelnen und der

Welt: „Lobe Jahwe, meine Seele; lobet Jahwe alle seine Werke an allen Orten seiner Herrschaft!" (Ps 103,1.22; vgl. 139,7 ff). Er umgreift den Anfang und das Ende der Zeit (Gen 1,1; Jes 41,1; 44,6; 48,12; 65,17 u. a.); er ist fern und nahe: Der Erhabene ist bei den Niedrigen (Ps 33,13 ff; 34,19; 113,5 ff; Jes 57,15; 66,1 f u. a.). Der Himmel schenkt, was die Erde benötigt (55,10 f); so schließen sich Jenseitigkeit und Diesseitigkeit nicht aus.

Unterscheidet das AT vielfach zwischen Tat Gottes und Tat des Menschen (Ex 14,13 f; Jes 43,24 f; Sach 4,6; Ps 115,1 f u. v. a.), scheint es doch den Unterschied zwischen Gott und Mensch im Laufe der Zeit stärker zu betonen (Hos 11,9; Jes 31,3; Ez 28,2.9; Hi 9,2.32; Koh 5,1 u. a.). Wenn anstelle des Eigennamens Jahwe zunehmend die Bezeichnung „Gott" (*El, Elohim*) benutzt wird (bis in die Gebetsanrede: Ps 5,11; 51,3 u. a.), so spielen dabei noch weitere Gründe eine Rolle: Das Verbot des Mißbrauchs des Gottesnamens (Ex 20,7) wird strenger aufgefaßt, und das Bekenntnis zu dem einen Weltherrn (Ps 136,26; Klgl 3,41; Jon 1,9 u. a.) bestreitet Macht wie Existenz anderer Götter.

Zwar unterscheiden beide Schöpfungsberichte Gen 1 – 2 zwischen der schöpfungsgemäßen und der bestehenden, zwiespältigen, auch leidvollen Wirklichkeit (o. Abs. 4.1); entsprechend besteht die Hoffnung auf eine Welt ohne Blutvergießen, ohne gewaltsamen Tod (Jes 11,6 ff; vgl. 2,4; 65,25) oder überhaupt ohne Tod (25,8). Aber Gott wirkt auf Erden G u t und B ö s e , für den Menschen Freud- und Leidvolles (Gen 30,2.22; Ex 4,11; 21,12; 1 Sam 16,13 f; Am 3,6; Jes 45,7; Klgl 3,37 f u. v. a.). Auch die Weisheit prägt ein: „Wen Jahwe liebt, den züchtigt er" (Spr 3,11 f; vgl. 16,4; 22,2), und selbst Kohelet mahnt angesichts des unerforschlichen Lebenslaufs (7,14): „Am guten Tag sei guter Dinge und am bösen Tag bedenke: Diesen wie jenen hat Gott gemacht!" So ist für das AT die Einsicht grundlegend, die die sog. großen Propheten nur zuspitzen: Gott „tötet und macht lebendig", „erniedrigt und erhöht" (1 Sam 2,6 f; Ez 17,24; vgl. Dtn 32,39; 2 Kön 5,7; Jes 19,22 u. v. a.). „Wenn er betrübt hat, erbarmt er sich (wieder) – gemäß der Fülle seiner Gnade" (Klgl 3,31).

9.3. Dabei hat das AT keineswegs ausschließlich Israel im Blick, sondern bezieht die V ö l k e r vielfach in sein Denken (Ps 115,1 f; 126,1 f; Jona u. v. a.), zumal sein Hoffen ein. Alle Welt wird Jahwes Herrlichkeit sehen (Jes 40,5) und erfahren: „Nur in Jahwe ist Heil und Stärke" (45,23; vgl. 19,21 ff; 25,6; Sach 2,15; Ps 22,28; 83,19 u. a.). In seiner am weitesten ausgreifenden Erwartung vermag das AT sogar die Bindung an den Zion (Jes 2,2 ff) aufzugeben: „Ihn werden verehren alle Inseln der Völker, jedermann von s e i n e r Stätte" (Zeph 2,11; vgl. 3,9 f; Mal 1,11; Jes 66,21).

Mit den Schöpfungsberichten hat das AT von vornherein die Menschheit als ganze vor Augen und nennt jeden Menschen, unabhängig von
Volkszugehörigkeit und Geschlecht, Gottes „Bild" (Gen 1,26 f) – nicht
ohne ethische Konsequenzen (9,6). Auch formuliert das AT nicht wenige
theologische Einsichten grundsätzlich-allgemeingültig: „Kein Lebender ist
vor dir gerecht" (Ps 143,2; vgl. Gen 8,21; Hi 4,17; auch Ex 33,20; Dtn
8,3; 1 Sam 16,7; Jes 2,17; Mi 6,8 u. v. a.). So hilft es dem Menschen,
angesichts „des Himmels, des Werks deiner Finger" nach sich selbst zu
fragen und sich zugleich – in bekennender Anrede – einzugestehen, daß
er von Gottes Fürsorge lebt (Ps 8,4 f): „Was ist der Mensch, daß du seiner
gedenkst?"

31

DIE FRAGE NACH DER EINHEIT
DES ALTEN TESTAMENTS

Aspekte einer „Theologie des Alten Testaments"

Eine „Theologie des AT" ist nicht nur durch den – immer wieder neu zu verstehenden – biblischen Text, sondern zugleich durch die Zeitsituation mit jeweils ihren Problemen bestimmt, in der der Versuch einer Zusammenfassung der entscheidenden Einsichten in das AT entsteht. Dabei ist jeder Entwurf zugleich durch Aufnahme und Ablehnung früherer Darstellungen mitgeprägt, so daß ein Blick in die Geschichte der Disziplin für das Verständnis einer „Theologie" hilfreich ist.

1. Nachdem gegen Ende des 18. Jh. die Eigenständigkeit des AT gegenüber der Dogmatik (J. Ph. Gabler, Rede über die rechte Unterscheidung biblischer und dogmatischer Theologie, 1787) und bald darauf auch gegenüber dem NT erkannt und ausgesprochen worden war, hatte man im 19. Jh. gelernt, mehr und mehr innerhalb des AT selbst, zwischen seinen Epochen wie seinen Phänomenen, zu differenzieren. So wurde zwischen Hebraismus und Judentum, d. h. vor- und nachexilischer Religion, unterschieden (W. M. L. de Wette, 1813, u. a.), die Prophetie als eigenes Phänomen gesehen (B. Duhm, 1875) oder die Apokalyptik hellenistisch-römischer Zeit abgegrenzt. Damit waren einerseits unaufgebbare Einsichten in die Eigenart des AT und seiner Epochen gewonnen, andererseits wurde das geschichtliche Verständnis der alttestamentlichen Religion zur beherrschenden Zugangsweise. Aus dieser Situation zog R. Smend 1893 die Konsequenz, indem er seine Darstellung statt „Biblische Theologie" vielmehr „Lehrbuch der alttestamentlichen Religionsgeschichte" nannte und es nicht systematisch, sondern nach Perioden (Altisrael, Propheten, Judentum) gliederte.

Bald darauf verteidigte K. Marti den von ihm statt „Theologie des Alten Testaments" gewählten Titel „Geschichte der Israelitischen Religion" (³1897.⁵1907) mit dem Argument, „daß es unmöglich sei, aus einem so vielgestaltigen und mannigfachen Buche, wie das Alte Testament es ist, eine einheitliche Theologie abzuleiten" (IV). Er möchte ebenfalls „*historisch* verfahren, die religiösen Anschauungen der verschiedenen Zeitalter zur Darstellung bringen, ihre Umbildung und Entwicklung im Laufe der Zeiten nachweisen" (3).

Die „rein historische" Betrachtung erbrachte eine Fülle von tiefen Einsichten, aber die Mannigfaltigkeit der historischen Einzelphänomene und die Umbrüche der Epochen ließen das AT als Ganzheit und Einheit aus dem Blickfeld geraten. Zudem gingen die Beziehungen der alttestamentlichen Wissenschaft zur Theologie als ganzer zunehmend verloren; die Eigenständigkeit des AT drohte zur Abseitigkeit zu werden.

2. Darum brach – wie in anderen theologischen Disziplinen – kurz nach dem Ersten Weltkrieg ein neues Fragen auf, das sich mit dem Erwerb immer feinerer historischer Kenntnisse nicht mehr begnügen wollte. In einem Vortrag „Die Zukunft der Alttestamentlichen Wissenschaft" forderte R. Kittel 1921, nicht nur „die Lebensäußerungen und Lebensformen der alttestamentlichen Religion zu beobachten", sondern weiterzuschreiten zur religionssystematischen „Darstellung des Wesens und Kerns der Religion und ihrer Wahrheit" (ZAW 39, 1921, 96 f).

Die Bemühung um eine andere Sichtweise suchte der Zugehörigkeit der alttestamentlichen Wissenschaft zur Theologie gerecht zu werden. So sah es C. Steuernagel als Notwendigkeit an, „die alttestamentliche Theologie von den Fesseln der alttestamentlichen Religionsgeschichte zu befreien, in denen sie völlig zu verkümmern droht"; die Parole muß lauten: „Alttestamentliche Theologie und alttestamentliche Religionsgeschichte" (FS K. Marti, 1925, 269).

Religionsgeschichtliche und theologische Fragestellungen sollten ihr Recht haben, sich nicht gegenseitig ausschließen, vielmehr sich ergänzen. Diese gewiß wichtige und richtige Forderung nach einem Miteinander beider Betrachtungsweisen nahm die Forschung allerdings in einer Form auf, die letztlich nicht zu befriedigen vermochte; denn es kam eigentlich nur zu einem Nebeneinander, einer Zweiteilung und damit Doppelung. Die „Religionsgeschichte" behielt die Gestalt einer Geschichtsdarstellung, die „Theologie" bekam wieder – wie schon im 19. Jh. – einen systematischen Aufriß (E. König, 1912/22; E. Sellin, 1933; ähnlich später G. Fohrer, 1969/72).

3. Schon W. Eichrodt suchte zu vermitteln, indem er in seinem bedeutsamen Entwurf (mit drei Hauptkreisen „Gott und Volk, Gott und Welt, Gott und Mensch" sowie dem Zentralbegriff des Bundes) „das historische Prinzip dem systematischen ergänzend zur Seite treten läßt und bei der Behandlung der einzelnen Glaubensgedanken die Hauptmomente ihrer geschichtlichen Entwicklung mit in die Betrachtung hineinnimmt" (Theologie des AT I, 1933.[8]1968, 4). Dabei war er bemüht, „die Religion, von der die Urkunden des Alten Testaments berichten, als eine trotz wechselvoller geschichtlicher Schicksale in sich geschlossene Größe

von beharrender Grundtendenz und gleichbleibendem Grundtypus darzustellen" (Vorwort zur 1. Aufl.).

W. Eichrodt kam es auf „eine Darstellung der alttestamentlichen Ge-
danken- und Glaubenswelt" (I[4], 2) an, wie auch L. Köhler eine „Zusammenstellung derjenigen Anschauungen, Gedanken und Begriffe des AT
bietet, welche theologisch erheblich sind oder es sein können" (Theologie des AT, 1935, Vorwort, [4]1966). Obwohl Aufriß und Durchführung
verschieden waren, bezog man die wesentlichen Aussagen des AT über
Gott, Israel, die Welt und den Menschen auf einen Grundansatz, um so
den Zusammenhang der Einzelmomente mit dem Ganzen, die Geschichtlichkeit der Offenbarung wie ihre Verbindlichkeit aufzuweisen. Je
mehr man aber die Einheit des AT suchte, desto mehr drohte sie verlo-
renzugehen; denn sie wurde auf je verschiedene Weise bestimmt.

Als Mitte des AT wurden etwa genannt: Gottes Heiligkeit (A. Dillmann, G.
Hänel), der Bund (W. Eichrodt), die Gegenwart des gebietenden Herrn (L. Köh-
ler), die Gotteserkenntnis als Gemeinschaftsverhältnis (Th. C. Vriezen), die
Grundverheißung „Ich bin der Herr, dein Gott" (F. Baumgärtel), die Königsherr-
schaft Gottes (auch W. Eichrodt u. a.), das Miteinander von Gottesherrschaft und
Gottesgemeinschaft (G. Fohrer) u. a.

Die verschiedenartigen Versuche, dem AT in seiner Mannigfaltigkeit
und Geschichtsbezogenheit einen Einheitsgedanken zu entnehmen, führten zu keinem allgemein anerkannten Ergebnis; keinem Entwurf will es
gelingen, den Grundansatz in allen Bereichen durchzuhalten. Entweder
verdeckt die systematische Gliederung die historische Vielfalt, oder der
Ansatz wird bei der Behandlung der Einzelphänomene bald verlassen.
Die Aussagen des AT lassen sich schwer systematisieren, erst recht nicht
auf einen Begriff bringen.

4. Von dieser Einsicht ging G. v. Rad in seinem epochemachenden
Neuansatz aus; er brach mit der Zweiteilung von Geschichte und Lehre,
indem er das alttestamentliche Glaubenszeugnis von Gottes Wirken in
der Geschichte zu erheben suchte: „Können wir die theologische Gedankenwelt Israels nicht von seiner Geschichtswelt lösen, weil deren Darstellung ja selbst ein kompliziertes Werk des Glaubens Israels war, so
heißt das zugleich, daß wir uns der Abfolge der Ereignisse, wie sie der
Glaube Israels gesehen hat, überlassen müssen... Die legitimste Form
theologischen Redens vom Alten Testament ist deshalb immer noch die
Nacherzählung" (Theologie des AT I, 1957. [4]1962, 134). G. v. Rad gelang es, im „Nachsprechen" der Geschichtszeugnisse „Einleitung" (bzw.
Literaturwissenschaft) und „Theologie" einander anzunähern, diese
weitgehend als Exegese im engen Anschluß an die Texte zu betreiben. So

stellte v. Rad nicht mehr Einzelaussagen aus unterschiedlichen Zusammenhängen zu einem Gedankenkomplex zusammen, gab aber auf die Frage nach der Einheit des Alten Testaments eine zurückhaltende Antwort; denn die einzelnen Geschichtszeugnisse berufen sich nicht auf dasselbe Offenbarungsgeschehen.

Die alttestamentliche Jahweoffenbarung zerlegt sich „in eine lange Folge von einzelnen Offenbarungsakten mit sehr verschiedenen Inhalten. Sie scheint einer alles bestimmenden Mitte, von der aus die vielen Einzelakte ihre Deutung und auch das rechte theologische Verhältnis zueinander bekommen könnten, zu ermangeln" (I⁴, 128). Das AT „hat keine Mitte wie das Neue Testament" – nicht einmal in Jahwe; „denn wir sahen dieses Israel ja kaum je in seinem Gott wirklich ruhend" (II⁴, 1965, 386).

C. Westermann stimmt zu: Es ist „nicht möglich, die Frage nach der Mitte vom Neuen auf das Alte Testament zu übertragen" (Theologie des AT in Grundzügen, 1978, 5).

Darüber hinaus fragt A. H. J. Gunneweg, „ob denn überhaupt das Alte Testament für eine christliche Theologie eine ‚Mitte' haben kann, wo doch in der christlichen Theologie Christus die Mitte und der Grund ist" (Vom Verstehen des AT, 1977, 79; vgl. FS E. Würthwein, 1979, 42). Ist aber selbst diese „Mitte" ohne alttestamentliches Erbe aussagbar?

Allerdings setzt G. v. Rad das Bemühen um die Einheit insoweit fort, als er „die Frage nach dem für den Jahweglauben und seine Bezeugungen Typischen" stellt (II⁴, 447; vgl. GesStud II, 1973, 295). Betont hält W. Zimmerli die Frage nach der Mitte des AT für „unaufgebbar" (EvTh 35, 1975, 102).

Um den inneren Zusammenhang des alttestamentlichen Redens von Gott im Wandel der Geschichte zur Geltung zu bringen, hebt W. Zimmerli „die Selbigkeit des Gottes", den das AT „unter dem Namen Jahwe kennt", hervor und setzt in seinem „Grundriß der alttestamentlichen Theologie" bei dem „offenbaren Namen" ein (1972.⁴1982, 10 f bzw. §1). In der weiteren Durchführung tritt dieses Programm aber zurück. Ausdrücklich denkt das AT nur in bestimmten literarischen Schichten (wie Ex 3,14 f; Hos 1,9; Dtn) über den Jahwenamen nach, und ein nicht unbeträchtlicher Teil nachexilischer Schriften (Hi, Koh, Ps 42–83 u. a.) meidet ihn. So läßt sich die Einheit des Glaubens nur im Wandel der Namen (vgl. Ex 6,2) aussagen: „Die Selbigkeit dieses einen Gottes ist, auch wo jüngere Zeit scheu den Jahwenamen meidet..., zweifellos vorausgesetzt" (TRE VI,445). Muß diese Identität aber nicht an alttestamentlichen Texten sprachlich ausweisbar sein?

In seiner umsichtigen Darstellung zum Problem findet R. Smend – im Anschluß an J. Wellhausen – die Mitte in der sog. Bundesformel „Jahwe der Gott Israels, Israel das Volk Jahwes". Läßt sich mit dieser für das AT höchst charakteristischen (allerdings erst in jüngeren Schriften bezeugten) Wendung auch die Weisheitsliteratur erfassen oder der das AT durchziehende Prozeß der Auseinandersetzung mit den Umweltreligionen verständlich machen? Die prophetische Kritik am Verhältnis von Gott und Volk sowie die Hoffnung auf Ausweitung dieses Verhältnisses, auf weltweite Anerkennung des einen Gottes, kommen kaum genügend zur Geltung.

5. Trotz aller Schwierigkeiten bleibt die Aufgabe, eine einigende, wesentliche Gemeinsamkeit oder ein tragendes Grundmotiv des AT zu suchen, bestehen; denn das mit der üblichen, aber umstrittenen Metapher „Mitte" – gemeint ist weniger ein Zentrum als ein roter Faden – angedeutete Problem schließt gewichtige Einzelaspekte ein.

a) Die Frage nach der Eigenart des Jahweglaubens in Abgrenzung von der Umwelt: Was unterscheidet ihn sachlich-wesensmäßig von den Nachbarreligionen? D. h. zugleich: Was ändert sich, wenn man Jahwe statt etwa Baal „nachfolgt" (1 Kön 18,21), wenn Jahwe statt Baal Subjekt von Glaubensaussagen ist?

Die exegetische Einsicht, daß das AT Vorstellungen der Umweltreligionen einerseits negiert, andererseits integriert und tiefgreifend umdeutet, darf in einer „Theologie des AT" nicht unberücksichtigt bleiben. Auf solche Weise kommen Intentionen der sog. Religionsgeschichtlichen Schule zur Geltung, im Vergleich mit dem alten Orient „die Originalität Israels" (H. Greßmann, ZAW 42, 1924, 10), die Eigenart alttestamentlichen Glaubens, zu erfassen. In dieser Aufgabe ist zugleich die diffizilere Frage nach den Maßstäben des AT im Umgang mit den Vorstellungen seiner Umwelt verborgen: Nach welchen Kriterien wählt alttestamentlicher Glaube aus der Vielfalt der fremdreligiösen Phänomene aus, wandelt das Übernommene um und stößt mit seinem Wesen Unvereinbares ab?

b) Die Frage nach der Kontinuität in der Diskontinuität der Geschichte: Welche Ansätze und Anstöße halten sich – insbesondere in Bezug auf das Gottesverhältnis – in den überlieferungsgeschichtlichen Umbrüchen und im Wandel der Epochen durch? Allerdings wird jede Bemühung, im Wechsel Stetiges zu suchen, auch das Konstante nicht ohne Variabilität finden; darum genügt die Unterscheidung von Wesen und Erscheinung oder Kern und Schale nicht.

c) Die Frage nach dem Gemeinsamen des vielgestaltigen alttestamentlichen Schrifttums: Gibt es ein Grundanliegen, das die so unterschiedlichen Redeformen und Literaturwerke – ausgesprochen oder unausgesprochen – verbindet? Zweifellos kann eine gemeinsame Intention wiederum nur in wechselnder Sprachgestalt zur Geltung kommen.

d) Die Frage nach dem Erbe des Alten Testaments, der Nachwirkung über Israel hinaus: Wird das AT erst durch seine Wirkungsgeschichte

„christianisiert", oder gibt es eine tiefgehende, letzte Übereinstimmung zwischen Altem und Neuem Testament? Ist das „Eigenartige, Eigene, Eigentliche" des AT zugleich das mit dem NT Gemeinsame?

Nach allem darf die gesuchte Einheit in der Vielfalt weder die große Spannweite des AT, seine unterschiedlichen Erfahrungen oder gar gegensätzlichen Aussagen, noch seinen langen geschichtlichen Weg verdecken.

Gibt es auf die genannten Grundfragen nicht doch eine Antwort? Die Ausschließlichkeit des Jahweglaubens, die ihn von den altorientalischen Religionen unterscheidet und im ersten Gebot zu Wort kommt, bestimmt weite Bereiche des AT (Geschichtsbücher, Rechtssammlungen, Prophetie, Psalter), sei es von vornherein oder (wie die Väterüberlieferung und vielleicht die Weisheit) erst in einem jüngeren Traditionsstadium. Dabei umfaßt diese Ausschließlichkeit die Zweipoligkeit oder Gegensätzlichkeit des Daseins, wie Tod und Leben (1 Sam 2,6f; 2 Kön 5,7; Ez 17,24), Finsternis und Licht, Unheil und Heil (Jes 45,7; Klgl 3,37f; Ex 4,11; Spr 29,13; Hi 2,10; Koh 7,14) oder Vergangenheit und Zukunft (Gen 1,1; Jes 43,18f; 65,17 u.a.).

Im NT bleibt das erste Gebot wie selbstverständlich in Geltung (Mt 6,24.33; 22,37 f u.a.) – bis in die eschatologische Erwartung (1 Kor 15,28; vgl. Sach 14,9). Es wird nicht nur durch das „Christusgeschehen" neu ausgelegt, sondern auch dieses selbst wird – bis hin zur Entfaltung der Trinitätslehre in der Alten Kirche – so gedeutet, daß die Intention des ersten Gebots gewahrt bleibt. Wer wird darüber hinaus die Nachwirkungen dieses alttestamentlichen Erbes in der Theologiegeschichte vergessen?

32

VOM VERSTÄNDNIS DES MENSCHEN

Anthropologische Einsichten des Alten Testaments

„Was ist der Mensch?" — bei dieser Frage handelt es sich nicht um eine dem Alten Testament fremde Themenstellung, sondern um ein Zitat. Es ist die Frage eines einzelnen, der sich selbst gegenübertreten, vom Menschen in der Distanz der dritten Person und damit exemplarisch, grundsätzlich, allgemein und allgemeingültig reden kann. Allerdings geschieht solche betrachtende — weisheitliche — Reflexion eher in staunender Betroffenheit als in sich-objektivierender Neutralität, trägt nämlich einerseits das Wissen um die Begrenztheit oder Vergänglichkeit des Menschen in sich und fügt sich andererseits in die Anrede an ein „Du" ein, vollzieht sich also nicht ohne Bekenntnis:

„Was ist der Mensch,
daß du seiner gedenkst?"
(Ps 8,5; vgl. 144,3f; kritisch aufgenommen Hi 7,17f; 15,14)

Wohl erst durch diese Fortsetzung erhält die Frage im Alten Testament ihre eigentümliche Dimension; das Nachdenken des Menschen über sich selbst ist, auch in den kritischen Partien dieses Buches, ein Bedenken der Stellung des Menschen vor Gott.

Gewiß lebt der Mensch (nach Geschlecht, Volkszugehörigkeit, sozialer Stellung, Alter u. a.) in bestimmten Verhältnissen und konkreten Beziehungen. Bedarf es angesichts der unterschiedlichen Bedingungen umgekehrt nicht gerade der Reflexion auf das vielen oder gar allen Menschen Gemeinsame?

Zwar redet das Alte Testament weithin vom Volk, von Gruppen oder bestimmten Einzelpersonen, jedoch erstaunlich oft und vielfältig auch vom Menschen überhaupt; etwa die Schöpfungsgeschichten sind von vornherein allgemein gefaßt. Das Alte Testament hat kein Wort, das Angehörige des eigenen Volkes oder Einheimische als wahre Menschen von Fremden unterschiede.

Setzt die Frage nach „dem Menschen", sei sie exemplarisch-repräsentativ oder universal gemeint, nicht bereits eine über die jeweilige Gruppenbezogenheit hinaus gewachsene Einsicht in allgemein „Menschliches" voraus?

1. Der „Weise" (o. § 27 und 30,8.1) beobachtet die Umwelt, den Umgang des Menschen mit den Dingen, mit anderen Menschen sowie mit sich selbst. Dabei sucht er wiederkehrenden Erfahrungen eine gewisse Regelmäßigkeit abzulauschen, typische Zusammenhänge aufzudecken und ihnen in Sprichworten feste Gestalt zu verleihen. So lassen sich Einsichten weitergeben; sie sollen „dem Menschen" (Spr 3,13; 19,11.22 u. a.) ermöglichen, sich in gegebene Ordnungen einzufügen, Gefahren zu umgehen (13,14), das Leben zu bestehen. Indem der Weise auf Lebensabläufe achtet, entdeckt er Phänomene am Menschen, macht Erfahrungen mit sich selbst und wird dabei auch der Grenzen des Menschen ansichtig:

„Dem Menschen (gehören) die Entwürfe des Herzens,
aber von Jahwe (kommt) die Antwort der Zunge." (Spr 16,1)

Nach dieser Einsicht besteht ein Unterschied zwischen Nachdenken oder Wollen einerseits und Reden andererseits, beides braucht sich nicht zu entsprechen. Das Wort folgt nicht selbstverständlich dem Gedanken − der Zusammenhang, so eng er erscheint, bleibt dem Menschen undurchsichtig.

Eine entsprechende Unterscheidung zwischen Absicht und Gelingen, den Abstand zwischen Planen und Ausführen, bringt ein Wort zur Geltung, das auch in unserem Sprachraum zum Volkssprichwort geworden ist, weil es eine übliche Erfahrung in ihrem Zwiespalt oder ihrer Gebrochenheit − das Leben führt (oft) anders, als man selbst wünscht − auf einen knappen Ausdruck zu bringen weiß:

„Des Menschen Herz erdenkt seinen Weg,
aber Jahwe lenkt seinen Schritt."
(Spr 16,9; vgl. vom König: Spr 21,1)

Dabei ist das *Herz* weniger Sitz der Gefühle als der Vernunft, des Verstands und der Planung.

Einerseits „soll der Wein das menschliche Herz erfreuen" (Ps 104,15; vgl. Spr 15,13), d. h. das Gemüt, andererseits „nimmt er das Herz" (Hos 4,11), d. h. raubt den Verstand. Das Herz kann angstvoll „erbeben, wie die Bäume des Walds vor dem Sturm erbeben" (Jes 7,2). Für das Alte Testament ist − zumindest im Vergleich mit unseren Vorstellungen − aber eher charakteristisch, daß das „Herz versteht" (Jes 6,10). Als Ort der Einsicht, des Urteilens und Wollens kann es „weise" (1 Kön 3,12 u. a.) oder töricht (Spr 22,15 gegenüber 18,15 u. a.) sein. „Ausschütten des Herzens" (Ps 62,9; Klgl 2,19) heißt „sich aussprechen". Wird das Herz gelabt (Gen 18,5), lebt der Mensch auf.

Gemeint ist nicht nur etwas im Menschen, eher eine Dimension oder ein Aspekt des Menschen, eigentlich der Mensch selbst, zumal insofern

er denkt und sich entscheidet. Trotz „vieler Überlegungen" (Spr 19,21)
bleibt der Lebensweg dem Menschen undurchschaubar; was er plant,
kann er nicht — zumindest nicht immer — ausführen. Die Zukunft bleibt
verborgen; ja im Rückblick auf die Vergangenheit ist oft auch der bereits
durchschrittene Weg schwer erklärbar. So stellt sich die Frage:

„Wie kann der Mensch seinen Weg verstehen?"
(Spr 20,24; vgl. Jer 10,23; Koh 3,11 u. a.)

Der Mensch erfährt seine Begrenztheit, geht aber deutend über sie
hinaus, weiß Gott jenseits der Grenze — allerdings nicht in fernem Hintergrund, versteht Gott vielmehr als diese wahrnehmbare Welt und
menschliches Dasein durchdringende und bestimmende Macht. So kann
der Mensch in dem, was ihm zuteil wird, ein Aktiv, im Widerfahrnis
Fügung, im Schicksal Geschick erkennen. In jenem dem Menschen
schwer oder nicht zugänglichen Raum des Ereignishaften, in dem Unbe-
rechenbaren, Unwägbaren, auch Rätselhaften des Lebens kann das Alte
Testament (Gen 30,2 u. a.) nicht bloße Zufälligkeit sehen, sondern des
Wirkens Gottes gewahr werden. Grundsätzlich verweist Hiob (1,21) auf
den „Ursprungsort" solcher Erfahrung:

„Nackt bin ich aus meiner Mutter Leib hervorgegangen,
und nackt kehre ich wieder dahin zurück -
Jahwe hat es gegeben, Jahwe hat es genommen."

Gehört zu diesem Erkennen, da nicht allgemein von „Gott" gesprochen, sondern der aus der Glaubensüberlieferung vertraute Gottesname
Jahwe („der Herr") genannt wird, nicht implizit auch ein Bekennen?

Weil der Mensch sein Leben nicht selbst in der Hand hat, geziemt
sich Bescheidenheit oder Demut, nämlich das Wissen um die eigenen
Grenzen:

„Siehst du einen Mann, der sich selbst für weise hält -
ein Tor hat mehr Hoffnung als er."
(Spr 26,12; vgl. 21,30; Jes 5,21; Jer 9,22f)
„Vor dem Sturz überhebt sich des Menschen Herz,
jedoch vor der Ehre (steht) Demut."
(Spr 18,12; vgl. 14,12; 15,33; 16,5.18f; 29,23 u. a.)

Wenn der Mensch schon sich selbst nicht ganz zugänglich ist, so vermag er den Mitmenschen mit dessen Absichten oder geheimen Regungen
erst recht nicht zu durchschauen. Darum kommt zu der schon erwähnten
Einsicht in den Abstand zwischen Denken und Reden oder Planen und
Handeln — ebenfalls mit Hilfe des Begriffs „Herz" — die Unterscheidung

von *Innen* und *Außen*, Offenem und Verborgenem, Sichtbarem und Unsichtbarem, allgemein Zugänglichem und dem Menschen Unzugänglichem, hinzu. Entsprechend ist zwischen dem Urteil des Menschen und der Einsicht Gottes zu unterscheiden; wieder wird die Grenze des Wahrnehmbaren im deutenden Glauben oder Bekennen überschritten:

„Der Mensch sieht auf das Augenfällige,
Jahwe aber sieht das Herz an." (1 Sam 16,7)
„Du allein kennst das Herz aller Menschen." (1 Kön 8,39 im Gebet;
auch Spr 15,11; Ps 44,22; 1 Chr 28,9 u. a.)

Diese im Alten Testament vielfach zum Ausdruck kommende Glaubenseinsicht beansprucht universale Geltung – ohne Einschränkung einer Volks- oder Religionszugehörigkeit:

„Vom Himmel blickt Jahwe,
er sieht auf alle Menschen.
Von der Stätte seines Thrones schaut er
auf alle Bewohner der Erde.
Er zumal bildet ihr Herz,
merkt auf alle ihre Taten."
(Ps 33,13–15; vgl. 14,2; 94,11; Spr 5,21; 15,3 u. a.)

Hier wird die Unterscheidung von Gott und Mensch im Gegenüber von Oben und Unten, im Abstand von Himmel und Erde, anschaulich. Allerdings zielt diese räumliche Vorstellung keineswegs auf die Auffassung, daß Gott außerhalb der Welt und von ihr getrennt ist, sondern – ganz im Gegenteil – auf das Bekenntnis zur Verantwortung aller Menschen vor Gott, der das Ganze zu überschauen vermag und insofern überall gegenwärtig ist.

So kann die Frage nach dem, worauf sich der Mensch in seinem Leben zu verlassen vermag, ohne enttäuscht zu werden (Spr 28,26 u. a.), eine paradoxe Antwort erhalten, welche die Einsicht in die Begrenztheit des Menschen nicht aufgibt und Gewißheit gerade nicht im Bereich des unmittelbar Wahrnehmbaren sucht:

„Es ist besser, bei Jahwe Zuflucht zu suchen,
als Menschen zu vertrauen."
(Ps 118,8.6; vgl. 84,6.13; 145,9.15; 146,3; Jer 17,5–8;
auch Spr 3,5; 16,20; 29,25 u. a.)

2. Schon die ältere Spruchweisheit gibt in der Form schlichter Aussage die Einsicht weiter:

„Das hörende Ohr und das sehende Auge -
Jahwe hat sie alle beide gemacht."
(Spr 20,12; vgl. Ex 4,11; Ps 94,9)

Der wahrnehmende, für anderes oder andere aufgeschlossene, auf anderes oder den anderen ausgerichtete Mensch ist Geschöpf. Wird über das dem einzelnen gegebene Organ hinaus die entsprechende Aussage von den Menschen getroffen, dann kann in der Verschiedenheit über bestehende Grenzen, sei es der Herkunft oder der Lebensumstände, hinweg Verbindendes entdeckt werden:

„Reich und arm begegnen sich,
der sie alle (beide) schuf, ist Jahwe."
(Spr 22,2; vgl. 29,13; auch 16,4)

So werden Gegensätze zwischen Menschen keineswegs übersehen oder verdeckt, aber in den vorhandenen und nicht zu leugnenden Unterschieden zwischen Reich und Arm eine — verborgene, keineswegs offen zutageliegende — Gemeinsamkeit entdeckt, die auch zu ethischen Folgerungen führt (Spr 14,31; 17,5; 23,10f u. a.). In und unter der Vielfalt des Menschlichen wird ein alle tragender Grund gefunden und bekannt. Dies gilt erst recht von der *Schöpfungsgeschichte*, indem sie über die Vielfalt der Völker (Gen 10) hinweg die Menschheit insgesamt als geschaffen, Mann und Frau in gleicher Weise als Gottes von ihm angeredetes „Bild" versteht (Gen 1,26ff).

Der in jenen Sprüchen zurückhaltend angedeutete Unterschied (zwischen den Zuständen und den Menschen) wird verschärft von beiden Schöpfungsgeschichten — als Unterschied zwischen dem Vorhandenen und dem Geschaffenen — vorausgesetzt und dargestellt. Sie suchen auszusagen, was allen Menschen in ihren verschiedenen Lebensverhältnissen und -bezügen gemeinsam, was fundamental und gültig ist, indem sie von dem Ursprung, dem verborgenen, aber nicht verlorengegangenen Grund, reden. Dabei erhält die allgemeine Erfahrung, daß sich der Mensch in einer vorgegebenen Welt vorfindet, aus der Sicht des Glaubens eine bestimmte Deutung; in ihr liegen — von heute geurteilt — schwerer und leichter Zugängliches, Fremdes und Vertrautes, Situationsgemäßes und Bleibendes ineinander.

2.1. In der älteren, farbig und doch hintergründig erzählten — zweiten, jahwistischen — Schöpfungsgeschichte (Gen 2,4bff; o. § 6b,1) verbirgt sich in ihrem scheinbar natürlichen Fabulieren tiefes theologisches Nachdenken.

Erst die Schöpfungs- und die sog. Paradieserzählung zusammen geben die Absicht des Jahwisten zu erkennen, das Dasein in seiner Zwiespältigkeit zu verstehen: Der Mensch ist geschaffen (Gen 2), aber „mühselig und beladen" (Gen 3). In der gegenwärtigen Wirklichkeit erscheint Schöpfung nur „gebrochen", unter Mühsal und Schmerzen.

Die „Formung" des Menschen — *adam* „(der) Mensch" ist hier kein Eigenname, meint eher protypisch, exemplarisch die Menschheit — aus zwei Stoffen, Erde und göttlichem Lebenshauch (Gen 2,7), symbolisiert die Stellung des Menschen zwischen Gott und Welt. Erst dieser „Hauch" macht als Lebensprinzip das Gebilde aus „Staub vom Erdboden" zu einem „lebenden Wesen", einem Individuum, einer Person. Insofern beschreibt die Erzählung in mythisch-vorstellbarer Anschaulichkeit, was die theologisch reflektiertere Schöpfungslehre von Gen 1 ähnlich mit dem Begriff „Gottes Bild" zum Ausdruck bringt — die Stellung des Menschen in der Schöpfung.

Trotz dieser Verbindung von irdischem Stoff und göttlichem Hauch kennt das Alte Testament keine dichotomische Auffassung vom Menschen, keinen Gegensatz zwischen (vergänglich-irdischem) Leib bzw. Körper und Geist oder (unvergänglicher) Seele, erst recht keine Seelenwanderung mit Wiedergeburt.

Der Mensch hat nicht nur Leib und Seele, sondern ist „lebendige Seele" (Gen 2,7), d. h. Lebewesen, Person.

„Seele" (*nefesch*) bezeichnet oft näher das Gestimmtsein, Verlangen oder die Ausrichtung des Menschen: „Was bist du so unruhig, meine Seele?" (Ps 42,2.6; auch 103,1 u. a.).

Wie die „Seele" (1 Kön 19,4; Jon 4,3) bildet der „Geist" (*ru^{a}ch*) die von Gott gegebene Lebenskraft, die er beim Tod zurücknimmt (Ps 104,29f; vgl. Jes 42,5; Hi 33,4; 34,14f; Koh 3,19.21; 12,7; ferner Gen 6,3; Ez 37,5ff u. a.).

Auch der „Geist" kann Sitz der Stimmungen, Gefühle und Leidenschaften sein (Gen 26,35; 1 Kön 10,5; 21,5 u. a.), bedeutet oft die Begabung und Fähigkeit, etwas zu vollbringen (Gen 7,15; Ex 31,3), zumal als Gottes Gabe oder Gegenwart (1 Sam 11,6; 16,13f; o. § 30,5.4).

Erst durch und nach Übertretung des göttlichen Gebots, als sich der Mensch mit dem ihm Gegebenen und Gesagten nicht zufriedengibt, ändert sich die Situation so tiefgreifend, daß ein mehrfacher Riß durch die Schöpfung geht und die Zwiespältigkeit gegenwärtigen Daseins entsteht. Die Erzählung beschreibt, ohne den (griechischen) Begriff zu kennen, die Regungen des „Gewissens" („das Herz klopft": 1 Sam 24,6; 2 Sam 24,10 u. a.). Scham und Furcht des Menschen (Gen 3,8.10) zeigen den Bruch der Gottesgemeinschaft an. Nicht das Wort des fürsorglichen Schöpfers, sondern des strafenden Richters (3,14ff) führt die Unzulänglichkeiten,

Mängel und Härten des Lebens herbei. Anders als die geschaffene läßt sich die vorhandene Wirklichkeit nicht ohne Schuld und deren Folgen verstehen.

Was die Erzählung als nacheinander geschehen beschreibt, bildet als Bestimmung des Menschen und seiner Welt ein Zugleich und Ineinander (und ist wohl auch so gemeint). Gut und Böse sind verbunden – beides, die Wirklichkeit als ganze wird auf Gott und sein Wort zurückgeführt. Die Welt in ihrer Doppeldeutigkeit, Zwiespältigkeit oder Gebrochenheit entstammt nicht zwei gegensätzlichen Mächten, wird nicht mit zwei Prinzipien erklärt, sondern aus der Einheit des Glaubens verstanden; selbst die Versucherin, die Schlange, der altorientalischen Umwelt als göttliches Wesen bekannt, ist eines der Geschöpfe Gottes (3,1).

Jedoch ist die bestehende Welt nicht so, wie sie sich mit der Schuld des Menschen und den Beschwernissen des Daseins darstellt, von Gott geschaffen. Hier wird ein Vorbehalt spürbar. Ansatzweise darf man den zugrundeliegenden Gedanken so formulieren: Gott schuf nicht das Böse, gab aber dem Menschen Selbständigkeit und Entscheidungsfähigkeit (vgl. 2,19) – mit ihr auch die Freiheit zur schuldhaften Übertretung. Oder büßt eine solche allgemeine Aussage zu viel von der Farbigkeit und der zu immer neuen Auslegungsversuchen anregenden, kaum ausschöpfbaren Hintergründigkeit der Erzählung ein? Sie deutet eher nur an, als daß sie ausdrücklich erklärt, wie das Böse in die Schöpfung kommt.

2.2. Die Unterscheidung zwischen dem Schöpfungsgemäßen und dem Faktischen kehrt in der ersten – sog. priesterschriftlichen – Schöpfungsgeschichte (Gen 1; vgl. § 8b,1 und 30,4.1) wieder, so anders sie das Werden der Welt von der Weite des Kosmos über die Pflanzen und Tiere bis zum Menschen auch darstellt. Das Alte Testament kann beide Überlieferungen, damit auch verschiedenfarbige Menschen„bilder", bewahren, ohne sie harmonistisch auszugleichen; allerdings bleibt die Intention der Aussage ähnlich.

Diese Schöpfungsgeschichte bezieht den Menschen einerseits in einen umfassenden Natur- und Lebenszusammenhang ein, indem sie den Menschen wie die Gestirne, die Pflanzen und zumal die Tiere als Kreatur begreift, zeichnet ihn andererseits aber derart vor allen Mitgeschöpfen aus, daß sie ihn der Natur zugleich gegenüberstellt.

Der Begriff Natur ist nur mit Vorbehalt auf das Alte Testament anwendbar. Es kennt Natur nicht als etwas, was „aus sich hervorgeht", wohl aber im Sinne des dem Menschen vorgegebenen, ihn umgebenden Lebensraums, der seine eigene beständige Ordnung (Jer 8,7; Jes 55,10) und Schönheit (vgl. Hld 2,11ff) hat. Auch bedenkt es die Stellung des Menschen nicht im Rahmen der Natur, sondern der Werke Gottes (Ps 8; 104 u. a.).

So wird das Wort des Schöpfers, das die Dinge ins Dasein ruft oder der Erde die Kraft verleiht, die Vegetation hervorzubringen, beim Menschen zur persönlichen Zuwendung: „Gott sprach *zu*" (Gen 1,28). Während Gen 2 dem Menschen mit der Namengebung einen Vorrang gegenüber den Tieren einräumt, wird er nach Gen 1 in einem eigenen Segenswort mit der Aufgabe betraut, die Erde zu „füllen" (vgl. Gen 10; auch Ex 1,7 u. a.) und zu „beherrschen", was in diesem Zusammenhang gewiß nicht meint: zu zerstören.

Diese Sonderstellung sucht ein eigener, wirkungsgeschichtlich bedeutsamer, aber nach verschiedenen Richtungen entfalteter Begriff zu erfassen: Der Mensch wird als „Bild" Gottes, also in einer besonderen Beziehung, erschaffen. Das heißt kaum allgemein Gottes (Dialog-)Partner, sondern eher Gottes Repräsentant, Stellvertreter, Statthalter, vielleicht auch Zeuge in der Schöpfung. So hat der Mensch gewissermaßen eine Zwischenstellung zwischen Gott und Welt. Sie wagt Ps 8 mit den Worten zu beschreiben: „Du hast ihn wenig niedriger als Gott gemacht", was eine spätere Zeit, theologisch behutsamer, zur Engelähnlichkeit abschwächt. Ein jeder — die Angehörigen aller Völker, Mann und Frau in gleicher Weise — ist in dieses Amt eingesetzt, zu dieser Freiheit ermächtigt und hat damit gleichsam eine „unantastbare Würde", die er sich nicht erst durch sein Denken, Wollen oder Handeln zu erwerben braucht, die aber für seine Taten nicht folgenlos bleibt.

Als durch „Gewalt" Übel oder Böses zum Dasein gehört, kommt Gott — nach dieser priesterschriftlichen Darstellung — zu einem gegenüber jener vorbehaltlosen Billigung entgegengesetzten Urteil. Läßt sich die gegenwärtige Wirklichkeit nur durch beide gegensätzlichen Urteile „sehr gut" (Gen 1,31) und „verdorben, mißraten" (6,11f) charakterisieren? In dieser gestörten Schöpfung, in der „Furcht und Schrecken" (9,2) herrschen, wird aus einer Grundgegebenheit die Grundforderung abgeleitet, kein Menschenblut zu vergießen (9,6); das Gebot zieht die Folgerung aus der Gottebenbildlichkeit, um den Menschen vor sich selbst zu behüten:

„Wer Menschenblut vergießt,
dessen Blut soll auch durch Menschen
— oder: um des Menschen willen — vergossen werden;
denn Gott hat den Menschen nach seinem Bilde gemacht."

Was die Erzählung von Kains Brudermord farbig-anschaulich vor Augen führt — der Mensch tötet im andern seinen Mitmenschen, seinen

Bruder –, spricht dieser Rechtssatz in allgemeiner Weise aus: Jeder Mensch steht als Gottes Bild unter einem Schutz. Am Menschen selbst finden Freiheit und Macht des Menschen in seiner Herrschaft über die Erde (Gen 1,26ff; 9,1f) ihre Grenze.

3. Wie das Bekenntnis zum Schöpfer nicht folgenlos bleibt, so ist Religion – alttestamentlich gesprochen: Gottesfurcht – gegenüber dem Zusammenleben nicht gleichgültig, schließt vielmehr Grundeinsichten, Grundsätze und Grundanstöße für das Miteinander ein. Der Zusammenhang kommt gleichsam spiegelbildlich in der Befürchtung (Gen 20,11; vgl. Spr 16,6 u. a.) zum Ausdruck: „Es ist sicher keine Gottesfurcht an diesem Ort, so werden sie mich töten."

Das Michabuch (6,8) verweist den Menschen – von den Opfern weg – auf sein Verhalten:

„Es ist dir kundgetan, Mensch,
was gut ist und was Jahwe von dir fordert:
nichts als Recht üben,
Güte lieben
und demütig (achtsam?) wandeln mit deinem Gott."

Was „gut" ist und Gottes Willen entspricht, sollte dem Menschen nicht fremd sein: Gerechtigkeit, Mitmenschlichkeit und Hingabe an Gott. Diese kurze, ohne jede Kasuistik formulierte Unterweisung stellt nicht Einzelgebote, sondern Grundphänomene heraus und zieht eine Art Summe im Glauben begründeter Ethik.

Ähnlich bringen gelegentlich andere Texte (wie Gen 17,1; Lev 19,2; Am 5,14; Hos 4,1f; 12,7; Jes 1,16f) ethische Grundeinsichten und -forderungen allgemein und gebündelt zum Ausdruck.

Das Gebot der Nächstenliebe reicht über das Handeln hinaus bis ins Innere, lautet nämlich in verneinender Form (Lev 19,17f; vgl. V 33f): „Du sollst deinen Bruder nicht in deinem Herzen (d. h. insgeheim) hassen."

Verschiedentlich finden sich zumindest Anstöße zur Feindesliebe (Ex 23,4f; 2 Kön 6,2ff; Jer 15,11 [cj.]; 29,7; Spr 25,21f; auch 20,22; 24,17.29).

Jene Zusammenfassung prophetischer Ethik findet sich im Rahmen eines Rechtsstreits, den Gott mit seinem Volk führt (Mi 6,1), und erinnert im Wortlaut kaum zufällig an Michas Aufgabe (3,8), Israel seine Verirrung „kundzutun". Den Propheten dient die ethische Forderung weithin als Schuldaufweis; sie klagen das Volksganze (Jes 29,13; vgl. 1,2 f.4; Jer 5,1 u.v.a.) an: „Ihr Herz ist fern von mir."

Diese Feststellung der Schuldverfallenheit des eigenen Volkes, aus der niemand ausgenommen ist, hat im Alten Testament insofern exemplarischen Charakter, als sie nach seinen verschiedenartigen literarischen

Schichten und Redeformen (wie Urgeschichte, Weisheit, Psalter u. a.) von der Menschheit überhaupt gilt. Schon die ältere Weisheit bemerkt, daß der Mensch, der sich nicht zu durchschauen, sich auch nicht wahrhaft zu beurteilen vermag:

„Alle Wege eines Menschen sind rein (recht) in seinen Augen,
wer aber die Geister (Herzen) prüft, ist Jahwe."
(Spr 16,2; 21,2; vgl. 14,12; 17,3; 24,12 u. a.)
    Gott prüft auf Herz und Nieren, d. h. auf verborgene Gedanken und innere Regungen (Jer 11,20; 17,9f; 20,12; Ps 7,10; 26,2; auch 11,4; 14,2; Hi 7,18 u. a.).

„Vor Gott" sind Frage und Antwort schärfer zu formulieren:

„Ist der Mensch gerecht vor Gott,
oder ist ein Mann rein vor seinem Schöpfer?"
(Hi 4,17; vgl. 9,2; 14,4; 15,14; 25,4ff;
Spr 20,9; Koh 7,20; 9,3; Jer 17,9 u. a.)
„Vor dir ist kein Lebender gerecht."
(Ps 143,2; vgl. 14,2f; 116,11;
Gen 6,5; 8,21; 1 Kön 8,46; Mi 7,2)

Die radikale Einsicht, daß niemand fehllos ist, will den Menschen keineswegs entschuldigen, sondern ihm seine wahre Situation vor Augen führen und ihm damit zeigen, wie er ist.

Dabei weiß das Alte Testament — im Unterschied zur späteren Auffassung: „Vom Weib stammt die erste Sünde, und um ihretwillen müssen wir alle sterben" (JSir 25,24 bzw. 25,32; vgl. Röm 5,12ff) — noch nichts von einer durch und seit Adam von Generation zu Generation vererbten Sünde. Wenn es das Herz „böse von Jugend auf" (Gen 8,21; 6,5) nennt, die Sünde bis zum „Mutterleib" (Ps 58,4; vgl. Hos 12,4), bis zur Geburt oder gar Empfängnis (Ps 51,7) zurückverfolgt, dringt es bis zu den frühesten Anfängen vor, schließt sie ein, bestreitet damit eine unschuldige Kindheitsphase und bekennt: Der Mensch ist nicht nur Täter einzelner Verfehlungen, sondern steht insgesamt vor Gott als Sünder da. Unter solcher Voraussetzung bedenkt der Psalmist, der „aus der Tiefe ruft", seine Lage als das Verhältnis des Menschen vor Gott schlechthin:

„Wenn du Sünden anrechnetest...,
Herr, wer könnte bestehen?
Doch bei dir ist die Vergebung,
daß man dich fürchte!" (Ps 130,3f)

Überhaupt enthalten die Psalmen im meditativen Nachdenken über die Erscheinungen und Vorgänge des Lebens, über die Höhen und Tiefen der Erfahrung — nicht nur in Aussage-, sondern etwa auch in Wunsch-

oder Fragesätzen – vielfältige anthropologische Einsichten. Wie Salomo um ein „hörendes (d. h. vernehmendes, verständiges) Herz" bittet (1 Kön 3,9), das der Mensch von sich aus demnach nicht hat, so kann sich der Psalmist (51,12) an Gott wenden: „Ein reines Herz schaffe in mir!"

Gelegentlich finden sich dabei lehrhafte Züge; so sucht der Beter des Dankliedes Ps 32 eigene Glaubenseinsichten weiterzugeben und allgemeingültig auszulegen, indem er nicht den Gerechten oder Sündlosen preist, sondern den Menschen, der seine Schuld ausspricht und Befreiung erfährt:

„Wohl dem, dessen Übertretung vergeben,
dessen Verfehlung bedeckt ist!
Wohl dem Menschen,
dem Jahwe die Sünde nicht zurechnet...!"
(Ps 32,1f; vgl. Spr 28,13)

Dabei liegen in dem einleitenden Glückwunsch oder Heilruf „Wohl dem Menschen!" (vgl. Spr 3,13; 8,34; 28,14) Geistliches und Weltliches, Heil und Wohl, ineinander – auch ein Zeichen für das „ganzheitliche" Denken des Alten Testaments, das Innen und Außen, Seelisches und Leibliches nicht trennt.

4. Wenn auch nach beiden Schöpfungsgeschichten die von Gott geschaffene Welt nicht ohne weiteres mit der gegenwärtigen übereinstimmt, so sehen sie doch den Menschen in einem entscheidenden Aspekt von vornherein so, wie er ist: vergänglich. Zwar ist die sog. Paradieserzählung später – aufgrund der Einsicht: „Der Tod ist der Sünde Sold" (Röm 6,23) – mit anderen Augen gelesen worden: Der Mensch, als Bild Gottes ursprünglich unsterblich, wurde erst nach dem Fall dem Tod unterworfen. Die Erzählung selbst denkt aber nicht so. Gestaltet Gott den Menschen aus „*Staub* vom Erdboden" (Gen 2,7), so ist bei der Herkunft schon die Zukunft im Blick; der Ursprung entspricht dem Ende:

„Du bist Staub und wirst zum Staub zurückkehren."
(Gen 3,19; vgl. Ps 103,14 u. a.)

Der Tod gehört zum „lebenden Wesen" (Gen 2,7) hinzu, gilt nicht als Strafe für Schuld, sondern als Ende der Mühsal menschlichen Daseins (3,19). Unsterblichkeit tritt nur als dem Menschen verschlossene Möglichkeit in den Blick; der Zugang zum Baum des Lebens ist versperrt (3,22). Dieser Unterschied zwischen Gott und Mensch bleibt bestehen.

Auch in dieser Hinsicht beschönigt und verklärt das Alte Testament nicht, verdrängt nicht die Härte des Todes, sondern redet auffällig nüchtern, ja herb von dem „Gang aller Welt" (Jos 23,14; 1 Kön 2,2; vgl.

2 Sam 12,23). Das *allgemeine* Lebensgefühl ist kaum, wie man von Abraham (Gen 25,8; vgl. 15,15), Isaak (35,29), David (1 Chr 29,28; vgl. 2 Chr 24,15) oder Hiob (42,17) zu erzählen weiß, „alt und lebenssatt" zu sterben; es wird viel eher von dem Bildwort eingefangen (2 Sam 14,14; vgl. 19,36):

„Sterben müssen wir und sind wie Wasser,
das auf die Erde gegossen wird
und das man nicht mehr fassen kann."

„Nur ein Hauch ist jeder Mensch" (Ps 39,12.6; 62,10); selbst der König ist trotz besonderer göttlicher Verheißung und seiner erhabenen Stellung davon nicht ausgenommen (144,4; vgl. 89,48f). Menschliches Leben gleicht in seiner Vergänglichkeit der Natur, ja es ergeht ihm in gewisser Weise schlimmer als ihr; denn ein Baum hat eher Grund zur Hoffnung:

„Der Mensch, vom Weibe geboren,
ist kurzlebig und voller Unruhe.
Wie eine Blume geht er auf und verwelkt,
flieht wie ein Schatten und hat keinen Bestand...
Der Baum kann Hoffnung haben:
Auch wenn er umgehauen wird, schlägt er wieder aus...
Selbst wenn seine Wurzel in der Erde alt wird
und sein Stumpf im Erdreich stirbt,
sobald er Wasser spürt, sproßt er wieder
und treibt Zweige wie ein (junges) Reis.
Aber der Mensch stirbt und schwindet dahin...,
er legt sich nieder und steht nicht mehr auf."
(Hi 14,1f.7-12; vgl. Ps 103,14ff; Koh 9,2ff)

Wieder liegen aber die Einsicht in die Unwiderruflichkeit des Loses, daß „alle Menschen sterben" (Num 16,29; vgl. Ps 82,7), und die Deutung dieser Erfahrung ineinander. Wenn der Mensch stirbt, nimmt Gott seinen Hauch, Odem oder Geist, d. h. die Lebenskraft, zurück (Ps 104,29f u. a.). So wird der Tod vom Glauben her bedacht; denn das Alte Testament kennt kein neutrales Schicksal: „Du läßt die Menschen zu Staub zurückkehren" (Ps 90,3). Wie das Leben Gottes Schöpfung, so ist der Tod Gottes Fügung.

Darum kann die Vergänglichkeit des Daseins vor Gott beklagt und trotzdem Gott gebeten werden, er möge dem Menschen die Einsicht in sein Sein-zum-Tode schenken, damit er nicht selbstvergessen vor sich hin lebt, sondern weiß, wie es um ihn steht:

„Laß mich wissen, Jahwe, mein Ende
und was das Maß meiner Tage ist,
damit ich erkenne, wie vergänglich ich bin!" (Ps 39,5)
„Zu zählen unsere Tage, das lehre uns,
damit wir gewinnen ein weises Herz!" (Ps 90,12)

Allerdings beendet das Totenreich, in dem man „keinen Menschen mehr sehen" kann (Jes 38,11), nach älterer Vorstellung nicht nur die menschlichen Beziehungen, sondern hebt auch die Gemeinschaft mit Gott auf (38,18): „Nicht lobt dich die Unterwelt, der Tod preist dich nicht."

Aus dem Dank für das, was Gott „Gutes getan hat" (Ps 103,2), sind die Toten (zunächst) ausgeschlossen. Die klagende Frage des Psalmisten: „Tust du an den Toten Wunder, oder stehen die Schatten auf, dich zu preisen?" (Ps 88,11f; vgl. 30,10) ist mit Nein zu beantworten (Jes 38,18f; vgl. Ps 6,6; 115,17). Israel hat in seiner Geschichte Gott zunächst als den Gott der Lebenden, als den bei den Lebenden wirksamen „lebendigen Gott" (Ps 42,3.9 u. a.), erfahren und die Toten „im Land des Vergessens" gewußt, in dem sie von ihrem Gott „geschieden" sind (Ps 88,6ff). Nach diesem älteren Verständnis trennt der Tod − vom Mitmenschen und von Gott, nimmt aus der Gemeinde und der Gemeinschaft mit Gott heraus, macht dem Verhältnis zu Gott ein Ende.

5. In der Spätzeit des Alten Testaments, wohl in der hellenistischen Ära des 3. Jh. v. Chr., baut ein eigenständiger oder gar eigenwilliger Denker (o. § 28 und 30,8.1) auf weisheitlichen Erkenntnissen auf, um über sie hinauszuschreiten und ihnen gegenüberzutreten. Dabei nimmt er ausdrücklich die Grundunterscheidung auf: „Der Weise hat seine Augen im Kopf, der Tor aber tappt im Finstern" (2,13f), um sie jedoch tiefgreifend zu relativieren − Kohelet, der „Prediger".

Er radikalisiert die ältere Einsicht „Wie kann der Mensch seinen Weg verstehen?" (Spr 20,24) zu dem Zweifel (Koh 6,12): „Wer weiß, was für den Menschen im Leben gut ist?" So fragt Kohelet nicht mehr nach hier oder da aufspürbaren Ordnungsbezügen, sondern nach dem Ganzen des Lebens − angesichts der Mühsal und der Begrenztheit des Daseins (1,3 u. a.): „Was hat der Mensch für Gewinn bei all seiner Mühe?" Es sind vor allem drei ineinander verflochtene Grundgedanken, die Kohelet über den Ansatz der Weisheit hinaus zu jener Frage führen, was als Ertrag des Lebens bleibt, und ihm zugleich Zurückhaltung in der Antwort aufnötigen.

Zum einen: Der Gerechte kann umkommen, der Frevler lange leben (8,14; 7,15). Zwischen Tun und Ergehen, Handeln und Schicksal besteht kein einsichtiger Zusammenhang, der den Lebensablauf erklären und sinnvoll machen könnte.

„Weil aber das Urteil über die böse Tat nicht bald vollstreckt wird,
darum füllt sich das Herz der Menschen damit
(d. h.: er wird ermutigt), Böses zu tun." (8,11)

Zum andern: „Der Mensch kennt nicht seine Zeit", ist Zeit únd Zufall ausgeliefert (9,11f; vgl. 3,11ff). Insbesondere die Zukunft ist dem Menschen verborgen:

„Wer kann dem Menschen sagen,
was nach ihm unter der Sonne sein wird?"
(Koh 6,12; vgl. 3,22; 7,14; 8,6f; 10,14)

Den Erfolg seiner Mühe muß er einem anderen überlassen (2,18f.21; 5,12ff). Baut die Weisheit auf den Grundsatz auf: „Das Gedenken an den Gerechten bleibt zum Segen, während der Name der Gottlosen verwest" (Spr 10,7; vgl. 24,20), so gibt Kohelet – wie schon die Propheten (Jer 5,1; 6,28 u. a.) – diese Zweiteilung auf:

„Es gibt kein Andenken an den Weisen,
ebensowenig wie an den Toren." (Koh 2,16; vgl. 1,11; 9,5)

Zum dritten: Der Tod hebt nicht nur soziale, sondern auch ethische und religiöse Unterschiede auf (9,2ff; 2,14ff). Ja mehr (3,19; vgl. Ps 49,13.21): „Der Mensch hat keinen Vorzug vor dem Vieh."

„Alles stammt aus Staub
und kehrt zum Staub zurück.
Wer weiß denn,
ob der Geist (Odem) der Menschen nach oben (zu Gott) steigt,
der Geist (Odem) des Viehs nach unten (in die Unterwelt) hinabfährt?"
(Koh 3,20f)

Die Frage bewegt sich gleichsam auf einem Übergangsfeld des Glaubens und Denkens. Nach der älteren Anschauung, die Kohelet gelegentlich selbst (12,7) anführt, kehrt der Mensch als Staub zur Erde zurück, wenn Gott den Geist, d. h. die Lebenskraft, zurücknimmt. Hier wird aber mehr gemeint sein – ein skeptischer Vorbehalt gegenüber der in hellenistischer Zeit aufkommenden Vorstellung, daß der „Geist" nach dem Tode des Menschen zum Himmel „auffährt". Kohelet scheint bei der überlieferten nüchtern-herben Sicht des Menschen zu bleiben und gegenüber neu aufkeimenden Unsterblichkeitshoffnungen Zurückhaltung zu üben.

Angesichts der Bedrängnis durch die Unerkennbarkeit der Lebensordnung und durch das allgemeine Todesschicksal preist Kohelet „die Freude, da es unter der Sonne für den Menschen nichts Besseres gibt, als daß er esse, trinke und sich freue. Das kann ihn begleiten in seiner Mühsal" (8,15; 2,24 u. a.). Selbst diese Einsicht ist aber der Relativität nicht entnommen. Auf die Selbstaufforderung, es mit der Lebensfreude zu versuchen, folgt nicht weniger der Einspruch (2,1; vgl. 2,3–11): „Auch dies ist eitel."

Mit seinen Vorbehalten und kritischen Bedenken geht Kohelet allerdings nicht endlos weit, sondern findet einen Halt. Das Alte Testament weiß zumindest um die Möglichkeit einer Leugnung von Gottes Sein oder eher seines Wirkens:

„Der Tor spricht in seinem Herzen:
Es ist kein Gott."
(Ps 14,1 = 53,2; vgl. Spr 19,3)

Auch in dieser Hinsicht möchte Kohelet kein Tor, sondern ein Weiser sein – ohne Einschränkung. Die Existenz Gottes ist ihm fraglos gewiß. Bleibt Kohelet damit nur seiner Zeit verhaftet und verrät bei seiner in manchem modern anmutenden Denkhaltung doch die Ferne zu unserer Gegenwart?

Um das naheliegende Mißverständnis auszuschließen, Kohelet setze nichts als das damals Selbstverständliche voraus, sollte man sich daran erinnern, daß das Alte Testament (Zeph 1,12; vgl. Hi 22,13f u. a.; o. § 30,9.1) zumindest in seiner jüngeren Epoche von Leuten weiß, „die in ihrem Herzen sprechen: Jahwe tut weder Gutes noch Böses". Kohelet gehört nicht zu ihnen; für ihn kommt das Gute einschließlich der Lebensfreude „aus der Hand Gottes" (2,24); was der Mensch hat, ist Gottes Gabe (3,13; 5,17f; 9,9 u. a.). Das gilt auch von den Schattenseiten des Daseins:

„Am guten Tag sei guter Dinge,
am bösen Tag bedenke:
Diesen wie jenen hat Gott gemacht!"
(7,14; vgl. 1,13)

Wie schlicht der Satz auch klingt, es ist nicht einfach, ihn an einem „bösen Tag" nachzusprechen.

Die Vielfalt und Zwiespältigkeit menschlicher Erfahrung kann in Gegensatzpaaren zum Ausdruck kommen; sie spiegeln einerseits die Ambivalenz des Lebens wider, andererseits wollen sie es in seiner Ganzheit umschreiben (Koh

3,3—8): „Zeit zum Einreißen, Zeit zum Bauen, Zeit zum Weinen, Zeit zum Lachen..."

Kohelet scheint das Schicksal aus Gottes Hand hinzunehmen: „Man kann nichts hinzufügen und nichts wegnehmen. Gott hat es so gemacht, daß man ihn fürchte" (3,14; vgl. 6,10; 7,13). Deutet der Mensch, wenn er Glück und Leid, Gut und Böse von dem einen Gott empfängt, nicht die mehrdeutigen, ja widersprüchlichen Erfahrungen des Daseins aus der Ausschließlichkeit des Glaubens, damit aus der Intention des Ersten Gebots?

Selbst wenn Kohelet gleichsam philosophisch fragen kann „Was ist gut für den Menschen?" (6,12), so ist seine Antwort doch theologisch — nicht ohne Bekenntnis zur Bestimmtheit des Daseins durch Gott. Die mannigfachen Phänomene des Lebens und der Welt werden — auch in ihrer Undurchsichtigkeit — aus dem Gegenüber zu dem einen Gott verstanden. Nicht Gott, aber die Erkennbarkeit seines Wirkens wird geleugnet: Der Mensch kann es nicht erfassen (3,11; 8,17; vgl. 7,24.29). Darf man zugespitzt urteilen, ohne — hoffentlich — gewaltsam zu verfahren, so hinterfragt Kohelet die Gesamtheit des Diesseits, scheut vor Auskünften über ein Jenseits zurück und hält dennoch mit Gewißheit an Gott fest. Zwar lebt Kohelet nicht mehr unvoreingenommen in dem breiten Strom der Überlieferung des Glaubens, schweigt von Gottes Geschichtstaten und Gnade, von Dank, Vertrauen oder Hoffnung, hält aber an der „Gottesfurcht" fest (3,14; 5,6; vgl. 7,16f). Wurde das Buch darum nicht mit Recht in den alttestamentlichen Kanon aufgenommen?

6. Ihre harte Botschaft, nach der sich Gottes Macht im Leiden Israels erweist, können die Propheten gelegentlich so ausweiten, daß ihre Verkündigung generellen oder prinzipiellen Charakter gewinnt.

So kündet Jesaja in seiner Zukunftsschau den „Tag Jahwes (des Herrn)" an, der über „alles Stolze und Erhabene" in Natur und Kultur hereinbricht und auf die Demütigung menschlichen Hochmuts zielt:

„Da beugt sich des Menschen Hoffart,
da duckt sich der Männer Stolz.
Erhaben ist Jahwe allein
an jenem Tage." (Jes 2,17; vgl. 2,9.11; 5,15 u. a.)

Indem der Prophet Stolz und Überheblichkeit entgegentritt, steht er in der Nachfolge der Weisheit (Spr 16,5), die über Maß und Grenze des Daseins nachdenkt und zur Bescheidenheit rät: „Jeder Hochmütige ist Jahwe ein Greuel!" Anlaß und Grund für die prophetische Kritik der

Hybris ist — anders als für die Weisheit — aber nicht die Einsicht in das dem Menschen Angemessene, sondern die Zukunftserwartung. Vor dem kommenden Gott hat Hochmut keinen Bestand: „Erhaben ist Jahwe *allein*" — diese Ankündigung wahrt die Intention der im Ersten Gebot betont ausgesprochenen Ausschließlichkeit des Glaubens (vgl. Ex 22,19; Ps 83,19), aber nicht als Forderung, sondern als Zukunftsansage (vgl. Sach 14,9; Jes 60,19 u. a.).

Dabei erhält das Gericht, wohl wiederum aufgrund des weisheitlichen Hintergrunds, eine die einmalige, aktuelle Situation übergreifende, zwar nicht universale, aber generelle Bedeutung; was sich an Israel vollziehen soll, bringt die Beziehung zwischen Gott und Mensch überhaupt zum Ausdruck.

Ein ähnlich grundsätzliches Urteil spiegelt den prophetischen Glauben an Gottes Wirken in der Geschichte wider: „Ägypten ist Mensch und nicht Gott, seine Rosse sind Fleisch und nicht Geist." (Jes 31,3; vgl. V 8; auch Hos 11,9; Num 23,19) „Fleisch" kann den ohnmächtig-schwachen, sterblich-vergänglichen Menschen bezeichnen (Jes 40,6; Jer 17,5; Ps 56,5; Gen 6,3 u. a.).

Ezechiel (28,2.9) formuliert in einem Gerichtswort gegen die Überheblichkeit des Fürsten von Tyrus: „Mensch bist du, nicht Gott." Ezechiel wird nicht mehr wie seine Vorgänger mit seinem Eigennamen oder etwa dem Titel „Prophet", sondern durchgängig schlicht als „Mensch(ensohn)" angeredet. Er scheint der typische einzelne zu sein, gleichsam das Gegenüber von Gott und Mensch zu verkörpern.

Im Rahmen der späteren Ausgestaltung der Zukunftshoffnung wird die von den Propheten beklagte Halsstarrigkeit oder Hartherzigkeit des Volkes (Jes 6,9; 29,13; Jer 5,21; 17,1; Ez 2,4 u. a.) in der Ankündigung einer tiefgreifenden Erneuerung des Menschen (Ez 36,26; vgl. 11,19; Jer 24,7; 31,33f u. a.) aufgehoben: „Ich nehme das steinerne Herz aus eurem Leib heraus und gebe euch ein fleischernes Herz." Der einzelne Beter kann solche Verheißungen als Bitte für sich selbst aufnehmen:

„Ein reines Herz schaffe in mir, Gott,
und gib mir einen neuen beständigen Geist!" (Ps 51,12)

Der eigene, eigentliche Beitrag des Alten Testaments ist zunächst die Hoffnung gegen den Totschlag, auf eine Welt ohne gewaltsamen Tod, ohne Blutvergießen, auf Frieden nicht nur unter den Menschen, sondern zwischen den Geschöpfen überhaupt. Es blickt auf Gottes Schöpfung als eine Welt ohne gewaltsamen Tod (Gen 1,29f; 2,16) zurück und schaut nach einer Zukunft aus, in der die Waffen zu Ackergeräten umgeschmiedet sind (Jes 2,4 u. a.) und es zur Selbsterhaltung keiner Tötung mehr bedarf (11,6ff u. a.). Mit der Zeit überschreitet die Hoffnung die menschlichem Leben gesetzte Grenze.

Wenn sich eine im Alten Testament insgesamt zaghaft aufkeimende, nur hier und da kräftig bezeugte Hoffnung gegen den Tod und über ihn hinaus meldet, so beruht sie am ehesten auf dem Bekenntnis zur Macht Gottes, die schon nach überraschend frühen Zeugnissen an der Unterwelt keine Grenze findet:

„Totenreich und Unterwelt liegen offen vor Jahwe -
wieviel mehr die Herzen der Menschen!"
(Spr 15,11; vgl. Am 9,2; Jes 7,11; Hos 13,14; Hi 14,13; 26,6 u. a.)
„Wenn ich mich in der Unterwelt lagerte, da bist du auch."
(Ps 139,8; ähnlich Am 9,2; auch 1 Sam 2,6f; Dtn 32,39 u. a.)

Der Glaube läßt in seiner Ausschließlichkeit nicht zu, daß ein Bereich des Lebens oder der Welt grundsätzlich und auf Dauer ausgespart bleibt – auch nicht das Reich der Toten (Ps 22,28–30; Jes 25,8; o. § 30, 4.2 und 8.1). Gelegentlich bekennt das Alte Testament eine im Tod bleibende Gottesgemeinschaft:

„Doch bleibe ich *stets* bei dir,
du hast meine rechte Hand ergriffen.
Nach deinem Rat leitest du mich
und nimmst mich *hernach* (in) Herrlichkeit auf.
Wen habe ich im Himmel (außer dir)?
Bin ich bei dir, begehre ich nichts auf Erden.
Mögen mein Fleisch und mein Herz vergehen… -
Gott ist auf *ewig* mein Teil."
(Ps 73,23–26; vgl. 49,16; Hi 19,25f)

7. Der alttestamentliche Kanon ist überraschend vielseitig, großzügig, insofern ein Zeugnis von Humanität; er bewahrt in der Schriftprophetie seine eigene Kritik auf, erzählt vom Schuldig-Werden Moses oder Davids, gibt die Zweifel Kohelets, die Klagen der Psalmen oder das Ringen des Nicht-Israeliten Hiob mit Gott weiter. So enthält das Alte Testament kaum „*ein* Menschenbild". Insofern ist auch Vorsicht gegenüber der Annahme von „anthropologischen Konstanten" angebracht. Bei der Breite des Spektrums und bei aller Vielfalt der Stimmen ist das Alte Testament nur in einem eindeutig; es bedenkt den Menschen „vor Gott".

Was das Gottesvolk betrifft, kann in tiefem Sinn als allgemeinmenschlich erscheinen. Der Psalmenbeter (Ps 32,2; vgl. 118,8f u. a.) kann seine die einmalige Situation übergreifende Erfahrung weitergeben:

„Wohl dem Menschen...!" Auch aus den Erfahrungen des Volkes können Aussagen über den Menschen gefolgert werden; im Besonderen wird Allgemeines aufgedeckt. So wird die Überlieferung von der Speisung durch Manna während des Wüstenaufenthalts später zu der Einsicht (Dtn 8,3) zugespitzt: „Der Mensch lebt nicht vom Brot allein." Gewisse Grundstrukturen, die das Dasein, Glauben und Denken des Gottesvolkes prägen, gelten auch für andere, und umgekehrt ist Israel dem Allgemeinmenschlichen nicht entzogen.

33

FÜR UND WIDER DAS ALTE TESTAMENT

Themen alttestamentlicher Hermeneutik

Altes und Neues Testament bilden keine problemlose Kontinuität. In der Kirche ist das AT ein geschätztes, aber umstrittenes Buch, schon früh zugleich anerkannt und kritisch betrachtet. Die Christenheit hat zu ihm ein spannungsvolles Verhältnis; es ist durch Aufnahme und Widerspruch, Nähe und Ferne, Ja und Nein, Übereinstimmung und Nicht-Übereinstimmung gekennzeichnet. Das AT enthält vorbehaltlos Nachsprechbares und kaum Nachvollziehbares.

1. Die urchristliche Gemeinde hat das AT ganz selbstverständlich übernommen und auf sich bezogen – geleitet von drei Grundeinsichten: Der Gott des AT ist der Vater Jesu, Jesus ist der verheißene Messias, der Christus, und die neue Gemeinde ist das wahre, erwählte Gottesvolk. Ist damit die Identität umrissen, so tritt rasch – durch zeitgeschichtliche Ereignisse, wie die Zerstörung des Tempels, noch beschleunigt – auch die Differenz hervor: Die Opfer gelten durch Jesu Kreuzestod als abgelöst, statt der Beschneidung ist die Taufe Zeichen der Zugehörigkeit zur Gemeinde, die Zeremonial- und Rechtsbestimmungen des AT treten außer Kraft, überhaupt verliert das Gesetz seine einigende Bedeutung.

Im Laufe der Kirchengeschichte, zumal seit der Aufklärung, werden weitere Unterschiede erkannt und betont, so daß sich die Vorbehalte gegenüber dem AT zur Ablehnung zuspitzen können. Beispielsweise vertieft I. Kant, als er sich – Gedanken J. S. Semlers aufnehmend – in der „Religion innerhalb der Grenzen der bloßen Vernunft" (²1794, 185 ff) mehr en passant zum Thema äußert, den Unterschied der Testamente zum Bruch zwischen Judentum und Christentum: Der jüdische Glaube ist zwar der Gründung der christlichen Kirche „unmittelbar vorausgegangen", steht aber „in ganz und gar keiner wesentlichen Verbindung, d. i. in keiner Einheit nach Begriffen" mit dem Kirchenglauben. „Die allgemeine Kirchengeschichte, sofern sie ein System ausmachen soll", kann nur mit dem Christentum anfangen, „das, als eine völlige Verlassung des Judentums, worin es entsprang, auf einem ganz neuen Prinzip gegründet" ist; der neue Glaube setzt den alten nicht fort. Historischer

Kontinuität entspricht also sachliche Diskontinuität. Ähnliche Urteile finden sich bei Theologen.

2. Im wesentlichen sind es drei Motive, die (seit B. Spinoza oder J. S. Semler) als Vorwürfe gegenüber dem AT immer wiederkehren und sich schlagwortartig umreißen lassen:

a) Partikularismus bzw. Nationalismus
   Alttestamentlicher Glaube ist an ein bestimmtes Volk gebunden, und Nationalreligion scheint das Kennzeichen einer bestimmten – vergangenen – Kulturstufe zu sein.

b) Gesetzlichkeit
   Durch das AT droht eine gesetzliche Überfremdung des christlichen Glaubens.

c) Diesseitigkeit
   Das AT ist „ohne Glauben an ein künftiges Leben" (Kant). So besteht die Gefahr, daß christliches Verständnis vom Heil durch alttestamentliche Diesseitserwartungen verweltlicht wird.

Wenn die Auslegung des AT die in der Wirkungsgeschichte aufgekommenen Probleme nicht schlicht beiseiteschieben möchte, wird sie die Einwände bedenken müssen. Allerdings erfassen solche Vorwürfe nur (mehr oder weniger weite) Bereiche, aber nicht das AT in seiner Ganzheit und Vielfalt. Vor allem in seiner Hoffnung gelingt es ihm, seine eigenen „Grenzen" zu überschreiten – sowohl gegenüber den Völkern (Jes 2,2 ff; 40,5; 45,6; 66,21; Zeph 2,11; 3,9) als auch gegenüber dem Tod (Ps 22,28 ff; 73,23 ff; Jes 25,8 u. a.).

Sucht man für die Gegenüberstellung von Gesetz und Evangelium eine Entsprechung im AT, so kann man sie am ehesten in der für das AT grundlegenden Unterscheidung zwischen Tat Gottes und Tat des Menschen finden (Ex 14,13 f; 20,2 ff; Dtn 7,6 f; Hos 13,4; 14,5; Jes 5,1 ff; 43,25; 56,1; 60,1; Jer 1,5 ff; 3,12; Dan 2,34.45; vgl. Gen 50,19 f; 2 Kön 5,7 u. v. a.).

3. Gegenüber den Einsichten in die Besonderheit oder gar Andersartigkeit des AT ist die Frage nach dem Verbindenden nicht weniger wichtig. Es gibt verschiedene Möglichkeiten, den Zusammenhang zum Ausdruck zu bringen, ohne den Unterschied zu übersehen:

a) Verheißung und Erfüllung
   Das Phänomen ist schon dem AT vertraut (Gen 21,1; Num 23,19; Jos 21,45; 1 Kön 17,16; Jes 44,26; vgl. 55,11; Ez 37,14 u. a.); selbst eingetroffene Verheißungen können für die Zukunft neu zugesagt (vgl. Hos 2,1 mit Gen 22,17; 32,13; auch Jes 54,7 f; 55,3) und nicht verwirklichte Hoffnungen (40,5; 52,7.10 u. a.) können weitergetragen werden. Das Neue kann das Alte Testament mit dem

Begriff „Verheißung" charakterisieren (Röm 4,13 ff; 9,3; 15,8; Gal 3,14 ff; vgl. 2 Kor 1,20; Mt 1,22 f; Joh 19,24 f u. a.). In der Tat stellt dieser Denkansatz einerseits einen Wesenszug des AT heraus: seine Zukunftsoffenheit; es ist auf weite Strecken (Gen, Ex, Prophetenbücher u. a.) Verheißung. Die Erfüllung kann andererseits die Erwartung überbieten oder gar berichtigen; insofern bleiben Freiheit wie Eigenständigkeit des NT, das keineswegs durchgängig auf das AT bezogen ist, gewahrt.

b) Typologie

Während die Verheißung von sich aus Zukunftsansage ist, können eine Person, ein Ereignis oder auch ein Wort für typologische Betrachtung aus der Rückschau zum Vorbild, zur Vorausdarstellung, zum Vorschein oder zur Abschattung des Künftigen werden. So ist der Durchzug durch die Wüste (Ex 16 f; 32 u. a.) „vorbildhaft" geschehen (1 Kor 10,6.11; vgl. Joh 19,36 mit Ex 12,46; auch Röm 5,14; im AT Jes 52,11 f mit Ex 12,11 u. a.; in der Kunst etwa die Darstellung der Opferung Isaaks als Präfiguration des Opfers Christi). Zwei Vorgänge werden wegen gewisser Ähnlichkeiten über die Zwischenzeit hinweg unmittelbar aufeinander bezogen – allerdings auf Grund der Voraussetzung: In beiden Geschehnissen wirkt derselbe Gott. Darüber hinaus kann das Verfahren mit der Kategorie Verheißung und Erfüllung oder mit einem Konzept heilsgeschichtlicher Kontinuität verbunden und damit abgewandelt werden. Da das spätere Ereignis das frühere vervollkommnen sowie zu ihm in Gegensatz treten kann, vermag das Verhältnis Typos–Antitypos ebenfalls Identität wie Differenz zum Ausdruck zu bringen. Läßt sich aber einem Geschehen über seine Eigenbedeutung hinaus eine Zukunftsbedeutung entnehmen, die es von sich aus nicht hat? – Verteidigte G. v. Rad früher die typologische Deutung, die „grundsätzlich das Selbstverständnis des betreffenden alttestamentlichen Textes verlassen und überbieten" kann (EvTh 12, 1952,17–33, bes. 31), so verstand er sie später mehr im Sinne einer Überlieferungsgeschichte (Theologie des AT II⁴, 350 ff.387 ff).

c) Überlieferungsgeschichte

Sie beobachtet Aufnahme und Umgestaltung von Tradition im geschichtlichen Wandel und bleibt damit im Rahmen historischer Methode. Ein Überlieferungsprozeß ist – wegen der Kontingenz der Geschichte – aber kein Kontinuum ohne tiefe Risse und Umbrüche; Traditionen können sich tiefgreifend ändern, verlorengehen und neu einsetzen.

d) Strukturanalogie

Im Vergleich von Altem und Neuem Testament (oder Gegenwart) werden Analogien im Gottes-, Welt- und Menschenverständnis gesucht, Entsprechungen in der Deutung von Erfahrungen oder im Umgang mit Situationen. C. H. Ratschow (Der angefochtene Glaube, ²1960, 67 ff) nannte als solche Strukturanalogien etwa: Gottes Handeln in raum-zeitlich bestimmten Ereignissen, verhüllt und offenbar zugleich, Gottes Zuwendung zu dem Verlorenen und Gottes Leiden am Menschen (vgl. auch A. H. J. Gunneweg, H. D. Preuß).

Nach R. Bultmann wird der Mensch im AT „in seiner Zeitlichkeit und Geschichtlichkeit gesehen... Dieses Verständnis des Daseins ist aber das gleiche wie das des Neuen Testaments" (Glauben und Verstehen I, 1933, 324).

Sprengen Zusammenhang und Eigenart beider Testamente nicht letztlich jedes Schema, so daß unterschiedliche Zugangs- und Vergleichsmöglichkeiten bleiben und nötig sind? Beide Blickrichtungen, nämlich vom Alten zum Neuen Testament (Zukunftserwartungen im AT; Aufnahme von Sprache und Überlieferung im NT) als auch vom Neuen zum Alten Testament (Aufdeckung von Ähnlichkeiten), sollten sich nicht gegenseitig ausschließen, sondern können sich ergänzen. Die durch das Nach- und Nebeneinander beider Testamente gegebene Aufgabe ist die Frage nach ihrem Miteinander, d. h. nach der bei allen tiefgehenden Unterschieden bestehenden Einheit in der „Sache".

Allerdings soll das AT dabei in seiner Selbstaussage zu Wort kommen.

E. Haenchen hat mit Recht die Forderung erhoben: Wir können „nur dann mit gutem Gewissen das Erbe des Alten Testaments in Anspruch nehmen, wenn und soweit wir den von der historischen Forschung wieder entdeckten ursprünglichen Sinn der alttestamentlichen Schriften als der neutestamentlichen Botschaft verwandt erkennen" (Die Bibel und Wir, 1968, 27).

4. Zu den Gemeinsamkeiten der Testamente gehört – über die direkten Zitate des AT im NT hinaus – auch eine gewisse Übereinstimmung in der Sprache. Das Neue entnimmt dem Alten Testament eine theologisch vorgeprägte Ausdrucksweise, um die neuen Erfahrungen aussprechen zu können. Etwa die in frühe Zeiten zurückreichende Wendung „er ist erschienen dem...« (Gen 12,7 u. a.) hilft urchristlicher, Paulus vorgegebener Überlieferung die Erscheinung des Auferstandenen in Worte zu fassen; das Bekenntnis (1 Kor 15,3 f) macht den Rückbezug sogar ausdrücklich: „nach der Schrift". Wie das Passa als Tag des „Gedächtnisses" an die Rettung aus der Not begangen wird (Ex 12,14; vgl. Dtn 16,3.12; Ps 111,4 u. a.), so behält das Abendmahl den Rückbezug auf die Geschichte bei: „Das tut zu meinem Gedächtnis!" (1 Kor 11,24 f; Lk 22,19); dort wie hier wird die jeweils gegenwärtige Generation auf die Weise in das Heil hineingenommen, daß sie mit der damaligen identifiziert wird (Ex 12,27: „unsere Häuser"; 1 Kor 11,24; Lk 22,19 f: „für euch").

Die Untersuchung bestimmter, den Testamenten gemeinsamer Begriffe (wie „Geist", „Gerechtigkeit", „Königsherrschaft" Gottes, „Sünde", auch „glauben", „vergeben" u. a.) ist gewiß hilfreich, genügt aber nicht; denn das AT denkt durchweg nicht begrifflich und kennt Phänomene, die es nicht in Begriffe faßt.

Wieweit ist durch die Übereinstimmung in der Sprache (und über sie hinaus) eine sachliche Einheit gegeben? Welche Fragen oder Einsichten halten sich beim Übergang vom Alten zum Neuen Testament durch? Wieweit findet christlicher Glaube im AT Anhalt?

Gewiß ist vor allem auf die alttestamentliche Rede von Gott hinzuweisen, wie sie im ersten Gebot konzentriert zum Ausdruck kommt. Es ist mit seinen mannigfaltigen Ausgestaltungen und Auswirkungen *das* Erbe des AT – und zugleich dessen ständige Anfrage an das Christentum. So kann H. Graß (Christliche Glaubenslehre II, 1974, 97) das AT „das monotheistische Gewissen der Kirche" nennen.

R. Bultmann, der alttestamentliches Daseinsverständnis als Sein unter dem Gesetz deutete (Glauben und Verstehen I, 1933, 313–336), unterstrich auch die bedeutsame Nachwirkung des AT: Der Besitz des AT, das „ein Verständnis Gottes lehrt, wonach Gott in der *Geschichte* mit den Menschen handelt", wird für das Heidenchristentum „ein Gegengewicht gegen die alsbald eindringenden Gedanken der ‚natürlichen Theologie' sein. Der Gedanke, daß sich Gott in dem, was er *tut*, offenbart, wird dank des AT erhalten bleiben, und von da aus wird auch die Möglichkeit gegeben sein, die Person Jesu und sein Kreuz zu verstehen." (Theologie des NT, ⁶1968, 120).

Ähnlich urteilt H. Braun (ZThK 59, 1962, 30): „Ohne daß die Verfasser des Neuen Testamentes von alttestamentlich-jüdischem Denken geprägt gewesen wären, wäre das hellenistische Christentum in Ekstase und Mystik aufgegangen."

Gegen Marcions Lehre von zwei Göttern, dem gerechten Herrn dieser Welt und dem fremden, guten Gott, sowie gegen ähnliche Vorstellungen der Gnosis hat die Kirche im 2. Jahrhundert das Bekenntnis zu dem einen Schöpfer und Erlöser bewahrt; auf diese Weise hat sie zugleich am AT, das seinerseits diese Einheit (Jes 43,1; 44,6 u.a.) bereits ausspricht, als Zeugnis des Glaubens festgehalten.

Ist das Neue Testament ohne das Alte Testament nicht zu leicht Mißverständnissen ausgeliefert? Darum ist es auch nicht möglich, in den sog. jungen Kirchen das AT durch die jeweilige Landestradition zu ersetzen.

5. In der traditionellen Gestalt christlicher Dogmatik zeigen sich Nachwirkungen des AT am ehesten in drei Themenkomplexen: Gotteslehre (Eigenschaften Gottes, wie „lebendiger Gott", Schöpfung, Geschichtlichkeit der Offenbarung), Anthropologie (Gottebenbildlichkeit, Ganzheit des Menschen, Schöpfung und Weltverantwortung, Schuld und Vergebung), Eschatologie (messianische Erwartung, Reich Gottes u.a.). Darüber hinaus nimmt innerhalb der Christologie insbesondere die Lehre von den drei Ämtern (des Propheten, Hohenpriesters und Königs) alttestamentliche Überlieferungselemente auf, und in der Pneumatologie

dienen auch alttestamentliche Zeugnisse dazu, die Wirkung des Geistes auszusagen. Erst recht lebt alttestamentliche Sprache im Gottesdienst nach (Num 6,24 ff; Jes 6,3; Psalmen).

Sollte das Bilderverbot, das letztlich zwischen Rede und Vorstellung von Gott unterscheidet, nicht größere Bedeutung für die Theologie erhalten? Das AT zeigt nicht nur die Verwobenheit von Glaube und Situation auf, sondern gibt auch Anregungen, über die Geschichtlichkeit des Glaubens-, Welt- und Menschenverständnisses nachzudenken. Anstöße mögen von der Hoffnung ausgehen, die sich mit den Nöten gegenwärtigen Daseins nicht zufriedengibt und eine Änderung dieser Welt erwartet (Jes 2,4; 11; 65,17 u. a.). Wo immer vom Glauben an einen Gott geredet wird, geschieht es in direkter oder indirekter Nachwirkung des AT – kann diese Einsicht nicht zu neuem Suchen nach den Gemeinsamkeiten der Religionen (zumal Judentum, Christentum, Islam) führen?

Letztlich gibt es auf die Frage nach der Bedeutung des AT nicht nur *eine* Antwort; dafür ist es in sich selbst und in seiner Wirkungsgeschichte zu vielgestaltig.

Am Ende des Buches möchten einige *Thesen* (in einer gegenüber EvTh 47, 1987, 457 – 459 erweiterten Form) gewisse Grundzüge zusammenfassen und hervorheben:

1. Das Alte Testament bewahrt und bezeugt eine Geschichte des Glaubens, nämlich des Glaubens an einen und denselben Gott (Ex 6,2 f u. a.), und gliedert den heute Glaubenden – die christliche Gemeinde wie den einzelnen – in diese Geschichte des Glaubens ein.

Ist es für den Glaubenden nicht wichtig, über die Brüder hinaus auch Väter des Glaubens (vgl. Röm 4,10 ff von Abraham; Hebr 11) zu haben und um sie zu wissen?

2. Das Alte Testament fragt „Was ist der Mensch?", stellt – oft farbig-bildhaft erzählend – Weite und Tiefe menschlichen Lebens einschließlich seiner Schuldverfallenheit und Endlichkeit dar. So gibt das Alte Testament Anteil an Wahrnehmungen und Deutungen menschlicher Wirklichkeit aus dem Glauben, an Erfahrungen des *homo coram Deo*.

Dabei kann es den in Israel gewonnenen Erfahrungen allgemeine Einsichtigkeit und Verbindlichkeit zusprechen: „Der Mensch lebt nicht vom Brot allein." (Dtn 8,3; vgl. Gen. 1,26 f; 8,21; 9,6; Mi 6,8; Jes 2,17; Spr 16 u. v. a.).

3. Das Alte Testament enthält nicht nur die Frage nach dem Menschen, gibt vielmehr auch eine Antwort – mit der Fortsetzung jenes Zitats (Ps 8,5) formuliert: „Du gedenkst seiner." Diese Antwort bleibt nicht vorläufig-suchend, sondern kann mit Gewißheit, als unbedingte Verheißung oder Zusage, ergehen.

4. In der Mehrstimmigkeit des Alten Testaments ist dies der beherrschende Grundton (Hos 13,4; Jes 45,21):

> „Einen Gott außer mir kennst du nicht,
> und einen Helfer außer mit gibt es nicht."

Entsprechend ist im Dekalog (Ex 20,2 f) der Ausschließlichkeitsanspruch Folge der Zusage: „dein Gott", wie sich die Gebote und Rechtssammlungen (Ex 20 ff) erst aus Gottes Verheißung (Ex 3; 6), Rettung und Fürsorge (Ex 14 – 17) ergeben.

Alles, was das Alte Testament der Christenheit weitergegeben und was für die Sprache des Glaubens bis heute Bedeutung behalten hat, ist durch diese Ausschließlichkeit, die im Ersten Gebot zugespitzt zum Ausdruck kommt, tief geprägt – etwa: das Bekenntnis zum Schöpfer, Klage und Lob der Psalmen, die Anrufung Gottes als „Vater" (vgl. Jes 63,16; Mal 2,10 gegenüber Jer 2,27) oder die Erwartung der Königsherrschaft Gottes (vgl. Sach 14,9 gegenüber Ps 95,3).

Demnach ist das Erste Gebot keineswegs ein nur „formales" Bindeglied und Grundmotiv, sondern hat, auf Überlieferungen, Vorstellungen oder Erfahrungen, selbst auf ethische Einstellungen (vgl. Lev 19,2; Spr 20,22; Röm 12,17 ff) und Hoffnungen bezogen, tiefgreifende Auswirkung.

Auch die messianischen Weissagungen verheißen letztlich *Gottes* Wirken: „Du machst die Freude groß; der Eifer Jahwe Zebaots wird es vollbringen." (Jes 9,2.6; vgl. 11,2), wie der Zukunftskönig (Jer 23,6) den Namen trägt: „Jahwe ist unsere Gerechtigkeit bzw. unser Heil". So ist eigentlich Gott der Erlöser (vgl. Ps 130,7 f).

5. Alttestamentlicher Glaube umfängt die Zwiefältigkeit, wenn nicht Zwiespältigkeit menschlicher Erfahrung: „Zeit zum Geborenwerden – Zeit zum Sterben; Zeit zum Weinen – Zeit zum Lachen" (Koh 3), indem er Gott im Bösen wie im Guten bekennt: Wer macht den Menschen „sehend oder blind? Bin nicht ich es, Jahwe?" (Ex 4,11; vgl. Jes 45,7; Hi 1,21; auch Rut; Klgl u. v. a.).

Trotz der Einsicht: „Du bringst die Menschen zu Staub zurück" spricht Ps 90 Gott als „Zuflucht" an, bedenkt so die zeitliche Begrenztheit des Menschen in der Anrede (vgl. Hi 14). Die Klagen der Psalmen, die Anklagen Hiobs oder die Konfessionen Jeremias sind angesichts leidvoller Erfahrungen ein Ringen um dieses „Du" und mit diesem „Du". Indem das Alte Testament solche Worte überliefert, hält es fest, daß der gegenüber Gott kritische Mensch nicht nur über Gott (in 3. Person: „Es ist kein Gott" Ps 14,1; vgl. 10,4.11; 73,11; Zeph 1,12 u. a.) reden, sich vielmehr mit seiner Klage oder Anklage an Gott wenden kann. So brauchen Anfechtungen und Zweifel nicht aus dem Glauben herauszuführen, sondern können im Glauben ausgesprochen werden.

6. Wenn das Alte Testament die Heiligkeit (Jes 6) oder Herrschaft Gottes (Ps 47,8 f; 145,13 u. a.) betont und verbietet, sich von Gott ein Bild zu machen, so hebt es damit hervor, daß sich Gott nicht in menschliche Vorstellungen einfangen läßt, nicht Garant menschlicher Wünsche (vgl. Am 5,18; Jer 6,14) ist,

vielmehr ein „sich verbergender" (Jes 8,17; vgl. 29,14; 45,15), ferner (Jer 23,23)
Gott sein kann.

Damit bewahrt das Alte Testament die Einsicht, daß Gott „tötet und lebendig
macht" (1 Sam 2,6 u. a.); dabei verbirgt sich in dieser Reihenfolge eine Aussageabsicht. So entspricht Luthers Erklärung im Kleinen Katechismus einer Intention
des Alten Testaments (Dtn 6,15.13 u. a.): „Wir sollen Gott fürchten und lieben."

Demgemäß gibt das Alte Testament die Zusage weiter, daß Gott letztlich
nicht vor, sondern in Gefahren bewahrt (Jer 1,8; 15,20 u. a.). Die Propheten,
die das Ende der Gnade Gottes denken können (Jer 16,5 u. a.), verheißen im
Unheil neues Heil (Jes 1,21 – 26; 11,1; Jer 29; 32; Ez 37 u. a.), und die Psalmbeter
vertrauen darauf, im Dunkeln getragen zu sein: Auch „im finsternen Tal – du
bist bei mir" (Ps 23,4; vgl. 73,23 ff u. a.).

7. Die Psalmen bekennen: „Jahwe ist nahe denen, die zerbrochenen Herzens
sind" (Ps 34,19; vgl. 51; Jes 57,15). Von Mose heißt es: „Er war sehr demütig,
mehr als irgendein Mensch auf Erden" (Num 12,3). Sogar der erwartete Zukunftskönig soll (nach dem hebräischen Text von Sach 9,9 f) arm sowie auf
Gottes Hilfe angewiesen sein und den Völkern Heil verkünden. Bedenkt man
darüber hinaus, wie etwa Jeremia an seiner Verkündigung in seinem Volk oder
der Gottesknecht für sein Volk leidet, so wird man D. Bonhoeffers Urteil
beipflichten, „daß im AT der Segen auch das Kreuz, im NT das Kreuz auch
den Segen in sich schließt".

8. Gottes Urteil über seine Schöpfung „er sah an alles, was er gemacht
hatte, und siehe, es war sehr gut" (Gen 1,31) gilt nicht der gegenwärtigen, in
sich zwiespältigen Welt aus Freud und Leid, sondern einer Welt ohne Blutvergießen (1,29 f), insofern zumindest ohne gewaltsam herbeigeführtes Leid. Damit
ist ein Unterschied gesetzt zwischen der geschaffenen und der vorfindlichen
Welt; sie ist so, wie sie ist, Gott nicht recht. Darum brauchen Unrecht und Leid
nicht beschönigt zu werden.

Jene Unterscheidung wird von der prophetisch-eschatologischen Hoffnung
aufgenommen, die nach einem „Frieden ohne Ende" (Jes 9,6; 2,4), der Vernichtung des Todes (25,8; vgl. Ps 22,28 ff; 73,23 ff) oder „einem neuen Himmel und
einer neuen Erde" (Jes 65,17) ausblickt. Schon Jesaja (2,17) gestaltet die Zukunftserwartung von der Ausschließlichkeit des Glaubens her: „Da wird gede-
mütigt der Hochmut des Menschen, und erhaben ist Jahwe allein an jenem
Tag." Zwar bekennt die christliche Gemeinde – über das Alte Testament
hinaus – die Zukunft des Gekommenen, hofft aber – mit dem Alten Testament
und in seinem Sinne (Sach 14,9; vgl. Jes 24,23; 60,19 f u. a.) –, daß „Gott sei
alles in allem" (1 Kor 15,28).

9. Wenn die christliche Gemeinde im Gottesdienst den aaronitischen Segen
(Num 6,24 – 26; vgl. Ps 90,17; 121,8 u. a.) oder ein Gebet wie:

> „Danket dem Herrn;
> denn er ist freundlich,
> und seine Güte währet ewiglich"
> (Ps 136,1; vgl. Ex 34,6 f; Ps 103 u. a.)

nach- und mitspricht, dann unterstellt sie sich der schon im Alten Testament gegebenen Zusage der gnädigen Gegenwart Gottes („Ich bin mit dir") und bekennt die Vergewisserung dieser Zusage im Neuen Testament.

Das Alte Testament wird für die christliche Gemeinde nicht erst nachträglich, sondern ist von vornherein Zeugnis des Glaubens an den einen Gott.

Im Neuen Testament bleibt das Erste Gebot wie selbstverständlich in Geltung: „Niemand kann zwei Herren dienen" (Mt 6,24; vgl. 6,33; 22,37 f; Röm 3,30 u. a.). Nach Mk 15,34 vertraut sich Jesus in der Gottverlassenheit am Kreuz diesem Gott mit den Worten von Ps 22 an: „Mein Gott, mein Gott, warum hast du mich verlassen?"

Verweist das frühe Zeugnis von Ostern auf das Werk dieses Gottes, „der Jesus von den Toten auferweckt hat" (Gal 1,1 u. a.), so wird später von der alten Kirche selbst die Trinitätslehre derart entfaltet, daß das Erste Gebot in Geltung bleibt. Demnach versteht das Neue Testament einerseits Gott neu, andererseits wird die Christuserfahrung so ausgelegt, daß der Zusammenhang mit dem Alten Testament gewahrt bleibt.

Das für die Alte Kirche — etwa gegenüber Marcion — wichtige Bekenntnis der Identität des Schöpfers und Erlösers spricht seinerseits schon das Alte Testament (Jes 43,1; 44,6 u. a.) aus.

10. Die christliche Gemeinde deutet den aus dem Alten Testament, das die Anerkennung des einen Gottes durch die Völker erhofft (Jes 19,24 f; 25,6 f; 45,23; Zeph 2,11; Ps 22,28 f; 100 u. a.), übernommenen Begriff „Volk" in übertragenem Sinn auf das Volk aus Juden und Heiden (Eph 2; 3,6). Dabei versteht sich die Kirche, obwohl „Leib Christi", als „Volk Gottes" (1 Petr 2,9 f nach Ex 19,6) — allerdings weder als „*das* Volk Gottes" noch als „*ein* Volk Gottes".

So weiß sich die Kirche nicht aus sich selbst gegründet, sondern wie schon Israel „gerufen" (Hos 11,1), „erwählt" (Dtn 7,7 f) und „geschaffen" (Jes 43,1 u. a.).

Die jüdische Gemeinde, die innerhalb der Hebräischen Bibel der Tora höhere Autorität zuspricht, bekennt damit zugleich, in dem Abraham gewährten „ewigen Bund" (Gen 17,19 u. a.) zu stehen. Die christliche Gemeinde beruft sich dagegen auf die prophetische Verheißung vom „neuen Bund" (Jer 31,31 – 34; vgl. 1 Kor 11,25 u. a.).

Wie tiefgreifend dieser Unterschied auch ist, so stimmen Tora und Prophetie doch darin überein, daß sie einerseits Gottes Zuwendung als Gottes freie Tat verstehen, andererseits den Ungehorsam des Menschen nicht verkennen.

Während das von den Propheten verheißene Heil bereits ihre Kritik bis hin zum Vorwurf des Bundesbruches (Jer 31,32) voraussetzt, antwortet das Volk nach der Tora auf Gottes Hilfszusage sehr bald mit einem „Nicht-Hören" (Ex 6,9) und Murren (14,11 f u. ö.). Selbst Mose ist nicht ausgenommen (Num 20,12 u. a.), wie ja auch die Erzväter oder David keineswegs fehlerlos dargestellt werden. Insofern erzählt die Tora von Gottes bleibender Zuwendung und erwartet die Prophetie Gottes neue Zuwendung zu denen, die Sünder (Gen 8,21; Jer 17,1; Ps 143,2 u. v. a.) werden bzw. sind.

Anhang

LITERATURVERZEICHNIS

§ 1

Forschungsberichte: R. SMEND, Ein halbes Jahrhundert Einleitungswissenschaft: ThR 49 (1984) 3−30; D. A. KNIGHT/G. M. TUCKER (Hg.), The Hebrew Bible and Its Modern Interpreters (1985); W. H. SCHMIDT/W. THIEL/R. HANHART, AT. Grundkurs Theologie 1. UB 421 (1989).

Die „Einleitungen" in das AT von A. BENTZEN (⁵1959; engl.); O. EISSFELDT (³1964. ⁴1976); A. WEISER (⁶1966); (E. SELLIN-)G. FOHRER (¹²1979); A. ROBERT/ A. FEUILLET (1963); O. KAISER (⁵1984); J. A. SOGGIN (²1980; engl.); R. SMEND, Die Entstehung des AT (⁵1995) (= EntstAT); B. S. CHILDS (1979; engl.); H. J. BOECKER/H. J. HERMISSON u. a., AT (²1986); R. RENDTORFF, Das AT. Eine Einführung (1983. ⁴1992); R. J. COGGINS, Introducing the OT (1990); O. KAISER, Grundriß der Einleitung in die kanonischen und deuterokanonischen Schriften des AT I (1992); II (1994).

Zum Problem des biblischen Kanons: H. V. CAMPENHAUSEN, Die Entstehung der christlichen Bibel: BHTh 39 (1968); H. HAAG, Kanon: Bibel-Lexikon (²1968) 915−922 (Lit.); H. GESE, Erwägungen zur Einheit der biblischen Theologie (1970): Vom Sinai zum Zion (1974) 11−30; J. CONRAD, Zur Frage nach der Rolle des Gesetzes bei der Bildung des atl. Kanons: ThV XI (1980) 11−19; G. WANKE, Bibel I: TRE VI (1980) 1−8 (Lit.); H. J. ZOBEL, Einleitungswissenschaft I: TRE IX (1982) 460−469 (Lit.); JBTh 3 (1988) (Lit.); O. H. STECK, Der Kanon des hebräischen AT: Vernunft des Glaubens. FS W. Pannenberg (1988) 231−252; G. MAIER (Hg.), Der Kanon der Bibel (1990); N. FREEDMAN, The Formation of the Canon of the OT: E. B. FIRMAGE u. a. (Hg.), Religion and Law (1990) 315−331; G. CHR. MACHOLZ, Die Entstehung des hebräischen Bibelkanons nach 4Esra 14: Die Hebräische Bibel und ihre zweifache Nachgeschichte. FS R. Rendtorff (1990) 379−391; O. H. STECK, Der Abschluß der Prophetie im AT. Ein Versuch zur Frage der Vorgeschichte des Kanons: BThSt 17 (1991); DERS., Der Kanon des hebräischen AT: W. PANNENBERG/TH. SCHNEIDER (Hg.), Verbindliches Zeugnis I. Kanon-Schrift-Tradition: DiKi 7 (1992) 11−33; R. T. BECKWITH, A modern theory of the OT canon: VT 41 (1991) 385−395; C. DOHMEN/M. OEMING, Biblischer Kanon, warum und wozu?: QD 137 (1992).

§ 2

Übersicht: S. HERRMANN, Geschichte Israels: TRE XII (1984) 698−740 (Lit.).

A. ALT, Kleine Schriften zur Geschichte des Volkes Israel I−III (1953ff); Auswahl in: Zur Geschichte des Volkes Israel (²1979); M. NOTH, Geschichte Israels

(²1954. ⁹1981); E. L. EHRLICH, Geschichte Israels von den Anfängen bis zur Zerstörung des Tempels (1958. ²1980); J. BRIGHT, A History of Israel (³1981); M. METZGER, Grundriß der Geschichte Israels (1963. ⁶1983); R. DE VAUX, Histoire ancienne d'Israël I−II (1971. 1973); A. H. J. GUNNEWEG, Geschichte Israels bis Bar Kochba (1972. ⁶1989); S. HERRMANN, Geschichte Israels in atl. Zeit (1973. ²1980) (vgl. R. SMEND, EvTh 34, 1974, 304−313); A. JEPSEN/K.-D. SCHUNCK (Hg.), Von Sinuhe bis Nebukadnezar (⁴1988) (mit Zeittafel und altorientalischen Quellen); G. FOHRER, Geschichte Israels (⁵1990); J. H. HAYES/ J. M. MILLER, Israelite and Judaean History (1977); H. H. BEN-SASSON (Hg.), Geschichte des jüdischen Volkes I (1978. ²1981); H. DONNER, Geschichte des Volkes Israel und seiner Nachbarn in Grundzügen I (1984. 1993); II (1986); J. A. SOGGIN, A History of Israel (1981); Z. KALLAI, Historical Geography of the Bible (1986); R. H. LOWERY, The Reforming Kings. Cults and Society in First Temple Judah: JSOT. S 120 (1991); P. R. DEVIES, In search of 'Ancient Israel': JSOT. S 148 (1992); G. W. AHLSTRÖM, The History of Ancient Palestine from the Palaeolithic Period to Alexander's Conquest: JSOT. S 146 (1993); H. N. NIEMANN, Herrschaft, Königtum und Staat: FAT 6 (1993).

§ 3

Forschungsberichte: W. SCHOTTROFF, Soziologie und AT: VF 19/2 (1974) 46−66 (Lit.); DERS., Zur Sozialgeschichte Israels in der Perserzeit: VF 27/1 (1982) 46−68 (Lit.).

M. WEBER, Das antike Judentum. Gesammelte Aufsätze zur Religionssoziologie III (1920. ⁷1983); W. SCHLUCHTER (Hg.), Max Webers Studie über das antike Judentum. Interpretation und Kritik (1981); L. KÖHLER, Der hebräische Mensch (1953. 1980); R. DE VAUX, Das AT und seine Lebensordnungen I−II (1960/2. ²1964/6); H. E. v. WALDOW, Social Responsibility and Social Structure: CBQ 32 (1970) 182−204; G. CHR. MACHOLZ, Die Stellung des Königs in der israelitischen Gerichtsverfassung: ZAW 84 (1972) 157−182; F. STOLZ, Aspekte religiöser und sozialer Ordnung im alten Israel: ZEE 17 (1973) 145−159; J. EBACH, Sozialethische Erwägungen zum atl. Bodenrecht: BN 1 (1976) 31−46; M. SCHWANTES, Das Recht der Armen: BET 4 (1977); F. CRÜSEMANN, Der Widerstand gegen das Königtum: WMANT 49 (1978); H. G. KIPPENBERG, Religion und Klassenbildung im antiken Judäa (²1982); W. DIETRICH, Israel und Kanaan (1979); N. K. GOTTWALD, The Tribes of Yahweh (1979); DERS., Sociological Method in the Study of the Ancient Israel: M. J. BUSS (Hg.), Encounter with the Text (1979) 69−81; W. SCHOTTROFF/W. STEGEMANN (Hg.), Der Gott der kleinen Leute I (²1981); DIES., Traditionen der Befreiung I (1980); W. THIEL, Die soziale Entwicklung Israels in vorstaatlicher Zeit (²1984); G. FOHRER, Zur Einwirkung der gesellschaftlichen Struktur Israels auf seine Religion: BZAW 155 (1981)

117−131; M. Klopfenstein, Jahweglauben und Gesellschaftsordnung: IKZ 72 (1982) 118−131; U. Worschech, Abraham. Eine sozialgeschichtliche Studie: EHS. T 225 (1983); L. u. W. Schottroff (Hg.), Mitarbeiter der Schöpfung (1983); R. Smend, Der Ort des Staates im AT: ZThK 80 (1983) 245−261; H.-P. Müller, Gesellschaft II: TRE XII (1984) 756−764 (Lit.); N. K. Gottwald, The Hebrew Bible. A Socio-Literary Introduction (1985); N. P. Lemche, Early Israel. Anthropological and Historical Studies on the Israelite Society before the Monarchy: VT. S 37 (1985); J. W. Rogerson, The use of sociology in OT studies: VT. S 36 (1985) 245−256; H. Niehr, Herrschen und Richten: FzB 54 (1986); K. Engelken, Frauen im AT: BWANT 130 (1990); V. Fritz, Die Stadt im alten Israel (1990); R. E. Clements (Hg.), The World of Ancient Israel. Sociological, Anthropological and Political Perspectives (1989. 1991); R. Albertz, Religionsgeschichte Israels in atl. Zeit: GAT 8/1−2 (1992) (vgl. W. Thiel, ThLZ 119, 1994, 3−14); R. Kessler, Staat und Gesellschaft im vorexilischen Juda vom 8. Jahrhundert bis zum Exil: VT. S 47 (1992); Ders., Frühkapitalismus...: EvTh 54 (1994) 413−427 (vgl. 400ff).

Zur Sozialkritik der Propheten: H. Donner, Die soziale Botschaft der Propheten im Lichte der Gesellschaftsordnung Israels (1963): P. H. A. Neumann (Hg.), Das Prophetenverständnis (u. § 13) 493−514; K. Koch, Die Entstehung der sozialen Kritik bei den Profeten (1971): Spuren des hebräischen Denkens. GAufs I (1991) 146−166.290f (Lit.); G. Wanke, Zu Grundlagen und Absicht prophetischer Sozialkritik: KuD 18 (1972) 1−17; M. Fendler, Zur Sozialkritik des Amos: EvTh 33 (1973) 32−53; O. Loretz, Die prophetische Kritik des Rentenkapitalismus: UF 7 (1975) 271−278; W. Kornfeld, Die Gesellschafts- und Kultkritik atl. Propheten: FS Kardinal König (1980) 181−200; G. Fleischer (u. § 14); A. D. H. Mayes, Prophecy and Society in Israel: Of Prophets' Visions and the Wisdom Sages. FS R. N. Whybray. JSOT. S 162 (1993) 25−42.

§ 4

Forschungsgeschichte: H.-J. Kraus, Geschichte der historisch-kritischen Erforschung des AT (⁴1988); E. Osswald, Das Bild des Mose (1962); R. J. Thompson, Moses and the Law in a Century of Criticism since Graf: VT. S 19 (1970); R. E. Clements, Pentateuchal Problems: G. W. Anderson (Hg.), Tradition and Interpretation (1979) 96−124; L. Schmidt, Literarkritik I: TRE XXI (1991) 211−222; B. Seidel, Karl David Ilgen und die Pentateuchforschung im Umkreis der sogenannten Älteren Urkundenhypothese: BZAW 213 (1993) (vgl. ZAW 106, 1994, 476−485); C. Houtman, Der Pentateuch (1994).

Wichtige Monographien: J. Wellhausen, Die Composition des Hexateuchs (1876 f. ⁴1963); Ders., Prolegomena zur Geschichte Israels (1883. ⁶1905. 1981)

(= Proleg.); H. HOLZINGER, Einleitung in den Hexateuch (1893) (= EinlHex); O. EISSFELDT, Hexateuch-Synopse (1922. 1980); G. v. RAD, Das formgeschichtliche Problem des Hexateuch (1938): GSt I (1958. ⁴1971) 9−86; M. NOTH, Überlieferungsgeschichte des Pentateuch (1948. ³1966) (= ÜP); G. HÖLSCHER, Geschichtsschreibung in Israel (1952); S. MOWINCKEL, Erwägungen zur Pentateuch-Quellenfrage (1964).

Neuere Arbeiten: R. RENDTORFF, Das überlieferungsgeschichtliche Problem des Pentateuch: BZAW 147 (1976); E. OTTO, Stehen wir vor einem Umbruch in der Pentateuchkritik?: VF 22/1 (1977) 82−97; P. WEIMAR, Untersuchungen zur Redaktionsgeschichte des Pentateuch: BZAW 146 (1977); B. DIEBNER, Neue Ansätze in der Pentateuch-Forschung: DBAT 13 (1978) 2−13; H. DONNER, Der Redaktor (1980): Aufsätze zum AT. BZAW 224 (1994) 259−285; H.-C. SCHMITT, Die nichtpriesterliche Josephsgeschichte: BZAW 154 (1980) bes. 175ff (vgl. H. SEEBASS: VF 27/1, 1982, 89−91); DERS., Redaktion des Pentateuch im Geiste der Prophetie: VT 32 (1982) 170−189; E. ZENGER, Wo steht die Pentateuchforschung heute?: BZ 24 (1980) 101−116; DERS., Auf der Suche nach einem Weg aus der Pentateuchkrise: ThRv 78 (1982) 353−362; H. H. SCHMID, Auf der Suche nach neuen Perspektiven für die Pentateuchforschung: Congress Volume Vienna 1980. VT. S 32 (1981) 375−394; R. NORTH, Can Geography Save J from Rendtorff?: Bib 63 (1982) 47−55; A. H. J. GUNNEWEG, Anmerkungen und Anfragen zur neueren Pentateuchforschung (1983. 1985): Sola Scriptura 2 (1992) 93−119.120−144; G. LARSSON, The Documentary Hypothesis and the Chronological Structure of the OT: ZAW 97 (1985) 316−333; L. RUPPERT, Die Aporie der gegenwärtigen Pentateuchdiskussion und die Josefserzählung der Genesis (1985): Studien zur Literaturgeschichte des AT: SBAB 18 (1994) 89−109 (vgl. 274ff); H.-C. SCHMITT, Die Hintergründe der „neuesten Pentateuchkritik" und der literarische Befund der Josephsgeschichte Gen 37−50: ZAW 97 (1985) 161−179; C. J. LABUSCHAGNE, Neue Wege und Perspektiven in der Pentateuchforschung: VT 36 (1986) 146−162; F.-L. HOSSFELD, Der Pentateuch: E. SITARZ (Hg.), Höre Israel! (1987) 11−68; T. L. THOMPSON, The Origin Tradition of Ancient Israel 1. The Literary Formation of Genesis and Exodus 1−23: JSOT. S 55 (1987); R. N. WHYBRAY, The Making of the Pentateuch: JSOT. S 53 (1987); W. H. SCHMIDT, Plädoyer für die Quellenscheidung: BZ 32 (1988) 1−14; A. DE PURY (Hg.), Le Pentateuque en question (1989); E. BLUM, Studien zur Komposition des Pentateuch: BZAW 189 (1990); J. A. EMERTON (Hg.), Studies in the Pentateuch: VT. S 41 (1990); C. BREKELMANS/J. LUST (Hg.), Pentateuchal and Deuteronomistic Studies: BEThL 94 (1990); M. HARAN, Book-Size and the Thematic Cycles in the Pentateuch: Die Hebräische Bibel und ihre zweifache Nachgeschichte. FS R. Rendtorff (1990) 165−176; W. H. SCHMIDT, Elementare Erwägungen zur Quellenscheidung im Pentateuch: Congress Volume Leuven 1989. VT. S 43 (1991) 22−45; G. J. WENHAM, Method in Pentateuchal Criticism: VT 41 (1991) 84−109; S. BOORER, The Promise of the Land as Oath. A Key to the Formation of the Pentateuch: BZAW 205 (1992); P. Haudebert (Hg.), Le Pentateuque. LeDiv 151 (1992).

Kommentare u. ä. zu Gen: H. Gunkel (HK, ³1910); O. Procksch (KAT, ²·³1924); G. v. Rad (ATD, 1953. ¹¹1981); U. Cassuto, engl. (I 1961. II 1964); E. A. Speiser (AncB, 1964); C. Westermann (BK, I/1 ³1983. I/2 ²1989. I/ 3 1982); W. Zimmerli (ZBK, I ⁴1984. II 1976); J. Scharbert (NEB, I 1983. ³1990, II 1986); N. M. Sarna (JPSTC, 1989); V. P. Hamilton (NIC, 1990) (Gen 1−17); H. J. Boecker (ZBK, III 1992); L. Ruppert (Gen 1−11) (FzB 70, 1992); H. Seebass (1995).

Forschungsberichte: C. Westermann, Genesis 1−11: EdF 7 (1972); Ders., Genesis 12−50: EdF 48 (1975); J. S. Kselman, The Book of Genesis: A Decade of Scholarly Research: Interp 45 (1991) 380−392.

Neuere Arbeiten: E. Blum, Die Komposition der Vätergeschichte: WMANT 57 (1984); M. Köckert, Vätergott und Väterverheißungen: FRLANT 142 (1988); A. R. Müller, Die Mehrungsverheißung und ihre vielfältige Formulierung: Die Väter Israels. FS J. Scharbert (1989) 259−266; H. Gese, Die Komposition der Abrahamserzählung: Atl. Studien (1991) 29−51; H. Schmid, Die Gestalt des Isaak. Ihr Verhältnis zur Abraham- und Jakobtradition: EdF 274 (1991); L. Schmidt, Väterverheißungen und Pentateuchfrage: ZAW 104 (1992) 1−27; J. Schreiner, Zur Theologie der Patriarchenerzählungen in Gen 12−36: Atl. Glaube und Biblische Theologie. FS H. D. Preuß (1992) 20−34; T. D. Alexander, Are the wife/sister incidents of Genesis literary compositional variants?: VT 42 (1992) 145−153; I. Fischer, Die Erzeltern Israels. Feministisch-theologische Studien zu Genesis 12−36: BZAW 222 (1993).

Kommentare u. ä. zu Ex: H. Holzinger (KHC, 1900) (Ex, Num); B. Baentsch (HK, 1903) (Ex-Num); H. Gressmann, Mose und seine Zeit (1913); G. Beer/K. Galling (HAT, 1939); M. Noth (ATD, 1958. ⁶1978); U. Cassuto (engl. 1967); J. Ph. Hyatt (NCBC, 1971); B. S. Childs (OTL, 1974); J. I. Durham (WBC, 1987); W. H. Schmidt (BK, II/1 1988; II/2 1994ff); J. Scharbert (NEB, 1989); N. M. Sarna (JPSTC, 1991); B. Jacob (engl., 1992); C. Houtman (COT, I−II 1989; engl. I 1993).

Forschungsberichte: R. Smend, Das Mosebild von Heinrich Ewald bis Martin Noth (1959) = Die Methoden der Moseforschung: Zur ältesten Geschichte Israels. GSt II (1987) 45−115; E. Osswald (o. § 4); H. Schmid, Mose. Überlieferung und Geschichte: BZAW 110 (1968) 1−13; R. J. Thompson (o. § 4); H. Engel, Die Vorfahren Israels in Ägypten. Forschungsgeschichtlicher Überblick über die Darstellungen seit R. Lepsius (1849): FThSt 27 (1979) (Lit.); H. Schmid, Die Gestalt des Mose: EdF 237 (1986); W. H. Schmidt, Exodus, Sinai und Mose: EdF 191 (1983. ³1995) (Lit.); E. Zenger, Mose: TRE XXIII (1994) 330−341 (Lit.).

Neuere Arbeiten: G. Fohrer, Überlieferung und Geschichte des Exodus: BZAW 91 (1964); P. Weimar/E. Zenger, Exodus: SBS 75 (1975) (Lit.); J. Jeremias, Theophanie: WMANT 10 (^{2}1977) 194ff (Lit.); P. Weimar, Die Meerwundererzählung (1985); F. Kohata, Jahwist und Priesterschrift in Exodus 3−14: BZAW 166 (1986) (vgl. Dies., AJBI 12, 1986, 3−28; 14, 1988, 10−37); G. Fischer, Jahwe unser Gott. Sprache, Aufbau und Erzähltechnik in der Berufung des Mose (Ex 3−4): OBO 91 (1989); H.-C. Schmitt, Tradition der Prophetenbücher in den Schichten der Plagenerzählung Ex 7,1−11,10: Prophet und Prophetenbuch. FS O. Kaiser. BZAW 185 (1989) 196−216; J. Kegler, Zur Komposition und Theologie der Plagenerzählungen: Die Hebräische Bibel und ihre zweifache Nachgeschichte. FS R. Rendtorff (1990) 55−74; L. Schmidt, Beobachtungen zu der Plagenerzählung in Ex VII 14 − XI 10: StB 4 (1990); A. Schart, Mose und Israel im Konflikt: OBO 98 (1990); W. H. Schmidt, Mose: P. Antes (Hg.), Große Religionsstifter (1992) 32−48; F. Crüsemann, Die Tora (1992) 39 ff.

Zu Lev: M. Noth (ATD, 1962. ^{4}1978); K. Elliger (HAT, 1966); W. Kornfeld (NEB, 1983. ^{2}1986); R. Rendtorff (BK, 1985ff); B. A. Levine (JPSTC, 1989); J. Milgrom (AncB, 1991) (Lev 1−16); E. S. Gerstenberger (ATD, 1993).

Neuere Arbeiten: K. Koch, Atl. und altorientalische Rituale: Die Hebräische Bibel und ihre zweifache Nachgeschichte. FS R. Rendtorff (1990) 75−85; A. Schenker (Hg.), Studien zu Opfer und Kult im AT mit einer Bibliographie 1969−1991 zum Opfer in der Bibel: FAT 3 (1992); I. Willi-Plein, Opfer und Kult im atl. Israel: SBS 153 (1993); D. J. Lane, The Peshitta of Leviticus: MPIL 6 (1994); W. Zwickel, Der Tempelkult in Kanaan und Israel: FAT (1994).

Zu Num: M. Noth (ATD, 1966. ^{4}1982); J. de Vaulx (1972); W. Riggans (The Daily Study Bible, 1983); P. J. Budd (WBC, 1984); J. Milgrom (JPSTC, 1990); J. Scharbert (NEB, 1992); H. Seebass (BK, 1994ff).

Neuere Arbeiten: R. P. Knierim, The Book of Numbers: Die Hebräische Bibel und ihre zweifache Nachgeschichte. FS R. Rendtorff (1990) 155−163; H.-J. Zobel, Bileam-Lieder und Bileam-Erzählung: Die Hebräische Bibel und ihre zweifache Nachgeschichte. FS R. Rendtorff (1990) 141−154; M. S. Moore, The Balaam Traditions. Their Character and Development: SBL. DS 113 (1990); J. Hoftijzer/G. van der Kooij (Hg.), The Balaam Text from Deir ᶜAlla Reevaluated (1991).

Zu Dtn s. § 10

§ 5a

J. Hempel, Glaube, Mythos und Geschichte im AT: ZAW 62 (1953) 109−167; B. S. Childs, Myth and Reality in the OT: SBT 27 (1960);

W. H. Schmidt, Mythos im AT: EvTh 27 (1967) 237−254; A. Ohler, Mythologische Elemente im AT (1969); J. Schreiner, Mythos im AT: BiLe 12 (1971) 141−153; W. Pannenberg, Christentum und Mythos (1972); J. W. Rogerson, Myth in OT Interpretation: BZAW 134 (1974); H.-P. Müller, Jenseits der Entmythologisierung (²1979); Ders., Mythos − Anpassung − Wahrheit: ZThK 80 (1983) 1−25; B. Otzen u. a., Myths in the OT (1980); J. Assmann/W. Burkert/ F. Stolz, Funktionen und Leistungen des Mythos: OBO 48 (1982); H. Graf Reventlow, Hauptprobleme der atl. Theologie im 20. Jahrhundert: EdF 173 (1982) 168−183 (Lit.); C. Petersen, Mythos im AT: BZAW 157 (1982); K. Koch, Qädäm. Heilsgeschichte als mythische Urzeit im Alten (und Neuen) Testament (1988): Spuren des hebräischen Denkens 1 (1990) 248−280.297f (Lit.); J. van Seters, Myth and History. The Problem of Origins: A. de Pury (Hg.), Histoire et conscience historique dans les civilisations du proche-orient ancien (1989) 49−61; R. H. Moye, In the Beginning: Myth and History in Genesis and Exodus: JBL 109 (1990) 577−598; H.-P. Müller, Mythos − Kerygma − Wahrheit: BZAW 200 (1991); G. Fuchs, Mythos und Hiobdichtung. Aufnahme und Umdeutung altorientalischer Vorstellungen (1993); W. H. Schmidt, Mythos III: TRE XXIII (1994) 625−644 (Lit.).

Zu den Genealogien: C. Westermann, BK I/1 (1974) 8ff; R. R. Wilson, The OT Genealogies in Recent Research: JBL 94 (1975) 169−189; Ders., Genealogy and History in the Biblical World (1977); M. Oeming (u. § 12) 9 ff.

§ 5b

H. Gunkel, Genesis (³1910) VIIff; Ders., RGG² V (1930) 381−390; C. Westermann, Arten der Erzählung in der Genesis: Forschung am AT (1964) 9−91 = Die Verheißungen an die Väter: FRLANT 116 (1976) 9−91; Ders., Genesis 12−50: EdF 48 (1975) 20ff; K. Koch, Was ist Formgeschichte? (⁴1982) 182ff; J. H. Hayes (Hg.), OT Form Criticism (1974) 57ff; H.-J. Hermisson, in: Enzyklopädie des Märchens I (1975) 419−441; J. P. Fokkelmann, Narrative Art in Genesis (1975); R. Alter, The Art of Biblical Narrative (1981); J. J. Scullion, Märchen, Sage, Legende: VT 34 (1984) 321−336; G. W. Coats (Hg.), Saga, Legend, Tale, Novella, Fable. Narrative Forms in OT Literature: JSOT. S 35 (1985); H.-J. Hermisson, AT und Märchen: EvTh 45 (1985) 299−322; H. Gunkel, Das Märchen im AT (1921. 1987); F. Ahuis, Das Märchen im AT: ZThK 86 (1989) 455−476.

Zur Ätiologie: S. Mowinckel, Tetrateuch-Pentateuch-Hexateuch: BZAW 90 (1964) 78ff; B. O. Long, The Problem of Etiological Narrative in the OT: BZAW 108 (1968); R. Smend, Elemente atl. Geschichtsdenkens (1968): Die

Mitte des AT. GSt I (1986) 160–185; B. S. CHILDS, The Etiological Tale Re-Examined: VT 24 (1974) 387–397; F. W. GOLKA, Zur Erforschung der Ätiologien im AT: VT 20 (1970) 90–98; DERS., The Aetiologies in the OT. Part 1: VT 26 (1976) 410–428; Part 2: VT 27 (1977) 36–47 (Lit.); THAT II (1976) 945f (Lit.).

§ 5c

G. V. RAD, Josephsgeschichte und ältere Chokma (1953): GSt zum AT. TB 8 (1958. ³1965) 272–280; DERS., Die Josephsgeschichte (1954. ⁴1964) = Gottes Wirken in Israel (1974) 22–41; O. KAISER, Stammesgeschichtliche Hintergründe der Josephsgeschichte (1960): Von der Gegenwartsbedeutung des AT (1984) 127–141; L. RUPPERT, Die Josephserzählung der Genesis (1965); D. B. REDFORD, A Study of the Biblical Story of Joseph (1970); C. WESTERMANN, Genesis 12–50: EdF 48 (1975) 56ff; G. W. COATS, From Canaan to Egypt (1976); H. DONNER, Die literarische Gestalt der atl. Josephsgeschichte (1976): Aufsätze zum AT. BZAW 224 (1994) 76–120; E. OTTO, Die „synthetische Lebensauffassung"…: ZThK 74 (1977) 387–400; F. CRÜSEMANN (o. § 3) 143ff; H. SEEBASS, Geschichtliche Zeit und theonome Tradition in der Joseph-Erzählung (1978); I. WILLI-PLEIN, Historiographische Aspekte der Josephsgeschichte: Henoch 1 (1979) 305–331; H.-C. SCHMITT (o. § 4); E. BLUM, Die Komposition der Vätergeschichte: WMANT 57 (1984) bes. 229–257; L. SCHMIDT, Literarische Studien zur Josephsgeschichte: BZAW 167 (1986) 121ff; DERS., TRE XVII (1988) 255–258; W. DIETRICH, Die Josephserzählung als Novelle und Geschichtsschreibung: BThSt 14 (1989); L. RUPPERT (o. § 4); DERS., Zur neueren Diskussion um die Josefsgeschichte der Genesis: BZ 33 (1989) 92–97; H. SCHWEIZER, Die Josefsgeschichte. Konstituierung des Textes I: Argumentation, II: Textband: THLI 4 (1991); H. J. BOECKER, Überlegungen zur Josephsgeschichte: Atl. Glaube und Biblische Theologie. FS H. D. Preuss (1992) 35–45; DERS., Überlegungen zur Erzählung von der Versuchung Josephs (Genesis 39): AT. Forschung und Wirkung. FS H. Graf Reventlow (1994) 3–14; H. SEEBASS, Joseph, sein Vater Israel und das pharaonische Ägypten: Nachdenken über Israel, Bibel und Theologie. FS K.-D. Schunck. BEAT 37 (1994) 11–25 (auch 27ff.37ff).

§ 6

Übersicht: H. SEEBASS, TRE XVI (1987) 441–451 (Lit.).

G. V. RAD, Das formgeschichtliche Problem des Hexateuch (o. § 4); M. L. HENRY, Jahwist und Priesterschrift (1960); H. W. WOLFF, Das Kerygma

des Jahwisten (1964): GSt (1964) 345–373; P. F. ELLIS, The Yahwist (1968);
L. RUPPERT, Der Jahwist — Künder der Heilsgeschichte (1967): Studien (o. § 4)
11–33; H.-P. MÜLLER, Ursprünge und Strukturen der atl. Eschatologie: BZAW
109 (1969) 50ff; V. FRITZ, Israel in der Wüste (1970) 113ff; F. J. STENDEBACH,
Theologische Anthropologie des Jahwisten (Diss. kath.-theol. Bonn 1970);
E. ZENGER, Die Sinaitheophanie: FzB 3 (1971) bes. 138ff; H. SCHULTE, Die Entstehung der Geschichtsschreibung in Israel: BZAW 128 (1972); C. WESTERMANN,
BK I/1 (1974) 782ff; H. H. SCHMID, Der sogenannte Jahwist (1976); R. REND-
TORFF, Der „Jahwist" als Theologe?: Congress Volume Edinburgh. VT. S 28
(1975) 158–166; DERS. (o. § 4) 86ff; L. SCHMIDT, Überlegungen zum Jahwisten:
EvTh 37 (1977) 230–247 (Lit.); P. WEIMAR, Untersuchungen (o. § 4); E. OTTO
(o. § 4); H. VORLAENDER, Die Entstehungszeit des jehovistischen Geschichtswerkes (1978); H. LUBSCZYK, Elohim beim Jahwisten: Congress Volume Göttingen.
VT. S 29 (1978) 226–253; F. CRÜSEMANN, Widerstand (o. § 3) 167ff;
W. H. SCHMIDT, Ein Theologe in salomonischer Zeit? Plädoyer für den Jahwisten: BZ 25 (1981) 82–102; M. ROSE, Deuteronomist und Jahwist: AThANT
67 (1981); F. KOHATA (o. § 4); J. VAN SETERS, Der Jahwist als Historiker: ThSt
134 (1987); R. KILIAN, Nachtrag und Neuorientierung. Anmerkungen zum Jahwisten in den Abrahamserzählungen: Die Väter Israels. FS J. Scharbert (1989)
155–167; K. BERGE, Die Zeit des Jahwisten: BZAW 186 (1990); L. SCHMIDT,
Väterverheißungen und Pentateuchfrage: ZAW 104 (1992) 1–27; W. ZWICKEL,
Der Altarbau Abrahams zwischen Bethel und Ai (Gen 12f). Ein Beitrag zur
Datierung des Jahwisten: BZ 36 (1992) 207–219; C. LEVIN, Der Jahwist:
FRLANT 157 (1993).

Zu Gen 2–11 und 12,1–3: H. J. STOEBE, Gut und Böse in der Jahwistischen
Quelle des Pentateuch (1953): Geschichte, Schicksal, Schuld und Glaube. BBB 72
(1989) 46–62 (vgl. 12 f. 63 ff. 387ff); R. RENDTORFF, Gen 8,21 und die Urgeschichte
des Jahwisten (1961): GSt (1975) 188–197; G. WALLIS, Die Stadt in der Überlieferung der Genesis (1966): Mein Freund hatte einen Weinberg. BEAT 23 (1994) 7–22
(vgl. 67ff.75ff); W. H. SCHMIDT, Schöpfungsgeschichte (u. § 8) 194ff (zu Gen 2–3);
O. H. STECK, Die Paradieserzählung (1970): Wahrnehmungen Gottes im AT. TB 70
(1982) 9–116; DERS., Gen 12,1–3 und die Urgeschichte des Jahwisten (1971):
ebenda 117–148; J. JEREMIAS, Die Reue Gottes: BSt 65 (1975) 19–27; W. DIET-
RICH, „Wo ist dein Bruder?": Beiträge zur Atl. Theologie. FS W. Zimmerli (1977)
94–111; I. v. LOEWENCLAU, Gen 4,6–7 — eine jahwistische Erweiterung?: Congress
Volume Göttingen. VT. S 29, 177–188; E. RUPRECHT, ... Gen XII, 1–3: VT 29
(1979) 171–188. 444–464; F. CRÜSEMANN, Die Eigenständigkeit der Urgeschichte:
Die Botschaft und die Boten. FS H. W. Wolff (1981) 11–29; R. OBERFORCHER, Die
Flutprologe als Kompositionsschlüssel der biblischen Urgeschichte (1981); V. FRITZ,
„Solange die Erde steht" — Vom Sinn der jahwistischen Fluterzählung in Gen 6–8:
ZAW 94 (1982) 599–614; C. PETERSEN, Mythos im AT (o. § 5a) 41ff; E. ZENGER,

Beobachtungen zu Komposition und Theologie der jahwistischen Urgeschichte: Dynamik im Wort. FS Kath. Bibelwerk (1983) 35−54 (Lit.); E.-J. Waschke, Untersuchungen zum Menschenbild der Urgeschichte: ThA 43 (1984); H.-P. Müller, Das Motiv für die Sintflut (1985): BZAW 200 (1991) 88−109 (vgl. 110ff); M. Görg, Weisheit als Provokation (1986): Studien zur biblisch-ägyptischen Religionsgeschichte. SBAB 14 (1992) 73−96; C. Dohmen, Schöpfung und Tod. Die Entfaltung theologischer und anthropologischer Konzeptionen in Gen 2/3: SBB 17 (1988); D. Michel, Ihr werdet sein wie Gott. Gedanken zur Sündenfallgeschichte in Gen 3: D. Zeller (Hg.), Menschwerdung Gottes − Vergöttlichung von Menschen. NTOA 7 (1988) 61−87; C. Uehlinger, Weltreich und „eine Rede". Eine neue Deutung der sog. „Turmbauerzählung" (Gen 11,1−9): OBO 101 (1990); J. Jeremias, Schöpfung in Poesie und Prosa des AT. Gen 1−3 im Vergleich mit anderen Schöpfungstexten des AT: JBTh 5 (1990) 11−36; J. A. Soggin, Der Turmbau zu Babel: Prophetie und geschichtliche Wirklichkeit im alten Israel. FS S. Herrmann (1991) 371−375; Th. Willi, Die Funktion der Schlußsequenzen in der Komposition der jahwistischen Urgeschichte: Prophetie und geschichtliche Wirklichkeit im alten Israel. FS S. Herrmann (1991) 429−444; S. Dragga, Genesis 2−3: A Story of Liberation: JSOT 55 (1992) 3−13; T. Stordalen, Man, Soil, Garden: Basic Plot in Genesis 2−3 Reconsidered: JSOT 53 (1992) 3−26; H.-P. Müller, Bauen − Bewahren − Mit-Sinn-Erfüllen: ZThK 90 (1993) 231−250; J. van Seters, The Theology of the Yahwist: „Wer ist wie du, HERR, unter den Göttern?". FS O. Kaiser (1994) 219−228.

§ 7

Übersicht: H. Seebass, TRE IX (1982) 520−524 (Lit.).

O. Procksch, Das nordhebräische Sagenbuch. Die Elohimquelle (1906); P. Volz/W. Rudolph, Der Elohist als Erzähler − ein Irrweg der Pentateuchkritik?: BZAW 63 (1933); W. Rudolph, Der „Elohist" von Exodus bis Josua: BZAW 68 (1938); J. Becker, Gottesfurcht im AT: AnBib 25 (1965) 193ff; L. Ruppert, Der Elohist − Sprecher für Gottes Volk (1967): Studien (o. § 4) 34−46; H. W. Wolff, Zur Thematik der elohistischen Fragmente im Pentateuch (1969): GSt (²1973) 402−417; K. Jaroš, Die Stellung des Elohisten zur kanaanäischen Religion: OBO 4 (²1982); J. Schüpphaus, Volk Gottes und Gesetz beim Elohisten: ThZ 31 (1975) 193−210; J. F. Craghan, The Elohist in Recent Literature: BTB 7 (1977) 23−35; A. W. Jenks, The Elohist and North Israelite Tradition (1977); H. Klein, Ort und Zeit des Elohisten: EvTh 37 (1977) 247−260; P. Weimar (o. § 4); H.-C. Schmitt (o. § 4); H. Vorlaender (o. § 6); S. E. McEvenue, The Elohist at Work: ZAW 96 (1984) 315−332; H.-C. Schmitt, Die Erzählung von der Versuchung Abrahams Gen 22,1−9 und das Problem einer Theologie der elohistischen Pentateuchtexte: BN 34 (1986)

82–109; H. Seebass, Que reste-t-il du Yahwiste et de l'Élohiste?: A. de Pury (Hg.), Le Pentateuque en question (1989) 199–214 (vgl. 215–230); B. Seidel (o. § 4); M. White, The Elohistic depiction of Aaron. A study in the Levite-Zadokite controversy: J. A. Emerton (Hg.), Studies in the Pentateuch: VT. S 41 (1990) 149–160; R. B. Coote, In Defensive of Revolution: The Elohist History (1991); T. D. Alexander, Are the wife/sister incidents of Genesis literary compositional variants?: VT 42 (1992) 145–153; Z. Weisman, The Interrelationship between J and E in Jacob's Narrativ (Theological Criteria): ZAW 104 (1992) 177–196.

§ 8

Th. Nöldeke, Untersuchungen zur Kritik des AT 1. Die s.g. Grundschrift des Pentateuch (1869); J. J. P. Valeton, Bedeutung und Stellung des Wortes berit im Priestercodex: ZAW 12 (1892) 1–22; G. v. Rad, Die Priesterschrift im Hexateuch: BWANT 65 (1934) (dazu P. Humbert, ZAW 58, 1940/1, 30–57); P. Volz, Elohist (o. § 7) 135–142; K. Elliger, Sinn und Ursprung der priesterlichen Geschichtserzählung (1952): KS zum AT (1966) 174–198; J. Hempel, Priesterkodex: PRE 22 (1954) 1943–1967; R. Rendtorff, Die Gesetze in der Priesterschrift: FRLANT 62 (1954); K. Koch, Die Eigenart der priesterschriftlichen Sinaigesetzgebung: ZThK 55 (1958) 36–51; Ders., Die Priesterschrift von Ex 25 bis Lev 16: FRLANT 71 (1959); Ders., Šaddaj (1976): Studien zur atl. und altorientalischen Religionsgeschichte (1988) 118–152; M. L. Henry (o. § 6); W. Zimmerli, Sinaibund und Abrahambund (1960): Gottes Offenbarung. TB 19 (1963) 205–216; R. Kuelling, Zur Datierung der „Genesis-P-Stücke" (1964); W. H. Schmidt, Die Schöpfungsgeschichte der Priesterschrift: WMANT 17 (1964. ³1973); A. H. J. Gunneweg, Leviten und Priester: FRLANT 89 (1965); R. Kilian, Die Priesterschrift – Hoffnung auf Heimkehr: J. Schreiner (Hg.), Wort und Botschaft (1967. ³1975) 243–260; W. Gross, Jakob, der Mann des Segens: Bib 49 (1968) 321–344; G. Chr. Macholz, Israel und das Land (Habil. Heidelberg 1969); J. G. Vink, The Date and Origin of the Priestly Code in the OT: OTS 15 (1969) 1–144 (Lit.); A. Eitz, Studien zum Verhältnis von Priesterschrift und Deuterojesaja (Diss. Heidelberg 1970); D. Kellermann, Die Priesterschrift von Num 1,1 bis 10,10: BZAW 120 (1970); R. J. Thompson (o. § 4); C. Westermann, Die Herrlichkeit Gottes in der Priesterschrift (1970): Forschung am AT II (1974) 115–137; Ders., BK I/1 (o. § 4), 754ff; S. E. McEvenue, The Narrative Style of the Priestly Writer: AnBib 50 (1971); W. Brueggemann, The Kerygma of the Priestly Writer: ZAW 84 (1972) 397–414; F. M. Cross, Canaanite Myth and Hebrew Epic (1973) 293ff; P. Weimar, Untersuchungen zur priesterschriftlichen Exodusgeschichte: FzB 9 (1973); Ders., Aufbau und Struktur der priesterschriftlichen Jakobsgeschichte: ZAW 86 (1974)

174−203; Ders., Struktur und Komposition der priesterschriftlichen Geschichtsdarstellung: BN 23 (1984) 81−134 (Lit.); A. Hurvitz, The Evidence of Language in Dating the Priestly Code: RB 81 (1974) 24−56; E. Kutsch, „Ich will euer Gott sein": ZThK 71 (1974) 361−388; E. Ruprecht, Stellung und Bedeutung der Erzählung vom Mannawunder…: ZAW 86 (1974) 269−307; M. V. Fox, The Sign of the Covenant: RB 81 (1974) 557−596; J. van Seters, Abraham in History and Tradition (1975) 279ff; O. H. Steck, Der Schöpfungsbericht der Priesterschrift: FRLANT 115 (²1981); J. Blenkinsopp, The Structure of P: CBQ 38 (1976) 275−292; R. Rendtorff (o. § 4) 112ff; V. Fritz, Tempel und Zelt: WMANT 47 (1977); N. Lohfink, Die Ursünden in der priesterlichen Geschichtserzählung (1970); Ders., Die Priesterschrift und ihre Geschichte (1978): Studien zum Pentateuch. SBAB 4 (1988) 169−189. 213−253 (vgl. 71ff. 279ff); R. W. Klein, Israel in Exile (1979) 125−148; Ders., The Message of P: Die Botschaft und die Boten. FS H. W. Wolff (1981) 57−66; M. Sæbø, Priestertheologie und Priesterschrift: Congress Volume Vienna. VT. S 32 (1981) 357−374; R. Smend, „Das Ende ist gekommen" − Ein Amoswort in der Priesterschrift (1981): Die Mitte des AT. GSt I (1986) 154−159; S. Tengström, Die Toledotformel und die literarische Struktur der priesterlichen Erweiterungsschicht im Pentateuch: CB. OT 17 (1982); B. Janowski, Sühne als Heilsgeschehen: WMANT 55 (1982) 183ff; E. Zenger, Gottes Bogen in den Wolken. Komposition und Theologie der priesterschriftlichen Urgeschichte: SBS 112 (1983); P. Weimar, Struktur und Komposition der priesterschriftlichen Geschichtsdarstellung: BN 23 (1983) 81−143; Ders., Gen 17 und die priesterschriftliche Abrahamsgeschichte: ZAW 100 (1988) 22−60; W. H. Schmidt, Nachwirkungen prophetischer Botschaft in der Priesterschrift: FS M. Delcor. AOAT 215 (1985) 369−377; Ders., BK II/1 (1988) 266ff (zu Ex 6; Lit.); F. Kohata (o. § 4); V. Fritz, Das Geschichtsverständnis der Priesterschrift: ZThK 84 (1987) 426−439; M. Görg, Das Menschenbild der Priesterschrift (1987): Studien (o. § 6) 137−151 (vgl. 152ff); K. Koch, P − kein Redaktor!: VT 37 (1987) 446−467; L. Perlitt, Priesterschrift im Deuteronomium? (1988): Deuteronomium-Studien. FAT 8 (1994) 123−143; H. Utzschneider, Das Heiligtum und das Gesetz: OBO 77 (1988); U. Struppe, Die Herrlichkeit Jahwes in der Priesterschrift: ÖBS 9 (1988); M. Köckert, Leben in Gottes Gegenwart. Zum Verständnis des Gesetzes in der priesterschriftlichen Literatur: JBTh 4 (1989) 29−62; B. Langer, Gott als „Licht" in Israel und Mesopotamien: ÖBS 7 (1989); M. Vervenne, The 'P' Tradition in the Pentateuch: Document and/or Redaction? The 'Sea Narrative' (Ex 13,17−14,31) as a Test Case: C. Brekelmans/J. Lust (Hg.), Pentateuchal and Deuteronomistic Studies. BEThL 94 (1990) 67−90; O. H. Steck, Aufbauprobleme in der Priesterschrift: Ernten, was man sät. FS K. Koch (1991) 287−308; F. Crüsemann (u. § 9) 323ff; K. Grünwaldt, Exil und Identität. Beschneidung, Passa und Sabbat in der Priesterschrift: BBB 85 (1992); T. M. Krapf, Die Priesterschrift und die vorexilische Zeit. Yehezkel

Kaufmanns vernachlässigter Beitrag zur Geschichte der biblischen Religion: OBO 119 (1992); B. Janowski, Tempel und Schöpfung. Schöpfungstheologische Aspekte der priesterschriftlichen Heiligtumskonzeption (1990): Gottes Gegenwart in Israel (1993) 214−246.335; Ders., Tempel und Schöpfung: FAT 13 (1995); U. Rüterswörden, dominium terrae: BZAW 215 (1993); L. Schmidt, Studien zur Priesterschrift: BZAW 214 (1993); C. Streibert, Schöpfung bei Deuterojesaja und in der Priesterschrift: BEAT 8 (1993); C. Levin, Tatbericht und Wortbericht in der priesterschriftlichen Schöpfungserzählung: ZThK 91 (1994) 115−133; T. Pola, Die ursprüngliche Priesterschrift: WMANT 70 (1994); W. H. Schmidt, Magie und Gotteswort. Einsichten und Ausdrucksweisen des Deuteronomiums in der Priesterschrift: „Wer ist wie du, HERR, unter den Göttern?". FS O. Kaiser (1994) 169−179.

§ 9

Einführung: H. J. Boecker, Recht und Gesetz im AT und im Alten Orient: NStB 10 (²1984) (Lit.).

Forschungsbericht: W. Schottroff, Zum atl. Recht: VF 22/1 (1977) 3−29 (Lit.).

A. Alt, Die Ursprünge des israelitischen Rechts (1934): KS I (1953) 278−332 = Grundfragen (o. § 2) 203−257; M. Noth, Die Gesetze im Pentateuch (1940): GSt (1957) 9−141; E. Würthwein, Der Sinn des Gesetzes im AT (1958): Wort und Existenz (1970) 39−54; H. J. Boecker, Redeformen des Rechtslebens im AT: WMANT 14 (²1970); E. Gerstenberger, Wesen und Herkunft des „apodiktischen Rechts": WMANT 20 (1965); R. Hentschke, Erwägungen zur israelitischen Rechtsgeschichte: ThViat 10 (1965/66) 108−133; W. Schottroff, Der altisraelitische Fluchspruch: WMANT 30 (1969); H. Schulz, Das Todesrecht im AT: BZAW 114 (1969); G. Liedke, Gestalt und Bezeichnung atl. Rechtssätze: WMANT 39 (1971); V. Wagner, Rechtssätze in gebundener Sprache...: BZAW 127 (1972); K. Koch (Hg.), Um das Prinzip der Vergeltung in Religion und Recht des AT: WdF 125 (1972); G. Wallis, Der Vollbürgereid in Dtn 27,15−26: HUCA 45 (1974) 47−63; J. Halbe, Das Privilegrecht Jahwes Ex 34,10−26: FRLANT 114 (1975); S. Segert, Genres of Ancient Israelite Legal Sentences: WZKM 68 (1976) 131−142; R. Smend (/U. Luz), Gesetz (1981); H. Lenhard, Die kultischen Anordnungen Gottes im Zusammenhang mit den übrigen Gesetzen des AT: ZAW 97 (1985) 414−423; J. Blenkinsopp, Wisdom and Law in the OT (1990); T. Veijola (Hg.), The Law in the Bible and its Environment: SESJ 51 (1990); E. Otto, Die Bedeutung der altorientalischen Rechtsgeschichte für das Verständnis des AT: ZThK 88 (1991)

139−168; DERS., Theologische Ethik des AT (1994) (Lit.); F. CRÜSEMANN, Die Tora (1992) (vgl. E. OTTO, ThLZ 118, 1993, 903−910).

Zum Dekalog:

Forschungsberichte: L. KÖHLER, Der Dekalog: ThR 1 (1929) 161−184; J. J. STAMM, Dreißig Jahre Dekalogforschung: ThR 27 (1961) 189−239.281−305; DERS., Der Dekalog im Lichte der neueren Forschung (²1962), erweitert J. J. STAMM/M. E. ANDREWS, The Ten Commandments in Recent Research (1967); E. ZENGER, Eine Wende in der Dekalogforschung?: ThRv 64 (1968) 189−198; B. LANG, Neues über den Dekalog: ThQ 164 (1984) 58−65; R. OBERFORCHER, Arbeit am Dekalog: BiLi 59 (1986) 74−85; J. VINCENT, Neuere Aspekte der Dekalogforschung: BN 32 (1986) 83−104; W. JOHNSTONE, The 'Ten Commandments': Some Recent Interpretations: ET 100 (1988/89) 453−461; W. H. SCHMIDT/H. DELKURT/A. GRAUPNER, Die Zehn Gebote im Rahmen atl. Ethik: EdF 281 (1993) (Lit.).

Übersicht: L. PERLITT, Dekalog I: TRE VIII (1981) 408−413 (Lit.).

H. SCHMIDT, Mose und der Dekalog: EYXAPICTHPION. FS H. Gunkel. FRLANT 36 (1923) 78−119; H. SCHNEIDER, Der Dekalog in den Phylakterien von Qumrân: BZ 3 (1959) 18−31; H. H. ROWLEY, Moses and the Decalogue: Men of God (1963) 1−36 (Lit.); G. J. BOTTERWECK, Form- und überlieferungsgeschichtliche Studie zum Dekalog: Conc 1 (1965) 392−401; E. NIELSEN, Die zehn Gebote (1965); J. SCHREINER, Die zehn Gebote im Leben des Gottesvolkes (1966); H. GESE, Der Dekalog als Ganzheit betrachtet (1967): Vom Sinai zum Zion (1974) 63−80; A. JEPSEN, Beiträge zur Auslegung und Geschichte des Dekalogs (1967): Der Herr ist Gott (1978) 76−95; A. PHILLIPS, Ancient Israel's Criminal Law (1970); W. H. SCHMIDT, Überlieferungsgeschichtliche Erwägungen zur Komposition des Dekalogs: Congress Volume Uppsala. VT. S 22 (1972) 201−220; H. SCHÜNGEL-STRAUMANN, Der Dekalog − Gottes Gebote?: SBS 67 (1973); E. W. NICHOLSON, The Decalogue as the Direct Address of God: VT 27 (1977) 422−433; SCH. BEN CHORIN, Die Tafeln des Bundes (1979); A. LEMAIRE, Le Decalogue: AOAT 212 (1981) 259−295; F.-L. HOSSFELD, Der Dekalog: OBO 45 (1982) (Lit.); F. CRÜSEMANN, Bewahrung der Freiheit. Das Thema des Dekalogs in sozialgeschichtlicher Perspektive: KT 78 (1983.1993); DERS., Die Tora (1992) 407ff; C. LEVIN, Der Dekalog am Sinai: VT 35 (1985) 165−191; A. GRAUPNER, Zum Verhältnis der beiden Dekalogfassungen Ex 20 und Dtn 5: ZAW 99 (1987) 308−329; W. JOHNSTONE, The Decalogue and the Redaction of the Sinai Pericope in Exodus: ZAW 100 (1988) 361−385; T. VEIJOLA, Dekalogi: SESJ 49 (1988) (mit dt. Zusammenfassung); N. LOHFINK, Kennt das AT einen Unterschied von „Gebot" und „Gesetz"? (1989): Studien zur biblischen Theologie. SBAB 16 (1993) 206−238; P. D. MILLER, The Place of the Decalogue in the OT and Its Law: Interp 43 (1989) 229−242; M. WEINFELD, The Decalogue: Its Significance, Uniqueness, and Place in Israel's Tradition: E. B. FIRMAGE u. a. (Hg.), Religion and Law (1990) 3−47; DERS., Deuteronomy 1−11: AncB 5

(1991) 236ff; C. DOHMEN, Der Dekaloganfang und sein Ursprung: Bib 74 (1993) 175−195; R. G. KRATZ, Der Dekalog im Exodusbuch: VT 44 (1994) 205−238; E. OTTO, Theologische Ethik des AT (1994) 33 ff. 208 ff.

Zum Bundesbuch:

H. J. BOECKER (s.o.) 116ff (Lit.); F. C. FENSHAM, The Role of the Lord in the Legal Sections of the Covenant Code: VT 26 (1976) 262−274; G. WANKE, Bundesbuch: TRE VII (1981) 412−415 (Lit.); E. OTTO, Wandel der Rechtsbegründungen in der Gesellschaftsgeschichte des antiken Israel. Eine Rechtsgeschichte des Bundesbuches Exodus XX 22 − XXIII 13: StB 3 (1988); N. LOHFINK, Gibt es eine deuteronomistische Bearbeitung im Bundesbuch?: C. BREKELMANS/J. LUST, Pentateuchal and deuteronomistic Studies. BEThL 94 (1990) 91−113; A. SCHENKER, Versöhnung und Widerstand. Bibeltheologische Untersuchung zum Strafen Gottes und der Menschen, besonders im Lichte von Exodus 21−22: SBS 139 (1990); L. SCHWIENHORST-SCHÖNBERGER, Das Bundesbuch (Ex 20,22−23,33): BZAW 188 (1990) (vgl. E. OTTO, ThR 56, 1991, 421−427); Y. OSUMI, Die Kompositionsgeschichte des Bundesbuches Exodus 20,22b − 23,23: OBO 105 (1991); H. CAZELLES, Histoire et Institutions dans la Place et la Composition d'Ex 20,22 − 23,19: Prophetie und geschichtliche Wirklichkeit im alten Israel. FS S. Herrmann (1991) 52−64; F. CRÜSEMANN (o. § 9) 132ff; E. OTTO, Theologische Ethik des AT (1994) 19ff (Lit.).

Zum Heiligkeitsgesetz:

Übersicht: H. D. PREUSS, TRE XIV (1985) 713−715 (Lit.).

W. THIEL, Erwägungen zum Alter des Heiligkeitsgesetzes: ZAW 81 (1969) 40−73; V. WAGNER, Zur Existenz des sog. „Heiligkeitsgesetzes": ZAW 86 (1974) 307−316; A. CHOLEWIŃSKI, Heiligkeitsgesetz und Dtn: AnBib 66 (1976) (Lit.); G. BETTENZOLI, Geist der Heiligkeit (1979) 51ff; S. F. BIGGER, The Family Laws of Leviticus 18 in their Setting: JBL 98 (1979) 187−203; W. ZIMMERLI, „Heiligkeit" nach dem sogenannten Heiligkeitsgesetz: VT 30 (1980) 493−512; H. P. MATHYS, Liebe deinen Nächsten wie dich selbst. Untersuchungen zum atl. Gebot der Nächstenliebe (Lev 19,18): OBO 71 (²1990); F. CRÜSEMANN, Die Tora (s.o.) 323ff; E. OTTO, Das Heiligkeitsgesetz Leviticus 17−26 in der Pentateuchredaktion: AT − Forschung und Wirkung. FS H. Graf Reventlow (1994) 65−80; DERS., Theologische Ethik des AT (1994) 233 ff.

§ 10

Kommentare: C. STEUERNAGEL (HK, ²1923); G. v. RAD (ATD, 1964. ⁴1984); A. D. H. MAYES (NCeB, 1979); G. BRAULIK (NEB, I 1986. II 1992); L. PERLITT

(BK, 1990ff); M. Weinfeld (AncB, 1991) (Dtn 1–11); E. Nielsen (HAT, 1994); M. Rose (ZBK, 1994).

Forschungsgeschichte: W. Baumgartner, Der Kampf um das Dtn: ThR 1 (1929) 7–25; S. Loersch, Das Dtn und seine Deutungen: SBS 22 (1967); H. D. Preuss, Deuteronomium: EdF 164 (1982).

Übersicht: S. D. McBride, TRE VIII (1981) 530–543 (Lit.).

G. v. Rad, Das Gottesvolk im Dtn (1929): GSt II (1973) 9–108; Ders., Dtn-Studien (1947): dort 109–153; F. Horst, Das Privilegrecht Jahwes (1930): Gottes Recht. TB 12 (1961) 17–154; A. Alt, Die Heimat des Dtn (1953): KS II (⁴1978) 250–275; F. Dummermuth, Zur deuteronomischen Kulttheologie und ihren Voraussetzungen: ZAW 70 (1958) 59–98; O. Bächli, Israel und die Völker: AThANT 41 (1962); G. Minette de Tillesse, Sections „tu" et sections „vous" dans le Dtn: VT 12 (1962) 29–87; N. Lohfink, Das Hauptgebot: AnBib 20 (1963); Ders., Botschaft vom Bund: J. Schreiner (Hg.), Wort und Botschaft (1967. ³1975) 179–193; D. J. McCarthy, Treaty and Covenant: AnBib 21 (²1978); Ders., OT Covenant (1973); H. H. Schmid, Das Verständnis der Geschichte im Dtn: ZThK 64 (1967) 1–15; R. de Vaux, „Le lieu que Yahvé a choisi pour y établir son nom": Das ferne und das nahe Wort. FS L. Rost (1967) 219–228; J. G. Plöger, Literarkritische, formgeschichtliche und stilkritische Untersuchungen zum Dtn: BBB 26 (1967); R. P. Merendino, Das dtn Gesetz: BBB 31 (1969) (vgl. A. Shim, Bib 54, 1973, 452–456); Ders., Die Zeugnisse, die Satzungen und die Rechte. Überlieferungsgeschichtliche Erwägungen zu Deut 6: Bausteine biblischer Theologie. FS G. J. Botterweck (1977) 185–208; R. E. Clements, God's Chosen People (1968); L. Perlitt, Bundestheologie im AT: WMANT 36 (1969); L. Rost, Zur Vorgeschichte der Kultusreform des Josia: VT 19 (1969) 113–120; S. Herrmann, Die konstruktive Restauration (1971): GSt zur Geschichte und Theologie des AT. TB 75 (1986) 163–178; G. Seitz, Redaktionsgeschichtliche Studien zum Dtn: BWANT 93 (1971); J. Lindblom, Erwägungen zur Herkunft der josianischen Tempelurkunde (1971); P. Diepold, Israels Land: BWANT 95 (1972); M. Weinfeld, Deuteronomy and Deuteronomic School (1972); S. Mittmann, Dtn 1,1–6,3...: BZAW 139 (1975) (dazu G. Braulik, Bib 59, 1978, 351–383); M. Rose, Der Ausschließlichkeitsanspruch Jahwes: BWANT 106 (1975); E. Würthwein, Die Josianische Reform und das Dtn (1976): Studien zum Deuteronomistischen Geschichtswerk. BZAW 227 (1994) 188–216; H. J. Boecker (o. § 9) 154ff; A. Cholewiński (o. § 9); R. Abba, Priests and Levites in Dtn: VT 27 (1977) 257–267; S. Amsler, La Motivation de l'Éthique dans la Parénèse du Deutéronome: Beiträge zur Atl. Theologie. FS W. Zimmerli (1977) 11–22; E. Nielsen, „Weil Jahwe unser Gott ein Jahwe ist": Beiträge zur Atl. Theologie. FS W. Zimmerli (1977) 288–301; F. García-López, Analyse littéraire de Deutéronome: RB 84 (1977) 481–522; 85 (1978) 5–49; S. A. Kaufmann, The Structure of the Deuteronomic Law: Maarav 1 (1978/9) 105–158; R. Polzin, Moses and the Deuteronomist (1980);

R. Rendtorff, Die Erwählung Israels als Thema der deuteronomischen Theologie: Die Botschaft und die Boten. FS H. W. Wolff (1981) 75–86; J. G. McConville, Law and Theology in Deuteronomy: JSOT. S 33 (1984); N. Lohfink (Hg.), Das Deuteronomium: BEThL 68 (1985); D. Knapp, Deuteronomium 4: GTA 35 (1987); U. Rüterswörden, Von der politischen Gemeinschaft zur Gemeinde: BBB 65 (1987) (vgl. FS H. Graf Reventlow, 1994, 313–328); G. Braulik, Studien zur Theologie des Deuteronomiums: SBAB 2 (1988); J. Buchholz, Die Ältesten Israels im Deuteronomium: GTA 36 (1988); Th. Römer, Israels Väter. Untersuchungen zur Väterthematik im Deuteronomium und in der deuteronomistischen Tradition: OBO 99 (1990); C. Brekelmans/J. Lust (Hg.), Pentateuchal and Deuteronomistic Studies: BEThL 94 (1990); Chr. Bultmann, Der Fremde im antiken Juda: FRLANT 153 (1992); F. Crüsemann, Die Tora (1992) 235ff; N. Lohfink, Studien zum Deuteronomium und zur deuteronomistischen Literatur I: SBAB 8 (1990). II: SBAB 12 (1991); Ders., Die Väter Israels im Deuteronomium: OBO 111 (1991); H. J. Zobel, Hosea und das Deuteronomium: AT – Literatursammlung und Heilige Schrift. BZAW 212 (1993) 97–113 (vgl. 155ff); K. Zobel, Prophetie und Deuteronomium: BZAW 199 (1992); E. Reuter, Kultzentralisation. Entstehung und Theologie von Dtn 12: BBB 87 (1993); A. D. H. Mayes, On Describing the Purpose of Deuteronomy: JSOT 58 (1993) 13–33; C. Pressler, The view of women found in the deuteronomic family laws: BZAW 216 (1993); J. C. Gertz, Die Gerichtsorganisation Israels im deuteronomischen Gesetz: FRLANT 165 (1994); L. Perlitt, Deuteronomium-Studien: FAT 8 (1994) Studies in Deuteronomy. FS C. J. Labuschagne. VT. S 53 (1994); E. Otto, Theologische Ethik des AT (1994) 175ff (Lit.); Ders., Von der Gerichtsordnung zum Verfassungsentwurf: „Wer ist wie du, HERR, unter den Göttern?". FS O. Kaiser (1994) 142–155.

§ 11

Forschungsgeschichte: E. Jenni, Zwei Jahrzehnte Forschung an den Büchern Josua bis Könige: ThR 27 (1961) 1–32.97–146; A. N. Radjawane, Das dtr. Geschichtswerk: ThR 38 (1974) 177–216; H. Weippert, Das deuteronomistische Geschichtswerk: ThR 50 (1985) 213–249; H. D. Preuss, Zum deuteronomistischen Geschichtswerk: ThR 58 (1993) 229–264.341–395.

Übersicht: W. Roth, Deuteronomistisches Geschichtswerk/Deuteronomistische Schule: TRE VIII (1981) 543–552 (Lit.).

M. Noth, Überlieferungsgeschichtliche Studien (1943. ⁴1973) (= ÜSt); A. Jepsen, Die Quellen des Königsbuches (1953. ²1956); G. v. Rad, Die dtr. Geschichtstheologie in den Königsbüchern: GSt I (1958. ⁴1971) 189–204; H.-J. Kraus, Gesetz und Geschichte (1951): Biblisch-theologische Aufsätze (1972) 50–65; O. Plöger, Reden und Gebete im dtr. und chronist. Geschichtswerk

(1957): Aus der Spätzeit des AT (1971) 50−66; H. W. Wolff, Das Kerygma des dtr. Geschichtswerks (1961): GSt (1964. ²1973) 308−324 (vgl. H. Timm, EvTh 26, 1966, 509−526); A. Gamper, Die heilsgeschichtliche Bedeutung des salomon. Tempelweihgebets: ZKTh 85 (1963) 55−61; G. Minette de Tillesse, Martin Noth et la „Redaktionsgeschichte" des livres historiques: Aux grands carrefours de la révélation et de l'exégèse de l'AT (1966) 51−76; J. Debus, Die Sünde Jerobeams: FRLANT 93 (1967); N. Lohfink, Bilanz nach der Katastrophe: J. Schreiner (Hg.), Wort und Botschaft (1967. ³1975) 212−225; J. A. Soggin, Dtr. Geschichtsauslegung während des babylonischen Exils: Oikonomia. FS O. Cullmann (1967) 11−17; Ders., Der Entstehungsort des dtr. Geschichtswerkes: ThLZ 100 (1975) 3−8; O. H. Steck, Israel und das gewaltsame Geschick der Propheten: WMANT 23 (1967); G. Sauer, Die chronologischen Angaben in den Büchern Dtn bis 2 Kön: ThZ 24 (1968) 1−14; H. J. Boecker, Die Beurteilung der Anfänge des Königtums in den dtr. Abschnitten des 1. Samuelbuches: WMANT 31 (1969); G. Chr. Macholz (o. § 8); R. Smend, Das Gesetz und die Völker (1971): Die Mitte des AT. GSt I (1986) 124−137; Ders., Die Entstehung des AT (1978) 111ff (= EntstAT); P. Diepold (o. § 10); W. Dietrich, Prophetie und Geschichte: FRLANT 108 (1972); H. Weippert, Die „dtr." Beurteilungen der Könige…: Bib 53 (1972) 301−339 (vgl. M. Weippert, Fragen des israelitischen Geschichtsbewußtseins: VT 23, 1973, 415−442; W. B. Barrick, Bib 55, 1974, 257ff; E. Cortese, Bib 56, 1975, 37ff); M. Rose (o. § 10) 146ff; T. Veijola, Die ewige Dynastie (1975); Ders., Das Königtum in der Beurteilung der dtr. Historiographie (1977); I. L. Seeligmann, Die Auffassung von der Prophetie in der deuteronomistischen und chronistischen Geschichtsschreibung: VT. S 29 (1978) 254−284; U. Köppel, Das deuteronomistische Geschichtswerk und seine Quellen: EHS. T 122 (1979); R. Bickert, Die Geschichte und das Handeln Jahwes: Textgemäß. FS E. Würthwein (1979) 9−27; N. Lohfink, Kerygmata des deuteronomistischen Geschichtswerks (1981): Studien (o. § 10) II 125−142; K. Koch, Das Profetenschweigen des deuteronomistischen Geschichtswerks: Die Botschaft und die Boten. FS H. W. Wolff (1981) 115−128; R. D. Nelson, The Double Redaction of the Deuteronomistic History: JSOT. S 18 (1981); R. Stahl, Aspekte der Geschichte deuteronomistischer Theologie (Diss. B Jena 1982); R. Albertz, Die Intention und die Träger des Deuteronomistischen Geschichtswerks: Schöpfung und Befreiung. FS C. Westermann (1989) 37−53; M. A. O'Brian, The Deuteronomistic History Hypothesis: A Reassessment: OBO 92 (1989); A. Moenikes, Zur Redaktionsgeschichte des sogenannten Deuteronomistischen Geschichtswerks: ZAW 104 (1992) 333−348; C. Westermann, Die Geschichtsbücher des AT. Gibt es ein deuteronomistisches Geschichtsbuch? Formgeschichtliche Untersuchungen: TB 87 (1994); E. Würthwein, Studien zum Deuteronomistischen Geschichtswerk: BZAW 227 (1994).

Zu Jos:

Kommentare: M. Noth (HAT, ²1953. ³1971); H. W. Hertzberg (ATD, 1954. ⁵1974) (Jos, Ri, Rut); J. A. Soggin (CAT, 1970) (engl. OTL, 1972); T. C. Butler (WBC, 1983); M. Görg (NEB, 1991); V. Fritz (HAT, 1994).

Übersicht: H. J. Zobel, Josua/Josuabuch: TRE XVII (1988) 269−278 (Lit.).

A. Alt, Josua (1936): KS I (1953) 176ff = Grundfragen (o. § 2) 186ff; S. Mo-winckel, Tetrateuch − Pentateuch − Hexateuch: BZAW 90 (1964); E. Otto, Das Mazzotfest in Gilgal: BWANT 107 (1975) (Lit.); H. Mölle, Der sogenannte Landtag zu Sichem: FzB 42 (1980); L. Schwienhorst, Die Eroberung Jerichos: SBS 122 (1986); E. Cortese, Josua 13−21. Ein priesterschriftlicher Abschnitt im deuteronomistischen Geschichtswerk: OBO 94 (1990).

Zu Ri:

Kommentare: J. A. Soggin (OTL, 1981).

Forschungsgeschichte: R. Bartelmus, Forschung am Richterbuch seit Martin Noth: ThR 56 (1991) 221−259.

E. Jenni, Vom Zeugnis des Richterbuches: ThZ 12 (1956) 257−274; W. Bey-erlin, Gattung und Herkunft des Rahmens im Richterbuch: Tradition und Situation. FS A. Weiser (1963) 1−29; Ders., Geschichtliche und heilsgeschicht-liche Traditionsbildung im AT: VT 13 (1963) 1−25; W. Richter, Traditionsge-schichtliche Untersuchungen zum Richterbuch: BBB 18 (1963. ²1966); Ders., Die Bearbeitung des „Retterbuches" in der deuteronomischen Epoche: BBB 21 (1964); J. Schlauri, W. Richters Beitrag zur Traditionsgeschichte des Richter-buches: Bib 54 (1973) 367−403 (Lit.); THAT II (1976) 999ff (Lit. zu „Richter"); A. J. Hauser, The „Minor Judges": JBL 94 (1975) 190−200; F. E. Greenspahn, The Theology of the Framework of Judges: VT 36 (1986) 385−396; U. Becker, Richterzeit und Königtum: BZAW 192 (1990); W. Bader, Simson bei Delila. Computerlinguistische Interpretation des Textes Ri 13−16: THLI 3 (1991); K.-D. Schunck, Falsche Richter im Richterbuch: Prophetie und geschichtliche Wirklichkeit im alten Israel. FS S. Herrmann (1991) 364−370.

Zu Sam:

Kommentare: H. W. Hertzberg (ATD, 1956. ⁶1982); H. J. Stoebe (KAT, 1973. 1995); F. Stolz (ZBK, 1981); S. Schroer (NSKAT, 1992); G. Hentschel (NEB, 1994).

L. Rost, Die Überlieferung von der Thronnachfolge Davids (1926): Das kleine Credo (1965) 119−253; A. Weiser, Samuel: FRLANT 81 (1962); R. A. Carlson, David the Chosen King (1964); G. Wallis, Geschichte und Überlieferung (1968); L. Schmidt, Menschlicher Erfolg und Jahwes Initiative: WMANT 38 (1970); J. H. Grønbaek, Die Geschichte vom Aufstieg Davids (1971); R. Rendtorff, Beobachtungen zur altisraelitischen Geschichtsschrei-bung...: Probleme Biblischer Theologie. FS G. v. Rad (1971) 428−439; E. Würthwein, Die Erzählung von der Thronfolge Davids... (1975): Studien (s.o. § 10) 29−79; V. Fritz, Die Deutungen des Königtums Sauls...: ZAW 88 (1976) 346−362 (Lit.); F. Langlamet, RB 83 (1976) 114−137; Ders., Pour ou contre Salomon? La Rédaction prosalomonienne de I Rois, I−II: RB 83 (1976)

321−379.481−528; T. N. D. Mettinger, King and Messiah (1976); T. Ishida, The Royal Dynasties in Ancient Israel: BZAW 142 (1976); B. C. Birch, The Rise of the Israelite Monarchy (1976); W. Dietrich, David in Überlieferung und Geschichte: VF 22/1 (1977) 44−64 (Lit.); J. Kegler, Politisches Geschehen und theologisches Verstehen: CThM 8 (1977); E. Otto (o. § 5c) 375ff; D. M. Gunn, The Story of King David: Genre and Interpretation: JSOT. S 6 (1978); H. Seebass, David, Saul und das Wesen des biblischen Glaubens (1980); F. Langlamet, RB 93 (1986) 115−132 (Lit.); T. Seidl, David statt Saul: ZAW 98 (1986) 39−55; U. Berges, Die Verwerfung Sauls: FzB 61 (1989); V. P. Long, The Reign and Rejection of King Saul: SBL. DS 118 (1989); J. P. Fokkelman, Narrative Art and Poetry in the Books of Samuel. III: Throne and City: SSN 27 (1990); T. Veijola, David: SESJ 52 (1990); P. Mommer, Samuel. Geschichte und Überlieferung: WMANT 65 (1991); W. Dietrich, David, Saul und die Propheten: BWANT 122 (²1992); G. Hentschel, Gott, König und Tempel: EThS 22 (1992); R. Wonneberger, Redaktion. Studien zur Textfortschreibung im AT, entwickelt am Beispiel der Samuel-Überlieferung: FRLANT 156 (1992); C. Riepl, Sind David und Saul berechenbar? Von der sprachlichen Analyse zur literarischen Struktur von 1 Sam 21 und 22: ATSAT 39 (1993).

Zu Kön:

Kommentare: M. Noth (BK, I ²1983); J. Gray (OTL, ²1970); E. Würthwein (ATD, I 1977. II 1984); M. Rehm (NEB, I 1979. II 1982); G. H. Jones (NCBC, I. II 1984); S. J. Devries (WBC, I 1985); G. Hentschel (NEB, I 1984. II 1985).

H.-D. Hoffmann, Reform und Reformen: AThANT 66 (1980); S. Timm, Die Dynastie Omri: FRLANT 124 (1982); H. Spieckermann, Juda unter Assur in der Sargonidenzeit: FRLANT 129 (1982); A. Lemaire, Vers L'histoire de la rédaction des Livres des Rois: ZAW 98 (1986) 221−236; E. Würthwein, Prophetisches Wort und Geschichte in den Königsbüchern (1987): Studien (s.o. § 10) 80−92 (vgl. 93ff); H.-J. Stipp, Elischa − Propheten − Gottesmänner. Die Kompositionsgeschichte des Elischazyklus und verwandter Texte, rekonstruiert auf der Basis von Text- und Literarkritik zu 1 Kön 20; 22 und 2 Kön 2−7: ATSAT 24 (1987); R. D. Nelson, The Anatomy of the Book of Kings: JSOT 40 (1988) 39−48; J. G. Conville, Narrative and Meaning in the Books of Kings: Bib 70 (1989) 31−49; Y. Minokami, Die Revolution des Jehu: GTA 38 (1989); C. Hardmeier, Prophetie im Streit vor dem Untergang Judas. Erzählkommunikative Studien zur Entstehungssituation der Jesaja- und Jeremiaerzählungen in II Reg 18−20 und Jer 37−40: BZAW 187 (1990); L. Camp, Hiskija und Hiskijabild. Analyse und Interpretation von 2 Kön 18−20: MThA 9 (1990); S. L. McKenzie, The Trouble with Kings. The Composition of the Book of Kings in the Deuteronomistic History: VT. S 42 (1991); B. O. Long, 2 Kings: FOTL 10 (1991); K. Koch, Gefüge und Herkunft des Berichts über die Kultreformen des Königs Josia: Atl. Glaube und Biblische Theologie. FS H. D. Preuss

(1992) 80−92; M. Mulzer, Jehu schlägt Joram. Text-, literar- und strukturkritische Untersuchung zu 2 Kön 8,28−10,36: ATSAT 37 (1992); W. Thiel, Jahwe und Prophet in der Elisa-Tradition: Atl. Glaube und Biblische Theologie. FS H. D. Preuß (1992) 93−103; E. Ben Zvi, Prophets and Prophecy in the Compositional and Redactional Notes in I−II Kings: ZAW 105 (1993) 331−351; M. Häusl, Abischag und Batscheba. Frauen am Königshof und die Thronfolge Davids im Zeugnis der Texte 1 Kön 1 und 2: ATSAT 41 (1993).

Zu den Prophetenerzählungen vgl. § 13.

§ 12

Kommentare: W. Rudolph (HAT, 1949/1955); K. Galling (ATD, 1954); H. G. M. Williamson (NCBC, 1982) (1/2 Chr); J. Becker (NEB, I 1986. II 1988.1990) (Esr/Neh); A. H. J. Gunneweg (KAT, I 1985) (Esr) (KAT, II 1987) (Neh); H. G. M. Williamson (WBC, 1985) (Esr/Neh); R. Braun (WBC, 1986) (1 Chr); S. J. Devries (FOTL 11, 1989) (1/2 Chr); Th. Willi (BK, 1991ff) (1/2 Chr).

I. Kalimi, The Books of Chronicles. A Classified Bibliography (1990).

Forschungsberichte: E. Jenni, Aus der Literatur zur chronistischen Geschichtsschreibung: ThR 45 (1980) 97−108; D. Mathias, Die Geschichte der Chronikforschung im 19. Jh.: ThLZ 105 (1980) 474f.

Übersicht: M. Sæbø, Chronistische Theologie/Chronistisches Geschichtswerk: TRE VIII (1981) 74−87; Ders., Esra/Esraschriften: TRE X (1982) 374−386.

G. v. Rad, Die levitische Predigt in den Büchern der Chronik (1934): GSt (1958) 248−261; M. Noth, ÜSt (o. § 11) 110f; K. Galling, Studien zur Geschichte Israels im persischen Zeitalter (1964); S. Mowinckel, Studien zu dem Buche Esra − Nehemia I−III (1964/5); U. Kellermann, Nehemia. Quellen, Überlieferung und Geschichte: BZAW 102 (1967) (Lit.); K.-F. Pohlmann, Studien zum dritten Esra: FRLANT 104 (1970); Th. Willi, Die Chronik als Auslegung: FRLANT 106 (1972); Ders., Thora in den biblischen Chronikbüchern: Jud 36 (1980) 102−105.148−151; R. Mosis, Untersuchungen zur Theologie des chronistischen Geschichtswerkes: FThSt 92 (1973); P. Welten, Geschichte und Geschichtsdarstellung in den Chronikbüchern: WMANT 42 (1973); Ders., Lade − Tempel − Jerusalem. Zur Theologie der Chronikbücher: Textgemäß. FS E. Würthwein (1979) 169−183; W. Th. in der Smitten, Esra, Quellen, Überlieferung und Geschichte (1973) (Lit.); K. Koch, Esra and the Origins of Judaism: JSSt 19 (1974) 173−197; J. D. Newsome, Toward a New Understanding

of the Chronicler and his Purposes: JBL 94 (1975) 201–217; H. G. M. WIL-
LIAMSON, Israel in the Book of Chronicles (1977); I. L. SEELIGMANN (o. § 11);
S. JAPHET, Conquest and Settlement in Chronicles: JBL 98 (1979) 205–218;
DIES., Sheshbazzar and Serubbabel – Against the Background of the Historical
and Religious Tendencies of Ezra-Nehemia: ZAW 94 (1982) 66–98; 95 (1983)
218–229; J. P. WEINBERG, Das Eigengut in den Chronikbüchern: OLoP 10
(1979) 161–181; DERS., Die Natur im Weltbild des Chronisten: VT 31 (1981)
324–345; R. L. BRAUN, Chronicles, Ezra and Nehemia: VT. S 30 (1979) 52–64;
A. H. J. GUNNEWEG, Zur Interpretation der Bücher Esra-Nehemia (1981): Sola
Scriptura 2 (1992) 9–24; DERS., Die aramäische und die hebräische Erzählung
über die nachexilische Restauration – ein Vergleich: ZAW 94 (1982) 299–302;
M. A. THRONTVEIT, Linguistic Analysis and the Question of Authorship in
Chronicles, Ezra and Nehemiah: VT 32 (1982) 201–216; R. MICHEEL, Die Seher-
und Prophetenüberlieferungen in der Chronik: BET 18 (1983); T.-S. IM, Das
David-Bild in den Chronikbüchern: EHS. T 263 (1985); S. JAPHET, The Historical Reliability of Chronicles: JSOT 33 (1985) 83–107; W. JOHNSTONE, Guilt
and Atonement: The Theme of 1 and 2 Chronicles: FS W. McKane. JSOT. S 42
(1986) 113–138; P. R. ACKROYD, Chronicles-Ezra-Nehemiah: The Concept of
Unity: ZAW 100 (1988) (Suppl) 189–201; M. OEMING, Das wahre Israel. Die
genealogische Vorhalle 1 Chronik 1–9: BWANT 128 (1990); T. C. ESKENAZI,
The Structure of Ezra-Nehemiah and the Integrity of the Book: JBL 107 (1988)
541–656; R. K. DUKE, The Persuasive Appeal of the Chronicler. A Rhetorical
Analysis: JSOT. S 88 (1990); D. R. DANIELS, The Composition of the Ezra-Nehemiah Narrativ: Ernten, was man sät. FS K. Koch (1991) 311–328; K. STRÜBIND,
Tradition als Interpretation in der Chronik. König Josaphat als Paradigma chro-
nistischer Hermeneutik und Theologie: BZAW 201 (1991); S. TALMON, Esra-
Nehemia: Historiographie oder Theologie?: Ernten, was man sät. FS K. Koch
(1991) 329–356; T. SUGIMOTO, Chronicles as Independent Literature: JSOT 55
(1992) 61–74; I. KALIMI, Die Abfassungszeit der Chronik – Forschungsstand
und Perspektiven: ZAW 105 (1993) 223–232; DERS., Zur Geschichtsschreibung
des Chronisten: BZAW 226 (1994); D. KRAEMER, On the Relationship of the
Books of Ezra and Nehemiah: JSOT 59 (1993) 73–92; J. KEGLER, Prophetenge-
stalten im Deuteronomistischen Geschichtswerk und in den Chronikbüchern:
ZAW 105 (1993) 481–497; E. M. DÖRFUSS, Mose in den Chronikbüchern:
BZAW 219 (1994).

§ 13 ff

Forschungsberichte zur Prophetie: G. FOHRER, ThR 28 (1962)
1–75.235–297.301–374; 40 (1975) 337–377; 41 (1976) 1–12; 45 (1980)
1–39.109–132.193–225; 47 (1982) 105–135.205–218; F. VAWTER, Neue Literatur über die Propheten: Conc 1 (1965) 848–854; J. SCHARBERT, Die prophetische Literatur: FS J. Coppens I (1969) 58–118; J. M. SCHMIDT, Probleme der

Prophetenforschung: VF 17/1 (1972) 39−81; Ders., Ausgangspunkt und Ziel prophetischer Verkündigung im 8. Jh.: VF 22/1 (1977) 65−82; Eschatologie im AT, hg. v. H. D. Preuss: WdF 480 (1978); D. Kinet, Künder des Gerichts oder Mahner zur Umkehr: BiKi 33 (1978) 98−101; Das Prophetenverständnis in der deutschsprachigen Forschung seit H. Ewald, hg. v. P. H. A. Neumann: WdF 307 (1979); W. McKane, Prophecy and Prophetic Literature: G. W. Anderson (Hg.), Tradition and Interpretation (1979) 163−188; B. Lang, Prophetie, prophetische Zeichenhandlung und Politik in Israel: ThQ 161 (1981) 275−280; W. H. Schmidt(/W. Thiel/R. Hanhart) (o. § 1) 50ff; J. Jeremias, Grundtendenzen gegenwärtiger Prophetenforschung: EvErz 36 (1984) 6−22; E. Osswald, Aspekte neuerer Prophetenforschung: ThLZ 109 (1984) 641−650; H. M. Barstad, No Prophets? Recent Developments in Biblical Prophetic Research and Ancient Near Eastern Prophecy: JSOT 57 (1993) 39−60.

Übersicht: R. Rendtorff, ThWNT VI (1959) 796−813; R. Meyer/J. Fichtner/A. Jepsen, RGG³ V (1961) 613−633; J. Jeremias, THAT II (1976) 7−26.

Zusammenfassende Darstellungen u. ä. (vgl. u. § 13c): B. Duhm, Israels Propheten (²1922); H. Gunkel, in: H. Schmidt, Die großen Propheten. SAT II/2 (²1923) XVIIff; M. Buber, Der Glaube der Propheten (1950): Werke II (1964) 231−484; C. Kuhl, Israels Propheten (1956); G. v. Rad, Theologie des AT II (1960. ⁷1980) (vgl. Die Botschaft der Propheten, ⁴1981); J. Lindblom, Prophecy in Ancient Israel (1962); J. Scharbert, Die Propheten Israels bis 700 v. Chr./ um 600 v. Chr. (1965/7); G. Fohrer, Studien zur atl. Prophetie (1967); Ders., Die Propheten des AT I-VII (1974/7); B. Lang, Wie wird man Prophet in Israel? (1980); J. Blenkinsopp, A History of Prophecy in Israel (1983); K. Koch, Die Profeten I−II (²1987. ²1988); G. Wallis (Hg.), Von Bileam bis Jesaja (1984); Ders. (Hg.), Zwischen Heil und Gericht (1987); Ders. (Hg.), Erfüllung und Erwartung. Studien zur Prophetie auf dem Weg vom Alten zum Neuen Testament (1990); H. W. Wolff, Studien zur Prophetie: TB 76 (1987).

W. Zimmerli, Die kritische Infragestellung der Tradition durch die Prophetie: Zu Tradition und Theologie im AT. BThSt 2 (1978) 57−86; Ders., Vom Prophetenwort zum Prophetenbuch: ThLZ 104 (1979) 481−496; H.-J. Hermisson, Zeitbezug des prophetischen Wortes: KuD 27 (1981) 97−110; E. S. Gerstenberger, „Gemeindebildung" in Prophetenbüchern?: Prophet und Prophetenbuch. FS O. Kaiser. BZAW 185 (1989) 44−58; J. Becker, Historischer Prophetismus und biblisches Prophetenbild: Die atl. Botschaft als Wegweisung. FS H. Reinelt (1990) 11−23; H. Donner, „Forscht in der Schrift Jahwes und lest!" Ein Beitrag zum Verständnis der israelitischen Prophetie (1990): Aufsätze zum AT. BZAW 224 (1994) 199−212 (vgl. 213ff.239ff); S. Herrmann, Zwischen Intellekt und Charisma: Ernten, was man sät. FS K. Koch (1991) 145−159; W. H. Schmidt, Zukunftsgewißheit und „nachlaufende Erkenntnis": Ernten, was man sät. FS K. Koch (1991) 161−181 (vgl. FS S. Herrmann, 1991,

348−363); Ders., Gotteserfahrung und „Ich"bewußtsein im AT: AT − Forschung und Wirkung. FS H. Graf Reventlow (1994) 199−218; O. H. Steck, Der Abschluß der Prophetie im AT: BThSt 17 (1991); Ders., Prophetische Prophetenauslegung: Wahrheit der Schrift − Wahrheit der Auslegung. FS G. Ebeling (1993) 198−244; J. Jeremias, Umkehrung von Heilstraditionen im AT: Atl. Glaube und Biblische Theologie. FS H. D. Preuss (1992) 309−320; Ders., Das Proprium der atl. Prophetie: ThLZ 119 (1994) 483−494 = Hosea und Amos (u. § 14); J. A. Sawyer, Prophecy and the Biblical Prophets (1993); H. J. Zobel, Prophet in Israel und Juda: AT − Literatursammlung und Heilige Schrift. BZAW 212 (1993) 77−95 (vgl. 181−197); K. Koenen, Heil den Gerechten − Unheil den Sündern! Ein Beitrag zur Theologie der Prophetenbücher: BZAW 229 (1994).

§ 13ab

H. Gunkel (o. § 13ff); H. W. Wolff, Die Begründungen der prophetischen Heils- und Unheilssprüche (1934): GSt (1964) 9−35; C. Westermann, Grundformen prophetischer Rede (⁵1978); R. Rendtorff, Botenformel und Botenspruch (1962): GSt (1975) 243−255; K. Koch, Was ist Formgeschichte? (⁴1982) 258ff; H. W. Wolff, BK XIV/2 (³1985) 165f; W. E. March, in: J. H. Hayes (o. § 5b) 141ff (Lit.); A. J. Bjørndalen, Zu den Zeitstufen der Zitatformel...: ZAW 86 (1974) 393−403; Ders., ThWAT I (1973) 365ff; II (1977) 108.119ff; D. Vetter, Satzformen prophetischer Rede: Werden und Wirken des AT. FS C. Westermann (1980) 174−193.

Zur Prophetenerzählung (vgl. u. zur Symbolhandlung): A. Rofé, The Classification of the Prophetical Stories: JBL 89 (1970) 427−440; Ders., Classes in the Prophetical Stories: VT. S 26 (1974) 143−167; B. O. Long, 2 Kings III and Genres of Prophetic Narrative: VT 23 (1973) 337−348; H. C. Brichto, Towards a Grammar of Biblical Poetics. Tales of the Prophets (1992).

Zur Vision: F. Horst, Die Visionsschilderungen der atl. Propheten: EvTh 20 (1960) 193−205; B. O. Long, Prophetic Call Traditions and Reports of Visions: ZAW 84 (1972) 494−500; Ders., Reports of Visions Among the Prophets: JBL 95 (1976) 353−365; Ch. Jeremias, Die Nachtgesichte des Sacharja: FRLANT 117 (1977) (Lit.); G. Bartczek, Prophetie und Vermittlung (1980); J. E. Miller, Dreams and Prophetic Visions: Bib 71 (1990) 401−404.

Zum Berufungsbericht außerdem: E. Kutsch, Gideons Berufung und Altarbau (1956): KS zum AT. BZAW 168 (1986) 99−109; W. Zimmerli, Ezechiel: BK XIII/1 (1969. ²1979) 16−21; N. Habel, The Form and Significance of the Call Narratives: ZAW 77 (1965) 297−323; R. Kilian, Die prophetischen Berufungsberichte: Theologie im Wandel (1967) 356−376; W. Richter, Die sog. vorprophetischen Berufungsberichte: FRLANT 101 (1970); W. H. Schmidt, Exodus: BK II/2 (1977) 123−129 (vgl. FS M. Metzger. OBO 123, 1993, 183−198;

Lit.); B. O. Long, Berufung I: TRE V (1980) 676−684 (Lit.); H.-C. Schmitt, Das sogenannte vorprophetische Berufungsschema: ZAW 104 (1992) 202−215.

Zur Gerichtsrede: H. J. Boecker, Redeformen des Rechtslebens im AT: WMANT 14 (^{2}1970) (Lit.); E. Würthwein, Kultpolemik oder Kultbescheid? (1963): Wort und Existenz (1970) 144−160; J. Jeremias, Kultprophetie und Gerichtsverkündigung in der späten Königszeit Israels: WMANT 35 (1970) 151ff (Lit.); J. Blenkinsopp, The Prophetic Reproach: JBL 90 (1971) 267−278; THAT II (1976) 776.

Zu Leichenklage und Weheruf: H. Jahnow, Das hebräische Leichenlied: BZAW 36 (1923); H. W. Wolff, Der Aufruf zur Volksklage (1964): GSt (^{2}1973) 392−401; G. Wanke, 'ôj und hôj: ZAW 78 (1966) 215−218; H. W. Wolff, BK XIV/2 (^{3}1985) 284ff (Lit.); W. Janzen, Mourning Cry and Woe Oracle: BZAW 125 (1972); H. J. Krause, hôj als profetische Leichenklage über das eigene Volk im 8. Jh.: ZAW 85 (1973) 15−46; C. Hardmeier, Texttheorie und biblische Exegese: BEvTh 79 (1978) (Lit.).

Zum Geschichtsrückblick: G. Fohrer, Prophetie und Geschichte (1964): BZAW 99 (1967) 265−293; J. Vollmer, Geschichtliche Rückblicke und Motive in der Prophetie des Amos, Hosea und Jesaja: BZAW 119 (1971); Th. Krüger (u. § 20).

Zum Disputationswort (vgl. u. zu Maleachi): J. Begrich, Studien zu Deuterojesaja (1938. ^{2}1963) 41ff; H.-J. Hermisson, Diskussionsworte bei Deuterojesaja: EvTh 31 (1971) 665−680; L. Ruppert, Die Disputationsworte bei Deuterojesaja in neuem religionsgeschichtlichem Licht (1991): Studien (o. § 4) 199−210; W. H. Schmidt, „Kann ich nicht mit euch verfahren wie dieser Töpfer?" − Disputationsworte im Jeremiabuch: Nachdenken über Israel, Bibel und Theologie. FS K.-D. Schunck. BEAT 37 (1994) 149−161.

Zum Mahnwort: H. W. Wolff, Das Thema „Umkehr" in der atl. Prophetie (1951): GSt (1964) 130−150; W. Richter, Recht und Ethos: StANT 15 (1966); A. J. Bjørndalen, „Form" und „Inhalt" des motivierenden Mahnspruchs: ZAW 82 (1970) 347−361; T. M. Raitt, The Prophetic Summons to Repentance: ZAW 83 (1971) 30−49; G. Warmuth, Das Mahnwort: BET 1 (1976) (Lit.); A. V. Hunter, Seek the Lord! (1982); K. A. Tångberg, Die prophetische Mahnrede: FRLANT 143 (1987); J. Schreiner, Gottes Forderung zum Heil der Menschen: ZAW 103 (1991) 315−328; A. Graupner/H.-J. Fabry, ThWAT VII (1993) 1118ff, bes. 1140ff (Lit.).

Zum Heilswort (vgl. § 21): J. Begrich, Das priesterliche Heilsorakel (1934): GSt (1964) 217−231; S. Herrmann, Die prophetischen Heilserwartungen im AT: BWANT 85 (1965); C. Westermann, Der Weg der Verheißung durch das AT: Forschung am AT. GSt II (1974) 230−249; W. H. Schmidt(/J. Becker), Zukunft und Hoffnung (1981) 18ff (Lit.); C. Westermann, Prophetische Heilsworte im AT: FRLANT 145 (1987) (vgl. ZAW 98, 1986, 1−13).

Zur Kultkritik: H. J. Boecker, Überlegungen zur Kultpolemik der vorexilischen Propheten: Die Botschaft und die Boten. FS H. W. Wolff (1981) 169−180
(Lit.); A. B. Ernst, Weisheitliche Kultkritik. Zu Theologie und Ethik des Sprü-
chebuchs und der Prophetie des 8. Jahrhunderts: BThSt 24 (1994).

Zur Symbolhandlung: G. Fohrer, Die symbolischen Handlungen der Pro-
pheten: AThANT 54 (^{2}1968) (vgl. BZAW 99, 1967, 92−112.242−264);
E. R. Fraser, Symbolic Acts of the Prophets: SBT 4 (1974) 45−53; G. Wanke,
Jeremias Besuch beim Töpfer: Prophecy. FS G. Fohrer. BZAW 150 (1980)
151−162; S. Amsler, Les actes des prophètes (1985) (vgl. Werden und Wirken
des AT. FS C. Westermann, 1980, 194−201); B. Lang, Prophetie, prophetische
Zeichenhandlung und Politik in Israel: ThQ 161 (1981) 275−280; H. Mottu,
La parole et le geste: RThPh 121/3 (1989) 291−306; D. Stacey, Prophetic
Drama in the OT (1990).

Zum Fremdvölkerspruch: P. Höffken, Untersuchungen zu den Begrün-
dungselementen der Völkerorakel des AT (Diss. Bonn 1977); F. Fechter, Bewältigung der Katastrophe. Untersuchungen zu ausgewählten Fremdvölkersprüchen
im Ezechielbuch: BZAW 208 (1992).

Zur Sozialkritik vgl. § 3.

§ 13c

W. H. Schmidt, Zukunftsgewißheit und Gegenwartskritik (1973) (Lit.);
Ders., „Rechtfertigung des Gottlosen" in der Botschaft der Propheten: Die Botschaft und die Boten. FS H. W. Wolff (1981) 157−168; L. Markert/G. Wanke,
Die Propheteninterpretation: KuD 22 (1976) 191−220; J. M. Schmidt, Ausgangspunkt und Ziel prophetischer Verkündigung im 8. Jh.: VF 22/1 (1977)
65−82; H. W. Wolff, Die eigentliche Botschaft der klassischen Propheten: Beiträge zur Atl. Theologie. FS W. Zimmerli (1977) 547−557; W. Zimmerli, Wahrheit und Geschichte in der atl. Schriftprophetie: Congress Volume Göttingen.
VT. S 29 (1978) 1−15; I. L. Seeligmann, Die Auffassung von der Prophetie
in der deuteronomischen und chronistischen Geschichtsschreibung: Congress
Volume Göttingen. VT. S 29 (1978) 254−284.

§ 13d

H. Gunkel, Elias, Jahve und Baal: RV II/8 (1906); R. Rendtorff, Erwägungen zur Frühgeschichte des Prophetentums (1962): GSt (1975) 220−242;

G. Fohrer, Elia: AThANT 53 ([2]1968); O. H. Steck, Überlieferung und Zeitgeschichte in den Elia-Erzählungen: WMANT 26 (1968); K. H. Bernhardt, Prophetie und Geschichte: VT. S 22 (1972) 20–46; H.-C. Schmitt, Elisa (1972);
Ders., Prophetie und Tradition: ZThK 74 (1977) 255–272; H. Schweizer, Elischa in den Kriegen: StANT 37 (1974); R. Smend, Das Wort Jahwes an Elia:
VT 25 (1975) 525–543; Ders., Der biblische und der historische Elia: Zur
ältesten Geschichte Israels. GSt II (1987) 229–243; G. Hentschel, Die Elijaerzählungen: EThSt 33 (1977); H. Seebass, Elia I: TRE IX (1982) 498–502 (Lit.);
Ders., Elisa: TRE IX (1982) 506–509 (Lit.); W. Thiel, Sprachliche und thematische Gemeinsamkeiten nordisraelitischer Propheten-Überlieferung: Die atl. Botschaft als Wegweisung. FS H. Reinelt (1990) 359–376.

§ 14

Kommentare zum Zwölfprophetenbuch: J. Wellhausen ([3]1893. [4]1963);
E. Sellin (KAT, [2.3]1929/30); Th.Robinson/F. Horst (HAT, [3]1964); A. Weiser/
K. Elliger (ATD, [7]1979. [8]1982); H. W. Wolff (BK, 1956ff) (Hos–Mi+Hagg);
W. Rudolph (KAT, 1966–1976); A. Deissler (NEB, I 1981. [3]1993. II [2]1986.
III 1988); K. Seybold (ZBK, 1991) (Nah, Hab, Zeph); S. M. Paul (Hermeneia,
1991) (Am); J. J. M. Robert (OTL, 1991) (Nah, Hab, Zeph); E. Jacob u. a.
(CAT, 1992) (Hos, Joel, Ob, Jon, Am); J. Jeremias (ATD) i.V.; H. Graf Re-
ventlow (ATD) i.V.

Zum Zwölfprophetenbuch insgesamt: P. R. House, The Unity of the
Twelve: JSOT. S 97 (1990); J. Nogalski, Literary Precursors in the Book of the
Twelve: BZAW 217 (1993); Ders., Redactional Processes in the Book of the
Twelve: BZAW 218 (1993); R. P. Gordon, Studies in the Targum to the Twelve
Prophets. From Nahum to Malachi: VT. S 51 (1994).

Zu Amos:

Übersicht: L. Markert, TRE II (1978) 417–487 (Lit.).

F. Horst, Die Doxologien im Amosbuch (1929): Gottes Recht. TB 12 (1961)
155–166; A. Weiser, Die Profetie des Amos: BZAW 53 (1929); E. Würthwein,
Amos-Studien (1950): Wort und Existenz (1970) 68–110; V. Maag, Text, Wort-
schatz und Begriffswelt des Buches Amos (1951); H. J. Stoebe, Der Prophet
Amos und sein bürgerlicher Beruf (1957); Ders., Überlegungen zu den geistli-
chen Voraussetzungen der Prophetie des Amos (1970): Geschichte (o. § 6)
145–166. 167–183 (vgl. 17ff); H. Graf Reventlow, Das Amt des Propheten
bei Amos: FRLANT 80 (1962); R. Smend, Das Nein des Amos (1963): Die
Mitte des AT. GSt I (1986) 85–103; H. W. Wolff, Amos' geistige Heimat:
WMANT 18 (1964); W. H. Schmidt, Die deuteronomistische Redaktion des

Amosbuches: ZAW 77 (1965) 168−193; H. H. Schmid, Amos (1969): Altorientalische Welt in der atl. Theologie (1974) 121−144; J. Vollmer (o. § 13); I. Willi-Plein, Vorformen der Schriftexegese: BZAW 123 (1971) (zu Am, Hos, Mi); M. Krause, Das Verhältnis von sozialer Kritik und kommender Katastrophe in den Unheilsprophezeiungen des Amos (Diss. Hamburg 1972); M. Fendler (o. § 3); W. Berg, Die sog. Hymnenfragmente im Amosbuch (1974); K. Koch, Die Rolle der hymnischen Abschnitte des Amosbuches: ZAW 86 (1974) 506−537; Ders., Amos: AOAT 30/1−3 (1976) (Lit); J. M. Berridge, Zur Intention der Botschaft des Amos: ThZ 32 (1976) 321−340; L. Markert, Struktur und Bezeichnung des Scheltworts: BZAW 140 (1977); J. Vermeylen, (u. § 16) II, 519ff; W. Schottroff, Der Prophet Amos: Der Gott der kleinen Leute I (o. § 3) 39−66; C. I. K. Story, Amos − Prophet of Praise: VT 30 (1980) 67−80; W. Zimmerli, Das Gottesrecht bei den Propheten Amos, Hosea und Jesaja: Werden und Wirken des AT. FS C. Westermann (1980) 216−235; P. Weimar, Der Schluß des Amos-Buches: BN 16 (1981) 60−100; H. Gese, Komposition bei Amos (1981): Atl. Studien (1991) 94−115; A. J. Bjørndalen, Jahwe in den Zukunftsaussagen des Amos: Die Botschaft und die Boten. FS H. W. Wolff (1981) 181−202; H. J. Zobel (o. § 13ff) 88ff; A. J. Bjørndalen, Untersuchungen zur allegorischen Rede der Propheten Amos und Jesaja: BZAW 165 (1986); W. Beyerlin, Bleilot, Brecheisen oder was sonst? Revision einer Amos-Vision: OBO 81 (1988); G. Fleischer, Von Menschenverkäufern, Baschankühen und Rechtsverkehrern: BBB 74 (1989); V. Fritz, Amosbuch, Amosschule und historischer Amos: Prophet und Prophetenbuch. FS O. Kaiser. BZAW 185 (1989) 29−43; A. Deissler, Die Propheten Amos und Hosea als „Wegweiser" für das Gottesvolk: Die atl. Botschaft als Wegweisung. FS H. Reinelt (1990) 43−58; G. Pfeifer, Jahwe als Schöpfer der Welt und Herr ihrer Mächte in der Verkündigung des Propheten Amos: VT 41 (1991) 475−480; S. Dempster, The Lord is his Name: RB 98 (1991) 170−189; M. Schwantes, Das Land kann seine Worte nicht ertragen. Meditationen zu Amos: KT 105 (1991); D. A. Dorsey, Literary Architecture and Aural Structuring Techniques in Amos: Bib 73 (1992) 305−330; H. Reimer, Richtet auf das Recht! Studien zur Botschaft des Amos: SBS 149 (1992); J. Jeremias, Hosea und Amos. Studien zu den Anfängen des Dodekapropheton: FAT (1995).

§ 15

Kommentare s. § 14, bes. H. W. Wolff (³1976); W. Rudolph (1966); F. I. Andersen/D. N. Freedman (AncB, 1980); J. Jeremias (ATD, 1983).

Übersicht: J. Jeremias, TRE XV (1986) 586−598 (Lit.).

G. Fohrer, Umkehr und Erlösung beim Propheten Hosea (1955): BZAW 99 (1967) 222−241; G. Östborn, Jahwe und Baal (1956); H. W. Wolff, Hoseas geistige Heimat (1956): GSt (1964) 232–250; E. JACOB, Der Prophet Hosea und die Geschichte: EvTh 24 (1964) 281–290; J. BUSS, The Prophetic Word of Hosea: BZAW 111 (1969); J. VOLLMER (o. § 13); I. WILLI-PLEIN (o. § 14); D. KINET, Ba^cal und Jahwe (1977); DERS., Eschatologische Perspektiven im Hoseabuch: Eschatologie. FS E. Neuhäusler (1981) 224–257; H. UTZSCHNEIDER, Hosea. Prophet vor dem Ende: OBO 31 (1980); H. BALZ-COCHOIS, Gomer: EHS. T 191 (1982) (vgl. EvTh 42, 1982, 37–65); H. J. ZOBEL (o. § 13ff); H. D. NEEF, Die Heilstraditionen Israels in der Verkündigung des Propheten Hosea: BZAW 169 (1987); M. KÖCKERT, Prophetie und Geschichte im Hoseabuch: ZThK 85 (1988) 3–30 (vgl. GlLern 3, 1988, 105–119); D. R. DANIELS, Hosea and Salvation History: BZAW 191 (1990) (vgl. H. D. NEEF, Bib 73, 1992, 265–270); A. DEISSLER (o. § 14); TH. NAUMANN, Hoseas Erben. Strukturen der Nachinterpretation im Buch Hosea: BWANT 131 (1991); M. NISSINEN, Prophetie, Redaktion und Fortschreibung im Hoseabuch: AOAT 231 (1991); W. WHITT, The Jacob Tradition in Hosea and Their Relation to Genesis: ZAW 103 (1991) 18–43; J. JEREMIAS, Hosea und Amos (o. § 14).

Zu Hos 1–3: A. DEISSLER, Die Interpretation von Hos 1,2–9 in den Hosea-Kommentaren von H. W. Wolff und W. Rudolph im kritischen Vergleich: Wort, Lied und Gottesspruch. FS J. Ziegler. FzB 2 (1972) 129–135; S. BITTER, Die Ehe des Propheten Hosea (1975); J. SCHREINER, Hoseas Ehe, ein Zeichen des Gerichts: BZ 21 (1977) 163–183; L. RUPPERT, Beobachtungen zur Literar- und Kompositionskritik von Hosea 1–3 (1982): Studien (o. § 4) 160–180 (vgl. 181–198); L. SCHMIDT, Bemerkungen zu Hosea 1,2–9 und 3,1–5: Atl. Glaube und Biblische Theologie. FS H. D. Preuss (1992) 155–165; A. WEIDER, Ehemetaphorik in prophetischer Verkündigung: fzb 71 (1993).

§ 16

Kommentare: B. DUHM (⁴1922. ⁵1968); O. PROCKSCH (KAT, 1930); V. HERNTRICH (ATD, 1950); G. FOHRER (ZBK, I. II ²1967); O. KAISER (ATD, I ⁵1981. II ³1984); W. EICHRODT (BAT, I ²1976. II 1967); H. WILDBERGER (BK, I ²1980. II 1978. III 1982) (Jes 1–12.13–27.28–39); R. E. CLEMENTS (NCeB, 1980) (Jes 1–39); J. D. W. WATTS (WBC, 1985); R. KILIAN (NEB, I 1986); P. HÖFFKEN (NSKAT, 1993).

Forschungsberichte: R. KILIAN, Jesaja 1–39: EdF 200 (1983); C. HARDMEIER, Jesajaforschung im Umbruch: VF 31/1 (1986) 3–31.

Übersicht: O. KAISER, TRE XVI (1987) 636–658 (Lit.).

J. FICHTNER, Gottes Weisheit (1965) 18 ff.27 ff.44ff; G. FOHRER, Entstehung, Komposition und Überlieferung von Jes 1–39 (1962): BZAW 99 (1967)

113—147; Ders., Wandlungen Jesajas (1967): BZAW 155 (1981) 11—23; H. W. Wolff, Frieden ohne Ende: BSt 35 (1962); R. Fey, Amos und Jesaja: WMANT 12 (1963); H. Donner, Israel unter den Völkern: VT. S 11 (1964); B. S. Childs, Isaiah and the Assyrian Crisis (1967); J. Becker, Isaias — der Prophet und sein Buch: SBS 30 (1968); U. Stegemann, Der Restgedanke bei Isaias: BZ 13 (1969) 161—186; G. Sauer, Die Umkehrforderung in der Verkündigung Jesajas: Wort — Gebot — Glaube. FS W. Eichrodt (1970) 277—295; J. Vollmer (o. § 13); W. Zimmerli, Verkündigung und Sprache der Botschaft Jesajas (1970): Studien zur atl. Theologie und Prophetie. GAufs II (1974) 73—87; H. J. Hermisson, Zukunftserwartung und Gegenwartskritik in der Verkündigung Jesajas: EvTh 33 (1973) 54—77; H. W. Hoffmann, Die Intention der Verkündigung Jesajas: BZAW 136 (1974); W. Dietrich, Jesaja und die Politik: BEvTh 74 (1976); E. Huber, Jahwe, Juda und die anderen Völker beim Propheten Jesaja: BZAW 137 (1976); H. Barth, Die Jesaja-Worte in der Josiazeit: WMANT 48 (1977) (Lit.); W. H. Irwin, Isaiah 28—33 (1977); W. H. Schmidt, Die Einheit der Verkündigung Jesajas: EvTh 37 (1977) 260—272; J. Vermeylen, Du prophète Isaïe à l'apocalyptique, I—II: EtB (1977/78); P. R. Ackroyd, Isaiah I—XII: Congress Volume Göttingen. VT. S 29 (1978) 16—48; K. Nielsen, Das Bild des Gerichts in Jes I—XII: VT 29 (1979) 309—324; R. E. Clements, Isaiah and the Deliverance of Jerusalem (1980); Ders., The Prophecies of Isaiah and the Fall of Jerusalem in 587 B. C.: VT 30 (1980) 421—436; Ders., The Unity of the Book of Isaiah: Interp 36 (1982) 117—129; C. Hardmeier, Verkündigung und Schrift bei Jesaja: ThGl 73 (1983) 119—134; W. Werner, Eschatologische Texte in Jesaja 1—39: FzB 46 (1982); H. Wildberger, Königsherrschaft Gottes. Jesaja 1—39: Kleine Biblische Bibliothek (1984); R. Rendtorff, Zur Komposition des Buches Jesaja (1984): Kanon und Theologie (1991) 141—161 (vgl. 162ff); A. J. Bjørndalen (o. § 14); C. A. Evans, On the Unity and Parallel Structure of Isaiah: VT 38 (1988) 129—147; J. Høgenhaven, Gott und Volk bei Jesaja: AThD 24 (1988); J. Stansell, Micah and Isaiah: SBL. DS 85 (1988); M. A. Sweeney, Isaiah 1—4 and the Post-Exilic Understanding of the Isaianic Traditions: BZAW 171 (1988); W. Werner, Studien zur atl. Vorstellung vom Plan Jahwes: BZAW 173 (1988); P. Höffken, Grundfragen von Jesaja 7,1—17 im Spiegel neuerer Literatur: BZ 33 (1989) 25—42; K. Nielsen, There is Hope for a Tree. The Tree as Metaphor in Isaiah: JSOT. S 65 (1989); J. Vermeylen (Hg.), The Book of Isaiah — Le livre d'Isaïe: BEThL 81 (1989); S. Deck, Die Gerichtsbotschaft Jesajas. Charakter und Begründung: FzB 67 (1991); D. Carr, Reaching for Unity in Isaiah: JSOT 57 (1993) 61—80.

Zu Jes 6—8 (o. § 13ab): K. Budde, Jesaja's Erleben (1928); R. Knierim, The vocation of Isaiah: VT 18 (1968) 47—68; R. Kilian, Die Verheißung Immanuels: SBS 35 (1968); Ders., Der Verstockungsauftrag Jesajas: Bausteine biblischer Theologie. FS G. J. Botterweck (1977) 209—225; J. M. Schmidt, Gedanken zum Verstockungsauftrag Jesajas: VT 21 (1971) 68—90; H.-P. Müller, Glauben und Bleiben: VT. S 26 (1974) 25—54; O. H. Steck, Wahrnehmungen Gottes im AT:

TB 70 (1982) 149−203; J. J. Stamm, Die Immanuel-Perikope: ThZ 30 (1974) 11−22 (Lit.); O. Keel, Jahwe-Visionen und Siegelkunst: SBS 84/85 (1978); C. Hardmeier, Jesajas Verkündigungsabsicht und Jahwes Verstockungsauftrag in Jes 6: Die Botschaft und die Boten. FS H. W. Wolff (1981) 235−251; W. Werner, Vom Prophetenwort zur Prophetentheologie: BZ 29 (1985) 1−30; R. Rendtorff, Jesaja 6 im Rahmen der Komposition des Jesajabuches (1989) 73−82 = Kanon (s.o.) 162−171; M. Görg, Die Funktion der Seraphen bei Jesaja: Aegyptiaca − Biblica: ÄgAT 11 (1991) 211−222; H. Irsigler, Gott als König in Berufung und Verkündigung Jesajas: Ein Gott − eine Offenbarung. FS N. Füglister (1991) 127−154; W. H. Schmidt, „Prophetie und Wirklichkeit": Prophetie und geschichtliche Wirklichkeit im alten Israel. FS S. Herrmann (1991) 348−363; S. A. Irvine, The Isaianic Denkschrift: Reconsidering an Old Hypothesis: ZAW 104 (1992) 216−230; J. Werlitz, Studien zur literarkritischen Methode. Gericht und Heil in Jes 7,1−17 und 29,1−8: BZAW 204 (1992); J. L. McLaughlin, Their Hearts Were Hardend: Bib 75 (1994) 1−25.

§ 17

Kommentare s. § 14, bes. W. Rudolph (1975) (Lit.); H. W. Wolff (1982).

A. v. d. Wal, Micah. A Classified Bibliography (1990).

K. Elliger, Die Heimat des Propheten Micha (1934): KS zum AT. TB 32 (1966) 9−71; W. Beyerlin, Die Kulttraditionen Israels in der Verkündigung des Propheten Micha: FRLANT 72 (1959); Th. Lescow, Micha 6,6−8: AzTh 25 (1966); Ders., Redaktionsgeschichtliche Analyse…: ZAW 84 (1972) 46−85. 182−212; J. M. Mays, The Theological Purpose of the Book of Micah: Beiträge zur Atl. Theologie. FS W. Zimmerli (1977) 276−287; G. Fohrer, Micha 1 (1967): BZAW 155 (1981) 53−68; J. Jeremias, Die Deutung der Gerichtsworte Michas in der Exilszeit: ZAW 83 (1971) 330−354; I. Willi-Plein (o. § 14); V. Fritz, Das Wort gegen Samaria Mi 1,2−7: ZAW 86 (1974) 316−331; J. L. Mays, Micah (1976); B. Rénaud, La Formation du Livre de Michée (1977); H. W. Wolff, Mit Micha reden (1978); Ders., Wie verstand Micha von Moreschet sein prophetisches Amt?: Congress Volume Göttingen. VT. S 29 (1978) 403−417; J. Vermeylen (o. § 16) II, 570ff; J. N. Carreira, Micha − ein Ältester von Moreschet?: TThZ 90 (1981) 19−28; Ch. S. Shaw, Micah 1:10−16 Reconsidered: JBL 106 (1987) 223−229.

§ 18

Kommentare s. § 14, bes. W. Rudolph (1975) (zu Nah, Hab, Zeph); H. W. Wolff (1977) (zu Obd) (Lit.).

Zu Nahum:

Übersicht: W. Dietrich, TRE XXIII (1994) 737–742 (Lit.).

J. Jeremias, Kultprophetie und Gerichtsverkündigung in der späten Königszeit Israels: WMANT 35 (1970); C. A. Keller, Die theologische Bewältigung der geschichtlichen Wirklichkeit in der Prophetie Nahums: VT 22 (1972) 399–419; H. Schulz, Das Buch Nahum: BZAW 129 (1973); B. Rénaud, La composition du livre de Nahum: ZAW 99 (1987) 198–219; K. Seybold, Profane Prophetie. Studien zum Buch Nahum: SBS 135 (1989); M. A. Sweeney, Concerning the Structure and Generic Character of the Book of Nahum: ZAW 104 (1992) 364–376.

Zu Habakuk:

Übersicht: E. Otto, TRE XIV (1985) 300–306 (Lit.).

J. Jeremias (s.o.); P. Jöcken, Das Buch Habakuk. Darstellung der Geschichte seiner kritischen Erforschung... (1977); E. Otto, Die Stellung der Wehe-Worte in der Verkündigung des Propheten Habakuk: ZAW 89 (1977) 73–107; Ders., Die Theologie des Buches Habakuk: VT 35 (1985) 274–295; A. H. J. Gunneweg, Habakuk und das Problem des leidenden 'Gerechten': ZAW 98 (1986) 400–415; M. A. Sweeney, Structure, Genre, and Intent in the Book of Habakkuk: VT 41 (1991) 63–83; R. D. Haak, Habakkuk: VT. S 44 (1992); K. Koenen (o. § 13ff) 124ff (Lit.); W. Dietrich, Habakuk – ein Jesajaschüler: Nachdenken über Israel, Bibel und Theologie. FS K.-D. Schunck. BEAT 37 (1994) 197–215.

Zu Zephanja: L. Sabottka, Zephanja: BibOr 25 (1972); A. S. Kapelrud, The Message of the Prophet Zephanja (1975); H. Irsigler, Gottesgericht und Jahwetag: ATS 3 (1977); G. Krinetzki, Zefanjastudien (1977); R. Edler, Das Kerygma des Propheten Zefanja (1984); K. Seybold, Satirische Prophetie: SBS 120 (1985) (vgl. OBO 64, 1985, 30–54); M. A. Sweeney, A Form-Critical Reassessment of the Book of Zephaniah: CBQ 53 (1991) 388–408; K.-D. Schunck, Juda in der Verkündigung des Propheten Zephanja: Atl. Glaube und Biblische Theologie. FS H. D. Preuß (1992) 174–179; K. Koenen (o. § 13ff) 22ff (Lit.).

Zu Obadja: G. Fohrer, Die Sprüche Obadjas (1966): BZAW 155 (1981) 69–80; P. Weimar, Obadja, eine redaktionskritische Analyse: BN 27 (1985) 35–99; J. Wehrle, Prophetie und Textanalyse: ATSAT 28 (1987).

§ 19

Einführung: C. Westermann, Jeremia (1967); W. Thiel, Jeremia: G. Wallis (Hg.), Zwischen Gericht und Heil (1987) 35–57.

Kommentare: B. Duhm (KHC, 1901); P. Volz (KAT, ²1928) = (1983); W. Rudolph (HAT, ³1968); A. Weiser (ATD, I ⁸1981. II ⁸1983); J. A. Thompson (NIC, 1980); J. Schreiner (NEB, I 1981. II 1984); W. L. Holladay (Hermeneia, I 1986. II 1989); W. McKane (ICC, I 1986) (s. Bib 68, 1987, 411−418); R. P. Carroll (OTL, 1986); S. Herrmann (BK, 1986ff); P. C. Craigie/ P. H. Kelley/J. F. Drinkard (WBC, I 1991); D. R. Jones (NCBC, 1992).

Forschungsberichte: E. Vogt, Bib 35 (1954) 357−365; W. Thiel, Die deuteronomistische Redaktion von Jer 1−25.26−45: WMANT 41 (1973) 3ff. 52 (1981) 116ff; S. Herrmann, ThLZ 102 (1977) 481−490; P. R. Ackroyd, The Book of Jeremiah − Some Recent Studies: JSOT 28 (1984) 47−59; W. Thiel, Ein Vierteljahrhundert Jeremia-Forschung: VF 31/1 (1986) 32−52; R. P. Carroll, Radical Clashes of Will and Style. Recent Commentary Writing on the Book of Jeremiah: JSOT 45 (1989) 99−114; S. Herrmann, Jeremia. Der Prophet und das Buch: EdF 271 (1990); H. Weippert, Vier neue Arbeiten zum Jeremiabuch: BZ 34 (1990) 95−104.

Übersicht: S. Herrmann, TRE XVI (1987) 568−586 (Lit.).

S. Mowinckel, Zur Komposition des Buches Jeremia (1914); Ders., Prophecy and Tradition (1946); H. Graf Reventlow, Liturgie und prophetisches Ich bei Jeremia (1963) (vgl. ZAW 81, 1969, 315−352 zu Jer 7; 26); C. Rietzschel, Das Problem der Urrolle (1966); E. W. Nicholson, Preaching to the Exiles (1970); W. Schottroff, Jeremia 2,1−3: ZThK 67 (1970) 263−294; G. Wanke, Untersuchungen zur sog. Baruchschrift: BZAW 122 (1971); P. Diepold (o. § 10); G. Fohrer, Vollmacht über Völker und Königreiche (Jer 46−51) (1972): BZAW 155 (1981) 44−52; W. Thiel (s.o.); H. Weippert, Die Prosareden des Jeremiabuches: BZAW 132 (1973); Dies., Schöpfer des Himmels und der Erde: SBS 102 (1981) (vgl. VT 29, 1979, 336−351 zu Jer 31,31ff); M. Rose (o. § 10); L. Schmidt, Die Berufung Jeremias: ThViat 13 (1975/6) 189−209; S. Böhmer, Heimkehr und neuer Bund (1976); W. L. Holladay, The Architecture of Jeremiah 1−20 (1976); M. Weinfeld, Jeremiah and the Spiritual Metamorphosis of Israel: ZAW 88 (1976) 17−56; C. Wolf, Jeremia im Frühjudentum und Urchristentum (1976); A. H. J. Gunneweg, Heil im Gericht (1976): Sola Scriptura (1983) 107−115; Th. Seidl, Texte und Einheiten in Jer 27−29 (1977); Ders., Formen und Formeln in Jer 27−29 (1978); K. Pohlmann, Studien zum Jeremiabuch: FRLANT 118 (1978); C. de Jong, De volken bij Jeremia (1979); J. Kegler, Prophetisches Reden und politische Praxis Jeremias: Der Gott der kleinen Leute I (o. § 3) 67−79; Ders., Das Leid des Nachbarvolkes: Werden und Wirken des AT. FS C. Westermann (1980) 271−287; R. P. Carroll, From Chaos to Covenant (1981); W. McKane, Relations between Poetry and Prose in the Book of Jeremiah: Congress Volume Vienna. VT. S 32 (1981) 220−237; C. Levin, Noch einmal: Die Anfänge des Propheten Jeremia: VT 31 (1981) 428−440; P. M. Bogaert (Hg.), Le livre de Jérémie: BEThL 54 (1981); A. Deissler, Das „Echo" der Hosea-Verkündigung im Jeremiabuch: Künder des Wortes

FS J. Schreiner (1982) 61−75; R. ALBERTZ, Jer 2−6 und die Frühzeitverkündigung Jeremias: ZAW 94 (1982) 20−47; C. LEVIN, Die Verheißung des neuen Bundes: FRLANT 137 (1985); C. R. SEITZ, The crisis of interpretation over the meaning and purpose of the exile. A redactional study of Jeremiah XXI−XLIII: VT 35 (1985) 78−97; D. VIEWEGER, Die Spezifik der Berufungsberichte Jeremias und Ezechiels im Umfeld ähnlicher Einheiten des AT (1986); DERS., Die Arbeit des jeremianischen Schülerkreises: BZ 32 (1988) 15−34; D. BOURGUET, Des métaphores de Jérémie: EtB NS 9 (1987); A. GRAUPNER, Jeremia 45 als „Schlußwort" des Jeremiabuches: AT und christliche Verkündigung. FS A. H. J. Gunneweg (1987) 287−308; F. D. HUBMANN, Rez. W. McKane: Bib 68 (1987) 411−418; R. LIWAK, Der Prophet und die Geschichte: BWANT 121 (1987); J. UNTERMAN, From Repentance to Redemption: JSOT. S 54 (1987); P. BOVATI, Rez. W. L. Holladay: Bib 69 (1988) 430−434; H. SCHULTE, Persönliche Heilsorakel im Jeremiabuche: BZ 32 (1988) 257−265; J. L. BERQUIST, Prophetic legitimation in Jeremiah: VT 39 (1989) 129−139; W. BEYERLIN, Reflexe der Amosvisionen im Jeremiabuch: OBO 93 (1989); R. P. CARROLL, Jeremiah (1989); E. KRAGELUND-HOLT, The Chicken and the Egg − Or: Was Jeremiah a Member of the Deuteronomist Party: JSOT 44 (1989) 109−122; T. ODASHIMA, Heilsworte im Jeremiabuch: BWANT 125 (1989); J. R. PORTER, The Supposed Deuteronomic Redaction of the Prophets: Schöpfung und Befreiung. FS C. Westermann (1989) 69−78; A. ROFÉ, The Arrangement of the Book of Jeremiah: ZAW 101 (1989) 390−398; E. RUPRECHT, Ist die Berufung Jeremias...?: Schöpfung und Befreiung. FS C. Westermann (1989) 79−91; C. R. SEITZ, Theology in Conflict. Reactions to the Exile in the Book of Jeremiah: BZAW 176 (1989); DERS., The Prophet Moses and the Canonical Shape of Jeremiah: ZAW 101 (1989) 3−27; DERS., Mose als Prophet. Redaktionsthemen und Gesamtstruktur des Jeremiasbuches: BZ 34 (1990) 234−245; W. THIEL, „Vom Norden her wird das Unheil eröffnet". Zu Jeremia 1,11−16: Prophet und Prophetenbuch. FS O. Kaiser. BZAW 185 (1989) 231−245; H. WEIPPERT, Schöpfung und Heil in Jeremia 45: Schöpfung und Befreiung. FS C. Westermann (1989) 92−103; R. E. CLEMENTS, The Prophet and his Editors: The Bible in three Dimensions: JSOT. S 87 (1990) 203−220; C. HARDMEIER, Prophetie im Streit vor dem Untergang Judas... II Reg 18−20 und Jer 37−40: BZAW 187 (1990); N. KILPP, Niederreißen und aufbauen. Das Verhältnis von Heilsverheißung und Unheilsverkündigung bei Jeremia und im Jeremiabuch: BThSt 13 (1990); A. GRAUPNER, Auftrag und Geschick des Propheten Jeremia: BThSt 15 (1991); J. C. SCHMITT, The Virgin of Israel: Referent and Use of the Phrase in Amos and Jeremiah: CBQ 53 (1991) 365−387; Y. GOLDMAN, Prophétie et royauté au retour de l'exil. Les origines littéraires de la forme massorétique du livre de Jérémie: OBO 118 (1992); H. J. STIPP, Jeremia im Parteienstreit: BBB 82 (1992); G. WANKE, Jeremias Berufung (Jer 1,4−10): Atl. Glaube und Biblische Theologie. FS H. D. Preuss (1992) 132−144; K. SEYBOLD, Der Prophet Jeremia. Leben und

Werk (1993); W. H. SCHMIDT, Jeremias Berufung: Biblische Welten. FS M. Metzger. OBO 123 (1993) 183−198 (vgl. FS S. Herrmann, 1991, 348−363); DERS., „Geht doch und schaut!" Aufrufe, sich selbst zu überzeugen, im Jeremiabuch: Gottes Recht als Lebensraum. FS H. J. Boecker (1993) 227−238; DERS., FS K.-D. Schunck (o. § 13ab); D. VIEWEGER, Die literarischen Beziehungen zwischen den Büchern Jeremia und Ezechiel: BEAT 26 (1993); B. BECKING, Jeremiah's Book of Consolation: VT 44 (1994) 145−169; G. FISCHER, Das Trostbüchlein: SBB 26 (1993); J. JEREMIAS, Hoseas Einfluß auf das Jeremiabuch: Studies in Honour of M. Sæbø (1994) 112−134 = Hosea und Amos (o. § 14).

Zu den Konfessionen: W. BAUMGARTNER, Die Klagegedichte des Jeremia: BZAW 32 (1917); G. V. RAD, Die Konfessionen Jeremias (1936): GSt II. TB 48 (1973) 224−235; H. J. STOEBE, Seelsorge und Mitleiden bei Jeremia: WuD 4 (1955) 116−134; DERS., Jeremia, Prophet und Seelsorger (1964): Geschichte (o. § 6) 184−208 (vgl. 19f); A. H. J. GUNNEWEG, Konfession oder Interpretation im Jeremiabuch (1970): Sola Scriptura (1983) 61−82; P. WELTEN, Leiden und Leidenserfahrung im Buch Jeremia: ZThK 74 (1977) 123−150; F. D. HUBMANN, Untersuchungen zu den Konfessionen Jer 11,18−12,6 und 15,10−21: FzB 30 (1978); N. ITTMANN, Die Konfessionen Jeremias: WMANT 54 (1981); F. AHUIS, Der klagende Gerichtsprophet: CThM 12 (1982); R. BRANDSCHEIDT, Gotteszorn und Menschenleid: FThSt 41 (1983) 236ff; T. POLK, The Prophetic Persona: JSOT. S 32 (1984); H.-J. HERMISSON, Jahwes und Jeremias Rechtsstreit: AT und christliche Verkündigung. FS A. H. J. Gunneweg (1987) 309−343; K.-F. POHLMANN, Die Ferne Gottes: BZAW 179 (1989); D. H. BAK, Klagender Gott − klagender Mensch: BZAW 193 (1990); A. R. DIAMOND, Jeremiah's Confessions in the LXX and MT: VT 40 (1990) 33−50; W. H. SCHMIDT, Gotteserfahrung (o. § 13).

Zur Problematik wahre/falsche Prophetie: E. OSSWALD, Falsche Propheten im AT: SGV 237 (1962); G. QUELL, Wahre und falsche Propheten (1962); H.-J. KRAUS, Prophetie in der Krisis (1964); TH. W. OVERHOLT, The Threat of Falsehood (1970); F.-L. HOSSFELD/I. MEYER, Prophet gegen Prophet (1973) (vgl. DIES., ZAW 86, 1974, 30−50 zu Jer 26); G. MÜNDERLEIN, Kriterien wahrer und falscher Prophetie: EHS. T 33 (1974. ²1979); I. MEYER, Jeremia und die falschen Propheten: OBO 13 (1977).

§ 20

Einführung: W. ZIMMERLI, Ezechiel. Gestalt und Botschaft: BSt 62 (1972).

Kommentare: G. FOHRER/K. GALLING (HAT, 1955); W. EICHRODT (ATD, I ⁴1977. II ²1969); W. ZIMMERLI (BK, 1969. ²1979); M. GREENBERG (AncB, 1983); H. F. FUHS (NEB, I ²1986. II 1988); R. M. HALS (FOTL, 1989).

Forschungsberichte: C. KUHL, ThR 5 (1933) 92−118; 20 (1952) 1−26; 24 (1956/7) 1−53; H. H. ROWLEY, Men of God (1963) 169−210; B. LANG, Ezechiel. Der Prophet und das Buch: EdF 153 (1981) (Lit.).

Übersicht: W. ZIMMERLI, TRE X (1982) 766−781 (Lit.).

G. HÖLSCHER, Hesekiel, der Dichter und das Buch: BZAW 39 (1924); V. HERNTRICH, Ezechielprobleme: BZAW 61 (1933); G. FOHRER, Die Hauptprobleme des Buches Ezechiel: BZAW 72 (1952); H. GESE, Der Verfassungsentwurf des Ezechiel (Kap. 40−48) (1957); H. GRAF REVENTLOW, Wächter über Israel: BZAW 82 (1962); W. ZIMMERLI, Deutero-Ezechiel: ZAW 84 (1972) 501−516; DERS., Das Phänomen der „Fortschreibung" im Buche Ezechiel: Prophecy. FS G. Fohrer. BZAW 150 (1980) 174−191; H. SCHULZ, Das Todesrecht im AT: BZAW 114 (1969); D. BALTZER, Ezechiel und Deuterojesaja: BZAW 121 (1971); E. VOGT, Die Lähmung und Stummheit des Propheten Ezechiel: Wort − Gebot − Glaube. FS W. Eichrodt (1970) 87−100; J. GARSCHA, Studien zum Ezechielbuch (1974); H. SIMIAN, Die theologische Nachgeschichte der Prophetie Ezechiels: FzB 14 (1974); R. LIWAK, Überlieferungsgeschichtliche Probleme des Ezechielbuches (Diss. Bochum 1976); CH. BARTH, Ezechiel 37 als Einheit: Beiträge zur Atl. Theologie. FS W. Zimmerli (1977) 39−52; F.-L. HOSSFELD, Untersuchungen zu Komposition und Theologie des Ezechielbuches: FzB 20 (1977); B. LANG, Kein Aufstand in Jerusalem: SBB 7 (1978); DERS., Die erste und die letzte Vision des Propheten: Bib 64 (1983) 225−230; G. BETTENZOLI (o. § 9); E. VOGT, Untersuchungen zum Buch Ezechiel: AnBib 95 (1981); J. BECKER, Erwägungen zur ezechielischen Frage: Künder des Wortes. FS J. Schreiner (1982) 137−149; E. KUTSCH, Die chronologischen Daten des Ezechielbuches (1985); TH. KRÜGER, Geschichtskonzepte im Ezechielbuch: BZAW 180 (1989); D. VIEWEGER (o. § 19); F. SEDLMEIER, Studien zu Komposition und Theologie von Ezechiel 20: SBB 21 (1990); C. AUFFAHRTH, Der drohende Untergang. „Schöpfung" in Mythos und Ritual im Alten Orient und in Griechenland am Beispiel der Odyssee und des Ezechielbuches: RVV 39 (1991); D. BODI, The Book of Ezekiel and the Poem of Erra: OBO 104 (1991); S. OHNESORGE, Jahwe gestaltet sein Volk neu. Zur Sicht der Zukunft Israels nach Ez 11,14−21; 20,1−44; 36,16−38; 37,1−14.15−28: FzB 64 (1991); F. FECHTER (o. § 13ab); K.-F. POHLMANN, Ezechielstudien: BZAW 202 (1992).

§ 21

Einführung: H. D. PREUSS, Deuterojesaja (1976) (Lit.).

Kommentare: B. DUHM (HK, ⁴1922. ⁵1968); P. VOLZ (KAT, 1932); C. R. NORTH (1964); G. FOHRER (ZBK, 1964); C. WESTERMANN (ATD, ⁴1981); P. E. BONNARD (1972); K. ELLIGER (BK, 1978) (Jes 40−45,7); H.-J. HERMISSON

(BK, 1987ff) (45,8ff); W. GRIMM/K. DITTERT (Calwer Bibelkommentare, 1990); E. BEAUCAMP (Lire la Bible, 1991).

Forschungsberichte: H.-J. HERMISSON, DtJes-Probleme: VF 31/1 (1986) 53−84.

Übersicht: D. MICHEL, TRE VIII (1981) 510−530 (Lit.).

L. KÖHLER, DtJes stilkritisch untersucht: BZAW 37 (1923); J. HEMPEL, Vom irrenden Glauben: ZSTh 7 (1930) 631−660; K. ELLIGER, DtJes in seinem Verhältnis zu Tritojesaja: BWANT 63 (1933); J. BEGRICH, Studien zu DtJes (1938. 1963); H. E. v. WALDOW, Anlaß und Hintergrund der Verkündigung des DtJes (Diss. Bonn 1953); R. RENDTORFF, Die theologische Stellung des Schöpfungsglaubens bei DtJes (1954): GSt (1975) 209−219; E. JENNI, Die Rolle des Kyros bei DtJes: ThZ 10 (1954) 241−256; P. A. H. DE BOER, Second Isaiah's Message (1956); C. WESTERMANN, Sprache und Struktur der Prophetie DtJes: Forschung am AT. TB 24 (1964) 92−170 = CThM 11 (²1982) (Forschungsüberblick); DERS., Das Heilswort bei DtJes: EvTh 24 (1964) 355−373; A. EITZ (o. § 8); O. H. STECK, DtJes als theologischer Denker (1969): Wahrnehmungen Gottes im AT. TB 70 (1982) 204−220; W. ZIMMERLI, Der „neue Exodus" in der Verkündigung der beiden großen Exilspropheten: Gottes Offenbarung. TB 19 (²1969) 192−204; E. NIELSEN, DtJes: VT 20 (1970) 190−205; C. STUHLMÜLLER, Creative Redemption in DeuteroIsaiah (1970) (vgl. DERS., CBQ 42, 1980, 1−29); D. BALTZER (o. § 2O); H.-J. HERMISSON (o. § 13 ab); A. SCHOORS, I am God Your Saviour: VT. S 24 (1973); E. HAAG, Gott als Schöpfer und Erlöser…: TThZ 85 (1976) 193−213; R. F. MELUGIN, The Formation of Isaiah 40−55: BZAW 141 (1976); F. V. REITERER, Gerechtigkeit als Heil (1976); F. CRÜSEMANN, Jahwes Gerechtigkeit im AT: EvTh 36 (1976) 427−450; J. M. VINCENT, Studien zur literarischen Eigenart und zur geistigen Heimat von Jesaja, Kap. 40−55: BET 5 (1977); R. W. KLEIN, Going Home − A Theology of Second Isaiah: CThMi (1978) 198−210; K. KIESOW, Exodustexte im Jesajabuch: OBO 24 (1979); H.-C. SCHMITT, Prophetie und Schultheologie im DtJesbuch: ZAW 91 (1979) 43−61; H. WILDBERGER, Der Monotheismus Deuterojesajas: Jahwe und sein Volk. TB 66 (1979) 249−273; Y. GITAY, Deutero-Isaiah: Oral or Written?: JBL 99 (1980) 185−197; R. P. MERENDINO, Der Erste und der Letzte. Eine Untersuchung zu Jes 40−48: VT. S 31 (1981); A. S. KAPELRUD, The Main Concern of Second-Isaiah: VT 32 (1982) 50−58; W. ZIMMERLI, Jahwes Wort bei DtJes: VT 32 (1982) 104−124; O. H. STECK, Bereitete Heimkehr. Jesaja 35 zwischen dem Ersten und dem Zweiten Jesaja: SBS 121 (1985); H. KLEIN, Der Beweis der Einzigkeit Jahwes bei DtJes: VT 35 (1985) 267−273; E. HESSLER, Das Heilsdrama: Der Weg zur Weltherrschaft Jahwes (Jes. 40−55): RWTS 2 (1988); J. VERMEYLEN (Hg.), The Book of Isaiah − Le livre d'Isaïe: BEThL 81 (1989); R. ALBERTZ, Das DtJes-Buch als Fortschreibung der Jesaja-Prophetie: Die Hebräische Bibel und ihre zweifache Nachgeschichte. FS R. Rendtorff (1990) 241−256; A. LAATO, The Composition of Isaiah 40−55: JBL 109 (1990)

207–228; G. GLASSNER, Vision eines auf Verheißung gegründeten Jerusalem: ÖBS 11 (1991); F. MATHEUS, Singt dem Herrn ein neues Lied. Die Hymnen Deuterojesajas: SBS 141 (1990); R. G. KRATZ, Kyros im DtJes-Buch: FAT 1 (1991); L. RUPPERT (o. § 13ab); O. H. STECK, Gottesknecht und Zion. GAufs zu DtJes: FAT 4 (1992); R. G. KRATZ, Der Anfang des Zweiten Jesaja in Jes 40,1f. und seine literarischen Horizonte: ZAW 105 (1993) 400–419 (Lit.); J. VAN OOR-SCHOT, Von Babel zum Zion. Eine literarkritische und redaktionsgeschichtliche Untersuchung: BZAW 206 (1993); C. STREIBERT (o. § 8).

Zu den Gottesknechtsliedern: W. ZIMMERLI, ThWNT V (1954) 653–676; C. R. NORTH, The Suffering Servant in Deutero-Isaiah (²1956); H. HAAG, Ebed-Jahwe-Forschung 1948–1958 (1959): Das Buch des Bundes (1980) 46–72; O. KAISER, Der königliche Knecht: FRLANT 70 (²1962); H. H. ROWLEY, The Servant of the Lord (²1965); G. SAUER, DtJes und die Lieder vom Gottesknecht: FS Evgl.-theol. Fakultät Wien. Sonderheft EvTh (1972) 58–66; J. JEREMIAS, מִשְׁפָּט im ersten Gottesknechtslied (Jes XLII 1–4): VT 22 (1972) 31–42; K. BALTZER, Die Biographie der Propheten (1975) 171ff; J. A. SOGGIN, Tod und Auferstehung des leidenden Gottesknechts: ZAW 87 (1975) 346–355; R. N. WHYBRAY, Thanksgiving for a Liberated Prophet: JSOT. S 4 (1978); G. GERLEMAN, Der Gottesknecht bei DtJes: Studien zur atl. Theologie (1980) 38–60; R. P. MERENDINO, Jes 49,1–6: ein Gottesknechtlied?: ZAW 92 (1980) 236–248; H.-J. HERMISSON, Der Lohn des Knechts: Die Botschaft und die Boten. FS H. W. Wolff (1981) 269–287; DERS., Israel und der Gottesknecht bei DtJes: ZThK 79 (1982) 1–24; DERS., Voreiliger Abschied von den Gottesknechtsliedern: ThR 49 (1984) 209–222; T. N. D. METTINGER, A Farewell to the Servant Songs (1983); E. HAAG, Die Botschaft vom Gottesknecht – ein Weg zur Überwindung der Gewalt: N. LOHFINK (Hg.), Gewalt und Gewaltlosigkeit im AT (1983) 159–213; H. HAAG, Der Gottesknecht bei DtJes: EdF 233 (1985. ²1993); H. E. v. WALDOW, Der Gottesknecht bei DtJes: ThZ 41 (1985) 201–219; E. KUTSCH, KS zum AT: BZAW 168 (1986) 169–196; VF 31/1 (1986) 77ff; M. WEIPPERT, Die „Konfessionen" Deuterojesajas: Schöpfung und Befreiung. FS C. Westermann (1989) 104–115; O. H. STECK, Gottesknecht und Zion (s.o.); DERS., Gottesvolk und Gottesknecht in Jes 40–66: JBTh 7 (1992) 51–75; DERS., Der Gottesknecht „Bund" und „Licht": ZThK 90 (1993) 117–134; B. JA-NOWSKI, Er trug unsere Sünden. Jesaja 53 und die Dramatik der Stellvertretung (1993): Gottes Gegenwart in Israel (1993) 303–326. 337; DERS., Stellvertretung: SBS (1995).

Zu Tritojesaja (Jes 56–66): K. ELLIGER, Die Einheit des TtJes: BWANT 45 (1928); DERS., Der Prophet TtJes: ZAW 49 (1931) 112–141; W. ZIMMERLI, Zur Sprache TtJes' (1950): Gottes Offenbarung. TB 19 (1963) 217–233; D. MICHEL, Zur Eigenart TtJes': ThViat 10 (1965/6) 213–230; H.-J. KRAUS, Die ausgebliebene Endtheophanie (1966): Biblisch-theologische Aufsätze (1972) 134–150; F. MAASS, „TtJes?": Das ferne und das nahe Wort. FS L. Rost (1967) 153–163;

G. Wallis, Gott und seine Gemeinde (1971): Mein Freund hatte einen Weinberg. BEAT 23 (1994) 103−120 (vgl. 127ff); K. Pauritzsch, Die neue Gemeinde: AnBib 47 (1971) (Lit.); E. Sehmsdorf, Studien zur Redaktionsgeschichte von Jes 56−66: ZAW 84 (1972) 517−576; P. D. Hanson, The Dawn
of Apocalyptic (1975) 32ff; J. Vermeylen (o. § 16) II, 445ff; I. Fischer, Wo ist
Jahwe? Das Volksklagelied Jes 63,7−64,11 als Ausdruck des Ringens um eine
gebrochene Beziehung: SBB 19 (1989); B. Langer, Gott als „Licht" in Israel und
Mesopotamien: ÖBS 7 (1989); S. Sekine, Die Tritojesajanische Sammlung (Jes
56−66) redaktionsgeschichtlich untersucht: BZAW 175 (1989); J. Vermeylen
(Hg.), The Book of Isaiah − Le livre d'Isaïe: BEThL 81 (1989); K. Koenen,
Ethik und Eschatologie im Tritojesajabuch: WMANT 62 (1990); O. H. Steck,
Studien zu TtJes: BZAW 203 (1991); W. Lau, Schriftgelehrte Prophetie in Jes
56−66: BZAW 225 (1994).

§ 22

Kommentare o. § 14, bes. K. Elliger (ATD, [7]1975); W. Rudolph (KAT,
1976) (Lit.); R. Hanhart (BK, 1990ff) (Sach); H. Graf Reventlow (ATD,
1993).

Zu Haggai (und Sacharja):

Übersicht: H. W. Wolff, Haggai(buch): TRE XIV (1985) 355−360 (Lit.).

W. A. M. Beuken, Haggai-Sacharja 1−8 (1967); K. Koch, Haggais unreines
Volk (1967): Spuren des hebräischen Denkens. GAufs I (1991) 206−219;
O. H. Steck, Zu Hag 1,2−11: ZAW 83 (1971) 355−379; K. M. Beyse, Serubba-
bel und die Königserwartungen der Propheten Haggai und Sacharja (1972);
K. Seybold, Die Königserwartung bei den Propheten Haggai und Sacharja: Jud
28 (1972) 69−78; F. Sauer, Die Tempeltheologie des Propheten Haggai (Diss.
Freiburg 1978).

Zu Sacharja außerdem: H. Gese, Anfang und Ende der Apokalyptik (1973):
Vom Sinai zum Zion (1974) 202−230; K. Seybold, Bilder zum Tempelbau: SBS
70 (1974); C. Jeremias (o. § 13 ab); G. Wallis, Die Nachtgesichte des Propheten
Sacharja: Congress Volume Göttingen. VT. S 29 (1978) 377−391; A. S. van der
Woude, Serubbabel und die messianischen Erwartungen des Propheten Sa-
charja: ZAW 100 (1988) (Suppl) 138−156.

Zu Deuterosacharja (Sach 9−14): O. Plöger, Theokratie und Eschatologie:
WMANT 2 (1959. [3]1968); B. Otzen, Studien über Deuterosacharja (1964);
H. M. Lutz, Jahwe, Jerusalem und die Völker: WMANT 27 (1968); M. Sæbø,
Die deuterosacharjanische Frage: StTh 23 (1969) 115−140; Ders., Sacharja
9−14: WMANT 34 (1969); I. Willi-Plein, Prophetie am Ende: BBB 42 (1974).

Zu Maleachi:

Übersicht: A. Meinhold, TRE XXII (1992) 6−11 (Lit.).

E. Pfeiffer, Die Disputationsworte im Buche Maleachi: EvTh 19 (1959) 546−568 (dazu H. J. Boecker, ZAW 78, 1966, 78−80); G. Wallis, Wesen und Struktur der Botschaft Maleachis: Das ferne und das nahe Wort. FS L. Rost (1967) 229−237; A. Renker, Die Tora bei Maleachi: FThSt 112 (1979); W. Rudolph, Zu Mal 2,10−16: ZAW 93 (1981) 85−90; E. Bosshard/R. G. Kratz, Maleachi im Zwölfprophetenbuch: BN 52 (1990) 27−46; H. Utzschneider, Die Schriftprophetie und die Frage nach dem Ende der Prophetie: ZAW 104 (1992) 394−401; M. Krieg, Mutmaßungen über Maleachi: AThANT 80 (1993); T. Lescow, Das Buch Maleachi: AzTh 75 (1993) (vgl. ZAW 102, 1990, 194−212); A. Meinhold, Die theologischen Vorsprüche in den Diskussionsworten des Maleachibuches: Gottes Recht als Lebensraum. FS H. J. Boecker (1993) 197−209; G. P. Hugenberger, Marriage as a Covenant: VT. S 52 (1994).

§ 23

Kommentare o. § 14, bes. W. Rudolph (KAT, 1971); H. W. Wolff (BK, ²1975 bzw. 1977) (Lit.); F. Golka (Calwer Bibelkommentare, 1991).

Zu Joel:

Übersicht: J. Jeremias, TRE XVII (1988) 91−97 (Lit.).

O. Plöger (o. § 22); E. Kutsch, Heuschreckenplage und Tag Jahwes in Joel 1 und 2 (1962): KS (o. § 13ab) 231−244; H. W. Wolff, Die Botschaft des Buches Joel: TEH 109 (1963); H.-P. Müller, Prophetie und Apokalyptik bei Joel: ThViat 10 (1965/6) 231−252; G. W. Ahlström, Joel and the Temple Cult: VT. S 21 (1971); J. Jeremias, Die Reue Gottes: BSt 65 (1975) 87ff; W. S. Prinsloo, The Theology of the Book of Joel: BZAW 163 (1985); S. Bergler, Joel als Schriftinterpret (1988); W. S. Prinsloo, The Unity of the Book of Joel: ZAW 104 (1992) 66−81; J. Jeremias, „Denn auf dem Berg Zion und in Jerusalem wird Rettung sein" (Joel 3,5). Zur Heilserwartung des Joelbuches: Zion − Ort der Begegnung. FS L. Klein. BBB 90 (1993) 35−45.

Zu Jona:

Übersicht: H.-J. Zobel, TRE XVII (1988) 229−234 (Lit.).

H. W. Wolff, Studien zum Jonabuch: BSt 47 (1965. ²1975); G. H. Cohn, Das Buch Jona im Lichte der biblischen Erzählkunst (1969); A. Jepsen, Anmerkungen zum Buche Jona (1970): Der Herr ist Gott (1978) 163−169; O. Kaiser, Wirklichkeit, Möglichkeit und Vorurteil (1973): BZAW 161 (1985) 41−53; J. Jeremias (s. o. § 6) 98ff; J. Magonet, Form and Meaning: BET 2 (1976);

L. Schmidt, „De Deo": BZAW 143 (1976); T. E. Fretheim, The Message of Jonah (1977); Ders., Jonah and Theodicy: ZAW 90 (1978) 227−237; S. Schreiner, Das Buch Jona − ein kritisches Resümee der Geschichte Israels: ThV IX (1977) 37−45; G. Vanoni, Das Buch Jona (1978); H. Witzenrath, Das Buch Jona (1978); S. Segert, Syntax and Style in the Book of Jonah: Prophecy. FS G. Fohrer. BZAW 150 (1980) 121−130; P. Weimar, Jonapsalm und Jonaerzählung: BZ 28 (1984) 43−68; H. Gese, Jona ben Amittai und das Jonabuch (1985): Atl. Studien (1991) 122−138; T. Krüger, Literarisches Wachstum und theologische Diskussion im JonaBuch: BN 59 (1991) 57−88; R. Lux, Jona: FRLANT 162 (1994); U. Steffen, Die Jona-Geschichte. Ihre Auslegung und Darstellung im Judentum, Christentum und Islam (1994).

§ 24

Kommentare: A. Bentzen (HAT, ²1952); N. W. Porteous (ATD, ⁴1985); O. Plöger (KAT, 1965); A. Lacocque (1976); L. F. Hartman/A. A. di Lella (AncB, 1978); J. C. H. Lebram (ZBK, 1984); K. Koch (BK, 1985ff); D. E. Fox (WBC, 1989); E. Haag (NEB, 1993).

Forschungsgeschichte: W. Baumgartner, Ein Vierteljahrhundert Danielforschung: ThR 11 (1939) 59−83.125−144.201−228; F. Dexinger, Das Buch Daniel und seine Probleme: SBS 36 (1969); K. Koch u. a., Das Buch Daniel: EdF 144 (1980) (Lit).

I. Willi-Plein, Ursprung und Motivation der Apokalyptik im Danielbuch: ThZ 35 (1979) 265−274; O. H. Steck, Weltgeschehen und Gottesvolk im Buche Daniel (1980): Wahrnehmungen (o. § 6) 262−290; H. Gese, Das Geschichtsbild des Danielbuches und Ägypten (1983): Atl. Studien (1991) 189−201 (vgl. 202−217); E. Haag, Die Errettung Daniels aus der Löwengrube: SBS 110 (1983); R. Albertz, Der Gott des Daniel. Untersuchungen zu Dan 4−6 in der Septuagintafassung sowie zu Komposition und Theologie des aramäischen Danielbuches: SBS 131 (1988); K. Koch, Weltgeschichte und Gottesreich im Danielbuch und die iranischen Parallelen: Prophetie und geschichtliche Wirklichkeit im alten Israel. FS S. Herrmann (1991) 189−205; R. Kratz, Translatio imperii. Untersuchungen zu den aramäischen Danielerzählungen und ihrem theologiegeschichtlichen Umfeld: WMANT 63 (1991); A. S. van der Woude (Hg.), The Book of Daniel in the Light of New Findings: BEThL 106 (1993).

Zur sog. Jesaja-Apokalypse (Jes 24−27): H. Wildberger, BK X/2 (1978) 885ff (Lit.).

Zur Apokalyptik: P. v. d. Osten-Sacken, Die Apokalyptik in ihrem Verhältnis zu Prophetie und Weisheit: TEH 157 (1969); J. C. H. Lebram/K. Müller,

TRE III (1978) 192−202. 202−251 (Lit.); L. Wächter, Apokalyptik im AT:
ZdZ 9 (1979) 334−340; O. H. Steck, Überlegungen zur Eigenart der spätisraelitischen Apokalyptik: Die Botschaft und die Boten. FS H. W. Wolff (1981)
301−315; K. Koch/M. Schmidt (Hg.), Apokalyptik: WdF 365 (1982) (Lit.);
D. Hellholm (Hg.), Apocalypticism in the Mediterranean World and the Near
East (1983).

§ 25

Einführungen: Ch. Barth, Einführung in die Psalmen: BSt 32 (1961); C. Westermann, Der Psalter (⁴1980); J. H. Hayes, Understanding the Psalms (1976);
H. Seidel, Auf den Spuren der Beter. Einführung in die Psalmen (1980); K. Seybold, Die Psalmen (1986. ²1990); E. Zenger, Mit meinem Gott überspringe ich
Mauern (1987. ³1993) (HerTb 1994) (vgl. ders., Ich will die Morgenröte wekken, 1991; Ein Gott der Rache? Feindpsalmen verstehen, 1994).

Kommentare: B. Duhm (KHC, ²1922); H. Gunkel (HK, 1929. ⁵1968);
R. Kittel (KAT, ⁵·⁶1929); H. Schmidt (HAT, 1934); A. Weiser (ATD, ⁹1979);
H.-J. Kraus (BK, 1960. ⁵1978) (Lit.); M. J. Dahood (AncB, 1966/70); L. Jacquet (1975/7); E. Beaucamp (1976); P. C. Craigie (WBC, I 1983); M. E. Tate
(WBC, II 1985); F.-L. Hossfeld/E. Zenger (NEB, I 1993).

Forschungsberichte: M. Haller, ThR 1 (1929) 377−402; J. J. Stamm, ThR
23 (1955) 1−68; A. S. Kapelrud, VF 11/1 (1966) 62−93; E. Gerstenberger,
VF 17/1 (1972) 82−99; 19/2 (1974) 22−45; Ders., in: J. H. Hayes (o. § 5b)
179ff; J. Becker, Wege der Psalmenexegese: SBS 78 (1975); Zur neueren Psalmenforschung, hg. v. P. H. A. Neumann: WdF 192 (1976); J. H. Eaton, The
Psalms and Israelite Worship: G. W. Andersen (Hg.), Tradition and Interpretation (1979) 238−273; F.-J. Stendebach, Die Psalmen in der neueren Forschung:
BiKi 35 (1980) 60−70; B. Flusinger, A Decade of German Psalm-Criticism:
JSOT 20 (1981) 91−103; K. Seybold, Beiträge zur Psalmenforschung: ThR 46
(1981) 1−18.

Übersicht: K. Galling, RGG V (³1961) 672−684.689−691; E. Lipiński
u. a., DBS IX/48 (1973) 1−214 (Lit.).

H. Gunkel/J. Begrich, Einleitung in die Psalmen (1933. ⁴1984); S. Mowinckel, Psalmenstudien I-VI (1921/4); Ders., The Psalms in Israel's Worship
I/II (1962); H. Schmidt, Das Gebet des Angeklagten im AT: BZAW 49 (1928);
C. Westermann, Das Loben Gottes in den Psalmen (1954); erweitert: Lob und
Klage in den Psalmen (⁶1983); Ders., Ausgewählte Psalmen (1984); L. Delekat,
Asylie und Schutzorakel am Zionheiligtum (1967); N. Füglister, Das Psalmengebet (1965); F. Crüsemann, Studien zur Formgeschichte von Hymnus und

Danklied in Israel: WMANT 32 (1969); O. KEEL, Feinde und Gottesleugner: SBM 7 (1969); W. BEYERLIN, Die Rettung des Bedrängten in den Feindpsalmen des Einzelnen...: FRLANT 99 (1970); N. H. RIDDERBOS, Die Psalmen (Ps 1–41): BZAW 117 (1972); H. GESE, Die Entstehung der Büchereinteilung des Psalters (1972): Vom Sinai zum Zion (1974) 159–167; L. RUPPERT, Der leidende Gerechte: FzB 5 (1972); J. KÜHLEWEIN, Geschichte in den Psalmen: CThM 2 (1973); K. SEYBOLD, Das Gebet des Kranken im AT: BWANT 99 (1973); DERS., Die Wallfahrtspsalmen: BThSt 3 (1978); L. VOSBERG, Studien zum Reden vom Schöpfer in den Psalmen: BEvTh 69 (1975); H.-J. KRAUS, Theologie der Psalmen: BK XV/3 (1979. ²1989) (= TheolPs); O. LORETZ, Die Psalmen II. Der Beitrag der Ugarit-Texte zum Verständnis von Kolometrie und Textologie der Psalmen. Psalm 90–150 (1979); R. JOHNSON, The Cultic Prophet and Israel's Psalmody (1979); E. S. GERSTENBERGER, Der bittende Mensch: WMANT 51 (1980); W. BRUEGGEMANN, Psalms and the Life of Faith: JSOT 17 (1980) 3–32; J. REINDL, Weisheitliche Bearbeitung von Psalmen: VT. S 32 (1981) 333–356; O. FUCHS, Die Klage als Gebet. Eine theologische Besinnung am Beispiel des Psalms 22 (1982); F. STOLZ, Psalmen im nachkultischen Raum: ThSt 129 (1983); A. AEJMELAEUS, The Traditional Prayer in the Psalms: BZAW 167 (1986); A. GRAUPNER, Klage, Bitte und Dank als Grundformen des Redens von Gott in den Psalmen: GlLern 1 (1986) 38–45; H. GRAF REVENTLOW, Gebet im AT (1986); CHR. BARTH, Die Errettung vom Tode in den individuellen Klage- und Dankliedern des AT (1947. ²1987); Freude an der Weisung des Herrn. FS H. Gross (²1987); O. FUCHS, Klage. Eine vergessene Gebetsform: H. BECKER/ B. EINIG/P.-O. ULLRICH (Hg.), Im Angesicht des Todes II. PiLi 4 (1987) 939–1024; H. STRAUSS, Gott preisen heißt vor ihm leben: BThSt 12 (1988); J. BECKER-EBEL, Psalm 22 (Diss. Freiburg 1989) (vgl. ZAW 102, 1990, 296); L. RUPPERT, Klage oder Bitte? Zu einer neuen Sicht der individuellen Klagelieder: BZ 33 (1989) 252–255; H. SPIECKERMANN, Heilsgegenwart. Eine Theologie der Psalmen: FRLANT 148 (1989); V. HAMP, Das Ethos der Psalmen: Weisheit und Gottesfurcht (1990) 217–232; F. MATHEUS (o. § 21); W. BRUEGGEMANN, Bounded by Obedience and Praise: The Psalms as Canon: JSOT 50 (1991) 63–92; C. MARKSCHIES, „Ich aber vertraue auf dich, Herr!" Vertrauensäußerungen als Grundmotiv in den Klageliedern des Einzelnen: ZAW 103 (1991) 386–398; Interp 46/2 (1992); R. G. KRATZ, Die Gnade des täglichen Brots. Späte Psalmen auf dem Weg zum Vaterunser: ZThK 89 (1992) 1–40; C. LEVIN, Das Gebetbuch der Gerechten: ZThK 90 (1993) 355–381; W. BURKERT/F. STOLZ (Hg.), Hymnen der Alten Welt im Kulturvergleich: OBO 131 (1994); H. P. MATHŸS, Dichter und Beter. Theologen aus spätatl. Zeit: OBO 132 (1994); M. MILLARD, Die Komposition des Psalters: FAT 9 (1994); K. SEYBOLD/E. ZENGER (Hg.), Neue Wege der Psalmenforschung. FS W. Beyerlin. HBS 1 (1994).

Zu den Königspsalmen: K. H. BERNHARDT, Das Problem der altorientalischen Königsideologie im AT: VT. S 8 (1961) (Lit.); C. WIDENGREN, Religionsphänomenologie (1969) 360ff (Lit.); W. H. SCHMIDT, Kritik am Königtum:

Probleme biblischer Theologie. FS G. v. Rad (1971) 440−461 (452ff); J. H. EATON, Kingship and the Psalms (1976); S. S. PATRO, Royal Psalms in Modern Scholarship (Diss. Kiel 1976) (Forschungsgeschichte); H.-J. KRAUS, TheolPs (s. o.) 134ff; S. WAGNER, Das Reich des Messias. Zur Theologie atl. Königspsalmen: ThLZ 109 (1984) 865−874; M. GÖRG, Studien (o. § 6); O. LORETZ, Die Königspsalmen: UBL 6 (1988).

Zu den Zionspsalmen: H. SCHMID, Jahwe und die Kulttraditionen von Jerusalem: ZAW 67 (1955) 168−197; G. WANKE, Die Zionstheologie der Korachiten: BZAW 97 (1966); J. JEREMIAS, Lade und Zion (1971): Das Königtum Gottes (s.u.) 167−182; O. H. STECK, Friedensvorstellungen im alten Jerusalem: ThSt 111 (1972); DERS., Gottesknecht und Zion (o. § 21); W. H. SCHMIDT, Atl. Glaube in seiner Geschichte (^{7}1990) 249ff (Lit.); H.-J. KRAUS, TheolPs 94ff; U. SPERLING, Das theophanische Jahwe-Überlegenheitslied. Forschungsbericht und gattungskritische Untersuchung der sog. Zionslieder: EHS. T 426 (1991); H. SPIECKERMANN, Stadtgott und Gottesstadt: Bibl 73 (1992) 1−31; Zion. Ort der Begegnung. FS L. Klein. BBB 90 (1993).

Zu den sog. Thronbesteigungspsalmen bzw. Gott-König-Liedern: P. VOLZ, Das Neujahrsfest Jahwes (1912); S. MOWINCKEL, Psalmenstudien II. Das Thronbesteigungsfest Jahwäs und der Ursprung der Eschatologie (1922); H. GUNKEL/ J. BEGRICH, EinlPs (s.o.) 94ff; D. MICHEL, Studien zu den sog. Thronbesteigungspsalmen (1956): Zur neueren Psalmenforschung (s.o.) 367−399; W. H. SCHMIDT, Königtum Gottes in Ugarit und Israel: BZAW 80 (^{2}1966) 74ff; J. A. SOGGIN, THAT I (1971) 914ff (Lit.); E. LIPIŃSKI, DBS IX/48 (1973) 32ff (Lit.); E. OTTO(/T. SCHRAMM), Fest und Freude (1977) 46ff; J. GRAY, The Biblical Doctrine of the Reign of God (1979); F. STOLZ, Erfahrungsdimensionen im Reden von der Herrschaft Gottes: WuD 15 (1979) 9−32; H.-J. KRAUS, TheolPs 29 ff.103ff; P. WELTEN, Königsherrschaft Jahwes und Thronbesteigung: VT 32 (1982) 297−310; J. JEREMIAS, Das Königtum Gottes in den Psalmen: FRLANT 141 (1987); R. SCORALICK, Trishagion und Gottesherrschaft. Ps 99 als Neuinterpretation von Tora und Propheten: SBS 138 (1989); B. JANOWSKI, Das Königtum Gottes in den Psalmen (1989): Gottes Gegenwart in Israel (1993) 148−213. 334f (Lit.); K. A. DEURLOO, „JHWH ist König geworden" geschichtlich verstanden: H. PAVLINCOVÁ/D. PAPOUŠEK (Hg.), The Bible in cultural Context (1994) 81−86.

§ 26

Zum Hohenlied:

Kommentare: H. RINGGREN (ATD, ^{3}1981); W. RUDOLPH (KAT, 1962); G. GERLEMAN (BK, ^{2}1981); E. WÜRTHWEIN (HAT, 1969); M. H. POPE (AncB, 1977); G. KRINETZKI (NEB, 1980); O. KEEL (ZBK, 1986); H.-P. MÜLLER (ATD, ^{4}1992).

Forschungsgeschichte: C. KUHL, ThR 9 (1937) 137–167; E. WÜRTHWEIN, ThR 32 (1967) 177–212.

Übersicht: H. GRAF REVENTLOW, TRE XV (1988) 499–502 (Lit.).

H. SCHMÖKEL, Heilige Hochzeit und Hohes Lied (1956); O. LORETZ, Das althebräische Liebeslied: AOAT 14/1 (1971); H.-P. MÜLLER, Die lyrische Reproduktion des Mythischen im Hohenlied (1976): BZAW 200 (1991) 152–171; DERS., Vergleich und Metapher im Hohenlied: OBO 56 (1984) (vgl. ZThK 91, 1994, 375–395); J. B. WHITE, A Study of the Language of Love in the Song of Songs and Ancient Egyptian Poetry (1978); G. KRINETZKI, Kommentar zum Hohenlied: BET 16 (1981); O. KEEL, Deine Blicke sind Tauben. Zur Metaphorik des Hohenliedes: SBS 114/5 (1984); H. J. HEINEVETTER, „Komm nun, mein Liebster, Dein Garten ruft Dich!" Das Hohelied als programmatische Komposition: BBB 69 (1988); K. LÜTHI, Das Hohe Lied der Bibel…: ThZ 49 (1993) 97–114; B. HRUŠKA, Das Hohelied und die sumerische Kultpoesie: H. PAVLINCOVÁ/D. PAPOUŠEK (Hg.), The Bible in cultural Context (1994) 163–169.

Zu den Klageliedern:

Kommentare: H.-J. KRAUS (BK, 1956. ⁴1983); A. WEISER (ATD, 1958); W. RUDOLPH (KAT, 1962); O. PLÖGER (HAT, ²1969); D. R. HILLERS (AncB, 1972); O. KAISER (ATD, ³1981. ⁴1992); H. J. BOECKER (ZBK, 1985); H. GROSS (NEB, 1986); R. E. MURPHY (Hermeneia, 1990); I. P. PROVAN (NCBC, 1991).

B. ALBREKTSON, Studies in the Text and Theology of the Book of Lamentations: STL 21 (1963); R. BRANDSCHEIDT (o. § 19); C. WESTERMANN, Die Klagelieder. Forschungsgeschichte und Auslegung (1990).

Zu Rut:

Kommentare: H. W. HERTZBERG (ATD, ⁵1974); W. RUDOLPH (KAT, 1962); G. GERLEMAN (BK, ²1981); E. WÜRTHWEIN (HAT, ²1969); E. F. CAMPBELL (AncB, 1975); E. ZENGER (ZBK, 1986); C. FREVEL (NSKAT, 1992).

H. WITZENRATH, Das Buch Rut: StANT 40 (1975); O. LORETZ, Das Verhältnis zwischen Rut-Story und David-Genealogie…: ZAW 89 (1977) 124–126; K. K. SACON, The Book of Ruth: AJBI 4 (1978) 3–22; J. M. SASSON, Ruth (1979); W. S. PRINSLOO, The Theology of the Book of Ruth: VT 30 (1980) 330–341; B. GREEN, The Plot of the Biblical Story of Ruth: JSOT 23 (1982) 55–68; R. VUILLEUMIR, Stellung und Bedeutung des Buches Ruth im atl. Kanon: ThZ 44 (1988) 193–210; J. L. BERQUIST, Role Dedifferentiation in the Book of Ruth: JSOT 57 (1993) 23–37.

Zu Ester:

Kommentare: H. RINGGREN (ATD, ³1981); H. BARDTKE (KAT, 1963); E. WÜRTHWEIN (HAT, ²1969); G. GERLEMAN (BK, ²1981) (Lit.); C. A. MOORE

(AncB, 1971); W. Dommershausen (NEB, 1980); A. Meinhold (ZBK, 1983); J. A. Loader (ATD, ⁴1992).

Übersicht: J. van der Klaauw, TRE X (1982) 391–395 (Lit.).

W. Dommershausen, Die Estherrolle: SBM 6 (1968); J. C. H. Lebram, Purimfest und Estherbuch: VT 22 (1972) 208–222; A. Meinhold, Die Gattung der Josephsgeschichte und des Estherbuches. Diasporanovelle: ZAW 88 (1976) 72–93; Ders., Theologische Erwägungen zum Buch Esther: ThZ 34 (1978) 321–333; Ders., Zu Aufbau und Mitte des Estherbuches: VT 33 (1983) 435–445 (Lit.); J. A. Loader, Esther as a Novel...: ZAW 90 (1978) 417–421 (dazu C. H. Miller, ZAW 92, 1980, 145–148); M. V. Fox, Character and Ideology in the Book of Esther (1991); Ders., The Redaction of the Books of Esther: SBL. MS 40 (1991); I. v. Loewenclau, Apologie für Ester: Nachdenken über Israel, Bibel und Theologie. FS K.-D. Schunck. BEAT 37 (1994) 215–277.

§ 27

Einführung: C. Bauer-Kayatz, Einführung in die atl. Weisheit: BSt 55 (1969); H. D. Preuss, Einführung in die atl. Weisheitsliteratur: UB 383 (1987).

Kommentare: F. Delitzsch (1873); B. Gemser (HAT, ²1963); H. Ringgren (ATD, 1962. ³1980); W. McKane (OTL, 1970); O. Plöger (BK, 1984); A. Schmitt (NEB, 1989); A. Meinhold (ZBK, I. II 1991); M. Sæbø (ATD) i.V.

Forschungsberichte: W. Baumgartner, ThR 5 (1933) 259–288; Ders., The Wisdom Literature: The OT and Modern Study, hg. v. H. H. Rowley (1951) 210–237; R. E. Murphy, Conc 1 (1965) 855–862; E. Gerstenberger, VF 14/1 (1969) 28–44; R. B. Y. Scott, Interp 24 (1970) 20–45; J. A. Emerton, Wisdom: G. W. Anderson (Hg.), Tradition and Interpretation (1979) 214–237; H. Graf Reventlow, Hauptprobleme AT (u. § 30) 183ff; H. Delkurt, Grundprobleme atl. Weisheit: VF 36/1 (1991) 38–71; C. Westermann, Forschungsgeschichte zur Weisheitsliteratur: 1950–1990: AzTh 71 (1991); J. L. Crenshaw, Wisdom Literature. Retrospect and Prospect: Of Prophets' Visions and the Wisdom of Sages. FS R. N. Whybray. JSOT. S 162 (1993) 161–178.

Übersicht: H. Gese, RGG³ VI (1962) 1574–1581; G. Fohrer, ThWNT VII (1964) 476–496 = BZAW 115 (1969) 242–274; M. Sæbø, THAT I (1971) 557–567; H.-P. Müller, ThWAT II (1977) 920–944 (Lit.).

W. Zimmerli, Zur Struktur der atl. Weisheit: ZAW 51 (1933) 177–204; J. Fichtner, Die altorientalische Weisheit in ihrer israelitisch-jüdischen Ausprägung: BZAW 62 (1933); K. Koch, Gibt es ein Vergeltungsdogma im AT? (1955): Spuren des hebräischen Denkens. GAufs I (1991) 65–103.287ff (Lit.);

E. Würthwein, Die Weisheit Ägyptens und das AT (1960): Wort und Existenz (1970) 197–216 (vgl. 217ff); W. Zimmerli, Ort und Grenze der Weisheit im Rahmen der atl. Theologie: Gottes Offenbarung. TB 19 (1963) 300–315; H. Gese, Lehre und Wirklichkeit in der alten Weisheit (1958); U. Skladny, Die ältesten Spruchsammlungen in Israel (1961); W. McKane, Prophets and wise Men (1965); C. Kayatz, Studien zu Proverbien 1–9: WMANT 22 (1966); W. Richter, Recht und Ethos: StANT 15 (1966); H. H. Schmid, Wesen und Geschichte der Weisheit: BZAW 101 (1966); H.-J. Hermisson, Studien zur israelitischen Spruchweisheit: WMANT 28 (1968); G. v. Rad, Weisheit in Israel (1970); C. Westermann, Weisheit im Sprichwort (1971): Forschung am AT II. TB 51 (1974) 149–161; H. D. Preuss, Das Gottesbild der älteren Weisheit Israels: VT. S 23 (1972) 117–145; B. Lang, Die weisheitliche Lehrrede: SBS 54 (1972); Ders., Frau Weisheit (1973); R. N. Whybray, The Intellectual Tradition of the OT: BZAW 135 (1974); W. Bühlmann, Vom rechten Reden und Schweigen: OBO 12 (1976); J. L. Crenshaw, Studies in Ancient Israelite Wisdom (1976); C. A. Keller, Zum sogenannten Vergeltungsglauben im Proverbienbuch: Beiträge zur Atl. Theologie. FS W. Zimmerli (1977) 223–238; E. Hornung/O. Keel (Hg.), Studien zu altägyptischen Lebenslehren: OBO 28 (1979); La Sagesse de l'Ancien Testament, hg. v. M. Gilbert (1979); P. Doll, Menschenschöpfung und Weltschöpfung in der atl. Weisheit: SBS 117 (1985); P. J. Nel, The Structure and Ethos of the Wisdom Admonitions in Proverbs: BZAW 158 (1982); O. Kaiser, Der Mensch unter dem Schicksal: BZAW 161 (1985); D. Römheld, Wege der Weisheit. Die Lehren Amenemopes und Proverbien 22,17–24,22: BZAW 184 (1989); L. Boström, The God of the Sages: CB. OT 29 (1990); J. G. Gammie u. a. (Hg.), The Sage in Israel and the Ancient Near East (1990); H. von Lips, Weisheitliche Traditionen im NT: WMANT 64 (1990); F.-J. Steiert, Die Weisheit Israels – ein Fremdkörper im AT?: FThSt 143 (1990); C. Westermann, Wurzeln der Weisheit (1990); H. Delkurt, Ethische Einsichten in der atl. Spruchweisheit: BThSt 21 (1992); M. Görg, Studien (o. § 6); H.-P. Müller, Mensch – Umwelt – Eigenwelt. GAufs zur Weisheit Israels (1992); W. H. Schmidt, „Wie kann der Mensch seinen Weg verstehen?": Atl. Glaube und Biblische Theologie. FS H. D. Preuss (1992) 287–297; J. Blenkinsopp, Wisdom and Law in the OT (1983. 1993); R. Shupak, Where can wisdom be found?: OBO 130 (1993); J. Wehrle, Sprichwort und Weisheit: ATSAT 38 (1993); A. B. Ernst, Weisheitliche Kultkritik: BThSt 23 (1994); J. Hausmann, Studien zum Menschenbild der älteren Weisheit: FAT 7 (1994); B. Janowski, Die Tat kehrt zum Täter zurück: ZThK 91 (1994) 247–271 (Lit.); A. Meinhold, Schöpfung, Natur, Welt oder Umwelt in biblischen Weisheitstexten?: GlLern 9 (1994) 116–125; E. Otto, Theologische Ethik des AT (1994) 117ff (Lit.); G. Wallis, Gottesvorstellung und Gotteserfahrung der atl. Weisheitsliteratur: Mein Freund hatte einen Weinberg. BEAT 23 (1994) 189–205.

§ 28

Kommentare: W. ZIMMERLI (ATD, 1962. ³1980); H. W. HERTZBERG, (KAT, 1963); K. GALLING (HAT, ²1969); A. LAUHA (BK, 1978) (Lit.); N. LOHFINK (NEB, 1980. ³1986); D. MICHEL (ATD) i.V.

Forschungsberichte: K. GALLING, Stand und Aufgabe der Kohelet-Forschung: ThR 6 (1934) 355−373; O. KAISER, Judentum und Hellenismus: VF 27/1 (1982) 68−88 = BZAW 161 (1985) 135−153.

E. WÖLFEL, Luther und die Skepsis (1958); K. GALLING, Das Rätsel der Zeit…: ZThK 58 (1961) 1−15; H. GESE, Die Krisis der Weisheit bei Kohelet (1963): Vom Sinai zum Zion (1974) 168−179; R. KROEBER, Der Prediger (1963); O. LORETZ, Qohelet und der Alte Orient (1964); H. H. SCHMID (o. § 27) 186ff; E. PFEIFFER, Die Gottesfurcht im Buche Kohelet: Gottes Wort und Gottes Land. FS H.-W. Hertzberg (1965) 133−158; F. ELLERMEIER, Qohelet I/1 (1967); H.-P. MÜLLER, Wie sprach Qohälät von Gott?: VT 18 (1968) 507−521; M. HENGEL, Judentum und Hellenismus (1969. ²1973) 210ff; M. A. KLOPFENSTEIN, Die Skepsis des Qohelet: ThZ 28 (1972) 97−109; R. BRAUN, Kohelet und die frühhellenistische Popularphilosophie: BZAW 130 (1973); A. STIGLMAIR, Weisheit und Jahweglaube im Buche Kohelet: TThZ 83 (1974) 257−283.339−368; W. ZIMMERLI, Das Buch Kohelet − Traktat oder Sentenzensammlung?: VT 24 (1974) 221−230; D. LYS, L'Ecclésiaste ou que vaut la vie? (1977); F. CRÜSEMANN, Die unveränderbare Welt: W. SCHOTTROFF u. a. (Hg.), Der Gott der kleinen Leute (o. § 3) 80−104; DERS., Hiob und Kohelet: Werden und Wirken des AT. FS C. Westermann (1980) 373−393; J. A. LOADER, Polar Structures in the Book of Qohelet: BZAW 152 (1979); C. F. WHITLEY, Koheleth: BZAW 148 (1979); A. SCHMITT, Zwischen Anfechtung, Kritik und Lebensbewältigung. Zur theologischen Thematik des Buches Kohelet: TThZ 88 (1979) 114−131; B. LANG, Ist der Mensch hilflos? (1979): Wie wird man Prophet in Israel? (1980) 120−136; A. LAUHA, Kohelets Verhältnis zur Geschichte: Die Botschaft und die Boten. FS H. W. Wolff (1981) 393−401; W. ZIMMERLI, „Unveränderbare Welt" oder „Gott ist Gott"?: „Wenn nicht jetzt, wann dann?". FS H.-J. Kraus (1983) 103−144; I. v. LOEWENCLAU, Kohelet und Sokrates: ZAW 98 (1986) 327−338; O. KAISER (o. § 27) bes. 91ff.135ff; DERS., Schicksal, Leid und Gott. Ein Gespräch mit dem Kohelet, Prediger Salomo: AT und christliche Verkündigung. FS A. H. J. Gunneweg (1987) 30−51; H.-P. MÜLLER, Theonome Skepsis und Lebensfreude: BZ 30 (1986) 1−19; DERS., GAufs (o. § 27) 143ff; D. MICHEL, Qohelet: EdF 258 (1988); DERS., Untersuchungen zur Eigenart des Buches Qohelet: BZAW 183 (1989) (Lit.); M. SCHUBERT, Schöpfungstheologie bei Kohelet: BEAT 15 (1989); M. LANGE, Weisheit und Torheit bei Kohelet und in seiner Umwelt: EHS. T 433 (1991); C. DOHMEN/M. OEMING (o. § 1) 30ff; ST. DE JONG, A Book of Labour. The Structuring Principles and the Main Theme of the Book of Qohelet: JSOT 54 (1992) 107−116; K. J. DELL, Ecclesiastes as wisdom. Consulting early interpreters: VT 44 (1994) 301−329; C. KLEIN, Kohelet und die Weisheit Israels: BWANT 132 (1994); L. SCHWIENHORST-SCHÖNBERGER, „Nicht im Menschen gründet das Glück": HBS 2 (1994).

§ 29

Einführung: A. Jepsen, Das Buch Hiob und seine Deutung (1963).

Kommentare: G. Hölscher (HAT, ²1952); A. Weiser (ATD, 1951. ⁶1974); G. Fohrer (KAT, 1963); F. Horst (BK, 1968) (Hi 1−18); F. Hesse (ZBK, 1978. ²1992); H. Gross (NEB, 1986); J. E. Hartley (NIC, 1988); D. J. A. Clines (WBC, 1989).

Forschungsberichte: C. Kuhl, ThR 21 (1953) 163−205. 257−317; 22 (1954) 261−316; H.-P. Müller, Das Hiobproblem: EdF 84 (1978) (Lit.); B. Lang, Neue Literatur zum Buch Ijob: ThQ 160 (1980) 140−142; D. Kinet, Der Vorwurf an Gott. Neue Literatur zum Ijobbuch: BiKi 36 (1981) 255−259.

D. M. Stec, The Text of the Targum of Job. An Introduction and Critical Edition: AGJU 20 (1993).

Übersicht: J. Ebach, Hiob(buch): TRE XV (1986) 360−380 (Lit.).

E. Würthwein, Gott und Mensch in Dialog und Gottesreden des Buches Hiob (1938): Wort und Existenz (1970) 217−292; C. Westermann, Der Aufbau des Buches Hiob (1956), um Forschungsbericht (J. Kegler) erweitert: CThM 6 (²1977); H. Richter, Studien zu Hiob (1959); G. Fohrer, Studien zum Buche Hiob: BZAW 159 (²1983); H. H. Schmid (o. § 27) 173ff; E. Kutsch, Hiob: leidender Gerechter − leidender Mensch (1973): KS (o. § 13ab) 290−307 (vgl. 308 ff.336ff); M. Möller, Die Gerechtigkeit Gottes des Schöpfers in der Erfahrung seines Knechtes Hiob: ThV 6 (1975) 25−36; E. Ruprecht, Leiden und Gerechtigkeit bei Hiob: ZThK 73 (1976) 426−445; H. D. Preuss, Jahwes Antwort an Hiob…: Beiträge zur Atl. Theologie. FS W. Zimmerli (1977) 323−343; O. Keel, Jahwes Entgegnung an Ijob (1978); V. Kubina, Die Gottesreden im Buche Hiob: FThSt 115 (1979); F. Crüsemann (o. § 28); P. Weimar, Literarkritisches zur Ijobnovelle: BN 12 (1980) 62−80; S. Wagner, „Schöpfung" im Buche Hiob: ZdZ 34 (1980) 93−96; R. Albertz, Der sozialgeschichtliche Hintergrund des Hiobbuches und der „Babylonischen Theodizee": Die Botschaft und die Boten. FS H. W. Wolff (1981) 349−372; N. C. Habel, „Naked I Came…". Humanness in the Book of Job: Die Botschaft und die Boten. FS H. W. Wolff (1981) 373−392; V. Maag, Hiob: FRLANT 128 (1982); H. Gese, Die Frage nach dem Lebenssinn: Hiob und die Folgen (1982): Atl. Studien (1991) 170−188; J. van Oorschot, Gott als Grenze. Eine literar- und redaktionsgeschichtliche Studie zu den Gottesreden des Hiobbuches (1987); Ders., Hiob 28: BEThL 114 (1994); L. Schwienhorst-Schönberger/O. Steins, Zur Entstehung, Gestalt und Bedeutung der Ijob-Erzählung (Ijob 1f; 42): BZ 33 (1989) 1−24; H.-J. Hermisson, Notizen zu Hiob: ZThK 86 (1989) 125−139; BiKi 45/1 (1990); T. Mende, Durch Leiden zur Vollendung. Die Elihureden im Buch Ijob: TThSt 49 (1990); B. Zuckerman, Job the Silent. A Study in Historical Counterpoint (1991); D. E. Gowan, Reading Job as a 'Wisdom Script': JSOT 55 (1992) 85−96;

R. KESSLER, „Ich weiß, daß mein Erlöser lebet". Sozialgeschichtlicher Hintergrund und theologische Bedeutung der Löser-Vorstellung in Hiob 19,25: ZThK 89 (1992) 139−158; H.-P. MÜLLER, GAufs (o. § 27) 101ff; DERS., Theodizee? Anschlußerörterungen zum Buch Hiob: ZThK 89 (1992) 249−279; S. SCHREINER, Der gottesfürchtige Rebell oder Wie die Rabbiner die Frömmigkeit Ijobs deuteten: ZThk 89 (1992) 159−171; W. BRÄNDLE, Hiob − ein tragischer Held? Überlegungen zur Theodizeethematik der Hiobdichtung: KuD 39 (1993) 282−292; G. FUCHS, Mythos und Hiobdichtung (1993); M. REMUS, Menschenbildvorstellungen im Ijob-Buch: BEAT 21 (1993); G. THEOBALD, Hiobs Botschaft. Die Ablösung der metaphysischen durch die poetische Theodizee (1993); H.-M. WAHL, Der gerechte Schöpfer. Eine redaktions- und theologiegeschichtliche Untersuchung der Elihureden: BZAW 207 (1993); E. L. EHRLICH, Hiob in der jüdischen Tradition: Und dennoch ist von Gott zu reden. FS H. Vorgrimler (1994) 38−55; H. SPIEKERMANN, Die Satanisierung Gottes: „Wer ist wie du, HERR, unter den Göttern?". FS O. Kaiser (1994) 431−444; M. WITTE, Vom Leiden zur Lehre. Der dritte Redegang (Hiob 21−27)…: BZAW 230 (1994).

§ 30

W. H. SCHMIDT, Gott II: TRE XIII (1984) 608−626; DERS., Monotheismus II: TRE XXIII (1994) 237−248 (Lit.).

§ 31

Forschungsberichte zur Theologie des AT: H.-J. KRAUS, Geschichte der historisch-kritischen Erforschung des AT (^{3}1982) bes. 503ff; R. SMEND, Die Mitte des AT (1970): GSt I (1986) 40−84; DERS., Theologie im AT (1982): GSt I (1986) 104−117; W. H. SCHMIDT, Das erste Gebot: TEH 165 (1970); DERS., „Theologie des AT" vor und nach G. v. Rad: VF 17/1 (1972) 1−25; DERS. (/W. THIEL/R. HANHART), AT: Grundkurs Theologie 1. UB 421 (1989) 69ff.72ff (Lit.); E. WÜRTHWEIN, Zur Theologie des AT: ThR 36 (1971) 185−208; G. F. HASEL, OT Theology. Basic Issues in the Current Debate (^{3}1982. Neudr. 1987) (dazu E. OSSWALD, ThLZ 99, 1974, 641−658); DERS., The Problem of the Center in the OT Theology Debate: ZAW 86 (1974) 65−82; DERS., A Decade of OT Theology: ZAW 93 (1981) 165−183; W. ZIMMERLI, Zum Problem der „Mitte des AT": EvTh 35 (1975) 97−118; W. BRUEGGEMANN, A Convergence in Recent OT Theologies: JSOT 18 (1980) 2−18; H. GRAF REVENTLOW, Hauptprobleme der atl. Theologie im 20. Jh.: EdF 173 (1982); DERS., Zur Theologie des AT: ThR 52 (1987) 221−267; J. GOLDINGAY, Diversity and Unity in OT Theology: VT 34 (1984) 153−168.

Zur Frage nach der Einheit des AT außerdem: W. H. SCHMIDT, Die Frage nach der Einheit des AT — im Spannungsfeld von Religionsgeschichte und Theologie: JBTh 2 (1987) 33−57; DERS., Pentateuch und Prophetie. Eine Skizze zu Verschiedenartigkeit und Einheit atl. Theologie: Prophet und Prophetenbuch. FS O. Kaiser. BZAW 185 (1989) 181−195; W. DIETRICH, Der rote Faden im AT: EvTh 49 (1989) 232−250; R. RENDTORFF, Kanon und Theologie (1991); T. VEIJOLA, Offenbarung als Begegnung. Von der Möglichkeit einer Theologie des AT: ZThK 88 (1991) 427−450; E.-J. WASCHKE, Die Einheit der Theologie heute als Anfrage an das AT — ein Plädoyer für die Vielfalt: Atl. Glaube und Biblische Theologie. FS H. D. Preuß (1992) 331−341.

Literatur zur Biblischen Theologie: B. JANOWSKI u. a., JBTh 1 (1986) 210−244; 4 (1989) 301−347.

Forschungsberichte zur Biblischen Theologie: H.-J. KRAUS, Die Biblische Theologie (1970); K. HAACKER (Hg.), BiblischeTheologie heute: BThSt 1 (1977); W. ZIMMERLI, Biblische Theologie I: TRE VI (1980) 426−455; DERS., Biblische Theologie: BThZ 1 (1984) 5−26; H. SEEBASS, Zur biblischen Theologie: VF 27 (1982) 28−45; DERS., Der Gott der ganzen Bibel (1982); H. GRAF REVENTLOW, Hauptprobleme der Biblischen Theologie im 20. Jh.: EdF 203 (1983); M. OEMING, Gesamtbiblische Theologien der Gegenwart (²1987); H. SEEBASS, Ist biblische Theologie möglich?: Jud 41 (1985) 194−2O6 (vgl. ThRv 90, 1994, 265−274); P. HÖFFKEN, Anmerkungen zum Thema Biblische Theologie: AT und christliche Verkündigung. FS A. H. J. Gunneweg (1987) 13−29.

Darstellungen der Theologie des AT: W. EICHRODT (I 1933. ⁸1968; II/III ⁶1967. 1974); L. KÖHLER (1935. ⁴1966); TH. C. VRIEZEN (1956) (niederl. und engl. neuere Auflagen); G. v. RAD (I 1957) (geändert: ⁴1962. ⁹1987); (II 1960) (geändert: ⁴1965. ⁹1987); G. FOHRER (1972); W. ZIMMERLI (1972. ⁶1989); C. WESTERMANN (1978. ²1985); H. D. PREUSS (I 1991; II 1992); A. H. J. GUNNEWEG (1993); O. KAISER (I 1993); B. S. CHILDS (deutsch I 1994).

§ 32

L. KÖHLER, Der hebräische Mensch (1953); H. W. WOLFF, Anthropologie des AT (³1977); W. H. SCHMIDT, Anthropologische Begriffe im AT: EvTh 24 (1964) 374−388; DERS., „Was ist der Mensch?": GlLern 4 (1989) 111−129 (vgl. EvTh 52, 1992, 7−22; H.-J. FABRY, ThWAT IV (1984) 413−451; H. SEEBASS, ThWAT V (1986) 531−555; J. W. ROGERSON, Anthropology and the OT: R. E. CLEMENTS (Hg.), The World of Ancient Israel (1989. 1991) 17−38; Der Weg zum Menschen. FS A. Deissler (1989); Was ist der Mensch ...? FS H. W. Wolff (1992); H.-J. FABRY, ThWAT VII (1993) 385−425; R. ALBERTZ, Mensch II. AT: TRE XXII (1992) 464−474 (Lit.).

§ 33

Forschungsberichte: C. WESTERMANN (Hg.), Probleme atl. Hermeneutik
(1960).

A. H. J. GUNNEWEG, Vom Verstehen des AT (1977. ²1988); DERS., Sola Scriptura (1983) 159 ff.227ff; H. HAAG, Das Plus des AT: Das Buch des Bundes (1980)
289–305; DERS., Vom Eigenwert des AT: ThQ 160 (1980) 1–16; H. D. PREUSS,
Das AT in christlicher Predigt (1984); L. SCHMIDT, Hermeneutik II: TRE XV
(1986) 137–143 (Lit.); J. SCHREINER, Das Verhältnis des AT zum NT: Segen für
die Völker (1987) 392–407; W. H. SCHMIDT, Ansätze zum Verstehen des AT:
EvTh 47 (1987) 436–459; H. GESE, Atl. Studien (1991) 1ff.249ff.266ff; O. KAI-
SER, Von der Gegenwartsbedeutung des AT (1984) 11–36; DERS., Die Bedeu-
tung des AT für den christlichen Glauben: ZThK 86 (1989) 1–17; DERS., Die
Bedeutung des AT für Heiden, die manchmal auch Christen sind: ZThK 91
(1994) 1–9; E. ZENGER, Das Erste Testament (1991. ³1993); DERS., Am Fuß des
Sinai (1993); C. DOHMEN/F. MUSSNER, Nur die halbe Wahrheit? (1993); T. VEI-
JOLA (o. § 31); N. LOHFINK, Studien zur Biblischen Theologie: SBAB 16 (1993);
J. BECKER, Grundzüge einer Hermeneutik des AT (1993).

ABKÜRZUNGSVERZEICHNIS

AJBI	Annual of the Japanese Biblical Institute
AnBib	Analecta Biblica
AncB	Anchor Bible
AOAT	Alter Orient und Altes Testament
ATD	Altes Testament Deutsch
AThANT	Abhandlungen zur Theologie des Alten und Neuen Testaments
AzTh	Arbeiten zur Theologie
BAT	Die Botschaft des Alten Testaments
BBB	Bonner Biblische Beiträge
BEAT	Beiträge zur Erforschung des Alten Testaments und des antiken Judentums
BET	Beiträge zur biblischen Exegese und Theologie
BEThL	Bibliotheca ephemeridum theologicarum Lovaniensium
BEvTh	Beiträge zur evangelischen Theologie
Bib	Biblica
BiKi	Bibel und Kirche
BiLe	Bibel und Leben
BK	Biblischer Kommentar
BN	Biblische Notizen
BSt	Biblische Studien
BThSt	Biblisch-theologische Studien
BThZ	Berliner Theologische Zeitschrift
BWANT	Beiträge zur Wissenschaft vom Alten und Neuen Testament
BZ	Biblische Zeitschrift
BZAW	Beihefte zur Zeitschrift für die alttestamentliche Wissenschaft
CAT	Commentaire de l'Ancien Testament
CB.OT	Coniectanea biblica − Old Testament Series
CBQ	Catholic Biblical Quarterly

Conc	Concilium
CThM	Calwer Theologische Monographien
D = Dtn	Deuteronomium (5. Buch Mose)
DBAT	Dielheimer Blätter zum AT
DBS	Dictionnaire de la Bible. Supplément
dtn.	deuteronomisch
dtr.	deuteronomistisch (vgl. § 10a, 4)
E	Elohist
EdF	Erträge der Forschung
EHS.T	Europäische Hochschulschriften. Theologie
EtB	Études bibliques
EThSt	Erfurter Theologische Studien
EvErz	Der evangelische Erzieher
EvTh	Evangelische Theologie
Ex	Exodus (2. Buch Mose)
FAT	Forschungen zum Alten Testament
FOTL	The Forms of the Old Testament Literature
FRLANT	Forschungen zur Religion und Literatur des Alten und Neuen Testaments
FS	Festschrift
FThSt	Freiburger theologische Studien
FzB	Forschung zur Bibel
GAufs	Gesammelte Aufsätze
Gen	Genesis (1. Buch Mose)
GlLern	Glaube und Lernen
GS	Gesammelte Schriften
GSt	Gesammelte Studien
HAT	Handbuch zum Alten Testament
HBS	Herders Biblische Studien
HK	Handkommentar zum Alten Testament
HUCA	Hebrew Union College Annual
IKZ	Internationale kirchliche Zeitschrift
Interp	Interpretation
J	Jahwist
JBL	Journal of Biblical Literature
JSOT(.S)	Journal for the Study of the Old Testament (Supplement Series)
JSSt	Journal of Semitic Studies
Jud	Judaica

KAT	Kommentar zum Alten Testament
KHC	Kurzer Hand-Commentar zum Alten Testament
KS (KlSchr)	Kleine Schriften
KT	Kaiser-Traktate
KuD	Kerygma und Dogma
Lev	Leviticus (3. Buch Mose)
NCBC	The New Century Bible Commentary
NEB	Neue Echter Bibel
Num	Numeri (4. Buch Mose)
OBO	Orbis Biblicus et Orientalis
OLoP	Orientalis Lovaniensia periodica
OrAnt	Oriens Antiquus
OTL	Old Testament Library
OTS	Oudtestamentische Studien
PRE	A. Pauly–G. Wissowa, Real-Encyclopädie der klassischen Altertumswissenschaft
RB	Revue Biblique
RGG	Die Religion in Geschichte und Gegenwart
RV	Religionsgeschichtliche Volksbücher
SAT	Die Schriften des Alten Testaments
SBAB	Stuttgarter Biblische Aufsatzbände
SBB	Stuttgarter biblische Beiträge
SBM	Stuttgarter biblische Monographien
SBS	Stuttgarter Bibelstudien
SBT	Studies in Biblical Theology
StANT	Studien zum Alten und Neuen Testament
STL	Studia theologica Lundensia
StTh	Studia Theologica
TEH	Theologische Existenz heute
THAT	Theologisches Handwörterbuch zum Alten Testament I–II, 1971/76
ThGl	Theologie und Glaube
ThQ	(Tübinger) Theologische Quartalschrift
ThR	Theologische Rundschau
ThRv	Theologische Revue
ThSt	Theologische Studien
ThV	Theologische Versuche
ThViat	Theologia viatorum
ThWAT	Theologisches Wörterbuch zum Alten Testament, 1970ff

ThWNT	Theologisches Wörterbuch zum Neuen Testament, 1933−79
ThZ	Theologische Zeitschrift
TRE	Theologische Realenzyklopädie, 1977 ff
TThZ	Trierer theologische Zeitschrift
UF	Ugarit-Forschungen
VF	Verkündigung und Forschung
VT	Vetus Testamentum
VT.S	Vetus Testamentum. Supplement
WBC	Word Biblical Commentary
WdF	Wege der Forschung
WMANT	Wissenschaftliche Monographien zum Alten und Neuen Testament
WuD	Wort und Dienst
WZKM	Wiener Zeitschrift für die Kunde des Morgenlandes
ZAW	Zeitschrift für die alttestamentliche Wissenschaft
ZBK	Zürcher Bibelkommentar
ZdZ	Die Zeichen der Zeit
ZEE	Zeitschrift für evangelische Ethik
ZKTh	Zeitschrift für katholische Theologie
ZThK	Zeitschrift für Theologie und Kirche

Weitere Abkürzungen bei S. Schwertner, TRE Abkürzungsverzeichnis (²1994), und Theologisches Wörterbuch zum Alten Testament (VI, 1989, VII−XXVIII).

REGISTER DER SACHEN UND BEGRIFFE

REGISTER DER BIBELSTELLEN IN AUSWAHL

TRE Theologische Realenzyklopädie

Studienausgabe Teil I

Bände 1 (Aaron) – 17 (Katechismuspredigt) und Registerband

In Gemeinschaft mit Horst Robert Balz, James K. Cameron, Wilfried Härle, Stuart G. Hall, Brian L. Hebblethwaite, Richard Hentschke, Wolfgang Janke, Hans-Joachim Klimkeit, Joachim Mehlhausen, Knut Schäferdiek, Henning Schröer, Gottfried Seebaß, Clemens Thoma

herausgegeben von Gerhard Müller

20,5 × 13,5 cm. 17 Bände, 1 Index-Band. Etwa 800 Seiten je Band. Kartoniert DM 1.200,– ISBN 3-11-013898-0 (de Gruyter Studienbuch)

Die TRE-Studienausgabe Teil I umfaßt die Bände 1 bis 17 der THEOLOGI-SCHEN REALENZYKLOPÄDIE. Erschlossen wird die Studienausgabe durch einen entsprechenden Registerband, der auch Erwähnungen der Stichworte nachweist, die alphabetisch nach den Lemmata „Aaron" bis „Katechismuspredigt" angesiedelt sind (z. B. Zwingli). Die TRE-Studienausgabe Teil I ist damit schon jetzt ein vollwertiges Arbeitsmittel für jeden Theologen.

Um weitesten Kreisen die TRE zugänglich zu machen, wird die Studienausgabe zu einem wirklich günstigen Preis angeboten: DM 1.200,– für 17 Bände plus Register.* Das sind über 13 000 Seiten solidester wissenschaftlich-theologischer Forschung.

Selbstverständlich wird die TRE-Studienausgabe zu einem späteren Zeitpunkt eine entsprechende Fortsetzung finden. In etwa sieben bis acht Jahren wird es von seiten des Verlages ein analoges Angebot geben.

* Die Bände der Studienausgabe entsprechen im Grundsatz denen der Originalausgabe, bei allerdings verkleinertem Satzspiegel. Außerdem mußte aus Kostengründen auf Tafeln und Faltkarten verzichtet werden.

Preisänderung vorbehalten

Walter de Gruyter Berlin · New York